U0581928

四庫全書

六

清·乾隆钦定

精注精译版

主编◎赖 咏

中国书店

目　录

集　部

陶渊明集

李太白集

杜子美工部集

白香山集

陆放翁剑南诗集

韩退之昌黎集

柳子厚柳州集

欧阳永叔文忠集

苏明允老泉集

苏子瞻东坡集

苏子由栾城集

曾子固南丰集

王介甫临川集

归熙甫震川集

侯朝宗壮悔堂集

魏冰叔叔子集

汪苕文尧峰集

方灵皋望溪集

姚姬传惜抱轩集

恽子居大云山房集

龚定盦集

集部

陶渊明集

癸卯岁始春怀古田舍二首

其一[①]

在昔闻南亩，当年竟未践[②]。
屡空既有人，春兴岂自免[③]？
夙晨装吾驾，启涂情已缅[④]。
鸟哢欢新节，泠风送余善[⑤]。
寒草被荒蹊，地为罕人远[⑥]。
是以植杖翁，悠然不复返[⑦]。
即理愧通识，所保讵乃浅[⑧]？

【注释】

①这首诗写一年之始的春耕，展现了田野景色的清新宜人，表达了诗人内心的喜悦之情。通过田园躬耕，诗人初步体会到了古代“植杖翁”隐而不仕的乐趣，并表示像颜回那样既贫困而又不事耕稼的行为则不可仿效。②在昔：过去，以往。与下句“当年”义同。南亩：农田。未践：没去亲自耕种过。③屡空：食用常缺，指贫困。既有人：指颜回。《论语·先进》：“子曰：回也其庶乎，屡空。”诗人用以自嘲像颜回一样贫穷。春兴：指春耕。兴：始，作。④夙（sù）晨：早晨。夙：早。装吾驾：备好我的车马。这里指准备春耕的车马和用具。启涂：启程，出发。涂通途。缅：遥远。⑤哢（lòng）：鸟叫。泠（líng）风：小风，和风。《庄子·齐物论》：“泠风则小和。”陆德明释文：“泠风，泠泠小风也。”余善：不尽的和美之感。善：美好。《庄子·逍遥游》：“夫列子御风而行，泠然善也。”⑥被荒蹊：覆盖着荒芜的小径。地为罕人远：所至之地由于人迹罕至而显得偏远。⑦植杖翁：指孔子及其弟子遇见的一位隐耕老人。《论语·微子》：“子路从而后，遇丈人，以杖荷蓧（diào，一种竹器，古代芸田所用）。子路问曰：‘子见夫子乎？’丈人曰：‘四体不勤，五谷不分，孰为夫子？’植其杖而芸。”植：同置，放置。杖：木杖。悠然：悠闲的样子。不复返：不再入世。⑧即理：就这种事理。指隐而耕。通识：见识高明通达的人。这里指孔子和子路。《论语·微子》记桀溺劝子路的话说：天下动荡不安，到处都是这个样子，究竟跟谁一起来改变现状呢？与其跟随（孔子那种）避开恶人的志士，还不如跟随（我们这种）避开人世的隐士。子路把此话告诉孔子，孔子怅然长叹：鸟兽不可跟它们同群，我不跟世上人群相处又跟谁相处呢？假如天下清明，我就不跟他们一起来改变现状了。又《论语》同上篇记载子路针对荷蓧丈人的话说：“不仕无义。长幼之节，不可废也；君臣之义，如之何其废之？欲洁其身，而乱大伦。君子之仕也，行其义也。道之不行，已知之矣。”这两段记载孔子和子路的话，都是说明入世的道理。陶渊明认为自己坚持出世的行为，与这种“通识”相比是有“愧”的。而实质上陶渊明在这里表达了与儒家传统不一致的思想，因此在下一首诗中，诗人又以“先师有遗训，忧道不忧贫。瞻望邈难逮，转欲志长勤”来进一步申明了这一思想。所保：指保全个人的名节。《后汉书·逸民传》：后汉末，“庞公者，南郡襄阳人也。……荆州刺史刘表数延请，不能屈，乃就候之。谓曰：‘夫保全一身，孰若保全天下乎？’庞公笑曰：‘鸿鹄巢于高林之上，暮而得所栖，鼋鼍穴于深渊之下，夕而得所宿。夫趣舍行止，亦人之巢穴也。各得其栖宿而已。天下非所保也。’因释耕垄上，而妻子耘于前。”讵（jù）：岂。浅：低劣，浅陋。

【译文】

往日听闻南亩田，未尝躬耕甚遗憾。

我常贫穷如颜回，春耕岂能袖手闲？
早晨备好车与马，上路我心已驰远。
早春时节鸟欢鸣，和风绵绵送亲善。
荒芜小经寒草覆，人迹不至地偏远。
方知古时植杖翁，悠闲躬耕不思迁。
此理有愧通达者，所保名节岂太浅？

其二①

先师有遗训，忧道不忧贫②。
瞻望邈难逮，转欲志长勤③。
秉耒欢时务，解颜劝农人④。
平畴交远风，良苗亦怀新⑤。
虽未量岁功，即事多所欣⑥。
耕种有时息，行者无问津⑦。
日入相与归，壶浆劳近邻⑧。
长吟掩柴门，聊为陇亩民⑨。

【注释】

①这首诗认为像孔子那样“忧道不忧贫”未免高不可攀，难以企及，不如仿效长沮、桀溺洁身守节，隐居躬耕。诗中对田园风光和田园生活的描写，十分传神生动，充满浓郁的情趣。②先师：对孔子的尊称。遗训：遗留的训示。忧道不忧贫：君子担忧的是道不能行，而不用担心自己的贫困。道：指治世之道。此句语出《论语·卫灵公》：“子曰：君子谋道不谋食。耕也，馁（něi，饥饿）在其中矣；学也，禄在其中矣。君子忧道不忧贫。”③瞻望：仰望。邈难逮：因高远而难以到达。邈：远。逮：企及。志：立志于。长勤：长期勤奋。指耕作。④秉：持。耒（lěi）：犁上的木把。此处代指农具。时务：依据时节应做的农务。解颜：笑颜。劝：勉励，劝勉。⑤平畴（chóu）：平坦的田野。怀新：包含着新的生机。⑥量岁功：估量一年的收成。即事多所欣：谓做农活的本身就令人欢欣。⑦行者无问津：没有过路之人询问渡口在哪里。典出《论语·微子》：“长沮、桀溺耦而耕，孔子过之，使子路问津焉。”诗人在此处是以古代隐士长沮、桀溺自比。津：渡口。⑧日入：太阳下山。相与：相伴，指与农夫一道。壶浆：指酒。劳：慰劳。⑨聊：姑且。陇亩民：田野之人，即农夫。

【译文】

孔子先师留遗训：“君子忧道不忧贫”。
仰慕妙论难企及，转思笃志长耕耘。
农忙时节心欢喜，笑颜勉励农耕人。
远风习习抚平野，新苗茁壮日日新。
一年收成未估量，劳作已使我欢欣。
耕种之余可歇息，没有行人相问津。
日落之时结伴归，取酒犒劳左右邻。
掩闭柴扉自吟诗，姑且躬耕为农民。

饮酒二十首并序

余闲居寡欢，兼比夜已长[①]，偶有名酒，无夕不饮。顾影独尽[②]，忽焉复醉[③]。既醉之后，辄题数句自娱[④]。纸墨遂多，辞无诠次[⑤]。聊命故人书之[⑥]，以为欢笑尔[⑦]。

其一[⑧]

衰荣无定在，彼此更共之[⑨]。
邵生瓜田中，宁似东陵时[⑩]！
寒暑有代谢，人道每如兹[⑪]。
达人解其会，逝将不复疑[⑫]。
忽与一觞酒，日夕欢相持[⑬]。

【注释】

①兼：并且，加之。比：近来。夜已长：秋冬之季，逐渐昼短夜长，到冬至达最大限度。②顾影：打量自己的身影。独尽：一个人干杯。③忽焉：很快地。④辄：总是，就。⑤诠（quán）次：选择和编次。⑥聊：姑且。故人：老朋友。书：抄写。⑦尔：罢了，“而已”的合音。⑧这首诗从自然变化的盛衰更替联想到人生的福祸无常，正是由于作者领悟了这个道理，因此要隐遁以远害，饮酒以自娱。⑨衰荣：这里是用植物的衰败与繁荣，喻人生的衰与盛、祸与福。无定在：没有定数，变化不定。更：交替，更替。共之：都是如此。⑩邵生：邵平，秦时为东陵侯。秦亡后为平民，因贫困而种瓜于长安城东，前后处境截然相反。（见《史记·萧相国世家》）这两句是说，邵平在瓜田中种瓜时，哪里还像做东陵侯时那般显贵。⑪代谢：更替变化。人道：人生的道理和规律。每：常常。兹：此。⑫达人：通晓事理的人；达观的人。会：指理之所在。《周易·系辞》：“圣人有以见天下之动，而观其会通。”朱熹《本义》：“会谓理之所聚。”逝：离去，指隐居独处。⑬忽：尽快。觞：酒杯。持：拿着。

【译文】

我闲居之时很少有欢乐，加之近来夜已渐长，偶尔得到好活，无夜不饮。对着自己的身影独自干杯，很快就醉了。醉了之后，总要写几句诗自娱。于是诗稿渐多，但未经选择和编次。姑且请友人抄写出来，以供自己取乐罢了。

繁荣衰败无定数，相互更替变不休。
邵平晚年穷种瓜，哪似当年东陵侯！
暑去寒来有代谢，人生与此甚相符。
通达之士明其理，遁迹山林逍遥游。
不如来他一杯酒，日夕畅饮解百忧。

其二[①]

积善云有报，夷叔在西山[②]。
善恶苟不应，何事空立言[③]？

九十行带索，饥寒况当年[4]。
不赖固穷节，百世当谁传[5]？

【注释】

①这首诗通过对善恶报应之说的否定，抨击了善恶不分的社会现实，并决定固穷守节，流芳百世。深婉曲折的诗意之中，透露出了诗人愤激不平的情绪。②云有报：说是有报应。指善报。夷叔：伯夷、叔齐，商朝孤竹君的两个儿子。孤竹君死后，兄弟二人都因不肯继位为君而一起出逃。周灭商后，二人拒食周粟，隐于首阳山，采薇（野菜）而食，最后饿死。（见《史记·伯夷列传》）西山：即首阳山。③苟：假设。何事：为什么。立言：树立格言。《史记·伯夷列传》："或曰：'天道无亲，常与善人。'若伯夷叔齐，可谓善人者非耶？积仁絜行如此而饿死。"④九十行带索：《列子·天瑞》说隐士荣启期家贫，行年九十，用绳索作衣带，鼓琴而歌，能固穷自乐。况：更加，甚。当年：指壮年。⑤固穷节：坚守穷困的节操。《论语·卫灵公》："子曰：君子固穷，小人穷斯滥矣。"

【译文】

据说行善有善报，夷叔饿死在西山。
假如善恶不报应，何必又要立空言？
九十荣公绳为带，饥馑更甚于壮年。
苦非固穷守高节，佳誉百世怎流传？

其三[1]

道丧向千载，人人惜其情[2]。
有酒不肯饮，但顾世间名[3]。
所以贵我身，岂不在一生[4]？
一生复能几？倏如流电惊[5]。
鼎鼎百年内，持此欲何成[6]？

【注释】

①这首诗通过对那种只顾自己而追逐名利之人的否定，表现了诗人达观而逍遥自任的人生态度。②道丧：道德沦丧。道指做人的道理。向：将近。惜其情：吝惜自己的感情，即只顾一己私利。③世间名：指尘世间的虚名。④这两句的意思是，所以重视自身，难道不是在一生之内？言外之意是说，自苦其身却去追求身后的空名又有何用！⑤复能几：又能有多长时间。几：几多时，几何。倏（shū）：极快，迅速。⑥鼎鼎：扰扰攘攘，形容为名利而奔波忙碌之态。此：指"世间名"。

【译文】

道德沦丧近已载，人皆自私吝其情。
有酒竟然不肯饮，只顾假世虚浮名。
所以珍惜我自身，难道不是为此生？
人生又能有多久？快似闪电令人惊。
奔波一生为名利，如此安能有所成！

其四[①]

栖栖失群鸟，日暮犹独飞[②]。
徘徊无定止，夜夜声转悲[③]。
厉响思清远，去来何依依[④]。
因值孤生松，敛翮遥来归[⑤]。
劲风无荣木，此荫独不衰[⑥]。
托身已得所，千载不相违[⑦]。

【注释】

①这首诗通篇比喻，以失群之鸟自喻，前六句写绯徊地迷之中，后六句写归来托身。又以“孤生松”喻归隐之所，表达了诗人坚定的归隐之志和高洁的人格情操。②栖栖（xī）：心神不宁的样子。③定止：固定的栖息之处。止：居留。④此二句焦本、逯本作“厉响思清晨，远去何所依”，今从李本、曾本、苏写本、和陶本改。厉响：谓鸣声激越。依依：依恋不舍的样子。⑤值：遇到。敛翮：收起翅膀，即停飞。⑥劲风：强劲的寒风。⑦已：既。违：分离，违弃。

【译文】

栖遑焦急失群鸟，日暮仍然独自飞。
犹豫徘徊无定巢，日夜哀鸣声渐悲。
长鸣思念清远境，飞来飞去情恋依。
偶遇孤独一青松，收起翅膀来归依。
寒风劲烈树木凋，青松繁茂独不衰。
既然得此栖身处，一生相依不违弃。

其五[①]

结庐在人境，而无车马喧[②]。
问君何能尔？心远地自偏[③]。
采菊东篱下，悠然见南山[④]。
山气日夕佳，飞鸟相与还[⑤]。
此中有真意，欲辨已忘言[⑥]。

【注释】

①这首诗写在和谐宁静的环境中，诗人悠闲自得的隐居生活。诗人在宁静的心境中，体悟着自然的乐趣和人生的真谛。所有这一切给诗人的精神带来极大的抚慰与满足。②结庐：建造住宅。指寄居。人境：人间，世上。车马喧：车马往来的嘈杂声。指世俗交往。③尔：这样，如此。心远地自偏：只要内心清静，超脱于世俗，虽居喧闹之地，也像住在偏僻之处一样。④悠然：悠闲自得的样子。南山：庐山。⑤山气：山间的雾气。日夕：近黄昏之时。相与还：结伴而归。⑥此中：逯本从《文选》作“此还”，今从李本、焦本、苏写本改。真意：自然淳真之意。《庄子·渔父》：“真者，所以受于天也，自然不可易也。故圣

人法天贵真，不拘于俗。”辨：辨析，品味。《庄子·齐物论》：“辩也者，有不辩也，大辩不言。”忘言：《庄子·外物》：“言者所以在意也，得意而忘言。”这两句意思是说，从大自然受到启发，体悟到人生的真谛，但这是无法用言语来表达，也无须用言语来表达的。

【译文】

住宅盖在尘世间，清静而无车马喧。
要的为何能如此？心超世外地自偏。
自顾采菊东篱下，悠闲无意见南山。
山中雾气夕阳好，飞鸟相伴把巢还。
此中自当有真意，我欲辨之却忘言。

其六[①]

行止千万端，谁知非与是[②]？
是非苟相形，雷同共誉毁[③]。
三季多此事，达士似不尔[④]。
咄咄俗中愚，且当从黄绮[⑤]。

【注释】

①在这首诗中，诗人以愤怒的口吻抨击了是非不分、善恶不辨的黑暗现实，并决定追随商山四皓，隐居世外。②行止：行为举止。端：种，类。③苟：假如。相形：互相比较。雷同：相同，人云亦云，。《礼记·典礼上》：“毋剿说，毋雷同。”郑玄注：“雷之发声，物无不同时应者，人之言当各由己，不当然也。”《楚辞·九辩》：“世雷同而炫曜兮，何毁誉之昧昧！”毁誉：诋毁和称誉。④三季：指夏商周三朝的末期。达士：贤达之人。尔：那样。⑤咄咄（duō）：惊怪声。俗中愚：俗世中的愚蠢者。黄绮：夏黄公与绮里，代指“商山四皓”。见《赠羊长史》注⑨。

【译文】

举止行为千万种，是非对错无人晓。
设若是非相比较，毁誉同于坏与好。
夏商周末此事多，贤士皆不随风倒。
尘世愚者莫惊叹，且隐商山随四皓。

其七[①]

秋菊有佳色，裛露掇其英[②]。
泛此忘忧物，远我遗世情[③]。
一觞虽独进，杯尽壶自倾[④]。
日入群动息，归鸟趋林鸣[⑤]。
啸傲东轩下，聊复得此生[⑥]。

【注释】

①这首诗主要写赏菊和饮酒，诗人完全沉醉其中，忘记了尘世，摆脱了忧愁，闲适逍遥，自得其乐。②裛（yì）：通浥，沾湿。掇（duō）：采摘。英：花。③泛：浮。意思是以菊花泡酒中。此：指菊花。忘忧物：指酒。《文选》卷三十李善注“泛此忘忧物”说：“《毛诗》曰：‘微我无酒，以遨以游。’毛苌曰：‘非我无酒，可以忘忧也。’潘岳《秋菊赋》曰：‘泛流英于清醴，似浮萍之随波。’”远：动词，使远。遗世情：遗弃世俗的情怀，指隐居。④壶自倾：意思是由酒壶中再往杯中倒酒。⑤群动：各种活动的生物。息：止息，歇息。趋：归向。⑥啸傲：言动自在，无拘无束。轩：窗。得此生：得到人生之真谛，即悠闲适意的生活。

【译文】

秋菊花开正鲜艳，含露润泽摘花英。
酒中泡菊味更美，避俗之意更深浓。
一饮而尽杯中酒，又执酒壶注杯中。
日落众人皆息止，百鸟归林欢快鸣。
纵情高歌东窗下，姑且逍遥度此生。

其八[①]

青松在东园，众草没其姿[②]。
凝霜殄异类，卓然见高枝[③]。
连林人不觉，独树众乃奇[④]。
提壶挂寒柯，远望时复为[⑤]。
吾生梦幻间，何事绁尘羁[⑥]！

【注释】

①诗人以孤松自比，表达自己不畏严霜的坚贞品质和不为流俗所染的高尚情操。诗末所表现出的消极情绪，带有愤世嫉俗之意。②没：掩没。③凝霜：严霜。殄（tiǎn）：灭绝。异类：指除松以外的其他草木。卓然：高高挺立的样子。见：同现，显露。④连林：树木相连成林。众乃奇：大家才感到奇怪。乃：才。⑤壶：酒壶。挂：逯本作抚，今据李本、焦本、和陶本改。柯：树枝。远望时复为：即“时复为远望”的倒装句。意思是还时时向远方眺望。⑥何事：为什么。绁（xiè）：捆绑。尘羁：俗世的羁绊。犹言尘网。

【译文】

青松生长在东园，杂树出众草掩其姿。
严霜凋零众草树，孤松傲立扬高枝。
木已成林人不觉，后凋独秀人惊奇。
酒壶挂在寒树枝，时时眺远心神怡。
人生若梦恍惚间，何苦束缚在假世！

其九[①]

清晨闻叩门，倒裳往自开[②]。

问子为谁欤？田父有好怀[③]。
壶浆远见候，疑我与时乖[④]。
“缊缕茅檐下，未足为高栖[⑤]。
一世皆尚同，愿君汩其泥[⑥]。”
“深感父老言，禀气寡所谐[⑦]。
纡辔诚可学，讳己讵非迷[⑧]。
且共欢此饮，吾驾不可回[⑨]。”

【注释】

①这首诗以对话的形式，表现出诗人不愿违背自己的初衷而随世沉浮，并再次决心保持高洁的志趣，隐逸避世，远离世俗，态度十分坚决。②倒裳：颠倒衣裳。形容由于匆忙来不及穿好衣服。语出《诗经·齐风·东方未明》：“东方未明，颠倒衣裳。”③子：对男子的尊称。欤：疑问助词。田父（fǔ）：年老的农民。好怀：好的情意。④浆：酒。远见候：远道而来，给予问候。疑：怪。乖：不合，违背。⑤缊缕（lánlǚ）：衣服破烂的样子。高栖：居住，雅称。这两句是说，穿着破烂的衣服，住在茅草屋中，这样的地方不适合您这样高雅出众的人居住。⑥一世：整个社会。尚同：以与世俗同流为贵。同：同流合污，盲从附和。《论语·子路》：“子曰：君子和而不同，小人同而不和。”汩（gǔ）其泥：随同流俗，同流合污。汩：同淈，搅水使浊。《楚辞·渔父》：“屈原曰：‘举世皆浊而我独清，众人皆醉而我独醒，是以见放。’渔父曰：‘夫圣人者不凝滞于物，而能与世推移。举世皆浊，何不淈其泥而扬其波？’”是说可与世人同浊，不必独清。渊明意本此。其上四句是田父劝说之语。以下是诗人的回答。⑦禀气：禀性，天生的气质。谐：合。⑧纡辔：放松马缰徐行。纡：曲，引申为放松。纡辔缓行，喻作官，即《始作镇军参军经曲阿作》中“宛辔憩通衢”之意。违己：违背自己的初衷，指归隐躬耕。讵（jù）：岂。迷：糊涂，迷惑。⑨驾：车，喻志向。回：逆转而行。

【译文】

清早听到敲门声，不及整衣乃开门。
请问来者为何人？友善老农怀好心。
携酒远道来问候，责我与世相离分。
“破衣烂褛茅屋下，不值先生居贵身。
举世同俗以为贵，愿君随俗莫较真。”
“衷心感谢父老言，奈何天生不合群。
入世做官诚可学，违背初衷不甘心。
姑且一共欢饮酒，决不返车往回奔！”

其十[①]

在昔曾远游，直至东海隅[②]。
道路迥且长，风波阻中涂[③]。
此行谁使然？似为饥所驱[④]。
倾身营一饱，少许便有余[⑤]。
恐此非名计，息驾归闲居[⑥]。

【注释】

①这首诗回忆以前曾因生计所迫而涉足仕途，经历了风波艰险之后，诗人感到自己既不为求功名富贵，而如此劳心费力，倒不如归隐闲居以保持纯洁的节操。②远游：指在远处做官。东海隅（yú）：东海附近。这里指曲阿，在今江苏省丹阳县。陶渊明曾于四十岁时（晋安帝元兴三年）任镇军将军刘裕的参军，赴任途中曾作《始作镇军参军经曲阿作》一诗。③迥（jiǒng）：远。风波阻中涂：因遇风浪而被阻于中途。涂：同途。陶渊明三十六岁时（晋安帝隆安四年），曾奉桓玄之命由江陵使都，返回途中被大风所阻，写有《庚子岁五月中从都还阻风于规林二首》一诗。④然：这样，如此。为饥所驱：被饥饿所驱使。作者在《归去来兮辞》序中说："余家贫，耕植不足以自给。……尝从人事，皆口腹自役。"⑤倾身：竭尽全身气力，全力以赴。营：谋求。少许：一点点。⑥非名计：不是获取功名的良策。息驾：停止车驾，指弃官。

【译文】

以前出仕远行役，直到迢迢东海边。
前路漫长无尽头，途中大浪时阻拦。
谁使我来作远游？似为饥馑所驱遣。
竭尽全力为一饱，稍有即足用不完。
恐怕此行毁清雀，辞官归隐心悠闲。

其十一①

颜生称为仁，荣公言有道②。
屡空不获年，长饥至于老③。
虽留身后名，一生亦枯槁④。
死去何所知？称心固为好⑤。
客养千金躯，临化消其宝⑥。
裸葬何足恶？人当解意表⑦。

【注释】

①诗人通过对人生的思考，表达了自己的人生观与处世态度。诗人认为，那种为了追求身后的名声而固穷守节、劳心费力的行为是不值得的。同样，那种为希望能得长寿而认真保养身体的行为也是不值得的。人死之后，不但身体消亡，而且神魂灭寂，一无所知。因此诗人主张人生当称心适意、逍遥自在，不必顾忌重重，亦不必有所追求。②颜生：即颜回，字子渊，春秋鲁国人，孔子最得意的弟子。称为仁：被当成仁者；以仁德而著称。《论语·雍也》："子曰：回也，其心三月不违仁。"《孔子家语》："回之德行著名，孔子称其仁焉。"荣公：即荣启期，春秋时隐士。见本组诗第二首注④。有道：指荣启期能安贫乐道。《列子·天瑞》："孔子问（荣启期）曰：'先生所以乐，何也?'对曰：'吾乐甚多：天生万物，唯人为贵，吾得为人，一乐也；男女之别，男尊女卑，故男为贵，吾得为男矣，是二乐也；人生有不见日月，不免襁褓者，吾既已行年九十矣，是三乐也。贫者，士之常也；死者，人之终也。处常得终，当何忧哉！'"③屡空：指颜回生活贫穷，食用经常空乏。《论语·先进》："子曰：回也其庶乎？屡空。"不获年：不得长寿。指颜回早死。《论语·雍也》："哀公问：'弟子孰为好学?'孔子对曰：'有颜回者好学，不迁怒，不贰过。不幸短命死矣。'"《史记·仲尼弟子列传》："回年二十九，发尽白。蚤（早）死。"据《孔子家语》等书记

载，颜回死时年仅三十一岁。长饥至于老：指荣启期长期挨饿，直到老死。④枯槁：本指草木枯萎，这里指贫穷憔悴。⑤称（chèn）心：恰合心愿。固：必。《公羊传·襄公二十七年》：“女（汝）能固纳公乎？”⑥客：用人生如寄、似过客之意，代指短暂的人生。《古诗十九首·今日良宴会》：“人生寄一世，奄忽若飙尘。”又《驱车上东门》：“人生忽如寄，寿无金石固。”又《青青陵上柏》：“人生天地间，忽如远行客。”李善注：“老莱子曰：人生于天地之间，寄也。寄者固归。列子曰：死人为归人，则生人为行人矣。《韩诗外传》曰：枯鱼衔索，几何不蠹？二亲之寿，忽如过客。”养：保养。千金躯：指贵体，贵如千金的身体。化：死。宝：荣名。《古诗十九首·回车驾言迈》：“人生非金石，岂能长寿考？奄忽随物化，荣名以为宝。”⑦裸葬：裸体埋葬。《汉书·杨王孙传》载，杨王孙病危时嘱其子曰：“吾欲裸葬，以反吾真。死，则为布囊盛尸，入地七尺，既下，从足引脱其囊，以身亲土。”恶：不好。意表：言意之外的真实意思，即杨王孙所说的“以反吾真”的“真”。

【译文】

皆称颜回是仁者，又赞荣公有道心。
颜回穷困又短命，荣公饥馑至终身。
虽然死后留芳名，生前憔悴甚清贫。
人死之后无所知，如意生前当自任。
短暂一生虽保养，死后荣名皆不存。
裸葬又有何不好？回归自然才是真。

其十二[①]

长公曾一仕，壮节忽失时[②]。
杜门不复出，终身与世辞[③]。
仲理归大泽，高风始在兹[④]。
一往便当已，何为复狐疑[⑤]？
去去当奚道！世俗久相期[⑥]。
摆落悠悠谈，请从余所之[⑦]。

【注释】

①这首诗通过称赞张挚和杨伦辞官归隐、不再复出的高尚品德，来比况自己的归隐之志；并劝说世人不要再受世俗的诱惑，当看破红尘，随他一道归隐躬耕。②长公：张挚，字长公，西汉人，曾“官至大夫，免。以不能取容当世，故终身不仕”（《史记·张释之列传》）。壮节：壮烈的气节。失时：错过了从政的时机。③杜门：闭门不出。杜：断绝，堵塞。④仲理：指东汉杨伦。《后汉书·儒林传》：“杨伦，字仲理，为郡文学掾。志乖于时，遂去职，不复应州郡命。讲授于大泽中，弟子至千余人。”高风：高尚的品格、节操。兹：此，这里。⑤往：去。指出仕。已：停，止。指辞官归隐。狐疑：犹豫不决。⑥去去：这里有“罢了”、“且罢”的意思。曹植《杂诗·转蓬离本根》：“去去莫复道，沉忧令人老。”奚道：还有什么好说的。奚：何。⑦摆落：摆脱。悠悠谈：指世人妄议是非的悠谬之谈。《晋书·王导传》：“悠悠之谈，宜绝智者之口。”余所之：我要去的地方，指隐居。之：到，往。

【译文】

张挚曾经入仕途，壮烈节操不入俗。

决心闭门与世绝，终身隐居不再出。
杨伦归于大泽中，高风亮节在此处。
既一入仕便当止，归隐何需再犹豫？
罢了还有何话说！假世欺我已很久。
看穿世上荒谬论，请君随我归隐去。

其十三[①]

有客常同止，取舍邈异境[②]。
一士长独醉，一夫终年醒。
醒醉还相笑，发言各不领[③]。
规规一何愚，兀傲差若颖[④]。
寄言酣中客，日没烛当秉[⑤]。

【注释】

①这首诗用醉者同醒者的比较，表现两种截然不同的人生态度，在比较与评价中，诗人愿醉而不愿醒，以表达对现实不满的愤激之情。②同止：同一处，在一起。取舍：采纳和舍弃，选择。取：逯本作“趣”，今从曾本、苏写本、焦本改。邈异境：境界迥然不同。③领：理解，领会。④规规：拘泥浅陋的样子。《庄子·秋水》：“子乃规规然而求之以察，索之以辩。是直用管窥天，用锥指地也。”此处即用此典，故接下说“一何愚”。兀（wù）傲：倔强而有锋芒。差（chā）：比较上，还，略。颖：才能出众，聪敏。⑤酣中客：正在畅饮的人。烛当秉：逯本作“烛当炳”，曾本、焦本皆注一作“烛当秉”，从后者。秉：持，拿着。《古诗十九首·生年不满百》：“昼短苦夜长，何不秉烛游。”（按：逯本从“炳”引曹丕《与吴质书》“古人思炳烛夜游”为据，此语当本胡刻本李善注《文选》卷四十二。李善注云：“古诗曰：‘昼夜苦夜长，何不秉烛游。’秉或作炳。”则知李善所见《文选》原本当作“秉”，正文之“炳”乃后人刻入。查《四部丛刊》影宋本六臣注《文选》卷四十二即作“古人思秉烛夜游”。）

【译文】

两人经常在一起，心境志趣不同类。
一人每天独沉醉，一人清醒常年岁。
醉者醒者相视笑，对话多自难领会。
拘泥浅陋多愚笨，自然放纵较聪慧。
劝告正在畅饮者，日暮秉烛当欢醉。

其十四[①]

故人赏我趣，挈壶相与至[②]。
班荆坐松下，数斟已复醉[③]。
父老杂乱言，觞酌失行次[④]。
不觉知有我，安知物为贵[⑤]？
悠悠迷所留，酒中有深味[⑥]。

【注释】

①这首诗写与友人欢饮，旨在表现饮酒之中物我两忘、超然世外的乐趣。②故人：老朋友。挈（qiè）壶：提壶。相与至：结伴而来。③班荆：铺荆于地。《左传·襄公二十六年》："班荆相与食，而言复故。"杜预注："班，布也，布荆坐地。"荆：落叶灌木。这里指荆棘杂草。④行次：斟酒、饮酒的先后次序。⑤这两句的意思是，在醉意中连自身的存在都忘记了，至于身外之物又有什么值得珍贵的呢？⑥悠悠：醉后精神恍惚的样子。迷所留：沉湎留恋于酒。深味：深刻的意味。这里指托醉可以忘却世俗，消除忧愁。

【译文】

老友赞赏我志趣，相伴携酒到一起。
荆柴铺地松下坐，酒过数巡人酣醉。
父老杂处乱言语，举杯饮酒失次第。
疏思世上有我在，身外之物何足贵？
神思恍惚在酒中，酒中自有深意味。

其十五[①]

贫居乏人工，灌木荒余宅[②]。
班班有翔鸟，寂寂无行迹[③]。
宇宙一何悠，人生少至百[④]。
岁月相催逼，鬓边早已白。
若不委穷达，素抱深可惜[⑤]。

【注释】

①这首诗写困居荒宅之景与衰老将至之悲，但诗人并不为固守穷困而后悔，相反，如果违背了自己的心愿，那才深可痛惜。②乏人工：缺少劳力。③班班：显明的样子。《后汉书·赵壹传》："余畏禁不敢班班显言。"④悠：久远。少至百：很少能活到百岁。⑤委穷达：委：听任。穷达：穷达之命。素抱：平素的抱负，即夙志。

【译文】

贫居无奈少人力，灌木丛生住所荒。
只见翱翔飞鸟在，无人往来甚凄凉。
无穷宇宙何久远，人生难活百岁长。
岁月日催人渐老，斑白鬓发如秋霜。
如我不是任穷达，违背心愿才悲伤。

其十六[①]

少年罕人事，游好在六经[②]。
行行向不惑，淹留遂无成[③]。
竟抱固穷节，饥寒饱所更[④]。
弊庐交悲风，荒草没前庭[⑤]。
披褐守长夜，晨鸡不肯鸣[⑥]。
孟公不在兹，终以翳吾情[⑦]。

【注释】

①这首诗写自己年少时颇有雄心，但是老而无成，一生抱定固穷之节操，饱受饥寒之苦，以至于现在。但令诗人悲哀的是，世上竟无知音。②罕人事：很少有世俗上的交往。游好：爱好。六经：六种儒家经典，指《诗》、《书》、《易》、《礼》、《乐》、《春秋》。此处泛指古代的经籍。③行行：不停地走，喻时光流逝。向：接近。不惑：指四十岁。《论语·为政》："四十而不惑。"淹留：久留，指隐退。《楚辞·九辩》："蹇淹留而无成。"无成：指在功名事业上毫无成就。④竟：最终。抱：坚持。固穷节：穷困时固守节操，意即宁可穷困也不改志白。语出《论语·卫灵公》。饱：饱经，饱受。更：经历。⑤弊庐：破旧的房屋。交：接。悲风：凄厉的风。曹植《杂诗》："江介多悲风，淮泗驰急流。"没：淹没，覆盖。庭：庭院。⑥这两句写的是寒夜饥寒交迫的窘状，即《怨诗楚调示庞主簿邓治中》诗中所说"寒夜无被眠；造夕思鸡鸣"之意。⑦孟公：东汉刘龚，字孟公。皇甫谧《高士传》载："张仲蔚，平陵人。好诗赋，常居贫素，所处蓬蒿没人。时人莫识，惟刘龚知之。"作者在这里以张仲蔚自比，但却慨叹自己没有刘龚那样的知音。翳（yì）：遮蔽，隐没。此处有"郁闷"之意。

【译文】

从小不与人交往，全心全意习六经。
行年渐至四十岁，长久归隐无所成。
最终抱守固穷节，饱受饥馑与寒冷。
破败茅屋风凄厉，荒草覆盖前院庭。
披衣坐望漫长夜，久盼晨鸡叫天明。
没有知已在身边，向谁倾吐我衷情。

其十七[①]

幽兰生前庭，含薰待清风[②]。
清风脱然至，见别萧艾中[③]。
行行失故路，任道或能通[④]。
觉悟当念还，鸟尽废良弓[⑤]。

【注释】

①作者以幽兰自比，以萧艾喻世俗，表现自己清高芳洁的品行。诗末以"鸟尽废良弓"的典故，说明自己归隐的原因，寓有深刻的政治含义。②薰：香气。③脱然：轻快的样子。萧艾：杂草。屈原《离骚》："何昔日之芳草兮，今直为此萧艾也。"④行行：走着不停。失：迷失。故路：旧路，指隐居守节。"失故

路”喻出仕。任道：顺应自然之道。⑤鸟尽废良弓：《史记·越王句践世家》：“蜚（飞）鸟尽，良弓藏。”比喻统治者在功成之后废弃或杀害为他出过力的人。

【译文】

幽兰生长于前庭，含香静待沐清风。
凉风轻快习习至，香兰杂草自分明。
我欲前行迷旧途，顺应自然或可通。
既然领悟应归去，小心鸟尽弃良弓。

其十八①

子云性嗜酒，家贫无由得②。
时赖好事人，载醪祛所惑③。
觞来为之尽，是谘无不塞④。
有时不肯言，岂不在伐国⑤？
仁者用其心，何尝失显默⑥！

【注释】

①作者分别以扬雄和柳下惠自比，一方面说明家贫无酒，幸得友人馈赠；另一方面表示缄口不谈国事，以远祸保全自身。其中暗寓对国事前途的担忧。②子云：扬雄，字子云，西汉学者。嗜（shì）：爱好，喜欢。③时：常常。赖：依靠，依赖。好（hào）事人：本指喜欢多事的人，这里指勤学好问之人。载醪（láo）：带着酒。祛（qū）所惑：解答疑惑问题。《汉书·扬雄传》说扬雄“家素贫，耆（嗜）酒，人希至其门。时有好事者载酒肴从游学”。④是谘（zī）：凡是所询问的。无不塞：无不得到满意的回答。塞：充实，充满。⑤伐国：《汉书·董仲舒传》：“闻昔者鲁公问柳下惠：‘吾欲伐齐，如何？’柳下惠曰：‘不可。’归而有忧色，曰：‘吾闻伐国不问仁人，此言何为至于我哉！’”作者用此典故代指国家的政事。⑥用其心：仔细考虑，谨慎小心。失：失误，过失。显默：显达与寂寞，指出仕与归隐。

【译文】

扬雄天生好饮酒，奈何家贫无处得。
幸赖数位勤学者，常常携酒来求学。
酒杯斟满即饮尽，有问必答解疑惑。
时而沉默不肯言，莫非国事不敢说？
仁者行身细思量，进退出处哪曾错！

其十九①

畴昔苦长饥，投耒去学仕②。
将养不得节，冻馁固缠己③。
是时向立年，志意多所耻④。
遂尽介然分，终死归田里⑤。

冉冉星气流，亭亭复一纪[⑥]。
世路廓悠悠，杨朱所以止[⑦]。
虽无挥金事，浊酒聊可恃[⑧]。

【注释】

①这首诗记述作者当年因饥寒而作官，由耻于为仕而归田，又由归田而至于今的出处过程和感慨。虽然目前的境遇同样贫困，但走的是正途，没有违背初衷，且有酒聊以自慰，因此诗人已经感到非常满足。表现了隐居的志趣与对仕途的厌恶。②畴昔：过去，往昔。投耒（lěi）：放下农具。这里指放弃农耕的生活。③将养：休息、调养。《墨子·尚贤中》："内有以食饥息劳，将养其万民。"不得节：不得法。节：法度。馁（něi）：饥饿。固缠己：自己无法摆脱。④向立年：将近三十岁。《论语·为政》："三十而立。"渊明二十九岁始仕为江州祭酒，故曰"向立年"。志意多所耻：指内心为出仕而感到羞耻。志意：志向心愿。⑤遂：于是。尽：完全使出，充分表现出来。介然分：耿介的本分。介然：坚贞，耿介。《荀子·修身》："善在身，介然必以自好也。"杨倞注："介然，坚固貌。"田里：故居，田园。⑥冉冉：渐渐。星气流：星宿节气运行变化，指时光流逝。亭亭：久远的样子。一纪：十二年。这里指诗人自出仕到写作此诗时的十二年。⑦世路：世道。廓悠悠：空阔悠远的样子。杨朱：战国时卫人。止：止步不前。《淮南子·说林训》："杨子（即杨朱）见逵路（即岐路）而哭之，为其可以南，可以北。"⑧挥金事：《汉书·疏广传》载：汉宣帝时，疏广官至太子太傅，后辞归乡里，将皇帝赐予的黄金每天用来设酒食，请族人故旧宾客，与相娱乐，挥金甚多。恃：凭借，依靠。此处有慰籍之意。

【译文】

往昔苦于长饥饿，抛弃农具去为官。
将息调养不得法，饥饿寒冷将我缠。
那时将近三十岁，内心因之甚羞惭。
坚贞节操当保全，归隐终老在田园。
日月运转时光逝，归来已经十二年。
世道空旷又辽远，杨朱临歧泣不前。
家贫虽无挥金乐，淡酒足慰我心田。

其二十[①]

羲农去我久，举世少复真[②]。
汲汲鲁中叟，弥缝使其淳[③]。
凤鸟虽不至，礼乐暂得新[④]。
洙泗辍微响，漂流逮狂秦[⑤]。
诗书复何罪？一朝成灰尘[⑥]。
区区诸老翁，为事诚殷勤[⑦]。
如何绝世下，六籍无一亲[⑧]！
终日驰车走，不见所问津[⑨]。
若复不快饮，空负头上巾[⑩]。
但恨多谬误，君当恕醉人[⑪]。

【注释】

①这首诗以思考历史为基础，感叹眼前世风日下，而思慕远古伏羲、神农时的真朴之风，表现了诗人对现实的强烈不满。②羲农：指伏羲氏、神农氏，传说中的上古帝王。去：离开。真：指淳朴的社会风尚。③汲汲（jí）：心情急迫的样子。鲁中叟：鲁国的老人，指孔子。弥缝：弥补，补救行事的过失。《左传·僖公二十六年》："弥缝其阙，而匡救其灾。"④凤鸟虽不至：凤鸟，凤凰。古人认为凤凰是吉祥之鸟，如果凤凰出现，就预示将出现太平盛世。《论语·子罕》："凤鸟不至，河图不出，吾已矣夫！"礼乐暂得新：据《史记·孔子世家》载，"孔子之时，周室微而礼乐废"，后经孔子的补救整理，"礼乐自此可得而述"，才又得以复兴。⑤洙泗：二水名，在今山东省曲阜县北。孔子曾在那里教授弟子。辍（chuò）：停止，中止。微响：微言，指精妙之言。《史记·孔子世家》说"孔子没而微言绝"。漂流：比喻时光的流逝。逮（dài）：至，到。狂秦：狂暴的秦朝。⑥这两句指秦始皇焚书之事。《史记·秦始皇本纪》：丞相李斯奏书："臣请史官非秦记皆烧之。非博士官所职，天下敢有藏《诗》、《书》、百家语者，悉诸守、尉杂烧之。"⑦区区：少，为数不多。诸老翁：指西汉初年传授经学的博学长者，如伏生、申培、辕固生、韩婴等人。为事：指传授经学之事。⑧绝世：指汉代灭亡。六籍：指六经。亲：亲近。⑨驰车走：指追逐名利之人奔走不息。走：奔跑。不见所问津：指没有像孔子那样为探索治世之道而奔走的人。问津：见《癸卯岁始春怀古田舍二首》其二注⑦。⑩快饮：畅饮，痛饮。头上巾：这里指陶渊明自己所戴的漉（lù，过滤）酒巾。《宋书·隐逸传》载，渊明"值其酒熟，取头上葛巾漉酒。毕，还复著之"。⑪多谬误：意思是以上所说多有错误不当之处。这实质上是反语，为激愤之言。

【译文】

神农伏羲已遥远，世间甚少人朴真。
鲁国孔子心迫切，补救阙失复其淳。
虽未幸逢太平世，礼乐恢复面貌新。
礼乐之乡微言绝，日月迁移至于秦。
典籍诗书有何罪？顿时被焚为灰尘。
汉初数位老儒生，传授经学很勤奋。
汉朝灭亡至于今，无人再去研六经。
俗人奔走为名利，治国之道无问津。
如果不将酒痛饮，空负头上漉酒巾。
但恨此言尽谬误，清君原谅醉乡人。

止酒

居止次城邑，逍遥自闲止①。
坐止高荫下，步止荜门里②。
好味止园葵，大欢止稚子③。
平生不止酒，止酒情无喜。
暮止不安寝，晨止不能起。
日日欲止之，营卫止不理④。
徒知止不乐，未知止利己。

始觉止为善，今朝真止矣。
从此一止去，将止扶桑涘[⑤]。
清颜止宿容，奚止千万祀[⑥]！

【注释】

①居止：居住。次：居所。闲止：闲居，家居无事。②荜（bì）门：柴门。荜同筚，用荆条或竹子编成的篱笆或其他遮掩物。这两句是说，坐歇在高树荫下，步行限于柴门之内。③止园葵：只有园中的葵菜。大欢：最大的欢乐、情趣。止稚子：莫过于和幼儿在一起。④营卫：气血经脉与御病机能。营指由饮食中吸取的营养物质，有生化血液，营养身体的作用。卫指人体抗御病毒侵入的机能。止：止酒。不理：不调顺，不调理。⑤将止：将到。扶桑涘（sì）：指神仙的居所。扶桑：古人认为的日出之处。涘：水边。⑥清颜止宿容：停到清癯的仙颜替换旧日的容貌。奚止：何止。祀（sì）：年。

【译文】

我家住在县城边，自由逍遥得悠闲。
高树清荫下面坐，散步只到柴扉前。
园中葵菜滋味好，最喜小孩在眼前。
一生向来不戒酒，戒酒我心难喜欢。
晚上不饮寝难安，清晨不饮起床难。
天天计划把酒戒，又恐经络不循环。
只顾戒酒心不乐，不顾戒酒身健全。
开始觉得戒酒好，真正戒酒在今天。
自此一直戒下去，直至自己成神仙。
戒得仙颜换旧貌，可止戒它千万年！

述酒[①]

重离照南陆，鸣鸟声相闻[②]。
秋草虽未黄，融风久已分[③]。
素砾皛修渚，南岳无余云[④]。
豫章抗高门，重华固灵坟[⑤]。
流泪抱中叹，倾耳听司晨[⑥]。
神州献嘉粟，西灵为我驯[⑦]。
诸梁董师旅，芊胜丧其身[⑧]。
山阳归下国，成名犹不勤[⑨]。
卜生善斯牧，安乐不为君[⑩]。
平王去旧京，峡中纳遗薰[⑪]。
双阳甫云育，三趾显奇文[⑫]。
王子爱清吹，日中翔河汾[⑬]。
朱公练九齿，闲居离世纷[⑭]。

峨峨西岭内，偃息常所亲[15]。
天容自永固，彭殇非等伦[16]。

【注释】

①逯本于题下有“仪狄造，杜康润色之”八字，并注云：“上八字宋本云旧注。曾本、苏写本此下又注，宋本云，此篇与题非本意，诸本如此，误。”②重离照南陆：寓言东晋之初，如日丽天，得到中兴。重离：指太阳。离为周易八卦之一，卦形为，象征火。重卦（离下离上）后又为六十四卦之一，卦形为，卦名仍称离。《周易·说卦》：“离为火、为日。”故“重离”代太阳。又暗喻司马氏。《晋书·宣帝纪》谓司马氏“其先出自帝高阳之子重黎，为夏官祝融”，是说晋代皇帝司马氏是重黎的后人。而“重离”与“重黎”谐音。南陆：《周易·说卦》：“离也者，明也，万物皆相见，南方之卦也。”因此诗人说“重离照南陆”。南陆又暗指东晋统治的中国南部。鸣鸟声相闻：喻东晋之初人才济济，名臣汇集。鸣鸟：指鸣叫的凤凰。凤凰喻贤才；凤凰鸣喻贤才逢时。《诗经·大雅·卷阿》：“凤皇于飞，翙翙（huì，鸟飞声）其羽；亦集爰止，蔼蔼王多吉士。”（第七章）“凤皇鸣矣，于彼高冈；梧桐生矣，于彼朝阳。”（第九章）③融风：立春后的东北风。《说文·风部》：“东北曰融风。”段玉裁注：“调风、条风、融风，一也。”《淮南子·天文训》：“距日冬至四十五日条风至。”按《太平御览》卷九引《易纬》：“立春条风至。”融又暗指司马氏。融为火，火神即祝融。传说祝融为帝喾时的火官，后人尊为火神。而祝融实际就是司马氏先人重黎。《史记·楚世家》：“重黎为帝喾高辛居火正，甚有功，能光融天下，帝喾命曰祝融。”又见注②所引《晋书·宣帝纪》。所以融风又代指司马帝风。分：消失分散。这两句是说，秋草尽管没有完全衰黄，但春风久已消失。暗喻东晋王室运祚已经逐渐衰微。④素砾（lì）皛（jiǎo）修渚：暗喻奸邪交道。素砾：白石。古人常用砾与玉并举，砾指奸邪，玉比忠贤。《楚辞·惜誓》：“放山渊之龟玉兮，相与贵夫砾石。”范晔《后汉书·党锢传赞》：“泾以渭浊，玉以砾贞……兰莸无并，消长相倾。”皛：明亮，皎洁。修渚：长洲。这里以江陵九十九洲代指渚宫江陵。汤汉注：“修渚，疑指江陵。”桓玄自称荆州刺史后，曾增填九十九洲为一百，为他称帝造祥瑞。素砾显于江渚，喻奸邪交道，同时也暗指桓玄盘踞江陵阴谋篡权。南岳无余云：喻司马氏政权气数已尽。南岳：衡山，五岳之一，在湖南。晋元帝即位诏中曾说“遂登坛南岳”，并且零陵就在南岳附近。所以“南岳”代江左司马氏政权。云：紫云，古代数术家所说的所谓王气。《艺文类聚》引晋·庾阐《扬州赋》注云：“建康宫北十里有蒋山，元皇帝未渡江之年，望气者云，蒋山有紫云，时时晨见云云。”又《晋书·元帝纪》：“始皇时望气者，五百年后金陵有天子气”；“元帝之渡江也，乃五百二十六年，真人之应在于此矣。”“无余云”指司马氏政权气数已尽。⑤豫章抗高门：暗指刘裕继桓玄之后与司马氏政权分庭抗礼。豫章：郡名，在今江西南昌。《晋书·桓玄传》载，太尉桓玄讽朝廷以“平元显功封豫章公”。又《晋书》义熙二年（406），“尚书论建义功，奏封刘裕豫章郡公”。抗：抗衡，对抗。高门，即皋门，天子之门。《诗经·大雅·绵》：“乃立皋门，皋门有伉。”毛传：“王之郭门曰皋门。”（伉，通“闶”，高貌）孔疏：“皋高通用。”又《礼记·明堂位》：“天子皋门。”郑注：“皋之为言高也。”重华固灵坟：暗指晋恭帝已死，仅仅剩下坟墓而已。重华：虞舜名。此处代指晋恭帝。晋恭帝被废为零陵王，而舜墓即在零陵的九嶷山。固：只，但。固灵坟：只剩一座灵坟。这两句是说，刘裕继桓玄之后与晋王室相抗衡，晋恭帝只有死路一条。⑥抱中叹：内心感叹。抱指内心、怀抱。司晨：报晓的雄鸡。这两句是说，内心忧伤并叹息，彻夜难眠，侧耳听着雄鸡报晓，等候天明。⑦神州：战国时邹衍称中国为‘赤县神州’，后来用‘神州’作中国的代称。此处指国内。献嘉粟：嘉粟又称嘉禾，生长得十分茁壮的禾稻，古人认为是祥瑞的象征。晋义熙十三年（417），巩县人得粟九穗，刘裕把它献给帝，帝又归于刘裕。西灵：西当为“四”之误。《礼记》：“麟、凤、龟、龙，谓之四灵。”义熙十三年，进封刘裕为宋王，诏书中曾说：“自公大号初发，爰暨告成，灵祥炳焕，不可胜纪。岂伊素雉远至，嘉禾近归已哉！”又晋恭帝《禅位诏》中也说“四灵效瑞”。为我驯：被我驯服，即归附于我。“我”代指刘裕。这两句是说：刘裕假托祥瑞之兆，阴谋篡位。⑧诸梁：沈诸梁，战国时楚人，封叶公。董：治理，统帅。师旅：军队。芊（qiān）胜：楚太子的儿子，居于吴

国，为白公。《史记·楚世家》载：白公杀楚令尹子西，赶走楚惠王，而自立为楚王。月余，叶公率众攻之，白公自杀，惠王复位。按：桓玄篡晋建立楚国，刘裕籍彭城，也为楚人。因此这两句以叶公、白公征战之事，影射桓玄篡晋后又被刘裕率众部所灭。⑨山阳归下国：山阳，指汉献帝刘协。东汉建安二十五年(220)，魏王曹丕称帝，废献帝为山阳公。山阳公十四年后寿终，年五十四。下国，即指逊位后归山阳(在今河南怀州)。成名犹不勤：指零陵王被杀。《周书·谥法解》："不勤成名曰灵。"古代帝王非善终者，即追谥为"灵"。不勤：不劳，不安慰。成名：受到追谥。这两句的意思是，零陵王尽管被迫禅位，但仍不免被杀，死后也得不到安慰，他的命运还不如山阳公的善终。⑩卜生善斯牧：卜生，指卜式。《汉书·卜式传》："'式'布衣草跻（jué，通"屩"，草鞋）而牧羊……上（汉武帝）过其羊所，善之。式曰：'非独羊也，治民亦犹是矣。以时起居，恶者辄去，勿令败群。'上奇其言，欲试以治民。"善斯牧：擅长牧羊。卜式善牧的特点，即在于"恶者辄去"，这一点也适于施政。汉末许芝在奏启曹丕应代汉称帝时，就曾引《京房易传》说："凡为王者，恶者去之，弱者夺之，易姓改代，天命应常。"陶渊明此诗用卜式善牧的典故，则暗指刘裕铲除晋室中异已，为篡权作准备。安乐不为君：安乐，汉昌邑王刘贺的臣僚。不为君，不为君主尽职尽责。《汉书·龚遂传》载，昭帝死，刘贺嗣立，日益骄溢。而安乐身为故相，并不尽忠劝戒。此句以安乐不尽忠刘贺之事，暗指晋臣不忠于晋室。⑪平王去旧京：东周开国君主周平王，于公元前七七〇年东迁雒邑（今河南省洛阳市）之事。旧京：旧都镐，在今陕西省西安市)。这里借平王东迁事，指晋元帝建都江左。峡中纳遗薰：峡同郏，指郏鄏（jiárǔ），今洛阳。薰，薰育，亦作獫狁、猃狁、荤粥、獯鬻、荤允等。我国古代北方民族名。殷周之际，主要居住在今陕西、甘肃北境及内蒙古自治区西部，春秋时被人称为狄、戎，后亦称为匈奴。刘聪为匈奴遗族，曾攻陷洛阳，晋元帝因而东迁。这两句是说，晋元帝离开旧都东迁江左之后，洛阳一带中原地区就被匈奴占领了。⑫双阳甫云育：双阳，重日，寓"昌"字。指晋孝武帝司马昌明。甫云育：开始有了后代。《晋书·孝武帝纪》载："初，简文帝见谶云：'晋祚尽昌明'。"待其子孝武帝降生，无意中竟取名为"昌明"。于是流涕哀叹，以为晋祚已尽。但孝武帝死后，子安帝又嗣位，晋朝并未止于"昌明"。这句是说，孝武帝既已有了后代，便可延长晋朝江山。三趾显奇文：三趾，三足，即三足乌。晋初曾用它作为代魏的祥瑞之物。《晋诸公赞》："世祖时，西域献三足乌。遂累有赤乌来集此昌陵后县。案昌为重日，乌者，日中之鸟，有托体阳精，应期曜质，以显至德者也。"显奇文：谶纬之言，本为晋代魏之祥瑞，而今又成为宋代晋之祥瑞，故曰"奇"。《宋书·武帝纪》：晋帝禅位于王，诏曰："故四灵效瑞，川岳启图……瞻乌爰止，允集明哲，夫岂延康有归，咸熙告谢而已哉!"这句的意思是，三足乌又成了刘宋代晋的祥瑞之兆。⑬王子爱清吹：王子，即王子晋。《列仙传》载，周灵王太子名晋，好吹笙，年十七，乘白鹤，白日升仙而去。清吹，吹笙。此句以王子晋托言东晋，谓已亡去。日中翔河汾：日中，正午，有典午之意。典，主其事，即"司"。午，属马，典午托言司马，暗指晋。翔：遨游。河汾：晋国地名。遨游河汾，指禅代之事。《梁书·武帝纪》载禅位策说："一驾河汾，便有窅然之志；暂适箕岭，即动让王之心。"又《庄子·逍遥游》："尧往见四子于汾水之阴，窅然丧其天下焉。"这两句以王子晋年十七而仙逝喻晋朝在刘裕的统治下十七年而亡，司马氏政权以禅代而终结。⑭朱公练九齿：朱公，指战国时范蠡。范蠡佐越破吴后，更名改姓游于江湖，至陶（地名），号陶朱公。这里以朱公隐"陶"字，是陶渊明自称。练九齿：修炼长生之术。九与"久"谐音同义。齿，年龄。九齿，即长寿。世纷：世间的纷争。这两句说，我要修炼长生之术，隐退闲居，离开纷乱的世界。⑮峨峨：高大的样子。西岭：西山，指伯夷、叔齐隐居之地，不食周粟，采薇充饥，终至饿死。偃息：安卧。《诗经·小雅·北山》："或偃息在床，或不已于行。"亲，这里有敬仰、钦慕的意思。这两句是说：那高高的西山之中，安卧着我所仰慕的伯夷、叔齐两位高人。⑯天容：天人之容，即出众人物的形象，指伯夷、叔齐。永固：永远保持。彭：古代传说中的长寿者彭祖。殇（shāng）：指夭折的儿童。等伦：一样，同等。这两句是说，伯夷、叔齐那出众的节操将会长存，正如长寿的彭祖同夭折的儿童不能等量齐观一样。

【译文】

重黎之光照耀南国，人才众若凤鸣相闻。
秋草尽管尚未枯黄，春风早已消失殆尽。
砾石皎皎长洲之中，南岳早已没有祥云。
豫章司马分庭抗礼，虞舜已死只余灵坟。
心中悲哀叹息流泪，倾听鸡鸣期盼清晨。
国内有人献上嘉禾，祥瑞四灵为我所驯。
叶公统兵讨伐白公，白公兵败已亡其身。
献帝被废犹得善终，恭帝虽死不被存问。
卜式善牧恶者则去，安乐失职不佐其君。
平王东迁远属故都，中原尽被匈奴入侵。
司马昌明终有后嗣，三足乌显成宋代晋。
王子吹笙白天仙去，中午遨翔汾河之滨。
陶朱修炼不老之术，隐居避世远离纠纷。
巍巍西山夷叔所居，安然仰卧我亡所钦。
天人之容万世长存，彭祖长寿难与比伦。

责子

白发被两鬓，肌肤不复实①。
虽有五男儿，总不好纸笔②。
阿舒已二八，懒惰固无匹③。
阿宣行志学，而不爱文术④。
雍端年十三，不识六与七。
通子垂九龄，但觅梨与栗⑤。
天运苟如此，且进杯中物⑥。

【注释】

①被（pī）：同披，下垂，覆盖。鬓（bìn）：面颊两旁近耳的头发。肌肤：身体。实：结实。②五男儿：陶渊明有五个儿子，大名分别叫俨、俟、份、佚、佟，小名分别叫舒、宣、雍、端、通。此诗中皆称小名。纸笔：代指学习。③二八：十六岁。故：同固。无匹：无人能匹敌。④行：将近，行将。志学：指十五岁。《论语·为政》：“子曰：吾十有五，而志于学。”后人遂以十五岁为志学之年。文术：指作文、读书之类的事情。⑤垂九龄：将近九岁。觅：寻找，寻觅。⑥天运：命运，天命。苟：假如。杯中物：酒。

【译文】

白发覆盖在两鬓，身体已不再结实。
身旁虽有五男儿，总不亲近纸与笔。
阿舒年已十六岁，懒惰无人能匹敌。
阿宣将近十五岁，也是无心来学习。
阿雍阿端都十三，居然不识六与七。

通儿年纪近九岁，只喜寻找梨与栗。
如果天命真如此，姑且喝酒莫论理。

有会而作并序

旧谷即没，新谷未登[①]，颇为老农[②]，而值年灾，日月尚悠[③]，为患未已[④]。登岁之功[⑤]，既不可希[⑥]，朝夕所资[⑦]，烟火裁通[⑧]。旬日以来，始念饥乏。岁云夕矣[⑨]，慨然永怀[⑩]。我今不述[⑪]，后生何闻哉[⑫]！

弱年逢家乏，老至更长饥[⑬]。
菽麦实所羡，孰敢慕甘肥[⑭]。
惄如亚九饭，当暑厌寒衣[⑮]。
岁月将欲暮，如何辛苦悲[⑯]。
常善粥者心，深念蒙袂非[⑰]。
嗟来何足吝，徒没空白遗[⑱]。
斯滥岂攸志，固穷夙所归[⑲]。
馁也已矣夫，在昔余多师[⑳]。

【注释】

①未登：谷物没登场，即还没有收割。②颇为老农：做了很久的农民。老农，作者自称。③日月尚悠：日子还很长久。悠：久远。④未已：不止。⑤登岁之功：一年的收成。⑥希：指望，希望。⑦朝夕：指每天，日常。资：资用，指吃的用的等生活必需品。⑧裁：同才，仅。⑨云：语助词，无实义。夕：年终。⑩永怀：用诗歌来抒写情怀。永：通咏。⑪述：抒写，陈述。⑫后生：子孙，后代。⑬弱年：少年时期。更：经历。⑭菽（shū）：豆类的总称。甘肥：精美的食物。⑮惄（nì）如：由于饥饿而愁苦之状。《诗经·周南·汝坟》："未见君子，惄如调饥。"毛传："惄，饥意也。调，朝也。"郑玄笺："惄，思也，未见君子之时，如朝饥之思食。"亚九饭：亚，次于。九饭：一个月吃九顿饭，指子思。《说苑·立节》说，子思住在卫国时，十分贫困，"三旬而九食"。这句是说，我穷愁饥饿，仅次于子思。当暑厌寒衣：在夏天还穿着讨厌的寒衣，谓因贫穷而无夏衣更换。当：值。⑯暮：年终，一年将近。如何：奈何。⑰善：称赞，称许。粥者：施粥以赈济饥民的人，此处指黔敖。《礼记·檀弓》："齐大饥，黔敖为食于路，以待饿者而食之。有饿者蒙袂辑屦，贸贸然来。黔敖左奉食，右执饮，曰：'嗟！来食。'扬其目而视之，曰：'予唯不食嗟来之食，以至于斯也。'从而谢焉，终不食而死。"蒙袂（mèi）：用衣袖遮住脸。袂：衣袖。⑱嗟来：不礼貌的吆喝声。吝：恨。徒没：白白地饿死。遗：弃，失。以上四句称赞黔敖的善良本心，并为蒙袂者不食嗟来之食而惋惜，实际上诗人自己也是不主张食嗟来之食的。萧统《陶渊明传》说渊明"躬耕自资遂报羸疾。江州刺史檀道济往候之，偃卧瘠馁有日矣。道济谓曰：'贤者处世，天下无道则隐，有道则至；今子生文明之世，奈何自苦如此？'对曰：'潜也何敢望贤？志不及也。'道济馈以粱肉，麾而去之。"陶渊明此诗"有会而作"，疑即有感于此而作。⑲这两句用《论语·卫灵公》"君子固穷，小人穷斯滥"的典故，是说君子可以为固守节操而穷困，小人如果穷困就会干出越轨之事。夙所归：平素的志向所希望达到的。⑳馁（něi）：饥饿。在昔：过去。余多师：我有很多老师。指值得仿效的先贤，如伯夷、叔齐、子思，以及不食嗟来之食的蒙袂者等。

【译文】

陈谷已经吃完，新谷却还没有收获，我这长期务农的老汉，又遇上了灾荒之年，来日方长，饥患未了。一年的收成，既然已没有指望，日常所需，只能勉强维持不至断炊。最多十多天来，开始觉得饥饿困乏。一年将尽，感触颇多，写下此诗以抒发情怀。现在我如果不将心里话说出来，后代子孙又怎么能知道呢？

少年即逢家困乏，老来更贫时受饥。
粗茶淡饭愿已足，哪敢奢求精美味！
贫穷仅次于子思，暑天已厌着寒衣。
一年岁月又将尽，多么辛酸与苦悲！
施粥之人心善良，掩面饥者非所宜。
嗟来之食不足恨，白白饿死徒自弃。
人穷斯滥非吾愿，君子守穷是本志。
贫穷饥饿又何妨，自古多有我先师。

蜡日[①]

风雪送余运，无妨时已和[②]。
梅柳夹门植，一条有佳花[③]。
我唱尔言得，酒中适何多[④]！
未能明多少，章山有奇歌[⑤]。

【注释】

①蜡（zhà）：周代十二月祭百神之称。《礼记·郊特牲》："蜡也者，索也者，索也，岁十二月，合聚万物而索飨之也。"②余运：一年内余下的时运，即岁暮。时已和：时节已经逐渐暖和。③夹门植：种植在门两边。佳花：梅花。④唱：咏诗。尔：指上句的佳花。言得：赞赏之意。适：惬意，适意。这两句表现了饮酒赏梅的沉醉之态。⑤未能明多少：难以明白到底有多少，意谓极多。指"酒中适"。章山：江西南城县东北五里有章山，修竹乔松，森列交荫。疑当指此。

【译文】

风雪送走岁末日，不妨时令渐暖和。
柳梅种在门两侧，佳梅一枝已著花。
我吟歌诗你称赏，酒中闲适何其多！
不能明了意多少，章山之间有奇歌。

读《山海经》十三首

其一[①]

孟夏草木长，绕屋树扶疏[②]。
众鸟欣有托，吾亦爱吾庐[③]。

既耕亦已种，时还读我书。
穷巷隔深辙，颇回故人车[④]。
欢然酌春酒，摘我园中疏。
微雨从东来，好风与之俱。
泛览周王传，流观山海图[⑤]。
俯仰终宇宙，不乐复何如[⑥]？

【注释】

①这首诗自咏归隐耕读之乐，是组诗的序诗。初夏之季，耕种之余，欢饮春酒，观览图书，诗人的精神伴随着美妙的神话故事遨游宇宙，乐趣无穷。②孟夏：初夏，农历四月。扶疏：枝叶茂盛的样子。《韩非子·扬权》："为人君者，数披其木，毋使木枝扶疏。"③欣有托：由于有了依托而高兴。托：依托，指寄身之处。庐：住所。④穷巷：僻巷。隔深辙：距离大路很远。隔：相距，隔开。辙：车辙，代大路。颇回故人车：时常使老朋友的车子掉转回去。颇：很，这里指经常。回：回转。⑤周王传：指《穆天子传》。山海图：指《山海经图》。《山海经》原有古图及汉代所传图，晋代郭璞曾为《山海经》作注，有图及赞。后原图均失，今所见图是清人补画。⑥俯仰：俯仰之间，形容时间短促。终穷，尽。

【译文】

初夏草木竞生长，枝繁叶茂树绕屋。
百鸟欢欣有住处，我也钟情我茅庐。
耕田播种农事毕，有空回家读闲书。
僻巷距离大路远，朋友奈何转回路。
我心畅快饮春酒，尽摘园中好菜蔬。
细雨濛濛东面来，好风与共心情舒。
《穆天子传》泛阅览，《山海经》中赏画图。
顷俄遨游遍宇宙，吾心不乐又何如？

其二[①]

玉台凌霞秀，王母怡妙颜[②]。
天地共俱生，不知几何年[③]。
灵化无穷已，馆宇非一山[④]。
高酣发新谣，宁效俗中言[⑤]！

【注释】

①这首赞叹西王母的永寿、妙颜和神通，借以抒发作者的厌弃俗世之情。②玉台：玉山上的瑶台，即西王母的住处。《山海经·西山经》："又西三百五十里，曰玉山，是西王母所居也。"凌霞：高出云霞之上。秀：秀美，灵秀。怡：愉快安适，和悦。妙颜：美妙的容颜。③天地共俱生：王母与天地同生。几何年：多少岁。④灵化：神灵变化。无穷已：没有穷尽。仙馆非一山：《山海经》之《西山经》说西王母居玉山；《大荒西经》说西王母"处昆仑之丘"，郭璞注："王母亦自有离宫别馆，不专住一山也。"《穆天子传》说西王母居于弇（yǎn掩）山，故曰"仙馆非一山"。⑤高酣：高会畅饮。发新谣：《穆天子传》说，周穆王

为西王母设宴于瑶池之上，西王母作歌谣道："白云在天，丘陵自出；道里悠远，山川间之；将子无死，尚复能来。"宁：哪里，怎。俗中言：凡俗之言。

【译文】

玉台秀美出云霞，王母和悦美容颜。
天地与其共俱生，忘却岁月几多年。
神灵变幻无穷尽，仙馆众多非一山。
高会畅饮唱新谣，哪似世俗凡语言！

其三[①]

迢递槐江岭，是谓玄圃丘[②]。
西南望昆墟，光气难与俦[③]。
亭亭明玕照，落落清瑶流[④]。
恨不及周穆，托乘一来游[⑤]。

【注释】

①这首诗赞叹昆仑玄圃，寄托了作者向往美好而厌弃世俗之情。②迢递（tiáodì）：高而远的样子。槐江岭：槐江之山。《山海经·西山经》："槐江之山……多藏琅玕、黄金、玉，其阳多丹粟，其阴多采黄金银。实惟帝之平圃……爰有滛（yáo瑶）水，其清洛洛。"玄圃：平圃，亦作"县（悬）圃。"《山海经·西山经》"平圃"，郭璞注："即玄圃也。"《楚辞·天问》："昆仑县圃，其尻（居）安在?"王逸注："昆仑，山名也……其巅曰玄圃，乃上通于天也。"③昆墟：昆仑山。光气：珠光宝气。《山海经·西山经》："南望昆仑，其光熊熊，其气魂魂。"郭璞注："皆光气炎盛相焜（kǔn）耀之貌。"俦：比并。④亭亭：高高耸立的样子。玕（gān）：琅玕树，即珠树。《山海经·海内西经》"琅玕树"郝懿行注："《玉篇》引《庄子》云：'积石为树，名曰琼枝，其高一百二仞，大三十围，以琅玕为之实。'是琅玕即琼枝之子似珠者也。"《本草纲目·金石部》："在山为琅玕，在水为珊瑚。《山海经》云，开明山北有珠树。《淮南子》云，曾城九重，有珠树在其西。珠树，即琅玕也。"落落：同"洛洛"（见注②），水流动的样子。瑶：同"滛"（见注②）。⑤周穆：周穆王。《穆天子传》言周穆王驾八骏游于玄圃。托乘：搭车。

【译文】

迢迢高耸槐江岭，此即玄圃最高冈。
远眺西南昆仑山，宝气珠光世无双。
峨峨珠树光明照，滛水涓细淌涓流。
可恨吾非周穆世，也去搭车一游赏。

其四[①]

丹木生何许？乃在峚山阳[②]。
黄花复朱实，食之寿命长[③]。
白玉凝素液，瑾瑜发奇光[④]。
岂伊君子宝，见重我轩黄[⑤]。

【注释】

①这首诗表现作者企羡长生之意。丹木之实与丹水白玉，食之皆可延年益寿；钟山之瑾瑜，佩之可以驱除不祥。②丹木：《山海经·西山经》："峚（mì）山，其上多丹木，员叶而赤茎，黄华而赤实，其味如饴，食之不饥。丹水出焉，西流注于稷泽，其中多白玉，是有玉膏，其原沸沸扬扬，黄帝是食是飨。是生玄玉，玉膏所出，以灌丹木。丹木五岁，五色乃清，五味乃馨。黄帝乃取峚山之玉荣，而投之钟山之阳。瑾瑜之玉为良，坚粟精密，浊泽而有光。五色发作，以和柔刚。天地鬼神，是食是飨；君子服之，以御不祥。"峚：逯本作"密"，今从李本、焦本改。山阳：山的南面。③朱实：红色的果实。④瑾瑜：美玉。⑤伊：彼。君子宝：即《山海经·西山经》中所说"君子服之，以御不祥"之意。见重：被看重，被重视。轩黄：黄帝轩辕氏。《史记·五帝本纪》："黄帝者，少典之子，姓公孙，名曰轩辕。"

【译文】

丹木生长在哪方？就在峚山南坡上。
黄色鲜花红果实，食之可使寿命长。
白玉凝成白玉膏，瑾瑜发出奇妙光。
不止君子视为宝，轩辕黄帝早赞赏。

其五[①]

翩翩三青鸟，毛色奇可怜[②]。
朝为王母使，暮归三危山[③]。
我欲因此鸟，具向王母言[④]。
在世无所须，唯酒与长年[⑤]。

【注释】

①这首诗咏叹三青鸟，并表现了诗人对酒的嗜好和对长生的企盼。②翩翩：轻快飞翔的样子。三青鸟：《山海经·大荒西经》：'西有王母之山……有三青鸟，赤首黑目。"郭璞注："皆西王母所使也。"后因称传信的使者为青鸟。奇可怜：非常可爱。③王母使：西王母的信使。见上郭璞注。又《山海经·海内北经》："西王母，梯几而戴胜杖，其南有三青鸟，为西王母取食，在昆仑虚北。"《艺文类聚》卷九十一引《汉武故事》："七月七日，上（汉武帝）于承华殿斋，正中，忽有一青鸟从西方来，集殿前。上问东方朔，朔曰：'此西王母欲来也。'有顷，王母至。有二青鸟如乌，侠（夹）侍王母旁。"三危山：《山海经·西山经》："三危山，三青鸟居之。"郭璞注："三青鸟主为西王母取食者，别自栖息于此山也。"④因：依托，因依。具：通俱，详细，完全。⑤须：通需，需要。唯：同惟，只有，独。长年：长寿。

【译文】

翩翩飞翔三青鸟，毛色鲜艳甚好看。
早晨去为王母使，暮归居于三危山。
我想托附此青鸟，去向王母表心愿。
此生此世无它求，只要佳酿与寿年。

其六[①]

逍遥芜皋上，杳然望扶木[②]。
洪柯百万寻，森散覆旸谷[③]。
灵人侍丹池，朝朝为日浴[④]。
神景一登天，何幽不见烛[⑤]！

【注释】

①这首诗咏叹日出之处和太阳的光辉，寄托了作者向往光明之意。②芜皋：无皋。《山海经·东山经》："无皋之山，南望幼海，东望榑（fú）木。"杳然：遥远的样子。扶木：榑木，亦作扶桑或榑桑。《山海经·大荒东经》："汤谷上有扶木，一日方至，一日方出，皆载于乌。"《山海经·海外东经》："汤谷上有扶桑，十日所浴。"郭璞注："扶桑，木也。"《淮南子·览冥训》："朝发榑桑。"③洪柯：大树枝。寻：古代的长度单位，八尺为一寻。森散：枝叶舒展四布的样子。旸（yáng）谷：同"汤（yáng）谷"，日出之处。见注②。《楚辞·天问》："出自汤谷，次于蒙汜，自明及晦，所行几里？"《淮南·天文训》："日出于旸谷，浴于咸池，拂于扶桑，是谓晨明。"《说文》："旸，日出也。"④灵人：指羲（xī）和，神话传说中太阳的母亲。《山海经·大荒南经》："东南海之外，甘水之间，有羲和之国，有女子名曰羲和……羲和者，帝俊之妻，生十日。"丹池：甘渊或咸池，太阳沐浴处。《山海经·大荒南经》："有女子名曰羲和，方（为）日浴于甘渊。"《淮南子·天文训》："日出于旸谷，浴于咸池。"⑤神景：指太阳。景：日光。何幽不见烛：什么黑暗的地方不被照亮。幽：黑暗。烛：照亮。

【译文】

逍遥无皋之山上，远远可见木扶桑。
参天树枝百万丈，纷披正将旸谷挡。
羲和侍立丹池旁，每天为日沐浴忙。
只要太阳升上天，何处阴暗不照亮！

其七[①]

粲粲三珠树，寄生赤水阴[②]。
亭亭凌风桂，八干共成林[③]。
灵凤抚云舞，神鸾调玉音[④]。
虽非世上宝，爰得王母心[⑤]。

【注释】

①这首诗赞叹鸾歌凤舞、宝树生辉的神仙世界的奇异景象，寄托了诗人遗世高蹈的情怀。②粲粲：光彩鲜艳的样子。三珠树：古代神话中的树名。《山海经·海外南经》："三珠树在厌火北，生赤水上。其为树如柏，叶皆为珠。"赤水阴：赤水的南岸。③亭亭：高高耸立的样子。凌风：迎风。八干：八株桂树。《山海经·海内南经》："桂林八树，在贲隅东。"郭璞注："八树而成林，言其大也。"④灵凤：神灵的凤鸟。抚云舞：云中起舞。鸾（luán）：传说中像凤凰一类的鸟。玉音：美玉般清脆悦耳的声音。这两句本《山海经·大荒南经》："爰有歌舞之鸟，鸾鸟自歌，凤鸟自舞。"⑤爰（yuán）：语助词，无实意。

【译文】

灿烂光辉三珠树，寄于赤水之南滨。
巍然耸立迎风桂，八树相连即成林。
灵异凤鸟云中舞，神奇鸾凤鸣玉音。
虽然此非人间乐，王母为之亦欢心。

其八①

自古皆有没，何人得灵长②？
不死复不老，万岁如平常③。
赤泉给我饮，员丘足我粮④。
方与三辰游，寿考岂渠央⑤！

【注释】

①这首诗赞叹长生不老，表示了作者的羡慕之情。②没（mò）：通“殁”，死亡。灵长：延绵久长。③不死复不老：《山海经·海外南经》：“不死民在其东，其为人黑色，寿，不死。”④赤泉、员丘：同上注引文郭璞注：“有员丘山，上有不死树，食之乃寿；亦有赤泉，饮之不老。”⑤三辰：指日、月、星。考：老。渠：同遽，马上，忽然。央：尽，指死亡。

【译文】

自古人生难免死，谁能长命永不亡？
即使不死亦不老，长命万岁也平常。
赤泉之水为我饮，员丘之树我作粮。
日月星辰伴我游，怎能很快把命丧！

其九①

夸父诞宏志，乃与日竞走②。
俱至虞渊下，似若无胜负③。
神力既殊妙，倾河焉足有④？
余迹寄邓林，功竟在身后⑤。

【注释】

①这首诗赞叹夸父的雄心壮志和非凡的毅力，虽然他壮志未酬，但他的功绩和精神却永垂后世。②夸父：古代传说中的神。《山海经·海外北经》：“夸父与日逐走，入日。渴，欲得饮，饮于河、渭；河、渭不足，北饮大泽。未至，道渴而死。弃其杖，化为邓林。”诞：本义为大言，此处引申为大。《尚书·汤诰》：“王归自克夏，至于亳，诞告万方。”孔安国传：“诞，大也。”乃：竟然。③虞渊：即禺渊、禺谷，传说中的日落之处。《山海经·大荒北经》：“夸父不量力，欲追日景，逮之于禺谷。将饮河而不足也，将走大泽，未至，死于此。”郭璞注：“禺渊，日所入也，今作虞。”无胜负：不分胜负。④殊妙：非凡而奇妙。倾河：倾尽黄河之水。焉足有：何足有，意即不足。⑤余迹：遗迹，指夸父“弃其杖，化为邓林”。寄：留存，

寄留。邓林：据毕沅考证，邓、桃音近，“邓林”即“桃林”。（见毕沅《山海经》校本）

【译文】

夸父志向真宏大，敢同太阳去竞走。
同时到达日落处，好像不分胜与负。
神力超凡又奇妙，饮干黄河水不足。
抛下手杖化邓林，身后功勋垂千古。

其十①

精卫衔微木，将以填沧海②。
刑天舞干戚，猛志固常在③。
同物既无虑，化去不复悔④。
徒设在昔心，良辰讵可待⑤！

【注释】

①这首诗赞叹精卫和刑天至死不屈的顽强意志和斗争精神，抒发了诗人空怀报负却无法施展的愤慨不平的心情。②精卫：神话中的鸟名。《山海经·北山经》：“发鸠之山，其上多柘（zhè）木，有鸟焉，其状如乌，文首，白喙（huì，鸟嘴），赤足，名曰‘精卫’，其名自设（xiāo，呼叫）。是炎帝之少女，名曰女娃。女娃游于东海，溺而不返，故为精卫。常衔西山之木石，以堙（yīn，填塞）于东海。”微木：细木。③刑天舞干戚：逯本作“形夭无干戚”，今据李本、焦本改。刑天：神名。干：盾。戚：斧。《山海经·海外西经》：“刑天与帝至此争神，帝断其首，葬之常羊之山。乃以乳为目，以脐为口，操干戚以舞。”固：逯本作“故”，今以陶本改。④同物：与万物等同。意即人同万物一样，生死并无差别，即《庄子·齐物论》所说的“物化”。化去：死亡。⑤徒设：空有。在昔心：诗人自己以往的雄心。良辰：良好的时机。讵：岂。这两句是说：我空怀雄心壮志，实现壮志的良机哪里能够等到。

【译文】

精卫口衔细木草，誓将以之填东海。
刑天头掉舞斧盾，壮志仍然常存在。
等同万物不必虑，死去也无可后悔。
空有当年英雄志，良机已逝岂等待！

其十一①

臣危肆威暴，钦駓违帝旨②。
窫窳强能变，祖江遂独死③。
明明上天鉴，为恶不可履④。
长枯固已剧，鵕鹗岂足恃⑤！

【注释】

①这首诗说的是臣危和钦駓违背上帝的意旨逞凶，结果受到惩罚，说明恶人终有恶报。诗意暗寓对刘

裕篡弑行为的诅咒。②臣危肆威暴：《山海经·海内西经》："贰负（古天神，人面蛇身）之臣曰危，危与贰负杀窫窳（yàyǔ）。帝乃梏之疏属之山，桎其右足，反缚两手与发，系之山上木。"钦䲹（pī）违帝旨：《山海经·西山经》："钟山，其子曰鼓，其状如人面而龙身，是与钦䲹（按：䲹原作鸡，据《后汉书·张衡传》注引改）杀葆江于昆仑之阳，帝乃戮之钟山之东曰崌崖，钦䲹化为大鹗，其状如雕而黑文白首，赤喙而虎爪，其音如晨鹄，见则有大兵；鼓亦化为鵕鸟，其状如鸱，赤足而直喙，黄文而白首，见则其邑大旱。"是说钦䲹与鼓谋害了葆江，最后受到天帝的惩罚。③窫窳强能变：《山海经·海内西经》："窫窳者，蛇身人面，贰负臣所杀也。"又《海内南经》："窫窳龙首，居弱水中，……其状如龙首，食人。"郭璞注："窫窳，本蛇身人面，为贰负臣所杀，复化而成此物也。"强：还能，尚。祖江：葆江，见注②，郭璞注："葆或作祖。"④鉴：审察，照。履：行。⑤枯：当作"梏"，指臣危被梏。固已剧：本来就已经很痛苦。剧：痛苦。鵕、鹗：指鼓和钦䲹被天帝杀死后的变形。恃：凭借。

【译文】

奸哉之臣逞凶暴，钦䲹违逆帝旨意。
窫窳虽死还能变，祖江一去永消失。
苍天可鉴明审察，作恶之举不可为。
臣危受罚甚痛苦，鵕鹗之变不足恃！

其十二[①]

鸱鸺见城邑，其国有放士[②]。
念彼怀王世，当时数来止[③]。
青丘有奇鸟，自言独见尔[④]。
本为迷者生，不以喻君子[⑤]。

【注释】

①这首诗由鸱鸺和青丘鸟联想到屈原的不幸，实际上抒发作者对现实的不满情绪。②鸱鸺（chīzhū）：逯本作"鸼（zhōu）鹅"，今据李本、焦本改。《山海经·南山经》："柜山……有鸟焉，其状如鸱而人手，其音如痹，其名曰鸺，其名自号也，见则其县多放士。"见（xiàn）：出现。放士：被流放的贤士。③怀王：楚怀王，战国末期楚国国君。屈原亦在怀王时被放逐的。数来止：数次飞来栖息。指屈原多次被流放。④青丘有奇鸟：《山海经·南山经》："青丘之山……有鸟焉，其状如鸠，其音若呵，名曰灌灌，佩之不惑。"自言独见尔：是说灌灌鸟独自出现，无人看见。尔：语气助词。⑤这两句是说：灌灌鸟本来就是为迷惑者而生的，没有必要用它来晓喻明达之人。

【译文】

鸱鸺现身在城里，国内便有流放士。
遥思楚国怀王时，此鸟一定常飞至。
青丘之山有奇鸟，独自出现人难知。
从来就为迷者生，何必晓喻贤君子。

其十三[①]

岩岩显朝市，帝者慎用才[②]。
何以废共鲧，重华为之来[③]。
仲父献诚言，姜公乃见猜[④]。
临没告饥渴，当复何及哉[⑤]！

【注释】

①此诗是本组诗的最后一首，带有总结的性质。诗中总结了历史的兴亡之道，关键在于“帝者慎用才”，对当世也寓有颇深的感慨。②岩岩：本形容高峻的样子，这里指显赫的大臣。《诗经·小雅·节南山》：“节彼南山，维石岩岩。赫赫伊师，民具尔瞻。”显朝市：显赫于朝廷之中。③废共鲧（gǔn）：指帝尧的臣子共工与鲧，因不贤而被废弃。《尚书·舜典》：“流共工于幽州，放欢兜于崇山，窜三苗于三危，殛（jí极，诛戮）鲧于羽山。四罪（处罚）而天下咸服。”《山海经·海内经》：“洪水滔天，鲧窃帝之息壤以堙洪水，不待帝命。帝令祝融杀鲧羽郊。鲧复生禹，帝乃命禹卒布土以定九州。”重华：虞舜名。这两句是说：废弃共工和鲧，是帝舜所为。④仲父（fǔ）：指管仲。齐桓公尊称管仲为仲父。献诚言：进献诚挚之言。姜公：指齐桓公，因其为姜姓。见猜：被猜疑。据《韩非子·十过》和《史记·齐太公世家》载，管仲命危时，齐桓公问以国政，管仲说易牙、开方、竖刁三人不可重用。管仲死后，桓公未信其言，结果三人专权。⑤临没告饥渴：《史记·齐太公世家》载，齐桓公病重，竖刁等三人作乱，桓公被禁闭，终因饥渴而死。当复何及哉：又怎么来得及呢。意即后悔莫及。

【译文】

臣子显赫在朝廷，君王用人当慎重。
共工和鲧被废弃，帝舜所为废奸凶。
管仲临终肺腑言，桓公到底未听从。
桓公临死困饥渴，心中悔恨有何用！

感士不遇赋并序

昔董仲舒作《士不遇赋》[①]，司马子长又为之[②]。余尝于三余之日[③]，讲习之暇，读其文，慨然惆怅。夫履信思顺[④]，生人之善行[⑤]；抱朴守静[⑥]，君子之笃素[⑦]。自真风告逝[⑧]，大伪斯兴[⑨]，闾阎懈廉退之节[⑩]，市朝驱易进之心[⑪]。怀正志道之士[⑫]，或潜玉于当年[⑬]；洁己清操之人，或没世以徒勤[⑭]。故夷皓有“安归”之叹[⑮]，三闾发“已矣”之哀。[⑯]悲夫[⑰]！寓形百年[⑱]，而瞬息已尽[⑲]，立行之难[⑳]，而一城莫赏[㉑]。此古人所以染翰慷慨[㉒]，屡伸而不能已者也[㉓]。夫导达意气[㉔]，其惟文乎[㉕]？抚卷踌躇[㉖]，遂感而赋之[㉗]。

咨大块之受气，何斯人之独灵[㉘]！禀神志以藏照，秉三五而垂名[㉙]。或击壤以自欢，或大济于苍生[㉚]；靡潜跃之非分，常傲然以称情[㉛]。世流浪而遂徂，物群分以相形[㉜]。密网裁而鱼骇，宏罗制而鸟惊[㉝]。彼达人之善觉，乃逃禄而归耕[㉞]。山嶷嶷而怀影，川汪汪而藏声[㉟]。望轩唐而永叹，甘贫贱以辞荣[㊱]。淳源汩以长分，美恶作以异

途[37]。原百行之攸贵，莫为善之可娱[38]。奉上天之成命，师圣人之遗书[39]。发忠孝于君亲，生信义于乡闾[40]。推诚心而获显，不矫然而祈誉[41]。嗟乎[42]！雷同毁异，物恶其上[43]；妙算者谓迷，直道者云妄[44]。坦至公而无猜，卒蒙耻以受谤[45]。虽怀琼而握兰，徒芳洁而谁亮[46]！哀哉！士之不遇，已不在炎帝帝魁之世[47]。独祗修以自勤，岂三省之或废[48]；庶进德以及时，时既至而不惠[49]。无爰生之晤言，念张季之终蔽[50]；愍冯叟于郎署，赖魏守以纳计[51]。虽仅然于必知，亦苦心而旷岁[52]。审夫市之无虎，眩三夫之献说[53]。悼贾傅之秀朗，纡远辔于促界[54]。悲董相之渊致，屡乘危而幸济[55]。感哲人之无偶，泪淋浪以洒袂[56]。承前王之清诲，曰天道之无亲[57]；澄得一以作鉴，恒辅善而佑仁[58]。夷投老以长饥，回早夭而又贫[59]；伤请车以备椁，悲茹薇而殒身[60]；虽好学与行义，何死生之苦辛[61]！疑报德之若兹，惧斯言之虚陈[62]。何旷世之无才，罕无路之不涩[63]。伊古人之慷慨，病奇名之不立[64]。广结发以从政，不愧赏于万邑[65]；屈雄志于戚竖，竟尺土之莫及[66]；留诚信于身后，动众人之悲[67]泣。商尽规以拯弊，言始顺而患入[68]。奚良辰之易倾，胡害胜其乃急[69]！苍旻遐缅，人事无已[70]；有感有昧，畴测其理[71]！宁固穷以济意，不委曲而累己[72]。既轩冕之非荣，岂缊袍之为耻[73]？诚谬会以取拙，且欣然而归止[74]。拥孤襟以毕岁，谢良价于朝市[75]。

【注释】

①董仲舒：西汉哲学家，今文经学大师，著有《春秋繁露》等书。他所著的《士不遇赋》，收在《古文苑》中。②司马子长：司马迁，字子长，西汉文学家、史学家，所著《史记》为不朽巨著。又为之：又作过一篇《悲士不遇赋》。其残文见《艺文类聚》卷三十。③三余之日：闲暇之时。三国时魏人董遇常教学生利用"三余"的时间学习，谓"冬者岁之余，夜者日之余，阴雨者时之余也。"见《三国志·魏志·王肃传》裴松之注。④夫：语气词。履信：遵守信义。思顺：不忘忠孝。《左传·隐公三年》："君义、臣行、父慈、子孝、兄爱、弟敬，所谓六顺也。"《周易·系辞上》："天之所助者顺也，人之所助者信也。履信思乎顺，又以尚贤也。是以自天祐之，吉无不利也。"⑤生人：生民。人，人类。善行：良好的德行，即美德。⑥抱朴：胸怀淳朴，不失本真。《老子》："见素抱朴，少私寡欲。"守静：保持内心的宁静，不为外物所扰。⑦笃（dǔ）素：笃志，志向专一不变。《三国志·吴志·吕蒙传》裴松之注引《江表传》："蒙始就学，笃志不倦。"《后汉书·张衡传》："必旌厥素尔。"注："素，志也。"⑧真风：自然淳朴的风气。告逝：消失。⑨大伪斯兴：虚伪之风于是盛行。斯：乃。⑩闾阎：里巷的门，指平民。懈：懈怠。廉退之节：廉洁谦让的节操。⑪市朝：朝廷，指官场。驱：竞逐驰驱。易进：侥幸升官，指靠投机取巧处迁。⑫怀正：胸怀正直。志道：有志于治世之道。⑬潜玉：藏玉，指有德才而归隐不仕。当年：正当有为之年，指壮年。⑭没世：一世，终生。徒勤：空忙，徒劳。⑮夷皓：指伯夷、叔齐和商山四皓。伯夷、叔齐事见《饮酒二十首》其二注②；商山四皓事见《赠羊长史》注⑨。"安归"之叹：伯夷、叔齐隐居首阳山，曾作歌曰："神农虞夏忽焉没兮，我安适归矣！"（《史记·伯夷叔齐列传》）商山四皓隐居时作歌曰："唐虞世远，吾将安归？"（皇甫谧《高士传》）安归：归往何处。即无处归。⑯三闾：指屈原。屈原曾任三闾大夫之职。"已矣"之哀：屈原《离骚》结尾说："已矣哉！国人莫我知兮，又何怀乎故都！"已矣：算了吧。表无可奈何之意。⑰夫（fú）：语气问，表感叹。⑱寓形：寄身。寓：寄托，寄。形：形体，身形。⑲瞬息：一转眼一呼吸，谓时间短促。尽：生命结束。⑳立行：建工立业。㉑一城莫赏：得不到封地赐爵。㉒染翰：浸湿毛笔，指写作。㉓伸：表白，伸述。已：止。㉔导达意气：抒发性情意志。其：语助词，表推测，犹"大概"。㉕惟：只有。㉖卷：书卷。指董仲舒和司马迁的《士不遇赋》。踌躇：原指犹豫不决，这里指反复思考。㉗遂：于是。感：有所感触。赋：抒写，作动词。㉘咨（zī）：嗟叹声。大块：大自然。受气：意思

是禀承天地自然之气而万物生。王充《论衡·自然》："天地合气，万物自生。"斯：这，此。独灵：最尊贵、杰出，最灵智。《礼记·礼运篇》："人者，其天地之德，阴阳之交，鬼神之会，五行之秀气也。"许慎《说文解字》："人，天地之性最贵者也。"陶渊明《形影神·形赠影》："谓人最灵智。"这两句是说，禀承天地自然之气而万物生，为什么只有人最为灵智呢？㉙禀：承受。藏照：怀揣光明，即拥有智力。秉：具有，持。三五：三才五常的略称。三才：指天、地、人。《周易·系辞下》："有天道焉，有人道焉，有地道焉，兼三材而两之。"五常：仁、义、礼、智、信，是儒家所说常行不变的五项道德标准。垂名：留名。垂：流传。㉚击壤：古代的一种游戏，这里指隐居。晋代皇甫谧《高士传》："壤父者，尧时人也。帝尧之世，天下太和，百姓无事。壤父年八十余而击壤于道中。观者曰：'大哉帝之德也！'壤父曰：'吾日出而作，日入而息，凿井而饮，耕田而食。帝何德于我哉？'"宋代葛立方《韵语阳秋》卷十七引《艺经》云："壤以木为之，前广后锐，长尺四寸，阔三寸，其形如履。将戏，先侧一壤于地，远三四十步，以手中壤击之，中者为上。"济：救助。苍生：百姓，黎民。㉛靡：无。潜：潜藏，指隐居。跃：显达，指出仕做官。非分：不合本分。傲然：高傲的样子。称情：符合心意。这两句是说，不管隐居还是做官，都顺其自然，各安本分，人们高傲自足，无拘无束。㉜流浪：漂荡不定，这里指运行变化，犹"流转"。徂（cú）：过去，往。物：这里指人。群分：指分为善恶不同的人群。相形：各自区别，互相对应。㉝密网裁：捕鱼的网织得很密。宏罗制：捕鸟的网罗张得很大。这两句比喻统治者的专制制度和奸佞之徒陷害忠良的阴谋诡计。㉞达人：通达而有见识的人。善觉：善于观察形势，易于觉悟。逃禄：逃避爵禄，指不做官。㉟嶷嶷（nì）：高峻的样子。影：指隐士的身影。汪汪：水面宽广的样子。声：指隐士的声音。这两句是说，达人归隐于山水之间。㊱轩唐：指轩辕和唐尧，相传为上古治世之君。永叹：长叹。辞荣：辞去荣华富贵。㊲淳源：清澈的水源。此处比喻淳朴的道德风尚。汩（gǔ）：水流动的样子。长分：指水源流到远方就分支了。美恶：美善与邪恶。作：产生，出现。㊳原：推究，探原。百行：各种行为。攸贵：所贵。莫为善：莫若行善。㊴奉：奉行，遵奉。成命：既定的命令。此处指命运的安排或自然的规律。师：师法，效法。㊵发：显现，指行为表现。生：这里有"树立"的意思。乡闾：乡里。㊶推：凭借，以。显：显达。矫然：虚伪做作。祈誉：祈求荣誉。㊷嗟乎：感叹之声。㊸雷同：相同；人云亦云。《礼记·曲礼上》："毋剿说，毋雷同。"郑玄注："雷之发生，物无不同时应者，人之言当各由己，不当然也。"《楚辞·九辩》："世雷同而炫曜兮，何毁誉之昧昧！"毁异：诽谤异己，即诋毁不同于己见之人。物恶（wù）其上：世人憎恨那些才能超过自己的人。物：指人。《晋书·袁宏传》："物恶其上，世不容哲。"㊹妙算者：可以预见先机之人。谓迷：被认为是糊涂。云妄：被说成是狂妄。㊺坦：坦荡，坦诚。至公：最公正无私。无猜：对人没有猜忌。卒：结果，最终。以：因。㊻琼（qióng）：美玉，比喻贞洁。兰：兰草，比喻芳香。亮：了解，明白。㊼炎帝帝魁之世：指传说中上古太平的时代。炎帝即神农氏，帝魁为黄帝子孙，都是上古治世之君。张衡《东京赋》："仰不睹炎帝帝魁之美。"㊽祗（zhī）：恭敬。三省（xǐng）：每天多次反省自我。《论语·学而》："曾子曰：'吾日三省吾身：为人谋而不忠乎？与朋友交而不信乎？传不习乎？'"㊾庶：希望。进德以及时：修治德行，等候施展才能的机会。不惠：不顺利。㊿爰生：指爰盎（《史记》作袁盎，此本《汉书》），字丝。汉文帝时任中郎将。晤言：当面说话。指爰盎向汉文帝当面举荐张释之。（事见《汉书·爰盎列传》）张季：名释之，字季。据《汉书·张释之列传》载，张释之担任骑郎（管理宫廷马匹的小官），十年不得外迁，经爰盎向汉文帝当面举荐，文帝任释之为谒者仆射（当皇帝掌管传达的长官），后任廷尉，处事多得当。蔽：被埋没。51愍（mǐn）：忧病，哀怜。冯叟：指冯唐。叟是对老者的称呼。据《史记·冯唐列传》载，汉文帝时，魏尚为云中（汉时地名，今内蒙古自治区托克托县一带，包括山西省西北一部分地区）太守。他爱惜士卒，优待军吏，匈奴远避。一度匈奴进犯，魏尚亲率车骑狙击，大胜。因报功的文书上所载杀敌数字同实际不符（相差六人）而被削职。一次文帝过郎署，同郎中署长的小官冯唐谈起这事，经冯唐代为辩白，文帝即派冯唐前往赦免魏尚，仍令担任云中太守。而冯唐也因此被封为车骑都尉。赖魏守以纳计：是说冯唐凭借魏尚的事，文帝采纳了他的建议，才得以提升。52仅然：将近，几乎。这里是"勉强"的意思。知：知遇，指受到重用。旷岁：荒废、耽搁了很长时间。53审夫：确乎。

夫：语气助词。眩：迷惑。三夫之献说：意为三人都说有虎。《韩非子·内储说上》：庞恭“谓魏王曰：‘今一人言市有虎，王信之乎？’曰：‘不信。’‘二人言市有虎，王信之乎？’曰：‘不信。’‘三人言市有虎，王信之乎？’王曰：‘寡人信之。’庞恭曰：‘夫市之无虎也明矣，然而三人言而成虎。’”意即人常被谣言迷惑，信以为真。㊿贾傅：指西汉贾谊。曾作长沙王太傅、梁怀王太傅。秀朗：才能出众。纡：曲。远辔：代指千里马。辔：马缰绳。促界：狭窄的范围。㊿董相：指董仲舒。曾先后任江都王相、胶西王相。渊致：学识渊博。屡乘危而幸济：多次遇险却又能幸免于难。《汉书·董仲舒传》载，江都王、胶西王皆骄横，董仲舒为人正派，多次上疏谏诤匡正，忤逆王意而险获死罪，后幸免。虽被重用，后来他怕久后获罪，称病辞归。㊿哲人：才智出众之人。无偶：无双。淋浪：泪流不止的样子。袂（mèi）：衣袖。㊿前王：指素王，即古代圣哲。《庄子·天道》：“玄圣素王之首。”疏曰：“夫有其道而无其爵者，所谓玄圣素王，自贵者也，气即老君、尼父是也。”清诲：犹明教。《后汉书·赵壹传》：“冀承清诲，以释遥悚。”曰：同“聿”，乃，语助词。天道之无亲：用“天道无亲，常与善人”（《老人》七十二章、《史记·伯夷列传》）之意，是说天道对所有人都无亲疏之别，但总将好运赐给行善之人。㊿澄：清。一：指天道。《老子》三十九章：“天得一以清，地得一以宁。”鉴：镜，明察。恒：常常。辅善：帮助行善之人。佑仁：保佑为仁之人。㊿夷：伯夷。投老：到老。回：颜回，字子渊，简称渊。早夭：见《饮酒二十首》其十一注③。㊿请车以备椁（guǒ）：《论语·先进》：“颜渊死，颜路请子之车以为椁。”颜渊死后，家里没钱买棺材，他的父亲颜路请求孔子将车子卖掉以筹资。意思是说虽然对老师不恭敬，却不得已而为之。椁：外棺，泛指棺。茹薇而殒（yǔn）身：《史记·伯夷列传》：“采薇而食之，及饿且死。”伯夷、叔齐隐于首阳山，采薇（野菜）而食，最后饿死。茹：吃。殒：死。㊿好学：指颜回好学。《论语·雍也》：“哀公问：‘弟子孰为好学？’孔子对曰：‘有颜回者好学，不迁怒，不贰过。”行义：指伯夷、叔齐行义。事见《饮酒二十首》其二注②。㊿若兹：像这样。指颜回家贫早夭，伯夷叔齐饿死。斯言：此言。指“天道无亲，常与善人”之语。虚陈：徒说，空言。《饮酒二十首》其二：“积善云有报，夷叔在西山。善恶苟不应，何事空立言？”与此处意同。㊿旷世旷代。绝代，世所未有。涩：艰难，阻滞。㊿伊：语气助词，无实意。病：忧虑。㊿广：指李广。西汉名将。结发：束发，指年轻的时候。从政：指从军征讨匈奴。《史记·李将军列传》：“孝文帝十四年，匈奴大入萧关，而广以良家子从军击胡。”“广结发与匈奴大小七十余战。”不愧赏于万邑：是说李广战功显赫，封赏万户侯也不为过。李广少时为武骑常侍，文帝曾说：“惜乎，子不遇时！如令子当高帝时，万户侯岂足道哉！”后李广屡立战功，匈奴畏惧，呼为“飞将军”。㊿戚竖：外戚小人，指卫青（汉武帝卫皇后之弟）。元狩四年一次出击匈奴的战役中，李广军因失道误期，卫青乘机惩罚他，李广愤而自杀。竟尺土之莫及：竟然连尺寸土地的封赏也没得到。武帝时，征匈奴者多封侯，而李广未得封。广弟“蔡为人在下中，名声出广下甚远；然广不得爵邑，官不过九卿，而蔡为列侯，位至三公。诸广之军吏及士卒或取封侯。广尝与望气王朔燕语曰：‘自汉击匈奴，而广未尝不在其中。而诸部校尉以下，才能不及中人，然以击胡军功取侯者数十人；而广不为后人，然无尺寸之功以得封邑者，何也？岂吾相不当侯邪？且固命也？”（《史记·李将军列传》）㊿身后：死后。动：感动。《史记·李将军列传》：“太史公曰：传曰：‘其身正，不令而行；其身不正，虽令不从。’（孔子语，见《论语·子路》）其李将军之谓也！余睹李将军，悛悛（xún 旬，通恂恂，诚实谨慎的样子）如鄙人（乡野之人），口不能道辞。及死之日，天下知与不知，皆为尽哀。彼其忠实心诚信于士大夫也。”又：李广“遂引刀自刭。广军士大夫一军皆哭。百姓闻之，知与不知，无老壮皆为垂涕。”㊿商：指王商，字子威，西汉人。尽规：尽力策划。拯弊：拯救弊端，改革弊政。言：语气助词，无实意。始顺而患入：开始顺利，而后却遭致祸患。《汉书·王商传》载，汉成帝时，王商任左将军，深受皇帝的宠信；后任丞相，也很受尊重。然竟被王凤、张匡等人以谗言相害，被罢相后，发病吐血而亡。㊿奚：何。良辰：指施展才能的大好时机。易倾：容易用尽，很快就结束了。胡：为什么。害胜：陷害才能胜过自己的人。㊿苍旻（mín）遐缅：苍天遥远。旻：天。已：止。㊿有感有昧：有些明白，有些迷惑。昧：暗。畴：通谁。《尚书·尧典》：“帝曰：畴若予工？”㊿济意：成就意愿，使本心得以满足。累己：损害自己。㊿轩冕：高官厚禄。轩：达官贵人乘坐的轻车。冕：官冕，官吏戴的帽子。《庄子·缮性》："古之所谓得志者，非轩冕之谓也。"《晋书·应贞传》："轩冕相袭，为郡盛族。"缊(yùn)袍：在乱麻为絮的袍子，穷人所穿。《论语·子罕》："子曰：'衣敝缊袍，与衣狐貉者立而不耻者，其子由也与？"孔子称赞子路，说他穿着破棉袍与穿轻裘的人站在一起却并不以为耻。㉔谬会：错误的领会。指领会以上四句的内容。谬：谦词。取拙：守拙，指隐而不仕。归止：解职还乡。止：语气助词，无实意。㉕拥：抱着。孤襟：孤介的情怀。毕岁：终此一生。谢良价于朝市：拒绝以高价在市场上出卖。即不愿应诏出仕。《论语·子罕》："子贡曰：'有美玉于斯，韫椟（yùndú，藏在柜子里）而藏诸？求善贾而沽诸？'子曰：'沽之哉！沽之哉！我待贾者也。'"这里是反用其意。谢：拒绝，辞。

【译文】

以前董仲舒写过一篇《士不遇赋》，后来司马迁也写了一篇《悲士不遇赋》。我曾利用冬闲、夜晚和阴雨天等闲暇之时，以及在讨论学习的空隙中，拜读了他们的作品，深为感慨并哀伤不已。遵守信义，不忘忠孝，是人类的美好品德；胸怀淳朴，心地宁静，是君子恪守的素志。自从淳朴的风气消失，虚伪之风便盛行，廉洁谦让的操行在民间渐被淡忘，追逐高官厚禄的投机之心在官场上日益泛滥。一些胸怀正直、立志治世之人，正当壮年却隐居不仕；一些洁身自好、节操高尚之人，却徒劳终生。因此伯夷、叔齐和商山四皓都有"归往何处"的悲叹，三闾大夫屈原发出"算了吧"的哀怨之声。可悲啊！人生百年，转瞬即逝，建立功业十分艰难，却得不到应得的赐爵封地。这就是古人慨然挥笔，一再抒发而难尽其情的原因。能够抒发性情意志的，大约只有文章吧？抚着古人的书卷反复思考，于是感触颇多而写下这篇文章。

可叹承天地之气万物生育，为什么这人类独为万物之灵！禀受神情意志而拥有智慧，凭借三才五常之道而得留名。或居乡野击壤游戏以自娱，或出仕途拯救天下之百姓；隐没显贵无不自然本分，傲然自如一切适合性情。时光流逝，往古之世成为过去，好人坏人渐有分别群体自成。捕鱼之网密织而鱼恐惧，捕鸟之罗大张而鸟心寒。那通达明智之人善觉悟，于是逃避官禄归隐躬耕。高峻的山岭中有隐士的身影，广阔的河流上有隐士的高歌。遥想远古治世深深叹息，甘居贫贱辞却荣华浮名。清澈源头长流分支，善恶有别不同路途。探究各种行为中可贵者，莫若施行善事最可欢娱。遵从上天既定之命，仿效圣人留传之书。忠于君主孝敬双亲，乡里再把信义建树。凭真心获得显达，不虚伪做作祈求名誉。可叹哪！人云亦云诽谤异己，憎恨别人才能在己之上；把聪明之人说成糊涂，将正直之士视为自大。坦诚公正无猜忌，最终受辱遭诽谤。虽怀美玉而握兰草，徒然芳洁谁称扬！悲哀呀！贤才不受重用，那是没赶上炎帝、帝魁时的太平之世。恭敬修身独自勤勉，反复自省哪能荒废；愿修治德行静待良机，但良机既至却不顺利。若非爰盎向皇帝推荐，想那张季将永被遮蔽；可怜冯唐年老官职卑微，凭谏魏尚之事才得提升。虽勉强可称终遇知己，却愁苦煎熬荒废年华。明知市上的确无虎，三人说有便受蒙蔽。可哀贾谊才华横溢，委屈骏马局促狭界。可悲董仲舒学识渊博，屡遭危难而幸免一死。感慨哲人孤独无依，泪流纵横沾湿我衣。恭承前代圣王明明教诲，说是上天无私善者受恩；上天清澄可以明察，帮助善者保佑仁人。伯夷叔齐到老挨饿，颜回早逝家境甚贫；可伤请求孔子卖车以葬颜回，可悲伯夷叔齐食薇终亡其身；尽管颜回好学伯夷叔齐行仁义，为何无论生死总是艰难又苦辛！如此报答恩德令人疑心，恐天道无私之说为空论。哪里是世世代代缺少贤才，只是由于条条道路皆被阻塞。古人所以感慨悲叹，忧虑功名不得建立。李广年少即从军沙场杀敌，盖世之功封侯万户也不愧；雄心壮心辱于外戚小人，竟然尺寸土地未得赏赐；真诚信义长留身后，感动众人为之流涕。王商竭力谋划拯救弊政，开始顺利而后祸患殃及。为何施展才能的良机易尽，为何诬陷忠良的邪心焦急！苍天遥远，人事不止；有些明白有些迷惑，谁能明白

其中道理！宁愿守穷满足心意，不想委曲伤害自己。既然仕途艰险难得荣耀，难道破袍在身就算耻辱？领会实谬采取守拙，姑且欣然归隐避世。怀抱孤介之情安度余生，绝不出卖灵魂损我心志。

闲情赋并序

初，张衡作《定情赋》[1]，蔡邕作《静情赋》[2]，检逸辞而宗澹泊[3]，始则荡以思虑[4]，而终归闲正[5]。将以抑流宕之邪心[6]，谅有助于讽谏[7]。缀文之士[8]，奕代继作[9]，并因触类[10]，广其辞义[11]。余园闾多暇[12]，复染翰为之[13]。虽文妙不足[14]，庶不谬作者之意乎[15]？

夫何瓌逸之令姿，独旷世以秀群[16]；表倾城之艳色，期有德以传闻[17]。佩鸣玉以比洁，齐幽兰以争芬[18]；淡柔情于俗内，负雅志于高云[19]。悲晨曦之易夕，感人生之长勤[20]。同一尽于百年，何欢寡而愁殷[21]！褰朱帏而正坐，泛清瑟以自欣[22]。送纤指之余好，攘皓袖之缤纷[23]。瞬美目以流眄，含言笑而不分[24]。曲调将半，景落西轩[25]。悲商叩林，白云依山[26]。仰睇天路，俯促鸣弦[27]。神仪妩媚，举止详妍[28]。激清音以感余，愿接膝以交言[29]。欲自往以结誓，惧冒礼之为諐[30]，待凤鸟以致辞，恐他人之我先[31]。意惶惑而靡宁，魂须臾而九迁[32]。

愿在衣而为领，承华首之余芳[33]；悲罗襟之宵离，怨秋夜之未央[34]。愿在裳而为带，束窈窕之纤身[35]；嗟温凉之异气，或脱故而服新[36]。愿在发而为泽，刷玄鬓于颓肩[37]；悲佳人之屡沐，从白水以枯煎[38]。愿在眉而为黛，随瞻视以闲扬[39]；悲脂粉之尚鲜，或取毁于华妆[40]。愿在莞而为席，安弱体于三秋[41]；悲文茵之代御，方经年而见求[42]。愿在丝而为履，附素足以周旋[43]；悲行止之有节，空委弃于床前[44]。愿在昼而为影，常依形而西东；悲高树之多荫，慨有时而不同[45]。愿在夜而为烛，照玉容于两楹[46]；悲扶桑之舒光，奄灭景而藏明[47]。愿在竹而为扇，含凄飙于柔握[48]；悲白露之晨零，顾襟袖以缅邈[49]。愿在木而为桐，作膝上之鸣琴；悲乐极以哀来，终推我而辍音[50]。

考所愿而必违，徒契契以苦心[51]。拥劳情而罔诉，步容与于南林[52]。栖木兰之遗露，翳青松之余阴[53]。傥行行之有觌，交欣惧于中襟[54]。竟寂寞而无见，独悁想以空寻[55]。敛轻裾以复路，瞻夕阳而流叹[56]。步徙倚以忘趣，色惨惨而矜颜[57]。叶燮燮以去条，气凄凄而就寒[58]。日负影以偕没，月媚景于云端[59]。鸟凄声以孤归，兽索偶而不还[60]。悼当年之晚暮，恨兹岁之欲殚[61]。思宵梦以从之，神飘飖而不安[62]。若凭舟之失棹，譬缘崖而无攀[63]。于时毕昴盈轩，北风凄凄[64]。惘惘不寐，众念徘徊[65]。起摄带以伺晨，繁霜粲于素阶[66]。鸡敛翅而未鸣，笛流远以清哀[67]。始妙密以闲和，终寥亮而藏摧[68]。意夫人之在兹，托行云以送怀[69]。行云逝而无语，时奄冉而就过[70]。徒勤思以自悲，终阻山而带河[71]。迎清风以祛累，寄弱志于归波[72]。尤《蔓草》之为会，诵《邵南》之余歌[73]。坦万虑以存诚，憩遥情于八遐[74]。

【注释】

①张衡：字平子。东汉科学家、文学家。所作《定情赋》残文见于《艺文类聚》卷十八。②蔡邕(yōng)：字伯喈。东汉书法家、文学家。所作《静情赋》已失传。③检：收敛，检束。逸辞：热情奔放的言辞。这里指放荡之语。宗：以……为宗。澹泊：恬淡寡欲。④荡：放纵。思虑：想象、构思。⑤闲正：犹“闲雅”，大方从容。⑥抑：压制，遏止。流宕(dàng)：放荡。⑦谅：料想。讽谏：委婉规劝。⑧缀(zhuì)文：作文。缀：连缀。⑨奕(yì)代：屡代，累世。继作：何孟春注：“赋情始楚宋玉，汉司马相如、平子、伯喈继之为《定》、《静》之辞。而魏则陈琳、阮瑀作《止欲赋》，王粲作《闲邪赋》，应玚作《正情赋》，曹植作《静思赋》，晋张华作《永怀赋》，此靖节所谓‘奕世继作，并因触类，广其辞义’者也。”(《陶靖节集》卷五)⑩触类：触及同类事情而被感动。⑪广其辞义：在文辞和内容上都进行扩展和发挥。⑫园闾：田舍。闾：里巷的大门。⑬染翰：用毛笔蘸墨。为之：写这篇赋。⑭文妙：才华，文彩。⑮庶：庶几，即希望、大概之意。谬：违背。⑯夫：发语词，无实意。瓌(guī)逸：仙姿出众的样子。瓌：珍贵，奇伟。逸：超迈。令：美好，美妙。旷世：世所未有。秀群：超群出众。⑰表：外貌，外表。倾城：一城之人皆为之倾倒。形容女子容貌极美。《汉书·孝武李夫人传》：“北方有佳人，绝世而独立。一顾倾人城，再顾倾人国。”期：追求，希望。有德于传闻：将美好的品德传扬。⑱佩：佩戴。鸣玉：古人佩戴在身上的玉饰，行走时相击发出悦耳清脆的声音，故谓之“鸣玉”。齐：等量，并列。⑲淡：看不起，轻视。俗内：世俗之内。负：具有，怀抱。雅志：高雅超脱之志。⑳晨曦：早晨的阳光。易夕：容易迟暮。长勤：长期愁苦，充满忧劳。《楚辞·远游》：“惟天地之无穷兮，哀人生之长勤。”㉑同一：相同，同样。殷：多。㉒褰(qiān)：拉开，揭起。朱帷：红色的幔帐。泛：这里是弹奏的意思。清瑟：清越的瑟声。瑟：拨弦乐器，形似古琴，通常有二十五弦。㉓送：舒放。纤指：柔细的手指。余好：美妙不尽。指瑟声袅袅不绝。攘(rǎng)：捋。曹植《美女篇》：“攘袖见素手，皓腕约金环。”缤纷：衣袖飘动的样子，美态毕现。㉔瞬(shùn)：目光转动。流眄(miǎn)：转动眼睛；斜视的样子。含言笑而不分：似笑非笑，难以分辨。意谓总是面带微笑。宋玉《神女赋》：“含然若其不分兮。”㉕景：日光。张载《七哀》诗：“朱光驰北陆，浮景忽西沈。”轩：窗。㉖悲商：悲凉的秋风之声。商，为五音之一。古人以徵、角、商、羽配四季。《礼记·月令》：“孟秋之月，其音商。”叩林：吹动林木。㉗睇(dì)：流盼，斜视。天路：天空。《三国志·魏志·陈思王植传》注：“植常为瑟调歌辞曰：‘自谓终天路，忽焉下沈渊。”《晋书·束晰传》：“徒屈蟠于坎井，眄天路而不游。”府促：低头急弹。㉘神仪：神态仪表。妩媚：姿态美好可爱。详妍：美妙安详。㉙激：激发，指弹奏。接膝：促膝，挨近而坐。交言：交谈。㉚结誓：订立相爱的誓约。冒礼：冒犯礼法。諐(qiān)：同愆，过错。㉛致辞：说媒。我先：先于我。传说帝喾高辛氏用凤凰为媒，传送礼物，娶得简狄。屈原《离骚》：“凤凰既受诒兮，恐高辛之先我。”㉜惶惑：疑惧。《汉书·王嘉传》：“道路讙(喧)哗，群臣惶惑。”靡(mǐ)宁：不安，不宁。须臾：顷刻，片刻之间。九迁：屡变。九，表示多。㉝华首：美丽的头面。余芳：散发出的芬芳。㉞罗襟：罗衣，丝绸制成的衣服。宵离：夜间脱掉罗衣。未央：未尽，极言秋夜长。㉟裳(cháng)：下身的衣服，即裙。《诗经·邶风·绿衣》：“绿衣黄裳。”毛传：“上曰衣，下曰裳。”带：裙带。窈窕(yǎotiǎo)：美好貌。纤身：苗条的身段。这里指细腰。㊱嗟：感叹。温凉：冷暖。异气：不同的气候、气节。脱故：脱去旧衣。服新：换上新衣。服：穿。㊲泽：膏泽，指发膏。玄鬓：黑发。颓肩：垂削的双肩。古代女子双肩以削为美。曹植《洛神赋》：“肩若削成，腰如约素。”㊳屡沐：经常洗发。枯煎：枯干。㊴黛(dài)：青黑色的颜料。古代女子以之画眉。闲扬：悠闲地扬起。㊵尚鲜：讲究鲜艳。取毁：被毁。指被遮掩或抹掉。华妆：华丽的梳妆。㊶莞(guān)：植物名，俗名水葱、席子草。亦指莞草编的席。《诗经·小雅·斯干》：“下莞上簟，乃安斯寝。”弱：柔弱。三秋：秋季。秋季三个月，故称。㊷文茵(yīn)：原指车子里的虎皮坐垫。《诗经·秦风·小戎》：“文茵畅毂。”这里是指有花纹的皮褥。代御：取代，代用。御：用。经年：经过一年。见求：被需求，即被用。㊸履(lǚ)：鞋。附：依附。素足：白脚。周旋：移动，转动。㊹行止：行走与停息。有节：有一定的节度限制。委弃：弃置，抛弃。㊺不同：不在一起，不同在，即分开。㊻玉容：如玉的容颜。形容貌美。陆机《拟古诗》：“玉

容谁能顾，倾城在一弹。”《古诗十九首》之十二：“燕赵多佳人，美者颜如玉。”楹（yíng）：厅堂前部的柱子。这里指放灯烛之处。㊼扶桑：传说是太阳升起的地方，这里指太阳。舒光：舒展光辉，放出光芒。奄：忽然。景：同影，指烛影。藏明：指烛光被熄灭。㊽凄飙（biāo）：凉风。柔握：握于柔手之中。㊾晨零：早晨降落。顾：想到，顾念。缅邈：遥远。㊿辍（chuò）：停止，中断。51考：思量，考虑。违：违背心愿。契契：逯本作契阔，诸本皆作契契，今从后者改。契契：愁苦的样子。《诗经·小雅·大东》：“契契寤叹，哀我惮人。”52拥：充满，怀抱。劳：忧愁。《诗经·邶风·燕燕》：“实劳我心。”罔诉：无处倾诉。罔：无。容与：徘徊的样子。53栖：停留，居住。木兰：植物名。屈原《离骚》：“朝饮木兰之坠露兮，夕餐秋菊之落英。”遗露：残露，垂露。翳（yì）：遮盖，障蔽。54傥（tǎng）：同倘，推测之词，倘若。行行：徘徊的样子。觌（dí）：见，相见。交：交互，交织。欣惧：欣喜和惧怕。中襟：内心。55悁（yuān）：忧愁。《诗经·陈风·泽陂》：“寤寐无为，中心悁悁。”56敛：提起，收敛。裾（jū）：衣服的前襟。复路：按原路往回走。流叹：叹息不止。57徙倚：徘徊，流连不去。《楚辞·哀时命》：“然隐悯而不达兮，独徙倚而彷徉。”趣：同趋，前行。惨惨：暗淡无光的样子。表示心中忧虑。《诗经·小雅·正月》：“忧心惨惨，念国之为虐。”矜（jīn）颜：脸色寒冷而凝重。58燮燮（xiè）：落叶声。去条：离开枝条。凄凄：寒凉的样子。《诗经·郑风·风雨》：“风雨凄凄。”就：靠近，接近。59日负影：太阳带着它的光影。偕没：一起消失、隐没。媚景：明媚可爱的光影。60凄声：哀伤的鸣叫声。索偶：寻找伴侣。61悼：哀伤。当年：正当年，指壮年。晚暮：迟暮。屈原《离骚》：“惟草木之零落兮，恐美人之迟暮。”兹岁：今年。殚（dān）：尽。62宵梦：夜梦。之：指美女。飘飖（yáo）：飘荡恍惚的样子。63凭舟：乘船。棹（zhào）：划船用具。缘：攀缘。无攀：没有可供抓、登之物以向上爬。64毕、昴（mǎo）：二星宿名。此处代指群星。盈：满。65悯悯（jiǒng）：犹耿耿，心中不能宁静。众念徘徊：各种念头萦绕心中。66摄带：束带，指穿衣。伺晨：等待天亮。素阶：白色的台阶。67笛流远：笛声悠扬，传得很远。清哀：清丽哀婉。68妙密：美妙而细腻。闲和：闲雅平和。寥亮：同嘹亮，形容声音清越高远。向秀《思旧赋序》：“邻人有吹笛者，发声寥亮。”藏摧：同摧藏，极度悲伤。《古诗为焦仲卿妻作》：“未至二三里，摧藏马悲哀。”69意：猜度，料想之词。夫（fú）人：那个人。指所思慕的女子。在兹：在此。托行云以送怀：寄托于行云以传送思慕的情怀。《楚辞·思美人》：“愿寄言于浮云兮，遇丰隆而不将。”70奄冉：荏苒。形容时光逐渐流逝。就：随即。71勤思：苦思。勤：愁苦。《楚辞·七谏·自悲》：“居愁勤其谁告兮！”阻山：被山阻隔。带河：逯本作“滞河”，诸本皆作“带”，今从后者。带河：河如长带，挡住去路。72祛（qū）累：消除忧累。寄弱志于归波：把杂念付之东流。弱志：懦弱之情，指杂念。归波：归向东海的水流。73尤：埋怨，责怪。《蔓草》：指《诗经·郑风》中的《野有蔓草》篇。《诗序》说，此诗写“男女失时，思不期而会焉”，男女偶遇田野而私下相会。在封建社会，这种行为被看成是道德的。《邵南》：指《诗经》中《召南》一组诗，为十五国风之一。《诗大序》说：“《周南》、《召南》，正始之道，王化之基。”其中对男女爱情的描写，被认为是符合封建礼教的。余歌：遗诗。74坦万虑：表露复杂多端的思虑。存诚：保持真诚之心。憩（qì）：停止，休息。遥情：驰骋放荡的思绪。八遐：八荒，八方极远之地。

【译文】

当年，张衡作《定情赋》，蔡邕作《静情赋》，收敛放荡之辞而以恬淡寡欲为本，赋的起始放开思绪无所拘昧，最后结束时则闲雅大方。用它来遏止放荡的邪心，想来有助于委婉规劝。作文之士，后来各代相继都有创作，都是由于触及同类事情而有所感发，在文辞和内容上加以扩充和发挥。我家居之日多有空闲，也提笔写了一篇。虽然文笔不够优美，或许不会违背前代作家的用意吧？

姿容娇美何等超迈，举世无双超群绝伦；容貌艳丽可以倾城，追求美德远近传闻。高洁可比佩玉脆音，能与幽兰相竞清芬。轻视俗世怀柔情，高雅脱俗志凌云。悲早晨阳光易迟暮，哀人生在世长苦辛。人生同样百年尽，乐何其少多愁心！掀开红幕正襟坐，弹奏清瑟自欢欣。纤指奏乐曼妙无穷，皓腕抬起袖舞缤纷。目光转动顾盼生姿，似笑非笑难以区分。曲调弹奏近一半，日光洒落西窗前。凄凉秋风吹林木，白云缭绕依远山。俄尔抬头望天空，时尔俯首奏鸣弦。神情仪态多妩媚，举止安详且娇妍。清音激荡令我感动，愿得促膝相对交谈。欲自前往结下誓言，又怕违礼不敢冒犯。期待凤鸟为我传言，唯恐他人抢在我先。内心疑虑不得安宁，神魂屡变片刻之间。

愿随她身化为衣领，尽享头上华美芬芳；悲叹夜来褪下衣衫，漫漫秋夜弃我一旁。愿随她身化为裙带，束在她那纤腰之上；叹气候不同冷暖变，脱去旧裳又换新装。愿随她身化为发膏，涂刷秀发垂在柔肩；悲叹佳卜经常洗发，水冲我去变为枯干。愿在她身化为眉黛，伴随远眺安闲轻扬；悲叹脂粉讲究鲜艳，华艳妆扮将我毁伤。我愿化作一张草席，秋日轻托她那玉体；悲叹被那皮褥代替，再过一年才被念及。愿在她身化为丝鞋，伴随玉足前后周旋；可悲行止总有节制，晚上歇息弃我床前。日间我愿做她身影，形影相伴不离行踪；悲高树之荫将影遮，叹不能总是相伴从。夜间我愿化为明烛，柱旁照见如玉颜容；悲叹东方日光芒万丈，忽将我灭不再光明。愿随她身化为竹扇，玉手轻摇微扇凉风；悲叹霜露清晨降落，弃我远去已无可用。我愿化为一段桐木，做成鸣琴栖她膝上；可叹乐极便又生悲，最终推我中止音响。

思我所愿尽难实现，徒然思虑愁苦我心。满怀忧愁无处诉说孤身徘徊在那南林。垂露木兰树下栖息，隐蔽我身青松之荫。徘徊之间仿佛相见，欢欣惧怕交织于心。终自寂寞不见身影，独自忧思空自找寻。轻提衣襟返回原路，目视夕阳哀叹无限。步履蹒跚忘记前行，心中忧虑脸色阴惨。树叶瑟瑟离开枝条，凉风习习天已渐寒。日带光影一同隐没，月色美好现于云端。孤鸟悲鸣独自归，只兽觅伴尚未还。正当壮年伤迟暮，可恨今岁将度完。我盼夜梦与她相伴，神思游荡恍惚不安。好比乘船失去船桨，又似登山无处可攀。此时窗前繁星满天，北风飒飒凄寒无限。胸中耿耿彻夜难眠，万千思绪萦绕心间。起身束带以待清晨，繁霜粲粲布满白阶。雄鸡缩翅尚未啼鸣，笛声渺远传送清哀。初而细腻闲雅平和，曲终嘹亮使人心碎。料想佳人就在此处，寄托行云以表情怀。行云消逝并无语言，时光消逝随即已过。徒然苦思自寻悲念，最终仍被山河阻拦。面对清风消除烦忧，杂念付之东流之波。痛斥《蔓草》男女私会，当诵《邵南》正气诗歌。袒露内心保持真诚，放浪思绪已当止遏。

归去来兮辞并序

余家贫，耕植不足以自给[1]。幼稚盈室[2]，缾无储粟[3]，生生所资[4]，未见其术[5]。亲故多劝余为长吏[6]，脱然有怀[7]，求之靡途[8]。会有四方之事[9]，诸侯以惠爱为德[10]，家叔以余贫苦[11]，遂见用于小邑[12]。于时风波未静[13]，心惮远役[14]，彭泽去家百里[15]，公田之利[16]，足以为酒[17]，故便求之[18]。及少日[19]，眷然有归欤之情[20]。何则？质性自然[21]，非矫励所得[22]。饥冻虽切，违己交病[23]。尝从人事[24]，皆口腹自役[25]。于是怅然慷慨，深愧平生之志。犹望一稔[26]，当敛裳宵逝[27]。寻程氏妹丧于武昌[28]，情在骏奔[29]，自免去职。仲秋至冬，在官八十余日。因事顺心，命篇曰《归去来兮》[30]。乙巳岁十一月也[31]。

归去来兮，田园将芜胡不归[32]？既自以心为形役，奚惆怅而独悲[33]！悟已往之不

谏，知来者之可追[34]；实迷途其未远，觉今是而昨非[35]。舟遥遥以轻飏，风飘飘而吹衣[36]。问征夫以前路，恨晨光之熹微[37]。

乃瞻衡宇，载欣载奔[38]。僮仆欢迎，稚子候门[39]。三径就荒，松菊犹存[40]。携幼入室，有酒盈樽[41]。引壶觞以自酌，眄庭柯以怡颜[42]。倚南窗以寄傲，审容膝之易安[43]。园日涉以成趣，门虽设而常关[44]。策扶老以流憩，时矫首而遐观[45]。云无心以出岫，鸟倦飞而知还[46]。景翳翳以将入，抚孤松而盘桓[47]。

归去来兮，请息交以绝游[48]。世与我而相违，复驾言兮焉求[49]？悦亲戚之情话，乐琴书以消忧[50]。农人告余以春及，将有事于西畴[51]。或命巾车，或棹孤舟[52]；既窈窕以寻壑，亦崎岖而经丘[53]。木欣欣以向荣，泉涓涓而始流[54]。善万物之得时，感吾生之行休[55]。

已矣乎，寓形宇内复几时[56]！曷不委心任去留？胡为乎遑遑欲何之[57]？富贵非吾愿，帝乡不可期[58]。怀良辰以孤往，或植杖而耘耔[59]。登东皋以舒啸，临清流而赋诗[60]。聊乘化以归尽，乐夫天命复奚疑[61]！

【注释】

①耕植：耕田植桑，指农事。自给（jǐ）：依靠自己的劳动满足自身的需要。给：供应，供给。②幼稚（zhì）：幼儿。稚：小。盈：满。③缾：同瓶，瓦瓮，这里指盛米的陶制容器。④生生所资：维持生活所需用的。前一个“生”为动词，后一个“生”为名词。资：凭藉，取给。⑤术：方法，途径。指谋生的手段。⑥亲故：亲戚朋友。长（zhǎng）吏：地位较高的县级官吏。《汉书·百官公卿表》：“县令、长皆秦官……皆有丞、尉，秩四百石至二百担，是为长吏；百石以下有斗食佐史之秩，是为少吏。”此处泛指做官。⑦脱然：霍然。《春秋公羊传·昭公十九年》：“乐正子春之视疾也，复加一饭，则脱然愈。”有怀：有所起念。⑧靡途：没有途径，没有门路。⑨会：适逢。四方之事：经略四方的大事，指当时州郡间地方势力的明争暗斗。四方：诸侯国。⑩诸侯：西周、春秋时分封的各国国君。这里指当时各地军阀。惠爱：施爱于人。⑪家叔：指陶夔（kuí），作者的叔父，时任太常卿，掌国家祭祀礼乐。⑫见：被。于：逯本作“为”，据李本、焦本改。邑：县。指彭泽县。⑬风波未静：战事未已，时局动荡。此处指刘裕讨伐桓玄。⑭惮：惧怕。远役：到远处做官。⑮彭泽：县名。在今江西省彭泽县西南。去：距离。⑯公田：供俸禄的官地。利：收益。⑰足以为酒：足够酿酒之用。萧统《陶渊明传》：渊明“公田悉令吏种秫（shú 熟，黏高粱），曰：‘吾尝得醉于酒足矣。’妻子固请种秫（同粳），乃使二顷五十亩种秫，五十亩种粳。”⑱故便：所以就。求之：指求为彭泽县令。⑲及：到，指到任。少日：不久。⑳眷然：眷念的样子。归欤之情：回家的念头。欤：语气助词，无实意。《论语·公冶长》：“子在陈曰：归与，归与！吾党之小子狂简，斐然成章，不知所以裁之。”㉑质性自然：本性率真。㉒矫励：勉强克制情欲，以志节来鞭策自己。此处引申为“做作”。《晋书·刘琨传》：“然素奢豪，嗜声色，虽暂自矫励，而辄复纵逸。”㉓违己：违背自己的本性与志向。交病：指身心同时遭受痛苦。病：忧苦。㉔人事：指出仕为官。㉕口腹自役：为生计所迫而去做自己不情愿做的事情。役：驱使，役使。㉖一稔（rěn）：收获一次，即一年。稔：谷物成熟。㉗敛裳：指收拾行装。宵逝：宵遁，乘夜悄然离去。㉘寻：不久。程氏妹：渊明同父异母的妹妹，嫁于程氏。见《祭程氏妹文》。武昌：地名，在今湖北省鄂州市。㉙情在：按照情理应当。骏奔：急赴，骑快马飞奔。《晋书·王述传》：“急缓赴告，骏奔不难。”㉚命篇：名篇，题篇名。㉛乙巳岁：即晋安帝义熙元年（公元405年）。㉜芜：荒芜。胡不归：为什么不归去。《诗经·邶风·式微》：“式微式微，胡不归？”胡：为什么。㉝心为形役：心志为身形所役使。即序文中所说“尝从人事，皆口腹自役”之意。奚：为何。㉞谏：止，挽救。追：补救。此二句语出《论语·微子》：“往者不可谏，来者犹可追。”㉟迷途其未远：化用屈原《离骚》：

“回朕车以复路兮，及行迷之未远。”迷途：出仕。今是而昨非：典出《庄子·则阳》：“蘧（qú）伯玉行年六十而六十化（化：变化，不墨守成规），未尝不始于是之而卒诎（qū 屈，退）之以非也。未知今之所谓是之非五十九年非也。”今是：以今之退隐为是。昨非：以昨之出仕为非。㊱遥遥：同摇摇，行船摇动的样子。轻飏（yáng）：轻疾，形容船行轻而快的样子。飏：飘扬，飞扬。㊲征夫：远行之人。熹（xī）微：天色微明。熹：放光明。㊳乃：语气助词，无实意。瞻：望见。衡宇：横木为门的房子，这里指家中简陋的住宅。衡：同横。载欣载奔：高兴得奔跑起来。载：又，且。㊴僮仆：尚未成年的仆人。僮：“童”的本字，古称未成年的男子。萧统《陶渊明传》：渊明出为彭泽令，“不以家累自随，送一力（服役的仆人）给其子，书曰：‘汝旦夕之费，自给为难，今遣此力，助汝薪水之劳。此亦人子也，可善遇之。’”稚子：幼小的儿子。渊明此时共有五子，长子十三岁，幼子五岁。参见《责子》诗。㊵三径：汉代赵岐《三辅决录》卷一：“蒋诩归乡里，荆棘塞门，舍中有三径，不出，唯求仲、羊仲从之游。”后因以“三径”指归隐后所住的田园。就荒：近于荒废。㊶樽（zūn）：盛酒器。㊷引：取来。壶觞（shāng）：酒壶与酒杯。自酌：自饮酒。眄（miǎn）：斜视。此处是闲观的意思。庭柯：庭院中的树。柯：树枝，代树。怡颜：面带笑容。怡：喜悦的样子。㊸倚:靠。寄傲：寄托傲世之情。审：深知，明白。容膝：仅能容下双膝的小屋。极言居室狭小。《文选》李善注引《韩诗外传》曰：“北郭先生妻曰：‘今结驷列骑，所安不过容膝；食方丈于前，所甘不过一肉。’”易安：容易得到安适。㊹涉：散步，涉足。常关：经常是关闭着的。意即不常与人往来。㊺策：拄着。扶老：手杖的别名。流憩：漫步休息。矫首：抬头。矫：举，抬起。遐观：远眺。㊻无心：形容云随意飘荡的样子。岫（xiù）：山穴。㊼景:指日光。翳翳（yì）：光线暗弱。入：太阳落山。盘桓：逗留，徘徊。曹植《洛神赋》：“怅盘桓而不能去。”㊽息交、绝游：断绝同世俗的交往。㊾相违：互不相容，相互背逆。复：还，再。驾言：驾车外出，指交游。《诗经·邶风·泉水》：“驾言出游。”言：语气助词，无实意。焉求：何求。㊿情话：知心话。51春及：春天到来。事：指农事。西畴：西边的田地。52或:有时，时或。巾车：有帷的车。《周礼·春官·序官》有“巾车”，郑玄注：“巾，犹衣也。”贾公彦疏：“巾，犹衣也者，谓玉金像革等以衣饰其车。”棹：划船用具，此处作动词用，义同“划”。53窈窕：深远的样子。壑（hè）：山沟。崎岖：高低不平的样子。丘：小山，丘陵。54欣欣以向荣：谓草木茂盛繁荣。欣欣：草木繁茂的样子。涓涓：细水慢流的样子。《荀子·法行》：“涓涓源水，不壅不塞。”55善：羡慕，欣喜。得时：适时，与时相适。行休：行将结束。指生命即将完结。56寓形：托身，寄身。宇内：世间。57曷：何。委心：随顺心意。去留：行止。胡为：为何。遑遑：心神不宁的样子。之：往，到。58帝乡：神话中天帝住的地方。此处指仙界，成仙。《庄子·天地》：“千岁厌世，去而上仙，乘彼白云，至于帝乡。”期：期望。59怀：期盼。良辰：美好的时节。植杖而耘耔（zǐ）：指隐耕的行为。植杖：见《癸卯岁始春怀古田舍二首》其一注⑦。耘：除草。耔：在苗根培土。《诗经·小雅·甫田》：“今适南亩，或耘或耔。”60皋：水边高地。舒啸：尽情地放声长啸。赋诗：作诗。61聊：姑且。乘化：顺从大自然的运转变化。归尽：死亡。乐夫天命：以顺从天命为乐，即乐天安命。《周易·系辞上》：“乐天知命，故不忧。”奚：何。

【译文】

我家贫穷，靠种地不能养家糊口，幼子又多，米缸里没有余粮，怎样才能得到生活所需，我实在没有办法。亲戚朋友多劝我去谋个官职，我内心豁然有所动摇，只是一时没有门路可求。适逢多事之秋，诸侯以施爱于人为美德，叔父因我贫穷而举荐我，于是我被任命在彭泽这个小县当县令。当时时局动劳，心里害怕到远处做官，彭泽县离我家仅有一百里地，作为俸禄的官地中的收获，足以用来酿酒，所以我才请求做彭泽县令。上任后不久，因思念家乡便产生了回家的念头。为什么呢？我生性率真自然，不是勉强自己做作得来。挨饿受冻尽管痛苦，但违背本心却更为痛苦。以前也曾出仕为官，都是为了养家活口、填饱肚皮而自我驱使。于是惆怅感慨，内心激动不安，为有负于平生之志而深感愧疚。本指望干满一年之后，便应该收拾行

李乘夜悄然离去。不久，我那位嫁给程氏的妹妹在武昌去世，按情理应当疾速奔赴那里，所以我也就自己免官离职。从仲秋到入冬，在任八十多天。因辞官隐居这件事顺遂了我的心意，所以写此文章题为《归去来兮》。时乙巳年十一月。

归去吧，田园将要荒废，为何不归？违心步入仕途，既是自己所为，何必惆怅独自悲！深知往事不可挽救，来日还可努力追回；确实迷路好在不远，感到今是昨日为非。归舟荡漾轻快飞扬，寒风飘飘吹拂我衣。问路人前程有多少，恨天未亮晨光暗昧。

一眼望见我家陋宅，心中欢喜向前飞奔。年轻童仆上前迎接，幼子盼望等在家门。家园萧条近于荒废，秋菊青松尚喜犹存。领着幼儿进入室内，已备有酒满满一樽。取来酒壶举杯畅饮，闲观庭树心喜颜开。靠在南窗寄托傲世之情，深知居室狭小易得安宁。每天漫步家园有趣味，院中虽有柴门常关闭。拄着拐杖漫步休息，偶尔抬头远眺闲观。闲云悠悠飘出山间，鸟儿疲倦也知飞还。夕阳渐暗日将落山，轻抚孤松流连忘返。

归去吧，让我与世断绝不再交游。俗世与我互不相容，还驾车出游何所求？心喜亲戚知心话语，爱好琴书可消我愁。农民们告诉我春天来到，我将从事春耕西边田头。时而驾着带帷马车，时而划起一叶小舟；山沟深远寻幽探胜，道路不平经历山丘。草木繁盛欣欣向荣，涓涓泉源细水慢流。艳羡万物皆得其时，感叹自身生命将休。

算了吧，人生在世能有几时！何不随意听任去留？干吗心神不宁要到哪里？荣华富贵非我所愿，神仙世界不可冀求。盼望佳日独自出游，或者躬耕整理田地。登上东面高岗放声长啸，面对清澈溪流吟诵新诗。姑且顺应自然变化了此余生，安命乐天还有什么可怀疑！

晋故征西大将军长史孟府君传[1]

君讳嘉[2]，字万年，江夏鄂人也[3]。曾祖父宗，以孝行称[4]，仕吴司空[5]。祖父揖，元康中为庐陵太守[6]。宗葬武昌新阳县[7]，子孙家焉[8]，遂为县人也。君少失父，奉母二弟居。娶大司马长沙桓公陶侃第十女[9]，闺门孝友[10]，人无能间[11]，乡里称之。冲默有远量[12]，弱冠[13]，俦类咸敬之[14]。同郡郭逊，以清操知名，时在君右[15]，常叹君温雅平旷[16]，自以为不及。逊从弟立[17]，亦有才志，与君同时齐誉[18]，每推服焉。由是名冠州里，声流京邑[19]。太尉颍川庾亮[20]，以帝舅民望[21]，受分陕之重[22]，镇武昌，并领江州。辟君部庐陵从事[23]。下郡还，亮引见[24]，问风俗得失。对曰："嘉不知，还传当问从吏[25]。"亮以麈尾掩口而笑[26]。诸从事既去，唤弟翼语之曰："孟嘉故是盛德人也。"君既辞出外，自除吏名，便步归家；母在堂，兄弟共相欢乐，怡怡如也[27]。旬有余日[28]，更版为劝学从事[29]。时亮崇修学校，高选儒官，以君望实[30]，故应尚德之举[31]。太傅河南褚裒[32]，简穆有器识[33]，时为豫章太守，出朝宗亮[34]，正旦大会州府人士[35]，率多时彦[36]，君坐次甚远[37]。裒问亮："江州有孟嘉，其人何在？"亮云："在坐，卿但自觅。"裒历观，遂指君谓亮曰："将无是耶[38]？"亮欣然而笑，喜裒之得君，奇君为裒之所得，乃益器焉[39]。举秀才[40]，又为安西将军庾翼府功曹[41]，再为江州别驾[42]、巴丘令[43]、征西大将军谯国桓温参军[44]。君色和而正，温甚重之。九月九日，温游龙山[45]，参佐毕集[46]，四弟二甥咸在坐。时佐吏并著戎服[47]，有风吹君帽堕落，温目左右及宾客勿言[48]，以观其举止。君初不自觉，良久如厕[49]，温命取以还之。廷尉太原孙盛为谘议参军[50]，时在坐，温命纸笔，令嘲之。文成示温，温以著坐处[51]。君归，见嘲笑而请笔作答，了不容思[52]。文辞超卓，四座叹之。奉使京师，除尚书删定郎[53]，不拜[54]。孝宗穆皇帝闻其名[55]，赐见东堂，君辞以脚疾，不任拜起[56]，诏使人扶入。君尝为刺史谢永别驾。永，会稽人[57]，丧亡，君求赴火[58]，路由永兴[59]。高阳许询[60]，有隽才[61]，辞荣不仕，每纵心独往，客居县界[62]。尝乘船近行，适逢君过，叹曰："都邑美士，吾尽识之，独不识此人。唯闻中州有孟嘉者，将非是乎？然亦何由来此？"使问君之从者。君谓其使曰："本心相过[63]，今先赴义，寻还就君[64]。"及归，遂止信宿[65]，雅相知得[66]，有若旧交。还至，转从事中郎，俄迁长史[67]。在朝隤然[68]，仗正顺而已。门无杂宾，尝会神情独得[69]，便超然命驾，径之龙山[70]，顾景酣宴[71]，造夕乃归[72]。温从容谓君曰："人不可无势[73]，我乃能驾御卿。"后以疾终于家，年五十一。始自总发[74]，至于知命[75]，行不苟合，言无夸矜[76]，未尝有喜愠之容[77]。好酣饮，逾多不乱。至于任怀得意，融然远寄[78]，旁若无人。温尝问君："酒有何好，而卿嗜之？"君笑而答曰："明公但不得酒中趣尔[79]。"又问听妓[80]，丝不如竹[81]，竹不如肉[82]，答曰："渐近自然[83]。"中散大夫桂阳罗含[84]，赋之曰："孟生善酣，不愆其意[85]。"光禄大夫南阳刘耽[86]，昔与君同在温府，渊明从父太常夔尝问耽[87]："君若在，当已作公否[88]？答云："此本是三司人[89]。"为时所重如此。渊明先亲，君之第四女也。《凯风》"寒泉"之思[90]，实钟厥心[91]。谨按采行事[92]，撰为此传。惧或乖谬，有亏大雅君子之德，所以战战兢兢，若履深薄云尔[93]。

赞曰：孔子称："进德修业，以及时也[94]。"君清蹈衡门[95]，则令闻孔昭[96]；振缨公朝[97]，则德音允集[98]。道悠运促[99]，不终远业[100]，惜哉！仁者必寿[101]，岂斯言之谬乎！

【注释】

①故：亡故。征西大将军：指温桓。温桓，字元子，谯国（今安徽省怀远县）人，晋明帝时为征西大将军。长史：是温桓属下的一种官职名称，总理幕府。孟府君：指孟嘉。汉、晋时尊称太守为府君，子孙对先父先祖也称府君。②讳：讳名，避讳。旧时对帝王将相或尊长不直称其名，叫做避讳。所以用来指所避讳的名字。③江夏：郡名，郡治在今湖北省安陆县。鄂：江夏郡下属的县，在今湖北武昌。按《晋书·孟嘉传》作"鄳"(méng)，鄳在今河南省罗山县西南，也是江夏郡下属的县。④称：闻名，称誉。⑤吴：三国时吴国。司空：古代官职名，主管工程建设。⑥元康：晋惠帝司马衷年号（公元 291－299 年）。庐陵：郡名，在今江西省吉水县东北。太守：郡的最高行政长官。⑦宗：指孟宗。武昌：晋时郡名。新阳县：当作阳新县，三国时吴所置。《晋书·地理志》武昌郡下有阳新县，而无新阳县。⑧家焉：在那里安家。焉：代词，指阳新。⑨陶侃：陶渊明的曾祖父，曾任太尉，封长沙郡公，后拜大将军，死后追赠大司马。⑩闺（guī）门：室内的门，这里指在家中。孝友：孝敬长辈，友爱兄弟。《礼记·乐记》："在闺门之内，父子兄弟同听之，则莫不和亲。"⑪间：离间，使关系疏远。⑫冲默：襟怀淡泊，语言简默。远量：度量大，胸怀阔大。⑬弱冠：二十岁。古代男子二十岁行加冠礼。⑭俦类：同辈之人。⑮右：上。古人以右为上。《史记·廉颇蔺相如列传》："位在廉颇之右。"⑯温雅：温文尔雅。平旷：平易旷达。⑰从弟：堂弟，同祖父的兄弟。立：名，即郭立。⑱齐誉：名声相当，不分上下。⑲流：流传。京邑：京城，指东晋都城建康。⑳太尉：全国的最高军事长官。庾亮死后被追赠为太尉。颍川：郡名，郡治在今河南许昌。庾亮：字元规，晋明帝庾皇后之兄。明帝时累迁中书监，加左卫将军，以功封永昌县公。成帝初徙中书令，官至征西将军，镇武昌。死后谥号文康，追赠太尉。㉑帝舅：庾亮为晋明帝皇后之兄；晋成帝即位，他便

是皇帝的舅父。民望：指在国内的声望。㉒分陕之重：指辅佐君王朝政的重担。周成王即位时年幼，周公旦与召公奭（shì）辅佐朝政，分陕而治，周公主治陕之东，召公主治陕之西。后用此典表示幼主临朝，大臣辅政。㉓辟：征召。部：所部，属下。从事：官名，刺史的佐吏。㉔引见：召见。㉕传（zhuàn）：客舍，传舍。古时供来往旅人居住的旅舍，《汉书·郦食其传》："沛公室高阳传舍。"颜师古注："传舍者，人所止息，前人已去，后人复来，转相传也。"从吏：跟从官僚的下级随从。㉖麈（zhǔ）尾：拂尘。麈：兽名，似鹿而大，其尾辟尘。魏晋人清谈时常执的一种拂子，用麈的尾毛制成。㉗怡怡（yí）：和悦的样子。如：然。㉘旬有余日：十多天。十天为一旬。㉙更：更换。版：名册。指载有职官的名册。劝学从事：掌管教育的佐吏。㉚望实：名望与才实。㉛应：适合。尚德：重视道德修养，指教育之事。举：举用，荐举，指职务。㉜太傅：官名，辅佐君主或辅导太子的官。褚裒（póu）：诸本皆作"褒"，逯本据《晋书》校改，今从后者。褚裒，字季野。女儿为晋康帝皇后。曾任豫章太守。死后追赠太傅。㉝简穆：干练而温和。器识：度量与才识。㉞出朝宗亮：指离开豫章来朝见庾亮。朝宗：诸侯朝见天子。《周礼·春官·大宗伯》："春见曰朝，夏见曰宗。"此处指下级晋见上级。㉟正旦：正月初一。㊱率多：大多为。时彦：当时的名流。彦：贤俊之士。《尚书·太甲上》："旁求俊彦。"孔安国传："美士曰彦。"《诗经·郑风·羔裘》："彼其之子，邦之彦兮。"㊲远：指距离主座远。㊳将无：难道不，岂不。是：这，这人。㊴益器：更加器重。㊵举秀才：指孟嘉被推举为秀才。㊶庾翼：庾亮之弟。亮卒后翼接任都督江、荆等州军事，以安西将军号兼荆州刺史，镇武昌。府：州府。功曹：官名，掌管选署功劳之职。㊷别驾：州刺史的佐吏。㊸巴丘令：巴丘县令。巴丘：在今江西省峡江县北。㊹参军：将军府幕僚。㊺龙山：在今湖北江陵县西北。㊻参佐：泛指将军府属官吏。毕集：会集一处。㊼著：穿着。戎服：军装。㊽目：使眼色，目示。㊾如厕：上厕所。如：往。㊿廷尉：掌刑狱之官。孙盛：字安国，太原人，著有《魏氏春秋》、《晋阳秋》等书。51著：放置。坐处：指孟嘉的坐处。52了不容思：丝毫不加构思、考虑。53除：拜官，授职。尚书删定郎：官名。54不拜：不受官职，不接受任命。55孝宗穆皇帝：晋穆帝司马聃，庙号孝宗，谥为穆。56不任：不能做到，不胜任。拜起：拜见的礼节。57会稽：郡名，在今浙江绍兴。58赴义：指前往吊丧。59由：经过，经由。永兴：县名，在今浙江萧山县西。60高阳：今河北蠡县一带。许询：字元度，高阳人，好游山水，为当时名士。隽（jùn）：通俊，俊秀，英俊。62客居：旅居，指许询游至此而客居。县界：指永兴县境内。63本心：本想。过：访。64寻：不久。就：接近，此处指拜访。65止：逗留，停留。信宿：连宿两夜，再宿曰信。66雅：甚，很。相知得：彼此情投意合，相互成为知音。67俄：不久。迁：提官，升迁。68朝：指州府。隤（tuí）然：随和柔顺的样子。《周易·系辞下》："夫坤，隤然示人简矣。"69会：适逢。神情独得：内心有所体悟。70径之：直到，径直前往。71景：同"影，指自己的身影。72造夕：到了晚上。73势：指地位权势。74总发：亦作"总角"，指儿童时代。75知命：指五十岁。《论语·为政》："五十而知天命。"76夸矜：矜夸，自我吹嘘，夸耀自己的长处。矜：自以为贤能。《尚书·大禹谟》："唯汝不矜，天下莫与汝争能。"77愠（yùn）：怨恨，含怒。78融然：恬适的样子。远寄：心寄世外。79明公：对有名位者的尊称。80听妓：听歌妓弹奏演唱。81丝：弦乐器。竹：管乐器。82肉：歌喉，声乐。83渐近自然：因丝、竹乐器皆人工制成，而歌喉乃是天生，所以说是"渐近自然"。84中散大夫：官职名。桂阳：今湖南省郴县。罗含：字君章，桂阳耒阳人。尝为州主簿，桓温极重其才，以为江左之秀。累迁廷尉、长沙相。85不愆（qiān）其意：内心清醒，没有过失。愆：失误，过失。86光禄大夫：官职名。南阳：今河南南阳。刘耽：字敬道，南阳人。少有行检，以义尚著称，历度支尚书，公平廉慎。为桓玄之岳父，玄辅政时，以耽为尚书令，加侍中，不拜卒。87从父：叔父，指陶夔。太常：即太常卿，掌国家祭祀礼乐之职。88公：指三公（司徒、司马、司空），又称三司，为全国军政最高长官。否：逯本作"不"，今从焦本、李本改。89本是：本来应当是。三司人：三司中人。三司即三公。90《凯风》"寒泉"之思：指对母亲的眷念之情。《诗经·邶风·凯风》："凯风自南，吹彼棘心。棘心夭夭，母氏劬劳。""爰有寒泉，在浚之下。有子七人，母氏劳苦。"91钟：专注，汇聚。厥：其。92按：研求，审察。采：搜集，采集。行事：行踪事迹。93如履深薄：好像是行走在深渊的边缘、薄冰之上。《诗经·小雅·小旻》："战战兢兢，如临深渊，如履薄冰。"

云尔：句末助词。㉞进德修业：提高道德修养，增加业务知识。及时：及时为世所用。孔子此二句见《周易·文言·乾卦》："子曰：……君子进德修业，欲及时也。"㉟清蹈衡门：隐居在家之时。清：高洁，情操。蹈：谓出入。横门：陋室。㊱令闻：美名传扬。孔昭：非常显著。㊲振缨公朝：出仕为官。振缨：振动冠上的缨带，即戴上官帽。《晋书·周馥传》："馥振缨中朝，素有俊彦之称。"㊳德音：犹令闻，好的声誉。《诗经·豳风·狼跋》："德音不瑕。"允：诚信。㊴道悠运促：天道悠远，人命短促。⑩远业：大业。⑩仁者必寿：《论语·雍也》："知（智）者乐，仁者寿。"

【译文】

已故孟君讳名嘉，字万年，江夏郡鄂县人氏。曾祖父孟宗，因孝行而闻名，在吴国做官，为司空。祖父孟揖，晋惠帝元康年间做过庐陵太守。孟宗死后埋葬在武昌郡新阳县，子孙在那里定居，于是成为该县人氏。孟嘉少年丧父，奉养母亲并同二弟住在一起，娶大司马长沙桓公陶侃的第十女为妻，在家孝敬长辈，兄弟和睦，无人能使他们互相疏离，为此受到当地人的赞赏。孟嘉襟怀淡泊，语言简默，很有气度，二十岁时，已受到同辈人的敬佩。同郡的郭逊，以清高的节操而闻名，当时名声在孟嘉之上，他常称赞孟嘉温文儒雅、平易旷达，认为自己不如孟嘉。郭逊的堂弟郭立，也是有才华有志向之人，他与孟嘉同时且名声相当，却常对孟嘉推许心服。所以孟嘉名冠州里，声传京城。太尉庾亮是颍川人，他以皇帝舅父的身份和在国内的声望，受命辅佐朝政，坐镇武昌，兼任江州刺史。他征召孟嘉为其所部庐陵郡的从事。有一次孟嘉下郡回来，庾亮召见他，问他下面风气好坏。孟嘉回答说："我不知道，待我回旅舍时当问问随从的小吏。"庾亮拿着拂尘掩口而笑。诸位从事离去后，庾亮叫来弟弟庾翼并对他说："孟嘉到底是有盛德之人啊。"孟嘉告辞回来之后，自己除去其从事的官名，就步行回家；老母在堂，兄弟共相欢乐，一派和睦。过了十多天，孟嘉被改任为劝学从事的官职。当时庾亮重视兴修学校，选拔德高望重者为儒官，凭着孟嘉的名望和杆，所以符合这一重视道德修养的职务。太傅褚裒是河南人，他干练而又温和，很有度量和才识，当时他任豫章太守。一次他离开豫章来朝见庾亮，正赶上正月初一庾亮大会州府人士，其中大多是贤俊名流之辈，孟嘉的座位离主座很远。褚裒问庾亮："江州有位孟嘉，他在哪里？"庾亮说："他就在此，您只管自己寻找。"褚裒一一看过，最后指着孟嘉对庾亮说："难道不是这人吗？"庾亮高兴地笑了，喜的是褚裒能认出孟嘉来，同时也为孟嘉能被褚裒认出来而感到惊异，于是就更加器重孟嘉。孟嘉被举荐为秀才，又做过安西将军庾翼府的功曹，还做过江州别驾、巴丘县令、征西大将军谯国人桓温的参军。孟嘉为人和气而且正直，桓温非常器重他。九月九日，桓温游龙山，所部参佐官吏全都到齐，他的四弟二甥也都在坐。当时属下官员都穿着军装，一阵风将孟嘉的帽子吹落在地，桓温目示左右及宾客不要说话，以观孟嘉的举止。孟嘉开始并没在意，过了好一阵子起身上厕所去了，桓温让人把帽子捡起来还给孟嘉。廷尉太原人孙盛任谘议参军，当时在坐，桓温命人拿来纸笔，让他写文章嘲笑孟嘉。文章写好后给桓温看，桓温将它放在孟嘉的坐处。孟嘉返回坐处，见到嘲笑自己的文章后，便请求纸笔作答，细毫不加考虑，文辞非凡卓越，四座之人为之惊叹。奉命出使京城，被任命为尚书删定郎，他没有接受任命。晋穆帝司马耽闻其名，要在东堂亲自召见孟嘉，孟嘉以脚疾为借口托辞不去，说自己不能做拜见的礼节，皇帝还是下令命人将他扶入东堂相见。孟嘉曾经做过刺史谢永的别驾。谢永是会稽人，不幸逝世，孟嘉请求前去吊丧，以尽往日下属之情，途经永兴县。高阳人许询，有俊才，辞去荣禄不愿做官，经常随心所欲，独来独往，此时正客居在永兴县界。一次他乘船到邻近去，正遇孟嘉经过，他称赞道："都市中的优秀人物我全都认识，唯独不识此人。也只有中州的孟嘉，只闻其名未见其人，这

难道不正是他吗？可是他又因何而至此地呢？”许询派人去向孟嘉的随从打听。孟嘉告诉来人说：“我本就准备前去拜访，现在我先去吊丧尽义，不久回头就到许先生那里去。”于是，孟嘉返回时，就在许询处连住两夜，两人成为知音，彼此很是投机，像是多年的老朋友。孟嘉回到桓温府后，转官为从事中郎，很快又升为长史。孟嘉在州府随顺和气，凭着自己的正直和顺而待人接物罢了。家中没有闲杂的客人来往，只要内心有所感触体悟，就超然驾车，直去龙山，顾影畅饮，至晚方归。桓温曾经委婉地对孟嘉说：“人不能没有权势，这样我才能驾驭您。”后来孟嘉因病在家去世，终年五十一岁。从儿童时代直到五十岁，孟嘉行事从不苟且求合，言辞之中从不自我吹嘘，从未有过喜怒哀乐的表情。喜欢酣畅饮酒，就是过量仍言行不乱。至于放纵情怀、得其意趣之时，便心寄世外、恬淡安然，旁若无人。桓温曾经问孟嘉：“酒有什么好处，而您如此偏爱它？”孟嘉笑着回答说：“明公您只是没得到酒中的采趣罢了。”桓温又问关于歌妓弹唱，为什么听起来弦乐不如管乐，管乐不如歌喉声乐呢？孟嘉答道：“那是因为逐渐接近自然的缘故。”中散大夫桂阳人罗含，为孟嘉赋诗说：“孟嘉善饮酒，不失其本意。”光禄大夫南阳人刘耽，以前与孟嘉同在桓温府中供职，我的叔父太常卿陶夔曾经问刘耽：“如果孟嘉还在世，是否可以做到三公的职位？”刘耽回答说：“他本来就应该是三公中的人物。”孟嘉就是如此被当时人所推崇。我已故的母亲，是孟嘉的第四个女儿。正如《诗经·凯风》“寒泉”之诗那样，对母亲的思念，充满我的内心。我谨慎地收集、考察孟嘉生平的行踪事迹，写成这篇传记。只恐有谬误之处，而有损于大雅君子的品行。所以我战战兢兢，真像是临深渊、履薄冰一样啊。

赞语是：孔子曾说：“提高道德修养，增加业务知识，是想及时为世所用。”孟嘉以高尚的情操隐居柴门之时，则令名远扬；出仕做官之时，则有口皆碑。天道悠悠而人命短促，未能终成大业，多么可惜啊！仁者一定长寿，这话岂不是说错了么！

五柳先生传

先生不知何许人也①，亦不详其姓字②，宅边有五柳树，因以为号焉③。闲静少言，不慕荣利。好读书，不求甚解④。每有会意⑤，便欣然忘食。性嗜酒⑥，家贫不能常得。亲旧知其如此，或置酒而招之⑦。造饮辄尽⑧，期在必醉。既醉而退，曾不吝情去留⑨。环堵萧然⑩，不蔽风日。短褐穿结⑪，箪瓢屡空⑫，晏如也⑬。常著文章自娱，颇示己志。忘怀得失，以此自终。

赞曰：黔娄之妻有言：“不戚戚于贫贱，不汲汲于富贵⑭。”其言兹若人之俦乎⑮？酣觞赋诗，以乐其志。无怀氏之民欤？葛天氏之民欤⑯？

【注释】

①何许：何处，什么地方。②姓字：姓名与表字。③号：别号，指人名字之外另起的称号，一般是自称。④不求甚解：读书只领会要义，不过于在字句上花工夫。⑤会意：领悟其意。⑥性嗜（shì）酒：生性喜好饮酒。⑦置：备好。之：指五柳先生。⑧造：到，往。辄：总是，就。尽：指尽兴。⑨曾：乃。不吝情去留：不以去留为意。吝：舍不得。不吝情：一切都尽性尽情，不拘俗礼。⑩环堵萧然：家徒四壁。环堵：房屋的四面墙。萧然：空荡荡的样子。⑪短褐（hè）：粗布短衣。穿结：衣上的破洞和补丁。⑫箪瓢屡空：穷得揭不开锅。箪：盛饭的竹器。瓢：舀水的器具。《论语·雍也》说颜回贫穷，“一箪食，一瓢饮，

在陋巷，人不堪其忧，回也不改其乐。贤哉，回也。”⑬晏如：平静安逸的样子。曹植《求自试表》：“方今天下统一，九州晏如。”⑭戚戚：忧惧的样子。《汉书·韦玄成传》：“今我度兹，戚戚其惧。”汲汲：急切追求的样子。《列女传》：“鲁黔娄先生死，曾子与门人往吊焉。曰何以为谥？其妻曰：“以康为谥。昔先王尝赐之粟三十钟，先生辞而不受，是其余富也；君尝欲授之以国相，先生辞而弗为，是其余贵也。彼先生者，甘天下之淡味，安天下之卑位；不戚戚于贫贱，不急急于富贵；求仁而得仁，求义而得义，其谥为康不亦宜乎？”又《汉书·扬雄传》：“不汲汲于富贵，不戚戚于贫贱。”⑮兹：这，指五柳先生。若人：那人，指黔娄。俦：辈，类。⑯无怀氏、葛天氏：都是传说中上古盛世的帝王。（见晋代皇甫谧《帝王世纪》、宋代罗泌《路史·禅通纪》）。这两句是说五柳先生朴质淳真，像是上古无怀氏、葛天氏那个时代的人。

【译文】

不知先生是什么地方的人，也不清楚他的姓名表字。他的住所旁有五棵柳树，因而就用“五柳”当作自己的别号。悠然恬静，少言寡语，不羡慕荣华富贵。喜欢读书，只领会要义，不过于在字句上花工夫。于其意每当有所领悟，便高兴得忘记吃饭。生性喜欢饮酒，但家中贫困不能经常得到。亲戚老友知道他这样，有时就备好酒请他去。去喝酒就总是喝尽兴，一醉方休。喝醉之后就退席，去留任情，毫不以为意。家徒四壁，空荡荡的，又不能挡风遮日。粗布短衣破了就打补丁，常常揭不开锅，即便如此，他还是一副平静安逸的样子。常写文章以自寻乐趣，也很能表达自己的心意。得与失皆置之度外，就这样了此一生。

赞语是：黔娄的妻子说过：“不为贫贱忧愁烦恼，不为富贵钻营奔波。”她所说的那人（黔娄）与五柳先生大概是同一类人吧？欢畅地饮酒作诗，愉悦自己的心志。他究竟是上古无怀氏时代的人呢？还是葛天氏时代的人呢？

李太白集

五　古

侠客行

赵客缦胡缨，吴钩霜雪明。银鞍照白马，飒沓如流星。十步杀一人，千里不留行。事了拂衣去，深藏身与名。闲过信陵[1]饮，脱剑膝前横。将炙啖朱亥[2]，持觞劝侯嬴。三杯吐然诺，五岳倒为轻。眼花耳热后，意气素霓生。救赵挥金槌，邯郸先震惊。千秋二壮士，烜赫大梁城。纵死侠骨香，不惭世上英。谁能书阁下，白首太玄经[3]？

【注释】

①信陵：信陵君，魏公子无忌。②朱亥：战国魏人，隐于屠肆。信陵君访得之，以铁锥击杀晋鄙，夺其兵，救邯郸，退秦存赵。③太玄经：书名，汉扬雄撰，晋范望注，十卷。雄作《法言》拟《论语》，此书则拟《易》。

【译文】

赵国侠客带的帽子上，飘动着没有文理的缨带，他手里的宝刀，如霜雪一样明亮。银色的鞍子照映着白色的骏马，骏马腾飞如天上的流星。侠客每行十步杀死一人，奔走千里不停顿。大功告成便拂袖而去，远离尘世隐姓埋名。侠客安闲时拜访信陵君畅饮美酒，拔出宝剑横在膝前。信陵君将烤熟的肉敬给朱亥，又手持杯盏劝侯嬴。二人喝下三杯慷慨答应请求，一诺千金重，五岳相比却很轻。酒力上涌，眼花耳热，意气激扬，如白色云霓直上天空。为救赵国，朱亥挥起铁槌杀死晋鄙，邯郸解围，他的壮举震惊了古城。朱亥和侯嬴是千百年来的两位壮士，大梁城里，至今仍流传他们显赫的声名。即使他们死了，侠肝义胆、铮铮铁骨也流芳百代，不愧为世上的豪杰英雄。谁乐意像扬雄那样，在书阁中白头到老，伏案著述《太玄经》？

长干行二首

妾发初覆额，折花门前剧[1]。郎骑竹马来，绕床弄青梅。同居长干里，两小无嫌猜。十四为君妇，羞颜未尝开。低头向暗壁，千唤不一回。十五始展眉，愿同尘与灰。常存抱柱信[2]，岂上望夫台？十六君远行，瞿塘滟预堆[3]。五月不可触，猿声天上哀。门前迟行迹，一一生绿苔。苔深不能扫，落叶秋风早。八月蝴蝶黄，双飞西园草。感此伤妾心，坐愁红颜老。早晚下三巴，预将书报家。相迎不道远，直至长风沙[4]。

忆妾深闺里，烟尘不曾识。嫁于长干人，沙头候风色。五月南风兴，思君下巴陵[5]。八月西风起，想君发扬子。去来悲如何？见少别离多。湘潭几日到？妾梦越风波。昨夜狂风度，吹折江头树。淼淼暗无边，行人在何处？北客至王公，朱衣满汀中。日暮来投宿，数朝不肯东。自怜十五余，颜色桃李红。那作商人妇，愁水复愁风！

【注释】

①剧：游戏。②抱柱信：《庄子》："尾生与女子期于梁下，女子不来，水至不去，抱梁柱而死。"③瞿塘滟预堆：瞿塘峡名，乃三峡之门，两岸对峙，中贯一江，滟预堆当其口，舟行绝险。④长风沙：位于安徽怀宁县东一百九十里，旧最湍险。⑤巴陵：位于今湖南巴陵县。

【译文】

当年我的头发刚好盖住额角，折下一枝花在门前游戏。郎君跨根竹竿当马骑着跑来，环绕井床玩弄青梅果。我们俩都住在长干里，年纪幼小天真烂漫不避嫌疑。我十四岁时做了他的妻子，娇羞的面容一时难改。低头无语面向壁角暗处坐，任凭千声呼唤也不肯转身答应。十五岁时情感在眉眼间表露出来，愿和郎君今生不分离。心中常想信守誓言恩爱到老，哪想到离别登上望夫台？我十六岁那年郎君远行，路过瞿塘峡的滟滪堆。五月里长江水高涨，水中的礁石不可触，两岸高入云天的山上，传来群猿的哀鸣。门前郎君走时留下的足迹，今天全都长了绿苔。厚厚的绿苔不能扫去，早来的秋风吹落树叶又将绿苔覆盖。八月蝴蝶变成黄色，双双飞到西园的草丛。蝴蝶成双人孤单，想到这些心伤悲，相思愁苦难排遣，青春容颜变憔悴。郎君啊，你几时从三巴顺流东下回家乡，事先写封书信捎回来。我不辞远路迎接你，一直走到长风沙。

回忆当年我在深深的闺房，不曾识得云烟和风尘。自从嫁给长干的郎君，每天在沙头等待观察风向。五月刮起南风，我想你此时正奔向巴陵。八月西风吹来，想来你正从扬子出发。分离之后为何悲痛？见面机会少，离别日子多。郎君你何时到湘潭？我梦中越过风波去相会。昨晚狂风呼啸，吹折江边大树。江水浩淼暗无边际，远行的郎君在哪里？北方的游客中有达官贵人，身穿红色的官服站满江边。傍晚时分前来投宿，连续几天不肯顺水向东行。怜爱自己今年不满十六岁，面容像桃李花朵一般红。天奈嫁给商人做妻子，见水哀怨见风也悲愁。

门有车马客行

门有车马宾，金鞍曜朱轮。谓从丹霄[1]落，乃是故乡亲。呼儿扫中堂，坐客论悲辛。对酒两不饮，停觞泪盈巾。叹我万里游，飘摇三十春。空谈霸王略，紫绶不挂身。雄剑藏玉匣，阴符生素尘。廓落无所合，流离湘水滨。借问宗党间，多为泉下人。生苦百战役，死托万鬼邻。北风[2]扬胡沙，埋翳周与秦。大运且如收，苍穹宁匪仁。恻怆意何道，存亡任大钧。

【注释】

①丹霄：即云霄。②"北风"二句：言当时安禄山反，两京俱陷，借周秦以伤时事。

【译文】

门前有位乘坐高车骏马的宾客，金色的马鞍照映着红色的车轮。他自称是从云霄降落，说起来竟是我故乡的亲人。呼唤儿子打扫中堂，请客人坐下一起讨论辛酸悲哀。面对美酒谁也喝不下，放下酒杯泪水沾湿丝巾。感慨我离家万里漫游，飘泊不定度过三十个春秋。往日空谈称王称霸的策略，现今紫色的丝带依然未挂在身。雄剑干将藏在玉匣里，姜太公的《阴符》蒙上一层灰尘。寂寞孤独不得志，只身飘荡湘水边。我问起家乡同宗族的消息，他们大都命丧黄泉不在人世。生前苦于战乱不息，死后在地下和众鬼作伴。就像朔风吹起北方的尘沙，安史逆贼发动叛乱，气焰嚣张，占领了洛阳和长安。上天安排的命运暂时收敛，天地间难道竟没有仁义！心中悲愤居然不知说什么，生死存亡只好任由老天安排。

东海有勇妇

梁山感杞妻[①]，恸哭为之倾。金石忽暂开，都有激深情。东海有勇妇，何惭苏子卿[②]！学剑越处子，超腾若流星。捐躯报夫仇，万死不顾生。白刃曜素雪，苍天感精诚。十步两躩跃，三呼一交兵。斩首掉国门，蹴踏五藏行。豁此伉俪愤，粲然大义明。北海李使君，飞章奏天廷。舍罪警风俗，流芳播沧瀛。志在列女籍，竹帛已光荣。淳于免诏狱，汉主为缇萦。津妾一棹歌，脱父于严刑。十子若不肖，不如一女英。豫让斩空衣，有心意无成。要离杀庆忌，壮夫素所轻。妻子亦何辜？焚之买虚声。岂如东海妇，事立独扬名！

【注释】

①杞妻：《孟子》："华周杞梁之妻，善哭其夫，而变国俗。"②苏子卿：疑为苏来卿之误。曹植《精微篇》："关东有贤女，自字苏来卿。壮年报父仇，身没垂功名。"

【译文】

梁山被杞梁的妻子感动，听到她的痛哭声而崩溃倾倒。坚硬的金石忽然裂开，都是由于有深沉激奋的感情。东海有一位英勇的女子，其壮举不亚于为父报仇的苏来卿。她向越处子一样的名家学习剑术，跳跃穿腾矫健如流星。舍弃性命为丈夫报仇，甘愿万死不考虑生还。手中的宝刀如白雪般明亮，苍天也为她的精诚感动。她十步之间跨跃两次，大呼三声同仇敌交锋。杀死仇人，将他的首级悬在国门上，又践踏出体内的五脏，之后从容离去。丈夫被害令她深感悲愤，她伸张的正义如日月般明光。北海太守李邕闻此事，写成奏章飞报朝廷。皇帝为正风俗赦免她的罪过，东海女子的声名流传到沧海瀛州。她的名字和壮举写入《列女传》，史书记载世代光大荣耀。汉代的淳于意被免除刑罚，是他女儿缇萦的言行感动了文帝。津妾女娟划小船吟唱悲歌，最终使父亲免于死刑。十个儿子假如不成器，比不上一位女中豪英。豫让斩赵襄子的空衣而后自杀，有心报主最终未成功。要离为吴王阖闾刺杀庆忌，他的行为历来被壮士轻视。他的妻子有什么过错？要离居然把她焚烧骗取庆忌信任，为自己赢得壮士的虚名。他们哪里比得过东海女子，报仇雪恨独自百代扬名。

短歌行

白日何短短，百年苦易满。苍穹浩茫茫，万劫太极长。麻姑[①]垂两鬓，一半已成霜。天公见玉女[②]，大笑亿千场。吾欲揽六龙，回车挂扶桑。北斗酌美酒，劝龙各一觞。富贵非所愿，为人驻颓光[③]。

【注释】

①麻姑：古时仙女，建昌人，修道于牟州东南姑余山。②玉女：仙女。③颓光：一作颜光，又作流光。

【译文】

人生的岁月多么短促，百年瞬息过愁苦易充满。茫茫宇宙无际无边，千年万代何其漫长。麻姑仙人两边垂下的鬓发，有一半已变得霜雪一般。天帝见到仙女，开怀大笑亿千场。我想拉住六龙驾驶的太阳车让时间停顿，掉转车头将其挂在东方的扶桑树上。用北斗舀取美酒，劝六龙各饮一杯。富贵荣华不是我的心愿，我只想让时光驻留，尽情地欢乐一场。

赠何七判官昌浩

有时忽惆怅，匡坐至夜半。平明空啸咤，思欲解世纷。心随长风去，吹散万里云。羞作济南生，九十诵古文。不然拂剑起，沙漠收奇勋。老死田陌间，何因扬清芬？夫子今管乐，英才冠三军。终与同出处，岂将沮溺群！

【译文】

我有时心中突然伤感，正襟危坐直到夜半时分。黎明时空自一声长叹，总想为世间排难解纷。心儿随着长风远去，吹散天空万里流云。像西汉济南人伏胜那样，我觉得羞愧，怎能到九十岁还诵读古文？我决不这样，我要抖动宝剑挺身而起，到边塞沙漠建立卓越的功勋。在乡间默默无闻度过一生，凭什么树立百世流芳的声誉？何判官，你就是当今的管仲乐毅，雄才伟略勇冠三军。我最终有一天像你一样建功业，怎能跟桀溺、长沮那样的隐士为伍！

读诸葛武侯传书怀赠长安崔少府叔封昆季

汉道昔云季，群雄方战争。霸图各未立，割据资豪英。赤伏[①]起颓运，卧龙[②]得孔明。当其南阳时，陇亩躬自耕。鱼水三顾合，风云四海生。武侯立岷蜀，壮士吞咸京。何人先见许？但有崔州平[③]。余亦草间人，颇怀拯物情。晚途值子玉[④]，华发同衰荣。托意在经济，结交为弟兄。无令管与鲍，千载独知名。

【注释】

①赤伏：即《赤伏符》，天命论者宣扬的祥瑞。②卧龙：即卧龙冈，位于河南南阳县西南，武侯隐此，先主三顾乃出，为定三分之局。③崔州平：与诸葛武侯为友，武侯初自比管、乐，时人莫之许，惟州平与徐庶谓为信然。④子玉：东汉学者崔瑗的字，此处借指崔少府。

【译文】

以前东汉末年国势衰微，军阀之间为争夺权利，正发动一场混战。谁也没有建立称霸的事业，只是凭藉英豪名声割据一方。刘备兴起挽救衰颓的世运，在卧龙冈得到杰出的人才诸葛亮。当时诸葛亮隐居南阳隆中，亲自在田间耕种。刘备三次拜访，二人关系如鱼水般融洽，诸葛亮出山叱咤风云建立大功。他立足蜀地凭藉岷山岷水，胸怀壮志要占领长安和洛阳。哪个人预先赏识诸葛亮的才华？只有他的朋友崔州平。我也是隐居草野的布衣，大有拯救人民的豪情。我在晚年遇到了崔少府，我们都生出白发，一副老朽的容颜。我寄托的志向在于经世济民，期望和你们结交互称弟兄。请求有朝一日推荐我，莫让春秋时的管仲和鲍叔，千百年来独自扬名。

赠嵩山焦炼师　并序

嵩丘有神人焦炼师者，不知何许妇人也。又云生于齐梁时，其年貌可称五六十，常胎息绝谷，居少室庐。游行若飞，倏忽万里，世或传其入东海，登蓬莱，竟不能测其往也。余访道少室，尽登三十六峰，闻风有寄，洒翰遥赠。

二室①凌青天，三花②含紫烟。中有蓬海客，宛疑麻姑仙。道在喧莫染，迹高想已绵。时餐金鹅药，屡读青苔篇③。八极④恣游憩，九垓⑤长周旋。下瓢酌颍水，舞鹤来伊川。还归空山上，独拂秋霞眠。萝月挂朝镜，松风鸣夜弦。潜光隐嵩岳，炼魄⑥栖云幄。霓衣何飘飘，凤吹⑦转绵邈。愿同西王母⑧，下顾东方朔⑨。紫书倘可传，铭骨誓相学。

【注释】

①二室：太室山、少室山，位于今河南登封县北部，高十六里，周三十里，凡三十六峰，颍水出焉。②三花：少室山有贝多树，一年三开花。③青苔篇：道教之书。④八极：言八方极远之地，《淮南子》："八绂之外，乃有八极"。⑤九垓：九州。《抱朴子》："元流沾于九垓"。⑥炼魄：道家修炼之术。⑦凤吹：指笙。⑧西王母：古之仙人。《穆天子传》："周穆王好神仙，临西王母于瑶池之上。"⑨东方朔：汉厌次（今山东惠民）人，字曼倩。善诙谐，武帝时为金马侍中。

【译文】

嵩山有位神仙焦炼师，不知是来自何方的妇人。又听说她生于南朝齐梁时代，看容貌大约有五六十岁。她时常闭气吞咽不吃粮食，居住在少室山简陋的房子里。她行走如飞，转瞬行驶万里。世上有人传说她入东海，登蓬莱山，最后人们居然不知她的踪迹。我在少室山寻求道教之术，登遍了三十六座山峰。闻听此事心有所感，挥笔写下诗篇，赠给远方的焦炼师。

太室山少室山高入云天，一年三开花的贝多树，缭绕着紫色的轻烟。山中有位来自海中蓬莱的仙客，看上去好像麻姑神仙。胸有道术，喧哗的尘世不能侵染，行迹高蹈，心怀悠远。有时吃下金鹅仙药，屡次诵读道教的经卷。八方远处肆意休息漫游，九州大地长久地周转回旋。用瓢舀取高士许由饮用的颍水，在伊水边招来翩翩起舞的仙鹤。回归到宁静的山里，独自拂拭着秋天的云霞睡眠。藤萝间的明月皎洁，如明镜般的朝阳挂在天空，风吹松涛阵阵，似夜晚独奏的琴弦。洁身避世隐居嵩山，吃下仙药栖息在云中的帐幕。衣衫似云霓，风吹飘飘举，吹起竹笙，余音传向远方。乐意随同西王母，到下界看望东方朔。道教经书如可传授，我铭刻于心，发誓永远学习。

忆襄阳旧游赠济阴马少府巨

昔为大堤客，曾上山公[①]楼。开窗碧嶂满，拂镜沧江流。高冠佩雄剑，长揖韩荆州。此地别夫子，今来思旧游。朱颜君未老，白发我先秋。壮志恐蹉跎，功名若云浮。归心结远梦，落日悬春愁。空思羊叔子[②]，堕泪岘山头。

【注释】

①山公：指晋朝曾镇守襄阳的山简。②羊叔子：名祜，晋南阳人，晋武时镇襄阳，绥怀远近，甚得人心。襄阳县南有岘山，祜常登之，及卒，后人立碑其地，望者悲感，谓之堕泪碑。

【译文】

以前我在襄阳城外的大堤做客，曾登上当年山简的高楼。推开窗户，碧绿的山峰列满眼底；拂试明镜，照见清澈的江水奔流。我头戴高帽佩带宝剑，恭谨地拜见韩朝宗。当年我在这里和你分离，思念旧友今日前来重游。你满面红光未见衰老，我却先你出生如霜的白发。担心壮志随时光流逝而消磨，功名似浮云般飘渺而遥远。归家之心，结成了迷远的还乡之梦；落日依依，似充满无限春愁。我徒然怀念晋朝的羊祜，面对岘山的墓碑独自流泪。

赠郎中崔宗之

胡鹰拂海翼，翱翔鸣素秋。惊云辞沙朔，飘荡迷河洲。有如飞蓬人，去逐万里游。登高望浮云，仿佛如旧丘。日从海旁没，水向天边流。长啸倚孤剑，目极心悠悠。岁晏归去来，富贵安所求？仲尼七十说，历聘莫见收。鲁连[①]逃千金，圭组岂可酬！时哉苟不会，草木为我俦。希君同携手，长往南山幽。

【注释】

①鲁连：即鲁仲连，战国齐人，高蹈不仕，喜为人排难解纷，尝为赵说魏使义不帝秦，秦军为却。后齐王欲爵之，连逃于海上。

【译文】

北方的雄鹰振动硕大的翅膀，鸣叫着飞翔在秋日的晴空。掠过急云离开北方的沙漠，飘飘

荡荡迷恋河中的沙洲。如同蓬草飘摇的游子，为追名求利去到万里之外遨游。登上高处远眺浮云，恰似以往游历的山丘。太阳从辽阔水面的岸边落下，江水向天空边际奔流。我斜倚着孤独的宝剑发出长啸，远望天地尽头心中思绪悠悠。年纪大了就归去好了，富贵功名有什么可迷恋的？孔子欲行王道七十岁仍然在游说，游历天下以求聘用都没有被收留。鲁仲连鄙视千金逃隐江湖，高官厚禄难道可以抵偿其高洁言行？假如不能遇到时机大展雄才，山间草木就是我的伴侣。期望你我一同携手，到幽静的南山永远遁世隐居。

赠王判官，时余归隐居庐山屏风叠

昔别黄鹤楼，蹉跎淮海秋。俱飘零落叶，各散洞庭流。中年不相见，蹭蹬[1]游吴越。何处我思君？天台绿萝月。会稽风月好，却绕剡溪回。云山海上出，人物镜中来。一度浙江北，十年醉楚台。荆门倒屈宋[2]，梁苑倾邹枚[3]。苦笑我夸诞，知音安在哉？大盗割鸿沟[4]，如风扫秋叶。吾非济代人，且隐屏风叠。中夜天中望，忆君思见君。明朝拂衣去，永与海鸥群。

【注释】

①蹭蹬：失势之状。木华赋："或乃蹭蹬穷波。"②屈宋：屈原、宋玉，皆楚人，为辞家之祖。③邹枚：邹阳与枚乘，汉时皆以文辩知名。④鸿沟：河名，黄河支流。秦末楚汉分界的地方。此处形容安史叛军侵占土地很广。

【译文】

昔日离别黄鹤楼，虚度光阴到淮海一带飘泊正好深秋。分手后我俩都似飘落的树叶，各奔一方如洞庭湖分散的支流。人到中年依然不能见面，我壮志难酬只好到吴越漫游。此时我在哪里思念你？在天台山月下的松萝间。会稽清风明月景色美，我却绕过剡溪回庐山。山峦般的云朵从海上升起，行客从清澈如镜的河中归来。我曾到浙江的北面，十年时间酣醉在楚地的台榭。我才艺出众，可使古代荆门的屈原宋玉倾倒，又可让作客梁苑的邹阳枚乘佩服。人们都讥讽我浮夸放诞，我的知己该到哪里去寻找？安禄山发动叛乱侵占广阔土地，叛军来势迅猛所向披靡。我本来不是拯救世事的人，暂且归隐庐山屏风叠。夜半时分仰望中天，思念你渴望见到你。等到明天拂衣离去，隐居避世永远和海鸥在一起。

经乱离后天恩流夜郎，忆旧游书怀赠江夏韦太守良宰

天上白玉京，十二楼五城。仙人抚我顶，结发受长生。误逐世间乐，颇穷理乱情。九十六圣君，浮云挂空名。天地赌一掷，未能忘战争。试涉霸王略，将期轩冕荣。时命乃大谬，弃之海上行。学剑翻自哂，为文竟何成！剑非万人敌，文窃四海声。儿戏不足道，五噫出西京。临当欲去时，慷慨泪沾缨。叹君倜傥才，标举冠群英。开筵引祖帐，慰此远徂征。鞍马若浮云，送余骠骑亭。歌钟不尽意，白日落昆明[1]。十月到幽州，戈铤若罗星。君王弃北海，扫地[2]借长鲸[3]。呼吸走百川，燕然可摧倾。心知不

得意，却欲栖蓬瀛。弯弧惧天狼，挟矢不敢张。揽涕黄金台，呼天哭昭王。无人贵骏骨，绿耳[④]空腾骧。乐毅倘再生，于今亦奔亡。蹉跎不得意，驱马过贵乡。逢君听弦歌，肃穆坐华堂。百里独太古，陶然卧羲皇。征乐昌乐馆，开筵列壶觞。贤豪间青娥，对烛俨成行。醉舞纷绮席，清歌绕飞梁。欢娱未终朝，秩满归咸阳。祖道拥万人，供帐遥相望。一别隔千里，荣枯异炎凉。炎凉几度改，九土中横溃。汉甲连胡兵，沙尘暗云海。草木摇杀气，星辰无光彩。白骨成丘山，苍生竟何罪？函关壮帝居，国命悬哥舒。长戟三十万，开门纳凶渠。公卿如犬羊，忠谠醢与菹。二圣出游豫，两京遂丘墟。帝子许专征，秉旄控强楚。节制非桓文，军师拥熊虎。人心失去就，贼势腾风雨。惟君固房陵，诚节冠终古。仆卧香炉顶，餐霞漱瑶泉。门开九江转，枕下五湖连。半夜水军来，寻阳满旌旃。空名适自误，迫胁上楼船。徒赐五百金，弃之若浮烟。辞官不受赏，翻谪夜郎[⑤]天。夜郎万里道，西上令人老。扫荡六合清，仍为负霜草。日月无偏照，何由诉苍昊？良牧称神明，深仁恤交道。一忝青云客，三登黄鹤楼。顾惭祢处士，虚对鹦鹉洲[⑥]。樊山[⑦]霸气尽，寥落天地秋。江带峨眉雪，横穿三峡流。万舸此中来，连帆过扬州。送此万里目，旷然散我愁。纱窗倚天开，水树绿如发。窥日畏衔山，促酒喜见月。吴娃与越艳，窈窕跨铅红。呼来上云梯，含笑出帘栊。对客小垂手，罗衣舞春风。宾跪请休息，主人情未极。览君荆山作，江鲍堪动色。清水出芙蓉，天然去雕饰。逸兴横素襟，无时不招寻。朱门拥虎士，列戟何森森。剪凿竹石开，萦流涨清深。登楼坐水阁，吐论多英音。片辞贵白璧，一诺轻黄金。谓我不愧君，青鸟明丹心。五色云间鹊，飞鸣天上来。传闻赦书至，却放夜郎回。暖气变寒谷，炎烟生死灰。君登凤池[⑧]去，勿弃贾生才。桀犬尚吠尧，匈奴笑千秋[⑨]。中夜四五叹，常为大国忧。旌旆夹两山，黄河当中流。连鸡不得进，饮马空夷犹。安得羿善射，一箭落旄头[⑩]。

【注释】

①昆明：即昆明池，故址位于今西安市西南部。②扫地：全部。③长鲸：指安禄山。④绿耳：骏马名。⑤夜郎：国名，今贵州西境，古为南夷夜郎国地。⑥鹦鹉洲：位于今武汉市西南长江中，汉祢衡作赋，因以得名。⑦樊山：山名，三国时安道孙权于此打猎，遇一神姥，预示他将建立吴国。⑧凤池：凤凰池，即朝廷中书省。⑨千秋：车千秋，汉武帝丞相，庸碌无为。匈奴曾讥笑武帝不会用人。⑩旄头：星名，古人认为此星特别亮时，将有战事发生。

【译文】

天上有座白玉京城，昆仑山有五城十二楼。神仙抚摸着我的头顶，为我束发，传授长生不老的秘诀。我错误地追求人世的欢乐，却深刻了解了天下治乱的道理。自从秦始皇到唐玄宗共有九十六代皇帝，他们如天上浮云徒有虚名。他们像赌徒似的把天下当作赌注孤注一掷，依仗战争建立功业和声名。我尝试探究称王称霸的策略，希望实现显贵的荣耀。时机命运竟然出现大误差，我只好放弃霸王之略到江海漫游。学习剑术反而自笑自嘲，舞文弄墨到底有什么成功？剑术并非万人敌的兵法，诗文却赢得了四海的声名。文学侍臣如同儿戏不足称道，我像梁鸿吟诵《五噫歌》离开长安。当我离开京都即将远去，情绪激越泪水打湿了帽带。赞叹太守你

有卓越的才华，出类拔萃为群英之冠。你摆下筵席搭起帐幕，慰藉我从此将去他乡远行。马儿如浮云徘徊不忍离开，你送我一直送到骠骑亭。乐曲表达不尽心头的情意，西边的太阳落在昆明池中。十月里我来到幽州大地，看到兵器陈列多如天上繁星。君王抛弃北方的土地，全都借与给安禄山。安禄山势力强大如长鲸，呼吸之间便可驱使百川，燕然山似也可倾倒摧垮。我看出安禄山反叛迹象，苦于没机会进言，却想避乱栖息蓬莱瀛洲。拉开木弓却惧怕凶狠的战争灾星，挟着长箭不敢射出去。我挥洒泪水登上黄金台，呼唤苍天哭吊燕昭王。再也没人珍视骏马的尸骨，千里马空自腾跃低昂。倘若乐毅再生今世，依然不免奔命逃亡。虚度光阴壮志难酬，我赶着马儿路过贵乡。听到你和着琴瑟唱起歌声，你庄重肃穆坐在华丽的公堂。只有你管辖的百里之地风俗淳朴，人民欢乐如太古伏羲时代一样。昌乐驿馆传出欢快的乐曲，你大摆筵席排列着玉壶和金杯。贤士豪杰之间有窈窕的歌女，面对烛灯庄重地排成一行。醉看歌女在华丽的席间纷纷起舞，倾听悠扬的歌声飞绕屋梁。欢快时光像不到一个早晨那样短促，你任期届满将回归长安。上万人拥挤着为你送行，帐幕连接数里遥遥相望。一朝离别相隔千里远，你仕途得意，我却沉沦不遇。得意失意几次更改，九州大地出现动荡。唐军和叛军短兵相接，尘沙飞扬使云海昏暗。草木摇动带有杀气，日月星辰失去光芒。白骨累累堆成山丘，无辜的百姓到底有什么罪？险要的函谷关使长安形势雄壮，国家存亡悬在哥舒翰手中。唐朝大军三十万，刚一交战便倒戈投降。朝廷公卿如犬羊般被叛军奴役，正直的大臣竟被剁成肉酱。玄宗肃宗仓皇出逃，洛阳长安因此变成荒丘废墟。皇帝的儿子李璘拥有调兵权力，他指挥军队控制了富庶的南方。他的军队毫无节制，不像齐桓公、晋文公的军队纪律严明，士兵凶猛如虎狼一般。人心混乱失去成功机会，李璘军队气焰张狂如风雨奔腾。只有太守你守护房陵郡，忠诚的气节流芳百世。我隐居在庐山香炉峰顶，吃五彩云霞用瑶泉漱口。打开山门可见长江回转奔流，山下面众多的湖泊相连。夜半时分军队从水路前来，浔阳城里四处飘扬着军旗。空有虚名恰恰误了自己，我被迫应聘登上高大的楼船。李璘空无所据赠我五百金，我抛弃金钱视之如飘浮的浮云。我辞去官职不接受赏赐，反倒获罪被贬到夜郎。到夜郎的路途万里迢迢，被迫西行令人愁苦容颜衰老。扫荡了叛军势力天下太平，我却依然遭受摧残如霜打的秋草。朝廷公正如日月光辉不会偏照，我却没法向苍天申诉不幸。优秀的韦太守称得上神奇贤明，仁义深厚眷念与我的交情。你青云直上，我在此作客竟感到羞愧，为销忧愁我三次登上黄鹤楼。观看美景想起祢衡觉得惭愧，徒然面对江中的鹦鹉洲。樊山预示的霸气而今已尽，天地间冷落寂寥一片秋色。长江带着峨眉山的积雪，江水横穿过三峡向东流。万条大船从三峡而来，白帆相连驶过扬州。目送船队驶向万里之外，天地悠远消散我心中忧愁。纱窗紧靠青天而开，水边树木翠绿如黑发。远眺太阳害怕它落山，面对美酒欢喜地看到明月升起。吴地和越地的美女，美好文静，涂着铅粉和胭脂。我呼唤她们前来登上扶梯，她们掀开珠帘含笑走出房门。面对客人起舞，小垂手的舞姿优美，轻柔的丝衣舞动着和煦的春风。宾客跪席而拜请求停止，主人心情欢愉仍未尽兴。观看你在荆山写的大作，那诗篇可使江淹鲍照喜形于色。你的诗歌如清水中长出的荷花，风韵天成，无须雕琢和修饰。你兴致勃勃胸怀豁达，无时不邀我前去聚会。红色的大门口站着如虎的卫士，排列的兵器多么严密。剪竹凿石开渠引水，清水涨满，环绕而流。众人登上水中的楼阁坐下，议论谈吐多是英奇的声音。一句话珍贵超过白色玉璧，一个诺言重于黄金百斤。说我不愧对韦太守，仙界的青鸟明察一颗红心。云间五色的喜鹊鸣叫着，从天上飞下来报告喜讯。听说朝廷大赦的诏书来到，竟是赦免我的罪过可以东回。寒冷的山谷变暖温气升腾，冰冷的死灰生出热烟。你去京都做了高官，不要忘记有贾谊般才华的我。史思明威胁朝廷，天下还不太平，无能的宰相窃居要职，如匈奴讥笑的车千秋。我夜晚总是感叹不能成眠，时常替大唐帝国命运担忧。黄河两岸的太华首阳二山，旌旗飘飘形势纷乱动荡。各节度使似群鸡你争我斗，只顾饮马犹豫不前。怎样才能出现羿那样的英雄，一箭射落旄头星，迅疾平定叛乱！

闻丹丘子于城北山营石门幽居，中有高凤遗迹，仆离群远怀，亦有栖遁之志，因叙旧以寄之

春华沧江月，秋色碧海云。离居盈寒暑，对此长思君。思君楚水南，望君淮山北。梦魂虽飞来，会面不可得。畴昔在嵩阳，同衾卧羲皇①。绿萝笑簪绂，丹壑贱岩廓。晚途各分析，乘兴任所适。仆在雁门关，君为峨眉客。心悬万里外，影滞两乡隔。长剑复归来，相逢洛阳陌。陌上何喧喧，都令心意烦。迷津觉路失，托势随风翻。以兹谢朝列，长啸归故园。故园恣闲逸，求古散缥帙。久欲入名山，婚嫁殊未毕。人生信多故，世事岂惟一？念此忧如焚，怅然若有失。闻君卧石门，宿昔契弥敦。方从桂树隐，不羡桃花源②。高风起遐旷，幽人迹复存。松风清瑶瑟，溪月湛芳樽。

【注释】

①羲皇：即太古之伏羲皇帝。陶潜文："常言五六月中北窗下卧，遇凉风暂至。自谓羲皇上人。"②桃花源：位于今江西武陵。晋陶潜有《桃花源记》。

【译文】

春光明媚，清澈的江水映出一轮明月，秋色醉人，碧绿的海上升起片片白云。离群而居整整一年，我面对美景长久地怀念你。我在楚水南面深情地思念，眺望住在淮山以北的你。尽管睡梦中你的魂魄飞来，但是醒后仍然不能见面。回忆过去我们在嵩山南面隐居，同盖一床被，心中淡然如太古伏羲氏。绿色的松萝嘲笑冠簪帽缨，红色的山壑视庙堂为低贱。晚年我们分手各自上路，乘着兴致随便任凭走到哪里。我在雁门关漫游，你在峨眉山寓居。心儿挂念着万里之外的友人，身影被隔离阻滞在两地。身背长剑又一次归来，我们相遇在洛阳的路上。洛阳路上多么喧嚣，嘈杂的声音使人心烦意乱。迷途忽觉无路可走，托附情势随风翻转。我因此愤然辞别朝中百官，长啸一声回归故居田园。在田园无拘无束安逸闲散，追求古人风范打开书卷。很久就想去隐居名山，只是儿女的婚事还没完毕。人生的确有许多事情，世事纷杂，哪能只有一件？想到这些我心中忧愁似火烧，茫然惆怅好像失去了什么。听说你归隐在石门，可知你往日的归隐之志更加坚定。你追随古人正在山中归隐，不羡慕武陵的桃花源。高凤走上仕途扬声四方，他留下的遗迹至今还存在。松间的和风吹来，令精美的瑟曲更为清越，溪水中的明月，使芳香的美酒更为澄澈。

望终南山寄紫阁隐者

出门见南山，引领意无限。秀色难为名，苍翠日在眼。有时白云起，天际自舒卷。心中与之然，托兴每不浅。何当造幽人，灭迹栖绝巘。

【译文】

出门望见终南山，伸颈远望情意无限。山中秀美的景色难用语言表达，苍翠的颜色每日都在眼前。山间有时升起片片白云，飘向天边自在舒卷。我的心情如白云般旷达悠闲，寄托的兴致时常深厚遥远。如何才能拜见隐士，我要隐身埋名，栖息在陡峭的岩边。

月夜江行寄崔员外宗之

飘摇江风起，萧飒海树秋。登舻美清夜，挂席移轻舟。月随碧山转，水合青天流。杳如星河上，但觉云林幽。归路方浩浩，徂川去悠悠。徒悲蕙草歇，复听菱歌愁。岸曲迷后浦，沙明瞰前洲。怀君不可见，望远增离忧。

【译文】

江面上吹起一阵秋风，江边的树木在萧瑟的风中落叶飘零。我登上船头赞美清幽的夜晚，挂起白帆荡起一叶轻舟。船行水上，明月也似乎随着青山转，青天映在碧水，江水似在天上奔流。小船好像驶进遥远的星河里，又觉得云深林暗一片幽静。回归的路途正是浩淼无际，奔向大海的江水悠远绵长。徒然长叹香草般的贤士不受重用，又听到采菱女的歌声顿生忧愁。河岸曲折，后面的水畔迷蒙一片；月照沙明亮，可以看见前面的小洲。心中思念你却不能见面，遥望远方只能增加离别的忧愁。

寄东鲁二稚子

吴地桑叶绿，吴蚕已三眠[①]。我家寄东鲁，谁种龟阴[②]田？春事已不及，江行复茫然。南风吹归心，飞堕酒楼前。楼东一株桃，枝叶拂青烟。此树我所种，别来向三年。桃今与楼齐，我行尚未旋。娇女字平阳，折花倚桃边。折花不见我，泪下如流泉。小儿名伯禽，与姊亦齐肩。双行桃树下，抚背复谁怜？念此失次第，肝肠日忧煎。裂素写远意，因之汶阳[③]川。

【注释】

①三眠：吴蚕自孵生至成蛹，凡蜕皮三四次。每蜕皮时，不食不动，其状如眠，故称三眠。②龟阴：龟山之北。龟山，位于今山东新泰县西南。③汶阳：故址位于今山东宁阳县北。

【译文】

吴地的桑树青翠碧绿，吴地的蚕儿已三次休眠。我的家庭寄居在东鲁，谁种龟山以北的农田？春天的农事已经赶不上，我往来江上行止不定心头茫然。南风吹走我渴望归家的心，飞越千里落在家中酒楼前。楼的东面有一棵桃树，枝叶繁盛缭绕着淡淡青烟。这棵桃树是我当年栽种，离别它已将近三年。现今桃树长得和楼一般高，我离家漫游至今仍未归还。我那可爱的女儿叫平阳，折下一枝花靠在桃树边。折下桃花不能见到我，伤心悲哀泪水如流泉。我的儿子叫伯禽，和他姐姐齐头并肩一样高。一双儿女徘徊桃树下，谁来抚慰他们的脊背给予爱怜？想到这些我因伤心失去常态，肝肠寸断每日被痛苦煎熬。撕开白绢写下我在远方的怀念，心儿随书信到达家庭所在的汶水边。

送张秀才从军

六驳[①]食猛虎，耻从驽马群。一朝长鸣去，矫若龙行云。壮士怀远略，志存解世纷。周粟犹不顾，齐圭安肯分？抱剑辞高堂，将投霍冠军。长策扫河洛，宁亲归汝坟[②]。当令千古后，麟阁[③]著奇勋。

【注释】

①六驳：兽名。《北齐书》："山中忽有六驳，食猛兽。"②坟：水边。③麟阁：指麒麟阁，汉阁名。汉宣帝时于阁上画十一名功臣图像，此处代指史书。

【译文】

山中六驳吃猛虎，羞与劣马为伍。有一天长啸着奔跑而去，迅猛矫捷似龙在云中飞行。壮士胸怀深远的谋略，志在济世解纷排难。施舍尚且不屑一顾，又怎会想到利禄和虚名。手持宝剑辞别父母，要到军中投靠霍冠军。挥动长鞭扫除黄河洛水一带的纷乱，看望父母回到汝水岸边。应该让自己名传千古，在史书上铭记卓越的功勋。

玩月金陵城西孙楚酒楼达曙，歌吹日晚，乘醉著紫绮裘乌纱巾，与酒客数人棹歌秦淮，往石头访崔四侍御

昨玩西城月，青天垂玉钩。朝沽金陵酒，歌吹孙楚[①]楼。忽忆绣衣人[②]，乘船往石头。草裹乌纱巾，倒披紫绮裘。两岸拍手笑，疑是王子猷[③]。酒客十数公，崩腾醉中流。谑浪掉海客[④]，喧呼傲阳侯[⑤]。半道逢吴姬，卷帘出揶歈。我忆君到此，不知狂与羞。月下一见君，三杯便回桡。舍舟共连袂，行上南渡桥。兴发歌渌水，秦客为之摇。鸡鸣复相招，清宴逸云霄。赠我数百字，字字临风飙。系之衣裘上，相忆每长谣。

【注释】

①孙楚：晋中都人，字子荆，才藻卓绝。尝谓王济曰："吾欲漱石枕流。"年四十余始参镇东军事。②绣衣人：指做官的人，此处指崔四侍御。③王子猷：羲之子，名徽之，为桓温参军。④海客：指东晋谢安。⑤阳侯：古代诸侯，有罪自己投江，成水中之神，能兴大波。

【译文】

昨晚在金陵城西赏玩月色，月儿弯弯，如青天垂挂的玉钩。清早买来金陵美酒畅饮，在孙楚楼尽情地吹奏歌唱。我突然思念起崔四侍御，便乘船前往石头城。我匆忙裹上黑纱巾，倒披着紫色丝绸做的皮衣。河两岸的人见了拍手大笑，疑心我是晋代的王子猷。船上饮酒的十几位

客人，在河中央个个醉得东倒西歪。众人放荡戏谑，想起了迎狂涛而立的谢安；大家喧闹呼喊，傲视古代投江的阳侯。半路上遇到了吴地的美女，她们卷帘走出，一副调笑的姿态。我思念朋友来到这里，心中不知狂放和害羞。月光下一经见到崔四侍御，我喝下三杯就要回归。舍弃小舟我们携手同行，一起踏上了南渡桥。兴致勃勃唱起了《渌水》歌，秦地宾客听后心神摇动。天亮时他再一次邀请我，宴席上逸兴直上云霄。他赠给我几百字的诗篇，字字豪迈飘逸，读来如同面对狂风。我将诗篇系在皮衣上，每当思念时，总是深情地吟诵。

至陵阳山登天柱石酬韩侍御见招隐黄山

韩众[①]骑白鹿，西往华山中。玉女千余人，相随在云空。见我传秘诀，精诚与天通。何意到陵阳，游目送飞鸿。天子昔避狄，与君亦乘骢。拥兵五陵[②]下，长策遏胡戎。时泰解绣衣，脱身若飞蓬。鸾凤翻翕翼，啄粟坐樊笼。海鹤一笑之，思归向辽东。黄山过石柱，巘上攒丛。因巢翠玉树，忽见浮丘公。又引王子乔[③]，吹笙舞松色。即咏紫霞篇[④]，请开蕊珠宫。步纲[⑤]绕碧落[⑥]，倚树招青童。何日可携手，遗形入无穷。

【注释】

①韩众：仙人。②五陵：唐代高祖、太宗、高宗、中宗、睿宗的陵墓。③王子乔：周灵王太子晋也。好吹笙，作凤鸣，游伊洛之间，浮丘生接引上嵩山。后乘白鹤至缑氏山顶，举手谢时人，数日而去。④紫霞篇：指《黄庭内景经》。⑤纲：罡风，道家称天空极高处的风。⑥碧落：青天。

【译文】

仙人韩众骑着白鹿，向西前往华山中。仙女共有千余人，随他飞翔在云空中。他见到我传授给神仙的秘诀，心意诚恳可与天意相通。韩侍御为何来到陵阳山，浏览顾盼目送高飞的大雁。当年天子躲避胡人的侵扰，同你一起乘马离开京城。你在五陵调集军队，施展奇计阻挡胡人的进攻。时势安定你脱下官服，离开仕途如同自由飘飞的孤蓬。高贵的凤凰反倒收敛翅膀，因啄吃粮食被关入牢笼。野外的仙鹤对此置之一笑，欲归隐山川飞向辽东。我来到黄山登上高耸的天柱石，只见峰峦高峻簇拥密集。我顺便栖息在青翠的玉树上，突然见到当年隐居的浮丘公。又招来仙人王子乔，吹笙舞动松林间阵阵清风。接着又吟诵《黄庭内景经》，请仙人打开蕊珠宫的大门。脚踏高空的风周游青天，依靠大树招呼仙童。什么时候可以双方携手，遗忘形骸进入无极限的仙境。

游太山六首

四月上太山[①]，石平御道开。六龙过万壑，涧谷随萦回。马迹绕碧峰，于今满青苔。飞流洒绝巘，水急松声哀。北眺崿嶂奇，倾崖向东摧。洞门闭石扇，地底兴云雷。登高望蓬瀛，想像金擊台。天门[②]一长啸，万里清风来。玉女四五人，飘摇下九垓。含笑引素手，遗我流霞杯。稽首再拜之，自愧非仙才。旷然小宇宙，弃世何悠哉！

清晓骑白鹿，直上天门山。山际逢羽人，方瞳好容颜。扪萝欲就语，却掩青云关。

遗我鸟迹书，飘然落岩间。其字乃上古，读之了不闲。感此三叹息，从师方未还。

平明登日观[③]，举手开云关。精神四飞扬，如出天地间。黄河从西来，窈窕入远山。凭崖览八极，目尽长空闲。偶然值青童，绿发双云鬟。笑我晚学仙，蹉跎凋朱颜。踌躇忽不见，浩荡难追攀。

清斋三千日，裂素写道经。吟诵有所得，众神卫我形。云行信长风，飒若羽翼生。攀崖上日观，伏槛窥东溟。海色动远山，天鸡已先鸣。银台出倒景，白浪翻长鲸。安得不死药，高飞向蓬瀛。

日观东北倾，两岸夹双石。海水落眼前，天光摇空碧。千峰争攒聚，万壑绝凌历。缅彼鹤上仙，去无云中迹。长松入霄汉，远望不盈尺。山花异人间，五月雪中白。终当遇安期，于此炼玉液。

朝饮王母池，暝投天门阙。独抱绿绮琴，夜行青山月。山明月露白，夜静松风歇。仙人游碧峰，处处笙歌发。寂听娱清辉，玉真连翠微。想像鸾凤舞，飘摇龙虎衣。扪天摘匏瓜，恍惚不忆归。举手弄清浅，误攀织女机。明晨坐相失，但见五云飞。

【注释】

①太山：即东岳泰山，位于山东泰安市北部。②天门：由泰山南麓上登，过三天门曰南天门，再走六里即至绝顶。③日观：峰名，泰山东南岩。

【译文】

我在四月登上东岳泰山，皇帝走过的平坦石路显现在眼前。当年六马驾车驶过千沟万壑，深涧山谷随车环绕萦回。马的足迹环绕的碧绿山峰，今天已满是厚厚的青苔。瀑布飞溅洒在悬崖峭壁，水流湍急松涛声似充满哀怨。向北眺望奇异的山峰，山崖向东倾斜似要崩塌。阴森的洞口石门紧紧关闭，脚下云气奔腾水声如雷。我登上高处远眺蓬莱瀛洲，想起天帝发诏书的仙台。登上天门山一声长啸，万里清风徐徐吹来。四五位美丽的仙女，飘飘摇摇来到人世间。她们面带笑容伸出洁白的手，送我一杯仙界美酒。我跪在地上两次拜谢，羞愧自己不是仙才。心胸广阔宇宙也显小，遗弃俗世还有什么留恋!

清早我骑着一头白鹿，径直登上南天门。在山边遇到一位仙人，他瞳孔方正容光焕发。我抚摸松萝想上前交谈，他却回身关上了青云中的大门。他送我写满鸟迹一样文字的古书，飘飘扬扬落在岩石间。书上写的竟是上古的文字，反复观看却读不懂。我面对此书长久地叹息，想拜他为师，将不再归还。

黎明时我登上日观峰，举手荡开浓浓的云气。思绪神志向四面八方遨游，就像超出天地之间。俯视黄河从西面奔腾而来，曲折蜿蜒流入远处的大山。我依靠着山崖观看四方，一览无余一派空旷悠闲。偶然间碰到了一位仙童，黑发满头扎着两个如云的发髻。他笑我求仙学道已经太晚，虚度光阴衰老了容颜。我徘徊犹豫突然不见仙童，云气涌动难以追上牵挽。

我已斋戒三千日，撕下白绢书写道家经文。细心吟诵有所收获，众神仙卫护着我的身形。驾云行走随意驱驰大风，风声飒飒似腋下生出双翅。攀援山崖登上日观峰，伏着栏杆远眺东面的大海。海水蔚蓝波浪翻滚触动远山，仙界的天鸡已经鸣叫，唤来了黎明。仙境中的银台在水里现出倒影，长鲸游卷动起白色波浪。怎么才能得到长生的仙药，高高地飞向蓬莱和瀛洲。

日观峰向东北方向倾斜，悬崖对峙夹着两块巨石。远方的海水好像落到眼前，水天一色，天空好似随波浪般起伏。千座山峰争着向一起聚集，万条沟壑似凌空飞起。我思念那位骑着白鹤的仙人，一去杳然云中没有踪迹。高大的松树直插云霄，远远望去不满一尺。山上的鲜花也和平原不同，在初夏的雪中开得洁白如玉。我最终会遇上安期生，在这里炼出道家的琼浆玉液。

清早我在泰山东南的王母池饮水，晚上投宿在天门关。我独自怀抱绿绮琴，夜晚行走在苍翠的山间。月光皎洁，露珠洁白，山中明亮，夜晚寂静，松间清风早已停歇。我好像看见仙人游览青碧的山峰，伴歌吹笙从四面八方传来。在幽静的山中乘着月光欢娱，远望道观与青黛色的山峰相连。我好像看见鸾凤翩翩起舞，龙虎的衣衫飘飘扬扬。我抚摸青天摘下匏瓜星，恍恍惚惚不想归去。举手玩弄清浅的银河，不想却抓住了织女的布机。天亮以后坐看这些景致消失，只见五彩云霞漫天飘飞。

下终南山过斛斯山人宿置酒

暮从碧山下，山月随人归。却顾所来径，苍苍横翠微[①]。相携及田家，童稚开荆扉[②]。绿竹入幽径，青萝拂行衣。欢言得所憩，美酒聊共挥。长歌吟松风，曲尽河星稀。我醉君复乐，陶然共忘机。

【注释】

①翠微：指青翠掩映的山腰幽深处。②荆扉：柴门。

【译文】

晚上我从青翠的山上走下来，山间的明月陪我一起返回。回头看望走过的小路，蜿蜒在一片苍翠的山色中。我携着月光来到斛斯山人家，他的孩子为我开启了柴门。绿竹婆娑，遮掩了清幽的小路，青萝柔长，拂试着行客的衣衫。我在笑语欢声中得到休息的佳境，面对美酒主客暂且一起痛饮。松林吹来的清风伴着歌声，组成优美的乐章，一曲唱罢银河众星已经稀疏。我已沉醉主人却仍在吟唱，心中欢乐，共同忘掉功名利禄。

夜泛洞庭寻裴侍御清酌

日晚湘水绿，孤舟无端倪[①]。明湖涨秋月，独泛巴陵西。遇憩裴逸人，岩居陵丹梯。抱琴出深竹，为我弹鹍鸡。曲尽酒亦倾，北窗醉如泥。人生且行乐，何必组与圭[②]。

【注释】

①端倪：头绪。《庄子》：“反覆终始，不知端倪。”②组与圭：组，丝带。古时佩印用组，引申为官印。圭，玉制的礼器。

【译文】

傍晚时分湘水呈现绿色，我荡起一叶轻舟，不知驶往哪里。湖水浩淼映出一轮秋月，我独自在巴陵西面的洞庭湖泛舟。我恍恍惚惚好像遇到了归隐的裴颇，他在山间的居所高入云端。他抱琴走出密密的竹林，为我弹奏一支《鹍鸡曲》。一曲终了我也喝完美酒，醉卧在北窗下瘫软如泥。人生在世姑且娱乐消遣，何必追求那虚幻的功名？

陪族叔当涂宰游化城寺升公清风亭

化城若化出，金榜天宫开。疑是海上云，飞空结楼台。升公湖上秀，粲然有辩才。济人不利己，立俗无嫌猜。了见水中月，青莲出尘埃。闲居清风亭，左右清风来。当暑阴广殿，太阳为徘徊。茗酌待幽客，珍盘荐雕梅。飞文何洒落，万象为之摧。季父拥鸣琴[①]，德声布云雷。虽游道林[②]室，亦举陶潜[③]杯。清乐动诸天[④]，长松自吟哀。留欢若可尽，劫石乃成灰。

【注释】

①鸣琴：指政绩。②道林：支道林，东晋佛教学者。道林室此处指化城寺清风亭。③陶潜：字渊明，弃官隐居，好酒爱菊，故称杯曰陶潜杯。④诸天：佛家语，三界共有三十二天，自四天王天至非有想非无想天，总称诸天。

【译文】

化城寺好像由佛法变化而成，像是打开了金榜高悬的天宫。我疑心是海上的云霞，从空中飞来结成了蜃楼。升公是湖上的俊杰，面带笑容，胸有辩论才干。他帮助别人不考虑自己，超出世俗没有嫌疑猜忌。俯察众生，如清楚地看见水中虚幻的明月，他像莲花超出世俗一尘不染。他悠闲地居住在清风亭，清风从左右两边徐徐吹来。抵挡暑气，清风亭似阴凉宽广的大殿，高温热气在亭外徘徊游荡。细品香茶等待高洁的隐士，珍盘中满是雕胡和青梅。他的文章气势飞动何其洒脱，世上万物为之倾倒。我的叔父清正清廉有政绩，功德声望似云雷覆盖一方。尽管我们在道家的清风亭漫游，不妨也像陶潜那样举起杯盏饮酒。清悠的乐曲惊起仙境众天，高大的松树空自低吟哀鸣。无穷的欢乐假如可以完结，千百年的顽石也可变成灰烬了。

登广武古战场怀古

秦鹿奔野草，逐之若飞蓬。项王[①]气盖世，紫电明双瞳。呼吸八千人，横行起江东。赤精斩白帝[②]，叱咤入关中。两龙不并跃，五纬与天同。楚灭无英图，汉兴有来功。按剑清八极，归酣歌大风。伊昔临广武[③]，连兵决雌雄。分我一杯羹，太皇乃汝翁。战争有古迹，壁垒颓层穹。猛虎吟洞壑，饥鹰鸣秋空。翔云列晓阵，杀气赫长虹。拨乱属豪圣，俗儒安可通？沉湎呼竖子，狂言非至公。抚掌黄河曲，嗤嗤阮嗣宗[④]。

【注释】

①项王：项羽，起兵吴中，得江东弟子八千人，遇秦军，九战皆败之，自立为西楚霸王。②斩白帝：

古多以蛇神为白帝。汉高祖初为亭长，夜醉行，遇大蛇，拔剑斩之，后起兵，灭楚称帝。③广武：古城名。故址位于今河南荥阳东北广武山上。有东西二城，相距约二百步，中隔广武涧。楚汉相争时，刘邦屯西城，项羽屯东城，互相对峙。④阮嗣宗：阮籍。

【译文】

秦朝崩溃，似野鹿奔驰在野草间，群雄争帝位，如飞蓬般的猎人追逐野鹿。项羽的勇气超出当代人，他眼中有双瞳孔，目光明亮如炬。他迅疾招集八千人马，叱咤风云在江东起兵。刘邦拔剑斩杀白帝之子，大吼一声率兵进入关中。项羽刘邦不能并立，五星相会是天意的象征。项羽没有英明的谋略而灭亡，刘邦因策略成功兴盛壮大。刘邦手抚宝剑扫清八方，回归故乡酒后高唱《大风歌》。以前他们率兵来到广武，短兵相接一决雌雄。刘邦见父亲被项羽缚在军前，竟对项羽说："我们曾约为兄弟，我的父亲就是你的父亲，假如你要烹你的父亲，期望能分给我一杯羹。"当年大战之地留下了遗迹，断垒残壁连绵伸向云空。猛虎在深涧沟壑咆哮，饥鹰在秋日的天空长鸣。飞翔的云彩，有如清晨列阵的军队，空中的长虹，像是士兵的杀气聚聚。治理乱世的人是豪杰圣贤，世俗的儒生怎么能理解？阮籍醉酒咒骂刘邦无能愚弱，口出狂言太不公正。他在黄河边拍手嘲笑，只能说明他无知庸俗。

自广平乘醉走马六十里至邯郸登城楼览古书怀

醉骑白花骆，西走邯郸城。扬鞭动柳色，写鞚春风生。入郭登高楼，山川与云平。深宫翳绿草，万事伤人情。相如①章华巅，猛气折秦嬴。两虎不可斗，廉公终负荆。提携裤中儿，杵臼及程婴②。空孤献白尚，必死耀丹诚。平原③三千客，谈笑尽豪英。毛君能颖脱，二国且同盟。皆为黄泉土，使我涕纵横。磊磊石子冈，萧萧白杨声。诸贤没此地，碑版有残铭。太古共今时，由来互衰荣。伤哉何足道，感激仰空名。赵俗爱长剑，文儒少逢迎。闲从博陵游，帐饮雪朝酲。歌酣易水动，鼓震丛台倾。日落把烛归，凌晨向燕京。方陈五饵策，一使胡尘清。

【注释】

①相如：蔺相如以渑池之役，位在廉颇上，颇怒，欲途辱之。相如避不与较。后颇悔悟，遂负荆请罪。②程婴：春秋晋国人，与赵朔友。屠岸贾杀赵朔，灭其族，朔妻遗腹生一儿，朔客公孙杵臼与婴谋，取他人儿负之匿山中，婴出告所匿处。攻而杀之，婴乃抱赵氏真孤匿以免。③平原：战国赵武灵王之子，名胜，封于平原，故曰平原君，相赵，好宾客，至者数千人，秦围邯郸急，毛遂与楚定纵约，又求救于魏信陵君，遂复存赵。

【译文】

我酒醉后骑上白花马，向西奔向邯郸城。扬起马鞭催动青青柳色，解开笼头面迎和煦的春风。来到城里我登上高楼，远眺高山大河进入云空。幽深的宫殿被绿草遮掩，万事涌入脑海令人心情沉痛。当年蔺相如在秦国的章台上，正气浩然折服了秦昭王。蔺相如廉颇似二虎不可争斗，廉颇最终悔悟负荆请罪。全力保护赵朔儿子的，是公孙杵臼和程婴。设计救孤献祭明亮的宝刀，视死如归的壮举显示出丹心和忠诚。平原君赵胜有门客三千，谈笑风生都是英雄豪杰。

毛遂自荐如锥尖露出，赵国楚国暂时结盟合纵。现今这些人都变成地下的泥土，想到这些令我感伤泪纵横。默看乱石堆积的石子冈，静听风吹白杨的萧萧声。众位贤士死在这块土地上，而今只有石碑上残存的铭文。从远古一直到现在，从来都是衰败和繁荣交相更替。为此而感伤没有必要，敬仰感激的也是早已逝去的声名。赵国风俗重武喜欢长剑，文士儒生极少受到欢迎。闲暇时我到博陵漫游，在郊野的帷帐中畅饮，消除了早晨酒后的困惫。歌声欢快使易水泛起波浪，鼓声震荡欲使丛台倾倒。太阳落山我手持火炬归来，清晨时分向北奔向燕京。我将陈述英明的策略，使胡兵作乱的北方永远平定清明。

月下独酌四首

花间一壶酒，独酌无相亲。举杯邀明月，对影成三人[①]。月既不解饮，影徒随我身。暂伴月将饮，行乐须及春。我歌月徘徊，我舞影凌乱。醒时同交欢，醉后各分散。永结无情游，相期邈云汉。

天若不爱酒，酒星不在天。地若不爱酒，地应无酒泉。无地既爱酒，爱酒不愧天。已闻清比圣，复道浊如贤。贤圣既已饮，何必求神仙？三杯通大道，一斗合自然。但得醉中趣，勿为醒者传。

三月咸阳时，千花昼如锦。谁能春独愁，对此径须饮。穷通与修短，造化夙所禀。一樽齐死生，万事固难审。醉后失天地，兀然就孤枕。不知有吾身，此乐最为甚。

穷愁千万端，美酒三百杯。愁多酒虽少，酒倾愁不来。所以知酒圣，酒酣心自开。辞粟卧首阳，屡空饥颜回[②]。当代不乐饮，虚名安用哉！蟹螯即金液，糟丘是蓬莱。且须饮美酒，乘月醉高台。

【注释】

①三人：谓杯中之影，独酌之人，身后之影。②颜回：孔子弟子，字子渊。在陋巷，不改其乐，后世尊为复圣。

【译文】

置身花丛我打开一壶美酒，自斟自酌没有亲人相伴。我举起酒杯邀请明月，人影在地，相对相望便成了三人。原来明月不懂得饮酒，身影也枉自跟随我身。我暂时与明月身影作伴，趁着阳春美景及时行乐。我唱起歌儿，明月来回移动不忍离开，我跳起舞，身影也随我东倒西歪。清醒时我和明月身影一块快乐，喝醉后我和明月身影就各自分散。我要永远和明月身影结成忘却世情的交游，约定在遥远的天空再见。

如果苍天不爱美酒，酒旗星就不会在天空。如果大地不爱美酒，地上就应当没有酒泉。天地既然都喜爱美酒，我爱酒才不愧于大地和苍天。早就听说把清酒比作圣人，又听说浊酒如同圣贤。贤人圣人既然已经喝下，何必再去乞求神仙？喝下三杯懂得大道理，喝下一斗便会融于自然。只求得到醉中的乐趣，不要将这乐趣向清醒者传授。

咸阳三月好风光，阳光下繁花盛开似锦绣。谁肯在春天独自忧愁，面对春景只须痛饮美酒。得志失意和寿命长短，天地自然安排早已命中固有。喝下一杯生死便没有区别，世上万事

本来就难以看透。喝醉之后忘怀了天地，昏沉沉躺下枕着孤独的枕头。不明白世上有自己的身躯，这才是我心中最大的快乐。

失意的愁苦万绪千头，美酒却只有三百杯。尽管忧愁繁多美酒少，喝下酒愁苦便不会再来。所以我才知道豪饮的人，酩酊大醉心窍自然开。伯夷叔齐不食周粟隐居首阳山，颜回多次空腹受饥寒。生当今世假如不欢乐饮酒，追逐虚幻的名声有什么用！手中的蟹螯抵得过金液仙浆，酒糟堆成的山丘便是仙境蓬莱。我此时暂且尽情地饮下美酒，乘着月色醉卧在高台。

寻山僧不遇作

石径入丹壑，松门闭青苔。闲阶有鸟迹，禅室无人开。窥窗见白拂，挂壁生尘埃。使我空叹息，欲去仍徘徊。香云隔山起，花雨从天来。已有空乐好，况闻青猿哀！了然绝世事，此地方悠哉。

【译文】

顺着石路走入红色的山谷，松下紧闭的大门满是青苔。空寂的台阶留下鸟的足迹，幽静的禅室无人打开。透过窗棂看见白色的拂尘，挂在墙壁蒙上了一层尘埃。此景此情令我空自叹息，心想离去却仍然犹豫徘徊。芳香的云气从山那边升起，残花如雨飘洒，从天上飞来。已经具备美好的虚空之乐，况且还能听到青猿的鸣叫声。我大彻大悟要离开尘世，此地正好令我闲适地度过余生。

春日醉起言志

处世若大梦，胡为劳其生？所以终日醉，颓然卧前楹。觉来眄庭前，一鸟花间鸣。借问此何时，春风语流莺。感之欲叹息，对酒还自倾。浩歌待明月，曲尽已忘情。

【译文】

人生在世好像一场大梦，为什么还要劳苦自己的生命？正因这样我天天酩酊大醉，昏昏沉沉卧在屋前的柱子下。清醒后斜眼看着庭院里，一只鸟儿正在花间鸣唱。请问现在是什么季节，黄莺欢鸣，春风轻拂。我心生感伤欲叹息一声，面对美酒还是只管畅饮。放声歌唱等待明月升起，一曲唱罢早已忘记世情。

七　古

蜀道难

噫吁嚱，危乎高哉！蜀道之难，难于上青天！蚕丛及鱼凫[①]，开国何茫然！尔来四万八千岁，不与秦塞通人烟。西当太白[②]有鸟道，可以横绝峨眉巅。地崩山摧壮士死，然后天梯石栈[③]方钩连。上有六龙回日之高标，下有冲波逆折之回川。黄鹤之飞尚不得过，猿猱欲度愁攀援。青泥何盘盘，百步九折萦岩峦。扪参历井仰胁息，以手抚膺坐长叹。问君西游何时还，畏途巉岩不可攀。但见悲鸟号古木，雄飞雌从绕林间。又闻子规啼夜月，愁空山，蜀道之难难于上青天，使人听此凋朱颜！连峰去天不盈尺，枯松倒挂倚绝壁。飞湍瀑流争喧豗，砯崖转石万壑雷。其险也若此，嗟尔远道之人胡为乎来哉！剑阁峥嵘而崔嵬，一夫当关，万人莫开。所守或匪亲，化为狼与豺。朝避猛虎，夕避长蛇，磨牙吮血，杀人如麻。锦城虽云乐，不如早还家。蜀道之难难于上青天，侧身西望长咨嗟！

【注释】

①蚕丛、鱼凫：蜀王之先曰蚕丛，次曰柏灌，次曰鱼凫，再数传至开明，凡三万四千岁。②太白：山名，位于今陕西省眉县东南部，关中诸山之最高者。③天梯石栈：崎岖的山路和绝险处的栈道。

【译文】

啊，高啊高啊！蜀道艰险难行，比上青天还难！蚕丛和鱼凫是古代蜀国的国王，他们开国的历史多么久远。从那时到现在已有四万八千年，不与秦地往来交通。西面的太白山只有鸟飞的径道，顺此路可到达峨眉山顶。山崩地裂无数壮士死去，之后才有崎岖的小路沟通秦蜀。上有六龙驾驶的日车也要回转的高峰，下有急湍的河流回旋咆哮。善飞的黄鹤况且不能飞过，轻捷的猿猴也没法攀援。青泥岭的小路多么弯曲，百步九折环绕着山峦。手摸到参井二星宿，仰望着屏气不敢呼吸，只好坐下来抚摸胸口发出长叹。西行的人啊你几时归来？可怕的蜀道，峭壁悬崖委实难以登攀。只听到鸟儿在古树上哀号，雌的跟随雄的飞绕在林间。又听到杜鹃在月下啼叫，山中满是哀怨凄惋。蜀道艰险难行，比上青天还要难，听到此话，会令人失去红润的容颜！相连的山峰离天不到一尺，千年枯松垂在悬崖边。瀑布激流争着发出喧嚣声，撞击山崖冲转巨石，雷鸣般的吼声响在万壑间。蜀道如此艰险，可叹你这远方的人为什么来到这里！剑阁高绝而崎岖，一人把守，万人难过关。如果守关的人不是亲信，就会变成豺狼，酿成祸患。行人来到这里，早上要防备猛虎的袭击，晚上要躲避恶毒的大蛇，它们磨利牙齿吸吮鲜血，杀人无数十分凶残。锦城虽说是快乐的地方，但还是不如及早回家。蜀道艰险难行，比上青天还

要难，我侧身向西眺望，发出长长的哀叹！

梁甫吟

长啸梁甫吟，何时见阳春？君不见朝歌①屠叟辞棘津，八十西来钓渭滨。宁羞白发照渌水，逢时壮气思经纶。广张三千六百钓，风期暗与文王亲。大贤虎变愚不测，当年颇似寻常人。君不见高阳酒徒②起草中，长揖山东隆准公。入门不拜骋雄辩，两女辍洗来趋风。东下齐城七十二，指麾楚汉如旋蓬。狂客落拓尚如此，何况壮士当群雄！吾欲攀龙见明主，雷公砰訇震天鼓，帝旁投壶多玉女。三时大笑开电光，倏烁晦冥起风雨。阊阖九门不可通，以额叩关阍者怒。白日不照吾精诚，杞国无事忧天倾。猰貐磨牙竞人肉，驺虞不折生草茎。手接飞猱搏雕虎，侧足焦原未言苦。智者可卷愚者豪，世人见我轻鸿毛。力排南山三壮士，齐相杀之费二桃。吴楚弄兵无剧孟，亚夫咍尔为徒劳。梁甫吟，声正悲。张公两龙剑，神器合有时。风云感会起屠钓，大人岘屼当安之。

【注释】

①“朝歌”句：指吕尚，周文王将出猎，卜之曰：“非龙非螭，所获者霸王之辅。”果遇尚于渭水之阳。时年七十余矣，与语大悦，曰：“吾太公望子久矣。”号曰太公望，立为师。武王尊为师尚父。②高阳酒徒：郦食其。谒沛公，说下陈留，又说齐下七十余城。

【译文】

我高声唱起《梁甫吟》，不知何时遇见明媚的春天。你没看到吗？在朝歌杀牛的吕望辞别棘津，八十岁西来垂钓渭水边。他满头银发映照水里岂觉羞愧，一遇时机便要吐气扬眉施展才干。姜太公持竿垂钓十年整，他的品格风度与周文王暗相吻合。贤士得志愚人不能预测，贤士当年很像一般人。你没看见吗？郦食其出身草野中，拱手为礼见刘邦。他进门不拜，施展雄辩才华，刘邦让为他洗脚的两女停下来，自己站起迎接疾走如风。郦食其东到齐国游说，取得城池七十二座，指挥楚汉争战，如旋转蓬草一样轻松。落魄的狂生尚且如此，况且我为壮士，在群雄纷争时更当立功。我想追随君王便去见皇帝，雷神敲起天鼓震耳欲聋，天帝身旁的仙女正在投壶游戏。天帝大笑发出闪电，随即恼怒便风雨交加天昏地暗。天上的九重大门紧紧关闭，我用额头叩门，守门人勃然大怒。皇帝不能体谅我对国家的忠心，反说我像杞人无所事事，担心天要塌下来。奸臣当道，像争吃人肉的猰貐一样凶残，我像不践踏生草的驺虞那样仁慈，与他们格格不入。我手持弓箭迎射飞猱搏击猛虎，侧足立在险要的焦原，不怕困苦艰难。政治黑暗，有才智的人受到挫折压抑，愚蠢的人得意放肆，世俗之人视我轻如鸿毛。力量能推倒南山的三位壮士，齐相晏婴杀害他们，只用了两个桃子。吴楚叛乱不用侠士剧孟，周亚夫讥笑他们实为徒劳。放声高唱《梁甫吟》，此时音调正悲凉。张华两把巨龙变的宝剑，是神奇灵异之物，终有会合之期。屠夫钓叟仍能风云际会建大功，我也应该安于困境，等待时机到来。

将进酒

君不见黄河之水天上来，奔流到海不复回。君不见高堂明镜悲白发，朝如青丝暮成雪。人生得意须尽欢，莫使金樽空对月。天生我材必有用，千金散尽还复来。烹羊宰牛且为乐，会须一饮三百杯[①]。岑夫子，丹丘生[②]，将进酒，君莫停。与君歌一曲，请君为我倾耳听。钟鼓馔玉不足贵，但愿长醉不用醒。古来圣贤皆寂寞，唯有饮者留其名。陈王[③]昔时宴平乐，斗酒十千恣欢谑。主人何为言少钱，径须沽酒对君酌。五花马[④]，千金裘[⑤]，呼儿将出换美酒，与尔同销万古愁。

【注释】

①一饮三百杯：陈暄与兄子秀书："郑康成一饮三百杯，吾不以为多。"②岑夫子，丹丘生：即岑勋与元丹丘，皆太白同志好友。③陈王：陈思王曹植，其诗有"归来饮平乐，美酒斗十千"之句。④五花马：马之贵者，唐开元内既有飞黄、照夜、浮云、五花之马。⑤千金裘：《史记》："孟尝君有一白狐裘，值千金。"

【译文】

你没看见吗？黄河之水从天上奔泻而下，涌向大海，一去不再回。你没看见吗？父母在明镜前哀叹白发，早晨还是满头青丝，傍晚就变成一捧白雪。人生在世，得意时应当尽情欢乐，莫让金杯空对明月。老天既然生下我这个人材，一定会有用处；千金用完，以后还会来。宰杀牛羊做成美味，暂且寻求欢乐，面对美酒，一次应该喝上三百杯。岑勋夫子，丹丘先生，请喝酒，不要停。我为你们唱支歌，请二位聚精会神听。富贵人家饮食精美鸣钟列鼎，并不值得羡慕，我只想永远沉醉不再清醒。自古以来的圣贤个个寂寞无名，只有豪饮者的大名能流芳百代。当年曹植在平乐观大摆宴席，痛饮十千钱一斗的美酒，纵情地作乐寻欢。主人我为什么说钱不多，我要毫不犹豫地买回酒来同二位喝。家中有匹五花骏马，还有价值千金的皮衣，唤来儿子将它们拿去换美酒，与你们一起销除无穷无尽的忧愁。

行路难三首

金樽清酒斗十千，玉盘珍羞值万钱。停杯投筯不能食，拔剑四顾心茫然。欲渡黄河冰塞川，将登太行[①]雪暗天。闲来垂钓碧溪上，忽复乘舟梦日边。行路难，行路难！多歧路，今安在？长风破浪会有时，直挂云帆济沧海。

大道如青天，我独不得出。羞逐长安社中儿，赤鸡白狗赌梨栗。弹剑作歌奏苦声，曳裾王门不称情。淮阴[②]市井笑韩信，汉朝公卿忌贾生[③]。君不见昔时燕家重郭隗[④]，拥胧[⑤]折节[⑥]无嫌猜。剧辛乐毅感恩分，输肝剖胆效英才。昭王白骨萦蔓草，谁人更扫黄金台！行路难，归去来！

有耳莫洗颍川水[⑦]，有口莫食首阳蕨[⑧]。含光混世贵无名，何用孤高比云月。吾观自古贤达人，功成不退皆殒身。子胥既弃吴江上，屈原终投湘水滨。陆机雄才岂自保，李斯税驾[⑨]苦不早。华亭鹤唳讵可闻[⑩]，上蔡苍鹰[⑪]何足道！君不见吴中张翰[⑫]称达生，秋风忽忆江东行。且乐生前一杯酒，何须身后千载名！

【注释】

①太行：山名，位于今山西高原与河北平原间，东北西南走向。②"淮阴"句：韩信贫时，曾为淮阴

恶少所辱，令出胯下，一市人皆笑信，以为弱。③贾生：名谊，汉洛阳人。④郭隗：战国燕人，昭王欲得贤士，以报齐仇，隗曰："欲得贤士，请自隗始。"昭王筑台师事之，乐毅、邹衍、剧辛等，果闻风而至。⑤胍：扫帚。⑥折节：屈着身子，指屈己下人。⑦颍川水：许由耕于颍水之阳，尧召为九州长，由不欲闻，洗耳颍宾。⑧首阳蕨：伯夷、叔齐，耻食周粟，采蕨首阳山。⑨税驾：解驾车之马休息，此指解除束缚。⑩"华亭"句：陆机被杀前，叹道："华亭鹤唳，岂可复闻乎！"华亭，在今江苏松江，陆机曾与弟陆云游于此。⑪上蔡苍鹰：李斯临刑，思牵黄犬，臂苍鹰，出上蔡门，不可得矣。⑫张翰：晋人，曾在外为官，秋风吹起，想念家乡鲈鱼脍美味，便辞官归乡。

【译文】

金杯中的美酒一斗值十千钱，玉盘里的佳肴价值万钱。我放下筷子推开酒杯无心饮食，拔出宝剑举目四顾心头茫然。我想渡过黄河，不料冰块堵塞河面；我要登上太行，谁知白雪满山。清闲时我在清澈的溪水钓鱼，突然又梦见自己驾船驶过太阳旁边。行路艰难，行路艰难！道路崎岖歧途太多，我要走的路到底在哪里？破巨浪乘长风必定有时机，我将径直挂起云帆横渡沧海，到达理想的对岸。

大道如青天一样宽广，只有我无路可走。我羞于追随长安里社中的小儿，斗鸡走狗赌取梨和栗。吟歌击剑唱出悲苦的声调，提起前襟出入权贵之门。我的心中多么不如意，我就像当年的韩信被淮阴市井的无赖们所取笑，我好似贾谊被公卿们所嫉恨。你没看见吗？当年燕昭王重用郭隗，手持扫帚弯着腰为前来投奔的贤人扫路，对他们毫不嫌忌猜疑。剧辛乐毅感于知遇之恩，谒诚尽忠报效英才。现今燕昭王的白骨被野草缠绕，谁还去洒扫招贤的黄金台！行路艰难，我只好无可奈何地归去！

有耳不要用颍河水清洗，有口不要吃首阳山的蕨菜。隐蔽锋芒随遇应世贵在无名，何苦孤傲清高自比白云明月！我看自古以来得志的贤人，功成不退隐都葬送了性命。伍子胥已被投进吴江里，屈原最后被流放到湘水边。陆机雄才大略，难道能保全自身？李斯解脱名利束缚苦于太晚。陆机临刑想到华亭鹤鸣，难道可以再次听到？李斯被杀前想驾鹰出上蔡门，这个心愿怎好再谈起！你没看见吗？吴中的张翰称得上旷达的人，秋风吹起时他突然想起家乡，便辞去官职回到江东。暂且笑饮生前一杯美酒，管什么死后千年留美名！

前有樽酒行二首

春风东来忽相过，金樽渌酒生微波。落花纷纷稍觉多，美人欲醉朱颜酡。青轩桃李能几何，流光欺人忽蹉跎。君起舞，日西夕。当年意气不肯倾，白发如丝叹何益！

琴奏龙门之绿桐，玉壶美酒清若空。催弦拂柱与君饮，看朱成碧颜始红。胡姬貌如花，当垆笑春风。笑春风，舞罗衣，君今不醉欲安归？

【译文】

东来的春风突然拜访我，金杯中的清酒荡起微小的波纹。落花无数逐渐觉得纷乱，美人饮酒欲醉，一副红润的容颜。青青栏杆旁的桃李树，花开之日有多长，流逝的光阴蒙蔽人，让人虚度时光。您起舞吧，看那太阳就要沉沦。壮年的气概意志不肯抒发，等到生出如丝的白发，哀叹又有什么用！

奏起龙门绿桐制成的琴，玉壶中的美酒清可见底。拨动琴弦轻拂弦柱同您对饮，眼睛视红为碧面容开始变红。胡地的女子美貌似鲜花，站在酒垆前花容含笑。花容含笑，舞动轻柔的丝衣，您今日不醉想回到哪里？

襄阳歌

落日欲没岘山①西，倒著接罱花下迷。襄阳小儿齐拍手，拦街争唱白铜鞮。傍人借问笑何事，笑杀山公醉似泥。鸬鹚杓，鹦鹉杯，百年三万六千日，一日须倾三百杯。遥看汉水鸭头绿②，恰似葡萄初酦醅。此江若变作春酒，垒曲便筑糟丘台。千金骏马换少妾，醉坐雕鞍歌落梅。车傍侧挂一壶酒，凤笙龙管行相催。咸阳市中叹黄犬，如何月下倾金罍？君不见晋朝羊公一片石，龟头剥落生莓苔。泪亦不能为之堕，心亦不能为之哀。清风朗月不用一钱买，玉山自倒非人推。舒州杓，力士铛，李白与尔同死生。襄王云雨今安在？江水东流猿夜声。

【注释】

①岘山：位于今湖北襄阳县南部，其上有碑，纪羊祜之德，时人谓之堕泪碑。②鸭头绿：河水似鸭头之绿。

【译文】

夕阳将落在岘山西边，我倒戴着接罱帽沉醉在花丛。襄阳的儿童一块儿拍手笑，在街上拦住我，争着唱起《白铜鞮》歌谣。走近行人询问儿童笑什么，原来他们笑我和山简一样，酩酊大醉如一团烂泥。形如鸬鹚颈的酒杓，用鹦鹉螺制成的酒杯。一百年共有三万六千日，一天就应当喝下三百杯。远看汉水碧绿清澈，好似刚刚酿好的葡萄酒。汉水假如变成春酒，酒糟便可堆成一座高台。价值千金的骏马换来美妾，我笑坐在雕花的马鞍上，唱起《梅花落》。后边的车旁挂着一壶酒，乐队奏笙吹笛劝人饮酒。李斯在咸阳被杀前，悲伤再不能牵黄犬逐狡兔，哪比得上我在月下饮美酒。您没看到吗？晋朝羊祜墓前的堕泪碑，碑座的龟头已脱落，龟身长满青苔。眼泪也不能为墓碑流下，心情也不能为墓碑悲伤。清风明月不花一钱尽情享用，醉后如玉山倒下，不是别人推。舒州出产的酒杓，三足的温酒器，李白与你们同生共死。梦中与神女相接的楚襄王今天在哪里？只有江水依然东流去，猿猴在夜晚发出悲鸣。

西岳云台歌送丹丘子

西岳峥嵘何壮哉！黄河如丝天际来。黄河万里触山动，盘涡毂转秦地雷。荣光休气纷五彩，千年一清圣人在。巨灵咆哮擘两山，洪波喷流射东海。三峰却立如欲摧，翠崖丹谷高掌开。白帝①精光运元气，石作莲花云作台。云台阁道连窈冥，中有不死丹丘生。明星玉女备洒扫，麻姑搔背指爪轻。我皇手把天地户，丹丘谈天与天语。九重出入生光辉，东求蓬莱复西归。玉浆倘惠故人饮，骑二茅龙上天飞。

【注释】

①白帝：神话中的五天帝之一，是西方之神。《洞天记》："少昊为白帝，治西岳。"

【译文】

华山高峻巍峨多么雄壮！黄河如丝带从天边而来。黄河奔腾万里触动山脉，急流盘旋如转轮，声如秦地雷鸣。阳光下水汽五彩缤纷，好像是祥瑞之气，黄河上千年一清，需有圣人在世。巨灵河神咆哮着劈开两山，河水喷注如飞箭直奔东海。山峰退立一旁似要倾倒，翠绿的悬崖红色的山谷，也是神掌劈开。白帝射出精光运转元气，眺望山峰似莲花开在云台。云台峰上栈道通向幽深的天空，山中有位长生不老的丹丘先生。明星玉女两位仙人为他扫地洒水，麻姑神仙为他搔背，手爪轻轻。天帝把守天地大门，丹丘生和天帝讨论天上的事情。他出入九重天门满身生辉，东游蓬莱求仙，又西归华山。假如丹丘生让我喝下琼浆玉液，我就骑二茅龙飞上天空，得道成仙。

当涂赵炎少府粉图山水歌

峨眉[①]高出西极天，罗浮[②]直与南溟[③]连。名工绎思挥彩笔，驱山走海置眼前。满堂空翠如可扫，赤城霞气苍梧烟。洞庭潇湘意渺绵，三江七泽情洄沿。惊涛汹涌向何处？孤舟一去迷归年。征帆不动亦不旋，飘如随风落天边。心摇目断兴难尽，几时可到三山巅？西峰峥嵘喷流泉，横石蹙水波潺湲。东崖合沓蔽轻雾，深林杂树空芊绵。此中冥昧失昼夜，隐几寂听无鸣蝉。长松之下列羽客，对坐不语南昌仙。南昌仙人赵夫子，妙年历落青云士。讼庭无事罗众宾，杳然如在丹青里。五色粉图安足珍，真山可以全吾身。若待功成拂衣去，武陵桃花笑杀人。

【注释】

①峨眉：山名，位于今四川峨眉县西南部。②罗浮：山名，位于今广东省境内。③南溟：南海。王勃文："地势极而南溟深。"

【译文】

峨眉山巍峨高过西面的天，罗浮山连绵千里同南海相连。高明的画师驰骋想象挥动画笔，驱山赶海将它们放在眼前。画上的青山绿水充满屋室，形象逼真似可触到。赤城山的云霞连着苍梧山的云烟，欣赏众多的河流湖泊，人的感情也回旋荡漾。河水波涛汹涌流往哪里？孤舟上的游子神荡心迷一去不还。画上的船不动也不回旋，如随风飘动流落天边。我心旌摇曳远望天边意兴难尽，孤舟何时到达仙境三山的巅峰。西面高大的山峰喷射着流泉，石块横阻水中，荡起层层波浪。东面重叠的山峰被薄雾遮蔽，林深树多空自丛生蔓衍。森林幽暗分不出昼夜，倚靠着小桌静听，听不到林中蝉的叫声。高大的松树下依次坐着道士，对坐而不语的是南昌仙。南昌仙人就是赵炎夫子，他胸怀坦荡青春年少是位高士。衙署无事他聚集众宾客，悠远沉寂如在图画中。五彩的图画哪里值得珍贵？真正的仙境才能使我保全自身。假如大功告成再去隐居，武陵的桃花会讥讽我为时太晚。

草书歌行

少年上人号怀素[①]，草书天下称独步。墨池飞出北溟鱼，笔锋杀尽中山兔。八月九月天气凉，酒徒词客满高堂。笺麻素绢排数箱，宣州石砚墨色光。吾师醉后倚绳床，须臾扫尽数千张。飘风骤雨惊飒飒，落花飞雪何茫茫！起来向壁不停手，一行数字大如斗。恍恍如闻神鬼惊，时时只见龙蛇走。左盘右旋如惊电，状同楚汉相攻战。湖南七郡凡几家，家家屏幛书题遍。王逸少[②]，张伯英[③]，古来几许浪得名。张颠老死不足数，我师此义不师古。古来万事贵天生，何必要公孙大娘浑脱舞！

【注释】

①怀素：僧名，长沙人，嗜酒，善草书，自言得草书三昧。②王逸少：王羲之字逸少。③张伯英：即后汉张芝，字伯英，创草书。

【译文】

有位年轻的僧人叫怀素，他的草书可称天下第一。墨池里飞出北海的鱼，书法的气度可以杀尽中山狡兔。八月九月天气凉爽，文人酒客坐满高大的厅堂。纸张和白绢排列几箱，宣州的石砚，浓墨生光。我师怀素醉后靠着交椅，倾刻之间写完数千张。那草书如狂风暴雨飒飒有声，又似落花飞雪迷濛飘逸。他起身面向墙壁继续挥毫，写下一行字字大如斗。恍恍惚惚如听到神鬼惊叫声，时时刻刻总见龙蛇在奔腾，左右盘旋如闪电惊雷，好似楚汉交兵激战不休。湖南七郡共有多少家，家家都有怀素题写的屏幛。晋代的王羲之，东汉的张芝，自古以来多少人徒然得声名。张旭老死不值得说起，我师怀素的草书不效法古人。古来万事贵在自然天成，何必要像张旭为了得灵感，观看公孙大娘跳的浑脱舞！

梦游天姥吟留别

海客谈瀛洲[①]，烟涛微茫信难求。越人语天姥，云霓明灭或可睹。天姥[②]连天向天横，势拔五岳掩赤城[③]。天台四万八千丈，对此欲倒东南倾。我欲因之梦吴越，一夜飞度镜湖月。湖月照我影，送我至剡溪。谢公宿处今尚在，渌水荡漾清猿啼。脚著谢公屐[④]，身登青云梯。半壁见海日，空中闻天鸡。千岩万转路不定，迷花倚石忽已暝。熊咆龙吟殷岩泉，栗深林兮惊层巅。云青青兮欲雨，水淡淡兮生烟。列缺霹雳，丘峦崩摧。洞天石扉，訇然中开。清冥浩荡不见底，日月照耀金银台。霓为衣兮风为马，云之君兮纷纷而来下。虎鼓瑟兮鸾回车，仙之人兮列如麻。忽魂悸以魄动，恍惊起而长嗟。惟觉时之枕席，失向来之烟霞。世间行乐亦如此，古来万事东流水。别君去兮何时还？且放白鹿青崖间，须行即骑访名山。安能摧眉折腰事权贵，使我不得开心颜。

【注释】

①瀛洲：传说中的海中仙山。②天姥：山名，位于今浙江天台县西，近临剡溪。③赤城：《太平广

记》："章安县西南有赤城山。周三十里，一峰特高，可三百余丈。"④谢公屐：谢灵运寻山涉岭，必造幽峻，岩嶂数十里，莫不备尽，登蹑尝著木屐，上山则去其前齿，下山则去其后齿。

【译文】

海上来客向我说起瀛洲，说海上烟雾波涛迷离隐约的确难寻访。越地人向我介绍天姥山，说云霞闪烁之间有时可以看见。天姥山与天相连横在空中，山势高过五岳，掩盖了赤城山。天台山高达四万八千丈，面对天姥山，好像要倾倒在东南面。我想依照越人所述梦游吴越，一夜之间飞过月下的镜湖。镜湖明月照着我的身影，又送我来到秀丽的剡溪。当年谢灵运游宿的地方现今还在，猿猴啼叫绿水荡漾声声清哀。我穿上谢公特制的木屐，登上高入云霄的石路。走到半山看到海上日出，听见空中天鸡报晓的鸣声。脚下的石径万转千回没有个定向，我倚着岩石迷恋花草，忽觉天色已晚。龙吟虎啸，震动着山岩和泉水，使得重峦惊恐，深林战栗。黑云沉沉就要下雨，水波摇动烟雾迷濛。山峦崩裂，电闪雷鸣。神仙居所的石门，随着一声巨响自中间裂开。往洞中看去，天空浩荡不见底，日月照耀着仙境的金银台。仙人以云霞为衣清风为马，纷纷从天上降下来。老虎弹瑟鸾凤驾车，仙人排列数目众多。突然间我的心神受到震动，恍恍惚惚惊坐而起发出长叹。醒来后只见枕和席，梦中的烟雾云霞全都消失。人世间赏心乐事不过如此之短，古来万事如流水一去不返。朋友啊，我离开你们远行不知何时能回还，暂且把白鹿放牧在青山间，须行时便骑它游访名山。我怎能弯腰低眉侍奉权贵，让自己心中苦闷愁眉不展！

五　律

渡荆门送别

渡远荆门[①]外，来从楚国游。山随平野尽，江入大荒流。月下飞天镜，云深结海楼。仍怜故乡水，万里送行舟。

【注释】

①荆门：山名，位于今湖北宜昌县南部，长江南岸。

【译文】

驾船驶往荆门以东的远方，到古时的楚国一带去漫游。山脉消失在平坦的原野，长江进入广阔的原野奔腾。月亮映在水里，如明镜从天空飞下，江上云彩变幻，似绝妙的海市蜃楼。此时我仍怀恋故乡的江水，它迢迢万里护送着我的轻舟。

送友人

青山横北郭，白水绕东城。此地一为别，孤蓬万里征。浮云[①]游子意，落日故人情。挥手自兹去，萧萧[②]班马鸣。

【注释】

①“浮云”二句：言游子之意如浮云无定，而故人相送情切，如落日难于拘留。②“萧萧”句：萧萧，马鸣声。班马，离群的马。

【译文】

青山横在城的北边，白水绕过城的东边。朋友啊，我们在此地一经分手，你将像孤独的蓬草飞上万里征程。浮云飞来飘去，如你漂泊无定的心意，夕阳徐徐而下，似我依依不舍的真情。你挥挥手从这里远走，连我们的马也因不忍离别，发出萧萧的悲泣。

观鱼潭

观鱼碧潭上，木落潭水清。日暮紫鳞跃，圆波处处生。凉烟浮竹尽，秋月照沙明。何必沧浪去，兹焉可濯缨[①]。

【注释】

①濯缨：《孟子》："有孺子歌曰：'沧浪之水清兮，可以濯我缨；沧浪之水浊兮，可以濯我足。'孔子曰：'小子听之，清斯濯缨，浊斯濯足矣。'自取之也。"

【译文】

在碧绿的小潭边观鱼，树叶飘落潭水透明清澈。鱼儿跃出水面，被夕阳的余辉染成紫色，水面上处处荡起圆圆的波纹。暮霭浮起，飘入竹林逐渐散去，秋天的月儿，照得沙汀一片光亮。何苦吟着沧浪歌归隐江湖，这潭清水，完全能洗涤我的帽缨。

秋登宣城谢朓北楼

江城如画里，山晚望晴空。两水夹明镜，双桥落彩虹。人烟寒橘柚，秋色老梧桐。谁念北楼上，临风怀谢公。

【译文】

秋日的宣城如在图画里，山间傍晚时，我远眺万里晴空。清如明镜的宛溪、句溪环城而流，宛溪上一双桥影倒映水中，似天上落下的彩虹。炊烟升起，使橘柚带有寒意，秋天枯黄的颜色染上梧桐，使梧桐显得苍老。有谁了解我此时在北楼上，面临清风，深深地思念谢朓。

夜泊牛渚怀古

牛渚[①]西江夜，青天无片云。登舟望秋月，空忆谢将军[②]。余亦能高咏，斯人不可闻。明朝挂帆席，枫叶落纷纷。

【注释】

①牛渚：山名，位于今安徽当涂县西北部，其山下突入江处，谓之采石矶。②谢将军：谢尚，为镇西将军，镇牛渚，见《袁宏传》。

【译文】

傍晚我停泊在西江牛渚山下，万里晴空没有一丝云彩。我登上轻舟仰望秋天的明月，徒然思念镇守此地的谢尚。我有才能，也能像袁宏那样高吟诗作，但谢尚那样的人物却很难遇到。明天我将挂起帆席远去，枫叶纷纷飘落，好像在为我伤感忧愁。

访戴天山道士不遇

犬吠水声中，桃花带雨浓。树深时见鹿，溪午不闻钟。疏竹分青霭，飞泉挂碧峰。无人知所去，愁倚两三松。

【译文】

犬叫声和流水声混杂在一起，雨后的桃花，带着细密的水珠。树林幽深，时而见到麋鹿；我正午时分来到溪边，却听不见道观的钟声。稀疏的翠竹，分得了一份青色的云气，一道瀑布挂在青翠的山峰。无人知道道士去了哪里，我惆然若失，靠在两三棵松树上。

七　绝

黄鹤楼送孟浩然之广陵

故人西辞黄鹤楼①，烟花三月下扬州。孤帆远影碧空尽，惟见长江天际流。

【注释】

①黄鹤楼：以黄鹤山而名，位于今湖北武昌。

【译文】

老朋友辞别西面的黄鹤楼，在繁花似锦的三月，乘船驶往扬州。远处孤独的帆影，消失在蔚蓝的水天相接处，我伫立楼头，只看见长江水在天边静静地流。

鲁东门泛舟二首　录一首

日落少明天倒开，波摇石动水萦回。轻舟泛月寻溪转，疑是山阴雪后来。

【译文】

夕阳落下，沙汀洁白，天空倒映在水中，岸边岩石随水波晃动，流水回旋萦绕。小舟驶在洒满月光的水面，沿溪寻路百转千回，真好像山阴的王徽之，大雪之后驾船来。

陪族叔刑部侍郎晔及中书贾舍人至游洞庭五首　录四首

洞庭①西望楚江分，水尽南天不见云。日落长沙秋色远，不知何处吊湘君②。
南湖秋水夜无烟，耐可乘流直上天。且就洞庭赊月色，将船买酒白云边。
洞庭湖西秋月辉，潇湘③江北早鸿飞。醉客满船歌白纻，不知霜露入秋衣。
帝子潇湘去不还，空余秋草洞庭间。淡扫明湖开玉镜，丹青画出是君山④。

【注释】

①洞庭：湖名，位于今湖南境内。②湘君：湘水之神，屈原《九歌》有《湘君》篇。③潇湘：水名，湘水、潇水合称潇湘，位于今潇湘合流处在湖南零陵县北部。④君山：在湖南洞庭湖中。

【译文】

从洞庭湖西望，长江分两道注入湖中；向南遥望水势无际，天空没有一片白云。太阳落在长沙，秋色显得邈远，不知在何处凭吊湘水的水神。

秋夜的南湖水面，没有弥漫的水汽，怎么可以顺着流水直上青天？暂且去向洞庭湖赊欠点儿月色，驾船到远在白云边的酒家，买来美酒畅饮一番。

洞庭湖的西边，秋月洒下一片银辉。潇水湘水北边，首批大雁向南疾飞。满船游客醉后唱起《白纻歌》，不知不觉间，霜露打湿了秋季的衣衫。

娥皇女英离开潇湘一去不复返，只留下洞庭湖的秋草一片片。轻轻拂拭湖面，水如同明镜一般清澈，湖中的君山秀丽多姿，好似画图一般。

早发白帝城

朝辞白帝①彩云间②，千里江陵③一日还，两岸猿声啼不住，轻舟已过万重山。

【注释】

①白帝：城名，位于今重庆奉节县东部。②彩云间：言极高。③江陵：即今湖北江陵县。

【译文】

我早晨告辞高居彩云间的白帝城，千里之外的江陵，居然一天返还。两岸猿声此起彼伏还在耳畔连绵不绝，轻舟顺流而下，我已驶过万重青山。

杜子美工部集

五 古

望 岳

岱宗[①]夫如何？齐鲁[②]青未了。造化钟[③]神秀，阴阳割昏晓。荡胸生层云，决眥[④]入归鸟。会当凌绝顶，一览众山小。

【注释】

①岱宗：即泰山，位于今山东泰安市。②齐鲁：齐国和鲁国。泰山之南为鲁，泰山之北为齐。③钟：聚集。④眥：眼角。

【译文】

泰山的高大到底如何？走出齐鲁之境仍然能望见它的青色。天地将神奇和秀美凝聚在它身上，高大的山峰阴面是黄昏、阳面却是清晓。山间云气蒸腾，层层叠叠，令人心胸激荡；极尽目力，追羡那向山飞去的归鸟。总有一天我也要登上泰山的绝顶，俯视脚下群山的渺小。

赠卫八处士

人生不相见，动如参与商[①]。今夕复何夕，共此灯烛光。少壮能几时？鬓发各已苍。访旧半为鬼，惊呼热中肠。焉知二十载，重上君子堂。昔别君未婚，儿女忽成行。怡然敬父执[②]，问我来何方。问答乃未已，儿女罗酒浆。夜雨剪春韭，新炊间黄粱。主称会面难，一举累十觞。十觞亦不醉，感子故意长。明日隔山岳，世事两茫茫。

【注释】

①参、商：二星名，商星居东方，参星居西方，二星相背而出，永不相见，故喻久不相遇为参商。②父执：父之执友。《礼》："见父之执。"

【译文】

人生在世却彼此不能见面，这情境每每像天上的参星和商星一样。但是今晚又是怎样的一个晚上呵，我们居然能在同一盏灯光下倾诉情肠！一个人的青春年华能有几时？转瞬之间我们都已白发苍苍。打听旧友，多半已经逝世啦，禁不住连连惊呼，热辣辣痛满心肠。哪里会料到呵，分别了二十载，今日会重登您的厅堂！当初离别时您还没有成婚，可突然之间您身边儿女已成行。他们和颜悦色地接待父亲的知心朋友，亲切地询问我来自什么地方。问答的话还没说完，孩子们已把酒浆摆到桌上。您冒着夜雨去园中割来春天的嫩韭菜，还煮上一锅黄白米饭又热又香。您说人生难得相会，一连同我干了十杯。饮了十杯我也没醉呵，是由于我感激您故人情谊的深长。明天分手后我们又要被崇山峻岭阻挡，彼此的境况又会难以知详。

送韦十六评事充同谷郡防御判官

昔没贼中时，潜与子同游。今归行在所，王事有去留。逼侧兵马间，主忧急良筹。子虽躯干小，老气横九州。挺身艰难际，张目视寇仇。朝廷壮其节，特诏令参谋。銮舆驻凤翔[①]，同谷[②]为咽喉。西扼弱水[③]道，南镇枹罕[④]陬。此邦承平日，剽劫吏所羞。况乃胡未灭，控带莽悠悠。府中韦使君，道足示怀柔。令侄才俊茂，二美又何求？受词太白脚，走马仇池头。古色沙土裂，积阴雪云稠。羌父豪猪靴，羌儿青兕裘。吹角向月窟[⑤]，苍山旌旆愁。鸟惊出死树，龙怒拔老湫。古来无人境，今代横戈矛。伤哉文儒士，愤激驰林丘。中原正格斗，后会何缘由？百年赋定命，岂料沉与浮。且复恋良友，握手步道周。论兵远壑净，亦可纵冥搜。题诗得秀句，札翰时相投。

【注释】

①凤翔：今县名，位于今陕西省宝鸡市中部偏北。秦置雍县，唐改凤翔县。②同谷：县名，西魏置，元废，故城位于今甘肃成县。③弱水：《书》："导弱水至于合黎，余波入于流沙。"上源指今甘肃山丹河，下游即山丹河与甘州河合流后的黑河。④枹罕：古县名，故治在今甘肃临夏县东北。⑤月窟：西极之地。

【译文】

当年我被叛军捉住，困在长安的时候，曾往偷偷地与您交游。现今我们回到皇帝所在的地方，却又因国事而分手。临时政府夹在兵马的缝隙里，情势十分危急；君主忧心忡忡，急于作出可行的措施。虽说您身材矮小，但老年的意气充溢九州。在国事危难之际您挺身而出，瞪着眼睛怒视敌寇。朝廷称赞您的豪壮气节，特意下诏命您去同谷参谋军事。皇帝驻在凤翔，同谷是它的咽喉。那个地方西面控制着弱水河，南面镇压着枹罕县，地势异常险要。在以往承平的年代，遭到外族抢劫是守吏们觉得羞辱的事，况且眼下胡兵未灭，更须严加控制，长期固守。幕府中有您的叔父韦使君，他是善用怀柔之策的。您作为他的侄儿才干卓越，有了叔侄两位贤才去守同谷也就足矣。您接受圣命于太白山下，纵马奔驰于仇池山头。同谷一带到处是古老的沙石，山冈上阴云堆积，大雪频飞。羌族老人穿着豪猪皮做的靴子，羌族少年披着野牛皮做的皮袄。士兵们向西极之地吹起号角，悲凉的声音使苍山上的旌旗都带上愁容；鸟儿惊醒，从死树洞里飞起；蛟龙发怒，从古老的深潭里跃出。那本是自古以来无人居住的地方，现今也成了征战之地。伤心呵，您一个文儒之士，也要怀着愤激之情驰骋于林丘之间。眼下中原地区正在拚死厮杀，我们能否重逢真说不准。百岁人生一切都是命中注定，哪能预料荣辱升沉！暂且再与您依恋片刻，握着手在道边上走一走。您到任之后，在布置军防之余，身处幽僻的山谷中也能进行诗意探求。一旦您题诗时得到秀美的诗句，请及时用信向我寄投。

北　征

皇帝二载秋，闰八月初吉。杜子将北征，苍茫问家室。维时遭艰虞，朝野少暇日。

顾惭恩私被，诏许归蓬荜。拜辞诣阙下，怵惕久未出。虽乏谏诤姿，恐君有遗失。君诚中兴主，经纬固密勿。东胡反未已，臣甫愤所切。挥涕恋行在，道途犹恍惚。乾坤含疮痍，忧虞何时毕？靡靡逾阡陌，人烟渺萧瑟。所谓多被伤，呻吟更流血。回首凤翔县[①]，旌旗晚明灭。前登寒山重，屡得饮马窟。邠[②]郊入地底，泾水[③]中荡潏。猛虎立我前，苍崖吼时裂。菊垂今秋花，石戴古车辙。青云动高兴，幽事亦可悦。山果多琐细，罗生杂橡栗。或红如丹砂，或黑如点漆。雨露之所濡，甘苦齐结实。缅思桃源内，益叹身世拙。坡陀望鄜畤[④]，岩谷互出没。我行已水滨，我仆犹木末。鸱鸟鸣黄桑，野鼠拱乱穴。夜深经战场，寒月照白骨。潼关[⑤]百万师，往者散何卒！遂令半秦民，残害为异物。况我堕胡尘，及归尽华发。经年至茆屋，妻子衣百结。恸哭松声回，悲泉共幽咽。平生所娇儿，颜色白胜雪。见耶背面啼，垢腻脚不袜。床前两小女，补绽才过膝。海图坼波涛，旧绣移曲折。天吴及紫凤，颠倒在裋褐[⑥]。老夫情怀恶，呕泄卧数日。那无囊中帛，救汝寒凛栗。粉黛亦解苞，衾裯稍罗列。瘦妻面复光，痴女头自栉。学母无不为，晓妆随手抹。移时施朱铅，狼藉画眉阔。生还对童稚，似欲忘饥渴。问事竞挽须，谁能即瞋喝？翻思在贼愁，甘受杂乱聒。新归且慰意，生理焉得说？至尊尚蒙尘，几日休练卒？仰观天色改，坐觉妖氛豁。阴风西北来，惨淡随回鹘[⑦]。其王愿助顺，其俗喜驰突。送兵五千人，驱马一万匹。此辈少为贵，四方服勇决。所用皆鹰腾，破敌过箭疾。圣心颇虚伫，时议气欲夺。伊洛指掌收，西京不足拔。官军请深入，蓄锐可俱发。此举开青徐，旋瞻略恒碣。昊天积霜露，正气有肃杀。祸转亡胡岁，势成擒胡月。胡命其能久？皇纲未宜绝。忆昨狼狈初，事与古先别。奸臣竟菹醢[⑧]，同恶随荡析。不闻夏殷衰，中自诛褒妲[⑨]。周汉获再兴，宣光果明哲。桓桓陈将军[⑩]，仗钺奋忠烈。微尔人尽非，于今国犹活。凄凉大同殿，寂寞白兽闼。都人望翠华，佳气向金阙。园陵固有神，扫洒数不缺。煌煌太宗业，树立甚宏达。

【注释】

①凤翔县：位于今陕西省宝鸡市中部偏北。当时为肃宗临时政府所在地。②邠：邠州，今陕西彬县。③泾水：渭水支流，在陕西省中部。④鄜畤：本为秦文公所筑祭天的坛场，此指枹州。杜甫家小寄居在枹州附近的羌村。⑤潼关：关名。位于今陕西省潼关县北部，为陕西、山西、河南三省要冲。安史乱中，唐将哥舒翰以兵二十万守潼关，因杨国忠督促，被迫出关迎敌，全军覆没。⑥裋褐：粗陋的衣服。⑦回鹘：又称“回纥”，即今新疆维吾尔族。唐肃宗至德二载（757 年）九月，郭子仪奏请借回纥兵以平息安史叛军。回纥可汗派兵四千来助。⑧菹醢：肉酱。玄宗西逃，至马嵬坡，护驾将军陈玄礼兵谏，杀杨贵妃和杨国忠。⑨褒妲：褒姒、妲己。褒姒是周幽王的女宠，妲己是殷纣王的女宠。⑩陈将军：指陈玄礼。

【译文】

肃宗皇帝至德二载（公元 757 年）闰八月初一日，我打算向北远行，怀着迷茫的心情去探望久别的家室。此时国家正处在危困艰难之中，朝野上下都很少有闲暇的日子。想来羞愧，我却独自蒙受了恩典，皇帝下诏准许我回到蓬门荜户的家里去探亲。为辞别天子我来到宫殿前，心情惶恐地久久站在那里。虽然自己不能算是称职的谏官，还是担心君主在执政上有所遗漏。君主确实是中兴之主，计划国家大事费尽了心力。然而安史叛军还在作乱，这是臣子我切齿痛恨和放心不下的。挥着眼泪依依不舍地离开宫殿，上了路仍然心情恍惚。天地之间到处都是战乱的创伤，忧患何时才能结束？我无精打采地在田间道路上走着，四野里人烟稀少，萧瑟凄凉。遇到的人大多带着伤，呻吟着，流着血。回过头望望天子所驻的凤翔县，那里的旌旗在晚烟中若隐若现。继续前行，翻越重重寒山，时时遇到军人掘出的饮马窟穴。邠州郊野地势低陷，混浊的泾水从中间流过。苍崖怪石裂开大口，像吼叫的老虎蹲在我的面前。一年一度的野菊照例绽放了今年的花瓣，坎坷的石路上印着古时的车辙。头上的青云引起了避世归隐的情趣，山间的幽景也还能悦人心怀。山果树大多结出细碎的果实，与栎树相杂而生。有的山果红如颗颗朱砂，有的黑如点点乌漆。它们受到雨露的滋润，不管甜的苦的都一起结了出来。因此我缅怀那和平安乐的桃源世界，由此更加慨叹现实世界难以生存。远眺前面山冈崖谷、起伏交错的地方，那就是鄜州了，不禁加快了脚步。我已走到山坡下面的水边，我的仆人还在山腰上走着，仰望过去，就像走在树梢上。深夜里路过一片战场，寒冷的月光照在白骨上，鸱鸟在枯黄的桑树上悲泣着，野鼠在乱坟间向人拱手而立。当年守卫潼关的百万唐军，因战略错误而迅疾瓦解，致使秦地百姓多半被叛军杀害，沦为异物。况且我也遭到叛军的囚禁，归来时已头发尽白。经过一年的离别，今日回到家里，只见妻子儿女都穿着褴褛的衣衫。亲人相逢，抱头痛哭，松涛声回应着哭声，悲鸣的泉水也一同呜咽着。一向娇惯的小儿，饿得面色惨白如雪。见到爹来，背过脸就哭了，他浑身泥垢，脚上连双袜子都没穿。床前站着两个小女儿，穿着补钉叠补钉的衣裳，衣裳短得刚好过了膝盖。那些补钉是从旧绣上剪下来的碎布，东一块西一块地错乱了原有的图案：海图的波涛被拆碎了，天吴和紫凤也是东倒西歪。我的心情不好，又吐又泻，躺了几天才爬起来。身为妻夫子父，哪能不取出行囊中的财帛，去救济她们的饥寒呢？胭脂粉黛从包裹中拿了出来，被褥床帐也稍稍添置了一些。羸弱的妻子重现了脸上的光彩，娇痴的小女自己动手梳理头发。她们事事都学着母亲去做，早上梳妆时也跟着信手涂抹，好半天才打扮完了，哈！两道眉毛画得又乱又粗。能够活着回来面对天真的儿女，还有什么比这更快乐的？我好像把饥渴都完全忘了。孩子们向我问这问那，还争着捋我的胡子，虽说不成体统，但是谁能立刻拉下脸来喝斥他们呢？回想被囚禁在长安时的寂寞愁苦的生活，则此时领受孩子们的吵闹与纠缠倒觉得很甜。刚刚回到家里，暂且过几天舒心的日子吧，以后的生活问题哪里谈得上呢？天子还在蒙受风尘，什么时候才能停止战事呢？抬头观望天空，气象已有改变，我顿觉妖氛已经散开，叛军的凶焰就要熄灭了吧。惨淡的阴风从西北吹来，追随着回纥的兵马。回纥的首领愿帮助我们平定叛乱，他们的风俗擅长骑射和冲锋陷阵。回纥送来五千精兵，赶来一万匹战马。这些回纥兵还是少用为好，他们的勇敢和果决威镇四方。派来的战士都像鹰一样地冲腾无畏，能以超过飞箭的速度击破敌人。皇帝正在虚心思虑，等候反攻的时机；那些不同意借兵的议论也不敢再坚持。东京洛阳可以轻易地收复，西京长安更不值得一攻。官兵士气高涨，请求深入敌阵，蓄足锐气一同出动。一举攻下青州和徐州，接着就可看到恒山和碣石被收复。眼下秋天来临，霜露渐重，天地正气呈现萧杀之象。涤荡污秽的时候到了，厄运转到叛军的日子到了！消灭、捉拿叛军的大势已经成形。叛军的小命岂能长久？大唐皇朝的纲纪是不应断绝的！回忆当年玄宗皇帝弃城出走时，他采取的应变措施就与古代帝王不同。他果断地把奸臣杨国忠处死，随后对杨国忠的家族和党羽也予以清除，包括他所宠幸的杨贵妃。我们没听说过殷纣王和周幽王在倒台的时候，在宫中自己下手剪除妲己和褒姒的事。肃宗皇帝真是明哲君主，就像周宣王、汉光武使周、汉获得中兴一样。威武的陈玄礼将军呵，你手握护驾的斧钺，奋起忠烈的气概，清除了杨氏奸臣。假如没有你，人民将沦为异族的奴隶；由于有了你，至今

国家还存在着。眼下长安还没收复，大同殿、白兽门一片凄凉寂寞。京城的人们盼望皇帝的翠华仪仗早日归来，兴盛之气朝向金碧辉煌的宫阙走来。陵园里列祖列宗的神灵当然在护佑着我们，收复长安后，要去洒扫、祭祀，不能缺了礼数。光辉盛大的太宗基业，将会重振雄风，前途远大！

义鹘行

阴崖有苍鹰，养子黑柏颠。白蛇登其巢，吞噬恣朝餐。雄飞远求食，雌者鸣辛酸。力强不可制，黄口无半存。其父从西归，翻身入长烟。斯须领健鹘[①]，痛愤寄所宣。斗上捩孤影，噭哮[②]来九天。修鳞脱远枝，巨颡[③]拆老拳。高空得蹭蹬，短草辞蜿蜒[④]。折尾能一掉，饱肠皆已穿。生虽灭众雏，死亦垂千年。物情有报复，快意贵目前。兹实鸷鸟最，急难心炯然。功成失所往，用舍何其贤。近经潏水[⑤]湄，此事樵夫传。飘萧觉素发，凛欲冲儒冠。人生许与分，只在顾盼间。聊为义鹘行，用激壮士肝。

【注释】

①鹘：一种猛禽。②噭哮：号呼声。③颡：脑门。④蜿蜒：蛇行屈曲之状。⑤潏水：亦称泬水，关中八川之一。发源于陕西长安县南秦岭。西北流歧为二，一北流为皂水，注于渭；一西南流合滈水，注于沣。

【译文】

背阴的崖壁上长着一棵黑柏树，树顶有个苍鹰的窝巢。一条白蛇爬进巢里，肆意地吞食着鹰雏，当成一顿早餐。雄鹰飞到远处找食物去了，雌鹰无力抵抗，只是辛酸地鸣叫着，眼睁睁地看着黄口小雏全被吃光。鹰雏的父亲从西方飞来，目睹惨状，翻身飞入长长的烟云里。转瞬之间领来一只矫健的大鹘，那大鹘好似听到了雄鹰的讲述，满腔愤怒地来行侠复仇。只见它陡然向上钻入云天变成一点黑影，接着发出一声长号从九天俯冲而下。它用凌厉的羽骨拍裂了长蛇的大脑门，长蛇从高高的树枝上掉落下来，它在高空中还挣扎了几下，落到草地上就不再能蜿蜒爬行，折断的尾巴还能动一动，鼓鼓的肚肠已然摔裂。白蛇呵，你活着的时候虽说灭了众雏，死了也足以垂训千秋——恶有恶报。报复本是世间的情理，使人快意的是现世现报。这只健鹘确实是鸷鸟中的最佳义士，它急人所难，心地光明。成功以后便悠然而去，不知所住，正如孔夫子所说的“用之则行，舍之则藏”，多么优秀的品行！前几天我经过潏水河畔，是一个樵夫把这个动人的故事讲给我的。听着讲述，我对义鹘肃然起敬，只感到白发飘萧，欲上冲冠。人生获取的善恶名分，只是在转瞬之间就决定了的。暂且写了这首《义鹘行》，用以激励壮士的肝胆。

新安吏

客行新安[①]道，喧呼闻点兵。借问新安吏；县小更无丁？府帖昨夜下，次选中男行。中男绝短小，何以守王城？肥男有母送，瘦男独伶俜[②]。白水暮东流，青山犹哭声。莫自使眼枯，收汝泪纵横。眼枯即见骨，天地终无情。我军取相州[3]，日夕望其平。岂意贼难料，归军星散营。就粮近故垒，练卒依旧京。掘壕不到水，牧马役亦轻。况乃王师顺，抚养甚分明。送行勿泣血，仆射[4]如父兄。

【注释】

①新安：县名，位于今河南省新安县。②伶俜：孤零貌。潘岳赋："少伶俜而偏孤兮。"③相州：又称邺城，今河南省安阳市。唐军与叛军战于此，兵败。④仆射：官名，指郭子仪。子仪至德元年（756 年）五月曾为左仆射。

【译文】

我在新安道上赶路，突然听到一片喧呼声，原来是县吏在点兵。看到被征的人都是些少年，我就问县吏："难道是由于县小，再也征不出适龄的男子?"县吏说："壮丁已经征完，而上级昨夜又下达了征丁公文，只好顺次挑选少年入伍。""但是这些少年身小力薄，怎么可以守城打仗呵?"被征的少年中，长得较胖的，有母亲前来送行；那些面黄肌瘦的，孤孤零零，身边连个亲人都没有。人群中腾起一片哭声，那暮色中东流的白水和默立的青山，也好似为他们的不幸而啜泣。我对他们说："不要将自己的眼睛哭瞎了吧，请收起零乱纵横的泪水，就是把眼睛哭瞎露出骨头，天地也不会生出哀怜之心！前几天我军去攻打相州，人们日夜盼望能够取胜，彻底平定叛乱。哪里料到叛军诡计多端，我军败退下来，零星分散在各个营房。此次征兵，部队靠近故垒屯驻，因此吃粮是不成问题的；练兵就在洛阳附近，因此并无什么危险。挖掘战壕也不会深到见水，牧放战马也很轻松。况且官军是顺应天命的，抚养士兵的条例写得很分明。送行的人不要过于悲伤吧，仆射郭子仪会像父兄一样对待这些孩子们。"

石壕吏

暮投石壕村[1]，有吏夜捉人。老翁逾墙走，老妇出看门。吏呼一何怒！妇啼一何苦！听妇前致词：三男邺城戍[2]。一男附书至，二男新战死。存者且偷生，死者长已矣！室中更无人，惟有乳下孙。有孙母未去，出入无完裙。老妪力虽衰，请从吏夜归。急应河阳[3]役，犹得备晨炊。夜久语声绝，如闻泣幽咽。天明登前途，独与老翁别。

【注释】

①石壕村：位于今河南陕县东南部。②戍：泛指服兵役。③河阳：地名，今河南孟县。时郭子仪守河阳。

【译文】

傍晚，我投宿在石壕村的一户人家里。入夜后，忽然听到有差吏前来抓丁。老头翻过墙头逃跑了，老太婆向院门走去。门开了，差吏大喊大叫，多么暴怒！老太婆哭哭啼啼，多么凄苦！就听她走到差吏跟前说："我的三个儿子都去邺城服役了，其中一个儿子托人捎来信，看来他还活着，另外的两个儿子都在最近的战斗中战死了。活着的人是活一天算一天，死了的也就永远完啦。屋里再也没有男人了，只有一个吃奶的小孙孙；由于奶着小孙孙，因此儿媳妇没

有改嫁，可是她出门连一条遮体的衣裙都没有。老太婆我虽然没有多大力气，就请让我连夜跟你们走吧，要走现在就走，天亮前赶到河阳，还来得及给部队做早饭呢。”夜已深，门前的对话声没有了；寂静中，好似隐约传来低低的啜泣。唉，肯定是那儿媳妇在伤心地哭。天亮了，我要继续赶路，只能向老头一个人辞别。

新婚别

兔丝[①]附蓬麻，引蔓故不长。嫁女与征夫，不如弃路旁。结发为妻子，席不暖君床。暮婚晨告别，无乃太匆忙！君行虽不远，守边赴河阳。妾身未分明，何以拜姑嫜[②]？父母养我时，日夜令我藏。生女有所归，鸡狗亦得将。君今往死地，沉痛迫中肠。誓欲随君去，形势反苍黄[③]。勿为新婚念，努力事戎行。妇人在军中，兵气恐不扬。自嗟贫家女，久致罗襦裳。罗襦不复施，对君洗红妆。仰视百鸟飞，大小必双翔。人事多错迕，与君永相望。

【注释】

①兔丝：一种茎成丝状的野草，寄生在其他植物上。②姑嫜：古时称丈夫的母亲和父亲。③苍黄：言谓变化。

【译文】

兔丝子依附在低矮的蓬麻上，引蔓自然不会长。将女儿嫁给征夫，还不如小时候把她扔在路旁！自从结发作了你的妻子，到现在连你的床还没坐暖——昨天晚上成亲，今天早上你就被征离去，这不是太匆忙了吗？你此行虽说不远，只是去河阳戍守边防，但是我作妻子的身份还没明确，怎么去拜见公婆呢？父母养育我的时候，日夜让我藏在闺房，为的是能把我嫁出去。女儿一旦嫁出去，那就嫁鸡随鸡，嫁狗随狗了。如今你前往九死一生的战场，我的心是多么沉痛呵！真想咬咬牙随你同去，又怕把事情反倒弄糟。请你不要眷恋新婚，努力去当兵打仗。有女人在部队，恐怕会影响士气。可悲自己是贫家女儿，辛苦多年才置办了这身嫁衣裳；从今之后我将不再穿它，对着你的面洗掉红妆。仰望天空，众鸟无论大小都成对成双；人间的事却有许多不如意处，但愿我们夫妻恩爱，永相怀想。

佳 人

绝代有佳人，幽居在空谷。自云良家子，零落依草木。关中[①]昔丧败，兄弟遭杀戮。官高何足论，不得收骨肉！世情恶衰歇，万事随转烛[②]。夫婿轻薄儿，新人美如玉。合昏[③]尚知时，鸳鸯不独宿。但见新人笑，那闻旧人哭！在山泉水清，出山泉水浊。侍婢卖珠回，牵萝补茅屋。摘花不插发，采柏动盈掬。天寒翠袖薄，日暮倚修竹。

【注释】

①关中：自函谷关以西总名关中，即今陕西省。②转烛：风摇烛火。形容世事变幻莫测。③合昏：即

合欢花，落叶乔木，似槐，其叶至晚而合，故云尚知时。

【译文】

有位绝代佳人，独居在空寂的山谷。她说自己原是好人家的女子，现今沦落山野，形同草木。当年关中一带陷入叛军之手，兄弟们惨遭杀戮。他们虽然做高官又有何用，死后连尸骨都没人去收。人情总是厌弃衰落，万事就像烛影随风飘忽。丈夫是个轻薄的人，见我娘家衰败，便娶了个美貌如玉的新妇。合欢花还知道朝开夜合，鸳鸯鸟总是双游双宿，轻薄的丈夫连花鸟都不如。他只看到新妇的笑脸，哪会听见旧人在哭？在山中流的泉水是清的，出了山的泉水变得浑浊，世人该怎么看待被丈夫遗弃的我？丫鬟替我卖了首饰转回来，我们一同牵些藤萝修补漏屋。随手摘了一朵花，却无心插上发髻；只把那苦味的柏枝捡了又捡，时常是满把盈握，苦涩而坚贞的柏枝呵，你我有着共同的命运和性情。天变冷了，这位佳人穿着单薄的翠衣，在一片暮色中倚着长长的翠竹默默地站立。

梦李白二首 录一首

死别已吞声，生别常恻恻①。江南瘴疠②地，逐客③无消息。故人入我梦，明我长相忆。恐非平生魂，路远不可测。魂来枫叶青，魂返关塞黑。君今在罗网，何以有羽翼？落月满屋梁，犹疑照颜色。水深波浪阔，无使蛟龙得。

【注释】

①恻恻：悲痛之状。②瘴疠：感受瘴气而生的疾病。南方山林间湿热蒸发能致病的气，叫瘴气。③逐客：被放逐到边远地区的人，指李白。

【译文】

假如是死别，那还可以绝望地吞声一哭而了之；唯有生别，则令人悲痛不止。江南是滋生瘴疠的地方，被放逐的人至今没有一点音信。今夜，老朋友走进我的梦里，对我讲述思念之苦。真担心这是你的鬼魂来到，由于路途遥远，生魂是不容易到来的。你的魂灵前来的时候，江南的枫林是一片伤心的青色；你的魂灵返回的时候，秦州的关塞是一片惆怅的昏暗。你目前身陷罗网之中，哪能生出羽翼飞到我身边来呢？醒来后，西斜的月光洒在屋梁间，朦胧中好像还能见到你的容颜。江南水深浪阔，你可要多加小心，别让蛟龙捉获。

七 古

元都坛歌

故人昔隐东蒙峰[①]，已佩含景苍精龙[②]。故人今居子午谷[③]，独在阴崖结茅屋。屋前太古元都坛[④]，青石漠漠常风寒。子规夜啼山竹裂，王母[⑤]昼下云旗翻。知君此计成长往，芝草琅玕日应长。铁锁高垂不可攀，致身福地何萧爽。

【注释】

①东蒙峰：位于今陕西长安县南部，终南山豹林谷内，亦曰东明峰。②含景、苍精龙：皆道家之术符。③子午谷：位于今陕西长安县南部，为川陕要道。④元都坛：即玄都坛，汉武帝所筑，在子午谷中。⑤王母：鸟名，其尾五色，长二三丈。

【译文】

当年故人在东蒙峰归隐，已佩带过道家的术符。故人如今移居在子午谷，独自在背阴的山崖下建造茅屋。屋前是古时的玄都坛，坛上的青石寂静无声，常有寒风吹起。夜里，子规鸟凄厉的叫声，常使山竹破裂；白天，王母鸟自空中飞下，五色的尾羽如云旗翻卷。明白您的修道之心是永恒的，那芝草和琅玕每天都在生长，以供您食用。您的洞府铁锁高垂，俗人无法登攀，生活在这种福地该是多么爽快清幽！

兵车行

车辚辚，马萧萧，行人弓箭各在腰。爷娘妻子走相送，尘埃不见咸阳桥。牵衣顿足拦道哭，哭声直上干云霄。道傍过者问行人，行人但云点行频。或从十五北防河，便至四十西营田。去时里正[①]与裹头，归来头白还戍边。边庭流血成海水，武皇[②]开边意未已。君不闻汉家山东[③]二百州，千村万落生荆杞。纵有健妇把锄犁，禾生陇亩无东西。况复秦兵耐苦战，被驱不异犬与鸡。长者虽有问，役夫敢申恨！且如今年冬，未休关西卒。县官急索租，租税从何出？信知生男恶，反是生女好。生女犹得嫁比邻，生男埋没随百草。君不见青海头，古来白骨无人收。新鬼烦冤旧鬼哭，天阴雨湿声啾啾。

【注释】

①里正：古时乡官。②武皇：汉武帝。此暗指唐玄宗。③山东：指华山以东地区。

【译文】

众多的战车隆隆地响着，战马在不停地嘶叫，出征的人都把弓箭挂上了腰。爹娘和妻子儿女跑着给他们送行，踏起来的尘土遮蔽了咸阳桥。家属们有的扯住亲人的衣裳，有的悲痛地跺着脚，他们阻拦着京都大道放声哭嚎，那哭声一直冲上了九重云霄。道旁有个过路的人，向征夫询问这情景的原委。征夫们众口一词地说："朝廷上频繁地点派我们出征。有的人从十五岁起就被送到北边防守黄河去了，一直到了四十岁，又被派到西边去军垦营田。去的时候年龄小，由村长给裹上头巾，回来时已是满头银发，却还得去戍守边防。边疆上征战连年，战士们的鲜血汇成了大海，但皇上他扩充领土的心意还未能满足。您没听说吗，华山以东二百多个州里，千村万落生满了荆棘，就是有健壮的妇女耕田锄地，庄稼长出来也是横七竖八分不出个垄来。更何况我们秦州一带的士兵最能忍苦作战，更像被驱赶的鸡狗一样。唉，虽然您老人家关怀地问询我们，但我们这些征夫怎敢申述心中的怨恨？就说今年吧，已经到了冬天，朝廷还不把我们关西的士兵放回来。县官逼命交租税，地都没人种了，租税从哪儿出呢？我们深切地觉得，生男不如生女好，生女还能嫁给近邻，生男不免战死沙场，被荒草埋掉。您没看见了吗，那青海边上，从古以来，遍地白骨，没人给掩埋。新鬼在诉冤，旧鬼在啼哭，每当阴天下雨的时候便阴风惨惨，鬼声啾啾。"

高都护骢马行

安西都护[①]胡青骢[②]，声价歘然来向东。此马临阵久无敌，与人一心成大功。功成惠养随所致，飘飘远自流沙至。雄姿未受伏枥恩，猛气犹思战场利。腕促蹄高如踣铁，交河[③]几蹴曾冰裂。五花散作云满身，万里方看汗流血。长安壮儿不敢骑，走过掣电倾城知。青丝络头为君老，何由却出横门道？

【注释】

①安西都护：唐太宗平高昌，置安西都护府于交河城，属甘肃陇右道。此时高仙芝为都护。②青骢；马之青白色者。《古乐府》："青骢白马紫丝缰。"③交河：城名，故城位于今新疆吐鲁番西北约五公里处，唐置交河郡，属西州，建安西都护府于此。

【译文】

安西都护高仙芝有一匹西域产的青骢马，此马东来以后身价骤然大增。它在两军阵前跨越驰骋，从来未遇对手，一心一意助人建立大功。功成之后任凭主人随意豢养，从边远的西北沙漠，一路飘飘来到长安城。它那雄健的身躯好像不甘接受伏槽静养的恩惠，胸怀猛气，依然想去战场立功。它蹄高腕短，蹄坚如铁，在交河的厚冰上踏了几下，厚冰就被踏裂。它那斑驳的毛色散作满身的云锦，驰骋万里之后才见流出汗血。长安城的壮士不敢骑它，它奔驰的速度超过闪电，让全城人震惊！戴着青丝络，老死在槽枥间，这并不是它的愿望，它在思考，怎么才能走出城门，奔向通达西域的大道！

丽人行

三月三日天气新，长安水边多丽人。态浓意远淑且真，肌理细腻骨肉匀。绣罗衣裳耀暮春，蹙金孔雀银麒麟。头上何所有？翠微㔩叶[①]垂鬓唇。背后何所见？珠压腰衱[②]稳称身。就中云幕椒房亲，赐名大国虢与秦[③]。紫驼之峰出翠釜，水精之盘行素鳞。犀箸厌饫久未下，鸾刀缕切空纷纶。黄门飞鞚不动尘，御厨络绎送八珍。萧鼓哀吟感鬼神，宾从杂遝实要津。后来鞍马何逡巡，当轩下马入锦茵。杨花雪落覆白蘋，青鸟[④]飞去衔红巾。炙手可热势绝伦，慎莫近前丞相[⑤]嗔！

【注释】

①㔩叶：妇人头花髻饰。②衱：衣后裾。③虢与秦：杨太真三个姐姐，封韩国、虢国、秦国三夫人，并承恩泽，出入宫掖，势倾天下。④青鸟：传说为西王母的使者。⑤丞相：指杨国忠。

【译文】

三月三日天气晴朗，景物清新，长安曲江边上聚集着众多美人。她们姿态浓艳，神气高远，模样端庄又大方，一个个皮肤细腻，骨肉匀称。绣罗衣裳辉映着暮春美景，衣上有金线绣的孔雀、银线绣的麒麟。头上戴的是什么？翡翠首饰垂到鬓边。背后看到什么？珍珠缀满后裾，使衣服紧贴腰身。其中有几个是贵妃的姐姐，就是那被皇上赐封的什么“虢”呀“秦”呀的国夫人。她们在云帐里面摆野宴，用嵌翠的锅子炸烹驼峰肉，用水晶盘子端出清蒸鱼。她们拿着犀牛角做的筷子，却久久不夹菜，因为肚子里油水太多，这些早就吃腻了，倒让手拿鸾刀、精切细作的厨师白忙了一大阵。宦官们飞马回宫去报信，不一会儿，天子的厨师连绵不绝地送来海味和山珍。宴席上箫鼓哀吟，演奏着感动鬼神的音乐，国夫人的宾从众多杂乱，他们都是当朝的大官员。最后骑马而来的这位杨国忠丞相可真是大模大样、旁若无人，他来到窗前才下马，从锦制的地毯上走进国夫人的帐篷。嘿嘿，你看那曲江岸边飘落的杨花压在白蘋上，杨花、白蘋本是同源同种一条根！你看那传情的使者——青鸟飞走了，它叼走了国夫人遗落的红手巾。丞相权势正绝伦，炙手可热好烫人。人们呵，请小心，那座帐篷千万别靠近，惹怒了丞相可要命归阴！

哀江头

少陵野老[①]吞声哭，春日潜行曲江曲。江头宫殿锁千门，细柳新蒲为谁绿？忆昔霓旌[②]下南苑，苑中万物生颜色。昭阳殿[③]里第一人，同辇随君侍君侧。辇前才人带弓箭，白马嚼啮黄金勒。翻身向天仰射云，一笑正坠双飞翼。明眸皓齿今何在？血污游魂归不得。清渭东流剑阁深，去住彼此无消息。人生有情泪沾臆，江草江花岂终极！黄昏胡骑尘满城，欲往城南忘南北。

【注释】

①少陵：地名，在杜陵附近，杜甫曾在此住过，故自称少陵野老。②霓旌：天子仪仗。③昭阳殿：

《汉书》："皇后弟绝幸为昭仪，居昭阳舍。"唐人常以赵飞燕比杨贵妃，此处亦指杨贵妃而言。

【译文】

少陵野老不敢放声哭，春日里悄悄行走在曲江的隐秘之处。江边的宫殿万户千门都上了锁，细嫩的柳条呵新生的蒲叶，你们为谁而绽新吐绿？回想当年，天子的仪仗来到曲江东南的芙蓉苑，苑中的万物都增添了光彩。那个住在昭阳殿里最受宠幸的人，与君王同辇而坐，侍奉在君王身边。辇车前射生的女官携着弓箭，骑着高大的白马，白马在嚼着黄金制成的马衔。射生的女官忽然扭过身，仰面向云天射出一箭，只见贵妃娘娘粲然一笑，原来一双大雁坠落在眼前。现今那明眸丽齿的美人身在何处？她的游魂带着血污再也不能返还。清清的渭水向东流去，渭水河边是她的墓地；深深的剑阁路险山高，皇上西行已走得很远。走的走了，埋的埋了，彼此间再无一点音讯。人生有情，想到这些不禁凄泪沾胸，花草无情，不管人间的悲苦，竟自长个不停！此时天色已黄昏，胡人的骑兵满城乱撞，踏起滚滚烟尘。我想回到城南住处，却连东西南北都辨不准。

哀王孙

长安①城头头白乌，夜飞延秋门②上呼。又向人家啄大屋，屋底达官走避胡。金鞭断折九马死，骨肉不待同驰驱。腰下宝玦青珊瑚，可怜王孙③泣路隅。问之不肯道姓名，但道困苦乞为奴。已经百日窜荆棘，身上无有完肌肤。高帝子孙尽隆准，龙种自与常人殊。豺狼在邑龙在野，王孙善保千金躯。不敢长语临交衢，且为王孙立斯须。昨夜东风吹血腥，东来橐驼满旧都。朔方健儿好身手，昔何勇锐今何愚？窃闻天子已传位，圣德北服南单于。花门剺面请雪耻，慎勿出口他人狙。哀哉王孙慎勿疏，五陵④佳气无时无。

【注释】

①长安：唐都城。②延秋门：长安城西门。安史之乱中，玄宗由此门逃走。③王孙：贵族之子孙。语出《汉书》。④五陵：汉时长安城外的五座陵墓，即长陵、安陵、阳陵、茂陵、平陵，都在渭水北岸，是历代富豪居住区。

【译文】

长安城头的白头乌鸦，夜里飞到延秋门上呼叫，皇上带着随从由此门出走了。乌鸦又飞到高宅敲啄屋顶，屋里的达官贵人也仓惶逃走以躲避胡兵。逃亡的君臣打断了马鞭，累死了众多的马匹，甩下了亲生骨肉，来不及一同驱驰。这些王孙腰间挂着玉佩、青珊瑚，可怜巴巴地在长安街边上哭。问他们的名姓，他们也不敢说出，只是说日子艰难，请求收作奴仆，已在荆棘丛中躲藏了上百天，身上没有一块完整的皮肤。汉高祖的子孙都生有高鼻梁，帝王的后代自然与寻常人长相不同。现今是豺狼占据京都而真龙退居野外，王孙呵你们可要善于保护千金之体。我不敢在交通路口上与你们交谈，只能小立片刻安慰几句。昨夜东风吹来阵阵血腥，叛军从东边拉来满城的骆驼，要将京都财物洗劫一空。哥舒翰手下的朔方健儿个个都是好身手，只是当年的智勇现今不复存在。我私下里听说天子已经传位，肃宗的圣德已使北方的南单于钦

服。回纥人割面血誓要为唐朝雪耻，这个好消息可不能乱说，以防遭人暗算。你们的处境确实可悲呵，请你们切莫疏忽大意落入叛贼之手，须知五陵的佳气永远不灭，国家的复兴已为时不远。

韦讽录事宅观曹将军画马图

国初已来画鞍马，神妙独数江都王[①]。将军得名三十载，人间又见真乘黄。曾貌先帝照夜白，龙池十日飞霹雳。内府殷红玛瑙盘，婕妤传诏才人索。盘赐将军拜舞归，轻纨细绮相追飞。贵戚权门得笔迹，始觉屏障生光辉。昔日太宗拳毛䯄[②]，近时郭家[③]狮子花。今之新图有二马，复令识者久叹嗟。此皆战骑一敌万，缟素漠漠开风沙。其余七匹亦殊绝，迥若寒空动烟雪。霜啼蹴踏长楸间，马官厮养森成列。可怜九马争神骏，顾视清高气深稳。借问苦心爱者谁？后有韦讽[④]前支遁[⑤]。忆昔[⑥]巡幸新丰宫，翠华拂天来向东。腾骧磊落三万匹，皆与此图筋骨同。自从献宝朝河宗[⑦]，无复射蛟江水中[⑧]。君不见金粟[⑨]堆前松柏里，龙媒去尽鸟呼风。

【注释】

①江都王：江都王李绪，霍王元轨之子，太宗皇帝侄子，多才善画。②拳毛䯄：《金石录》："太宗六马，其一曰拳毛䯄。"③"郭家"句：《杜阳杂编》："代宗自陕回，命御马九花虬并紫玉鞭辔以赐郭子仪。"狮子花，即九花虬。④韦讽：唐成都人，曾任阆州录事参军。⑤支遁：东晋僧人，喜养马。⑥"忆昔"四句：言开元盛时，新丰宫为翠华临幸之所，马多而筋骨不凡，似此图所画。⑦"自从"句：用穆天子西征事，喻玄宗西行避乱。⑧"无复"句：汉武帝曾射蛟于浔阳江中。⑨金粟：山名。《长安志》："明皇泰陵在蒲城东北三十里金粟山。"

【译文】

开国以来画鞍马的众家里，只有江都王李绪画得最为突出。自从曹霸将军获得画家名，三十年后，人间又出现了真正的神马图。他曾画过玄宗皇帝骑乘的"照夜白"，使得龙池霹雳飞跃了十天之久。皇帝要把内宫的殷红玛瑙盘赐给他，派宫中的女官传达诏命，索求此物。他领了赏赐拜谢而归，皇帝又追加赏赐了精细的丝织物。从此以后，那些贵戚权门挂上他的画，才觉得屏障之间生光华。当年太宗皇帝的名马"拳毛䯄"，近时郭家的名马"狮子花"，都画在新作《九马图》，使得认识它们的人长久叹息声声夸。这两匹马骑上战场都能以一敌万，那雄健的跃姿使人觉得洁白的画绢上卷起漠漠的风沙。其余七匹也异常绝妙，像远处的寒空中飘动的烟雪。强劲的蹄子踢踏在长楸间，管马的官员和养马的士卒排成列。九匹可爱的马争现神骏之姿，神气沉雄，顾视清高。请问苦心爱马的人是谁?．前有支遁，后有韦讽。回忆当年玄宗皇帝巡幸新丰宫，仪仗翠旗擦着青天向东行，那滚滚奔腾的三万匹，都与这张图上的骏马筋骨相同。自从玄宗皇帝避乱西行，就不再有江中射蛟的威风。您没看到吗，那金粟山前——玄宗陵墓的松柏中，骏马已走空，只剩下几只野鸟吱吱喳喳风中鸣。

丹青引

将军[①]魏武之子孙，于今为庶为清门。英雄割据虽已矣，文采风流今尚存。学书初学卫夫人[2]，但恨无过王右军。丹青不知老将至，富贵于我如浮云。开元之中常引见，承恩数上南薰殿。凌烟功臣少颜色，将军下笔开生面。良相头上进贤冠，猛将腰间大羽箭。褒公鄂公[3]毛发动，英姿飒爽来酣战。先帝[4]天马玉花骢[5]，画工如山貌不同。是日牵来赤墀下，迥立阊阖生长风。诏谓将军拂绢素，意匠惨淡经营中。斯须九重真龙出，一洗万古凡马空。玉花却在玉榻上，榻上庭前屹相向。至尊含笑催赐金，圉人太仆皆惆怅。弟子韩干[6]早入室，亦能画马穷殊相。干惟画肉不画骨，忍使骅骝气凋丧。将军善画盖有神，必逢佳士亦写真。即今飘泊干戈际，屡貌寻常行路人。途穷反遭俗眼白，世上未有如公贫。但看古来盛名下，终日坎壈缠其身！

【注释】

①将军：指曹霸，魏武帝曹操之后，唐画家，官至左武卫将军。明皇末年得罪，削为庶人。②卫夫人：名铄，字茂猗，晋汝阳太守李矩妻，善书法。正书入妙，王右军之师。③褒公鄂公：太宗制大羽箭以旌武功，段志玄封褒国公，尉迟敬德封鄂国公。④先帝：指唐明皇。⑤玉花骢：马名。⑥韩干：大梁人，善画人物，尤工鞍马。

【译文】

曹霸将军你原本是魏武帝曹操的后人，现今成了普通百姓，家境也变得贫困。先辈们割据中原的霸业虽说已成过去，但他们的文采风流却一直传到今。你起初是学习卫夫人的书法，只恨技艺未能超过王右军，因此潜心学习作画，以至忘了老境将至，将富贵看得轻如浮云。开元年间你常被天子召见，多次承蒙恩宠走上南薰殿。凌烟阁里的功臣画像因年久而颜色暗淡，经你下笔重画而别开生面：那些良相头上戴着进贤冠；那些猛将腰间佩着大羽箭；褒国公和鄂国公羽发飞扬，英姿勃勃，威风凛凛，好像是要和谁来酣战。玄宗皇帝有一匹“玉花骢”，众多画家都画不出它的神情。这一天把它牵到殿前台阶下，它顾视雄雄，昂头卓立，门外好像就要卷起长风！皇帝诏令你展开素绢来画它，你经过一番精心构思苦心运筹，便提笔挥洒，不一会儿，一匹真龙般的神马出现在皇宫，把那自古以来的凡俗画马一扫而空！呵，“玉花骢”居然站在了御榻上，与庭前的那匹真马如两山相望。皇帝面带微笑催促左右赏赐黄金，那些马夫和马官们都非常惆怅。弟子韩干早已得到你的嫡传，也能将各种马的不同相貌画出来。然而韩干只画马的肉身却不画马的筋骨，竟忍心让骏马丧失气魄。将军你善于绘画大概是有神相助，除了画马也能画人，然而必须是遇到佳士才动心。现今你飘泊在战乱中，生活无着，不得已，只好屡次为那些俗物们画像以求生存。英才末路反遭到世俗的白眼，现今世上再也没有像你这样贫穷的人。唉，请看自古以来享有盛誉的人，哪个不是整天被困厄缠着身！

观公孙大娘弟子舞剑器行　并序

大历二年十月十九月，夔州府别驾元持宅见临颍李十二娘舞剑器，壮其蔚跂。问其所师，曰：“余公孙大娘弟子也。”开元三载，余尚童稚，记于郾城观公孙氏舞剑器浑脱，浏漓顿挫，独出冠时。自高头宜春、梨园二伎坊内人，洎外供奉，晓是舞者，圣文神武皇帝初，公孙一人而已。玉貌锦衣，况余白首。今兹弟子，亦匪盛颜。既辨

其由来，知波澜莫二。抚事慷慨，聊为《剑器行》。往者吴人张旭善草书书帖，数常于邺县见公孙大娘舞西河剑器，自此草书长进，豪荡感激，即公孙可知矣。

昔有佳人公孙氏[1]，一舞剑器动四方。观者如山色沮丧[2]，天地为之久低昂。㸌如羿射九日落[3]，矫如群帝骖龙翔。来如雷霆收震怒，罢如江海凝清光。绛唇珠袖两寂寞，晚有弟子传芬芳。临颍[4]美人在白帝，妙舞此曲神扬扬。与余问答既有以，感时抚事增惋伤。先帝侍女八千人，公孙剑器初第一。五十年间似反掌，风尘澒洞昏王室。梨园弟子散如烟，女乐余姿映寒日。金粟[5]堆南木已拱，瞿塘石城草萧瑟。玳筵急管曲复终，乐极哀来月东出。老夫不知其所往，足茧荒山转愁疾。

【注释】

①公孙氏：公孙大娘，唐开元时人，善剑器、浑脱之舞。剑器、浑脱，皆舞曲之名。②色沮丧：惊骇貌。③九日落：神话传说尧时十日并出，植物枯死，后羿射掉九日。④“临颍”句：《地理志》：“颍川郡有临颍县、白帝城。”美人，李十二娘，其家属临颍，今于白帝城中遇之，故名。⑤“金粟”句：《长安志》：“明皇太陵在蒲城东北之金粟山。”《左传》：“尔墓之木拱矣。”

【译文】

大历二年（公元767年）十月十九日，我在夔州别驾元持的家中，看见临颍李十二娘舞剑器，对她那种举足凌厉、光彩蔚然的舞姿赞赏不已，问她是从谁那里学到的，她说：“我是公孙大娘的弟子。”开元三年，我那时还是个孩子。记得在郾城观看公孙大娘舞剑器浑脱，节奏鲜明，舞姿潇洒，冠绝一时。自上头宫里的梨园、宜春院两个教坊的宫伎，到宫外的供奉舞女，通晓这种舞曲的，在玄宗皇帝初年只有公孙大娘一人而已。那时她已是玉貌锦衣的青年女子，现今连我都白了头发，她就更不用说了。现今这位弟子也已不太年轻了。弄清了她的来由，更感到她的舞姿与公孙大娘完全一样。抚今追昔，不禁感慨万千，姑且写下这篇《剑器行》。当年吴郡人张旭擅长草书，他曾多次在邺县观看公孙大娘舞西河剑器，自此草书大有长进，笔势更是奔放豪迈，令人振奋。那么公孙大娘的艺术造诣也就可想而知了。

当年有位佳人叫公孙大娘，每当她一舞起《剑器》来，就惊动了四方的人们。观看的人像山一样地围着她，一个个大惊失色，只感到那苍天大地也在随着她的舞姿而忽高忽低，久久不能平息。她忽而自空而落，光彩夺目，就像后羿射落的九个太阳；忽而拔地而起，凌空飞腾，又似一群天帝驾着蛟龙飞翔。她上场时神态端庄，如同雷霆初止，天地一片肃穆；她收舞时英姿肃立，如同江海停止翻腾，凝聚着清冷的光辉。到如今她那容貌和舞姿都已不见了踪影，幸好后有弟子继承了她的精湛技艺。临颍美人李十二娘来到白帝城，绝妙地舞着这个曲子，酣畅淋漓，神采奕奕。我和她谈话之中弄清了她的师从，不禁对国家的盛衰，人事的变幻产生感叹，徒添了众多的悲戚。当初玄宗皇帝有八千个侍女，公孙大娘的《剑器》舞名列第一。五十年的光阴翻掌般地过去了，战乱的风尘无边无际，将王室搞得昏天黑地。梨园弟子如烟云飘散，剩下眼前这唯一的舞姿映现在凄清的日色里。玄宗陵墓前的树木，已有两手合围那么粗了吧，眼前这瞿塘峡口、白帝城边，草木在秋风中瑟瑟作响。元持别驾举办的歌舞盛宴也已终结，人们感叹世事变迁不禁乐极哀来，凄惶的心宛如东山升起的冷月。老夫我心情迷茫地出了府门，不知该往哪里去，一双长满老茧的脚踟蹰于荒山野道，内心更加悲痛。

李潮八分小篆歌

苍颉[①]鸟迹既茫昧，字体变化如浮云。陈仓石鼓[②]又已讹，大小二篆生八分[③]。秦有李斯汉蔡邕，中间作者寂不闻。峄山[④]之碑野火焚，枣木传刻肥失真。苦县光和尚骨立，书贵瘦硬方通神。惜哉李蔡不复得，吾甥李潮下笔亲。尚书韩择木，骑曹蔡有邻。开元已来数八分，潮也奄有二子成三人。况潮小篆逼秦相，快剑长戟森相向。八分一字值百金，蛟龙盘拏肉屈强。吴郡张颠夸草书，草书非古空雄壮。岂如吾甥不流宕，丞相中郎丈人行。巴东逢李潮，逾月求我歌。我今衰老才力薄，潮乎潮乎奈汝何！

【注释】

①苍颉：为黄帝左史，生而神圣有四目，观鸟兽之迹，体类象形而制字，以代结绳之政。字成，天雨粟，鬼夜哭。②陈仓石鼓：鼓凡十，每鼓约径三尺余，其文为周之大篆，即史籀所作也，唐时始现于陈仓，陈仓故址在今陕西宝鸡市东。③八分：厉鹗文："李斯作小篆，程邈作隶，王次仲作八分。"蔡文姬曰："割程貌字八分，取二分；割李篆字二分，取八分。"故谓之八分。④峄山：即邹山，位于今山东邹县东南部，秦始皇既并天下，乃东行郡县，上邹峄山而立石，即世所传之峄山碑。

【译文】

苍颉所创造的鸟迹文字已茫然不清，此后字体的变化有如浮云。陈仓县石鼓文的字体又变为大篆，之后由大篆变为小篆，小篆以后出现了"八分"体。这中间著名书法家是秦朝的李斯和汉朝的蔡邕，其他作者没有传下姓名。李斯书写的峄山碑被野火焚毁，后人用枣木进行传刻，可惜字体肥腴，已经失真。光和年间蔡邕书写的苦县老子碑，字体骨骼尚好，书法应以瘦硬为贵，瘦硬才能显出精神。可惜呵，李斯、蔡邕这样的书法家已是不能再有，但是我的外甥李潮的书法却与李、蔡相亲近。历数开元以来的"八分"体名家，有礼部尚书韩择木，右卫率府兵曹参军蔡有邻，现今又出个李潮，因此使两位名家变成三个人。况且李潮的小篆造诣逼近李斯，笔锋如快剑长戟森严相对，一个"八分"体字足可值百金，字迹如蛟龙盘屈，倔强有力。吴郡人张旭以草书夸于世人，草书失去古代风格，尽管雄壮又有什么可取？哪里比得上我的外甥能遵循古法，与李斯、蔡邕这些长辈同驱。我在巴东遇见李潮，他求我为他的书法写首诗，居然等了一个多月。我现今身体衰老，才力也浅薄，李潮呵李潮，怎样才能不负你的所托？

五 律

题张氏隐居

之子时相见，邀人晚兴留。霁潭鳣发发，春草鹿呦呦[①]。杜酒偏劳劝，张梨[②]不外求。前村山路险，归醉每无愁。

【注释】

①呦呦：鹿鸣声。《诗》："呦呦鹿鸣"。②张梨：晋代潘岳《闲居赋》："张公大谷之梨"。

【译文】

这位张先生本来时常与我见面，时下天色已晚，却依然邀我再留一会儿，以尽晚间之兴。雨后的潭水上鳣鱼跳跃，弄出"发发"的声响，春天的荒野间传来"呦呦"的鹿鸣。这酒本是我们杜家创造，却要劳您相劝；张梨自是传统美味，正好您也姓张，也就不必去外面求购。虽然前村山路险阻，但我每次醉归都安然无恙，让我们开怀痛饮吧，一醉方休。

夜宴左氏庄

林风纤月落，衣露静琴张。暗水流花径，春星带[①]草堂。检书烧烛短，看剑引杯长。诗罢闻吴咏，扁舟意不忘[②]。

【注释】

①带：映带。②"扁舟"句：用范蠡功成驾扁舟归隐事。

【译文】

林间吹起微风，一勾纤月已沉没。夜露沾湿了衣裳，我将宁静的琴儿弹响。暗水流过花间小径，潺潺的水声萦绕在耳际。春夜星儿历历，迤逦带过草堂的上方。为了赋诗而久久查阅书籍，蜡烛已然烧短；抚看宝剑，思立功勋，频频地满饮酒浆。写罢小诗，忽然听到有人吟咏吴地的歌谣，我的思绪穿过漫漫的时空，落到春秋时范蠡的扁舟上。

春日忆李白

白也诗无敌，飘然思不群。清新庾开府[①]，俊逸鲍参军[②]。谓北春天树，江东日暮云[③]。何时一樽酒，重与细论文？

【注释】

①庾开府：庾信，六朝末期诗人，曾为开府仪同三司。②鲍参军：鲍照，南朝宋文学家，曾为前军参军。③“渭北”二句：时杜在渭水之北，李在长江之东，故因云树而兴感。

【译文】

李白的诗篇可真是举世无双，他那飘然的神思不同寻常。诗句的清新比得上庾信，风格的俊逸可与鲍照抗衡。渭北春天到来，树木已经返青，李白呵你的事业有无新的气象？我猜想，身在江东的你，此刻正向西遥望日暮的云层，将我怀想。什么时候才能重新摆上一杯酒，你我相对而坐，详尽讨论诗歌文章？

陪诸贵公子丈八沟携妓纳凉晚际遇雨二首

落日放船好，轻风生浪迟。竹深留客处，荷静纳凉时。公子调冰水，佳人雪藕丝。片云头上黑，应是雨催诗。

雨来沾席上，风急打船头。越女红裙湿，燕姬翠黛愁[①]。缆侵堤柳系，幔卷浪花浮。归路翻萧飒，陂塘五月秋。

【注释】

①越女、燕姬：指陪游的歌妓。

【译文】

晚上放船真是好时光，轻轻的晚风吹不起波浪。竹林深密，是逗留的佳处；荷花清幽，正可纳凉。公子调制出清凉的冰水，佳人洗出洁白的藕丝。一片黑云压上头顶，大约是急雨要来催我快些写成这首诗。

雨水浇湿了坐席，急风吹打着船头。陪游的歌妓们红裙湿透，柳眉含愁。把船儿靠近堤柳，系紧缆绳；遮阳的帘子在风中翻卷，浪花也随着起伏。归途中景色反而凄凉，坡塘的五月已成深秋。

春夜喜雨

好雨知时节，当春乃发生。随风潜入夜，润物细无声。野径云俱黑，江船火独明。晓看红湿[①]处，花重锦官城[②]。

【注释】

①红湿：谓花着雨。②锦官城：故址位于今成都市南。后人常用以称成都。

【译文】

好雨似乎懂得巧合季节，正值春天作物萌芽时它便降临。它随着微风悄悄地在夜间飘洒，细细地滋润万物不出一点声音。四野上空下压着浓厚的黑云，只有江船的渔火闪耀着一点光明。明天早晨去看那湿润的花丛，呵，它们一定会让锦官城红得明媚，美得浓重。

江 亭

坦腹[①]江亭暖，长吟野望时。水流心不竞，云在意俱迟。寂寂春将晚，欣欣物自私。江东犹苦战，回首一颦眉[②]。

【注释】

①坦腹：用王羲之东床坦腹典故。②颦眉：皱眉。

【译文】

解开衣襟裸卧在温暖的江亭上，遥望大呼，长声吟诗。江水匆匆流过，我的心却十分宁静，不去与江水争驰。白云停在头上，我的心正好与它同闲共适。寂寥的春天即将过去，万物欣欣向荣皆为一己之私。江东一带仍在艰苦作战，叛乱何时能止？回头遥望那里，不禁皱起愁眉。

早 起

春来常早起，幽事颇相关。贴石防隤岸，开林出远山。一丘藏曲折，缓步有跻攀[①]。童仆来城市[②]，瓶中得酒还。

【注释】

①跻攀：攀登。②城市：指成都。

【译文】

入春以来时常起得很早，有许多幽雅之事心中颇为关注。在渠岸两旁贴上石块，以防坍倒；把丛杂的林木砍倒，使远山露出。草堂的景物应当互相掩映，使我悠闲散步时也有高处可走。童仆从城里回来，买来一瓶好酒，这更使我心中乐悠悠。

寒 食

寒食[①]江村路，风花高下飞。汀烟轻冉冉[②]，竹日净晖晖[③]。田父要[④]皆去，邻家问不违。地偏相识尽，鸡犬亦忘归。

【注释】

①寒食：节令名，清明前一天，为纪念介之推而禁火，故称寒食。②冉冉：渐进。③晖晖：晴明。④要：邀。

【译文】

寒食节这天我走在江村路上，满眼的花絮随风高低飘舞。汀洲上的轻烟冉冉而起，竹叶上的阳光明媚夺目。对于老农邀请，我都欣然前往；对于邻家的馈赠，我也不违拗他们的好意，一概把礼品收留。江村地处僻远，寥寥几户人家都已亲熟，连鸡儿狗儿都忘了回到自家门口。

朝　雨

凉气晓萧萧[①]，江云乱眼飘。风鸢藏近渚，雨燕集深条。黄绮[②]终辞汉，巢由[③]不见尧。草堂樽酒在，幸得过清朝。

【注释】

①萧萧：风声。《史记》："风萧萧兮易水寒。"②黄绮：谓汉时商山四皓中之夏黄公、绮里季。《南史》："汉道方盛，黄绮无闷山林。"③巢由：唐尧时高士巢父与许由。《汉书》："尧、舜在上，下有巢、由。"

【译文】

早上凉气萧萧，寒意袭人，江上乌云乱纷纷地飘过眼前。顷刻之间风雨骤至，老鹰躲入邻近的江渚，燕子聚集在密密的树枝间。唉，想那乱世中的商山四皓，最后也没有接受汉朝的召请；巢父、许由二位高士，始终躲避唐尧的禅让。我的草堂还存有一杯酒，幸运地度过了这冷清的早晨。

旅夜书怀

细草微风岸，危樯[①]独夜舟。星垂平野阔，月涌大江流。名岂文章著？官应老病休。飘飘何所似？天地一沙鸥。

【注释】

①危樯：高桅。

【译文】

江岸上，微风吹拂着细草；江岸下，我独自倚卧着竖有高桅的小舟。星儿在远天垂挂，显出平野的开阔；月光在江中涌动，使人觉得大江正在奔流。文章哪能使人的声名显赫？官职亦因年老多病而罢休。这样飘飘荡荡的像个什么？像那天地之间一只小小的沙鸥。

登岳阳楼

昔闻洞庭[①]水，今上岳阳楼[②]。吴楚东南坼[③]，乾坤日夜浮。亲朋无一字，老病有孤舟。戎马关山北，凭轩涕泗流。

【注释】

①洞庭：湖名，位于今湖南境内。②岳阳楼：在湖南岳阳市，临洞庭湖。③坼：裂开。

【译文】

从前曾听说洞庭水势浩渺，今日终于登上了岳阳楼。放眼望去，吴地和楚地被分割在东、南两处；波涛涌动，使人觉得苍天和大地好像日日夜夜都在动荡与沉浮。故旧亲朋音讯皆无，年老多病，身边仅有一只孤零零的小舟。想那关山北面仍在进行战斗，倚着轩窗，禁不住老泪扑簌簌地流。

七 律

奉和贾至舍人早朝大明宫

五夜[①]漏声[②]催晓箭，九重春色醉仙桃。旌旗日暖龙蛇动，宫殿风微燕雀高。朝罢香烟携满袖，诗成珠玉在挥毫。欲知世掌丝纶[③]美，池上于今有凤毛[④]。

【注释】

①五夜：犹言五更。②漏声：漏壶滴水声。漏壶，古时计时之器。③丝纶：自注："舍人先世，曾掌丝纶"。丝纶，皇帝的诏书。④池：凤池，指中书省。凤毛：宋孝武帝赞赏谢超宗说："殊有凤毛。"因超宗父名凤。后遂为贤嗣之称。

【译文】

五更时分，漏壶的滴水声催动着计时的箭牌徐徐上升。大明宫内，春色似锦，桃花如醉，一片艳红。在微风暖日下，旌旗上的龙蛇图形缓慢舞动，燕雀声声欢鸣，盘旋于宫殿的上空。退朝归来，您的衣袖里携满了金殿的香烟；挥毫作诗，诗篇好似珍珠美玉，光彩晶莹。要想得知世代执掌诏书的美好情事，请看如今中书省内又来了一位才华横溢的精英。

曲江二首

一片花飞减却春，风飘万点正愁人。且看欲尽花经眼，莫厌伤多酒入唇。江上小堂巢翡翠[①]，苑边高冢卧麒麟。细推物理[②]须行乐，何用浮名绊此身。

朝回[③]日日典春衣，每日江头尽醉归。酒债寻常行处有，人生七十古来稀。穿花蛱蝶[④]深深见。点水蜻蜓款款飞。传语风光共流转，暂时相赏莫相违。

【注释】

①翡翠：翡，赤羽鸟；翠，绿羽鸟。皆穴居水边。②物理：生死盛衰之理。③朝回：退朝回来。④蛱蝶：蝴蝶。

【译文】

一瓣花落就能使春色顿减，更何况眼前是风飘万点，真让人愁闷。暂且欣赏一下眼前这即将飘尽的春花吧，也不必担心酒喝多了会伤身。江上的小堂冷落无人，住满了翡翠；苑边的高坟前，石雕的麒麟倒在一旁，看来已是祭扫无人。细细推想，盛衰的变化乃是万物的规律，人

生一世应及时行乐，用不着为浮名束缚自己的身心。

每天散朝归来都要典当春衣，得了钱就到江边酒家痛饮，直至沉醉方归。酒债对我来说已是平常之事，走到哪儿，哪儿就有；须知人生苦短，自古以来，曾有几人活到七十岁。看那些蝴蝶，在花丛中穿来穿去，时隐时现；蜻蜓点水，忽起忽落，在徐缓地飞。可爱的春光呵，请你与我共同流转，让我暂且欣赏你，这点愿望请你不要违背。

蜀　相

丞相祠堂何处寻？锦官城①外柏森森。映阶碧草自春色，隔叶黄鹂空好音。三顾②频烦天下计，两朝开济老臣心。出师未捷③身先死，长使英雄泪满襟！

【注释】

①锦官城：故址位于今四川成都市南，因三国蜀汉时管理织锦之官驻此，故名。后人用以作成都的别称。②三顾：刘备三顾诸葛亮于草庐中。③出师未捷：先主没，亮受遗诏辅政，封武乡侯，后出师北伐，与魏、吴两国相争数年，以疾卒于军，谥忠武。

【译文】

丞相祠堂到哪里去找啊？就在锦官城外那片柏树森森的地方。祠堂前，遮蔽石阶的碧草空自展现出美妙的春色；密叶间，那婉啭的黄鹂也是徒然鸣出动听的声音。当年刘备曾三顾茅庐，多次向您请教夺取天下的大计，您帮助刘备开创基业，辅佐刘禅度过危时，献出了两朝老臣的忠心。可叹啊，您出师北伐，未能决胜便身先病死，永远让英雄豪杰憾泪沾襟！

江　村

清江一曲抱村流，长夏①江村事事幽。自去自来梁上燕，相亲相近水中鸥。老妻画纸为棋局，稚子敲针作钓钩。多病所需惟药物，微躯此外更何求？

【注释】

①长夏：农历六月。

【译文】

一弯清清的江水绕村而流，六月的江村，事事都很清幽。自去自来的是那梁上的燕子，相亲相近的是那水中的白鸥。老伴儿在纸上画出棋盘，幼子敲弯了针儿，做成了鱼钩。年老多病的我所需的只是药物，除此之外，我这微贱之身还有什么奢求？

野　老

野老篱边江岸回，柴门不正逐江开。渔人网集澄潭下，贾客船随返照来。长路关

心悲剑阁[1]，片云何意傍琴台[2]。王师[3]未报收东郡，城阙秋生画角哀。

【注释】

①剑阁：小剑距大剑三十里，连山绝险，飞阁相通，谓之剑阁。②琴台：在成都西南五里处，传说为司马相如与卓文君贳酒处。③“王师”句：时史思明陷东京，田神功虽破其兵，而尚未收复。

【译文】

我的篱笆外边，江岸迂回曲折，柴门没有安正，是为了依随江的走向，面向江水而开。渔民的网儿撒在清澈的潭水下面，商人的船只随着夕阳的返照而开来。归乡的路铺在心上，只是愁于剑阁山路的难行；我飘泊的形影好似孤云，无意陪伴司马相如的琴台。眼下国家的军队还未能收复洛阳，唉，阵阵秋风传来成都城上画角的悲哀。

南　　邻

锦里先生[1]乌角巾[2]，园收芋栗未全贫。惯看宾客儿童喜，得食阶除鸟雀驯。秋水才深四五尺，野航恰受两三人。白沙翠竹江村暮，相送柴门月色新。

【注释】

①锦里先生：姓朱，清贫隐士。②乌角巾：黑色头巾。角巾，古时隐士所戴。

【译文】

家住锦里的朱先生戴着黑头巾，园子里还能收获些芋栗，看来没有穷到底。孩子们见惯了宾客，高兴地出来迎接我；鸟雀们在台阶上吃着饲料，见了人来也不惊。先生邀我乘船野游，聊娱性情，正逢秋水初涨，已有四五尺；农家的船儿不大，正好容纳两三人。白净的沙滩，青翠的竹林，江村暮景多么美妙！离别时，他殷勤送我出柴门；抬头看，一轮明月色正新。

闻官军收河南河北

剑外[1]忽传收蓟北[2]，初闻涕泪满衣裳。却看妻子愁何在？漫卷诗书喜欲狂。白日放歌须纵酒，青春作伴好还乡。即从巴峡[3]穿巫峡[4]，便下襄阳[5]向洛阳。

【注释】

①剑外：剑阁以南，时子美在梓州。②蓟北：河北。③巴峡：巴县（今重庆市）一带江峡的总称。④巫峡：长江三峡之一，西起重庆巫山县，东至湖北巴东县。⑤“襄阳”句：子美先世为襄阳人，后徙河南。作者自注：“余田园在东京。”东京，即洛阳。

【译文】

剑南一带突然传来收复河北的喜讯，乍一听到，止不住的热泪沾湿了衣裳。回过头看看妻

子儿女，她们脸上往日的愁云去了哪里？胡乱地卷起诗书，乐得我简直要发狂。头顶着青天丽日，我要放声歌唱还要纵情畅饮；有妩媚的春光作伴，正好可以返回故乡。立刻经从巴峡穿过巫峡，随后转下襄阳直奔洛阳。

登　楼

花近高楼伤客心，万方多难此登临。锦江[①]春色来天地，玉垒[②]浮云变古今。北极朝廷终不改，西山寇盗莫相侵。可怜后主还祠庙，日暮聊为梁甫吟[③]。

【注释】

①锦江：在四川境内，俗名府河，自郫县西至华阳县南，合郫江。②玉垒：山名，位于今四川灌县西北部。③梁甫吟：乐府楚调曲名，为挽歌。孔明出山前，每吟此曲。

【译文】

鲜花簇拥着高楼，美好的春光却使我倍感神伤；因为此次登高望远，正是万方多难的时辰。锦江携带着盎然春意铺天盖地而来，玉垒山头浮云变幻不定，从古延续到今。大唐的政权像北极星一样到底不会改变，西山的盗寇——吐蕃异族，你们就不要再来入侵。像后主刘禅那样昏庸可怜的君主，现在还享受着人们的祠祭，更何况我大唐民心！可惜我空怀济国安邦的大志无由实现，只能在沉沉暮色中姑且唱几句诸葛亮喜爱的《梁甫吟》。

诸将五首

汉朝陵墓对南山[①]，胡虏千秋尚入关。昨日玉鱼蒙葬地，早时金碗[②]出人间。见愁汗马西戎逼，曾闪朱旗北斗殷。多少材官守泾渭[③]？将军且莫破愁颜。

韩公本意筑三城，拟绝天骄拔汉旌。岂谓[④]尽烦回纥马，翻然远救朔方兵。胡来不觉潼关隘，龙起犹闻晋水清。独使至尊忧社稷，诸君何以答升平？

洛阳宫殿化为烽，休道秦关百二重。沧海未全归禹贡，蓟门[⑤]何处尽尧封？朝廷衮职虽多预，天下军储不自供。稍喜临边王相国[⑥]，肯销金甲事春农。

回首扶桑铜柱标，冥冥氛祲未全销。越裳[⑦]翡翠无消息，南海[⑧]明珠久寂寥。殊锡曾为大司马，总戎皆插侍中貂。炎风朔雪天王地，只在忠良翊圣朝。

锦江春色逐人来，巫峡[⑨]清秋万壑哀。正忆往时严仆射[⑩]，共迎中使望乡台[⑪]。主恩前后三持节，军令分明数举杯。西蜀地形天下险，安危须仗出群材。

【注释】

①南山：即终南山，在长安城南。②玉鱼、金碗：刻玉为鱼形，以之殉葬。金碗，亦坟中物。③泾渭：二水名，在长安西北。时吐蕃请和，郭子仪以敌利我不备，遣兵出戍，即此地。④“岂谓”二句：郭子仪收京都，败吐蕃，均借助回纥兵力。朔方兵为郭子仪所率。⑤蓟门：古地名，位于今北京城西北角。周封尧后于此。⑥王相国：王缙，宰相，兼河南副元帅。⑦越裳：古国名，在安南南部。时杨思勖征安

南，残酷好杀，故越裳不贡。⑧南海：指广东。时吕太一收珠南海，阻兵作乱，故南海不靖。⑨巫峡：在川、楚大江中。⑩严仆射：严武。初为仆射，再为剑南节度使，破吐蕃七万众于当拘城，与甫最厚。⑪望乡台：在成都，隋时蜀王秀所筑。

【译文】

唐朝先主的陵墓面对终南山，何其险固！谁能料想，自汉以来千年之后，异族敌寇又来入关挖墓。好像是昨日，那玉鱼和金碗刚刚陪葬入土，今天早晨它们就被敌人挖出。吐蕃兵马强悍，令人生愁，他们舞动朱旗，曾映红了北斗。请问如今那泾渭防线上才有几个武官戍守？提醒将军们暂时不要舒开紧锁的眉头！

韩国公当年修筑三座受降城，他的本意是要遏止外族入侵。岂料今天却反倒多次烦劳回纥的兵马，求他们远道而来救助郭子仪的朔方军！叛军一到，守卫潼关的将领就再也不觉得潼关艰险可守；直到真龙飞起——广平王领兵收复京都，我才又一次听到晋水变清。唯独让皇帝一人为国忧心，请问将军们该用什么来回报太平时期的皇恩？

洛阳宫殿已化作一片烽烟，就别再夸口潼关险固、二万足以抵当百万！青州一带还未完全归入大唐的版图，蓟门等地也还没有封赐之权。朝廷虽然把三公的要衔给予将军们兼任，但是各地的军粮还是不能自供。令人稍微心喜的是王缙宰相，他出任河南副元帅以后，实行屯田，使军粮得以保证。

回过头再说那南诏等处，大唐将军曾经在那里复立马援的铜柱。南诏背唐与吐蕃勾结，昏昏的妖气还未销解。越裳国的翡翠已不再朝贡，南海郡的明珠也久无影踪。朝廷已将大司马的官衔作为殊荣来封赏，侍中官衔的貂尾头冠也都戴在了将帅的头上。蒙受皇恩的将军们应当知道，南方和北方一样是大唐的土地，要使国家统一，只有忠心耿耿地辅佐神圣的王朝。

离开成都，来到夔州，路上锦江春色依依不舍地将我追逐。夔州地接巫峡，时当清秋，只觉得四处山谷都填满了哀愁。回想当时严仆射活着的时候，我们曾在成都北郊望乡台上，一同把皇上的使者来迎候。唉，严仆射，我的好友！你仰承皇上的恩惠，曾先后三次执掌西蜀。你军令严明，治蜀功高，多少次呵我们同饮庆贺的美酒！西蜀地形险要，向来居天下之首，它的安稳，全靠才华出众的臣子来防守。

秋兴八首

玉露凋伤枫树林，巫山巫峡[①]气萧森。江间波浪兼天涌，塞上[②]风云接地阴。丛菊两开他日泪，孤舟一系故园心。寒衣处处催刀尺，白帝城[③]高急暮砧。

夔府孤城落日斜，每依北斗望京华。听猿实下三声泪，奉使虚随八月槎[④]。画省香炉违伏枕，山楼粉堞隐悲笳。请看石上藤萝月，已映洲前芦荻花。

千家山郭静朝晖，日日江头坐翠微[⑤]。信宿渔人还泛泛，清秋燕子故飞飞。匡衡[⑥]抗疏功名薄，刘向[⑦]传经心事违。同学少年多不贱，五陵[⑧]衣马自轻肥。

闻道长安似奕棋，百年世事不胜悲。王侯第宅皆新主，文武衣冠异昔时。直北关山金鼓震，征西车马羽书驰。鱼龙寂寞秋江冷，故国平居有所思。

蓬莱宫[⑨]阙对南山，承露金茎霄汉间。西望瑶池降王母，东来紫气满函关。云移雉尾开宫扇，日绕龙鳞识圣颜。一卧沧江惊岁晚，几回青琐[⑩]点朝班？

瞿塘[11]峡口曲江头，万里风烟接素秋。花萼[12]夹城通御气，芙蓉小苑入边愁。珠帘绣柱围黄鹄，锦缆牙樯起白鸥。回首可怜歌舞地，秦中自古帝王州。

昆明池[13]水汉时功，武帝旌旗在眼中。织女机丝虚夜月，石鲸鳞甲动秋风。波漂菰米沉云黑，露冷莲房坠粉红。关塞极天惟鸟道，江湖满地一渔翁。

昆吾御宿[14]自逶迤，紫阁峰阴入镐陂[15]。红豆啄馀鹦鹉粒，碧梧栖老凤凰枝。佳人拾翠春相问，仙侣同舟晚更移。彩笔昔曾干气象，白头吟望苦低垂。

【注释】

①巫山巫峡：巫山有十二峰，巫峡为三峡之一，俱在川、楚间大江之滨。②塞上：指夔州。③白帝城：位于今重庆奉节县。④槎：木筏。《博物志》载：天河与海相通，居住海边的人每年八月随乘浮槎而去，十余日，至天河。又据《荆楚岁时记》：汉武帝令张骞寻黄河之源，张骞乘槎经月至天河。杜甫原拟随严武还朝，因严武死，未能如愿。⑤翠微：山气。⑥匡衡：字稚圭，汉东海人，元帝初，上疏言政治得失，迁太子少傅。甫尝疏救房琯，然无升迁，故云薄。⑦刘向：汉之宗室，通达能文，专积思于经术，著有《洪范传》、《列女传》、《新序》、《说苑》等。甫欲效刘向传经而未得，故云心事违。⑧五陵：富豪聚居之处。详前《哀王孙》注。⑨蓬莱宫：即大明宫，龙朔三年（663年）改称，南望终南山易如指掌。⑩青琐：古代宫门上的一种装饰，刻连环文，而以青色涂之。后亦借指宫门。⑪瞿塘：三峡之一，又称夔峡。⑫“花萼”二句：唐南内曰兴庆宫，宫西南隅有花萼相辉楼，开元中，遣范安及于长安广花萼楼，筑夹城至芙蓉苑，苑在曲江池上。⑬昆明池：在长安县西南，汉武帝凿此池习水战。⑭昆吾御宿：昆吾，长安地名，上有亭。御宿苑在樊圃西，以汉武曾留宿，故云。⑮镐陂：水名，在陕西鄠县西，杜甫尝游赏其地。

【译文】

寒冷的白露打伤了枫树林，巫山和巫峡秋气萧瑟而阴冷。巫峡中巨浪滔天，汹涌奔腾；巫山上风云垂地，一片阴沉。丛生的菊花开了两次，每次都催落了我那流了多年的眼泪。江边停泊的小船，系着一颗思归故土的心。为了赶制寒衣，家家户户都在忙动刀尺；暮色降临，高高的白帝城中响起一片捣衣的声音。

站在夔州孤城上目送夕阳西落，每于此时我便依循北斗的方位而远眺京华。听着凄切的猿鸣，果真是三声而泪下；奉使还朝未能如愿，可算是虚随了八月的木筏。因为卧病伏枕，没能到尚书省守着香炉去值夜；由于战乱不休，这山城粉堞之间也传响着悲凉的胡笳。呵，夜已深沉气已凉，那轮从石上藤萝间升起的月亮，已经转到中天，寒冷的清辉照射着洲前的芦荻花。

散落在山城内外的万户千家，静静地沐浴着早晨的阳光；每天清晨，我都坐在青山环抱的江楼上。连日来在江上泛舟的渔民，依然在风浪中漂泊不定；清秋时节应当南归的燕子，仍旧在我眼前飞翔。我曾像匡衡那样直言上书，结果却反遭贬斥；我想如刘向那样传讲经书，也未能如愿以偿。而我那些少年时代的同学，现今多已富贵，住在阔气的五陵地区，穿轻裘，骑肥马，只顾个人风光。

听说长安政局动荡，你争我夺如同下棋。唉，一生所经历的世事，真是不胜悲伤！当年王侯的宅第，如今都换了新主人；文武衣冠也穿错了，搞得面目全非。北面的边境上战鼓震天，正在抗击着回纥；西征的车马奔腾，羽书飞驰，正在与吐蕃对抗。我这寂寞的老人却一筹莫展，就像鱼龙蜷伏在寒冷的秋江里，只是向着那住了多年的长安送去愁思缕缕。

壮丽的蓬莱宫面对着终南山，闪着金光的承露铜柱高高地嵌入霄汉。向西望去，王母从天

山瑶池翩然而降；自东而来的紫气，簇拥着老君进入函谷关。呵，当年在蓬莱宫朝见天子多么排场，多么庄严！插着雉尾的宫扇慢慢移开了，就好似彩云缓缓分散；初日的金光照亮了天子龙袍上的花纹，才得以看清圣上的容颜。一经病卧巫峡，不觉又是数年，秋风中忽惊岁月已晚，算起来这一生，才有几回去上朝？

站在瞿塘峡口，遥望曲江江岸，两地虽隔风烟万里，却被一个萧森的秋天相连。当时曲江边上的花萼夹城，曾被天子游幸，在那幽雅的芙蓉小苑，天子也曾对边疆之事忧心如焚。江边的宫殿，珠帘绣柱，黄鹄围着起舞；江上的彩舟，锦缆牙樯，白鸥绕着飞翔。回忆当年这歌舞之地，可怜今天已经荒凉。切莫忘记，秦中一带可是古来帝王称霸的地方！

昆明池的开凿是汉朝的功绩，玄宗皇帝也曾在此演练过水兵，现今那旌旗好像仍在我眼前飘动。池边上，石雕的织女在月光下悠闲站立，不再忙于织锦；池水上，石雕的大鲸在秋风中闪动鳞甲，时刻准备着冲腾。浩渺的波涛上漂着菰米，好似黑云一片；被冷露摘落的荷花撒满水面，好似撒下了红粉万顷。现今我所在的夔州群山高耸，向北只有飞鸟可通，我只得像个渔翁那样四处漂零。

经过昆吾和御宿，一路行来到渼陂。紫阁山的巨大阴影，倒映在清清湖水里。呵，这里的物产多么珍奇，有被鹦鹉啄过的红豆粒，有被凤凰栖老的碧梧枝。佳人来春游，湖边拾翠羽，互赠礼物道情谊。仙侣同舟湖上游，天晚也不归。唉，我的这支生彩的笔，当时曾让天子喜；而今身在异乡空忆旧，吟望之馀，将这无奈的白头苦低垂。

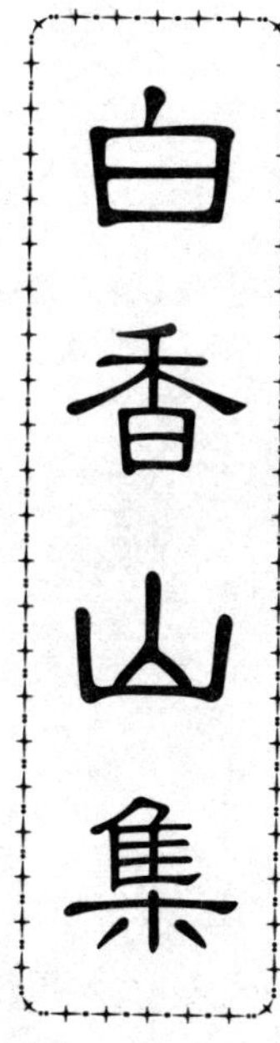
白香山集

白香山集

新乐府 并序

序曰：凡九千二百五十二言，断为五十篇。篇无定句，句无定字，系于意而不系于文。首句标其目，卒章显其志，《诗三百》之意也。其辞质而径，欲见之者易谕也；其言直而切，欲闻之者深诫也；其事核而实，使采之者传信也；其体顺而律，可以播于乐章歌曲也。总而言之，为君为臣为民为物为事而作，不为文而作也。

【译文】

序曰：《新乐府》共计九千二百五十二字，分为五十篇。每篇没有固定的句数，每句也没有固定的字数，以意为主，而不以文辞形式为主。每首诗均摘取首句作为诗的题目，并在篇末点明诗的主旨。这是《诗经》的传统。这些诗文字古朴，称意而出，以便于使读者豁然明朗；这些诗言辞坦率，出语痛切，以便于使听者深以为诫；这些诗取材真实，均有所考，以便于使采诗者传而不疑；这些诗文从字顺，合于音律，可以传之乐章，以供吟咏。总之，这些诗是为君为臣为民为物为事而写的，而非为文而写的。

胡旋女

胡旋女，胡旋女，心应弦，手应鼓。弦歌一声双袖举，回雪飘摇转蓬舞。左旋右转不知疲，千匝万周无已时。人间物类无可比，奔车轮缓旋风迟。曲终再拜谢天子，天子为之微启齿。胡旋女，出康居①，徒劳东来万里余。中原自有胡旋者，斗妙争能尔不如。天宝②季年时欲变，臣妾人人学圆转。中有太真③外禄山④，二人最道能胡旋。梨花园中册作妃，金鸡障下养为儿。禄山胡旋迷君眼，兵过黄河疑未反。贵妃胡旋惑君心，死弃马嵬念更深。从兹地轴天维转，五十年来制不禁。胡旋女，莫空舞，数唱此歌悟明主。

【注释】

①康居：古国名，位于今新疆北境至俄领中亚之地。②天宝：玄宗年号。③太真：即杨贵妃，初为女官时号太真。④禄山：即安禄山，玄宗时为节度使，厚结贵妃杨氏，天宝末，举兵反。

【译文】

胡旋女呵舞步轻，弦鼓与心手两相应。一声弦歌铮铮响，双袖飘飘起清风。轻盈好似风卷雪，宛转恰如风飘蓬。右转左旋不知累，万转千回无尽穷。车轮飞转显得慢，旋风骤起也嫌迟。胡旋舞呵多美妙，人间万物比不了。曲终再拜谢天子，天子启齿笑微微。胡旋女呵从康居来，徒然迢迢行万里。中原自有胡旋舞，斗妙争能你怎比？天宝末年时局变，满朝大臣美妾舞翩翩。内有太真外禄山，两人自称最能跳胡旋。梨园册中有幸姬杨贵妃的名，金鸡障下有宠儿安禄山。禄山起舞，圣君看迷了眼，兵过黄河疑未反；贵妃起舞惑乱了君心，身死马嵬思念更深。从此天旋地转五十年，禁不住狂歌狂舞狂腾欢。胡旋女呵莫空舞，请将这诗唱几遍。明君听罢可顿悟，千秋遗训就在这字间。

折臂翁

新丰[①]老翁八十八，头鬓眉须皆似雪。玄孙扶向店前行，左臂凭肩右臂折。问翁臂折来几年？兼问致折何因缘？翁云贯属新丰县，生逢圣代无征战。惯听梨园歌管声，不识旗枪与弓箭。无何天宝大征兵，户有三丁点一丁。点得驱将何处去？五月万里云南行。闻道云南有泸水，椒花落时瘴烟起。大军徒涉水如汤，未过十人二三死[②]。村南村北哭声哀，儿别爷娘夫别妻。皆云前后征蛮者，千万人行无一回。是时翁年二十四，兵部牒中有名字。夜深不敢使人知，偷将大石捶折臂。张弓簸旗俱不堪，从兹使免征云南。骨碎筋伤非不苦，且图拣退归乡土。此臂折来六十年，一肢虽废一身全。至今风雨阴寒夜，直到天明痛不眠。痛不眠，终不悔，且喜老身今独在。不然当时泸水头，身死魂孤骨不收。应作云南望乡鬼，万人冢上哭呦呦。老人言，君听取，君不闻开元[③]宰相宋开府，不赏边功防黩武？又不闻天宝[④]宰相杨国忠，欲求恩幸立边功？边功未立生民怨，请问新丰折臂翁。

【注释】

①新丰：唐县名，位于今陕西临潼县东北部。②“闻道云南”四句：云南有万人冢，即鲜于仲通、李宓覆军之所。③“开元”句：开元初，突厥数犯边，时天武军牙将郝灵筌出使，因引特勒、回鹘部落斩突厥默啜，献首于朝廷，自谓有不世之功。时宋璟为相，以天子年少好武，恐邀功者生心，痛抑其党。逾年始受郎将，灵筌遂痛哭呕血而死。④“天宝”句：天宝末，杨国忠为相，重新发动阁罗凤之役，大量征兵，前后发兵二十余万，去无返者，禄山遂乘机造反。

【译文】

新丰县有一个八十八岁老汉，胡子眉毛和头发像雪一般白。玄孙扶着他向店前走去，左臂搭在玄孙的肩上，右臂早已折断。问老翁胳臂断了多少年？又问他折臂的原因是什么？老翁说：“老家本在新丰县，生逢盛世无征战。听惯了梨园艺人的歌管声，从不知什么叫旗枪与弓箭。没多久天宝年间大征兵，家有三丁抽一丁。点中了连驱带赶哪里去？五月间向着万里迢迢到云南。听说云南有一条泸水，椒花落时瘴气腾腾。大军过河，泸水滚滚如开水，过不了十人就有两三人死水中。出征时儿别爹娘夫别妻，村南村北起哭声。都说前后出征云南的人，千万人没有一个活着回家中。老汉我那时刚好二十四岁，征兵花名册上有我的名字。深更半夜不敢叫人知道，偷偷地搬起石头捶断了右臂。这一来拉弓摇旗都用不上，自此才幸免远征到南方。骨碎筋伤并非不痛苦，只求个被退回好守家乡。这只右臂断了整整六十年，一肢虽残废，一身得保全。现今每到风雨严寒夜，疼得我通宵达旦难成眠。虽然疼得睡不着觉，无怨无悔且喜老汉活到今天。不然那时死在泸水头，孤魂飘零，残骨一把无人收。或许成为云南望乡鬼，徒然在万人坟上哭啾啾。”老人的话请记住，你没听说开元宰相宋开府，不赏边功为的是防止穷兵黩武；你又没听说天宝宰相杨国忠，为求功邀宠总想靠武力拓疆土。边功未立，却落了个天怨人怒，问问折臂翁就一清二楚。

太行路

太行[①]之路能摧车，若比君心是坦途。巫峡[②]之水能覆舟，若比君心是安流。君心好恶苦不常，好生毛羽恶生疮。与君结发未五载，岂期牛女为参商[③]！古称色衰相弃背，当时美人犹怨悔。何况如今鸾镜中，妾颜未改君心改！为君熏衣裳，君闻兰麝不馨香。为君盛容饰，君看珠翠无颜色。行路难，难重陈。人生莫作妇人身，百年苦乐由他人。行路难，难于山，险于水。不独人家夫与妻，近代君臣亦如此。君不见左纳言，右纳史，朝承恩，暮赐死。行路难，不在水，不在山，只在人情反复间。

【注释】

①太行：山名，位于今山西高原与河北平原之间。②巫峡：三峡之一，西起重庆巫山县大宁河口，东至湖北省巴东县官渡口。③参商：二星名，永不相逢。

【译文】

太行山的路途能使车翻，但比起你的心呵还算平坦；巫峡里的江水能颠覆舟船，但比起你的心呵还算和缓。常苦于你的好恶变化万端，爱我时巴不得愿我生出双翼，憎我时恨不得让我疮伤斑斑。我与你结发成婚五年未满，哪料到牛女二星竟成参商永不相见！古时候说相背弃只因姿色衰减，当时的美人现今还有哀怨。更何况鸾镜中我红颜未变，可是你的心呵却一改从前。为你熏衣，你闻到兰麝也觉得不芳不香；为你整容，你看见珠翠也觉得无色无颜。行路难呵行路难，此中况味难于一一对你言。人生莫作妇人身，一生全由他人定悲欢。行路难呵行路难，险于水呵难于山。不独夫妻是如此，近代君臣也这般。你不见左纳言、右纳史，蒙恩在早晨，赐死在傍晚！行路难呵行路难，不在水呵不在山，只在世情反复间！

缚戎人

缚戎人，缚戎人，耳穿面破驱入秦。天子矜怜不忍杀，诏徙东南吴与越。黄衣小使录姓名，领出长安乘递行。身被金疮面多瘠，扶病徒行日一驿。朝餐饥渴费杯盘，夜卧腥臊污床席。忽逢江水忆交河，垂手齐声呜咽歌。其中一虏语诸虏：尔苦非多我苦多。同伴行人因借问，欲说喉中气愤愤。自云乡贯本凉原[①]，大历年中没落蕃。一落蕃中四十载，身着皮裘系毛带。唯许[②]正朝服汉仪，敛衣整巾潜泪垂。誓心密定归乡计，不使蕃中妻子知。暗思幸有残筋骨，更恐年衰归不得。蕃候严兵鸟不飞，脱身冒死奔逃归。昼伏夜行经大漠，云阴月黑风沙恶。惊藏青冢寒草疏，偷渡黄河夜冰薄。忽闻汉军鼙鼓声，路旁走出再拜迎。游骑不听能汉语，将军遂缚作蕃生。配向江南卑湿地，定无存恤空防备。念此吞声仰诉天，若为辛苦度残年。凉原乡井不得见，胡地妻儿虚弃捐。没蕃被囚思汉土，归汉被劫为蕃虏。早知如此悔归来，两地宁如一处苦！缚戎人，戎人之中我苦辛。自古此冤应未有，汉心汉语吐蕃身！

【注释】

①凉原：凉州、原州，位于今甘肃省。②“唯许”四句：作者自注：有李如暹者，蓬子将军之子也，尝没蕃中，自云蕃法唯正月一日，许唐人之没蕃者服唐衣冠，由是悲不自胜，遂密定归计。

【译文】

被绑的戎人呵被绑的戎人，一个个耳穿面破被驱赶入秦。天子仁慈不忍把他们杀掉，因此下令把他们赶到吴越海滨。黄衣使者登记了他们的姓名，领出长安，依次押上漫长的驿程。他们面多瘦损身带创伤，抱病挪行，一天一站驿程。白天又饥又渴，多少杯盘一抢而空；夜晚随便一倒，床席染着血腥。一看见江水便想起交河，他们齐垂双手同声悲歌。群虏中有一个戎人对同伴说：“你们的痛苦哪有我的多？”同伴问他是什么原因，话没出口，喉咙为怒气所冲破。“我的老家本来在凉原，大历年间不幸陷落吐蕃。陷落吐蕃整整四十年，穿羊皮系毛带一副吐蕃打扮。只有在正月初一那一天，才准我穿戴汉族衣冠。当我穿戴上汉族衣冠，藏在心底的泪水流泻涟涟。因此暗自发誓定下归乡的密计，不让蕃中的妻子明了我的心愿。潜思暗想，幸好还有残余的筋力，唯恐老死回不了家园。蕃中的哨卡有严兵把守，连鸟儿也休想飞越边关。脱身而去，冒着生命之险，仓惶地向着唐土拼命逃窜。昼伏夜行，越过茫茫大漠；云阴月黑，风沙险恶不着边。慌张地躲在坟墓丛中，惊恐的残魂藏在疏草之间。偷偷从黄河的薄冰上蹑足而过，凝重的夜色呵恍如深渊。突然听见汉军的战鼓响声咚咚，我从藏身的路旁一跃而出，面对久违的汉军连连拜迎。马背上的哨兵不管我能说汉话，将军便喝令把我绑起来当成蕃兵。因此发配我去江南低洼潮湿的地带，那里只会有防范，绝无一丝存恤之情。想到这儿禁不住仰诉苍天吞声痛哭，天呀你叫我怎么熬过风烛残年！凉原呵我的故乡，终生难以相见，留在蕃地的妻儿呵空遭弃捐。广阔的蕃地活像一座囚牢，在那里无日无夜不思念故国江山。哪料想回到故国却当了俘虏，竟将我这个汉民误作蕃人。早知如此悔不该当时回来，一处受难远远强过两处受难。被绑的戎人呵被绑的戎人，被绑的戎人数我苦辛。如此的冤恨自古未闻，胸怀汉心，口操汉音，却落下个蕃身！”

西凉伎

西凉伎，假面胡人假狮子。刻木为头丝作尾，金镀眼睛银贴齿。奋迅毛衣摆双耳，如从流沙来万里。紫髯深目两胡儿，鼓舞跳粱前致辞。应似凉州①未陷日，安西都护进来时。须臾云得新消息，安西路绝归不得。泣向狮子涕双垂，凉州陷没知不知？狮子回头向西望，哀吼一声观者悲。贞元边将爱此曲，醉坐笑看看不足。享宾犒士宴监军，狮子胡儿长在目。有一征夫年七十，见弄凉州低面泣。泣罢敛手白将军，主忧臣辱昔所闻。自从天宝兵戈起，犬戎日夜吞西鄙。凉州陷来四十年，河陇侵将七千里。平时安西万里疆，今日边防在凤翔。缘边空屯十万卒，饱食温衣闲过日。遗民肠断在凉州，将卒相看无意收。天子每思常痛惜，将军欲说合惭羞。奈何仍看西凉伎，取笑资欢无所愧？纵无智力未能收，忍取西凉弄为戏？

【注释】

①凉州：位于今甘肃省境内。

【译文】

西凉伎呵西凉伎，假面胡人舞着假面狮。木刻的狮头丝做的狮尾，金镀的眼睛银装的牙齿。毛衣奋舞双耳摆，真像来自万顷沙浪里。深深的眼窝紫色的胡须，腾跃致辞的是两胡儿。那样还像当年凉州未陷日，那模样还像安西都护进献狮舞时。不一会儿说："刚才得到新消息，道路断绝不得回安西。"面对狮子双泪垂："狮子呵凉州陷落你可知?"狮子掉头向西望，一声哀吼，满座观众好伤悲。贞元边将看不够，酒醉饭饱赏此曲。犒劳将士宴宾客，狮子起舞入眼迷。有个老兵今年七十岁，见演《凉州》就低眉俯首掩面泣。哭罢敛手对将军说："'主忧臣辱'是古训。自从天宝年间战争起，吐蕃日夜侵占我西部边陲。凉州失守四十年，河陇沦陷七千里。以前大唐边疆在安西，长长的边疆千万里；今天大唐边疆在凤翔，国境日蹙令人悲。边防空驻十万军，饱食暖衣空度日。凉州遗民肝肠断，将士坐看不救相嬉戏。天子为此常叹惜，将军你应该感到羞愧！怎么还一味欣赏狮子舞，寻欢作乐无愧意？就是没有办法收复凉州失地，又怎忍心拿西凉作嬉戏！"

母别子

母别子，子别母，白日无光哭声苦。关西骠骑大将军，去年破虏新策勋。敕赐金钱二百万，洛阳迎得如花人。新人迎来旧人弃，掌上莲花眼中刺。迎新弃旧未足悲，悲在君家留两儿。一始扶行一初坐，坐啼行哭牵人衣。以汝夫妇新燕婉，使我母子生别离。不如林中鸟与鹊，母不失雏雄伴雌。应似园中桃李树，花落随风子住枝。新人新人听我语：洛阳无限红楼[①]女。但愿将军重立功，更有新人胜于汝。

【注释】

①红楼：富贵家妇女所居之楼。

【译文】

序曰：《新乐府》共计九千二百五十二字，分为五十篇。每篇没有固定的句数，每句也没有固定的字数，以意为主，而不以文辞形式为主。每首诗均摘取首句作为诗的题目，并在篇末点明诗的主旨。这是《诗经》的传统。这些诗文字古朴，称意而出，以便于使读者豁然明朗；这些诗言辞坦率，出语痛切，以便于使听者深以为诫；这些诗取材真实，均有所考，以便于使采诗者传而不疑；这些诗文从字顺，合于音律，可以传之乐章，以供吟咏。总之，这些诗是为君为臣为民为物为事而写的，而非为文而写的。

长恨歌

汉皇重色思倾国，御宇多年求不得。杨家有女初长成，养在深闺人未识。天生丽质难自弃，一朝选在君王侧。回眸一笑百媚生，六宫粉黛无颜色。春寒赐浴华清池[①]，温泉水滑洗凝脂。侍儿扶起娇无力，始是新承恩泽时。云鬓花颜金步摇，芙蓉帐暖度春宵。春宵苦短日高起，从此君王不早朝。承欢侍宴无闲暇，春从春游夜专夜。后宫佳丽三千人，三千宠爱在一身。金屋妆成娇侍夜，玉楼宴罢醉和春。姊妹弟兄皆列土，可怜光彩生门户。遂令天下父母心，不重生男重生女！骊宫高处入青云，仙乐风飘处处闻。缓歌曼舞凝丝竹，尽日君王看不足。渔阳鼙鼓动地来，惊破霓裳羽衣曲。九重城阙烟尘生，千乘万骑西南行。翠华摇摇行复止，西出都门百余里。六军不发无奈何，宛转蛾眉马前死。花钿委地无人收，翠翘金雀玉搔头。君王掩面救不得，回看血泪相和流。黄埃散漫风萧索，云栈萦纡登剑阁。峨嵋山下少人行，旌旗无光日色薄。蜀江水碧蜀山青，圣主朝朝暮暮情。行宫见月伤心色，夜雨闻铃断肠声。天旋日转回龙驭，到此踌躇不能去。马嵬坡下泥土中，不见玉颜空死处。君臣相顾尽沾衣，东望都门信马归。归来池苑皆依旧，太液芙蓉未央柳。芙蓉如面柳如眉，对此如何不泪垂！春风桃李花开日，秋雨梧桐叶落时。西宫南内多秋草，落叶满阶红不扫。梨园弟子②白发新，椒房阿监青娥老。夕殿萤飞思悄然，孤灯挑尽未成眠。迟迟钟鼓初长夜，耿耿星河欲曙天。鸳鸯瓦冷霜华重，翡翠衾寒谁与共？悠悠生死别经年，魂魄不曾来入梦。临邛道士鸿都客，能以精诚致魂魄。为感君王展转思，遂教方士殷勤觅。排空驭气奔如电，升天入地求之遍，上穷碧落下黄泉，两处茫茫皆不见。忽闻海上有仙山，山在虚无缥缈间。楼阁玲珑五云起，其中绰约多仙子。中有一人字太真，雪肤花貌参差是。金阙西厢叩玉扃，转教小玉报双成。闻道汉家天子使，九华帐里梦魂惊。揽衣推枕起徘徊，珠箔银屏迤逦开。云髻半偏新睡觉，花冠不整下堂来。风吹仙袂飘摇举，犹似霓裳羽衣舞。玉容寂寞泪阑干，梨花一枝春带雨。含情凝睇谢君王，一别音容两渺茫。昭阳殿里恩爱绝，蓬莱宫中日月长，回头下望人寰处，不见长安见尘雾。惟将旧物表深情，钿合金钗寄将去。钗留一股合一扇，钗擘黄金合分钿。但教心似金钿坚，天上人间会相见。临别殷勤重寄词，词中有誓两心知。七月七日长生殿，夜半无人私语时。在天愿作比翼鸟，在地愿为连理枝。天长地久有时尽，此恨绵绵无绝期！

【注释】

①华清池：位于今陕西临潼县南骊山上，上有温泉，唐太宗于此治华清池。②梨园弟子：唐明皇选坐部伎子弟三百教于梨园，声有误者，帝必觉而正之，号皇帝梨园弟子。宫女数百，亦为梨园弟子，居宜春北院。见《唐书》。

【译文】

好色的唐皇想找个倾城倾国的美女，在他统治的天下多年求之不得。杨家有一位刚刚长大的姑娘，养在深深的闺房里还没人认识。天生的丽质到底不会被弃置，终于有一天被选到君王身侧。她回眸一笑便生出百媚千娇诱人的姿态，六宫所有的红颜顿时为之失色。春寒时赐她到华清池去洗温泉，滑润的泉水把她的肌肤洗得丰润而光洁。侍女扶她出浴时她娇慵无力，自此便开始承蒙皇上不尽的恩惠。云鬓上金制的步摇衬托着花一样美丽的容颜，在温馨的芙蓉帐里欢度春宵。恨只恨春夜太短，不觉太阳已高照，自此开始，君王再也不早朝。陪饮承欢没有一点儿闲暇，春天专陪春游，夜里独占良宵。后宫里三千佳人美如彩云，对三千佳人的宠爱全都集于一身。在金屋里打扮停当，娇媚生春，专等着到夜晚陪侍圣君。在玉楼上欢宴已毕，脸飞

红晕，带醉和欢无限春。杨家姐妹兄弟全都封官赐地，令人爱羡呀辉煌的光彩生自杨门。因此令普天下所有的父母，一改重男轻女的千古之心。骊宫的最高处直入青云，仙乐随风飘呵仙乐处处闻。轻歌曼舞与管弦丝竹之声凝合无间，君王终日看不够，竟忘了浩荡乾坤。渔阳叛军的战鼓声动地而来，惊破了《霓裳羽衣舞》之美妙的歌音。耸入高空的皇宫上战云翻滚，千车万骑仓惶地向西南逃遁。翠羽为饰的旗子摇摇摆摆，纷乱的车马走走停停，迟疑徘徊。离开都门向西走了百余路程，六军再也不肯前行，万般无奈，竟在马前赐死了倾国美人。首饰丢了一地没有人收，有花钿、翠翘、金雀和玉搔头。君王掩面而泣，无法挽救，回首一看禁不住血泪交流。黄尘漫漫呵风声瑟瑟，沿着入云的弯弯的栈道登上剑阁。峨嵋山下空荡荡很少有人走过，惨淡的旌旗上飘着惨淡的日色。蜀江水色碧呵蜀山山色青，圣主日夜煎熬着哀情。行宫里见到的月色是伤心之色，夜雨里听到的铃声是断肠之音。终于天旋地转圣主要回京城，重经此地时不忍离开，低回踌躇。马嵬坡下到处是散漫的泥土，不见美人空见凄凉的死处。君臣相视，沾衣湿裳的是淋漓的血泪，向着东方远望都门信马而归。回京后看见往昔的池苑仍然如旧，太液池的荷花未央宫的绿柳。荷花多像她的脸柳叶宛如她的眉，面对这花这柳怎能不酸泪双垂？春天风绽桃花带啼血，秋天雨打桐叶含泪落。太极宫和兴庆宫长满凄凉的秋草，枯叶满阶一片惨红天人打扫。梨园艺人的头上白发初生，椒房女官的容颜也已衰老。夜的宫殿里流萤点点，悄然的相思呵纠缠着夜晚。孤灯摇曳着微弱的寒焰，挑尽灯芯还是未能成眠。报时的钟鼓声怎么迟迟不响？无边无际呵夜的深渊。明亮的银河呵水声溅溅，一线曙光划亮了天边。冰凉的鸳鸯瓦上霜花浓重，寒冷的翡翠被我与谁眠？生者和死者分割了悠悠岁月，她的亡灵从不曾进入相思梦。临邛有个道士来京都作客，他能以精诚之心招致魂魄。为君王的反复怀念所深深感动，便教方士殷勤地去寻找下落。方士腾云驾雾奔如闪电，升天入地寻寻觅觅四处找遍。向上寻遍天空，向下寻遍黄泉，可叹天上地下一片茫然。突然听说海上有一座仙山，仙山浮游在缥缈的水天之间。五色云彩生自玲珑的楼殿，楼殿里有许多风姿绰约的天仙。其中有一位仙女字叫太真，花貌雪肤，好像就是要找寻的国色美眷。方士来到金碧辉煌的仙宫，轻轻地叩击西边镶玉的门庭。出来开门的是侍女小玉和双成，请她们把这个消息转告太真。太真一听说汉家天子派来了使者，忽然惊破了九华帐里的寂寞梦。推开枕头轻揽衣服，情思萦怀，细步舒缓起徘徊，珠帘银屏依次开；云髻半偏是由于刚睡醒，花冠未整就匆忙下堂来。仙风轻轻吹呵衣袖款款摆，还好似生前的轻灵舞态。忧伤的玉容上盈盈泪珠滴下来，好似一枝梨花在春雨中绽开。眼含深情感谢君王派来了使者，音容渺茫呵悠悠一别。昭阳殿里断绝了人间的恩爱，蓬莱宫中幽闭着不尽的日月。回过头来低眉俯视人世间，不见长安只见尘雾无边。只能拿当年的信物表深情，托使者把钿盒金钗带回还。金钗留一股钿盒留一扇，金钗钿盒彼此分一半。只要两心坚如黄金和宝钿，终究天上人间能相见。临别一再恳切地托使者寄语君王，话中的誓词只有两心暗知端详。七月七日，在长生殿，半夜没人正是窃窃私语的时光：在天上愿化作一对鸟比翼而飞，在地上愿化作两棵树同根而长。天再长地再久终有穷尽，这绵延遗恨呵无尽无边。

寒食野望吟

丘墟郭门外，寒食[①]谁家哭？风吹旷野纸钱飞，古墓累累春草绿。棠梨花映白杨树，尽是死生离别处。冥漠重泉哭不闻，萧萧暮雨人归去。

【注释】

①寒食：节名，在清明前一天。古代从这一天起，三天不生火做饭，故名寒食。

【译文】

城外有一片荒凉的丘墟，寒食节谁家的哭声撕破着空气？酸风吹着迷离的旷野，残魂似的纸钱零落飘飞。古老的坟墓重重叠叠，初生的春草凝着碧绿。棠梨花映照着白杨树，四处是生离死别地。冥冥黄泉下的亡魂听不见哭声，萧萧暮雨中的泪人凄然离去。

琵琶行 并序

元和十年，予左迁九江郡司马。明年秋，送客湓浦口，闻舟中夜弹琵琶者。听其音，铮铮然有京都声。问其人，本长安倡女，尝学琵琶于穆、曹二善才。年长色衰，委身为贾人妇。遂命酒，使快弹数曲。曲罢悯然，自叙少小时欢乐事，今漂沦憔悴，转徙于江湖间。予出官二年，恬然自安，感斯人言，是夕始觉有迁谪意，因为长句，歌以赠之，凡六百一十二言，命曰《琵琶行》。

浔阳[①]江头夜送客，枫叶荻花秋瑟瑟。主人下马客在船，举杯欲饮无管弦。醉不成欢惨将别，别时茫茫江浸月。忽闻水上琵琶声，主人忘归客不发。寻声暗问弹者谁？琵琶声停欲语迟。移船相近邀相见，添酒回灯重开宴。千呼万唤始出来，犹抱琵琶半遮面。转轴拨弦三两声，未成曲调先有情。弦弦掩抑声声思，似诉平生不得志。低眉信手续续弹，说尽心中无限事。轻拢慢捻抹复挑，初为霓裳后六幺[②]。大弦嘈嘈如急雨，小弦切切如私语。嘈嘈切切错杂弹，大珠小珠落玉盘。间关莺语花底滑，幽咽泉流水下难。冰泉冷涩弦凝绝，凝绝不通声暂歇。别有幽情暗恨生，此时无声胜有声。银瓶乍破水浆迸，铁骑突出刀枪鸣。曲终收拨当心画，四弦一声如裂帛。东船西舫悄无言，唯见江心秋月白。沉吟放拨插弦中，整顿衣裳起敛容。自言本是京城女，家在虾蟆陵[③]下住。十三学得琵琶成，名属教坊[④]第一部。曲罢曾教善才[⑤]伏，妆成每被秋娘[⑥]妒。五陵年少争缠头，一曲红绡不知数。钿头银篦击节碎，血色罗裙翻酒污。今年欢笑复明年，秋月春风等闲度。弟走从军阿姨死，暮去朝来颜色故。门前冷落鞍马稀，老大嫁作商人妇。商人重利轻别离，前月浮梁买茶去。去来江口守空船，绕船月明江水寒。夜深忽梦少年事，梦啼妆泪红阑干。我闻琵琶已叹息，又闻此语重唧唧。同是天涯沦落人，相逢何必曾相识！我从去年辞帝京，谪居卧病浔阳城。浔阳地僻无音乐，终岁不闻丝竹声。住近湓江地低湿，黄芦苦竹绕宅生。其间旦暮闻何物？杜鹃啼血猿哀鸣。春江花朝秋月夜，往往取酒还独倾。岂无山歌与村笛？呕哑嘲哳难为听。今夜闻君琵琶语，如听仙乐耳暂明。莫辞更坐弹一曲，为君翻作琵琶行。感我此言良久立，却坐促弦弦转急。凄凄不似向前声，满座重闻皆掩泣。座中泣下谁最多？江州司马[⑦]青衫湿。

【注释】

①浔阳：江名，长江经流浔阳县境的一段，位于今江西九江北。②霓裳、六幺：均为曲名。③虾蟆

陵：位于今长安城东南曲江附近。④教坊：开元中置内教坊于蓬莱殿侧，有音声博士，京都置左右教坊，以中官为教坊使。⑤善才：琵琶师之称。⑥秋娘：当时长安极负盛名的歌女。⑦江州司马：乐天自谓也。

【译文】

元和十年，我被贬到九江郡当司马。第二年秋天，在湓浦口送别一位客人。时值秋夜，听到船里有人弹奏琵琶。听那铮然作响的乐声，很有点京城长安的味味。问那个弹琵琶的人，才知道她原来是长安乐伎，当年曾跟艺坛名流曹、穆二人学弹琵琶。以后年老色衰，嫁给一个商人为妻。因此我便吩咐设宴摆酒，叫她痛快弹奏几支曲子。弹奏完毕，见她面色忧郁，黯然不快。她向我讲述了她年轻时的欢情乐事，又倾诉了她如今辗转江湖、漂零憔悴、颠沛流离之苦。我被贬出京城出任九江司马快两年了，一向心境淡然，随遇而安。今晚有感于这位琵琶女的自叙，才产生了被贬谪的苦意，因此写了这首七言长诗送给她。全诗共有六百一十二字，题目叫《琵琶行》。

夜里在浔阳江边送客远行，枫叶和荻花在秋风之中瑟瑟响动。我和客人从马上下来进入船中，想举杯饮酒却没有管弦之音。喝醉了酒，凄楚地就要分别，这时茫茫江水浸泡着明月。突然听到水上传来琵琶的乐声，我忘了归去，客人也不出发。跟着声音寻去，低声问弹琵琶的是谁，琵琶声停止了，想说话又有些迟疑。把船移近，邀请相见，添酒挑灯又重新摆开酒宴。千万次呼唤呵她才出来，出面时抱着琵琶还半遮着脸。转轴定音，拨弦试弹了三两声，还没正式弹奏就传出了无尽哀情。弦丝沉郁呵弦声哀怨，好似在倾诉平生的遗憾。低眉随手弹呵弹，多少伤心事传自琴弦。轻拢慢捻抹又挑，先弹《霓裳》后弹《六幺》。粗弦嘈嘈如急雨，细弦切切像私语。嘈嘈切切交织成一片，好似大珠小珠落玉盘。弦声时而像莺鸣一样流利而婉转，时而像冰下流泉幽咽而难艰，又像冰底寒流滞涩而幽冷，幽冷滞涩的弦声呵息然中断。别有一番藏在内心的愁恨暗暗而生，此时无声比有声更能触动人情。凝寂中弦声又起，像银瓶乍破，水浆奔迸，又像铁马忽然奔出，伴着刀枪齐鸣。曲调终了，拨子一收，从弦索中间划过，四根弦索同时发出裂帛之声。邻近的船上静静地没有一丝响动，只见一轮惨白的秋月泊在江中。沉吟片刻，放下拨子，又插到弦上；整理衣裳，站了起来，现出严肃的神情。她说："我原本是京城的女子，家就住在虾蟆陵。十三岁就学会了弹琵琶，名字列在教坊第一部。弹完曲子曾博得名师的叹服，梳妆停当每每遭到秋娘的妒嫉。五陵少年争着赠送缠头彩，一支曲子换来绫罗无其数。打拍子敲碎了钿头银篦，翻酒杯弄脏了红色衣服。今年欢笑呵明年欢笑，就这样随意地青春虚度。兄弟从军去，阿姨埋黄土，朝来暮去落了个红颜迟暮。门前多冷落，车马已稀疏，年纪大了委屈嫁作商人妇。商人只重利，哪管别离苦！上月买茶到浮梁，一去渺茫无寻处。去后留我一人在江口守空船，伴我的是一船明月一江寒。昨晚忽然梦见少年事，红泪纵横，流淌在梦里枕边。"琵琶声已足以叫我连连慨叹，听了这番话更令我声声唏嘘。同样是失意人沦落天际，何必曾相识呵相逢在今夕！自从去年我辞别了帝京，一直谪居卧病在浔阳城。浔阳地处偏僻没有音乐，终年听不到管弦之声。住在低洼潮湿的湓江附近，绕宅的黄芦苦竹乱蓬蓬。此地从早到晚听见的是什么？不是猿啼就是杜鹃带血的哀鸣。每逢花晨或月夜，我时常独自斟酒在江滨。这里难道没有山歌和村笛，那嘈杂的声音委实耳不忍听。今晚聆听了你弹奏的曲调，如闻仙乐，忽然让我两耳明。莫推辞，请重新坐下再弹一支曲，依曲调为你填写《琵琶行》。她为我的话所深深感动，久久地久久地悄立亭亭。因此她重新入座，拧紧了弦索，弦声更急，比刚才的曲调更为冷清。满座人重新听了她弹奏的曲子，一个个捂着脸泪流纵横。听众当中谁的泪水流得最多最酸？我这个江州司马呵，青衫已湿成了泪衫！

花非花

花非花，雾非雾，夜半来，天明去。来如春梦几多时，去似朝云无觅处。

舒员外游香山寺数日不归，兼辱尺书，大夸胜事，时正值坐衙虑囚之际，走笔题长句以赠之

香山[1]石楼倚天开，翠屏壁立波环回。黄菊繁时好客到，碧云合处佳人来。酡颜一笑夭桃绽，清吟数声寒玉哀。轩骑逶迟棹容与，留连三日不能回。白头老尹府中坐，早衙才退暮衙催。庭前阶上何所有？累囚成贯案成堆。岂无池塘长秋草，亦有丝竹生尘埃。今日清光昨夜月，竟无人来劝一杯！

【注释】

①香山：山名，位于今河南洛阳龙门山之东，乐天晚年居此，自号香山居士。

【译文】

像花却又不是花，像雾却又不是雾。半夜里悄然而来，天明时飘然而去。来时像片刻春梦，去时像朝云渺无寻处。

秋日与张宾客舒著作同游龙门，醉中狂歌，凡二百三十八字

秋天高高秋光清，秋风袅袅[1]秋虫鸣。嵩峰余霞锦绮卷，伊水细浪鳞甲生。洛阳闲客知无数，少出游山多在城。商岭老人自追逐，蓬丘逸士相逢迎。南山鼎门十八里，庄店逦迤桥道平。不寒不热好时节，鞍马稳快衣衫轻。并辔踟蹰[2]下西岸，扣舷容与绕中汀。开怀旷达无所系，触目胜绝不可名。荷衰欲黄荇犹绿，鱼乐自跃鸥不惊。翠藻蔓长孔雀尾，彩船橹急寒雁声。家酝一壶白玉液，野花数把黄金英。昼游四看西日暮，夜话三及东方明。暂停杯觞辍吟咏，我有狂言君试听：丈夫一生有二志，兼济独善难得并。不能救疗生民病，即须先濯尘土缨。况吾白头眼已暗，终日戚促何所成！不如展眉开口笑，龙门醉卧香山行。

【注释】

①袅袅：风动之状。《楚辞》："袅袅兮秋风。"②踟蹰：徘徊。《诗》："搔首踟蹰。"

【译文】

像花却又不是花，像雾却又不是雾。半夜里悄然而来，天明时飘然而去。来时像片刻春梦，去时像朝云渺无寻处。

雪中晏起，偶咏所怀，兼呈张常侍、韦庶子、皇甫郎中

穷阴苍苍雪雰雰，雪深没胫泥埋轮。东家典钱归碍夜，南家贳米出凌晨。我独何者无此弊，复帐重衾暖若春。怕寒放懒不肯动，日高睡足方频伸。瓶中有酒炉有炭，瓮中有饭庖有薪。奴温婢饱身晏起，致兹快活良有因。上无皋陶伯益[①]廊庙才，的不能匡君辅国活生民。下无巢父许由[②]箕颍操，又不能食薇饮水自苦辛。君不见南山悠悠多白云，又不见西京浩浩唯红尘。红尘闹热白云冷，好于冷热中间安置身。三年侥幸忝洛尹，两任优稳为商宾。非贤非愚非智慧，不富不贵不贱贫。冉冉老夫过六十，腾腾闲来经七春。不知张韦与皇甫，私唤我作何如人？

【注释】

①皋陶伯益：皆虞舜时之贤臣。②巢父许由：皆唐尧时之高士。

【译文】

苍茫的穷冬落雪纷纷，积雪没膝呵雪泥埋轮。东家当物得钱从雪夜里返回，南家借米顶风冒雪出凌晨。为何只有我无饥无寒无辛苦？厚厚的衾帐温暖如春。怕寒怕冷不想动，懒懒地懒懒地不起身。睡足了频频地伸伸腰肢，当头升起了红日一轮。炉中有炭炭火红，樽中有酒呵酒盈樽；瓮中有米呵米满瓮，厨中有柴呵柴多温。奴婢们温饱不愁不起早，如此快活呵实有因。上无皋陶、伯益的栋梁材，的确不能济民辅国佐圣君；下无巢父、许由的归隐志，不能饮水采薇在箕山中、颍水滨。君不见悠悠南山多白云，又不见浩浩西京唯红尘。红尘热闹白云冷，好在热冷之间保自身。冬去春来三年整，侥幸忝列河南尹。就像当年四皓隐居商山里，我也曾相继两任太子宾。非贤非愚非智慧，不富不贵不贱贫。光阴冉冉六十载，赋闲突然已七春。不知张韦和皇甫，私下将我当何人。

诏　　下

昨日诏下去罪人，今日诏下得贤臣。进退者谁非我事，世间宠辱常纷纷。我心与世两相忘，时事虽闻如不闻。但喜今年饱饭吃，洛阳禾稼如秋云。更倾一樽歌一曲，不独忘世兼忘身。

【译文】

昨天刚下诏贬谪罪人，今天便匆忙下诏招纳贤臣。谁进谁退不关我的事，任他世间宠辱乱纷纷。超然相忘人间世，时事虽闻如不闻。但喜今年吃饱饭，笑看洛阳庄稼如秋云。再唱一支歌，再饮一樽酒，不独忘世也忘了自身。

池上作

西溪风生竹森森[①]，南潭萍开水沉沉。丛翠万竿湘岸色，空碧一泊松江心。浦派萦回误远近，桥岛向背迷登临。澄澜方丈若万顷，倒影咫尺如千寻。泛然独游邈然坐，坐念行心思古今。菟裘不闻有泉沼，西河亦恐无云林。岂如白翁退老地，树高竹密池塘深。华亭双鹤白矫矫，太湖四石[2]青岑岑。眼前尽日更无客，膝上此时唯有琴。洛阳冠盖自相索，谁肯来此同抽簪？

【注释】

①森森：形容树木旺盛。②太湖石：今人园林中所叠假山，其石以多孔及绉纹为贵，采自太湖，谓之太湖石。

【译文】

西溪边有一片茂盛的竹林，绿色的风生自幽深的林荫；南潭里蓄着一片深沉的活水，水面上的浮萍漾开了我的心。凝绿滴翠呵万竿丛竹，好像湘江的竹色在此凝存；空灵澄碧呵一潭池水，好似松江的心呵玲珑绝尘。溪流萦绕呵萦绕着我的心，居然让我不辨高下与远近；桥岛向背呵错落纷纷，居然迷误了老翁的登临。阔仅方丈的澄波恍如万顷，咫尺倒影呵依稀千寻。飘然独游呵邈然独坐，或坐或行神游古今。菟裘、西河哪能相比？那里没有泉声和云林。哪如我这老翁归隐地，树高竹密呵池影深。绕亭双鹤来又去，白得出奇的羽毛亮晶晶。太湖石高大，太湖石青润，好似硕大的碧玉照我心。眼前整天无行客，此时膝上只有琴。任他洛阳官吏相追逐，求官争名乱纷纷。谁人同我来此地，抽身归隐在泉林？

达哉乐天行

达哉达哉白乐天，分司东都十三年。七旬才满冠已挂，半禄未及车先悬。或伴游客春行乐，或随山僧夜坐禅[1]。二年忘却问家事，门庭多草厨少烟。庖童朝告盐米尽，侍婢暮诉衣裳穿。妻孥不悦甥侄闷，而我醉卧方陶然。起来与尔画生计[2]，薄产处置有后先。先卖南坊十亩园，次卖东郭五顷田。然后兼卖所居宅，仿佛获缗[3]二三千。半与尔充食衣费，半与吾供酒肉钱。吾今已年七十一，眼昏鬓白头风眩。但恐此钱用不尽，即先朝露归夜泉。未归且住亦不恶，饥餐乐饮安稳眠。死生无可无不可，达哉达哉白乐天。

【注释】

①坐禅：僧人跌足静坐。②生计：谋生之道。③缗：成串的钱，一千文为一缗。

【译文】

超达呀超达呀白乐天，分司东都洛阳十三年。年已七旬呵罢官去，连照例的半俸也不到手边。有时伴着游客在春天行乐，有时随着山僧在夜间坐禅。两年来忘怀了家中事，门庭长满荒草一片。罢官归来得不到俸禄，所以厨灶也少了炊烟。侍女庖童朝朝暮暮向我诉，不是盐米尽就是衣洞穿。妻子甥侄心沉闷，而我悠然自得醉酡颜。酒醒后和你们谋生计，变卖薄产分后先：先卖南坊十亩地，次卖东城五顷田。之后再卖房和宅，得钱大概两三千。

一半作为你们的衣食费，一半作为我的买酒钱。今年我已七十一，发白眼花头晕眩。恐怕这钱花不了，先于朝露归黄泉。未死暂留无怨悔，饥餐乐饮自安眠。我看生死无所谓，超达呀超达呀白乐天。

陆放翁剑南诗集

七 绝

七月十四夜观月

不复微云滓太清[①]，浩然风露欲三更。开帘一寄平生快，万顷空江著月明。

【注释】

①太清：即天空。

【译文】

天空澄澈，不再有一丝云迹，三更将至，清风玉露使人心旷神怡。打开窗帘，抒发一下人生的痛快，空荡荡万顷江上更显出高挂的月儿明亮。

剑门道中遇微雨

衣上征尘杂酒痕，远游无处不消魂。此身合是诗人未？细雨骑驴入剑门[①]。

【注释】

①剑门：山名，位于今四川剑阁县北。

【译文】

衣服上沾满征途上的尘土，还有斑斑酒迹；走了很长的路，没有什么地方不令人销魂。莫非我这辈子就只该是个诗人了吗？在细雨中骑着毛驴进入了剑门关。

花时遍游诸家园十首 录四首

为爱名花抵死狂，只愁风日损红芳。绿章夜奏通明殿，乞借春阴护海棠。
翩翩马上帽檐斜，尽日寻春不到家。偏爱张园好风景，半天高柳卧溪花。
花阴扫地置清尊[①]，烂醉归时夜已分。欲睡未成欹倦枕，轮坦帐底见红云。
丝丝红萼弄春柔，不似疏梅只惯愁。常恐夜寒花索寞，锦茵银烛按凉州[②]。

【注释】

①清尊：指酒壶。②凉州：州名，汉置，位于今甘肃省。此指曲调名。

【译文】

由于特别喜欢名花海棠，总是担心狂风和烈日摧残红芳。连夜用青藤纸写了表章，送呈通明宝殿，请求玉帝多给点春阴天气，以便保护海棠。

轻快地骑在马上走来，哪管他帽檐歪斜？整天整天不想回家，就为了找寻春天的风采。最爱张园的好风景，高大的柳树遮蔽了半个天，繁盛的花儿开在溪边。

扫净花阴下的地面，放上一壶清酒，喝到烂醉才归家，已是半夜时分。想睡又没睡着，懒洋洋斜倚着枕头，突然发现晨曦映透高大的床帐。

一缕缕花托儿，在春光里弄着温柔，不像稀落落的梅花，只习惯独自哀愁。时常担心夜里寒冷，花儿太寂寞，坐在织锦的垫子上，点上一枝白色的蜡烛，轻轻弹上一曲《凉州》。

夜寒二首

清夜焚香读楚辞[①]，寒侵貂褐叹吾衰。轻冰满研风声急，忽记山阴夜雪时。

斗帐重茵香雾重，膏粱那可共功名！三更骑报河冰合，铁马[②]何人从我行？

【注释】

①楚辞：汉刘向裒集屈宋诸赋，谓之楚辞。②铁马：言士马强悍，如铁之坚锐。

【译文】

清凉的夜晚，燃起一柱香，细读《楚辞》，寒气袭来，貂皮布袄还是冷，感慨自己衰老。风声急，砚台中已结满薄薄一层冰，此情此景突然使我回忆起，山阴老家下雪的夜晚。

小小的帐篷，铺上几层垫子，燃香的雾气缭绕，富家子弟怎能与之共建功名！三更天骑兵报告，河里的冰已经封好；哪支坚锐的部队跟随我出征？

江上散步寻梅偶得三绝句

小园风月不多宽，一树梅花开未残。剥啄[①]敲门嫌特地，缓拖藤杖隔篱看。

钟残小院欲消魂，漠漠幽香伴月痕。江上人家应胜此，明朝更出小南门。

小南门外野人家，短短疏篱缭白沙。红稻不须鹦鹉啄，清霜催放两三花。

【注释】

①剥啄：叩门声，韩愈诗："剥剥啄啄，有客至门。"

【译文】

小小的花园风光有限，一树梅花尚未凋残。如果啪啪敲门，总嫌有些突然，还是慢慢拖着藤杖，隔着篱笆观看吧。

打更的钟声稀稀落落，小小的庭院令人销魂，淡淡的梅花香悄然飘过，伴随那月儿影影绰绰。生活在江上的人家应当比这更丰富，明天早晨，再出小南门去看看。

小南门外的田野间有人家居住，短短的稀疏的篱笆围绕在白沙滩上。不必担心，鸂鶒不会来吃红稻，清晨的霜露已将梅花催开了两三朵。

小园四首

小园烟草接邻家，桑柘阴阴一径斜。卧读陶诗[①]未终卷，又乘微雨去锄瓜。
历尽危机歇尽狂，残年惟有付耕桑。麦秋天气朝朝变，蚕月人家处处忙。
村南村北鹁鸪声，水刺新秧漫漫平。行遍天涯千万里，却从邻父学春耕。
少年壮气吞残虏，晚觉丘樊乐事多。骏马宝刀俱一梦，夕阳间和饭牛歌[②]。

【注释】

①陶诗：晋陶渊明诗。②饭牛歌：《淮南子》："宁越欲干齐桓公，困穷无以自达，于是为商旅，将任车以商于齐。暮宿于郭门外，桓公郊迎客，夜开门辟任车，爝火甚众，越饭牛车下，击牛角而疾商歌。桓公闻之曰：'异哉！非常人也。'命后车载之，因授以政。"

【译文】

小小花园，茂草如烟，同邻家相连。桑柘一片成荫，一条小径曲曲弯弯。躺在其中把陶渊明的诗来念，一本书没读完，又乘着细微小雨去锄草，上瓜园。

历经了无数危机，已然没有了狂放，晚年岁月只有付与农桑。麦秋时天气一会儿一个样，蚕儿作茧的时候，家家户户都正忙。

村南村北，鹁鸪声声，出水如刺的新栽秧苗平平展展，无边无际。走遍了天涯海角万千里路，如今却跟随邻居老爹学习春耕。

少年壮志想吞凶残之敌，人老了，倒觉得乡村里快乐事多。宝刀骏马立业建功都是一场梦，夕阳里，看牛儿吃草，心中轻轻和着"放牛歌"。

湖村月夕四首

客路风尘化素衣，闲愁冉冉鬓成丝。平生不负月明处，神女庙前闻竹枝[①]。
锦城曾醉六重阳，回首秋风每断肠。最忆铜壶门外路，满街歌吹月如霜。
金樽翠杓犹能醉，狐帽貂裘不怕寒。安得骅骝[②]三万匹，月中鼓吹渡桑干[③]！
谁持绿酒醉幽人？鹤氅筇枝发兴新。今夜湖边有奇事，青山缺处涌冰轮。

【注释】

①竹枝：乐府名，本出巴渝，末尾有和声。唐元和中，刘禹锡谪其地，为新词，更盛行。后人以七绝咏土俗琐事，多谓之竹枝词。②骅骝：良马，色如华而赤。周穆王八骏之一。见《史记》。③桑干：河名，永定河上游，位于今河北省西北部和山西省北部。

【译文】

旅途中，洁白的衣服被弄得风尘仆仆，闲居的忧思慢慢染白了鬓间头发。一生不愿辜负明月皎好的去处，在神女庙前听人演唱“竹枝”词。

在锦官城里，我曾于醉中度过六个重阳节；每当秋风吹起，回想往事就断肠般哀伤。最值得回忆的是铜壶门外的马路，满街满巷，吹拉弹唱，月光如霜。

金制的酒杯，翡翠的酒杓，喝起酒来，还是要醉倒；狐皮的帽子，貂皮的大衣，多冷却也冻不着。如何能得到良马三万匹？在月光中，吹响号角，我还能渡过桑干河去攻击敌人！

是谁啊，拿着美酒，要将归隐的人醉倒？鸟羽制成的大衣，筇竹做的拐杖，顿然感到有了新的兴致。今天夜里湖边有新鲜的事，青青山峰的缺口处，一轮明月正在升起。

无　　题

碧玉[1]当年未破瓜，学成歌舞入侯家。如今憔悴蓬窗里，飞上青天妒落花。

【注释】

①碧玉：南朝宋汝南王妾名。后借指小家女。

【译文】

碧玉当年还不到十六岁，学会了歌舞进入王侯家。现今羸弱不堪倚在茅草屋的窗下，仍在妒嫉那飞上青天的落花。

乡人或病予诗多道蜀中遨乐之盛，适春日游镜湖，共请赋山阴风物，遂即杯酒间作四绝句，却当持以夸西州故人也

舫子窗扉面面开，金壶桃杏间尊罍[1]。东风忽送笙歌近，一片楼台泛水来。

湖波绿似鸭头深，一日春晴直万金。好事谁家斗歌舞，方舟齐榜出花阴。

【注释】

①尊罍：古注酒器。

【译文】

小船上敞开一面面窗，桃杏间摆着金壶、尊罍。东风突然吹来笙歌，愈来愈近，呵，一片楼台泛水而来。

湖水墨绿，像野鸭的头顶那样颜色深，春日晴朗，一天可值一万金。什么人家那么好事，比赛歌舞，两只小船，一道摇桨，驶出花荫。

估客有自蔡州来者感怅弥日

百战元和[1]取蔡州[2]，如今胡马饮淮流。和亲自古非长策，谁与朝家共此忧？

【注释】

①元和：唐宪宗年号。②蔡州：唐置。元改汝宁府，本汉汝南郡，今河南汝南县。元和时，吴元济反蔡州，李鲔平之。

【译文】

元和年间，百数次战斗，才夺取蔡州，但如今胡人的战马居然喝上淮河的水。“和亲”自古并非良策，谁能与朝廷共同分担这些忧愁？

排　　闷

丈夫结发志功名，大事真当以死争。我昔驻车筹笔驿，孔明[①]千载尚如生。

曾携一剑远从戎，秦赵关河顾盼中。老去功名无复梦，凌烟分付黑头公。

四十从军渭水边，功名无命气犹全。白头烂醉东吴市，自拔长刀割彘肩。

西塞山前吹笛声，曲终已过雒阳[②]城。君能洗尽世间念，何处楼台无月明！

万里风中寄断蓬，古来虚死几英雄。拔山力与回天势，不满先生一笑中。

风霜九月冷飕飕，湖海飘然一布裘。亲见宓羲初画卦，转头三十万春秋。

【注释】

①孔明：即诸葛亮。②雒阳：即河南洛阳城。

【译文】

大丈夫从结发起就立志于功名，大事面前的确实当以死奋争。我当年曾停车住在筹笔驿，诸葛亮曾驻军筹划于此，今虽去逝千载，却仍然如生。

曾带着一只宝剑到远方去战斗，在前沿阵地频频观望北方的秦赵关塞山河。人老了，不再做功名的梦了，“凌烟阁”上的功臣画像资格交给年轻人吧。

四十岁从军在渭水边，运气不佳，没有建立功名，可浩然之气依然饱满。一头白发，烂醉在东吴市上，自己拔下长刀去割那下酒的猪肩。

西塞山前，悠悠笛声，一曲终了，已过洛阳城。如果你能摆脱掉世间种种俗念，什么地方的楼台没有明亮的月儿啊！

飞蓬虽轻，可在万里风中寄送；古往今来，徒然死去，几多英雄。拔山的力量和回天的气概，都付与先生的轻轻一笑中。

九月天，秋风秋霜冷飕飕，湖海之间，飘飘然走来一位布衣人。起初伏羲画卦时我好像亲眼看见，转头间，已过了三十万个春秋。

读　　史

南言莼菜似羊酪，北说荔枝如石榴。自古论人多类此，简编[①]千载判悠悠。

【注释】

①简编：古代书籍，用竹简编制。

【译文】

南方人说莼菜像羊酪，北方人说荔枝像石榴。自古评论人物多如此，千年史书写得并不尽心。

初　　夏

纷纷红紫已成尘，布谷声中夏令新。夹路桑麻行不尽，始知身是太平人。
煎韭腌齑粟作浆，新炊麦饭满村香。先生醉后骑黄犊，北陌东阡看戏场。
稻未分秧麦已秋，豚蹄不用祝瓯窭[①]。老翁七十犹强健，没膝春泥夜叱牛。
买得新船疾似飞，蚕饥遥望采桑归。越罗蜀锦吾何用，且备幽人卒岁衣。
槐柳成阴雨洗尘，樱桃乳酪并尝新。古来江左多佳句，夏浅胜春最可人。
隋家古寺郡西南，寺废残僧只二三。藜藿满庭尘暗佛，时闻铙鼓赛春蚕。
渺渺荒陂古埭东，柳姑小庙柳阴中。放翁老惫扶藜杖[②]，也逐乡人祷岁丰。
老翁卖卜古城隅，兼写宜蚕保麦符。日日得钱惟买酒，不愁醉倒有儿扶。

【注释】

①祝瓯窭：《史记》："瓯窭满篝。"谓望瘠地之丰收。②藜杖：藜木修直，生鬼面，可为杖。取其轻而坚。见冯时可《蓬窗续录》。

【译文】

姹紫嫣红的春花已纷纷化作灰尘，布谷声中，夏天的时令开始了。桑麻簇拥的田间小路走不到头，这才醒悟自己是太平岁月的人。

煎韭菜，腌酱菜，小米粥，新麦饭，满村闻香。先生醉后骑上一只小黄犊，沿着村北、村东的道路去看戏场。

稻子还没分秧的时候，小麦已该收割了。烹好猪蹄，却不是用它为贫瘠的土地祈祷丰收的年景。老农七十岁了还非常壮实，在没过膝盖的春泥中连夜耕地，不停地吆喝着耕牛。

买来的新船在水里跑得飞快，饥饿的蚕儿正远远地期盼着采桑的船儿快快回。江浙出的丝罗，四川产的锦缎，对我有什么作用？眼下还是为那些幽地守战之人准备一件过冬的衣物吧。

柳树槐树成荫，雨水洗去灰尘，乳酪樱桃放一块尝尝新鲜。自古江东诗中多佳句，初夏的风光胜过春天，最可人心。

隋朝的古寺坐落在城西南，寺庙已荒废，只剩两三个僧人。庭院满是杂草，尘土使佛像显得灰暗，时而听见鼓钹的声音，那是农民在举办赛春蚕的盛会。

渺渺荒坡在古坝之东，柳姑小庙隐在柳荫中。我疲惫年老手扶藜杖，也跟随乡里人去祈祷今年的好收成。

古城一角，老头儿算卦为生，同时书写"宜蚕"符和"保麦"符。每天挣的钱只买酒喝，

不愁醉倒，有儿子搀扶。

舍北晚眺

红树青林带莫烟，并桥常有卖鱼船。樊川[①]诗句营丘[②]画，尽在先生拄杖边。

【注释】

①樊川：在陕西长安县南。杜牧有《樊川集》。②营丘：宋李成，别号营丘，善画山水。

【译文】

经霜的红叶，青翠的树林，黄昏的轻烟如带；靠近小桥，常有叫卖鲜鱼的小船。呵，杜牧诗句中的情景，李成画卷里的意韵，全都在我放翁拄着的拐杖边。

小舟游近村舍舟步归

数家茅屋自成村，地碓声中昼掩门。寒日欲沉苍雾合，人间随处有桃源。

借得渔船溯小溪，系船浦口[①]却扶藜。莫言村落萧条甚，也胜京尘没马蹄。

不识如何唤作愁，东阡南陌且闲游。儿童共道先生醉，折得黄花插满头。

斜阳古柳赵家庄，负鼓盲翁正作场。死后是非谁管得，满村听说蔡中郎[②]。

【注释】

①浦口：小河入江之处。②蔡中郎：名邕，东汉陈留人，字伯喈。灵帝时授与郎中官职，连续升迁至中郎将，后以董卓党死狱中。

【译文】

几家茅草小屋，自然形成一个村子，舂米的声音可闻，白昼却关着门。寒冬的太阳就要西沉，青青的雾霭弥漫，人间随便什么地方都有桃花源。

借到一只小渔船，沿着小溪逆流而上，将船儿系在浦口，拄着藜杖上岸。不要说村落太萧条，也比京城尘土飞扬没过马蹄要好得多。

不明白什么叫做忧愁，随意在田间小路上悠闲游玩。小孩子们都说我醉了，折些菊花插满头上。

夕阳古柳赵家庄，背着鼓的瞎老头儿正在将书讲。死后的是非谁还管得了，满村人都在听讲蔡中郎的故事。

一壶歌

悠悠日月没根株，常在人间醉一壶。倾倒欲空还潋滟[①]，不曾教化不曾沽。

先生醉后即高歌，千古英雄奈我何！花底一壶天所破，不曾饮尽不曾多。

自从轩昊[2]到隋唐，几见中原作战场。三十万年如电掣，不曾记得不曾忘。

耻从岳牧立尧庭，况见商周战血腥！携得一壶闲处饮，不曾苦醉不曾醒。

长安市上醉春风，乱插繁花满帽红。看尽人间兴废事，不曾富贵不曾穷。

【注释】

①潋滟：酒满之状。②轩昊：轩辕、少昊的并称，中国神话中人类的始祖。

【译文】

日月悠悠，没有根基，一壶酒常能使我醉倒人间。将要倒干又复装满，不曾向人乞怜也不曾花钱去买。

本人喝醉后就高声唱歌，千古英雄能将我怎样？在花丛下放一壶酒，是苍天的旨意，不曾喝尽不曾过量。

自从黄帝到隋唐，几次见过中原地方成了战场？三十万年像闪电那么快，不曾全记得也不曾都遗忘。

耻于跟随着封疆大吏站在祖先脸前，更何况今日又看见商周之战那样的血腥！带着一壶酒，找一个清闲之处痛饮，不曾大醉也不曾清醒。

长安街上，春风令人醉，将许多花胡乱插在帽子上，整个帽子都红了。看透了人世的兴废之事，不曾有富贵也不曾有贫穷。

梅　花

五十年间万事非，放翁依旧掩柴扉。相从不厌闲风月，只有梅花与钓矶。

秭归[1]江头烟雨昏，客舟夜系梅花村。相逢万里各羁旅，不待猿啼已断魂。

青羊宫[2]前锦江路，曾为梅花醉十年。岂知今日寻香处，却是山阴雪夜船！

【注释】

①秭归：县名，汉置。今属湖北省。濒临长江。②青羊宫：又名青羊观，位于今四川成都市西南部。

【译文】

五十年间，许多事都变了样，我却仍然关着柴门。只有那梅花和钓鱼的石台，跟从着我，不厌烦无所事事的时光。

秭归江头，细雨如烟，昏昏一片，载客的小船夜里来，系在梅花村边。相隔万里，今日重逢，却都是客居他乡，不等听到猿啼，已悲哀得断了魂。

青羊宫前，锦江路上，我曾被梅花醉了十年。哪里知道今天寻找幽香的地方，却是在山阴雪夜的船上。

沈　园

城上斜阳画角哀，沈园非复旧池台。伤心桥下春波绿，曾是惊鸿[1]照影来。

梦断香消四十年，沈园柳老不吹绵。此身行作稽山土，犹吊遗踪一泫然！

【注释】

①惊鸿：比喻美人体态之轻盈。曹植赋："翩若惊鸿。"后遂直接用为美人之代名词。

【译文】

夕阳里的城头上，画角声声哀伤，沈园已经不再是旧日的池水亭台。伤感地站在桥上，看桥下春天的流水碧绿，这儿曾是我的恋人照过倩影的地方。

好梦断，爱人亡，匆匆已过四十载。沈园的柳树老了，再也飞不出花絮。我也就要化成稽山的一抔土，凭吊遗留的踪迹，依然哭得泪水涟涟。

冬晴与子坦子聿游湖上

湖边细霭弄霏微，柳下人家昼掩扉。乘暖冬耕无远近，小舟日晚载犁归。

村南村北纺车鸣，打豆家家趁快晴。过尽水边牛迹路，岭头猿鸟伴闲行。

道边白水如牛湩，知是山泉一脉来。会挈风炉并石鼎，桃枝竹里试茶杯。

海山山下百余家，垣屋参差①一带斜。我欲往寻疑路断，试沿流水觅桃花。

老僧八十无童子，礼佛看经总不能。双手丫叉出迎客，自称六十六年僧。

一榼无时可醉吟，一藤随处得幽寻。先须挽取银河②水，净洗人间尘雾心。

【注释】

①参差：长短、高低不齐。②银河：即天上星团，俗称天河。

【译文】

湖边细微的云气飘飘，柳树下的人家白天关着门。乘着天暖好冬耕，不管远处近处，天很晚了，小船才载着犁田的人们回来。

村南村北纺车响，趁着天晴，家家忙着打豆。走尽印有牛迹的水边小道，山岭上的猿和鸟陪伴我闲游。

道边的水白得像牛奶，清楚是一脉山泉流来。一定会提着风炉和石鼎，去桃枝下，竹林里，细细品尝新茶。

海山山下住着百十户人家，屋墙错落，像一条斜长的带子。我想前去探访，却疑心道路中断，便试图沿流水去寻找桃花。

老和尚八十岁了，没有徒弟，看经拜佛都不方便。双手交叉在一起，出门迎接客人，自己说已作了六十六年的和尚了。

一壶酒，随时都能让我醉中行吟，一根藤杖，随处可以使我找到幽静之地。首先必须挽取天河的水，洗干净人世间被尘雾污染的心。

枕　上

残灯熠熠露萤明，落叶萧萧①寒雨声。堪笑衰翁睡眠少，小诗常向此时成。

断香犹在梦初回，灯似孤萤阖复开。怪底诗情清澈骨，数声新雁枕边来。

【注释】

①萧萧：风声。

【译文】

就要燃完的油灯闪烁着萤火虫般的光明，落叶萧萧，好像是凄寒的雨声。可笑我已是一个衰朽的老头儿，睡眠极少，小诗时常在这时候作成。

睡梦初醒，一阵阵熏香犹在，残灯像孤零零的萤火虫，忽明忽暗。奇怪啊，我的诗情怎么这么清凉澈骨？原来是几声新雁的叫声飞到枕头边来。

小舟白竹篷盖保长所乘也偶借至近村戏作

茅檐细雨湿炊烟，江路清寒欲雪天。不爱相公金络马[①]，羡他亭长白篷船。

雪云无际暗长空，小市孤村禹庙东。一段荒寒端可画，白篷笼底白头翁。

【注释】

①金络马：言谓贵马。

【译文】

茅草房檐，细雨绵绵，湿了炊烟。江边路上清凉凄寒，是个要下雪的天。不爱富家子弟的宝马，却倾慕那个亭长的白篷船。

降雪的阴云无边无际，遮暗了辽阔的天空，小小集镇和孤零的村落都在禹庙的东面。一段荒寒景象真可入画，小船上，白篷笼底下，坐着一个满头白发的老翁。

夏日杂题

憔悴[①]衡门一秃翁，回头无事不成空。可怜万里平戎志，尽付萧萧暮雨中。

衰疾沉绵短鬓疏，凄凉圯上一编书。中原久陷身垂老，付与囊中饱蠹鱼。

【注释】

①憔悴：瘦弱没有精神。

【译文】

简陋的房屋里有一位容颜憔悴的秃老头儿，回首往事，没有一件事不落空。可叹当年驰骋沙场扫平侵略者的壮志，现今都已经交给那萧萧的暮雨之中。

衰弱多病，历久不愈，短短的鬓毛都稀疏了，一套珍贵的兵书，被闲置起来，显得可悲凄凉。中原地方已经陷落很久，我也快老了，还是将书装进袋中去喂那些书虫吧。

梅花绝句

闻道梅花坼晓风，雪堆遍满四山中。何方可化身千亿，一树梅花一放翁。

小亭终日倚阑干，树树梅花看到残。只怪此翁常谢客，元来不是怕春寒。

红梅过后到缃梅①，一种春风不并开。造物②无心还有意，引教日日放翁来。

【注释】

①缃梅：黄色之梅花。②造物：与造化同，指天。

【译文】

听说梅花开在早晨的寒风中，像雪一样堆满四面的山山岭岭。有什么奇妙方法，可以将我变成千千万万个，让每一树梅花面前，都站着一个我。

从早到晚，在小亭子里靠着栏干，一树树梅花直看到凋零。人们只是奇怪，这个老头儿总是不见朋友，原本不是畏怕春天的寒冷。

红梅开过以后，就轮到缃梅开放，同在一种春风里，却不同时开。苍天无心却有情，吸引着我，叫我天天来。

夏初湖村杂题

市远村深客到稀，草堂终日掩柴扉①。酿成新蜜蜂儿静，分尽残泥燕子归。

日落溪南生暮烟，幅巾萧散立桥边。听残赛庙冬冬鼓，数尽归村只只船。

【注释】

①柴扉：即柴门。

【译文】

城市遥远，村子偏僻，客人来得少，茅草屋一天到晚关闭着柴门。新鲜的蜂蜜刚酿好，蜜蜂也安静下来，燕子们分尽了池边的残泥都飞回了巢里。

太阳落山时，小溪南面生起烟霭，我戴着萧散的头巾站在桥边。听完了庙会上咚咚的鼓声，数尽了回村的一只只船。

雨　后

雨后凉生病体轻，闲拖拄杖出门行。槐花落尽桐阴①薄，时有残蝉一两声。

【注释】

①桐阴：桐树之阴。

【译文】

雨后天凉，病体轻松，悠闲地拄着拐杖出门走走。槐花落尽，梧桐树阴也显得薄了，偶尔传来残留的蝉儿一两声鸣叫。

感　昔

马瘦行迟自一奇，溪山佳处看无遗。酒垆[①]强挽人同醉，散去何曾识是谁。

行遍天涯只漫劳，归来登览兴方豪。云生神禹千年穴[②]，雪卷灵胥[③]八月涛。

【注释】

①酒垆：酒店。②禹穴：相传为大禹的葬地。位于今浙江绍兴会稽山。③灵胥：相传吴王投伍子胥尸于江，胥怒，激为潮，故称灵胥。

【译文】

马瘦，走得慢，自然也是一奇，看遍溪山美丽的地方，没有遗漏。在酒店里强拉着别人喝酒，一块醉倒，喝完了，各走各的，谁也不认识谁。

走遍天涯只是枉费劳苦，回来时登高观望，兴致方豪。白云从千年禹穴中升起，八月的波涛似雪，卷动着伍子胥激怒的江潮。

自咏绝句

不沦鬼輩[①]不登仙，游戏杯觞近百年。小市跨驴寒日里，任教人作画图传。

远游索手不赍粮，薪米临时取道傍。今日晴明行亦好，经旬风雨住何妨。

一条纸被平生足，半碗藜羹百味全。放下元来总无事，鸡鸣犬吠送残年。

睡着何曾厌夜长，老人少睡坐何伤。无灯无火春寒恶，破絮粗毡即道场。

【注释】

①鬼輩：犹言死籍，魏文帝书："昔年疾疫，亲故多罹其灾，睹其姓名，已为鬼輩。"

【译文】

不愿下到阴间，也不愿去登仙界，在酒杯中游戏作乐，已近百年。寒冷的天气里，骑着驴走在小城镇上，任凭别人以此作画相互传看。

空着手远游不带干粮，临到用时，柴米就地取在道旁。今天晴朗走也好，即使十天风雨住下也无妨。

有一条纸一样薄的被子，一生知足；半碗藜叶煮的汤，好似尝到百种滋味。置身下层，日子过得平平稳稳，鸡狗叫声里度过最后的光荫。

睡着了，哪会讨厌夜长；人老了，觉少，坐着也没什么伤害。没有灯照亮，没有火烤暖，

春寒委实厉害，破棉被粗麻毡，就是念佛的地方。

秋　　兴

淹速从来但信缘，襟怀无日不超然。唤船渡口因闲立，待饭僧床得暂眠。

樵客高僧两断蓬，偶同烟榜泛秋风。栖贤雪夜匆匆别，岂意相逢在剡中[①]！

【注释】

①剡中：水名，位于今浙江省，曹娥江之上游。

【译文】

生命的短长，这种事从来只听凭缘份；心胸没有一天不是超然方外的。在渡口叫船，所以得闲小立；等待开饭，在僧人的床上得到短暂的睡眠。

樵夫和高僧像两片飞蓬，偶然相逢，一同在雾濛濛的秋风中划船。隐居的贤士在雪夜匆匆告别，谁想到意外相逢在剡水中。

出游归卧得杂诗

江天缺月西南落，村路寒鸡一再鸣。自笑此身羁旅惯，野桥孤店每关情。

江村何处小茅茨，红杏青蒲雨过时。半幅生绡大年画，一联新句少游[①]诗。

壮岁经春在醉乡，老来数酌不禁当。正须独倚蒲团坐，领略明窗半篆香。

儿扶行饭出柴扉；伛偻[②]方嗟气力微。道侧偶逢耘麦叟，倚锄闲话两忘归。

【注释】

①大年、少游：均人名，宋赵大年，秦少游。②伛偻：脊梁弯曲之病。

【译文】

江上一片天，残月落西南；走在村路上，听寒晨中的鸡一再地鸣叫。可笑自己，久居他乡已习惯，田野间的小桥，孤零零的旅店，每次见到都牵动着自己的心。

记不清是在什么地方了，只记得那是个江边小茅屋，下过雨之后，杏儿红，水蒲青。此情此景，像半幅生绡上赵大年的画，又像秦少游的一联新诗句。

年少力壮的时候，整个春天都沉在醉乡之中，老了，几杯也喝不了了。正须独自一人倚着蒲团坐，在明亮的窗前品味着盘香的气味。

饭后由儿子扶着出门散步，驼着背不禁感叹气力微弱。在道旁偶然遇到为麦地锄草的老汉，倚着锄头聊天，彼此都忘了回家。

烟波即事

短发垂肩不裹巾，世人谁识此翁真？阻风江浦诗成束，卖药山城醉过春。

烟波深处卧孤篷，宿酒醒时闻断鸿。最是平生会心事，芦花千顷月明中。

家浮野艇无常处，身是闲人不属官。但有浊醪吾事足，浮名不作一钱看。

落雁沙边艇子斜，分明清梦上三巴①。眼明一点炊烟起，不是渔家即酒家。

雕胡炊饭芰荷衣，水退浮萍尚半扉。莫为风波羡平地，人间处处是危机。

梦笔桥边听午钟，无穷烟水似吴淞②。前年送客曾来此，惟有山僧认得侬。

浪迹人间数十年，年年散发醉江天。岳阳楼③上留三日，聊与潇湘④结后缘。

烟水苍茫绝四邻，幽栖无地著纤尘。萧条鸡犬枫林下，似是无怀⑤太古民。

归老何须乞镜湖⑥，秋来日日饱莼鲈。正令霖雨称贤佐，未及烟波号钓徒。

父子团圞到死时，渔家可乐更何疑！高文大策人皆有，且听烟波十绝诗。

【注释】

①三巴：古地名，巴郡、巴东、巴西的合称。相当于今重庆嘉陵江流域以东的大部地区。②吴淞：江名，太湖最大的支流。③岳阳楼：位于今湖南岳阳。④潇湘：水名，湘水合潇水之称。⑤无怀：上古时，民甘食乐居，怀土重生，鸡犬相闻，老死而不相往来，命之曰无怀氏之民。⑥镜湖：位于今浙江绍兴县南部。

【译文】

短发垂到肩上，没有裹着头巾，世上人哪个识得我的真纯？风大阻在江边，写了许多诗；在山城里卖药，醉醺醺地过了春天。

烟雾迷蒙的江水深处，躺在一只孤零零的小篷船里，夜里喝醉了酒，待到醒时，听到离群的大雁叫声。一生中最投心愿的事，就是置身在明亮的月光映照下的千顷芦花之中。

家，就是漂浮在野外水上的一只小船，没有固定的地点，我是个清闲的人，不属于官方。只要有酒，就是浑浊不净的，我的愿望也就满足了，浮名在我眼中连一文钱也不值。

大雁停落在沙滩边，小船斜靠着，美梦中分明到了三巴。有一点炊烟在眼前清晰飘动，不是渔家，就是酒家。

用菰米做饭，以芰荷为衣，水退了，浮萍还留在半截门上。不要因为风浪就倾慕平地，其实人间四处是危机。

梦笔桥边听着中午的钟声，无际无边的烟水像吴淞江。前年送别客人曾到过这里，只有山寺里的僧人认识我。

漂泊在人间已有数十年，年年逍遥自在醉倒在江天之间。在岳阳楼上滞留三天，就算与潇水湘水结下今后的缘份。

灰濛濛的水苍茫一片，阻断了四方邻居，隐居的地方哪儿都干净得没有一丝尘土。鸡和狗寂寥冷落地蜷在枫树林下，好似生活在太古时代的人。

告老还乡何必非要求居镜湖？入秋以来，每天饱餐莼菜和鲈鱼。这才真正使得那些以“霖雨”自称的贤佐们，比不上以“烟波”为号的钓徒们。

父子团聚，至死不变，打渔人家生活之欢乐，还有什么疑义！高妙的文章，宏大的策略，人人都有，算不上新奇，还是暂时听听烟波中的十首绝句诗吧。

新春感事八首 录二首

九陌风和不起尘，平湖冰解欲生鳞。往来朝莫纷如蚁，得见新春有几人？
一年最好早春天，风日初和未脱绵。坎坎[①]圆鼙赛神社，翻翻[②]小缴[③]下湖船。

【注释】

①坎坎：圆鼙声。《诗》："坎坎伐檀兮。"②翻翻：飞貌。③小缴：即小伞。

【译文】

春风和暖，田间的路上不起尘土，平湖上冰已解冻，水面上就要生出鳞片样的波纹。人们从早到晚，往来奔波，乱纷纷的像蚂蚁，真正看得到新春气象的有几个人？

一年中最美好的是早春的天气，风和阳光开始变得和煦，人们还没有脱去丝绵的衣服。敲打圆鼓，坎坎而响，那是农民在祭祀土地神，游人们举着小伞，翩翩地走上湖船去游玩。

秋 思

山步溪桥入早秋，飘然无处不堪游。僧廊偶为题诗入，鱼市常因施药留。
临海铜灯喜夜长，蕲春笛簟[①]怨秋凉。世间生灭无穷境，尽付山房[②]一炷香。

【注释】

①笛簟：用笛竹做的席子。②山房：僧房。

【译文】

早秋时节，在溪桥山湖间小聚，飘然而行，看什么地方都值得一游。为题诗，偶然走进寺院；在卖鱼的市场上，常常由于送药给别人而停留。

在临海，点燃铜灯，喜爱夜的漫长；在蕲春，卧于笛簟，哀怨秋天的凄凉。人世间，生生死死没有止境，且把这些全都交给那山中寺宇里的一炷香。

溪上小雨

我是人间自在人，江湖处处可垂纶。扫空紫陌[①]红尘梦，收得烟蓑雨笠身。

【注释】

①紫陌：指京师郊野之路。

【译文】

我是人间自由自在的人，江湖到处我都可以钓鱼。涤净功名利禄的人间迷梦，留下一个江湖草野的自由之身。

示　儿

死去原知万事空，但悲不见九州[①]同。王师北定中原日，家祭无忘告乃翁！

【注释】

①九州：古分中国为九州。

【译文】

我本来明白，死了之后，人间万事自己都得搁下，只是伤心没能见到祖国统一。宋朝军队北上收复中原的那一天，在家中祭祖时，不要忘了告诉你们的父亲啊！

七　律

自　嘲

少读诗书陋汉唐；暮年身世寄农桑。骑驴曲脚欲到地，爱酒一樽常在傍。老去形容虽变改，醉来意气尚轩昂。太行王屋[1]何由动，堪笑愚公不自量。

【注释】

①太行王屋：皆山名。太行在今河北、山西交界处。王屋在山西垣曲、河南济源等县间。

【译文】

年少时阅读诗书，颇为看不起汉唐；晚年境况不佳，却寄身于乡野。骑着矬驴，蜷曲着脚，快要挨到地上；喜欢饮酒，常有一樽在身旁。人老了，身体和面貌尽管变了样；醉了以后，意志和气概还是很昂扬饱满。太行山、王屋山又怎能移动，可笑愚公不自量力。

梅　市

梅市柯山小系船，开篷惊起醉中眠。桥横风柳荒寒外，月堕烟钟缥缈[1]边。客思况经孤驿路，诗情又入早秋天。如今老病知何憾，判断江山六十年。

【注释】

①缥缈：高远隐约之状。白居易诗："山在虚无缥缈间。"

【译文】

在梅市柯山边，系住船儿，作片刻逗留；打开篷窗，惊醒了沉沉的睡眠。寒冷的荒郊野外，小桥横在水面，风吹着柳树；黄昏的钟声响起，月儿落在飘渺的远处。乡思沉重，更何况是行经孤寂的旅途，诗情凄冷，况且又当早秋时节。如今又老又多病，谁知我有多少遗憾；阅览江山，已经有六十年了。

秋　思

利欲驱人万火牛，江湖浪迹一沙鸥。日长似岁闲方觉，事大如山醉亦休。衣杵相望深巷月，井桐摇落故园秋。欲舒老眼无高处，安得元龙[1]百尺楼？

【注释】

①元龙：陈登，字元龙，三国魏人，为广陵太守，破吕布有功，加伏波将军，许汜与刘备共论人物，汜曰："元龙湖海之士，豪气未除，客过之，乃自卧大床，使客卧下床。"备曰："君有国士名，乃求田问舍耶？如我当卧百尺楼上，卧君于地，何但上下床之间哉！"

【译文】

世人被利欲驱逐，像尾巴上着了火的群牛，而我在江湖间漂泊，则像一只闲静的沙鸥。度日如年，这种感觉在闲时才有；山一般的大事，一醉也就罢休。与我如同衣杵相望的是那深巷上空的明月；井边桐树枝叶凋敝，故园已是秋天。想让昏花的老眼舒畅一下，望望远，却没有登高的地方；怎样才能得到陈元龙那百尺高楼呢？

风雨夜坐

寒风凄紧雨空蒙，舍北新丹数树枫。欹枕旧游来眼底，掩书余味在胸中。松明对影谈元①客，筱火围炉采药翁。君看龟堂新境界，固应难与俗人同。

【注释】

①谈元：谈深奥之妙理，元同玄。

【译文】

凄凉寒风吹得紧，天空烟雨迷蒙，房子北面几棵枫树，叶子刚红。斜倚在枕头，往昔游历的情景一齐涌到眼前；合上书，文章的余韵仍在胸中回旋。燃亮松明，对着自己的影子，好像是谈玄之客。燃起竹火，围炉而坐像是采药老人。您看龟堂自有一番新境界，本来就应当难与俗人相同。

舟中作

一叶轻舟一破裘，飘然江海送悠悠①。闲知睡味甜如蜜，老觉羁怀淡似秋。失侣云间孤雁下，耐寒波面两凫浮。年逾八十真当去，似为云山尚小留。

【注释】

①悠悠：渺邈无期貌。《诗》："悠悠苍天"。

【译文】

驾着一只小船，穿着一件破皮大衣，飘飘然在江海上送走悠悠岁月。清闲时明白睡觉的滋味像蜜一样香甜，老了感到漂流他乡的情怀，平淡得像秋天。失去伴侣的孤雁从云中飞下，两只不怕寒冷的野鸭浮在水面上。年纪过了八十，真该离去了，仿佛是为了这些云和山，还要短

时间地留一下。

暑夜泛舟

暑气方然一鼎汤，偶呼艇子夜追凉。微风忽起发根冷，阙月初升林影长。渐近场中闻笑语，却从堤外看帆樯。超然自适君知否，身世从来付两忘。

烈暑原知不可逃，天将清夜付吾曹。小舟行处浦风急，健鹘①归时山月高。愚智极知均腐骨，利名何啻一秋毫！等闲分得吴淞水，安用并州快剪刀②。

【注释】

①鹘：鹘鸠，鸟名，全体淡白色。②并州快剪刀：杜甫诗："焉得并州快剪刀。"今多以喻事之爽利者。

【译文】

三伏的天气正热，像一锅煮沸的汤，正好叫来一只小船，在夜里去追寻凉爽。突然刮过一阵微风，头发根都发冷，未圆的月儿刚出来，树林的影子很长。渐渐驶近人们汇集的地方，听到声声笑语，退回身来，看大堤外面的点点帆影。超然化外，自得其乐，您懂得这个道理吗？我对于自身和世事，从来都不挂记在心上。

本来就知道炎热的暑天无法逃脱，苍天把清凉的夜送给我们。小船所到之处，岸边凉风呼呼地吹着，矫健的白鹘飞回来时，山上的月亮已升高。深知愚者和智者骨头最终都得腐朽，利益和功名小得何止像秋天野兽身上的一根细毛。轻易地分到一湾吴淞江的水，哪里用得着并州的快剪刀！

晚　兴

并檐幽鸟语璁珑，一榻萧然四面风。客散茶甘留舌本，睡余书味在胸中。浮云变态吾何与？腐骨成尘论自公。剩欲与君谈此事，少须①明月出溪东。

【注释】

①少须：即少顷，一会儿。

【译文】

两只鸟悄悄地并肩立在房檐上，语声呢喃；一张简陋的床孤零零地摆在房中，寒风从四处吹来。客人散去，茶叶的甜香留在舌根；睡醒之后，诗书的韵味还留在心中。世事如浮云变幻，我怎好参与其中？等到骨头腐朽变成尘土，评论自然公正。颇想同您谈谈这件事，一会儿，明月在小溪东面出来了。

病少愈偶作

萧条白发卧蓬庐①，虚读人间万卷书。遇事始知闻道晚，抱疴方悔养生疏。高门赫赫[2]何关我，薄俗纷纷莫问渠。羸疾少苏思一出，夕阳门巷驾柴车。

【注释】

①蓬庐：言贫贱者所居。②赫赫：壮盛貌。《诗》："赫赫明明。"

【译文】

白发稀松，躺在破草屋，白白读了人间万卷诗书。遇到事才明白懂得道理太晚，重病在身才悔恨疏于养生。高大的门庭显赫雄壮，同我有什么关系？浅陋的习俗乱七八糟，不要管它。久病刚愈，想出去看看，因此，在夕阳照着的门巷里亲人们替我驾好了粗劣的车子。

山　寺

篮舆送客过江村，小寺无人半掩门。古佛负墙尘漠漠[1]，孤灯照殿雨昏昏。喜投禅榻聊寻梦，懒为啼猿更断魂。要识人间盛衰理，岸沙君看去年痕。

【注释】

①漠漠：布满貌。陆机诗："街巷纷漠漠。"

【译文】

坐竹轿送客人路过江边小村，小小寺院没有人，虚掩着门。古老的佛像靠着墙，满是灰尘，孤零零的油灯照着殿堂，殿外雨气昏昏。挺兴奋地躺在庙里小床上，暂且睡一觉，懒得再为啼叫的猿声又一次断魂。要想懂得人间兴盛衰亡的道理，请你到岸边沙滩上去看看往年的水痕。

夜登白帝城怀少陵先生

拾遗[1]白发有谁怜？零落歌诗遍两川。人立飞楼今已矣，浪翻孤月尚依然。升沉自古无穷事，愚智同归有限年。此意凄凉谁共语？夜阑鸥鹭[2]起沙边。

【注释】

①拾遗：杜甫曾为左拾遗，故亦称为杜拾遗。②鸥鹭：均水鸟名。

【译文】

杜甫愁白了头发，有谁可怜他？那些书写飘零身世的诗篇，传遍了东西二川。登楼寄慨的人，现今早已不在，孤零零的月儿在浪涛中翻滚着，景象仍似当年。沉浮之事，自古以来无穷无尽，愚者和智者最后都要走完那有限的人生旅程，而同归于消亡。想到这儿心神凄凉，谁能和我共语？长夜将尽，鸥鹭在沙滩边飞起。

归次汉中境上

云栈屏山阅月游，马蹄初喜蹋梁州[①]。地连秦雍川原壮，水下荆扬日夜流。遗虏孱孱[②]宁远略，孤臣耿耿[③]独私忧。良时恐作他年恨，大散关[④]头又一秋。

【注释】

①梁州：古九州之一，今陕西之汉中及四川省一部分。②孱孱：柔弱貌。③耿耿：不安貌。《诗》："耿耿不寐。"④大散关：在陕西宝鸡县之西南，秦蜀间要道。

【译文】

走过高高的云中栈桥，翻越了锦屏山，经过一个月的跋涉，我终于欢欣地来到了梁州。陕西汉中，地连秦川八百里，原野河流异常壮观，汉水日夜不停地向下游流去，奔向荆州扬州。残余在陕西的金兵软弱无力，哪会有深谋远略？可惜朝廷主张议和，使我心里不安，私下独自担忧。好时机一旦失去，恐怕就成为来日的遗恨，大散关前又虚度了一个用兵之秋。

绵州魏成县驿有罗江东诗云：芳草有情皆碍马，好云无处不遮楼。戏用其韵

老夫乘兴复西游，远跨秦吴[①]万里秋。尊酒登临遍山寺，歌辞散落满江楼。孤城木叶萧萧下，古驿滩声瀜瀜[②]流。未许诗人夸此地，茂林修竹忆吾州。

【注释】

①秦吴：今陕西、江苏等地。②瀜瀜：水流声。

【译文】

我乘着兴致又向西游历，从江苏到陕西远远跨越了万里秋景。带一壶酒，游览名胜，走遍山上的寺院，在江边楼台上作了许多歌赋诗辞。孤零零的小城，树叶萧萧地飘落，古老的驿站旁响着瀜瀜的流水声。我不能赞同诗人罗江东对这个地方的赞美，回忆我的家乡，那修竹茂林的景致才算胜境。

独游城西诸僧舍

我是天公度外人，看山看水自由身。藓崖直上飞双屐，云洞前头岸幅巾。万里欲呼牛渚[①]月，一生不受庾公[②]尘。非无好客堪招唤，独往飘然觉更真。

【注释】

①牛渚：山名，今安徽当涂县西北二十里。②庾公：名亮，晋鄢陵人，风格峻整，动由礼节。

【译文】

我是天公法度以外的人，看山看水有着自由的身躯。脚踏木鞋径直跑上长着苔藓的山崖，在白云缭绕的山洞前，我撩开头巾，露出前额。相隔万里，想招呼牛渚山上的月亮，一辈子不受庾公那样的礼节和作风的熏陶。不是没有好的客人值得招唤，独自一人，飘然前往，感觉更贴切。

东湖新竹

插棘编篱谨护持，养成寒碧映沦漪[①]。清风掠地秋先到，赤日行天午不知。解箨时闻声簌簌，放梢初见叶离离。官闲我欲频来此，枕簟[②]仍教到处随。

【注释】

①沦漪：水波。《诗》："河水清且沦漪。" ②簟：席子。

【译文】

插上荆棘，编成篱笆，慎重地护持，培养成耐寒的绿竹映照着水波。清凉的风掠过地面，秋天先自来到，火红的太阳走到中天，不知不觉已是中午时分。不时听到竹笋脱壳的簌簌声，竹子抽梢时才看见叶子茂盛布列的样子。官事清闲，我想时常来这儿，依然让枕席到处跟随吧。

野步至青羊宫偶怀前年尝剧饮于此

锦宫门外曳枯筇[①]，此地天教著放翁。万事元无工拙处，一官已付有无中。拿云柏树瘦蛟立，绕郭江流清镜空。欲把酒杯终觉懒，缓歌曾醉落花风。

【注释】

①筇：竹名，可为杖。

【译文】

拖着竹杖来到锦宫门外，这个地方是上天安排给我的。万事本来没有精巧与笨拙，一个官职已是可有可无。高耸入云的柏树像瘦瘦的蛟龙那样直立着，环绕着外城的江水像明镜般的清亮。想拿起酒杯，终觉无心去饮，前年此刻曾慢悠悠地唱歌，醉倒在落花风中。

绝胜亭

蜀汉羁游岁月侵，京华乖隔少来音。登临忽据三江[①]会，飞动从来万里心。地胜频惊诗律壮，气增不怕酒杯深。一琴一剑白云外，挥手下山何处寻。

【注释】

①三江：水名，蜀有三江，曰岷江、涪江、沱江，即今长江之上游。

【译文】

漂流在四川，光阴荏苒，京城隔断，讯息很少传来。登上亭子，突然发现自己站在了三江会合的地方，飞动之势好像我一生奔涌万里的心胸。地方美，时常惊异诗的格律雄壮，心气倍增，不惧怕盛酒的杯子深。弹一回琴，舞一番剑，在高山白云外；挥挥手下山去，到哪儿去找寻这情景。

将至京口

卧听金山古寺钟，三巴[①]昨梦已成空。船头坎坎[②]回帆鼓，旗尾舒舒下水风。城阁危楼晴霭碧，林间双塔夕阳红。铜瓶愁汲中濡水[③]，不见茶山九十翁。

【注释】

①三巴：见前《烟波即事诗》注。②坎坎：击打声，《诗》："坎坎伐檀兮。"③中濡水：自注："顷在京口，尝取中濡水寄曾文清公。"中濡，泉名，在今江苏镇江西北，其水煮茶最佳。

【译文】

躺着静听金山古寺的钟声，三巴之游已成昨日之梦，船头上响着返航的鼓点，旗子在顺水而下的风中呼拉拉飘着。城上亭阁高楼在晴朗的云气中显现碧色，树林中的双塔在夕阳下映得通红。用铜瓶愁取中濡水，再也看不到茶山上九十岁的老人。

新筑山亭戏作

危槛凌风出半空，怪奇造化欲无功。天垂缭白萦青外，人在纷红骇绿[①]中。日月匆匆双转毂，古今杳杳一飞鸿。酒酣独卧林间石，未许尘寰识此翁。

【注释】

①纷红骇绿：花叶繁盛，随风飘动。

【译文】

高高的栏杆在半空中凌风而出，奇异的建筑几乎使得造化显不出它的伟大。天垂落在白云缭绕的青山之外，人留在随风飘指的繁花茂叶之中。日月匆匆，像一对飞转的车轮，古今之事像一只幽远的飞鸿。酒喝得尽兴，独自躺在树林中的石头上，不让尘世间识得我这个人。

游山归偶赋

此生本寄一浮沤[①]，归卧茅茨又四秋。习气未除惟痛饮，幻躯[②]偶健且闲游。买蓑山县云藏市，横笛江城月满楼。与世沉浮最安乐，莫思将相快恩仇。

【注释】

①浮沤：水面上泡沫。因其易生易灭，今多比喻世事无常和生命短暂。②幻躯：佛教语，肉身，形骸。

【译文】

我的人生本来就像一个水上浮泡，归卧茅屋又过了四个秋天。习气没有除掉，只是痛快地饮酒，身体幸亏壮实，暂且随便闲游。到云中隐藏着的山城集市上去买蓑衣，在江边城上吹笛子，月光洒满城楼。与世沉浮最为快乐安宁，不要想出将入相，以官场上的恩怨为快事。

夜　步

市人莫笑雪蒙头，北陌南阡信脚游。风递钟声雪外寺，水摇灯火酒家楼。鹤归辽海逾千岁[①]，枫落吴江[②]又一秋。却掩船扉耿无寐，半窗落月照清愁。

【注释】

①《搜神后记》载，辽东人丁令威，学仙后化鹤归乡，时逾千年，乡人皆非。后用此慨叹人世沧桑。②吴江：吴淞江的别称。

【译文】

城里人不要笑话我大雪蒙头，在田间的小道上信步游走。风中传来雪外寺庙的钟声，酒楼的灯火映照在江水中摇摇晃晃。仙鹤回到辽海已经过了一千岁，枫叶落在吴江，又是一个秋天。且将船舱的门关闭，可心里有事睡不着，月光洒落半窗，照着我的满面忧愁。

偶读山谷老境五十六翁之句作六十二翁吟

三百里湖水接天，六十二翁身刺船。饭足便休慵念禄，丹成不服怕登天。胸中浩浩[①]了无物，世上纷纷徒可怜。但有青钱沽白酒，犹堪醉倒落梅前。

【注释】

①浩浩：广大貌。《书》：“浩浩滔天。”

【译文】

三百里湖水接连着天，六十二岁老人亲自撑船。吃饱了饭就罢了，懒得思考福运之事，仙丹炼成了没吃，怕跑到天上去。胸中坦荡，一点杂念都没有，世上乱纷纷，徒然这般可怜。只要有铜钱能买白酒，仍可醉倒在落梅而前。

临安春雨初霁

世味年来薄似纱，谁令骑马客京华[①]？小楼一夜听春雨，深巷明朝卖杏花。矮纸斜行闲作草，晴窗细乳戏分茶。素衣莫起风尘叹，犹及清明可到家。

【注释】

①京华：即京城，以其为文物荟萃之地，故名京华。

【译文】

近些年来，人情世态薄得像纱一般，是谁让我骑马客居京城？住在小楼里听了一夜的春雨，明天早上，从深深的胡同里会传来杏花的叫卖声。在短短的纸上，歪歪斜斜，随便写草书；在晴朗的窗前，看着煮茶时水面上泛着的泡沫，识别茶的品第。不要慨叹洁白的衣服会在这里沾染尘土吧，还来得及赶在清明节前回到家里。

题斋壁

二十余年此结茆，园公溪父日论交。风翻半浦乱荷背，雨放一林新笋梢。隔叶晚莺啼谷口，唼花雏鸭聚塘坳。出门行罢还无事，借得丹经手自抄。

四顾茫茫水接天，幽居真个似乘船。月窗竹影连栖鹊，露井桐声带断蝉。甘寝每憎茶作祟，猜狂直以酒为仙。形骸那得常羁束，六十年来又二年。

舴艋为家一老翁，阳狂羞与俗人同。梦回菱曲渔歌里，身寄蘋洲蓼浦中。断简尘埃存治道，高丘草棘闭英雄。旗亭村酒何劳醉，聊豁平生芥蒂[①]胸。

稽山[②]千载翠依然，著我山前一钓船。瓜蔓水平芳草岸，鱼鳞云衬夕阳天。出从父老观秧马[③]，归伴儿童放纸鸢。君看此翁闲适处，不应便谓世无仙。

【注释】

①芥蒂：谓心胸有所鲠。②稽山：山名，在浙江绍兴。③秧马：古时农民插秧时所骑的器具。

【译文】

在此结庐居住已往二十多年了，花匠渔父每天都来与我交谈。风吹翻了半湾乱生的荷叶，雨使满林的新笋尖绽开了。谷口处晚莺隔着叶子啼叫，幼小的鸭子聚在塘坳里啄着落花。走出门去又回来，还是没有什么事做，借来炼丹的书籍经典，自己动手抄写。

环顾四周，但见茫茫一片水接天，身居幽室真的像乘坐在船上。月下的窗间，竹影和栖息的喜鹊影子连在一起，露水中的井边梧桐，窸窣的叫声夹杂着蝉儿的断续哀鸣。想甜甜地睡一觉，每次都憎恶茶水捣乱，若想轻狂就该以酒作为仙侣。我的身躯哪能总被官职拘束，花甲之后又过了二年。

我是个以小船为家的老翁，假装颠疯，羞于和俗人相同。梦中回到渔歌采菱曲里，将身体寄托给蘋洲蓼浦之中。断了线的书简在尘埃中保留着治国的思想理论，高高的土丘上，荆棘荒草间隐居英雄。在酒楼里喝农家酿的酒，不值一醉，聊且使一生堵着疙瘩的心胸豁然开朗一下。

稽山千年仍然翠绿，山前停着我的一只钓鱼船。瓜蔓一般的水纹与芳草岸相平，鱼鳞一样的云彩映衬着夕阳天。出门随着父老观看秧马，回来时伴着儿童放风筝。你看我这个人这么清闲自在，不应随便说世上没有神仙。

病起小饮

病起新霜满鬓蓬，凭高一笑与谁同？酒如渌静春江水，人有鸿荒太古风。野寺钟来夕阳外，寒山空插乱云中。一官正尔妨人乐，只合沧浪[①]狎钓翁。

【注释】

①沧浪：古水名，常借指隐居之地。

【译文】

病愈起床，乱蓬蓬的双鬓布满了新的白发，倚在高处一笑，谁与我同乐？酒像宁静清澈的春江水，人有蒙昧混沌的太古之风气。野外寺庙的钟声从夕阳外传来，寒山插入乱云中的天空。正是你这位官长妨害别人欢乐，只应去沧浪水边与钓鱼老人亲近。

记九月三十日夜半梦

一梦邯郸[①]亦壮哉，沙堤金辔络龙媒[②]。两行画戟森朱户，十丈平桥夹绿槐。东阁群英鸣佩集，北庭大战捷旗来。太平事业方施设，谁遣晨鸡苦唤回？

【注释】

①梦邯郸：即黄粱梦。唐人沈既济《枕中记》载，卢生在邯郸客店中昼寝入梦，历尽富贵。②龙媒：骏马。

【译文】

一个黄粱梦也很雄壮啊：沙堤上骏马套着金色的嚼子和缰绳。两行画戟排列着，使朱门无比森严，两行翠绿的槐树夹着平坦的十丈长桥。东面楼阁里众多豪杰英雄汇聚在一起，北疆大战获胜，送来报捷的旗帜。太平事业的措施刚筹划，是谁让晨鸡啼叫，无情地将我从梦中唤回来？

忆　　昔

忆昔轻舟万里行，水邮山驿不论程。屡经汉帝烧余栈①，曾宿唐家雪外城。壮志可怜成昨梦，残年惟有事春耕。西窗忽听空阶雨，独对青灯意未平。

【注释】

①汉帝烧余栈：张良说汉高帝烧绝栈道，在今陕西褒城县北。

【译文】

回忆以往，坐着小船万里行，水上宿，山间住，不考虑里程。多次经过汉高帝烧绝的栈道，曾投宿在唐朝的风雪边城。可惜壮志已成为昨天的梦，晚年只有从事春耕。在西窗前突然听到雨打在空寂的石阶上，独自对着油灯心情不能平静。

六月二十四日夜分，梦范致能李知几尤延之同集江亭，诸公请予赋诗，记江湖之乐，诗成而觉，忘数字而已

露箬霜筠织短篷，飘然来往淡烟中。偶经菱市寻溪友，却拣蘋①汀下钓筒。白菡萏香初过雨，红蜻蜓弱不禁风。吴中②近事君知否？团扇家家画放翁。

【注释】

①蘋：隐花植物，生于浅水，四叶合成一叶如田字，故又名田字草。②吴中：即今江苏吴县一带。

【译文】

用霜露浸过的竹叶竹皮编织小小的船篷，在淡淡的烟雾中飘然往来。偶尔经过卖菱角的市场，找寻居住溪边的朋友；回来拣一块长着蘋草的水边平地，垂下钓竿。雨水刚过，白荷花泛出阵阵清香，红蜻蜓细弱，在风中飘扬不定。吴中近来的事你清楚吗？家家的团扇上画着我这老翁。

韩退之昌黎集

原　毁

古之君子，其责己也重以周①，其待人也轻以约②。重以周，故不怠；轻以约，故人乐为善。闻古之人有舜者，其为人也，仁义人也。求其所以为舜者，责于己曰："彼，人也；予，人也。彼能是而我乃不能是？"早夜以思，去其不如舜者，就其如舜者。闻古之人有周公者，其为人也，多才与艺③人也。求其所以为周公者，责于己曰："彼，人也；予，人也；彼能是而我乃不能是？"早夜以思，去其不如周公者，就其如周公者。舜，大圣人也，后世无及焉；周公，大圣人也，后世无及焉。是人也，乃曰："不如舜，不如周公，吾之病也。"是不亦责于身者重以周乎？其于人也，曰："彼人也，能有是，是足为良人矣；能善是，是足为艺人矣。"取其一，不责其二；即其新，不究其旧。恐恐④然惟惧其人之不得为善之利。一善易修也，一艺易能也，其于人也，乃曰："能有是，是亦足矣。"曰："能善是，是亦足矣。"不亦待于人者轻以约乎？

今之君子则不然。其责人也详，其待己也廉。详，故人难于为善；廉，故自取也少。己未有善，曰："我善是，是亦足矣。"己未有能，曰："我能是，是亦足矣。"外以欺于人，内以欺于心，未少有得而止矣，不亦待其身者已廉乎？其于人也，曰："彼虽能是，其人不足称也；彼虽善是，其用不足称也。"举其一，不计其十；究其旧，不图其新。恐恐然惟惧其人之有闻也。是不亦责于人者已详乎？夫是之谓不以众人待其身，而以圣人望于人，吾未见其尊己也。

虽然，为是者有本有原，怠与忌之谓也。怠者不能修，而忌者畏人修。吾常试之矣，尝试语于众曰："某良士，某良士。"其应者必其人之与也；不然，则其所疏远，不与同其利者也；不然，则其畏也。不若是，强者必怒于言，懦者必怒于色矣。又尝语于众曰："某非良士，某非良士。"其不应者必其人之与也；不然，则其所疏远，不与同其利者也；不然，则其畏也。不若是，强者必说于言，懦者必说于色矣。是故事修而谤兴，德高而毁来。呜呼！士之处此世，而望名誉之光，道德之行，难已！

将有作于上者，得吾说而存之，其国家可几而理欤？

【注释】

①重以周：严格而全面。②轻以约：宽容而简约。③艺：多能，如礼乐射御书数之类。④恐恐：惊惶貌。

【译文】

古代的君子，他要求自己既严格又全面，他对待别人既宽容又简约。既严格又全面，因而不会怠惰；既宽容又简约，因而别人就愿意做好事。听说古人有个叫舜的，他的为人，是个讲仁义的人。探寻他所以能成为舜这样的圣人的原因，就责备自己说："他是个人，我也是个人，他能这样，为何我就不能这样？"早晚来思考，改掉那些不如舜的地方，趋向那些如同舜的地方。听说古人有一个叫周公的，他的为人，是个多才多艺的人。探寻他所以能成为周公这样的贤人的原因，就责备自己说："他是个人，我也是个人，他能这样，为何我就不能这样？"早晚思考，改掉那些不如周公的地方，趋向那些如同周公的地方。舜，是个大圣人，后人没有能赶得上他的；周公，是个大圣人，后人没有能赶得上他的。这些人就说："赶不上舜，赶不上周公，这是我的一块心病。"这不就是要求自己严格并且全面吗？他对待别人，说："那个人呀，能够具备这一点，这就足够是个好人了；能擅长这些，这就足够是个有技艺的人了。"肯定他一个方面，不苛求他其他方面，论他现在的表现，而不追究他的过去，慎重小心地只怕这个人得不到做了好事应得的好处。一件好事是不难做到的，一种技艺是不难学会的，他对待别人，却说："能够具备这一点，这就是足够了。"又说："能擅长这个，这就足够了。"这难道不是对待别人既宽容又简约吗？"

现在的君子却不这样，他要求别人很全面，对待自己却非常简约。全面，因而人家就难于做好事；简约，因而自己就很少得益。自己没有什么优点，说："我在这方面好，这就足够了。"自己没有什么技艺，说，"我在这方面有技能，这就是足够了。"对外用来欺骗别人，对内用来欺骗自己的良心，还没有得到一点好处就停止不前了，这岂不是对待自己太简约了吗？他对待别人，说："他尽管能这样，但他不值得称赞；他虽然擅长这个，但他的才用不值得称道。"举出人家一方面的不足，而不考虑人家其他方面的长处；只追究人家的过去，而不考虑人家的现时。心中惶惶不安，只怕人家有好的名声。这难道不是要求别人太周全了吗？这就叫做不用一般人的标准来对待自己，却用圣人的标准来要求别人。我看不出他能使自己尊贵。

尽管如此，这样做的人还是有他的根源的，这就是所谓的怠惰和忌妒。怠惰的人不能加强自身修养，而忌妒的人害怕别人修身。我不止一次地作过试验，我曾当着大家的面试着说："某人是个好人，某人是个好人。"那些随声附和的，一定是他一伙的；要不，就是这个人所疏远并且跟他没有共同利害关系的；要不，就是那些害怕他的人。若不是这些人，强横的一定会说出愤怒的话，懦弱的肯定会显出满脸的不高兴。我又曾当着大家的面试着说："某人不是个好人，某人不是个好人。"那些不随声附和的，一定是他一伙的；要不，就是这个人所疏远并且跟他没有共同利害关系的；要不，就是害怕他的。若不是这些人，强横的一定会说出高兴的话，懦弱的肯定会显出满脸的高兴。所以，事业成功诽谤就随之而生，德高望重毁谤也就随之而来。唉！士人处在这种社会中，要希望名誉得以光大、德行得到施行，可太难了！

在上位的打算有所为的人，听了我的议论并且记在心里，那国家就差不多能够治理好了！

杂　说　录二

龙嘘气成云，云固弗灵于龙也。然龙乘是气，茫洋穷乎玄间[①]，薄[②]日月，伏[③]光景，感震电，神变化，水[④]下土，汨[⑤]陵谷，云亦灵怪矣哉！云，龙之所能使为灵也；若龙之灵，则非云之所能使为灵也。然龙弗得云，无以神其灵矣。失其所凭依，信不可欤？异哉！其所凭依，乃其所自为也。《易》曰："云从龙。"既曰龙，云从之矣。

世有伯乐[⑥]，然后有千里马。千里马常有，而伯乐不常有。故虽有名马，只辱于奴隶人之手，骈[⑦]死于槽[⑧]枥[⑨]之间，不以千里称也。马之千里者，一食或尽粟一石，食马者不知其能千里而食也。是马也，虽有千里之能，食不饱，力不足，才美不外见，且欲与常马等不可得，安求其能千里也！策之不以其道，食之不能尽其材，鸣之而不能通其意，执策而临之曰："天下无马。"呜呼，其真无马邪？其真不知马也？

【注释】

①玄间：指天空。②薄：接近。③伏：遮蔽。④水：浸润。⑤汩：漂没。⑥伯乐：一名孙阳，周代善相马的人，曾过虞坂，有骐骥伏咱盐车下，见伯乐而长鸣，伯乐下车为它而哭泣。⑦骈：并列。⑧槽：马食器。⑨枥：马棚。

【译文】

龙吐出的气化成了云彩，云本来不会比龙更灵异。但是，龙乘着这种云气，无边无际地云游整个太空，接近太阳和月亮，遮蔽太阳的光辉，能够感应产生雷电，神奇地发生各种变化，能够降雨浸润大地，让水淹没山陵和峡谷，云其实也够灵异的了！云，是龙使得它灵异的，但是龙的灵异，却不是云所能使它变成的。但是，龙要是得不到云的帮助，就没有办法让它的灵气神奇起来。失掉了它所依凭的，确实是不可以的呀！奇怪得很哟！龙所依凭的，原来正是它自己制造出来的。《易经》上说："云是跟随着龙的。"既然说是龙，则云自然就跟随它了。

世上有了伯乐，然后才有千里马。千里马是时常有的，但是伯乐却不时常有。因此，虽然有好马，也只是辱没在奴仆的手中，在马棚里和普通的马一样死去，人们不用"千里马"来称呼它。日行千里的马，一顿有时可以吃一石粮食，饲养马的人不懂得按照它能日行千里来喂它。这样的马，尽管有日行千里的本事，吃不饱，力气不够，才能和优点不能表现出来，甚至想和一般的马等同都不可能，怎么能苛求它日行千里呢！驱赶它，不按照使用千里马的方法；喂养它，不能满足它充分施展才能的需要；马叫起来，又不能领会是什么意思。却拿着鞭子面对着它说："天下没有千里马。"唉！是真没有千里马呢，还是真不认识千里马呢？

师　说

古之学者必有师。师者，所以传道授业解惑也。人非生而知之者，孰能无惑？惑而不从师，其为惑也终不解矣。

生乎吾前，其闻道也固先乎吾，吾从而师之；生乎吾后，其闻道也亦先乎吾，吾从而师之。吾师道也，夫庸知其年之先后生于吾乎！是故无贵无贱，无长无少，道之所存，师之所存也。

嗟乎！师道之不传也久矣，欲人之无惑也难矣。古之圣人，其出人也远矣，犹且从师而问焉；今之众人，其下圣人也亦远矣，而耻学于师。是故圣益圣，愚益愚，圣人之所以为圣，愚人之所以为愚，其皆出于此乎？

爱其子，择师而教之；于其身也，则耻师焉，惑矣！彼童子之师，授之书而习其句读者，非吾所谓传其道解其惑者也。句读之不知，惑之不解，或师焉，或不焉，小学而大遗，吾未见其明也。

巫医乐师百工之人，不耻相师。士大夫之族，曰师曰弟子云者，则群聚而笑之。问之，则曰："彼与彼年相若也，道相似也。位卑则足羞，官盛则近谀。"呜呼！师道之不复可知矣！巫医乐师百工之人，君子不齿，今其智乃反不能及，其可怪也欤！

圣人无常师。孔子师郯子、苌弘、师襄、老聃①。郯子之徒，其贤不及孔子。孔子曰："三人行，则必有我师。"是故弟子不必不如师，师不必贤于弟子。闻道有先后，术业有专攻，如是而已。

李氏子蟠[②]，年十七，好古文，六艺经传，皆通习之，不拘于时，学于余。余嘉其能行古道，作《师说》以贻之。

【注释】

①郯子、苌弘、师襄、老聃：孔子曾询问官名于郯子，询问音乐于苌弘，学琴于师襄，问礼于老聃。

②李蟠：唐贞元十九年（803年）进士。

【译文】

古时候做学问的人一定要有老师。老师是传授道理、讲授学业、解除疑惑的人。人不是生下来就明事理的，谁能没有疑惑？有疑惑而不向老师求教，他的疑惑就始终也不能解决。

生在我之前，他们懂得道理应该比我早，我跟着他们学习，把他们当成老师；生在我之后，他们懂得道理如果也比我早，我也要跟着他们学习，把他们当成老师。我学的是道理，何必在意他们的年龄比我大还是比我小呢！所以，不论贵贱，不论大小，道理在哪里，老师就在哪里。

唉！求师治学的风尚已经失传很久了，想要人没有疑难已经很不容易了。古时候的圣人，他们超出一般人很远，尚且跟着老师学习、请教；现在的一般人，他们低于圣人也很远，但是却以从师求学为耻辱。所以，圣人就更加圣明，蠢人就更加愚蠢。圣人所以成为圣人，蠢人之所以成为蠢人，大概都是由于这种原因吧？

爱自己的孩子，就选择老师来教他；对于自己，却以从师求学为耻，这太糊涂了。那些教儿童的老师，是教儿童读书、断句的人，并不是我所说的传授道理、解除疑惑问题的老师。不知道断句时，知道向老师请教；疑惑不能解除时，却不向人请教；小的方面学习，大的方面却丢弃，我看不出他的明智来。

巫医、乐师、各种工匠，不以相互学习为耻。但是，要是有人提起谁是谁的老师，谁是谁的弟子来，士大夫们就合伙来讥笑人家。问他们，就说："他和他年纪差不多，学问也不相上下。对方地位低贱就觉得耻辱，对方地位高又觉得近于谄媚。"唉！从师求学的风尚不能恢复，就可想而知了。巫医、乐师、各种工匠，君子不与他们并列，如今，君子的智力反倒不及他们，真是奇怪啊！

圣人没有固定的老师。孔子曾经把郯子、苌弘、师襄、老聃当成老师。像郯子这类人，他们的品德能力赶不上孔子。孔子说："三个人一起走路，必定有我的老师。"因此学生不一定赶不上老师，老师也不一定比学生高明。懂得道理有早有晚，学术技艺各有专长，只是这样罢了。

李家有个名叫"蟠"的孩子，今年十七岁，喜好古文，广泛地学习各种经传，不受世俗的拘束，向我求学。我赞赏他能够遵循古人的正道，作了这篇《师说》送给他。

进学解

国子先生[①]晨入太学，招诸生立馆下，诲之曰："业精于勤，荒于嬉；行成于思，毁于随[②]。方今圣贤相逢，治具毕张[③]，拔去凶邪，登崇畯良。占小善者率以录，名一

艺者无不庸。爬罗剔抉④，刮垢磨光⑤。盖有幸而获选，孰云多而不扬！诸生业患不能精，无患有司之不明；行患不能成，无患有司之不公。”

言未既，有笑于列者曰：“先生欺予哉！弟子事先生，于兹有年矣。先生口不绝吟于六艺之文，手不停披于百家之编。记事者必提其要，纂言者必钩其玄。贪多务得，细大不捐。焚膏油以继晷，恒兀兀以穷年。先生之业，可谓勤矣。抵排异端，攘斥佛老；补苴罅漏，张皇幽眇⑥。寻坠绪之茫茫，独旁搜而远绍；障百川而东之，回狂澜于既倒。先生之于儒，可谓有劳矣。沉浸醲郁，含英咀华。作为文章，其书满家。上规姚姒⑦，浑浑无涯；周诰殷盘，佶屈聱牙⑧；《春秋》谨严，《左氏》浮夸；《易》奇而法，《诗》正而葩。下逮《庄》、《骚》，太史所录；子云、相如，同工异曲。先生之于文，可谓闳其中而肆其外矣。少始知学，勇于敢为，长通于方，左右具宜。先生之于为人，可谓成矣。然而公不见信于人，私不见助于友。跋前踬后，动辄得咎。暂为御史，遂窜南夷。三年博士，冗不见治。命与仇谋，取败几时！冬暖而儿号寒，年丰而妻啼饥。头童齿豁，竟死何裨！不知虑此，而反教人为！”

先生曰：“吁！子来前！夫大木为宲⑨，细木为桷⑩，欂栌侏儒，椳闑扂楔，各得其宜，施以成室者，匠氏之工也。玉札丹砂，赤箭青芝，牛溲马勃，败鼓之皮，俱收并蓄，待用无遗者，医师之良也。登明选公，杂进巧拙，纡余为妍。卓荦为杰，较短量长，惟器是适者，宰相之方也。昔者孟轲好辩，孔道以明，辙环天下，卒老于行。荀卿守正，大论是弘，逃谗于楚，废死兰陵。是二儒者，吐辞为经，举足为法，绝类离伦，优人圣域，其遇于世何如也？今先生学虽勤而不繇其统，言虽多而不要其中，文虽奇而不济于用，行虽修而不显于众。犹且月费俸钱，岁靡廪粟，子不知耕，妇不知织，乘马从徒，安坐而食。踵长途之促促，窥陈编以盗窃。然而圣主不加诛，宰臣不见斥，兹非其幸欤？动而得谤，名亦随之。投闲置散，乃分之宜。若夫商财贿之有亡，计班资之崇庳，忘己量之所称，指前人之瑕疵，是所谓诘匠氏之不以杙为楹，而訾医师以昌阳⑪引年，欲进其豨苓⑫也。”

【注释】

①国子先生：韩愈自称。元和七年（813年），韩愈复为国子博士。②随：因循。③治具毕张：治具，治理的工具，主要指法令。毕，完全，全部。张，指确立。④爬罗剔抉：指搜取人才。⑤刮垢磨光：指造就人才。⑥张皇幽眇：指张大圣道之隐微处。⑦姚姒：姚，虞姓；姒，夏姓。⑧佶屈聱牙：指艰涩难读。⑨宲：屋梁。⑩桷：椽。⑪昌阳：即昌蒲。⑫豨苓：即猪苓，是一种利尿药。

【译文】

国子先生早上走进太学，召集弟子们站在学馆前，教导他们说：“学业因为勤奋而精深，因为嬉戏而荒废；德行因为遇事沉思而完美，因为一味因循而败坏。如今是圣君贤臣相逢之时，法律政令都已建立起来，除掉了奸邪凶恶的坏人，提拔重用了优秀人物。只要有好德行的都被录用，有一种技艺出名的没有不被任用的。网罗挑选人材，为他们去除污垢，磨出光彩（指使他们受到教育培养），大概也有侥幸被选上的，谁还会说博学多能的人反而得不到任用！各位只怕学业不精深，不要发愁主管官员不能明察；只怕自己的德行还不够完美，不用担心主管官员不公正。”

话还没说完，就有人在队列里嘲笑说：“先生您这是欺骗我们啊！弟子跟随先生学习，到现在有些年头了。先生不停地诵读六经的文章，不断地翻阅诸子百家的著作。阅读记载史事的书，一定要举出书中的纲要；看那些辑录古人言论的书，一定要探索它精微的含义。广览博读定要有所收获，大小问题都不肯忽略。夜以继日，经常终年辛苦。先生的学业可算得上很勤奋了。排斥异端邪说，反对佛教、道教，补充儒家学说的不足，阐释它幽深隐微的义理。寻觅那些已经断了头绪的传统，独自旁征博引来把这传统从远古继承下来。像防止百川横流那样把它们引向东流，把已经泛滥的洪水狂涛挽转回来。先生对于儒道，可以说是有功劳的了。沉浸于古人的著作中，细细品味着其中的精华；写起文章来，那些书堆满了屋子。您向上取法《书经》中的《虞书》、《夏书》，它们是深远无边的，《大浩》、《康诰》及《盘庚》，文字晦涩难读，《春秋》用词严谨，《左传》叙事铺张，《周易》奇奥而有法则，《诗经》思想纯正且文辞华美。往下到《庄子》、《离骚》，司马迁的《史记》，还有扬雄、司马相如的辞赋，都是风格不一而同样杰出的作品。先生的文章，应该说是内容渊博，文笔豪放了。先生从少年时开始知道学习，而且敢于实践，长大以后又深知为人处事的道理，各方面都做得妥帖。先生在为人方面，可以说是非常完美的了。但是，从公的方面不被人信任，从私的方面得不到朋友的支持。进退不得自由，动不动就被加上罪名。刚当上监察御史，就被贬斥到边远的南方。做了三年国子博士，事务清闲却无所建树。命中注定老跟仇敌打交道，不知何时又遭失败，在冬天较为暖和的日子里，孩子们还哭着喊冷；丰收年景，妻子还因为饥饿而哭泣。头发掉光了，牙齿豁了，这样直到老死，学业给你带来什么益处？您不知道考虑这些，反而还来教训别人？”

先生说：“唉，你到前面来！大木材做成房梁，小木头做成椽子、斗拱、短柱、门臼、门限、门栓和门楔，各自都可得到合理的应用，用它们建成房屋，那是木匠的精妙安排；不管是地榆、朱砂、天麻、青芝，还是车前子、马屁菌、破鼓皮，兼收并蓄，留着治病不会扔掉，那是医生的妙用；用人明智，选拔公正，兼用巧拙各种人材，性情柔和的被认为美好，才干杰出的被认为是豪杰，衡量各人的长处和短处，只根据才干的适宜加以使用，那是宰相用人的原则。以前孟子好辩论，使孔子的学说得到阐明发扬，（他游说诸侯）车辙遍及天下，终于在奔波中衰老。荀子遵循正统的政治主张，发扬光大儒家的学说，逃避谗言从齐国到了楚国，后来失官死在兰陵。看看这两位大儒，言论成为后人的典范，行为成为后人的楷模，他们远远超出常人，已经优先进入圣人的境界，他们在当时的遭遇又怎么样呢？如今我治学尽管勤奋，但还不能继承道统；发表的言论虽多，却不能抓住要领；文章虽有特点，却没有什么实际用途；品行虽然有一定修养，却并没有在群众中显示出来。还月月消耗着薪俸，年年耗费着国家的禄米，儿子不懂得道耕作，妻子不知道纺织，乘着马让仆从跟随在后面，安稳地坐等而食。随着世俗而谨小慎微，看到古书的说法就抄袭下来。但是圣明的君主对我不加责罚，宰相不加排斥，这不是非常幸运吗？一举一动都受到谤诋，名声随之受到影响，把我放在闲散的位置上，那是分内完全应该的。至于计较俸禄的有无，计较官职的高低，忘了自己的才能与什么地位相称，批评前人的过失，这正是所说的那种责问工匠不用小木桩做柱子，责怪医师不应把菖蒲当做延年益寿药，却想推荐自己的猪苓去代替它一样荒谬！”

考功郎中知制诰韩愈记。

伯夷颂

士之特立独行，适于义而已，不顾人之是非，皆豪杰之士，信道笃而自知明者也。

一家非之，力行而不惑者寡矣；至于一国一州非之，力行而不惑者，盖天下一人而已矣；若至于举世非之，力行而不惑者，则千百年乃一人而已耳。

若伯夷者，穷天地亘万世而不顾者也。昭乎日月，不足为明；崒乎太山，不足为高；巍乎天地，不足为容也。当殷之亡，周之兴，微子贤也，抱祭器而去之；武王、周公圣也，从天下之贤士，与天下之诸侯而往攻之，未尝闻有非之者也。彼伯夷、叔齐①者，乃独以为不可。殷既灭矣，天下宗周，彼二子乃独耻食其粟，饿死而不顾。由是而言，夫岂有求而为哉？信道笃而自知明也。

今世之所谓士者，一凡人誉之，则自以为有余；一凡人沮之，则自以为不足。彼独非圣人，而自是如此，夫圣人乃万世之标准也。余故曰：若伯夷者，特立独行，穷天地亘万世而不顾者也。虽然，微二子，乱臣贼子，接迹于后世矣。

【注释】

①伯夷、叔齐：姓墨，孤竹君的两个儿子。伯夷名允，字公信；叔齐名智，字公达。伯长叔少。夷、齐，为谥号。

【译文】

读书人的志趣高洁，行为特异，不随波逐流，只要求合于道义罢了，不去计较别人说对还是说错，这样做的都是英雄豪杰，是对道有坚定的信念并且有自知之明的人。受到一家的非难，仍然能努力推行自己的主张而不迷惑的就不多见了；至于一国一州都非难他，仍然能努力推行自己的主张而不迷惑的，恐怕天下只有一个人罢了；假如整个社会都非难他，仍然能努力推行自己的主张而不迷惑的，千百年间才出现一个人罢了。

像伯夷，就是一个在整个天地间、贯穿千秋万代不在乎他人非难的人。就是日月那样的辉煌也不足以形容他的明智，高峻的泰山，也不足以形容他的高尚，广阔无边的天地，也不足以形容他胸怀的宽广。当殷朝衰亡、周朝兴起的时候，微子是贤人，抱着祭祀祖宗的器皿离开了；武王、周公都是圣人，带领天下的贤士和各诸侯国一起去攻打殷朝，不曾听说有非难他们的人。而伯夷和叔齐，竟偏偏地认为这是不可以的。殷朝已经灭亡了，天下都归顺周朝，他们两个人竟偏偏认为吃周朝的粮食是件羞耻的事，饿死也无所谓。从这种情况来看，他们难道是有所求才去那样做吗？不是，因为他们对道义有坚定的信念，并且有自知之明。

当今社会上所谓的读书人，一旦有人称赞他，就自认为知识多得不得了；一旦有人诽谤他，便自认为什么都欠缺。伯夷、叔齐他们偏偏非难圣人却又如此自信自己是正确的，可圣人是万代的楷模呀。因此我说：像伯夷、叔齐这样的人，是志趣高洁，行为特异，不随波逐流，整个天地间贯穿千秋万代不管他人非难的人。尽管如此，如果没有这两个人，乱臣贼子就会接连不断地出现于后世了。

子产①不毁乡校颂

我思古人，伊郑之侨。以礼相国，人未安其教。游于乡之校，众口嚣嚣。或谓子产："毁乡校则止。"曰："何患焉？可以成美。夫岂多言，亦各其志。善也吾行，不善吾避。维善维否，我于此视。川不可防，言不可弭[2]。下塞上聋，邦其倾矣。既乡校不毁，而郑国以理。”

在周之兴，养老乞言；及其已衰，谤者使监。成败之迹，昭然可观。维是子产，执政之式。惟其不遇，化止一国。诚率是道，相天下君，交畅旁达，施及无垠。於乎四海，所以不理，有君无臣。谁其嗣之？我思古人。

【注释】

①子产：春秋时郑国大夫公孙侨。执政以后，实行改革，是著名的政治家。②弭：制止。

【译文】

我缅怀古人，只是缅怀郑国的公孙侨。他依靠礼义辅佐着国家，当时人们还不习惯他的教化。他到乡校去游玩，见大家议论纷纷。有的人对子产建议说：“把乡校毁了，议论就停止了。”子产说：“你们忧虑什么？它可以成全好事。这哪里是多嘴呢，也只是各自谈谈自己的看法。说的对的，我就去做；说的不对的，我就加以避免。是好是坏，我从这里可以觉察。河流不能阻塞，言论不能限制。下边的言论被限制了，上边的也就成了聋子，国家大概就要灭亡了。如果乡校不被毁掉，郑国就能治理好。”

在周朝鼎盛的时期，专门养了一批老人征询意见；到了周代已经衰落的时候，就派人对批评者加以监视。成功和失败的历史事实，显而易见。这个子产，才是当权者的楷模，只是由于他生不逢时，才仅使一国受到教化。假如真的让他按照这个主张辅佐天下所有的君王，那必定畅通无阻，功业就会浩大无边。唉！天下治理不好的原因，就在于有国君却没有好的大臣啊。谁能继承他呢？我缅怀古人！

张中丞传后序

元和二年四月十三日夜，愈与吴郡张籍阅家中旧书，得李翰所为《张巡[1]传》。翰以文章自名，为此传颇详密，然尚恨有阙者：不为许远立传，又不载雷万春事首尾。

远虽材若不及巡者，开门纳巡，位本在巡上，授之柄而处其下，无所疑忌，竟与巡俱守死，成功名，城陷而虏，与巡死先后异耳。两家子弟才智下，不能通知二父志，以为巡死而远就虏，疑畏死而辞服于贼。远诚畏死，何苦守尺寸之地，食其所爱之肉，以与贼抗而不降乎？当其围守时，外无蚍蜉蚁子之援，所欲忠者，国与主耳，而贼语以国亡主灭。远见救援不至，而贼来益众，必以其言为信。外无待而犹死守，人相食且尽，虽愚人亦能数日而知死处矣。远之不畏死亦明矣。乌有城坏其徒俱死，独蒙愧耻求活？虽至愚者不忍为，呜呼，而谓远之贤而为之邪？

说者又谓远与巡分城而守，城之陷自远所分始，以此诟远。此又与儿童之见无异。人之将死，其藏腑必有先受其病者；引绳而绝之，其绝必有处。观者见其然，从而尤之，其亦不达于理矣。小人之好议论，不乐成人之美，如是哉！如巡、远之所成就，如此卓卓，犹不得免，其他则又何说！

当二公之初守也，宁能知人之卒不救，弃城而逆遁？苟此不能守，虽避之他处何

益？及其无救而且穷也，将其创残饿羸之余，虽欲去，必不达。二公之贤，其讲之精矣。守一城，捍天下，以千百就尽之卒，战百万日滋之师，蔽遮江淮，沮遏其势，天下之不亡，其谁之功也？当是时，弃城而图存者，不可一二数，擅强兵坐而观者相环也。不追议此，而责二公以死守，亦见其自比于逆乱，设淫辞而助之攻也。

愈尝从事于汴、徐二州，屡道于两府间，亲祭于其所谓双庙者。其老人往往说巡、远时事云：南霁云之乞救于贺兰也，贺兰嫉巡、远之声威功绩出己上，不肯出师救；爱霁云之勇且壮，不听其语，强留之。具食与乐，延霁云坐。霁云慷慨语曰："云来时，睢阳之人，不食月余日矣。云虽欲独食，义不忍，虽食且不下咽。"因拔所佩刀断一指，血淋漓，以示贺兰。一座大惊，皆感激为云泣下。云知贺兰终无为云出师意，即驰去。将出城，抽矢射佛寺浮图，矢着其上砖半箭，曰："吾归破贼，必灭贺兰！此矢所以志也。"愈贞元中过泗州，船上人犹指以相语。城陷，贼以刃胁降巡，巡不屈，即牵去，将斩之。又降霁云，云未应。巡呼云曰："南八，男儿死耳，不可为不义屈！"云笑曰："欲将以有为也，公有言，云敢不死！"即不屈。

张籍曰："有于嵩者，少依于巡，及巡起事，嵩常在围中。籍大历中于和州乌江县见嵩，嵩时年六十余矣。以巡初尝得临涣县尉，好学无所不读。籍时尚小，粗问巡、远事，不能细也。云：巡长七尺余，须髯若神。尝见嵩读《汉书》，谓嵩曰：'何为久读此？'嵩曰：'未熟也。'巡曰：'吾于书读不过三遍，终身不忘也。'因诵嵩所读书，尽卷不错一字。嵩惊，以为巡偶熟此卷，因乱抽他帙以试，无不尽然。嵩又取架上诸书，试以问巡，巡应口诵无疑。嵩从巡久，亦不见巡常读书也。为文章，操纸笔立书，未尝起草。初守睢阳时，士卒仅万人，城中居人户亦且数万，巡因一见问姓名，其后无不识者。巡怒，须髯辄张。及城陷，贼缚巡等数十人坐，且将戮。巡起旋，其众见巡起，或起或泣。巡曰：'汝勿怖，死，命也。'众泣不能仰视。巡就戮时，颜色不乱，阳阳如平常。远宽厚长者，貌如其心。与巡同年生，月日后于巡，呼巡为兄，死时年四十九。"嵩贞元初死于亳、宋间，或传嵩有田在亳、宋间，武人夺而有之。嵩将诣州讼理，为所杀。嵩无子，张籍云。

【注释】

①张巡：唐邓州南阳（今河南省南阳市）人。开元末，以进士官真源令。安禄山反，与许远合兵守睢阳，拜御史中丞。累战皆克。食尽，杀爱妾以飨士。城陷，为贼所杀。

【译文】

元和二年（公元807年）四月十三日晚，我和吴郡人张籍翻阅家中的旧书，发现了李翰写的《张巡传》。李翰因为文章写得好而自负，这篇传记写得非常详细。可是，令人遗憾的是还有不足的地方：没给许远立传，又没有记载雷万春事迹的始末。

许远尽管在才干方面好像赶不上张巡，打开城门，接纳张巡，许远的官位本来在张巡之上，他把军权交给张巡，处在张巡的下面，没有什么妒忌和猜疑，最终和张巡一起守城，一起赴死，建立了功勋和荣誉，因为睢阳城陷落而被俘，许远与张巡不同的是，只不过是一个先死，一个后死而已，而张、许两家的子弟才能低下，又不能明白二位父亲的志向，张巡的儿子认为张巡死了而许远接受了俘虏待遇，怀疑许远是怕死而投降了敌人。如果许远真的是怕死，又何苦死守这尺寸大小的地盘，吃他所爱之人的肉，来与叛军对抗而不投降呢？当他在包围中守城时，外边没有哪怕是极少的救兵，所要效忠的，只是国家和皇上而已，而叛军用唐朝已经灭亡、皇上已经死去这样的话告诉许远。许远见救兵不来，而叛军却越来越多，一定认为叛军的话是真的。外面没有希望却还死守城池，人吃人也将近吃完了，就是蠢人也会算计日期而知道自己的死期了。许远的不怕死也就很清楚了。哪有城被攻破，他的部下都已经死了，只有独他蒙受耻辱而求得生存的呢？即使再蠢的人也不肯做这种事，唉，难道说像许远这么贤明的人会做这样的事吗？

议论的人又说，许远和张巡两人分守睢阳城，城池的沦陷是从许远分守的地段开始的，拿这个理由来斥责许远。这种议论就跟小孩子的见解没有什么两样。一个人将要死的时候，他的内部器官总有先得病的地方；使劲把绳子拉断，绳子总有一个先断的地方。观察的人看到这种情况，接着就责备这个先得病和先断的地方，他也未免太不明事理了。小人们喜欢议论别人，不愿意成全别人的好处，居然达到了如此地步啊！像张巡、许远所成就的功业如此卓著，尚且还不免遭受种种非议，别的人还有什么可说的呢！

当张、许二人开始守城的时候，怎能料到人家最终不来支援，所以抛弃睢阳城事先逃走吗？如果睢阳城守不住，就是逃到别处去又有什么好处呢？等到没有救兵而将要走投无路的时候，再率领那些受伤残废、饥饿瘦弱的残余部队，就是想撤退，也肯定无法到达要去的地方了。以张、许二公的贤明，他们对这种情况考虑得已经很周到了。死守一个睢阳城而起到了捍卫整个唐王朝的尊严，仅凭千百个濒临死亡的士兵，来对付近百万日益增多的大军，保护着江淮地区，挡住了叛军的攻势，唐王朝的天下之所以没有被灭，这是谁的功劳呢？在那个时候，丢掉城池而为了保存自己的人，多得不能拿一和二来计算，拥有强兵坐视坐观望的人到处都是。不追究议论这些“弃城而图存”和坐视不救的人，却用死守孤城来斥责张、许二人，也可见这些人是同叛贼站在一边制造污蔑之辞而帮助敌人向张、许进攻啊！

我曾在汴州和徐州的幕府任职，多次经过睢阳，亲自到那个叫做双庙的地方去祭祀许远和张巡。那里的老人经常说起张巡、许远的故事：当南霁云向贺兰请求援助的时候，贺兰妒忌张巡、许远的威名和功劳超过自己，不愿意发兵救援；贺兰喜爱南霁云的勇敢和壮烈，没有听从南霁云求救的话，硬要挽留他。准备酒食和歌舞，请南霁云入座。南霁云情绪激愤地对他说：“我来的时候，睢阳城里的人已经有一个多月吃不上东西了。我即使想一个人独吃，按照道义也不忍心吃，就是吃也咽不下去。”于是拔出身上的佩刀砍下一个指头，鲜血淋漓，拿给贺兰看。全座席的人都非常吃惊，都感动激奋，为南霁云流下了眼泪。南霁云知道贺兰到底没有为自己出兵的意思，就骑着马离开了。将要出城的时候，抽出一支箭射向佛寺的宝塔，那支箭射进塔上的砖头足足有半箭之深，说：“我回去之后打败了贼军，一定要消灭贺兰！这一箭是用来作为我要报仇的标记的。”我在贞元年间路过泗州，船上的人还指着那个地方告诉我。睢阳城沦陷后，叛军用刀子威胁张巡投降，张巡不屈服，就把他拉走了，将要杀掉他。叛军又要南霁云投降，南霁云没有说话。张巡向南霁云喊话道：“南八，男儿只有一死罢了，不能够向不义之人屈服！”南霁云笑着说：“我本来打算有所作为，您现在有话，我岂敢不死！”于是不屈服敌人。

张籍说：“有一个叫于嵩的人，年轻时跟随他，等到张巡起兵讨贼时，于嵩也曾经处在包围之中。我在大历年间，在和州乌江县见到过于嵩，他当时已经六十多岁了。由于张巡的缘

故，当初曾得到临涣县尉的官职，他爱学习，什么书都读。我那时年纪还小，粗略地询问过张巡、许远的事迹，还不懂得详尽地了解。于嵩说：张巡身高七尺多，胡子长得和庙里的神像一样。张巡曾经看见于嵩在读《汉书》，就对他说：'为什么总是读这本书?'于嵩说：'还没有读熟呀。'张巡说：'我对于书本，朗读不超过三遍，一辈子都不会忘记。'于是就背诵了于嵩刚才所读的《汉书》，一卷背完，没有错一个字。于嵩很惊异，以为张巡是碰巧对这一卷很熟练，就随便抽出其他各卷来测验，全都是这样。于嵩又拿书架上的其他书，试着考问张巡，张巡应口背诵，毫不迟疑。于嵩跟随张巡的时日很长，也没有看见过张巡经常读书。写文章，拿起纸笔就写，不曾打过草稿。开始守睢阳城的时候，士兵差不多有一万人，城中居民也将近好几万，张巡只要见过一次面并问过对方的姓名，此后没有不认识的。张巡一发怒，胡须就张开了。睢阳城陷落后，叛贼捆绑张巡等几十个人坐在那里，要杀害他们。张巡起来要去小便，他的部下见他站起来，有的跟着站起来，有的流下了眼泪。张巡说：'你们不要害怕，人的死是由上天注定的。'大家都哭得不忍心抬头看他。张巡被杀害的时候，脸色一点也不惊慌，表情坦然，就和平常一样。许远是个宽厚的长者，他的外貌和他的内心一样。他和张巡同一年生，只是出生的日子月份比张巡晚，所以称张巡为兄，死的时候四十九岁。"于嵩在贞元初年死于亳州、宋州一带，有人传说于嵩在亳州、宋州一带有土地，当时的武人侵占了那块田地。于嵩打算到州府里去告状，却被那个武人杀害。于嵩没有儿子，这是张籍说的。

蓝田县丞厅壁记

丞之职所以贰令，于一邑无所不当问。其下主簿、尉，主簿、尉乃有分职。丞位高而逼，例以嫌不可否事。文书行，吏抱成案诣丞，卷其前，钳[①]以左手，右手摘纸尾，雁鹜行以进，平立睨[②]丞曰："当署。"丞涉笔占位署，惟谨。目吏，问可不可，吏曰："得。"则退。不敢略省，漫不知何事。官虽尊，力势反出主簿、尉下。谚数慢，必曰丞，至以相訾謷[③]。丞之设，岂端使然哉！

博陵[④]崔斯立，种学绩文，以蓄其有，泓涵演迤，日大以肆。贞元初，挟其能，战艺于京师，再进再屈于人。元和初，以前大理评事言得失黜官，再转而为丞兹邑。始至，喟曰："官无卑，顾材不足塞职。"既噤不得施用，又喟曰："丞哉！丞哉！余不负丞，而丞负余。"则尽枿[⑤]去牙角，一蹑故迹，破崖岸而为之。

丞厅故有记，坏漏污不可读。斯立易桷与瓦，墁治壁，悉书前任人名氏。庭有老槐四行，南墙巨竹千梃，俨立若相持，水虢虢[⑥]循除[⑦]鸣。斯立痛打溉，对树二松，日哦其间。有问者，辄对曰："余方有公事，子姑去。"

考功郎中知制诰韩愈记。

【注释】

①钳：挟持。②睨：斜视。③訾謷：诋毁。④博陵：地名，在今河北蠡县南。⑤枿：嫩枝。比喻锋芒。⑥虢虢：水流声。⑦除：庭阶。

【译文】

县丞的职责是协助县令，对于一县的政务没有什么不该过问的。令、丞以下是主簿、县

尉，主簿、县尉又各司其职。县丞的职位高，比较容易触犯县令，为了避嫌而对行政依例不加可否。公文发出之前，县吏抱着已拟好的案卷到县丞面前，卷起公文的前面内容，用左手捏住，右手摘出案卷的末尾，像鹅鸭一样摇摆着走进来，直立斜视着县丞说："还得署个名。"县丞动笔在需要自己署名的地方，谨慎地签上名。然后看着县吏，问行不行，县吏说声"行"，就退了出来。县丞不敢稍微打听一下案卷的内容，茫然不知里边写的到底是什么事情。县丞官位虽高，权势反倒在主簿、县尉之下。谚语中一一列出闲散多余的官职，必定会说到县丞，甚至把县丞作为互相诋毁的资料。设立县丞，难道真的只是让它如此吗！

博陵人崔斯立，增进学识，积累文才，不断充实，他的学识渊博，境界高远，每天都有长进，并且开始崭露头角。贞元初年，他身怀才干，在京师竞艺，两次应试，两次折服众人。元和初年，由于在先前任大理寺评事时上疏论朝政得失被贬职，经过两次被贬，才到这个县任县丞。初到任时，他长叹道："官职无所谓卑贱，只怕我的能力不足以尽职。"不久闭口不敢说话，才能不得施展。又长叹道："县丞啊县丞！我没有对不起县丞，但县丞却对不起我！"于是收敛锋芒和棱角，完全追随成规，改去傲慢的脾气来做这个县丞了。

县丞的厅堂里原有一篇壁记，但由于房屋损坏、漏水，污损已无法认读。崔斯立换上椽子和瓦，装饰墙壁将前任县丞的名氏都写在上面。庭院里有四排老槐树，南墙边有上千棵大竹子，整齐地挺立，好像互不相干的样子，汩汩响的流水沿着台阶下流过。崔斯立就将这里彻底清扫，栽上两棵相对的松树，天天在庭院中作诗。有问事的，就回答说："我正有公事在身，你暂时离开这儿吧。"

与孟尚书书

愈白：

行官自南回，过吉州①，得吾兄二十四日手书，数番忻悚兼至，未审入秋来，眠食何似？伏维万福。

来示云：有人传愈近少信奉释氏。此传之者妄也。潮州②时有一老僧，号大颠，颇聪明，识道理。远地无可与语者，故自山召至州郭，留十数日，实能外形骸，以理自胜，不为事物侵乱。与之语，虽不尽解，要自胸中无滞碍。以为难得，因与来往。及祭神至海上，遂造其庐。及来袁州③，留衣服为别。乃人之情，非崇信其法，求福田利益也。

孔子云："丘之祷久矣。"凡君子行己立身，自有法度。圣贤事业，具在方册，可效可师，仰不愧天，俯不愧人，内不愧心。积善积恶，殃庆自各以其类至。何有去圣人之道，舍先王之法，而从夷狄之教以求福利也？《诗》不云乎："恺悌君子，求福不回。"《传》又曰："不为威惕，不为利疚。"假如释氏能与人为祸祟④，非守道君子之所惧也，况万万无此理。且彼佛者果何人哉？其行事类君子邪？小人邪？若君子也，必不妄加祸于守道之人；如小人也，其身已死，其鬼不灵。天地神祇，昭布森列，非可诬也，又肯令其鬼行胸臆，作威福于其间哉？进退无所据，而信奉之，亦且惑矣。

且愈不助释氏而排之者，其亦有说。孟子云："今天下不之杨，则之墨。"杨、墨交乱，而圣贤之道不明，则三纲沦而九法斁，礼乐崩而夷狄横，几何其不为禽兽也！

故曰能言距杨、墨者，皆圣人之徒也。扬子云云：古者杨、墨塞路，孟子辞而辟之，廓如也。夫杨、墨行，正道废，且将数百年，以至于秦，卒灭先王之法，烧除其经，坑杀学士，天下遂大乱。及秦灭，汉兴且百年，尚未知修明先王之道。其后始除挟书之律，稍求亡书，招学士。经虽少得，尚皆残缺，十亡二三，故学士多老死。新者不见全经，不能尽知先王之事，各以所见为守，分离乖隔，不合不公，二帝三王群圣人之道于是大坏。后之学者，无所寻逐，以至于今泯泯也。其祸出于杨、墨肆行而莫之禁故也。孟子虽贤圣，不得位，空言无施，虽切何补！然赖其言，而今学者尚知宗孔氏，崇仁义，贵王贱霸而已。其大经大法，皆亡灭而不救，坏烂而不收，所谓存十一于千百，安在其能廓如也！然向无孟氏，则皆服左衽而言侏离⑤矣。故愈尝推尊孟氏，以为功不在禹下者，为此也。

汉氏已来，群儒区区修补，百孔千疮，随乱随失，其危如一发引千钧，绵绵延延，浸以微灭。于是时也，而倡释老于其间，鼓天下之众而从之。呜呼，其亦不仁甚矣！释老之害，过于杨、墨；韩愈之贤，不及孟子。孟子不能救之于未亡之前，而韩愈乃欲全之于已坏之后，呜呼！其亦不量其力，且见其身之危，莫之救以死也！虽然，使其道由愈而粗传，虽灭死万万无恨。天地鬼神，临之在上，质之在傍，又安得因一摧折，自毁其道以从于邪也？籍、湜⑥辈虽屡指教，不知果能不叛去否？辱吾兄眷厚而不获承命，唯增惭惧，死罪死罪。愈再拜。

【注释】

①吉州：今江西吉安市。②潮州：今广东潮安县。③袁州：今江西宜春县。④祟：神祸。⑤侏离：蛮夷语声。⑥籍、湜：即张籍、皇甫湜。

【译文】

韩愈禀告：

我从南方归来，经过吉州，得到老兄二十四日的亲笔信，高兴和忧虑多次相伴袭来，我没有详细过问过入秋以来，您睡眠饮食如何？衷心祝福您多福！

来信明示说：有人传言韩愈近来稍稍信奉点佛教了。这个传话的人太荒诞了。我在潮州任上时有一个老僧，法号大颠，十分聪明，懂得事理。偏僻之地没有可以谈话的人，所以我从山中把他请到州城，挽留十多天，他的确能超然形体之外，靠义理来克制自己，不为外界事物侵扰。同他谈话，尽管不能完全理解，但其要点在心中理解起来还是没有阻碍的。认为这是难得的人才，便跟他交往起来。等他祭神到了海上，我便到他的房舍去拜访。等我来到袁州的时候，他留下一件衣服作为分别的纪念。这是人之常情，并不是推崇信奉那种佛法，谋求什么积善得福和其他好处。

孔子说："我祈祷已经很久了。"大凡君子立身行事，自然有一个法则。圣人贤人的功业事迹，都在典籍上，可以仿效和学习，对上无愧于天，对下无愧于人，对内无愧于心。积累善行，积累恶行，灾祸吉庆自然各依善恶类别而到来。哪里有抛弃圣人的学说，舍弃先王的法则，去学习落后民族的教化来求幸福好处的道理呢？《诗经》上不是这样说过吗："平易近人的君子，追求福禄而不邪僻。"《传》上又说："不因为威势而害怕，也不因为利益而内心苦闷。"

假如释迦牟尼能给人制造祸害，这不是信守道义的君子所害怕的事，更何况绝没有这种道理。再说那佛究竟是什么样的人呢？他做事像君子呢，还是像小人？假如像君子，一定不胡乱地把灾祸加给守道义的人；假如像小人，他的身体已死，变成鬼也不灵验。天地之神，清楚繁密地排列着，是不可欺骗的，又怎能允许那些鬼实行自己的心怀，在天地间作威作福呢？前进与后退都无所依凭，就是信奉它，也接近糊涂了。

并且我不帮助释氏而排斥他，也有一定的道理。孟子说过："现在天下不靠近杨朱，就靠近墨翟。"杨朱和墨子交相称乱，圣贤之道不得彰显，结果三纲五常沦没，而周天子治理天下的九项措施遭到破坏，礼乐败坏，而落后民族却横行，怎么能不让人们变成禽兽呢！因此，能够用言论抵制杨朱、墨翟的人，都是圣人的门徒。杨雄有文种说法：古时杨、墨学说充塞道路，结果孟子离开社会而隐居起来，表现了他的心胸廓达。杨、墨学说通行，真正的学说被废除，将近几百年，直到秦朝，终于灭掉了先王的法制，焚烧除掉那些经书，坑害读书人，天下于是就大乱起来。到了秦朝灭亡，汉兴盛将近一百年，还不明白修明先王的学说。其后才废除了秦始皇颁布的藏书禁令，逐渐地才寻找丢失的书，招揽学士。经书尽管得到了一部分，还都是残缺不全，十分之二三亡失，以前的学者多数老死，新学者没有见过完整的经书，不能全部地明白先王的事情，各以自己的见解作为根据，拆散分离，不能融合起来，不取法普遍的真理，二帝三王和众多的圣人学说，于是十分衰败。后来的学者没有办法追寻，以至于到现在还是十分混乱。这祸根就出自杨朱、墨翟的学说肆无忌惮地通行，而没有人加以禁止。孟子尽管贤圣，但没有得到适当的地位，说了些空话并没有施行，即使切要又有什么裨益呢？但是靠了他的话，现在的学者还知道信奉敬仰孔子，崇信仁义，看重王道轻视霸道罢了。那些大的道理大的法则，都失掉而不可挽回，毁坏而不可收拾了，这就是所说的在千百之中保存下来的只有十一分，面对这种情况，在哪里有心胸廓达呢？但是原先假果没有孟子，那么我们都会穿上少数民族的衣服而说他们的语言了。因此我曾经尊崇孟子，认为他的功绩不在大禹之下，就是在于这一点。

汉朝以来，儒生们做了小小的修补，毛病还是很多，并且随时散乱随时佚失，那种危机程度如同千钧一发，延续不断，渐近于衰败灭亡。在这个时候，在当中却去倡导佛老学说，鼓动天下的大众去学习它们。哎呀，那种不仁德也太过分了！佛老的危害，远远超过了杨朱和墨子；我的贤能，赶不上孟子。孟子在圣贤之道没有泯灭之前不能加以挽救，而我居然想在圣贤之道已衰败之后加以成全，唉！那真是自不量力啊，而且看到自身的危险，却没有什么办法挽救而死去！尽管如此，让那圣贤之道由我粗略地传下去，就是灭亡死去，绝对不感到遗憾。天地鬼神，高高在上，见证人就在旁边，又怎么可以因受到一次挫折，就自己毁坏坚持的学说来屈服于邪道呢？张籍、皇甫湜等人尽管多次给以指教，不知道果真能够不背叛离去否？承蒙老兄您的厚爱而未能接受您的意见，只是增加羞愧和畏惧，死罪死罪。愈再拜。

与鄂州柳中丞书

淮右残孽，尚守巢窟；环寇之师，殆且十万。瞋目语难，自以为武人，不肯循法度，頡頏作气势，窃爵位自尊大者，肩相摩、地相属也。不闻有一人援桴鼓誓众而前者，但日令走马来求赏给，助寇为声势而已。

阁下书生也，诗书礼乐是习，仁义是修，法度是束，一旦去文就武，鼓三军而进

之，陈师鞠旅，亲与为辛苦，慷慨感激，同食下卒，将二州之牧[①]，以壮士气，斩所乘马，以祭踶死之士，虽古名将何以加兹！此由天资忠孝，郁于中而大作于外，动皆中于机会，以取胜于当世，而为戎臣师，岂常习于威暴之事，而乐其斗战之危也哉！

愈诚怯弱，不适于用，听于下风，窃自增气。夸于中朝稠人广众会集之中，所以羞武夫之颜，令议者知将国兵而为人之司命者，不在彼而在此也。临敌重慎，诫轻出入，良用自爱，以副见慕之徒之心，而果为国立大功也。幸甚幸甚！不宣。愈再拜。

【注释】

①将二州之牧：二州，指鄂州、岳州。当时柳中丞公绰观察鄂、岳，打算讨伐吴元济，诏发兵五千属刺史李听前往。公绰请自行，答应了他。于是引兵渡江，每战辄胜。

【译文】

淮水之西的残渣余孽吴元济，还固守着巢穴；围巢贼寇的官军，大概近十万。他们瞪着眼辩论，自认为是军人，不愿意遵循法度，倔强摆威风、窃取爵位、妄自尊大的，多得肩并肩，地盘连着地盘。不曾听说有一个人能拿过鼓槌击鼓，在众将士面前宣誓向前的，他们只知道天天派快马来要奖励和给养，这不过是帮着贼寇造声势罢了。

您是一个书生，讲习诗、书、礼、乐，学习仁义，遵循法度，一旦弃文从武，鼓励三军让他们进攻敌人，将战之日召集部队训话，亲自参加，承受辛勤劳苦，意气风发、情绪激动，和部下吃一样的饭菜，率领安、黄二州的州牧，来鼓舞士气，杀掉自己的坐骑，来祭奠被马踢死的马伕，就是古代的著名将领，怎么能超过这些呢！这都是由于天性忠孝，郁结在胸中而在外部的显著表现，行动都合乎时机，而在现实社会上获得了胜利，成为武将的典范，哪里是经常习惯于威慑暴横的事情，而喜欢争斗打仗的危险呢！

我实在是懦弱胆小，没什么用处，听到下面的风采，我自己也增加了勇气。在朝中人稠众广的场合夸耀，用这种方法来羞辱武夫的脸面，让议论的人们清楚，统率国家的部队而成为操纵人们命运的，不在那里，而在这里。面对敌人要注意谨慎，不要轻率地出人，好好珍重自己，以满足敬仰您的人们的心愿，一定要为国家立大功！十分幸运！十分幸运！不再一一细说，韩愈再拜。

再与鄂州柳中丞书

愈愚，不能量事势可否，比常念淮右，以靡弊困顿三州之地，蚊蚋蚁虫之聚，感凶竖煦濡饮食之惠，提童子之手，坐之堂上，奉以为帅，出死力以抗逆明诏，战天下之兵，乘机逐利，四出侵暴，屠烧县邑，贼杀不辜。环其地数千里，莫不被其毒。洛、汝、襄、荆、许、颍、淮、江，为之骚然。丞相、公卿、士大夫，劳于图议。握兵之将，熊罴貙虎之士，畏懦蹙蹜[①]，莫肯杖戈为士卒前行者。独阁下奋然率先，扬兵界上，将二州之守，亲出入行间，与士卒均辛苦，生其气势。见将军之锋颖，凛然有向敌之意。用儒雅文字章句之业，取先天下，武夫关其口而夺之气。愚初闻时方食，不觉弃匕箸起立。岂以为阁下真能引孤军单进，与死寇角逐，争一旦侥幸之利哉？就令如是，亦不足贵。其所以服人心，在行事适机宜，而风采可畏爱故也。是以前状辄述鄙诚。眷惠手翰还答，益增忻悚。

夫一众人心力耳目，使所至如时雨，三代用师，不出是道。阁下果能充其言，继之以无倦，得形便之地，甲兵足用，虽国家故所失地，旬岁可坐而得，况此小寇，安足置齿牙间？勉而卒之，以俟其至，幸甚！

夫远征军士，行者有羁旅离别之思，居者有怨旷骚动之忧，本军有馈饷烦费之难，地主多姑息形迹之患。急之则怨，缓之则不用命。浮寄孤悬②，形势销弱。又与贼不相谙委，临敌恐骇，难以有功。若召募土人，必得豪勇，与贼相熟，知其气力所极，无望风之惊，爱护乡里，勇于自战。征兵满万，不如召募数千，阁下以为何如？傥可上闻行之否？计已与裴中丞相见，行营事宜，不惜时赐示及，幸甚，不宣。愈再拜。

【注释】

①甓蹜：畏避不进貌。②浮寄孤悬：孤零无助。

【译文】

我很愚钝，不能衡量事情的情势行与不行，近来时常惦念着淮西的事，贼寇吴元济凭借着疲惫委靡的申、光、蔡三州这块地盘，像蚊子蚂蚁一样聚在一起，感戴凶恶小人在饮食方面照顾关心这点儿恩德，持着一个小孩子的手，居然让他坐在大堂之上，尊奉为统帅，献出必死之力来对抗圣明的诏令与国家的军队交战，利用时机追逐利益，四面出击，侵掠施暴，烧掠县城，残杀无辜，周围的土地有好几千里，没有不受他祸害的。洛、汝、襄、荆、许、颍、淮、江等地，为这事动荡起来。丞相、公卿、士大夫们，徒劳地在商讨对策。掌握兵权的将领们，那些像熊罴貔虎的勇士们，一个个畏惧怯懦，躲避不前，没有肯拿起武器走在士兵前头的。只有您奋不顾身带了个头，陈兵在边界上，率领安、黄二州的郡守，亲自出入行伍中间，与士兵同甘共苦，鼓舞他们的士气。看将军的锐气，威风凛凛，大有杀向敌人的意思。一个温文尔雅，从事学术研究的人，走在天下军人之先，使他们闭起嘴来，失去了气势。我开始听到这个消息时正在吃饭，情不自禁地放下匙和筷子站了起来。难道以为您果真能够统率一支军队单独前进，同垂死挣扎的贼寇争斗，争得一时意外获得的利益吗？就是如此，也不值得可贵。因此让人们从心眼里佩服，是在于您干事善于抓住时机，气度值得敬畏的原由。因此，前封信就表达了我这片心意。承蒙您能给我写亲笔信作答，更增加了我的欣喜和敬畏之情。

使大家思想行动一致，让部队所到之处像下了及时雨一般，夏商周三代用兵，不外乎这个原则。您果真能实践自己的承诺，再加上不知疲惫地工作，占取有利的地形，有足够用的军备，就是国家以前失掉的地盘，不出一年就可以很轻易地收复，更何况是这样一股小的贼寇，哪里值得挂在嘴边呢？努力坚持到最后吧，我等着您的成功，祝您好运！

远征的士兵，行军的会有寄居作客离别故土的思念之情，住下来的会有怨女旷夫骚动不宁的忧虑，本部军队有给养耗费的困难，当地主人会有迁就包庇错误行为的忧虑。抓得过紧就怨恨，抓得过松就不服从命令，孤军无援，阵势削弱。再加上对贼寇不熟悉，见了敌人就害怕，很难立功。假如征召当地的人，一定会得到英勇强悍之士，他们熟悉贼寇，知道敌人的气力能到的范围，不会产生望风而逃的惊恐，爱护家乡，勇于独立作战。征兵上万，不如募兵几千，

您认为怎样？是否可以报告给圣上实行呢？这个考虑已跟裴中丞商量过了军营中的事情，望您按时告诉给我们，那就很幸运了。不再一一细说。韩愈再拜。

送李愿归盘谷序

太行之阳有盘谷。盘谷之间，泉甘而土肥，草木丛茂，居民鲜少。或曰：谓其环两山之间，故曰“盘”。或曰：是谷也，宅幽而势阻，隐者之所盘旋。友人李愿[①]居之。

愿之言曰：“人之称大丈夫者，我知之矣：利泽施于人，名声昭于时，坐于庙朝，进退百官，而佐天子出令。其在外，则树旗旄，罗弓矢，武夫前呵，从者塞途，供给之人，各执其物，夹道而疾驰。喜有赏，怒有刑。才畯满前，道古今而誉盛德，入耳而不烦。曲眉丰颊，清声而便体，秀外而惠中[②]，飘轻裾，翳长袖，粉白黛绿者，列屋而闲居，妒宠而负恃，争妍而取怜。大丈夫之遇知于天子，用力于当世者之所为也。吾非恶此而逃之，是有命焉，不可幸而致也。穷居而野处，升高而望远，坐茂树以终日，濯清泉以自洁。采于山，美可茹[③]；钓于水，鲜可食。起居无时，惟适之安。与其有誉于前，孰若无毁于其后？与其有乐于身，孰若无忧于其心？车服不维，刀锯不加，理乱不知，黜陟不闻。大丈夫不遇于时者之所为也，我则行之。伺候于公卿之门，奔走于形势之途，足将进而趑趄[④]，口将言而嗫嚅[⑤]，处秽污而不羞，触刑辟而诛戮，侥幸于万一，老死而后止者，其于为人，贤不肖何如也？”

昌黎韩愈，闻其言而壮之。与之酒而为之歌曰：“盘之中，维子之宫；盘之土，可以稼；盘之泉，可濯可沿[⑥]；盘之阻[⑦]，谁争子所？窈而深，廓其有容；缭而曲，如往而复。嗟盘之乐兮，乐且无央。虎豹远迹兮，蛟龙遁藏。鬼神守护兮，呵禁不祥。饮且食兮寿而康，无不足兮奚所望？膏吾车兮秣吾马，从子于盘兮，终吾生以徜徉。”

【注释】

①李愿：按李愿同时有两位，一为西平王晟子，一为陇西李愿。考此序作于贞元十七年（801 年），时西平王子方为宿卫将。旧注指是西平王子，其说非是，实陇西李愿。②秀外而惠中：外貌秀美，内心聪慧。③茹：食。④趑趄：欲行不行貌。⑤嗫嚅：欲言不言貌。⑥沿：循行。⑦阻：险阻。

【译文】

太行山的南面有个盘谷。盘谷中间，泉水甘甜，土地肥沃，草木繁茂，居民稀少。有人说：“由于这个山谷环绕在两山之中，所以称作‘盘’。”有人说：“这个山谷，位置幽僻并且地势险阻，是隐居者盘桓的地方。”我的朋友李愿就居住在此。

李愿有这样的话：“人们称为大丈夫的，我是清楚的：他们能给人以利益和恩惠，名誉声望显扬于当世，在朝廷上，任免百官，辅助天子发布诏令。他在朝廷外，便树起旗帜，陈设弓箭，武士在前吆喝，随从堵塞道路，负责给养的人，各自拿着物品，在道路的两旁飞快地奔跑。高兴时就给以奖励，发怒时就随意处罚。身边聚集着很多才能出众的人物，谈古论今，赞扬着他们的丰功伟业，让他听来不感到厌倦。眉毛弯弯，面颊丰腴，声音清脆，体态轻盈，外貌秀美，内心聪敏，起舞时飘动着轻软的衣襟，长长的衣袖遮盖着面容，脸涂白粉、眉描青黛的女子，在一排排后房中悠闲地住着，恃仗才貌，忌妒别的姬妾得宠，争相比美来博取爱怜。这就是大丈夫受到皇上的知遇，在当世能施展才能者的所作所为。我并不是讨厌这些而逃避的，只是命中注定，不能存侥幸心理来获得。穷困家居，处于山野，登到高处眺望远方；坐在茂密的树林里逍遥度日，在清澈的泉水里洗澡以保持自己的清洁。在山上采集的果子，鲜美可食；水里钓来的鱼，新鲜可口。作息没有固定的时间，只要觉得舒适就心安理得。与其当面受到赞扬，哪如背后不受诋毁？与其肉体享受安乐，哪如内心没有忧虑？没有高官厚禄的束缚，没有刀锯刑戮的危险，国家的治乱不去了解，贬黜外迁不去打听。这是大丈夫不得志于当世的所作所为，我就如此去做。侍候在公卿的门下，奔走在地位权势的道路上，要想抬脚前进却又犹犹豫豫，要想开口说话却又欲言而止，处在污浊的环境却又不知羞耻，触犯刑律还要受到诛杀，对万分之一的机会却存在着一种侥幸心理，直到老死才肯罢休，他们这种人在为人上，贤与不贤究竟怎么样呢？”

昌黎韩愈听了李愿的话，觉得说的很豪壮。给他敬上酒并为他作了一首歌：“盘谷之中，是你的房舍；盘谷的土地，可以种五谷；盘谷的泉水，可以用来洗澡、可以顺着它漫步徐行；盘谷如此险阻，谁抢你的住所？盘谷幽远而深邃，天地广阔可以容身；山谷曲折回环，走进去好像又回到原处。啊！盘谷中的乐趣啊，快乐不尽。虎豹远远地避开啊，蛟龙也隐藏逃避。鬼神保护守卫啊，呵斥禁绝魑魅魍魉。能吃能喝啊，长寿又健康，没有不满意的事啊，还有什么奢望？给我的车子加上油啊，喂足我的马，跟着你到盘谷啊，我的一辈子就在这里悠游徜徉。”

送董邵南序

燕、赵[①]古称多感慨悲歌之士。董生举进士，连不得志于有司，怀抱利器，郁郁适兹土，吾知其必有合也，董生勉乎哉！

夫以子之不遇时，苟慕义强仁者，皆爱惜焉，矧燕、赵之士，出乎其性者哉！然吾尝闻风俗与化移易，吾恶知其今不异于古所云邪？聊以吾子之行卜之也。董生勉乎哉！

吾因子有所感矣，为我吊望诸君[②]之墓，而观于其市，复有昔时屠狗者[③]乎？为我谢曰：“明天子在上，可以出而仕矣。”

【注释】

①燕、赵：指唐代河北道一带地方，包括今山西、河北及河南、山东一部分。这些地方，在战国时主要属于燕国和赵国的领地。②望诸君：乐毅，赵人，曾辅佐燕昭王打败齐国。后离开燕国到赵国，封于观津，号望诸君。③屠狗者：以杀狗为职业的人。荆轲至燕，喜爱燕国的屠狗者及高渐离，每天跟他们共饮于燕市，酒酣，歌于市中。

【译文】

燕、赵大地自古以来号称多悲歌慷慨之士。董生举进士科，连续几次不被主考官录取，身怀出众的才能，心情抑郁地要到这个地方去，我明白董生此行一定会有所遇合，董生努力吧！

凭你这样的才华生不逢时，只要仰慕仁义并勉力去做的人，都会对你爱惜，更何况燕、赵

一带的豪侠之士是出于他们的天性呢！但是，我曾听说风俗随着教化而改变，我如何知道那里的今天会同古时候所说的不一样呢？姑且用你的这次行动去验证一下吧。董生努力吧！

我因为你的事情而有所感触，请你替我到望诸君乐毅的墓前去凭吊一番，再到市上去看看，还有过去那种以杀狗为职业的人吗？请代我向他们致辞："圣明的皇帝在上，应该出来做官效力了！"

送浮屠文畅师序

人固有儒名而墨行者，问其名则是，校其行则非，可以与之游乎？如有墨名而儒行者，问其名则非，校其行而是，可以与之游乎？扬子云称：在门墙则挥之，在夷狄则进之[①]。吾取以为法焉。

浮屠师文畅，喜文章，其周游天下，凡有行，必请于搢绅先生，以求咏歌其所志。贞元十九年春，将行东南，柳君宗元为之请。解其装，得所得叙诗累百余篇。非至笃好，其何能致多如是邪？惜其无以圣人之道告之者，而徒举浮屠之说赠焉。

夫文畅，浮屠也，如欲闻浮屠之说，当自就其师而问之，何故谒吾徒而来请也？彼见吾君臣父子之懿，文物事为之盛，其心有慕焉，拘其法而未能入，故乐闻其说而请之。如吾徒者，宜当告之以二帝三王之道，日月星辰之行，天地之所以著，鬼神之所以幽，人物之所以蕃，江河之所以流而语之，不当又为浮屠之说而渎告之也。

民之初生，固若禽兽夷狄然。圣人者立，然后知宫居而粒食，亲亲而尊尊，生者养而死者藏。是故道莫大乎仁义，教莫正乎礼乐刑政。施之于天下，万物得其宜；措之于其躬，体安而气平。尧以是传之舜，舜以是传之禹，禹以是传之汤，汤以是传之文武，文武以是传之周公孔子，书之于册，中国之人世守之。今浮屠者，孰为而孰传之邪？

夫鸟俯而啄，仰而四顾，夫兽深居而简出，惧物之为己害也，犹且不脱焉，弱之肉，强之食。今吾与文畅安居而暇食，优游以生死，与禽兽异者，宁可不知其所自邪？

夫不知者，非其人之罪也；知而不为者，惑也；悦乎故不能即乎新者，弱也；知而不以告人者，不仁也；告而不以实者，不信也。余既重柳请，又嘉浮屠能喜文辞，于是乎言。

【注释】

①"扬子云"至"则进之"：扬雄《法言·修身》："或问：人有倚孔子之墙，弦郑、卫之声，诵韩、庄之书，则引诸门乎？曰：在夷貉则引之，门墙则麾之。"

【译文】

人本来就有名义上是儒家而行动上是墨家的，问他的名则是儒家，考察他的行为却不是儒家，这样的人可以与他交往吗？假如有名义上是墨家而行为上却是儒家，问他的名则不是墨家，考察他的行为却是墨家，这样的人可以同他交往吗？扬雄说：如果近在门墙边就让他走开，在落后民族就把他招进来。我借用过来作为一条准则。

僧师文畅，喜有文章，他周游天下，大凡出行，一定邀请士大夫先生，以便歌咏他的志趣。贞元十九年的春天，他准备到东南去旅行，柳宗元被他邀请。解开他的行装，发现搜集的诗序共有一百多篇。假如不是极度地爱好，怎么可能多到这种地步呢？可惜宗元没有用圣人之道告诉他，而只是拿佛教学说赠予他。

文畅是个僧人，假如想听佛教学说，应该自己到老师那里去请教，何故到我辈这里来邀请呢？那是他看到我们君臣父子关系的美好，典章制度及事情做起来礼节的丰盛，他心里对这种有所羡慕，只是因为被礼法所拘束而没能入门，因此喜欢听宗元的说教并邀请了他。像我们这些人，应该用二帝三王之道告诉他，把日月星辰的运行，天地之所以明显，鬼神之所以幽暗，人物之所以繁盛，江河之所以流动来告诉他，不应又把佛教的学说轻率地告诉他。

人开始生下来的时候，本来就像禽兽野蛮民族的人一样。圣人制定了礼制，人们才知道住在屋里并吃粮食，亲近亲人而尊敬尊者，活着养死了葬。因此道没有比仁义更大的，教化没有比礼乐刑政更能端正人的。把这些东西推行到天下，万物就各得其所；把它们施加到身上，身体就会安康而精气平和。尧把这些传授给舜，舜把这些传授给禹，禹把这些传授给商汤，商汤把这些传授周文王、周武王，周文王、周武王把这些传授给周公、孔子，并记载在书册上，中原的人世世代代遵循它。如今的僧人，有谁去推究而又有谁去传播它呢？

鸟类低下头来啄食，抬起头来四处张望，兽类躲在深山偏僻的地方，很少出来，都是害怕外物给自己造成危害，这样尚且不能摆脱被害，弱者的肉，是强者的食物。现今我和文畅安于所居清闲地生活，自由自在地活着与死去，与禽兽不同的，难道可以不清楚它到底出自什么原因吗？

不清楚原因，不是他的罪过；清楚却不去做，那是糊涂；喜欢旧的不能学习新的，是怯懦；知道却不把这些告诉别人，是不仁；告诉却不以实情，这是不讲信用。我既看重柳宗元的被邀请，又赏识僧人能喜爱文辞，于是就说了这些话。

送廖道士序

五岳[①]于中州，衡山[②]最远。南方之山，巍然高而大者以百数，独衡为宗。最远而独为宗，其神必灵。衡之南八九百里，地益高，山益峻，水清而益驶。其最高而横绝南北者岭[③]。郴之为州，其岭之上。测其高下，得三之二焉。中州清淑之气，于是焉穷。气之所穷，盛而不过，必蜿蟺扶舆，磅礴而郁积。衡山之神既灵，而郴之为州，又当中州清淑之气，蜿蟺扶舆，磅礴而郁积。其水土之所生，神气之所感，白金、水银、丹砂、石英、钟乳，橘柚之苞，竹箭[④]之美，千寻之名材，不能独当也。意必有魁奇忠信、材德之民生其间，吾又未见也。其无乃迷惑溺没于佛老之学而不出邪？廖师郴人，而学于衡山，气专而容寂，多艺而善游，岂吾所谓魁奇而迷溺者邪？廖师善知人，若不在其身，必在其所与游，访之而不吾告，何也？于其别，申以问之。

【注释】

①五岳：即泰、衡、嵩、华、恒五山。②衡山：今湖南衡山县西北，有七十二峰。③岭：郴州骑田岭，为入两广的要路。④竹箭：刚长出来的竹子。

【译文】

五岳对于中州来说，南岳衡山最遥远。南方的山，巍峨高峻的多得数以百计，只有衡山为尊。离得最远却偏偏为尊，那里的神必定是有灵验的。衡山的南面有八九百里，越往南，地势就越高，山势也越险峻，水十分清澈而流速极快。那个最高而且横断南北的是骑田岭。郴州就在这座山岭的坡上。假如测量郴州的高低，测得的结果就在岭的三分之二的高度上。中州明朗纯净之气，到这里就穷尽了。中州之气终极之处，气盛大却越不过山岭，那必定在岭北盘曲，由下而上而且充沛聚集。衡山之神既然有灵气，而岭上的郴州，也该挡住中州的明朗纯净之气，使中州之气在这里盘曲，由下而上而且充沛聚集。郴州的水土所出产的，神气所感应的，像白金、水银、朱砂、石英、钟乳石，桔子树柚子树的繁茂，嫩竹的秀美，十分高的名贵木材等，都不能独立承受。想肯定有杰出的、讲忠信、有才德的人生在其间，我又没有看到。那恐怕是由于迷惑沉溺于佛老之学而没有出现吧？廖大师是郴州人，在衡山就学，精力专一，仪态稳重，多才多艺而善于交往，难道他就是我所说的杰出然而被佛老之学迷惑沉溺的人吗？廖大师善体人意，假如他不是“魁奇而迷溺”的人，就一定是同他交游的人，询问他，他却不告诉我，这是为什么呢？在他离开时，我一再地询问他。

祭田横墓文

贞元十一年九月，愈如东京①，道出田横②墓下。感横义高能得士，因取酒以祭，为文而吊之。其辞曰：

事有旷百世而相感者，余不自知其何心。非今世之所稀，孰为使余歔欷而不可禁？余既博观乎天下，曷有庶几乎夫子之所为？死者不复生，嗟余去此其从谁？当秦氏之败乱，得一士而可王，何五百人之扰扰，而不能脱夫子于剑铓③？抑所宝之非贤，亦天命之有常？昔阙里④之多士，孔圣亦云其遑遑。苟余行之不迷，虽颠沛其何伤！自古死者非一，夫子至今有耿光。跽陈辞而荐酒，魂仿佛而来享。

【注释】

①东京：唐代的东京，今河南洛阳市。②田横：秦人，本齐王田氏族。韩信既破齐王广，横遂自立为齐王。汉灭项羽，横与其徒属五百人逃亡到海岛中。高祖使人招抚他们说：“横来，大者王，小者侯；不来，且举兵加诛。”横因与二客诣洛阳，未至三十里，曰：“始与汉南面，今奈何北而事之!”遂自杀。其余五百人在海中听说横死讯，也都自杀。人们都哀悯他。③铓：刃端。④阙里：在今山东曲阜县，孔子故里。

【译文】

贞元十一年（公元795年）九月，我到东都洛阳去，路过田横的墓旁。为田横品行高尚深得士人拥护而感叹，于是就拿出酒来祭奠，写了这篇祭文来悼念他。悼词是这样的：

事情有虽然过了百世还能相互感应的，我自已也不知道那究竟是一种什么心思。要不是现在社会上稀有的事，怎么能使我抽泣而叹息不止呢？我已经观遍了全天下，哪有和你的所作所为差不多的呢？死去的当然不能再活过来，唉，我离开这还要去追随谁呢？在秦王朝衰败之际，如果能得到一个贤士就可以称王，为什么热热闹闹五百人，却不能解脱您用刀剑自杀身亡的命运？是珍爱的人品德不好呢？还是天命有自己的规则？过去孔子住处有许多贤人，孔圣人也说他自己是匆忙不安。只要是我的品德不迷乱，就是颠沛流离又有什么妨碍？自古以来死的人不只一个，只有您到现在还有耿直的荣光。我跪着述说并且祭上酒，您的魂灵好像来享用了。

祭柳子厚文

维年月日，韩愈谨以清酌庶羞之奠，祭于亡友柳子厚之灵：

嗟嗟子厚，而至然邪？自古莫不然，我又何嗟！人之生世，如梦一觉；其间利害，竟亦何校①？当其梦时，有乐有悲；及其既觉，岂足追惟？凡物之生，不愿为材；牺樽青黄②，乃木之灾。子之中弃，天脱絷羁；玉佩琼琚③，大放厥辞。富贵无能，磨灭谁纪。子之自著，表表愈伟。不善为斫，血指汗颜；巧匠旁观，缩手袖间。子之文章，而不用世；乃令吾徒，掌帝之制。子之视人，自以无前；一斥不复，群飞刺天。

嗟嗟子厚，今也则亡；临绝之音，一何琅琅！遍告诸友，以寄厥子；不鄙谓余，亦托以死。凡今之交，观势厚薄；余岂可保，能承子托？非我知子，子实命我；犹有鬼神，宁敢遗堕！念子永归，无复来期；设祭棺前，矢心以辞。呜呼哀哉！尚飨！

【注释】

①校：相角。②牺樽青黄：百年的木材，破为牺樽，用青黄颜料粉饰它。见《庄子·天地》。牺樽，一种酒器，用木做成。③玉佩琼琚：均为玉质装饰品。

【译文】

某年月日，韩愈谨用清酒和众多的佳肴作祭品，祭祀死去的朋友柳子厚的在天之灵：

唉，子厚，您怎么到了这种田地呢？古往今来没有谁不是这样的，我又何必嗟叹呢！人生在世，就像做梦睡醒；这其中的利和害，最终怎么能算得清呢？当他在梦中时，有喜也有悲；当他醒来时，哪里值得追思？大凡万物活着时，都不乐意被取用为材；百年之树破为牺樽，用青黄颜料加以粉饰，这就是大树的灾祸。你半路死去，是上天给你解去了羁绊；您的诗文像玉佩琼琚那么漂亮，其言辞大放异彩。假如富贵而不能表现，出自己的才华，反倒会湮灭而不能青史留名。你生前的自我表现不同凡响，壮美雄伟。不擅长削材成器，血染了手指，惭愧而出汗；灵巧的工匠在旁边观看，把手缩到袖筒里。以你的文笔，却不被当世所用；反倒让我们这种人，掌管着朝廷的制诰。你平时看人，一向是超出前人的；您一旦被贬谪，没有再回来，反倒留下机会让成群的文人得以飞扬直上青天！

唉，子厚呀，现在您却去了；您临近故去的声音，是多么清脆响亮！您曾告诉过所有的朋友们，寄托您的儿子；您对我从不看轻，也曾以死相托。大凡现在人们的交往，往往看重对方势力的大小；我哪能保证，能够承担起您的重托呢？不是我了解您，而是您实心实意托付于我；还有鬼神的监督，怎敢把事情忘掉？我怀念您长久地离去，没有再回来的日期；在棺木前献上祭品，用这些话语向您发誓。唉，真可悲啊！请您享用这些祭品吧！

祭十二郎文

年月日，季父愈闻汝丧之七日，乃能衔哀致诚，使建中远具时羞之奠，告汝十二郎①之灵：

呜呼！吾少孤，及长，不省所怙②，惟兄嫂是依。中年兄殁南方，吾与汝俱幼，从嫂归葬河阳。既又与汝就食江南，零丁孤苦，未尝一日相离也。吾上有三兄，皆不幸早世。承先人后者，在孙惟汝，在子惟吾，两世一身，形单影只。嫂尝抚汝指吾而言曰："韩氏两世，惟此而已！"汝时犹小，当不复记忆；吾时虽能记忆，亦未知其言之悲也！

吾年十九，始来京城，其后四年而归视汝。又四年，吾往河阳省坟墓，遇汝从嫂丧来葬。又二年，吾佐董丞相于汴州，汝来省吾，止一岁，请归取其孥。明年，丞相薨，吾去汴州，汝不果来。是年，吾佐戎徐州，使取汝者，始行，吾又罢去，汝又不果来。吾念汝从于东，东亦客也，不可以久。图久远者，莫如西归，将成家而致汝。呜呼！孰谓汝遽去吾而殁乎？吾与汝俱少年，以为虽暂相别，终当久相与处，故舍汝而旅食京师，以求斗斛之禄。诚知其如此，虽万乘之公相，吾不以一日辍汝而就也。

去年，孟东野往，吾书于汝曰："吾年未四十，而视茫茫，而发苍苍，而齿牙动摇。念诸父与诸兄，皆康强而早世，如吾之衰者，其能久存乎？吾不可去，汝不肯来，恐旦暮死而汝抱无涯之戚也！"孰谓少者殁而长者存，强者夭而疾者全乎！呜呼，其信然邪？其梦邪？其传之非其真邪？信也吾兄之盛德而夭其嗣乎？汝之纯明而不克蒙其泽乎？少者强者而夭殁，长者衰者而存全乎？未可以为信也。梦也？传之非其真也？东野之书、耿兰之报，何为而在吾侧也？呜呼！其信然矣！吾兄之盛德而夭其嗣矣！汝之纯明宜业其家者，不克蒙其泽矣！所谓天者诚难测而神者诚难明矣！所谓理者不可推而寿者不可知矣！

虽然，吾自今年来，苍苍者或化而为白矣，动摇者或脱而落矣，毛血日益衰，志气日益微，几何不从汝而死也？死而有知，其几何离？其无知，悲不几时，而不悲者无穷期矣！汝之子始十岁，吾之子始五岁，少而强者不可保，如此孩提者，又可冀其成立邪？呜呼哀哉！呜呼哀哉！

汝去年书云："比得软脚病，往往而剧。"吾曰："是疾也，江南之人常常有之。"未始以为忧也。呜呼！其竟以此而殒其生乎？抑别有疾而至斯乎？汝之书，六月十七日也，东野云汝殁以六月二日，耿兰之报无月日。盖东野之使者，不知问家人以月日；如耿兰之报，不知当言月日。东野与吾书，乃问使者，使者妄称以应之耳。其然乎？其不然乎？

今吾使建中祭汝，吊汝之孤与汝之乳母。彼有食可守，以待终丧，则待终丧而取以来；如不能守以终丧，则遂取以来。其余奴婢，并令守汝丧。吾力能改葬，终葬汝于先人之侧，然后惟其所愿。

呜呼！汝病吾不知时，汝殁吾不知日；生不得相养以共居，殁不得抚汝以尽哀；

殓不凭其棺，窆[③]不临其穴。吾行负神明，而使汝夭！不孝不慈，而不得与汝相养以生，相守以死！一在天之涯，一在地之角，生而影不与吾形相依，死而魂不与吾梦相接。吾实为之，其又何尤！彼苍者天，曷其有极！自今以往，吾其无意于人世矣，当求数顷之田于伊、颍[④]之上，以待余年。教吾子与汝子，幸其成长；吾女与汝女，待其嫁，如此而已。呜呼！言有穷而情不可终，汝其知也邪？其不知也邪？呜呼哀哉！尚飨！

【注释】

①十二郎：名老成，韩愈兄韩介的次子，韩会的继子。②怙：依靠。《诗经·小雅·蓼莪》："无父何怙？"③窆：下棺入墓穴。④伊、颍：二水名，均在今河南省境内。

【译文】

某年某月某日，叔父韩愈在听到你逝世消息后的第七天，才得以含着悲伤向你表达内心的情感，派建中从远方准备了应时的食品作祭品，告慰你的在天之灵；

呜呼！我自幼丧父，等到长大，还不清楚父亲什么样子，全是依靠哥哥和嫂子。哥哥在中年就死在南方，我和你都还小，跟随嫂子送哥哥的灵柩回河阳安葬。随后又和你到江南谋生，孤苦伶仃，我们两个没有一天分开过。我上面有三个哥哥，都不幸过早逝世。继承先人的后代，在孙子辈里只有你，在儿子辈里只有我，两代都只剩下一个人，孤孤单单。嫂子曾抚摸着你指着我说："韩家两代，只有你们两个了！"你那时还小，可能已不再记得了；我当时虽能记得，但也体味不到她话中的酸楚。

我十九岁时，才来到京城，此后四年，才回家看望你。又过了四年，我去河阳凭吊祖坟，遇到你护送嫂子的灵柩来河阳安葬。又过了两年，我在汴州辅佐董丞相，你来看望我，住了一年，你要求回去把家属接来。第二年，董丞相去世，我离开汴州，你也没来成。这一年，我在徐州佐理军事，派去接你的人刚要出发，我又罢职离开徐州，你又没来成。我想你跟着我到东边，东边也是客居，不能长住。从长远计划，不如西归河阳老家，我把家安顿好再接你来。唉！谁料想你突然离开我去世呢！我和你都还年轻，认为尽管暂时分离，终究会长久相处的，因此才丢开你到京师谋生，以求得微薄的俸禄。要真知道会这样，就是最高贵的公侯卿相，我也不肯一天离开你而去上任啊！

去年，孟东野前往溧阳，我写信托他给你，信中说："我年龄不到四十，却已视力模糊，头发花白，牙齿松动。想起父辈和各兄长，都是在身体强壮健康时便过早逝世，像我这样的虚弱，还能活得长吗？我不能离开长安，你又不肯来，我担心说不定哪天会死去，而你将会怀有无穷无尽的悲痛。"谁能料到年轻的死了，而年长的却还活着；强壮的夭折了，而病弱的倒保全了性命呢！唉！莫非这是真的吗？还是在做梦？还是传的消息不属实呢？假如是真的，我哥哥这样有好的德行的人竟然早早地便失去了他的后嗣了吗？你这样聪明纯正，反倒不能承受你父亲的福泽吗？为什么年轻强壮的却早死，年长体弱的反倒活着呢？不可以信以为真啊。难道是梦？莫非传来的消息不可信？那么孟东野的来信，耿兰的讣报，为什么会在我的身边呢？唉！这是真的了！我哥哥这样好的品德竟然丧失了他的后嗣！你那样聪明纯正本来应该继承家业的，竟不能享受他的福泽了！所谓的天意真难预测，神明的确难以明了！这真是所说的天理不可推测，而寿命不可预知啊！

尽管如此，我从今年以来，灰白的头发有的已变成全白了，松动的牙齿有的已经脱落了，毛发气血一天比一天虚弱，神志意气一天比一天微弱，还能有多少时间不随你而死呢？人死后假如有知，我们又还能分开多久呢？假如人死后无知，那么，悲痛的时间不会再有几天，而不再悲痛的时间倒是无穷无尽。你的儿子才十岁，我的儿子刚五岁，年轻强壮的尚且不能保全，像这样的孩子，又怎么能指望他们长大成人呢？唉，悲伤啊！唉，悲伤啊！

你去年来信说："近来得了软脚病，时常发作得很厉害。"我说："这种病，江南人经常会得的。"未曾为你这种病而担忧。唉！难道你竟然由于这种病而葬送了你的性命吗？还是由于另外有什么病而导致这样呢？你的信，是六月十七日写的，而孟东野说，你是在六月二日逝世的，耿兰报丧时没有说明时日。这大概是东野派去的人，不知道向家里人问清楚时日；而耿兰的丧报，又不知道应当说清你死的时日。或是东野给我写信时才去问派去的人，派去的人胡乱说个日子来应付他而已。是这样呢，还是并非这样呢？

现在我派建中来祭奠你，慰问你的孩子和你的奶母。假如他们有饭吃，能够守丧等到丧期结束，那就等丧期结束后把他们接来；假如不能守丧等到丧期结束，就立即把他们接来。剩下的奴婢，都让他们为你守丧。假如我有力量给你迁葬，最终总要把你葬到祖先的坟地，然后任他们去留自愿。

唉！你生病的时候我不清楚，你去世的日期我也不知道；你活着时我不能和你相互照料着一起居住，你死后我不能抚摸着你的遗体倾尽心中的悲伤；入殓时我不能扶着你的棺木，下葬时我不能亲临你的墓穴。我的行为对不起先人的神灵，致使你过早地逝世。我是对上不孝，对下不慈，我既不能同你一起过日子，相互守护着到老死！一个在天涯，一个在海角；活着时你的影子不能和我的形体相伴随，死后你的魂灵不能和我在梦里相聚会。这实在是我造成的，还能怨恨谁呢？苍天啊，我的悲痛何时才是尽头！从今以后，我对于人世间的事情没有什么兴趣了，我将在伊水、颍水岸边置几顷田地，来度过余生。教育我的儿子和你的儿子，期望他们长大成材；抚养我的女儿和你的女儿，等到他们出嫁，如此而已。唉！话可以说尽而哀痛之情却是没有穷尽的，我说的这些你知道了呢？还是不知道呢？唉！悲伤啊！请享用这些祭品吧！

平淮西碑

天以唐克肖其德①，圣子神孙，继继承承，于千万年，敬戒不怠；全付所覆，四海九州，罔有内外，悉主悉臣。高祖、太宗，既除既治；高宗、中、睿，休养生息。至于玄宗，受报收功，极炽而丰。物众地大，孽牙其间。肃宗、代宗、德祖、顺考，以勤以容。大慝适去，稂莠不薅②。相臣将臣，文恬武嬉；习熟见闻，以为当然。

睿圣文武皇帝既受群臣朝，乃考图数贡曰："呜呼！天既全付予有家，今传次在予，予不能事事，其何以见于郊庙？"群臣震慑，奔走率职。明年平夏③，又明年平蜀④，又明年平江东⑤，又明年平泽、潞，遂定易、定⑥，致魏、博⑦、贝、卫、澶、相，无不从志。皇帝曰："不可究武，予其少息。"

九年，蔡将⑧死，蔡人立其子元济以请，不许。遂烧舞阳，犯叶、襄城，以动东都，放兵四劫。皇帝历问于朝，一二臣外，皆曰："蔡帅之不廷授，于今五十年，传三姓四将⑨，其树本坚，兵利卒顽，不与他等。因抚而有，顺且无事。"大官臆决唱声，

万口和附，并为一谈，牢不可破。皇帝曰："惟天惟祖宗所以付任予者，庶其在此！予何敢不力？况一二臣同[10]，不为无助。"

曰光颜[11]，汝为陈许帅，维是河东、魏博、郃阳三军之在行者，汝皆将之。曰重胤[12]，汝故有河阳、怀，今益以汝，维是朔方、义成、陕、益、凤翔、延、庆七军之在行者，汝皆将之。曰弘，汝以卒万二千，属而子公武往讨之。曰文通，汝守寿，维是宣武、淮南、宣歙、浙西四军之行于寿者，汝皆将之。曰道古，汝其观察鄂岳。曰愬，汝帅唐、邓、随，各以其兵进战。曰度，汝长御史，其往视师。曰度，惟汝予同，汝遂相予，以赏罚用命不用命。曰弘，汝其以节都统诸军。曰守谦，汝出入左右，汝惟近臣，其往抚师。曰度，汝其往，衣服饮食予士，无寒无饥，以既厥事，遂生蔡人。赐汝节斧，通天御带，卫卒三百。凡兹廷臣，汝择自从[13]，惟其贤能，无惮大吏。庚申，予其临门送汝。曰：御史，予闵士大夫战甚苦，自今以往，非郊庙祠祀，其无用乐。

颜、胤、武合攻其北，大战十六，得栅城县二十三，降人卒四万。道古攻其东南，八战，降万三千，再入申，破其外城。文通战其东，十余遇，降万二千。愬入其西，得贼将辄释不杀，用其策，战比有功。十二年八月，丞相度至师，都统弘责战益急，颜、胤、武合战益用命。元济尽并其众洄曲以备。十月壬申，愬用所得贼将，自文城因天大雪，疾驰百二十里，用夜半到蔡，破其门，取元济以献，尽得其属人卒。辛巳，丞相度入蔡，以皇帝命赦其人。淮西平，大飨赉功。师还之日，因以其食赐蔡人。凡蔡卒三万五千，其不乐为兵愿归为农者十九，悉纵之。斩元济京师。

册功，弘加侍中，愬为左仆射，帅山南东道，颜、胤皆加司空，公武以散骑常侍帅鄜、坊、丹、延，道古进大夫，文通加散骑常侍。丞相度朝京师，道封晋国公，进阶金紫光禄大夫，以旧官相，而以其副总为工部尚书，领蔡任。既还奏，群臣请纪圣功，被之金石。皇帝以命臣愈，臣愈再拜稽首而献文曰：

唐承天命，遂臣万邦。孰居近土，袭盗以狂。往在玄宗，崇极而圮。河北悍骄[14]，河南附起[15]。四圣[16]不宥，屡兴师征。有不能克，益戍以兵。夫耕不食，妇织不裳。输之以车，为卒赐粮。外多失朝，旷不岳狩。百隶怠官，事忘其旧。

帝[17]时继位，顾瞻咨嗟："惟汝文武，孰恤予家？"既斩吴蜀，旋取山东。魏将首义，六州降从。淮蔡不顺，自以为强。提兵叫欢[18]，欲事故常。始命讨之，遂连奸邻。阴遣刺客，来贼相臣[19]。方战未利，内惊京师。群公上言，莫若惠来。帝为不闻[20]，与神为谋。乃相同德，以讫天诛。

乃敕颜、胤，愬、武、古、通，咸统于弘，各奏汝功。三方分攻，五万其师。大军北乘，厥数倍之。常兵时曲，军士蠢蠢。既翦陵云，蔡卒大窘。胜之邵陵，郾城来降。自夏入秋，复屯相望。兵顿不厉，告功不时。帝哀征夫，命相往厘。士饱而歌，马腾于槽。试之新城，贼遇败逃。尽抽其有，聚以防我。西师跃入，道无留者。

颔颔蔡城，其疆千里。既入而有，莫不顺俟。帝有恩言，相度来宣。诛止其魁，释其下人。蔡之卒夫，投甲呼舞。蔡之妇女，迎门笑语。蔡人告饥，船粟往哺。蔡人告寒，赐以缯布。始时蔡人，禁不往来。今相从戏，里门夜开。始时蔡人，进战退戮。

今盰而起，左餐右粥。为之择人，以收余惫。选吏赐牛，教而不税。蔡人有言，始迷不知。今乃大觉，羞前之为。蔡人有言，天子明圣。不顺族诛，顺保性命。汝不吾信，视此蔡方。孰为不顺？往斧其吭。凡叛有数，声势相倚。吾强不支，汝弱奚恃？其告而长，而父而兄，奔走偕来，同我太平。

淮蔡为乱，天子伐之。既伐而饥，天子活之。始议伐蔡，卿士莫随。既伐四年，小大并疑。不赦不疑，由天子明。凡此蔡功，惟断乃成。既定淮蔡，四夷毕来。遂开明堂，坐以治之。

【注释】

①克肖其德：克肖，相似。言唐之子孙，其德相似。②大慝、薅：大慝，指安禄山、史思明等人。薅，除草。③平夏：永贞元年（805年），夏绥银节度留后李惠琳叛。元和元年（806年），兵马使张承全讨伐并杀掉他。④平蜀：永贞元年（805年），剑南节度使韦皋卒，行军司马刘辟自称留后。元和元年（806年），东川节度使高崇文擒辟以献。⑤平江东：镇海军节度使李锜反，大将张子良执锜以献。⑥定易、定：元和五年（810年），义成节度使张茂昭以易、定二州归于有司。⑦致魏、博：魏博节度使田弘正以所管六州归于有司。⑧蔡将：吴少阳。⑨三姓四将：广德元年（763年），以李忠臣为淮西节度使；贞元二年（786年）四月，由陈奇任节度使；十月，由吴少诚为节度使。是为三姓。忠臣为其将李希烈所逐，自为节度，忠臣、希烈、少诚、少阳是为四将。⑩一二臣同：指武元衡、裴度等。⑪光颜：李光颜。⑫重胤：乌重胤。以下人名分别为：弘，韩弘；文通，李文通；道古，李道古；愬，李愬；度，裴度；守谦，梁守谦。⑬汝择自从：度奏刑部侍郎马总为副使，右庶子韩愈为行军司马判官书记。⑭河北悍骄：安、史既平，燕、赵、魏相继而起。⑮河南附起：谓淮、蔡之属居河南者。⑯四圣：谓肃、代、德、顺四帝。⑰帝：宪宗。⑱叫欢：惊呼貌。⑲“遂连”至“相臣”：元和十年（815年）六月，宰相武元衡入朝，东平李师道遣刺客暗中突出射之。⑳“群公”至“不闻”：平蔡师久无功，宪宗命裴度往视形势，度还奏，言必可取之状。时李逢吉、韦贯之等皆不欲进兵，谓莫若因而抚之。惟宪宗确然不听其言。

【译文】

天帝认为大唐可以做到和他的盛德相似，神圣的子孙们，要继承不断，直至千万年，要坚持严肃戒惧而不懈怠；把整个天下都托付给他们，四海之内，天下九州，不分内外，都由他们主宰，都做他们的臣子。高祖（李渊）、太宗（李世民），削平天下进行治理；高宗（李治）、中宗（李显）、睿宗（李旦）又保养民力，增殖人口。到了玄宗（李隆基），得到了回报，收到了成效，国家盛极，并且物资丰富。地大物博，安史之乱的灾星就在其间产生了。到了肃宗（李亨）、代宗（李豫）、德宗（李适）、顺宗（李诵），他们都宽容勤政。安史之乱的大恶刚除掉，害群之人还没有来得及彻底铲掉。将相这样的大臣，文职官员图安逸、武将只顾享乐；见到、听到的情况都习惯了，人们认为理该如此。

圣明文德武功兼备的宪宗皇帝接受大臣们的朝拜之后，考察版图清点贡品说：“唉！天帝已经把天下全部交给了我们李家，现在按顺序传到了我，我不能干成一件事儿，那如何去见天帝和祖宗？”大臣们为之恐惧震惊，奔走忙碌尽职尽责。第二年平定了夏绥银节度留后李惠琳的叛乱；第三年又平定了蜀地剑南行军司马刘辟的叛乱；第四年江东的镇海军节度使李锜的叛乱被平；第五年又平定了泽州、潞州；紧接着义成节度使张茂昭将二州归于有司，易州和定州得到了平定；招致了魏、博、贝、卫、澶、相等州没有不遂意平定的。皇帝说：“不要总是用武，我要稍微休养生息一下。”

元和九年（公元814年），蔡州将领吴少阳去世，蔡人奏请立他的儿子吴元济，皇帝不答应。于是元济就火烧舞阳，进犯叶、襄城，来动摇东都洛阳，放纵军队四处抢劫。皇帝在朝廷上一个个地询问，除裴度一两个大臣之外，都说："蔡州的主帅不由朝廷任命，到现在已经五十年了，传了李、陈、吴三姓，李忠臣、李希烈、吴少城、吴少阳四将，他们这棵树根部牢固，武器锐利，士卒顽强，和别人不一样。趁机会进行安抚才能控制他们，顺着他们将会相安无事。"大官李吉甫等主观判断领头高喊，万口随声附和，合为一种论调，简直牢不可破。皇帝说："上天、祖宗所以把重担交给我，大概就在此一举了！我怎能不勉力，而且有裴度一两个大臣和我意见相同，不能算是没人帮助。"

命令李光颜：任命你为陈、许二州的统帅，只要是河东、魏博、郃阳三军所有在部队中的，你都将他们统率起来。命令乌重胤：你原来就占有河阳、怀州，现在给你增加汝州，只要是朔方、义成、陕、益、凤翔、延、庆等州七军所有行军到寿州的，你都把他们统率起来。命令韩弘：你统率步兵一万二千人，带着你的儿子公武去讨伐他们。命令李文通：你镇守寿州，只要是宣武、淮南、宣歙、浙西的四军所有行军到寿州的，你都将他们统率起来。命令李道古：你任鄂岳观察使。命令李愬：你统率唐、邓、随三州，让他们各自率领自己的军队进战。命令裴度：你为御史之长，前往巡察部队。又命令裴度：只有你我意见一致，你来协助我，来奖赏或处罚效命或不效命的。命令韩弘：你仍然以节度使行营都统诸军。命令梁守谦：你活动在我的身旁，你是我的近臣，你去慰抚军队。又命令裴度：你去把衣服饮食分给士卒，不让他们挨饿受冻，来结束这场战事，最后还是要让蔡州人生活下去。赐给你符节斧钺，通天犀的御带，三百卫兵。凡是朝廷的大臣，你选择谁自然听你的，只要是品行好有才能，不要怕那些大官。庚申这一天，我要亲自登门去欢送你！又对裴度说：御史，我怜惜士大夫打仗非常辛苦，从今以后，不是城郊祖庙的祭祀，就不要用乐器。

李光颜、乌重胤、韩公武合作攻打北面，经过十六次大的战役，收复有栅栏围护的城县二十三个，纳降一般士卒四万。李道古攻打东南面，打了八次仗，纳降士卒一万三千人，两次攻入申州，攻破了申州的外围。李文通在东面作战，同贼寇十多次相遇，纳降士卒一万两千人。李愬深入西面，俘获到贼寇统领总是释放不加杀戮，采用他们的计策，打仗连连成功。元和十二年八月，丞相裴度到了部队，都统韩弘督促打仗越来越急迫，李光颜、乌重胤、韩公武联合作战更加效命。吴元济把他所有的人马汇合在一起在洄曲作好了准备。十月壬申，李愬利用俘获的贼寇将领李祐之计，从文城出发借着天下大雪，快速行军一百二十里，在半夜到达蔡州，攻破了蔡州的城门，俘获吴元济献上，吴元济的下属人员及士卒全部被俘获。辛巳这一天，丞相裴度进入蔡州，用皇帝的命令赦免那些人。淮西平定了，丞相大摆宴席犒劳有功人员。在部队回来的那一天，丞相又趁机用部队的食物赐给蔡州百姓。蔡州的士兵共三万五千人，他们之中不愿意当兵而愿意回家务农的有十分之九，全部放了他们。在京城将吴元济斩首。

皇帝封赏，韩弘升为侍中，李愬为左仆射，统领山南东道，李光颜、乌重胤都升迁为司空，韩公武以散骑常侍身份统领鄜、坊、丹、延等州，李道古晋升为大夫，李文通升为散骑常侍。丞相裴度到京城朝拜，在路上就封为晋国公，晋级金紫光禄大夫，依然做丞相，而用他的副手马总为工部尚书，兼管蔡州政务。回奏之后，群臣请求让人记载下这次至高无上的功绩德行，并把这件事情镌刻在钟鼎或石碑上。皇帝将这个任务交给了我，我十分恭敬地献上这篇铭文，铭文说：

唐朝领受天命，于是领导着天下。谁住在近地，盗性不改发了狂。以往在玄宗时，高到极

点至于倒塌。河北强悍骄纵的部队作乱，河南的紧接着又起来。肃宗、代宗、德宗、顺宗四位圣人不宽容，屡次地发动军队征伐。未能取胜，就加兵防守。男的耕种吃不上饭，女的纺织穿不上衣。用车子运输，给士兵送粮。朝廷外面的官吏屡数不来朝拜，很长时间皇帝不能进行封禅视察。众多的隶役对公事懈慢，忘记了过去他们应当做的事情。

宪宗皇帝继位，瞻前顾后只是叹气："你们这些文武大臣，谁真正关心我们这个国家?"平定了吴蜀，立刻又夺取了山东。魏将首倡起兵，六州纷纷投降归顺。淮西的蔡州不归顺，自认为很强大。领兵惊呼，准备让事情发展到像以往一样。皇上刚命令讨伐他们，他们就联合了奸臣（李师道）。奸臣便暗地派遣刺客，来刺杀相臣（武元衡）。当朝廷的军队打仗失利时，京都内十分恐慌。李逢吉、韦贯之等人上奏皇帝，扬言不如施恩惠使之归顺服。皇帝不听，与神灵共谋。于是同心同德，以求完成上天的惩罚。

所以命令李光颜、乌重胤、李愬、韩公武、李道古、李文通，都统属于韩弘，各献上你们的战功。三个方向分头攻打，各有军队五万。大军向北乘胜追击，超过贼兵数倍。常州军队李光颜破贼于时曲，贼军骚乱。李光颜已经拔取陵云，蔡州的吴元济士兵困窘异常。在邵陵打了胜仗，郾城的董昌龄便来投降。从夏天到秋天，屯兵不动相互观望。部队困顿缺少锐气，不能按时报功。皇帝同情征战的士兵，派丞相去慰劳。士兵吃得饱饱地唱着歌，战马在槽边蹦跳。在新城县稍一试，贼兵一遇，就溃逃了。贼兵把所有的军队抽调上来，集中兵力抵挡我。西线的大军突然插进去，路途上没有留守的。

坚固高大的蔡州城，它的疆土上千里。只要进驻占有了它，没有不顺归地等待着的。皇帝有恩惠的话，丞相裴度来宣读。杀戮的只是恶魁，释放下边的人。蔡州的士兵，放下武器欢呼跳跃；蔡州的妇女，在门前笑语欢声来迎接。蔡州人说饥饿，就用船载着粮食去供给；蔡州人说寒冷，就赠给他们丝织品和棉布。开始时的蔡州人，禁止往来。现在人们相互戏要，里边的门晚上都敞开。开始时蔡州人前进打仗，后退就被杀戮；现在的蔡州人起来晚了，就会右边有粥左边有饭。给他们挑选人，来收留剩余的疲倦的人。选择的官吏赐给他们耕牛，教化他们而不纳税。蔡州人有这样的说法，开始我们受迷惑不清楚。现在才彻底醒悟，对以前的所作所为感到羞愧。蔡州人又有这样的说法，天子圣明，不归顺就会全族遭诛，归顺可以保全性命。你假如不相信我，就去看看蔡州这地方吧。谁要做不顺从的事，就去砍断他的咽喉！大凡反叛都有规律，那就是声威和气势互相配合。我们尽管强大尚且不可支持，你们虚弱还凭借什么？希望告诉你的长辈，你的父亲和你的哥哥，赶快一同到我们这里来，和我们一起过太平的日子。

淮西蔡人作乱，天子讨伐他们。讨伐结束，他们饥饿，天子又拯救他们。开始商议讨伐蔡人，卿士没人随从。讨伐了四年，大人小孩都在怀疑。不赦免叛贼不疑惑征伐，都是因为天子的圣明。像这种讨伐蔡州的大功，只有靠天子的圣明才能办成。淮西蔡州已经平定，四方的少数民族都来归服。因此就打开明堂，坐着就把国家治理好了。

柳子厚墓志铭

子厚讳宗元。七世祖庆，为拓跋魏侍中，封济阴公。曾伯祖奭，为唐宰相，与褚遂良、韩瑗俱得罪武后，死高宗朝。皇考讳镇，以事母弃太常博士，求为县令江南。其后以不能媚权贵失御史，权贵人死，乃复拜侍御史。号为刚直。所与游皆当世名人。

子厚少精敏，无不通达。逮其父时，虽少年，已自成人，能取进士第，崭然见头角，众谓柳氏有子矣。其后以博学宏词授集贤殿正字。俊杰廉悍，议论证据今古，出入经史百子，踔厉风发，率常屈其座人。名声大振，一时皆慕与之交。诸公要人，争欲令出我门下，交口荐誉之。

贞元十九年，由蓝田尉拜监察御史。顺宗即位，拜礼部员外郎。遇用事者得罪，例出为刺史。未至，又例贬永州司马①。居闲益自刻苦，务记览，为词章，泛滥停蓄，为深博无涯涘。而自肆于山水间。

元和中，尝例召至京师，又偕出为刺史，而子厚得柳州。既至，叹曰："是岂不足为政邪?"因其土俗，为设教禁，州人顺赖。其俗以男女质钱，约不时赎，子本相侔，则没为奴婢。子厚与设方计，悉令赎归。其尤贫力不能者，令书其佣，足相当，则使归其质。观察使下其法于他州，比一岁，免而归者且千人。衡湘以南为进士者，皆以子厚为师，其经承子厚口讲指画为文词者，悉有法度可观。

其召至京师而复为刺史也，中山刘梦得②禹锡亦在遣中，当诣播州③。子厚泣曰："播州非人所居，而梦得亲在堂，吾不忍梦得之穷，无辞以白其大人，且万无母子俱往理。"请于朝，将拜疏，愿以柳易播，虽重得罪，死不恨。遇有以梦得事白上者，梦得于是改刺连州④。呜呼！士穷乃见节义。今夫平居里巷相慕悦，酒食游戏相征逐，诩诩强笑语以相取下，握手出肺肝相示，指天日涕泣，誓生死不相背负，真若可信；一旦临小利害，仅如毛发比，反眼若不相识，落陷阱不一引手救，反挤之又下石焉者皆是也。此宜禽兽夷狄所不忍为，而其人自视以为得计，闻子厚之风，亦可以少愧矣！

子厚前时少年勇于为人，不自贵重顾藉，谓功业可立就，故坐废退。既退，又无相知有气力得位者推挽，故卒死于穷裔。材不为世用，道不行于时也。使子厚在台省时，自持其身，已能如司马刺史时，亦自不斥。斥时有人力能举之，且必复用不穷。然子厚斥不久，穷不极，虽有出于人，其文学辞章，必不能自力以致必传于后如今无疑也。虽使子厚得所愿，为将相于一时，以彼易此，孰得孰失，必有能辨之者。

子厚以元和十四年十一月八日卒，年四十七。以十五年七月十日归葬万年先人墓侧。子厚有子男二人，长曰周六，始四岁；季曰周七，子厚卒乃生。女子二人，皆幼。其得归葬也，费皆出观察使河东裴君行立。行立有节概，重然诺，与子厚结交，子厚亦为之尽，竟赖其力。葬子厚于万年之墓者，舅弟卢遵。遵，涿人，性谨慎，学问不厌。自子厚之斥，遵从而家焉，逮其死不去。既往葬子厚，又将经纪其家，庶几有始终者。铭曰：

是惟子厚之室，既固既安，以利其嗣人。

【注释】

①贬永州司马：王叔文、韦执谊用事，拜宗元礼部员外郎，就要重用他。宪宗即位，贬叔文渝州司户参军。宗元因王叔文党贬邵州刺史，未至，道贬永州司马。②刘梦得：名禹锡，与子厚同以文章名世。③播州：今贵州遵义市。④连州：今广东连县。

【译文】

子厚名叫宗元，七世祖柳庆，是拓跋魏的侍中，被封为济阴公。曾伯祖柳奭，是唐朝的宰

相，和褚遂良、韩瑗都因得罪了武则天皇后，在高宗时被处死。已故父亲叫柳镇，为了侍奉母亲，放弃了太常博士的职位，请求到江南做了县令。后来由于不向权贵讨好，失掉了御史的官职，直至那位权贵死了，才又被任命为侍御史，以正直刚毅著称，他所交往的，都是当时的名人。

柳子厚少年时机敏精明，没有不通晓的事。在他父亲在世的时候，他尽管很年轻，但已经很成熟，能够考取进士科第，少年英俊，展露出与众不同，大家都说柳家有个好儿子了。以后又中博学宏词科，被授予集贤殿正字。才智殊异，清廉刚毅，议论起事情来能引证古今事例，经史典籍诸子百家运用自如，言辞犀利，意气风发，时常使在座的人叹服。名声哄动，一时之间人们都仰慕他，愿跟他交往。那些公卿贵人们，极力想让他经过自己的推荐而出仕，所以，众口一辞地推荐他、称誉他。

贞元十九年，子厚从蓝田县尉调任监察御史。顺宗即位，又授予礼部员外郎。正赶上当权人获罪，按照条例被贬出京城当刺史。还没有到任，又依照条例贬为永州司马。平时有空闲的时候，更加专心学习，刻苦记诵阅览，写出的词章浩沛深沉，深阔不见涯际。而他则纵情于山水之间。

元和年间，曾与同案人依条例召回到京城，又一起被遣出任刺史，子厚被遣至柳州。到任之后，他叹息道："这里难道不值得施行政治吗?"于是按照当地的风俗，给他们推行教化、制定禁令，全州百姓都信赖顺从他。当地习惯把子女作抵押品向人借钱，并规定，如果不按规定时间赎回，等到利息和本钱相等，那么就把人质收作奴婢。子厚给借债人出主意，都让他们把子女赎了回来。那些特别贫困没有能力赎回的，就让债主记算当佣工的时间，等到应得的工钱和抵押的钱相等时，就让他把人质归还。观察使把这个办法推行到其他州，一年后，免除奴婢身份赎出回家的近上千人。衡山、湘水以南考进士的，都把子厚当成老师，那些经过子厚亲自传授指点过的人写出的文章，都合乎规范，值得一看。

当他被召回到京师而又再次被遣出做刺史时，中山的刘梦得也在被遣行列之中，应当到播州去。子厚流着眼泪说："播州不是人住的地方，而且梦得的母亲在堂，我不忍心梦得处境困窘，把这个事告诉他的母亲时简直没法说，再说，万万没有母子二人一同前往的道理。"因此子厚向朝廷请求，准备上奏疏，情愿把去柳州换成去播州，就是再次获罪，死了也不遗憾。正赶上有把梦得的事情报告给皇上的，梦得在这种情况下才改任连州刺史。唉！士人在困顿时才看出他的节操和义气！如今那些平常居在一起相互喜欢敬慕，一块儿玩乐宴饮，约来随去频繁往来，亲密地强装笑脸相互表示愿处对方之下，手握手恨不得要把肺肝掏出来让对方看，指着天日掉泪，发誓无论活着还是死了，都不会背叛对不起朋友，真像是值得信赖的。可一旦遇到小小的利害，就是仅仅像头发丝那样的细小，便翻脸仿佛互不相识，人家掉进陷阱，不但不伸出手来拉一把，反而趁机推挤他，再往里边扔块石头，到处都有这样的人。这应该是连野蛮人、禽兽都不忍心干的，可是那些人却自以为得计，如果他们知道子厚的高风亮节，也该稍微感到点惭愧吧？

子厚以前年轻时，勇于帮助人，不保重顾惜自己，认为功名事业可以立刻取得成功，所以受牵连而被贬谪。贬谪后，又没有相好而又有力量有官位的人帮忙挽救，所以最终死在荒僻的边远地带。才能不被世间所用，主张不能在当时推广。如果子厚在台省做官时，能够谨慎自守，能够像在做永州司马柳州刺史时一样，也自然不会被贬斥。被贬斥时，假如有人有力量能把他推举一下，也就一定会重新起用，不至困顿下去。但是要是子厚被贬斥的时间不长，穷厄未达到极点，尽管在官场上能高出别人，但他的文学辞章，必定不能这样地下功夫，以致于像今天这样流芳后世，这是毫无疑问的。就是让子厚实现他的心愿，做一时的将相，用那前者换取这后者，哪算得，哪算失，肯定会有辨别它的人。

子厚在元和十四年（公元 819 年）十一月八日去世，终年四十七岁。在元和十五年（公元 820 年）七月十日回乡安葬到万年县祖先坟墓的旁边。子厚有两个儿子：大的叫周六，才四岁；小的叫周七，子厚死后才出生。有两个女儿，尚还年幼。他的灵柩能够回乡安葬，费用都是观察使河东人裴行立付出的。行立为人有节操，着重许下的诺言，与子厚结为朋友，子厚也为他尽心尽力，最后竟靠了他的力量料理了后事。把子厚安葬到万年县墓地的，是他的舅表弟卢遵。卢遵是涿州人，性情谨慎，求学永不满足。自从子厚被贬谪，卢遵就跟他一起过，直到他逝世也没有离开。他送子厚回老家安葬以后，又打算安排料理子厚的家属，可以称得上有始有终的人了。铭文说：

这是子厚的幽室，既坚固且安适，好让子厚的后人获得益处。

论佛骨表

臣某言：伏以佛者，夷狄之一法耳。自后汉时流入中国，上古未尝有也。昔者黄帝在位百年，年百一十岁；少昊在位八十年，年百岁；颛顼在位七十九年，年九十八岁；帝喾在位七十年，年百五岁；帝尧在位九十八年，年百一十八岁；帝舜及禹，年皆百岁。此时天下太平，百姓安乐寿考，然而中国未有佛也。其后殷汤亦年百岁。汤孙太戊在位七十五年，武丁在位五十九年，书史不言其年寿所极，推其年数，盖亦俱不减百岁。周文王年九十七岁，武王年九十三岁，穆王在位百年。此时佛法亦未入中国，非因事佛而致然也。汉明帝时始有佛法，明帝在位才十八年耳。其后乱亡相继，运祚不长。宋、齐、梁、陈、元魏以下，事佛渐谨，年代尤促。惟梁武帝在位四十八年，前后三度舍身施佛，宗庙之祭不用牲牢，昼日一食，止于菜果，其后竟为侯景[①]所逼，饿死台城，国亦寻灭。事佛求福，乃更得祸。由此观之，佛不足事，亦可知矣。

高祖始受隋禅，则议除之。当时群臣材识不远，不能深知先王之道、古今之宜，推阐圣明，以救斯弊，其事遂止，臣常恨焉。伏惟睿圣文武皇帝陛下，神圣英武，数千百年以来，未有伦比。即位之初，即不许度人为僧尼道士，又不许创立寺观。臣常以为高祖之志，必行于陛下之手。今纵未能即行，岂可恣之转令盛也？今闻陛下令群僧迎佛骨于凤翔[②]，御楼以观，舁入大内；又令诸寺递迎供养。臣虽至愚，必知陛下不惑于佛，作此崇奉以祈福祥也。直以年丰人乐，徇人之心，为京都士庶设诡异之观、戏玩之具耳！安有圣明若此而肯信此等事哉？然百姓愚冥，易惑难晓，苟见陛下如此，将谓真心事佛，皆云："天子大圣，犹一心敬信；百姓何人，岂合更惜身命？"焚顶烧指，百十为群，解衣散钱，自朝至暮，转相仿效，惟恐后时，老少奔波，弃其业次。若不即加禁遏，更历诸寺，必有断臂脔身以为供养者。伤风败俗，传笑四方，非细事也！

夫佛本夷狄之人，与中国言语不通，衣服殊制，口不言先王之法言，身不服先王之法服，不知君臣之义、父子之情。假如其身至今尚在，奉其国命，来朝京师，陛下

容而接之，不过宣政一见，礼宾一设，赐衣一袭，卫而出之于境，不令惑众也。况其身死已久，枯朽之骨，凶秽之余，岂宜令入宫禁？孔子曰："敬鬼神而远之。"古之诸侯行吊于其国，尚令巫祝先以桃茢祓除不祥，然后进吊。今无故取朽秽之物，亲临观之，巫祝不先，桃茢不用，群臣不言其非，御史不举其失，臣实耻之。乞以此骨付之有司，投诸水火，永绝根本，断天下之疑，绝后代之惑，使天下之人，知大圣人之所作为出于寻常万万也。岂不盛哉！岂不快哉！佛如有灵，能作祸祟，凡有殃咎，宜加臣身。上天鉴临，臣不怨悔。无任感激恳悃之至，谨奉表以闻。臣某诚惶诚恐。

【注释】

①侯景：北朝东魏大将，降梁后，武帝封为河南王。后举兵反，围攻京城建康（今南京），攻陷台城（故址位于今南京鸡鸣山南），武帝绝食而死。②凤翔：地名。即今陕西凤翔县。

【译文】

臣韩愈奏言：我认为佛教只不过是夷狄的一种宗教而已。从东汉时传入中国，上古时代不曾有过。以前，黄帝在位一百年，享年一百一十岁；少昊在位八十年，享年一百岁；颛顼在位七十九年，享年九十八岁；帝喾在位七十年，享年一百零五岁；帝尧在位九十八年，享年一百一十八岁；帝舜和大禹也都享年一百岁。这个时期天下太平，百姓安康长寿，但是中国并没有佛教。此后，商汤也享年百岁；商汤的玄孙太戊在位七十五年，武丁在位五十九年，古书古史上没有说到他们年寿的终极，根据他们在位的年数推测，大约也都不少于一百岁。周文王享年九十七岁，周武王享年九十三岁，周穆王在位一百年。这段时间佛法也没有传入中国，可见并不是由于侍奉佛教才达到这种程度。东汉明帝时，才有佛教，可明帝在位，只有十八年而已。在这之后，变乱灭亡的事连续不断，国运皇位都不长。宋、齐、梁、陈、北魏之后，事奉佛教越来越恭敬，但国运皇位的年代却特别短暂。只有梁武帝在位四十八年，他先后三次舍身当佛徒，宗庙的祭祀，不用牛羊猪等作祭品，白日吃一顿饭，仅限于吃些蔬菜果品，后来他竟然被侯景逼迫，饿死在台城，国家不久也就灭亡了。侍奉佛教寻求幸福，换来的却是灾祸。由此看来，佛不值得侍奉，也就可想而知了。

高祖李渊刚受隋禅位，就议论裁汰佛教。在那个时候，众大臣识见学问不广，不能深刻地领会先王治国的道理和古今不同情况，未能推行阐发高祖的圣明主张，挽救这种弊端，这样，裁汰佛教的事终于半途而废，我时常对此感到遗憾。我想，睿圣文武皇帝陛下，英明神圣勇武，几千年以来，没有人能够相比。即位的初期，就不允许人脱俗为僧人、尼姑、道士，也不允许创建佛寺、道观。我时常认为高祖的遗志，一定能在陛下手里施行。如今就是没有能马上实施，那里可以放纵它并反转来让它盛行起来呢？现在听说陛下下诏令众僧去凤翔迎接佛骨来京，亲自站在楼上观看，还要抬进您住的地方；又下令各寺院依次迎奉供养。我虽然愚钝到了极点，肯定知道陛下是不会被佛法迷惑，现在作出这种隆重的供奉事情，是为求得吉祥幸福的。这样做只不过是由于年景丰收、人心欢乐，曲从人们的心意，给京都的官员百姓布置点奇异的景观、戏耍的玩具而已！哪有像这样的神圣英明的君主却肯相信这种事呢？但是百姓愚昧无知，容易被您供养佛骨的形式所迷惑而难于晓谕您的本心，假如看到陛下这样，将认为是真心事佛，都会说："天子是大圣人，还专心虔诚信奉，百姓是何等卑贱之人，怎么能再顾惜自己的身体性命不去敬佛呢？"于是用香、艾熏烧头顶，灼烧手指，十个百个的在一起，脱下衣服相赠施舍散钱，从早至晚，互相效法，惟恐落后，老老少少奔波忙碌，撇下自己的职业。如果不立刻加以禁止，让佛骨再流传到各寺，一定会出现切割身子砍断手臂来供养佛祖的。败坏风俗，四方传为笑谈，这可不是小事啊！

佛祖释迦牟尼本来是夷狄之人，与中国的言语不通，衣服的式样也不一样，嘴上不讲先王的合乎礼法的话语，身上不穿先王规定的合乎礼法的服装，不明白君臣之间的正常关系和父子之间的情份。如果他本人现在还活着，接受他们国家的使命，到京都朝见，陛下答应接见他，也只不过是在宣政殿上接见一次，在礼宾院设宴招待一次，赏赐一套衣服，之后护送着让他出国境，不会让他惑乱大众。更何况他早就死去，只是腐朽的枯骨，尸体的残留物，哪能让它进入宫廷禁地呢？孔子说："尊敬鬼神，但要远离它。"古代的诸侯，在国内吊丧，尚且让巫祝用扫帚、桃木杖，除去邪气，然后再进去祭奠。现今却无缘无故取来朽秽的东西，并亲自去看它，巫祝不在先出动，也不用桃木杖、扫帚，大臣们居然不说这种举动是不对的，御史不指出这种做法是错误的，我实在为此事觉得耻辱。我请求把这佛骨交给有关部门，将它扔到水火当中，永远断了这条根，断绝天下人的疑惑，断绝后人的迷惑，让天下人都明白您这个大圣人的所做所为比通常人高出万万倍。这难道不是一种盛大的举动吗？难道不是一种大快人心的事吗？假若佛祖有灵，能够降祸作祟，那么凡是有灾祸，都应该落到我的身上。老天亲临鉴察，我绝不抱怨悔恨。

我非常感激，非常恳切，谨奉《论佛骨表》上达于您。臣韩愈的确惶恐不安。

柳子厚柳州集

答韦中立论师道书

二十一日，宗元白：

辱书云欲相师，仆道不笃，业甚浅近，环顾其中，未见可师者。虽尝好言论为文章，甚不自是也。不意吾子自京师来蛮夷间，乃幸见取。仆自卜固无取，假令有取，亦不敢为人师，为众人师且不敢，况敢为吾子师乎？

孟子称：人之患在好为人师。由魏晋氏以下，人益不事师。今之世不闻有师，有辄哗笑之以为狂人。独韩愈奋不顾流俗，犯笑侮，收召后学，作《师说》，因抗颜而为师。世果群怪聚骂，指目牵引，而增与为言辞。愈以是得狂名，居长安，炊不暇熟，又挈挈而东。如是者数矣。

屈子赋曰："邑犬群吠，吠所怪也。"仆往闻庸蜀[①]之南，恒雨少日，日出则犬吠，余以为过言。前六七年仆来南，二年冬，幸大雪，逾岭，被南越中数州。数州之犬，皆苍黄[②]吠噬，狂走者累日，至无雪乃已。然后始信前所闻者。今韩愈既自以为蜀之日，而吾子又欲使吾为越之雪，不以病乎！非独见病，亦以病吾子。然雪与日岂有过哉？顾吠者犬耳。度今天下不吠者几人？而谁敢衒怪于群目，以召闹取怒乎？

仆自谪过以来，益少志虑。居南中九年，增脚气病，渐不喜闹，岂可使呶呶者早暮咈吾耳，骚吾心？则固僵仆烦愦，愈不可过矣。平居望外遭齿舌不少，独欠为人师耳。

抑又闻之，古者重冠礼，将以责成人之道，是圣人所尤用心者也。数百年来，人不复行。近有孙昌胤者，独发愤行之。既成礼，明日造朝，至外廷，荐笏，言于卿士曰："某子冠毕。"应之者咸怃然。京兆尹郑叔则怫然曳笏却立曰："何预我耶？"廷中皆大笑。天下不以非郑尹而快孙子，何哉？独为所不为也。今之命师者大类此。

吾子行厚而辞深，凡所作，皆恢恢然有古人形貌。虽仆敢为师，亦何所增加也？假而以仆年先吾子，闻道著书之日不后，诚欲往来言所闻，则仆固愿悉陈中所得者。吾子苟自择之，取某事，去某事，则可矣。若定是非以教吾子，仆材不足，而又畏前所陈者，其为不敢也决矣。吾子前所欲见吾文，既悉以陈之，非以耀明于子，聊欲以观子气色，诚好恶何如也。今书来，言者皆大过，吾子诚非佞誉诬谀之徒，直见爱甚故然耳。

始吾幼且少，为文章以辞为工。及长，乃知文者以明道，是固不苟为炳炳烺烺，务采色夸声音而以为能也。凡吾所陈，皆自谓近道，而不知道之果近乎远乎？吾子好道而可吾文，或者其于道不远矣。故吾每为文章，未尝敢以轻心掉之，惧其剽而不留也；未尝敢以怠心易之，惧其弛而不严也；未尝敢以昏气出之，惧其昧没而杂也；未尝敢以矜气作之，惧其偃蹇而骄也。抑之欲其奥，扬之欲其明，疏之欲其通，廉之欲其节，激而发之欲其清，固而存之欲其重。此吾所以羽翼夫道也。

本之《书》以求其质，本之《诗》以求其恒，本之《礼》以求其宜，本之《春秋》以求其断，本之《易》以求其动。此吾所以取道之原也。参之《谷梁氏》以厉其气，参之《孟》、《荀》以畅其支，参之《庄》、《老》以肆其端，参之《国语》以博其趣，参之《离骚》以致其幽，参之《太史》以著其洁。此吾所以旁推交通而以为之文也。

凡若此者，果是耶，非耶？有取乎，抑其无取乎？吾子幸观焉择焉，有余以告焉。苟亟来以广是道，子不有得焉，则我得矣。又何以师云尔哉？取其实而去其名，无招越蜀吠怪而为外廷所笑，则幸矣。宗元复白。

【注释】

①庸蜀：古国名。②苍黄：同仓皇，匆忙，慌张貌。③炳炳烺烺：明亮的意思。

【译文】

二十一日，宗元白：

你的来信说想拜我为师，我的品德不深厚，学问很浅薄，认真打量自己，没有发现可以值得你学习的地方。我虽然时常好发议论、写文章，但很不自以为是。想不到你从京城来到这蛮夷居住的边远地方，而我十分荣幸地被你认为有可取的地方。我自己考虑自己本来没有可取的地方，就是有可取的地方，也不敢当别人的老师。连当一般人的老师尚且不敢，怎么敢当你的老师呢！

孟子说过："人的毛病就在于好当别人的老师。"从魏晋以来，人们更加不拜人为师了。现今的社会上没听说有愿当老师的，就是有，大家总大声嘲笑他，认为他是疯子。只有韩愈奋然不顾世俗的偏见，不顾别人的讥笑和侮骂，招收晚辈，写了一篇《师说》，于是乎容色严正地当起老师来。社会上的人果然都觉得奇怪，并聚在一起辱骂他，看到他便指手画脚，白眼相加，而且添油加醋地编些话语。韩愈因此得了个"狂人"之名，留在长安，饭都来不及煮熟，又急忙奔向东方。像这样的事已经有好几次了。

屈原在《九章·怀沙》中说："村里的狗成群乱叫，乱叫的是它们觉得奇怪的东西。"我过去听说在庸国和蜀国的南边，时常下雨，很少见到太阳，太阳一出来，狗就乱叫，我还以为这是夸大的言辞。六、七年前，我来到南方，元和二年（公元807年）冬天，正好大雪越过五岭，覆盖了南越地区的几个州。这几个州内的狗，都惶恐地乱叫乱咬，乱跑狂奔达好几天，一直到没有雪了才停止下来。这之后我才相信以前听到的那些话。如今韩愈既然把自己当作蜀地的太阳，而你又想使我成为越地的雪，不是很令人担忧吗！不但使我担忧，也因之使你担忧。然而雪和太阳难道有什么过错吗？只不过是怨那些乱叫的狗而已。考虑到现在社会上的人不像狗那样乱叫的有几个？有谁敢在众人面前炫耀自己的怪异之处，来招惹喧闹，引来众怒呢？

我自从因为遭贬以来，更加缺乏志向思虑。我住在南方九年，添了脚气病，渐渐地不喜欢喧闹，怎能让吵闹不休的人整天骚扰我的耳膜，扰乱我的心神呢？如果那样，本来就身体僵挺、心绪烦乱，会更加过不下去了。平时意外地遭受攻击已不少，唯独没有当别人的老师的体验而已。

但我又听说过这样的事，古时候很注重举行冠礼，要用冠礼来要求男子按成年人做人的标准行事，这是圣人特别用心的地方。几百年来，人们已不再举行这种仪式了。近来有个叫孙昌胤的，独自发愤举行这种仪式。冠礼举行完毕，第二天上朝，到了外廷，把手版插在绅上，对官员们说："我的儿子已举行过冠礼了。"听到的人都发愣了。京兆尹郑叔则很不高兴地曳着手版后退站着说："这跟我有何关系？"外廷中的人都大笑。天下人不认为郑尹的话是不对的，却

以孙某行冠礼遭冷遇为快，为什么呢？只是由于他干了别人不干的事。如今要让我当老师的话，跟这事很相似。

你的德行笃厚而文辞深刻，凡是你写的文章，全都气度恢宏，具有古人作文的风貌。就是我敢当你的老师，又能给你什么帮助呢？如果因为我年纪比你大，听到的道理和写书的时间不在你之后，实在想和我交往，听我讲一讲听到的故事，那我本来就愿意全部讲述我的心得的。你只管自己选择它们，选取哪点，舍去哪点就行了。假如让我定个是非来教你，我的才力不够，又害怕前面提到的问题，我不敢当你的教师就十分肯定了。你以前想看我的文章，我已经全部给了你，这并不是用来在你面前夸耀，只是想用来观察一下你的态度，真正喜欢什么，厌恶什么。现在你写信夸奖我的话太过头了，你确实不是那种谄媚赞誉欺骗阿谀一类的人，只不过是过于爱护我才这样做罢了。

当初我年轻，写文章以追求文辞为工巧。等到长大了，才明白文章是用来阐明道理的，所以不再随便写些形式好看、追求辞藻华美、讲究声韵的文章，用它来显示自己的才华。凡是我拿出的文章，都自认为是接近“道”的，却又不知距“道”果真是近呢，还是远呢？你推崇“道”，认为我的文章还行，或许我的文章同“道”相距不远了。因此，每当我写一篇文章，不曾敢以轻率的态度随便对待它，害怕的是文章轻浮而不沉稳；不曾敢以懈怠之心轻易对待它，害怕的是文章松散而不谨严；不曾敢以糊里糊涂的心情写出它，担心的是文章昏暗不明而杂乱无章；不曾敢以骄矜的情绪写出它，担心文章高耸而显出傲气。所以，压抑感情是想让文章显得深邃含蓄；放开思路，是想让文章显得疏朗明快；放开写，是想使文章通畅；精减文字，是想使文章简洁；激发它，是想使文章清新；凝聚而保存它，是想使文章凝重。这就是我在写作时用来辅助那个“道”的方法。

以《尚书》为本，来求得文章的质朴；以《诗经》为本，来求得文章的永恒；以《礼》为本，来求得文章的合理；以《春秋》为本，来求得文章的决断；以《周易》为本，来求得文章有所变化。这就是我用来取得“道”的源泉。参考《谷梁传》，来磨练文章的气势；参考《孟子》、《荀子》，来使文章条理清晰；参考《庄子》、《老子》，来使文章思路奔放；参考《国语》，来使文章情趣广博；参考《离骚》，来使文章表达的更深邃；参考司马迁《史记》，来使文章显得高雅。这就是我广泛追求，融会贯通，用来作文的方法。

凡是像上面讲的这些，到底对，还是不对？有可取之处，还是无可取之处？我期望你能观览选择，有空就写信把心得告诉我。如果经常广泛地研究这个“道”，你不见得有什么收获，但我却有所得啊。又何必以什么老师相称呢？应该选取“老师”的实际内容而去掉“老师”的虚名，不要招惹前面讲的越蜀吠怪而被先前讲的那些“外廷”人嘲笑，这样就很幸运了。宗元复白。

与韩愈论史官书

正月二十一日，某顿首十八丈退之侍者：

前获书言史事，云具与刘秀才书，及今乃见书稿，私心甚不喜，与退之往年言史事甚大谬。

若书中言，退之不宜一日在馆下，安有探宰相意，以为苟以史荣一韩退之耶？若果尔，退之岂宜虚受宰相荣己，而冒居馆下，近密地，食奉养，役使掌故，利纸笔为私书，取以供子弟费？古之志于道者，不宜若是。

且退之以为纪录者有刑祸，避不肯就，尤非也。史以名为褒贬，犹且恐惧不敢为，设使退之为御史中丞大夫，其褒贬成败人愈益显，其宜恐惧尤大也，则又将扬扬入台府，美食安坐，行呼唱于朝廷而已耶？在御史犹尔，设使退之为宰相，生杀、出入、升黜天下士，其敌益众，则又将扬扬入政事堂，美食安坐，行呼唱于内庭外衢而已耶？何以异不为史而荣其号、利其禄者也？

又言“不有人祸，则有天刑”，若以罪夫前古之为史者，然亦甚惑。凡居其位，思直其道，道苟直，虽死不可回也，如回之，莫若亟去其位。孔子之困于鲁、卫、陈、宋、蔡、齐、楚者，其时暗，诸侯不能行也。其不遇而死，不以作《春秋》故也。当其时，虽不作《春秋》，孔子犹不遇而死也。若周公、史佚虽纪言书事，犹遇且显也，又不得以《春秋》为孔子累。范晔[①]悖乱，虽不为史，其宗族亦赤。司马迁[②]触天子喜怒，班固[③]不检下，崔浩[④]沽其直以斗暴虏，皆非中道。左丘明以疾盲，出于不幸；子夏不为史亦盲。不可以是为戒，其余皆不出此。是退之宜守中道，不忘其直，无以他事自恐。退之之恐，唯在不直，不得中道，刑祸非所恐也。

凡言二百年文武士多有，诚如此者。今退之曰：我一人也，何能明？则同职者又所云若是，后来继今者又所云若是，人人皆曰“我一人”，则卒谁能纪传之耶？如退之但以所闻知，孜孜不敢怠，同职者后来继今者，亦各以所闻知，孜孜不敢怠，则庶几不坠，使卒有明也。不然，徒信人口语，每每异辞，日以滋久，则所云磊磊轩天地者，决必不沉没，且乱杂无可考，非有志者所忍恣也。果有志，岂当待人督责迫蹙然后为官守耶？

又凡鬼神事，渺茫荒惑无可准，明者所不道。退之之智而犹惧于此，今学如退之，辞如退之，好议论如退之，慷慨自谓正直行行焉如退之，犹所云若是，则唐之史述其卒无可托乎？明天子、贤宰相得史才如此，而又不果，甚可痛哉！退之宜更思，可为速为。果卒以为恐惧不敢，则一日可引去。又何以云“行且谋”也？今人当为而不为，又诱馆中他人及后生者，此大惑已。不勉己而欲勉人，难矣哉！

【注释】

①范晔：南北朝宋顺阳（今河南淅川东）人，为宣城太守，不得志，于是删定《后汉书》。②司马迁：汉夏阳（今陕西韩城南）人，因论李陵事，被腐刑，遂撰《史记》。③班固：后汉扶风安陵（今陕西咸阳东北）人。著《前汉书》未完，受窦宪党的牵连，免官，死在狱中。④崔浩：北魏清河东武城（今山东武城）人，字伯渊。作《国史》三十卷，并把它刻在石碑上，来显示自己的直笔。国人愤嫉，罗织罪名向皇帝告发崔浩，于是杀了他。

【译文】

正月二十一日，我向十八丈退之的侍从之前叩头致意。

前段时间收到你关于谈及不愿做史官的书信，信上说你的理由都写在给刘秀才的信上了，到现在才收到这封信的底稿，我心底很不高兴，与你往年谈论历史实事的态度相差太大。

像你信中所说，你连一天也不适合在史馆下任职，那怎能试探宰相的意图，以为他只是随

便用做史官来荣耀一个韩退之呢？假如真这样的话，你难道能够徒然接受宰相给自己的荣耀，而轻率地居住在史馆挂名充数，接近皇宫，接受奉养，使唤管理史料的人，用国家的笔为自己谋私著书，获得利益来作为供养子弟后人的费用？古代有志于追求真理的人，不会这样做的。

而且你认为写史书的人有杀身之祸，逃避不肯就职，更是错误的。史官是用文字对人来做褒贬，尚且恐惧而不敢做，那么如果让你做御史中丞大夫，那对人的褒贬、使人成败的作用更为明显，那就应当感到更大的恐惧，你反而会洋洋得意地进入御史官署，吃着精美的食物，坐得舒舒服服的，只在朝廷上行一下呼喝的礼仪就行了吗？做御史尚且这样，假使让你作宰相，掌生杀、出入、升迁、罢免天下士的大权，那么得罪的人就更多了，却又将会洋洋得意地进入宰相政事堂，吃着精美的食物，坐得舒舒服服的，在宫廷内街道上行一下呼喝的礼仪就算完了？这和不做史官而只是享受史官的荣耀和俸禄的人又有什么不同呢？

信上又说做史官的不是遭到人祸，就是有天的惩罚，假如认为这是对古代做史官的谴责，这也太令人疑虑不解了。只要占史官的位置，就必然想按他正确的原则办事，如果坚持原则是正确的，就是是死了也不能回头，如果回头，就不如马上离开这个职位。孔子被困在鲁、卫、陈、宋、蔡、齐、楚的原因是由于当时形势昏暗，诸侯们不能实行他的主张。孔子没有能得到赏识而死，并不是因为他作《春秋》的原因。在那时候，就是他不作《春秋》，孔子还是会得不到赏识而不免要死的。像周公、史佚尽管记下了人们的言行，写下了他们做的事，还是得到赏识又地位显赫，所以更不能把作《春秋》认为是孔子的拖累。范晔犯上作乱，就是不做史官，也同样会被灭族的。司马迁触怒天子，使天子生气而受到腐刑；班固不约束下属，导致蒙冤而死；崔浩自夸他的正直来斗鲜卑的统治者，召来杀身之祸，都是不合乎中正之道的原因。左丘明由于得病而双目失明，出于偶然不幸；子夏不做史官也失明了。不可以拿这些人的不幸遭遇引以为戒，其他史官的遭遇都不是由于写史书的原因。这就是说你应当守中正之道，不忘掉原则，不要因为别的事自己吓自己。你应当担心的只是在于不能坚持原则，得不到中正之道，而天刑人祸并不是你所应害怕的。

都说唐朝二百年间以来的文臣和武将多的是，真的是这样。现在你却说，我一个人怎能把他们的事迹记述清楚呢？那么你的同事也这样说，以后接续的人也这么说，每个人都说“我一个人怎么能行呢”？那么最后谁能把听到的记载下来呢？假如你只是把所听闻的事勤勉不怠地写下来，同事们后来继任史官的人，也各自把所听闻的事，勤勉不怠地记下来，那么史实也许不会被遗漏，最后总能够记明白的。不这样的话，只是听信别人口头上的话，往往说得各不相同，长此以往，则人们所谓的光明磊落、顶天立地的杰出人物，就是肯定不被埋没，将会记载得无法考证杂乱无章，这不是有志于写史的人所能容忍不管的。假如真的有志于编写历史，怎么能等到别人逼迫局促督促责备，然后才去尽自己的职责呢？

再说凡是神鬼一类的事，迷惑荒诞渺茫恍惚，没有什么凭据，明智的人根本不说这些。像你这样的睿智难道还害怕这些，现在像你这样有学问，像你这样能写文章，像你这样擅长辩论，慷慨激昂，自认为刚强正直的人，尚且说的话像这样，那么唐代的史书编写将要最终没有能够托付的人了？圣明的天子，贤良的宰相，得到像你这样的写史良才，却又未能实现夙愿，很是令人心痛呀！你应该再想一想，可以做就赶快去做。假如真的最终觉得害怕不敢做，那么马上就可以辞职而去。又何必说一边做一边考虑呢？现在自己应当去做又不去做，却又诱使馆中他人和后生去做，这真让人大惑不解呀。不勉励自己而去勉励别人，实在是太难了呀！

箕子[1]碑

凡大人[2]之道有三：一曰正蒙难，二曰法授圣，三曰化及民。殷有仁人曰箕子，实具兹道，以立于世。故孔子述六经之旨，尤殷勤焉。

当纣之时，大道悖乱，天威之动不能戒，圣人之言无所用，进死以并命，诚仁矣，无益吾祀，故不为；委身以存祀，诚仁矣，与亡吾国，故不忍。具是二道，有行之者矣，是用保其明哲，与之俯仰，晦是谟范，辱于囚奴，昏而无邪，隤而不息。故在《易》曰：箕子之明夷。正蒙难[3]也。及天命既改，生人以正，乃出大法，用为圣师，周人得以序彝伦而立大典。故在《书》曰：以箕子归，作《洪范》[4]。法授圣也。及封朝鲜，推道训俗，惟德无陋，惟人无远，用广殷祀，俾夷为华。化及民也。率是大道，聚于厥躬，天地变化，我得其正，其大人欤！

於呼，当其周时未至，殷祀未殄，比干已死，微子已去，向使纣恶未稔而自毙，武庚念乱以图存，国无其人，谁与兴理？是固人事之或然者也。然则先生隐忍而为此，其有志于斯乎！

唐某年，作庙汲郡，岁时致祀，嘉先生独列于《易》象，作是颂云：

蒙难以正，授圣以谟。宗祀用繁，夷民其苏。宪宪大人，显晦不渝。圣人之仁，道合隆污。明哲在躬，不陋为奴。冲让居礼，不盈称孤。高而无危，卑不可逾。非死非去，有怀故都。时诎而伸，卒为世模。《易》象是列，文王为徒。大明宣昭，崇祀式孚。古阙颂辞，继在后儒。

【注释】

①箕子：殷朝的太师，谏纣被囚，佯狂为奴，武王灭殷，箕子率五千人逃避到朝鲜而做了朝鲜的国君。②大人：有道德的人。③正蒙难：为了正义而宁可蒙受苦难。④《洪范》：《周书》篇名。《尚书·洪范》："天乃锡禹《洪范》。"

【译文】

只要是有德之人的处世原则有三条：第一条，是为了坚持正义宁可蒙受苦难；第二条，是建立法度传授给圣明的君主；第三条，是推行仁政，教化万民。殷代有一个善良的人叫箕子，他的确具备了这些处世原则，能顶天立地在这世界上。因此孔子在解释六经的含义时，特别恳切地多次举他为例。

在商纣当国王时，真理混乱颠倒，上天用各种灾祸以示警告，也不能够使他警醒，圣人的教训没有作用，在这种情况下，冒着生命危险去进谏，以至于牺牲生命，实在是可以称为仁人了，但对保全汤王的宗族没有任何好处，因此箕子不这样做。献身于新兴的王朝，从而保存汤王的宗族，实在是可以称为仁人了，然而这是参与灭亡自己本王朝的活动，因此箕子不忍心这样做。这两条途径已经有人这样走了，所以箕子巧妙地采取明哲保身的态度，和残暴的纣王应付敷衍，隐藏自己的良谋善策，甘愿受监禁，做奴隶，生活在昏暗的世道却没有不正当的行为，国家正处于衰败之中，他却坚持自强不息。因此在《易经》上写道：箕子和纣王很接近，

像太阳落到地下（暗王在上，明臣在下，不敢显其明智）。这就是为了坚持正义宁肯受苦受难。等到天运已经改变，百姓在周王朝的统治下走上正规，于是箕子拿出治国大法《洪范》，成为周武王的老师，使周朝的人能够依凭它而调整人与人之间的道德准则，建立重大的典章制度。因此在《尚书》上说：武王带着箕子回到镐京，箕子陈述《洪范》。这就是把大法传授给当代贤明的君主。等到他被武王分封在朝鲜，宣传礼仪来教化世人，因为他道德高尚，因此没有什么野蛮落后的地方不能开化，没有什么偏远之地的人不能教育，所以扩大殷朝的享受祭祀的范围，使荒野地区接受了中国的文化。这就是施行仁政教化万民。遵循这伟大的圣人之道，所有美德都聚集在他一人身上，天地变化无穷，自己却能够坚持正道，真是伟大的人啊！

唉！当周王朝的时运还没成熟，殷王朝的宗祀还没有断绝之时，比干已被纣王杀死，微子已出走了，如果纣王的罪恶还没有达到顶点就自己死了，他的儿子武庚继位，能够注意到混乱局面，定会千方百计维护殷朝的统治，国家没有杰出的人才，谁能辅佐他振兴和治理呢？这本是人事也许可能出现的情况。那么箕子默默忍受痛苦而这样做，大概就有这方面的志向吧！

唐朝某年，在汲州建立了一座箕子庙，每年四时八节都进行祭奠，我赞赏箕子被单独列在《易经》的卦象上，写了这篇颂歌道：

由于坚持正义而蒙受苦难，用谋略传授给圣明的君主。殷朝宗族的祭祀因此而繁盛，殷王后裔因而得到休养生息。德高望重的人，不管显赫还是隐藏都不改变自己的理想。有圣人的高尚德行，无论兴盛与衰败都合乎大道。自身十分明智，也就不以做奴隶为丑陋。谦虚礼让处事合礼，不满足于称王。地位高但没有危险，地位低但不能越礼。没有去死，没有逃离，是因为怀恋故都。当时受委屈而日后得到伸张，最后成为世人的楷模。列入《易经》的卦象中，文王成为他的徒弟。大大地被阐释，明显地被宣扬，被崇拜祭祀，被当作榜样，为人所信服。在古牌坊上写下这些颂辞，希望后代儒生继承发扬。

零陵①郡复乳穴记

石钟乳②，饵之最良者也。楚越之山多产焉。于连于韶者，独名于世。连之人告尽焉者五载矣。以贡则买诸他部。

今刺史崔公至，逾月，穴人来，以乳复告。邦人悦是祥也，杂然谣曰：“甿之熙熙③，崔公之来。公化所彻，土石蒙烈。以为不信，起视乳穴。”穴人笑之曰：“是恶知所谓祥耶？向吾以刺史之贪戾嗜利，徒吾役而不吾货也，吾是以病而绐④焉。今吾刺史令明而志洁，先赖而后力，欺诬屏息，信顺休洽，吾以是诚告焉。且夫乳穴必在深山穷林，冰雪之所储，豺虎之所庐。由而入者，触昏雾，扞龙蛇，束火以知其物，縻绳以志其返。其勤若是，出又不得吾直，吾用是安得不以尽告？今而乃诚，吾告故也，何祥之为！”

吾闻之曰：“谣者之祥也，乃其所谓怪者也。笑者之非祥也，乃其所谓真祥者也。君子之祥也，以政不以怪。诚乎物而信乎道，人乐用命，熙熙然以效其有，斯其为政也，而独非祥也欤！”

【注释】

①零陵：今湖南省。②石钟乳：产于山中，可以作药。③熙熙：和乐貌。④绐：欺哄，欺骗。

【译文】

石钟乳，做药引子是非常好的。楚越的山中多出产这种东西。尤其以连州、韶州所产的，独独闻名于世。连州的人向官府禀报说，石钟乳被采尽已经五年多了。向朝廷进贡时只好购买其他地方出产的。

现在新刺史崔公上任，过了一个月，有一个采石钟乳的人，拿石钟乳来禀告。本地人非常高兴，认为是吉祥的象征，纷纷唱起歌谣："老百姓们很高兴，是因为崔公来了。崔公的教化很普及，连土石都蒙受恩惠。如果你认为不是真的话，请你起来去看石钟乳的洞穴。"采石钟乳的人对这种说法笑了笑说："这怎么知道是所谓的祥瑞啊？以前由于刺史过分的贪婪暴戾，嗜好财物，白白地役使我们，又不给我们酬劳，我们不满便去欺骗他。现在我们的刺史法令严明，而操守高洁，先给酬劳而后让我们出力干活，诬陷欺骗我们的事再也没有了，对我们大家和顺诚恳而又关系融洽，我因此才把实情告诉他。而且石钟乳的洞穴一定在深山荒僻的森林中，在冰雪储积当年不化的地方，在豺狼虎豹所栖息的地方。由此进去的人，冒着毒雾，抵御着龙蛇，点着火把才可以看到石钟乳，拴上绳子做标记才能返回。像这样的辛劳，交纳出去又不能获得我付出的劳动的报酬，因此我怎么能够不说石钟乳采光了呢？现在刺史有这样的诚意，这是我告诉他实情的原因，哪里是什么吉祥的象征呢！"

我听说这件事后说："歌谣把它说成是吉祥，那是他们把这件事看成神怪的原因。认为这种说法可笑的人，在批驳所谓祥瑞时所说的情况那才是真正的祥瑞呢。君子认为的祥瑞，在于优异的政绩而非神怪之事。真诚的待人接物，信守正确的施政主张，百姓就会乐于接受命令，高兴地来奉献他们所有的物品，像这样处理政事，难道不正是祥瑞吗！"

游黄溪①记

北之晋，西适豳，东极吴，南至楚、越之交，其间名山水而州者以百数，永最善。环永之治百里，北至于浯溪，西至于湘之源，南至于泷泉，东至于黄溪、东屯，其间名山水而村者以百数，黄溪最善。

黄溪距州治七十里，由东屯南行六百步，至黄神②祠。祠之上，两山墙立，如丹碧之华叶骈植，与山升降。其缺者为崖峭岩窟。水之中，皆小石平布。黄神之上，揭水八十步，至初潭，最奇丽，殆不可状。其略若剖大瓮，侧立千尺，溪水积焉，黛蓄膏渟，来若白虹，沉沉无声。有鱼数百尾，方来会石下。南去又行百步，至第二潭，石皆巍然，临峻流，若颏颔龂腭。其下大石杂列，可坐饮食。有鸟赤首乌翼，大如鹄，方东向立。自是又南数里，地皆一状，树益壮，石益瘦，水鸣皆锵然。又南一里，至大冥之川，山舒水缓，有土田。

始黄神为人时，居其地。传者曰：黄神王姓，莽之世也。莽既死，神更号黄氏，逃来，择其深峭者潜焉。始莽尝言曰："余黄虞③之后也。"故号其女曰黄皇室主。黄与王声相迩，而又有本，其所以传言者益验。神既居是，民咸安焉。以为有道，死乃俎豆之，为立祠。后稍徙近乎民。今祠在山阴溪水上。元和八年五月十六日，既归为记，以启后之好游者。

【注释】

①黄溪：属永州治，今湖南。②黄神：王莽的祖父，本姓王，莽败，更姓黄。③黄虞：黄帝轩辕氏与虞舜的略称。

【译文】

北边抵达山西，西边直至陕西，东边到达浙江、福建，南到湖南、湖北及两广边界，在这辽阔的大地上，其间有名山名水的州，多得可以用百为单位来计算，其中永州为最佳。围绕着永州城方圆百里，北边到浯溪，西边到湘水的发源地，南边到泷泉，东边到达黄溪、东屯，其中有名山名水的村庄，多得可以用百为单位来计算，其中黄溪最佳。

黄溪离永州城七十里，从东屯往南走六百步，就到了黄神祠。黄神祠的上面有两座山像墙那样直立着，像绿叶红花一样并驾齐驱地生长着，随山势的高低而起伏。花草树木断开的地方是悬崖、峭壁、岩石和洞穴。水中遍布小石子，整齐地铺在水底。从黄神祠往上走，提裤腿淌水八十步，就到了第一个水潭，景色最是美丽奇特，简直无法形容。它的形状略像是破成两半的大瓮，斜靠着千尺高的大山，黄溪的水聚积到这里，乌黑发亮，平整得像脂膏一样，从上游流来的溪水，像一道白色的长虹，平平稳稳，没有响声。几百条鱼正在石下相聚。往南再走一百步，到了第二个潭，潭边的石头都高高地耸立着，面对着从高处流下的急流就像是下巴和牙床。潭下的大块石头不规则地摆列着，可供人坐在上面吃喝。山上有只红头黑翅膀的鸟，大如天鹅，正面向东站立着。从这再向南走好几里，地势都一个样子，树木更加高大，石头更加削峭，流水都铿然有声。再往南一里，到了幽静宽阔的河水，山势低，水流平缓，并出现了土地田园。

传说当初黄神还是凡人的时候就居住在这里。相传的人说："黄神原姓王，是在王莽时代。王莽死后，黄神才改姓黄，逃避到这里，选择其中环境幽深山势峻峭的地方隐居下来。当初王莽曾说："我是黄帝虞舜的后代。"因此称他女儿为"黄皇室主"。"黄"同"王"发音相近，而又有王莽自称是黄帝的后代为依据，他们用来相传的东西就显得更为证验。黄神居住此地之后，老百姓也就都安心地住在这里。人们认为他有道法，他死后人们便祭奠他，给他建立了祠堂。后来，把祠堂逐渐迁移到黄溪离百姓近的地方。现在黄神祠在山北面的黄溪上游。元和八年（公元813年）五月十六日，我回家后写了这篇游记，用来启发后世喜爱游览的人。

始得西山宴游记

自余为僇人，居是州[①]，恒惴栗[②]。其隙[③]也，则施施[④]而行，漫漫而游。日与其徒上高山，入深林，穷回溪，幽泉怪石，无远不到。到则披草而坐，倾壶而醉，醉则更相枕以卧。卧而梦，意有所极，梦亦同趣。觉而起，起而归。以为凡是州之山水有异态者，皆我有也，而未始知西山之怪特。

今年九月二十八日，因坐法华西亭，望西山，始指异之。遂命仆人，过湘江[⑤]，缘染溪，斫榛莽，焚茅嵗，穷山之高而止。攀援而登，箕踞而遨，则凡数州之土壤，皆在衽席之下。其高下之势，岈然洼然，若垤若穴，尺寸千里，攒蹙累积，莫得遁隐。

萦青缭白，外与天际，四望如一。然后知是山之特立，不与培塿⑥为类。悠悠乎与颢气俱，而莫得其涯；洋洋乎与造物者游，而不知其所穷。引觞满酌，颓然就醉，不知日之入。苍然暮色，自远而至，至无所见，而犹不欲归。心凝形释，与万化冥合。然后知吾向之未始游，游于是乎始。故为之文以志。是岁元和四年也。

【注释】

①是州：指永州。永州，今湖南零陵县。②惴栗：恐惧貌。③隙：间隙。④施施：慢慢行进貌。⑤湘江：湖南的一条大河。⑥培塿：小土丘。

【译文】

自从我成为罪人，居住到这个州，心中时常恐惧不安。空闲的时候，就慢腾腾地走走，漫无目的地逛逛。每天和同伴上高山，钻密林，直走到曲折溪流的尽头，怪石、幽泉，再远也没有不到的。到了以后，就分开草丛席地而坐，倒出壶中的酒，喝得大醉，醉了就相互以身为枕躺下。躺下就做梦，心中想到了哪里，梦也就做到哪里。睡醒了就起来，然后就回城。自以为这个州的山水凡有点奇特形态的，都被我领略遍了，而不曾知道西山的奇异和独特。

今年九月二十八日，由于我坐在法华寺西面的亭子上远眺西山，指点之中，才认为它景观不寻常。因此吩咐仆人渡过湘江，沿着染溪，砍去杂乱的树丛，烧掉茂盛的茅草，一直上到山的最高处为止。然后我们攀援着登上西山，上山后伸开双腿坐下观看四周风光，只见周围几个州的土地，都像在我的坐席之下。那些高高低低的地形，有的深远，有的低洼，有的像蚂蚁洞外的小土堆，有的像洞穴，千里的距离看上去只有尺寸大小，各种景物紧缩聚拢，层层叠叠，没有哪个能逃避我的视觉而隐藏起来。青山白水相互缠绕，远处与天相接，向四周望去，看到的景观浑然一体。然后才明白这山是独立的，不与小土丘为伍。其时我才意识到我神思悠悠地与浩然之气相通，而不能找到它的边际；自得自在地同大自然相交游，而不清楚它的尽头。拿起酒杯满斟而饮，疲乏无力地进入醉乡，不知道太阳已经落山。那苍茫的暮色，从远方而来，渐渐变黑，直到什么也看不到了，我却还不想回去。我的心凝固了，形体好像消散了，与万物融为一体。这以后才明白我以前没有真正游览过，真正的游览是从这次开始的。因此写了这篇文章把它记载下来。这一年，是元和四年（公元 809 年）。

袁家渴记

由冉溪西南水行十里，山水之可取者五，莫若钴鉧潭。由溪口而西陆行，可取者八九，莫若西山。由朝阳岩东南水行至芜江，可取者三，莫若袁家渴。皆永中幽丽奇处也。

楚、越之间方言，谓水之反流者为渴，音若衣褐之褐。渴上与南馆高嶂合，下与百家濑合。其中重洲小溪，澄潭浅渚，间厕曲折，平者深墨，峻者沸白。舟行若穷，忽又无际。有小山出水中，山皆美石，上生青丛，冬夏常蔚然。其旁多岩洞，其下多白砾。其树多枫、柟、石楠、楩、槠、樟、柚，草则兰、芷①，又有异卉，类合欢而蔓生，轇轕②水石。每风自四山而下，振动大木，掩苒③众草，纷红骇绿，蓊郁香气。

冲涛旋濑，退贮溪谷，摇飏葳蕤[4]，与时推移。其大都如此，余无以穷其状。永之人未尝游焉。余得之不敢专也，出而传于世。其地世主袁氏，故以名焉。

【注释】

①兰、芷：均为香草。②轇轕：参差错杂地缠绕。③掩苒：拂动。④葳蕤：草木茂盛貌。

【译文】

从冉溪向西南坐船走十里水路，值得观赏的山水景观共有五处，没有哪一处能比得上钴鉧潭。从冉溪口向西在陆路步行，值得观赏的景观共有八九处，没有哪一处能比得上西山。从朝阳岩向东南坐船走水路到芜江，值得观赏的景观有三处，但没有哪一处能比得上袁家渴。这几处都是永州美丽幽静而独特的地方。

楚、越一带方言，称反流的水为“渴”，“渴”音同“衣褐”的“褐”。袁家渴的上游同南馆高嶂流出来的水汇集在一起，下游与百家濑水相汇合。袁家渴中有重重沙洲，沙洲中有小溪，有的地方水深，成为清澈的潭；有的地方水浅，露出小块的地，成为小岛；它们错错杂杂，曲曲折折，深潭的水面平，呈深黑色，水流湍急冲激石头的水，呈极白色。乘船前行，像是没有路了；忽而眼前又是无边无际了。有座小山从水中露出，山上全是美丽的石头，山上生长着丛生的绿树，一年四季时常是青葱繁茂的。山旁有很多岩洞，山下有许多白色的小石子。山上长的大多是枫树、柟树、石楠树、楩树、槠树、樟树、柚树，草多是兰草和芷草，还有一种奇特的草，类似合欢草，有藤蔓，缠绕在水石上。每当风从四面山上刮下来，摇动着大树，翻动拂揉着所有的草，使红花绿叶像吃惊似地纷乱翻动，浓郁的香气随风飘散。急流波涛在风中更为激荡，浪涛退贮到溪谷里，水边的花草显得更为繁茂多姿，这种景象随着季节的推移而变化。袁家渴的景致大概就是这样，我没法把那里的景象全部描绘出来。永州的人不曾到这里来游玩。我得到了它，不敢作为专有，献出来传到世上。这块地世代的主人姓袁，因此用“袁家渴”给它命名。

石渠记

自渴西南行不能百步，得石渠，民桥其上。有泉幽幽然，其鸣乍大乍细。渠之广或咫尺，或倍尺，其长可十许步。其流抵大石，伏出其下。逾石而往，有石泓[1]，菖蒲被之，青鲜环周。又折西行，旁陷岩石下，北堕小潭。潭幅员减百尺，清深多鯈鱼。又北曲行纡余，睨[2]若无穷，然卒入于渴。其侧皆诡石怪木，奇卉美箭，可列坐而庥焉。风摇其巅，韵动崖谷，视之既静，其听始远。

予从州牧得之，揽去翳朽，决疏土石，既崇而焚，既酾而盈。惜其未始有传焉者，故累记其所属，遗之其人，书之其阳，俾后好事者求之得以易。

元和七年正月八日，蠲渠至大石。十月十九日，逾石得石泓小潭，渠之美于是始穷也。

【注释】

①泓：水深貌。②睨：斜视。

【译文】

从袁家渴向西南行走，不到一百步，发现了一条石渠，百姓在渠上建了一座桥。有泉涓涓细流，发出时大时小的声音。石渠的宽度，有的地方一尺左右，有的地方二尺上下，石渠的长度，大约有十来步。渠中的流水，碰上一块大石头，从石下钻出来。水流绕过石头再往前，有一个很深的石潭，菖蒲盖在石潭上，青翠的苔藓环绕在四周。水从石潭处又拐弯向西流去，从旁边隐没在岩石的下面，再向北，落入小潭中。这个小潭方圆不足百尺，潭水幽深清澈，水中有许多白条鱼。泉水又往北迂回曲折地流下去，看来好像没有尽头，但最后还是流入袁家渴。石渠的旁边，都是奇形怪状的石头、怪异的树木、珍奇的花草和美丽的竹子，人们可在这里并排地坐下来休息。风摇动着它们的梢头，发出的声音在崖谷里响动，看上去那些花草树木竹子已经静止下来，但仔细听来，它们被风吹动时发出的声响却在远处开始回荡起来。

我从刺史那里知道了它，除去杂草和朽木，开凿土石疏通泉水，培高了堤岸，烧掉了朽木杂草，水已经疏通了，小渠里也就充满了水。可惜这泉水未曾有人讲起它的，因此我完完全全地记载下它的一切景象，送给那些该送的人，并将这篇游记刻写在石渠北面的石头上，使后来热心山水的人找它时容易些。

元和七年（公元812年）正月初八，疏通石渠到大石处。十月十九日，过了大石发现很深的石潭和小潭，石渠的美境到这里才算到尽头了。

石涧记

石渠之事既穷，上由桥西北下土山之阴，民又桥焉。其水之大，倍石渠三之一，巨石为底，达于两涯，若床若堂，若陈筵席，若限阃奥。水平布其上，流若织文，响若操琴。揭跣①而往，折竹扫陈叶，排腐木，可罗胡床②十八九居之。交络之流，触激之音，皆在床下；翠羽之木，龙鳞之石，均荫其上。古之人其有乐乎此耶？后之来者有能追余之践履耶？得意之日，与石渠同。

由渴而来者，先石渠，后石涧；由百家濑上而来者，先石涧，后石渠。涧之可穷者，皆出石城村东南，其间可乐者数焉。其上深山幽林逾峭险，道狭不可穷也。

【注释】

①揭跣：摄衣赤足涉水。②胡床：一种可折叠的轻便坐具。

【译文】

游赏石渠的事情已经结束之后，上行经过桥的西北，下了土山的南山坡，百姓在那里又架起了一座桥。石涧的泉水，超过石渠的泉水的三分之一。横着的石头构成涧底，从这岸一直延伸到那岸，溪底的石头，有的像床，有的像四方的坛，有的像陈列好的宴席，有的像门槛分隔出内外屋。涧水平布在石底上，流动的水面像是织锦上的花纹，流动的水的回声像是弹琴发出的声音。我拎起裤管，光着脚向前走，折断了竹子，清扫了陈枝烂叶，这里可以摆十八九把坐椅。那交织如锦纹的流水，撞击石头发出的声音，都在这坐椅之下；苍翠欲滴，如同翠绿的树

木，像龙鳞一样排列的石头，都荫护着坐椅上的游人。古人是否对此也感兴趣呢？后人是否有心能够追随我的足迹呢？心满意足的日子，和发现石渠是同一天。

从袁家渴到这里来的，要先到石渠，之后才到石涧；从百家濑上行到这里来的，得先到石涧，然后才到石渠。石涧的源头都出自石城村东南，中间值得游玩的地方就有好几处。它上面是深邃的大山和幽静的树林，非常陡峭危险，由于道路狭窄，不能到达尽头。

小石城山记

自西山道口径北，逾黄茅岭而下，有二道：其一西出，寻之无所得；其一少北而东，不过四十丈，土断而川分，有积石横当其垠①。其上为睥睨②梁欐③之形，其旁出堡坞，有若门焉。窥之正黑，投以小石，洞然有水声，其响之激越，良久乃已。环之可上，望甚远。无土壤而生嘉树美箭，益奇而坚，其疏数偃仰，类智者所施设也。

噫！吾疑造物者之有无久矣。及是愈以为诚有。又怪其不为之中州，而列是夷狄，更千百年不得一售其伎，是故劳而无用。神者傥不宜如是，则其果无乎？或曰：以慰夫贤而辱于此者。或曰：其气之灵，不为伟人，而独为是物，故楚之南少人而多石。是二者，余未信之。

【注释】

①垠：尽头。②睥睨：城上矮墙。③梁欐：房屋的正梁。

【译文】

从西山路口一直往北走，翻过黄茅岭再往下走，有两条路：一条向西，顺着它走下去没有发现什么可赏玩的地方；另一条稍微偏北又折向东，不超过四十丈，发现一座断裂的土山，河水分成两支，有一石堆横档在山路的尽头。在山顶上形成矮墙和栋梁的形状，旁边又凸出一座小城堡，那里还有一个像城门的洞。从洞往里看，一片漆黑，拿块小石头扔进去，可听到咚咚的水声，声音清越激扬，好久才消失。盘绕着石山可以登上山顶，站在山顶，可望到十分远的地方。山上没有泥土，却从石缝中长出很好的树木和优美的竹子，更显得它们坚实奇特，竹木分布疏密有致，高低参差，好像是聪明人刻意布置的一样。

唉！我怀疑造物主的有无已很长时间了。到这里一看，更认为确实是有的。但又奇怪造物主为什么不把这样的小石城山设置在中原地区，而偏偏将它安排在这荒远的地方，以致经历了千百年也没有一次机会展示一下自己的奇异景色，这简直是白耗力气而毫无用处。神灵的上帝好像不应当像这样做的，那么上帝果真没有吧？有人说："这是上帝用这佳胜景色来安慰那些有贤才却被贬到此地的人。"又有人说："这地方山川钟灵之气，不孕育杰出的人而只造就这样的奇山异景，因此永州一带人材少而奇峰异石多。"这两种说法，我都不信。

小石潭记

从小丘西行百二十步，隔篁竹闻水声，如鸣佩环，心乐之。伐取道，下见小潭，水尤清冽。全石以为底，近岸卷[1]石底以出，为坻[2]为屿[3]，为嵁[4]为岩。青树翠蔓，蒙络摇缀，参差披拂。

潭中鱼可百许头，皆若空游无所依。日光下澈，影布石上，佁然不动，俶尔远逝，往来翕忽，似与游者相乐。潭西南而望，斗折蛇行，明灭可见。其岸势犬牙差互，不可知其源。坐潭上，四面竹树环合，寂寥无人，凄神寒骨，悄怆幽邃。以其境过清，不可久居，乃记之而去。

同游者，吴武陵龚古、余弟宗玄，隶而从者，崔氏二小生，曰恕己，曰奉壹。

【注释】

①卷：翻卷。②坻：水中的高地。③屿：水中的小岛。④嵁：凹凸不平的小丘。

【译文】

从小丘向西走一百二十步，隔着一片竹林，就听到了流水声，那声音像玉环玉佩相撞时发出的清脆声响，心里不禁爱上了这块地方。于是砍伐竹丛，开出一条小路，往下走就见到了一个小潭，潭水十分清澈。小潭由整块的石头作底，靠近岸边，石底上卷露出水面，形成一处处凸出水面的高地、岛屿、凸凹不平的小丘、高峻的山崖。小潭四周长满了青葱的树木，翠绿的藤蔓，覆盖缠绕，摇摆下垂，参差不齐，随风拂动。

潭中的鱼大约有一百来条，都好像在空中游动毫无依托一样。阳光一直照到潭底，鱼儿的影子映现在潭底的石头上，呆呆地一动也不动，突然，小鱼又向远处游，游来游去，是那么的轻快敏捷，好像跟游玩的人一起玩乐。向小潭西南方向望去，只见一条小溪像北斗七星那样曲曲折折，像蛇爬行那样蜿蜒蠕动，时隐时现。小溪两岸的形状犬牙交错，弄不清它的源头。

坐在小潭边，四面竹树环抱，非常幽静，没有别人，那幽深悲凉的气氛，使人神情凄凉，筋骨寒彻，忧伤绵绵，又深又远。因为它的环境太冷清，不可久留，我把当时的情形记下来就离开了。

和我一块游历的有吴武陵龚古，我弟弟宗玄，附带跟着一块儿去的有崔家的两个青年人，一个叫恕己，一个叫奉壹。

钴鉧潭西小丘记

得西山后八日，寻山口西北道二百步，又得钴鉧潭。潭西二十五步，当湍而浚者为鱼梁[1]。梁之上有丘焉，生竹树。其石之突怒偃蹇、负土而出、争为奇状者，殆不可数。其嵚然[2]相累而下者，若牛马之饮于溪；其冲然角列而上者，若熊罴之登于山。

丘之小不能一亩，可以笼[3]而有之。问其主，曰："唐氏之弃地，货而不售。"问其价，曰："止四百。"余怜而售之。李深源，元克己时同游，皆大喜，出自意外。即更取器用，铲刈秽草，伐去恶木，烈火而焚之。嘉木立，美竹露，奇石显。由其中以望，则山之高、云之浮、溪之流，鸟兽之遨游，举熙熙然回巧献技，以效兹丘之下。枕席而卧，则清冷之状与目谋，瀯瀯[4]之声与耳谋，悠然而虚者与神谋，渊然而静者与心谋。不匝旬而得异地者二，虽古好事之士，或未能至焉。

噫！以兹丘之胜，致之沣、镐、鄠、杜[5]，则贵游之士争买者，日增千金而愈不可得。今弃是州也，农夫渔父过而陋之，价四百，连岁不能售，而我与深源、克己独喜得之，是其果有遭乎？书于石，所以贺兹丘之遭也。

【注释】

①鱼梁：堰石障水而空其中，放置竹笱来捕鱼。②镉然：山石耸立貌。③笼：包举。④潨潨：水声。⑤沣、镐、鄠、杜：四地名，在今陕西，均为唐代畿辅要地。镐，周朝都城。

【译文】

发现西山后的第八天，顺着山口向西北走了二百步，又发现了钴鉧潭。在钴鉧潭西边二十五步远的地方，在那水流又急又深的地方设了一道捕鱼的水堰。靠近水堰的河岸上，有一座小山丘，长满了竹子和树木。小丘上的石头拔地而起、高耸盘曲、破土而出、争奇斗怪的，多得几乎数不清。石头中那些倾斜着一个连着一个往山下去的，就像牛马在小河边饮水；石头中那些气势冲冲的像兽角一样挺拔排列着向上的，就像熊罴在登山。

小山丘小得不到一亩，简直可以把它包笼而占有它。问小丘的主人，回答说："是姓唐的人家荒弃的土地，想卖没卖出去。"问它的价钱，回答说："只要四百钱。"我怜惜它就把它买了下来。李深源、元克己当时和我一起游玩，他们都非常高兴，认为这是出自意外的收获。于是，就交替地拿起工具，铲除割掉那些杂草，砍去那些不能观赏的杂树，点火猛烈地烧起来，烧掉了那些杂草树木。结果，美好的树木挺立起来，好看的竹子显露出来，奇峭的石头显现出来。站在小丘之中向外望，那高山、浮云、流水、遨游的鸟兽，全都愉快和谐地运转它们的技巧，呈献它们的技艺，用这些表演呈现在这个小丘的下面。枕石席地躺着，清新凉爽的景观映入了眼帘，潺潺的流水声跟耳朵相会着，悠闲而虚空的境界与精神接触着，深沉而幽静的境界与思想交流着。不满十天的时间，而得到两处奇异的胜地，就是古代最喜爱山水的人，也许不能达到这种地步。

唉！凭着这个小丘的胜景，假如把它送到沣、镐、鄠、杜等地，那么，王公贵族们会争先恐后地来买它，每天就是增加千金恐怕更加买不到。现今被遗弃在这个州上，连农夫渔翁路过都瞧不起它，价钱只有四百，却连年卖不出去，可是我和深源、克己偏偏非常高兴地得到了它，这种情况说明小丘果真有好际遇吧。我把这篇文章写在石头上，用来庆祝小丘的好际遇。

种树郭橐驼传

郭橐驼[1]，不知始何名。病偻[2]，隆然伏行，有类橐驼者，故乡人号之"驼"。驼闻之曰："甚善，名我固当。"因舍其名，亦自谓橐驼云。其乡曰丰乐乡，在长安西。驼业种树，凡长安豪富人为观游及卖果者，皆争迎取养。视驼所种树，或移徙，无不活，且硕茂蚤实以蕃。他植者虽窥伺效慕，莫能如也。

有问之，对曰："橐驼非能使木寿且孳也，能顺木之天，以致其性焉尔。凡值木之性，其本欲舒，其培欲平，其土欲故，其筑欲密。既然已，勿动勿虑，去不复顾。其莳也若子，其置也若弃，则其天者全而其性得矣。故吾不害其长而已，非有能硕茂之也；不抑耗其实而已，非有能蚤而蕃之也。他植者则不然，根拳而土易，其培之也，若不过焉，则不及。苟有能反是者，则又爱之太恩，忧之太勤，旦视而暮抚，已去而复顾。甚者，爪其肤以验其生枯，摇其本以观其疏密，而木之性日以离矣。虽曰爱之，其实害之；虽曰忧之，其实仇之，故不我若也，吾又何能为哉？”

问者曰：“以子之道，移之官理③可乎？”驼曰：“我知种树而已，官理非吾业也。然吾居乡，见长人者好烦其令，若甚怜焉，而卒以祸。旦暮吏来而呼曰：官命促尔耕，勖尔植，督尔获，蚤缫而绪，蚤织而缕，字而幼孩，遂而鸡豚。鸣鼓而聚之，击木而召之。吾小人辍飧饔以劳吏者且不得暇，又何以蕃吾生而安吾性耶？故病且怠。若是，则与吾业者其亦有类乎！”

问者嘻曰：“不亦善夫！吾问养树，得养人术。”传其事，以为官戒也。

【注释】

①橐驼：即骆驼，因为背高，背高的人也称橐驼。②偻：曲背。③官理：做官处理政事。

【译文】

郭橐驼，不知道当初叫什么名字。他患有曲背病，脊背高高隆起，走路弯着腰，有点像骆驼似的，因此乡下人给他起了个绰号叫“驼”。郭橐驼听到这样叫他，说：“很好，给我起这个名字确实恰当。”所以就放弃了原来的名字，也自称“橐驼”了。他住的乡叫丰乐乡，在长安城西。橐驼的职业是种树，凡是长安富豪人家，为了建供观赏游览的园林和卖果子的人，都争着雇佣他。观察橐驼种的那些树，或移植的树，没有不成活的，并且长得茂盛高大，果实结得又早又多。其他种树人虽然暗地里观察偷着模仿，没有谁能赶得上他。

有人向他求教，他回答说：“我并不能让树木活得久，长得快，只不过是能顺应树木生长的自然规律，并适应它的习性罢了。一般说来，种树的规律是：树根要舒展，培土要均匀，泥土要用旧的，捣土要严实。这样做了以后，不要再动它，也不用再担心，离开了不再去管它。栽种时，要像培育子女一样细心；栽好后，把它放在一边就像抛弃掉了一样；那么它生长的自然环境就能保全，而它的习性也能够得到适应了。因此我不过是不损害它的自然生长罢了，并非有让它长得高大茂盛的特殊本领；不去损害它的果实而已，不是有能使它结果又早又多的本领。别的种树的却不是如此，他们让树根卷曲并且换上新土，在给树培土时，要么就是过多，要么就是不够。如果有能跟这种做法相反的人，却又对树爱得太深，对它太操心，早上看看，晚上摸摸，已经离开了，还要再回头看看。更加厉害的，抠树皮来察看树的死活，摇动树干来看它培的土是紧还是松，那么树的天性一天天地失去了。虽说是爱它，实际上是害它；虽说是对它操心，实际上是把它当作仇敌。所以，其他的种树人就不如我了，我又有什么别的本领呢？”

请教的人说：“把你种树的道理，用到治民做官上，可以吗？”郭橐驼说：“我只懂得种树罢了，当官治民的事不是我的职业。但是，我住在乡下，看见当官的喜欢让他们的政令很烦琐，似乎对百姓很爱护，其实却给百姓带来了灾祸。从早到晚官吏们到村里来喊道：“上司有令，催促你们耕种，勉励你们种植，监督你们收获，早些缫你们的丝，早点把你们的线织成布，教育好你们幼小的孩子，喂好你们的鸡和猪！”一会儿他们敲鼓要百姓们集合，一会儿又

敲梆子把人们召来。我们这些小人就是使停止吃饭来应酬招待官吏还忙不过来，又怎么能使我们的子孙兴旺而使我们的生活安定呢？所以折腾得百姓非常困苦并且疲惫不堪。如果像这样，就同我从事的职业大概也有点类似吧？”

请教的人惊异地说：“不也很好吗！我请教种植保养树木的道理，却学到了治民的方法。”我因此把他的事迹记下来，作为官吏们的鉴戒。

童区寄传

柳先生曰：越人少恩，生男女，必货视之，自毁齿已上，父兄鬻卖以觊其利，不足则盗取他室，束缚钳梏之，至有须鬣者，力不胜，皆屈为僮，当道相贼杀以为俗。幸得壮大，则缚取么弱者。汉官因以为己利，苟得僮，恣所为不问。以是越中户口滋耗。少得自脱，惟童区寄以十一岁胜，斯亦奇矣。桂部从事杜周士为余言之。

童寄者，郴州荛牧儿[①]也。行牧且荛，二豪贼劫持，反接[②]，布囊其口，去逾四十里之虚所，卖之。寄伪儿啼恐栗，为儿恒状。贼易之，对饮，酒醉。一人去为市，一人卧，植刃道上。童微伺其睡，以缚背刃，力下上，得绝，因取刃杀之。逃未及远，市者还，得童大骇，将杀。童遽曰：“为两郎僮，孰若为一郎僮耶？”彼不我恩也，郎诚见完与恩，无所不可。”市者良久计曰：“与其杀是僮，孰若卖之？与其卖而分，孰若吾得专焉？幸而杀彼，甚善！”即藏其尸，持僮抵主人所，愈束缚，牢甚。夜半，童自转，以缚即炉火烧绝之，虽疮手勿惮，复取刃杀市者。因大号，一虚皆惊。童曰：“我区氏儿也，不当为僮。贼二人得我，我幸皆杀之矣。愿以闻于官。”虚吏[③]白州，州白大府，大府召视儿，幼愿[④]耳。刺史颜证奇之，留为小吏，不肯。与衣裳，吏护还之乡。乡之行劫缚者，侧目莫敢过其门，皆曰：“是儿少秦武阳二岁，而计杀二豪，岂可近耶！”

【注释】

①荛牧儿：打柴放牧的儿童。②反接：反绑。③虚吏：治理市集的小官吏。④愿：忠厚老实貌。

【译文】

柳先生说：“越地的人缺少恩德，生了男孩或女孩，一定拿他们当货物看待，自七八岁换牙以上的都如此，父兄靠卖他们来获取利益，如果觉得得到的利益还不够，就偷别家的。把他们捆起来，用木夹子夹起颈项，铐上手铐子，甚至有些长的人，力气顶不住，都屈从为奴婢，在道路上相互残杀成为一种风气。幸而长大成人，就反过来捆绑夺取小弱的。汉人设的官吏，就靠这作为自己的私利；假如得到奴婢，任凭怎么得来，官府不过问。正由于这个原因，越地的人口越来越少。很少能够自己摆脱这种噩运的，只有儿童区寄凭着十一岁取得了胜利，这也就够奇特的了。这是桂部从事杜周士给我说的。

儿童区寄，是郴州的一个打柴放牧娃。一天，他正在边放牧边打柴时，两个强盗绑架了他，反绑双手，又用布塞住他的嘴，走到四十里开外的集市上去卖他。区寄假装小孩子哭叫，害怕得发抖，做出孩子常有的那种胆小的样子。所以两个强盗不把他放在心上，只顾对着饮酒，喝醉了。一个强盗离开这里去找买主，另一个睡下，把刀插在道边上。区寄偷偷地看到那个强盗睡着了，就把捆在双手上的绳索背对着刀口，用力地上下锯，最终割断了绳索，趁机拿起刀来杀死了他。区寄逃出不远，那个去找买主的强盗回来了，抓回区寄，大吃一惊，准备杀掉他。区寄赶快说："当两个主人的奴仆，怎么比得上当一个主人的奴仆呢？那个人待我不好，您果真能保全并好好地对我，怎么处置我都行。"找买主的强盗考虑了很长时间，捉摸着："与其杀掉这个奴仆，哪如把他卖掉呢？与其卖掉他两人平分，哪如我一个人独吞这笔款呢？幸亏杀了那个人，这很好！"这个强盗立刻掩藏了那具尸体，带着区寄到了窝主的处所，把区寄捆绑得更为牢固。半夜时分，区寄自己转过身体，把捆在手上的绳子靠近炉火烧断了，即便烧伤了手也不怕痛，又拿起刀来杀了这个找买主的强盗。接着区寄大声叫喊，整个集市都被惊醒了。区寄说："我是区家的孩子，不应该当奴仆。两个强盗绑架了我，我侥幸地把他们全杀了！希望有人把这件事报告给官府。"集镇的官吏把情况报告了州官，州官又报告了大府。大府叫来区寄一看，原来是个年幼老实的孩子而已。刺史颜证觉得区寄奇特不凡，想留下他做个小差役，区寄不答应。最后只好送给他一些衣裳，并派差役护送他回到家乡。乡里那些搞抢劫绑架的人，斜着眼看他，没有哪个敢经过他的家门，都说："这个小孩比秦武阳还小两岁，却用计杀死了两个强汉，我们哪敢靠近他呀！"

桐叶封弟辩

古之传者有言：成王以桐叶与小弱弟戏曰："以封女。"周公入贺，王曰："戏也。"周公曰："天子不可戏。"乃封小弱弟于唐。

吾意不然。王之弟当封耶，周公宜以时言于王，不待其戏而贺以成之也。不当封耶，周公乃成其不中之戏，以地以人与小弱者为之主，其得为圣乎？且周公以王之言不可苟焉而已，必从而成之耶？设有不幸，王以桐叶戏妇寺[①]，亦将举而从之乎？凡王者之德，在行之何若。设未得其当，虽十易之不为病。要于其当，不可使易也，而况以其戏乎！若戏而必行之，是周公教王遂过也。

吾意周公辅成王宜以道，从容[②]优乐，要归之大中而已。必不逢其失而为之辞，又不当束缚之，驰骤之，使若牛马然，急则败矣。且家人父子尚不能以此自克，况号为君臣者邪？是直小丈夫缺缺[③]者之事，非周公所宜用，故不可信。或曰：封唐叔，史佚[④]成之。

【注释】

①妇寺：妇人与宦官。②从容：舒缓貌。③缺缺：小聪明。④史佚：周武王时太史尹佚。

【译文】

古书上有这样的记载：周成王拿着一片桐树叶和年轻的弟弟虞叔开玩笑，说："把这个作为玉珪封给你。"周公入宫去庆贺。成王说："我只是开个玩笑。"周公说："天子不能随便开玩笑。"因此成王就封年轻的弟弟到唐地。

我认为这件事不是这样的。成王的弟弟假如应当受封，周公就应及时地向成王进言，而不

必等他开了玩笑后再去庆贺来促成这件事。成王的弟弟假如不应当受封，周公便使一个不恰当的玩笑变成了事实，将土地和百姓封给年轻的弟弟，让个小孩子成了他们的君主，周公这样做能算是圣人吗？而且周公只是认为君王说话不能随便罢了，哪里一定要听从成王的玩笑，并促成它呢？如果有这样不幸的事，成王拿了桐树叶子同妃嫔和宦官开玩笑，难道周公也要按这种玩笑去办吗？大凡君王的恩德，在于实行得怎样。如果不恰当，就是改变十次，也不算缺点。关键是要恰当，不能随便更改，更何况是用它来开玩笑呢！假如开玩笑也一定去实行的话，这是周公在教成王铸成过错。

我认为周公辅助成王，应当用“道”，一举一动和戏乐都要让他合乎道罢了。一定不会去迎合他的过错并给他加以掩饰，又不该对他管束太严，让他终日奔忙，让他像牛马一样，急于求成反而会把事情搞坏。再说家庭父子之间，尚且还不能用这种办法来约束，更何况名分上还有君臣之分的人呢？这只不过是见识浅陋而又要小聪明的人做的事情，不是周公所应该采取的做法，所以是不可相信的。有的古书上记载说，封唐叔这件事，是太史尹佚促成的。

论语辩

尧曰：“咨尔舜，天之历数在尔躬，四海困穷，天禄永终。”舜亦以命禹。曰：“余小子履，敢用玄牡[①]，敢昭告于皇天后土，有罪不敢赦。万方有罪，罪在朕躬。朕躬有罪，无以尔万方。”

或问之曰：“《论语》书记问对之辞尔，今卒篇之首章然有是，何也?”柳先生曰：“《论语》之大，莫大乎是也。”是乃孔子常常讽道之辞云尔。彼孔子者，覆生人之器者也。上之尧舜之不遭，而禅不及己；下之无汤武之势，而已不得为天吏[②]。生人无以泽其德，日视闻其劳死怨呼，而己之德涸焉，无所依而施。故于常常讽道云尔而止也。此圣人之大志也，无容问对于其间。弟子或知之，或疑之不能明，相与传之。故于其为书也，卒篇之首严而立之。

【注释】

①玄牡：黑色的公牛。②天吏：奉行天命之人。《孟子·公孙丑上》：“无敌于天下者，天吏也。”

【译文】

尧说：“啧啧，你这舜呀！上天给你享国的气运，就在于你自身，假如天下的人都陷于贫困，上天赐给你的禄位就永远完结了。”舜也这样说过禹。（商汤王）说：“我谨用黑色公牛作牺牲，大胆地明告上天后土，有罪的人我不敢私自赦免。庶民有罪，罪在我自己。我自己如果有罪，就不能把庶民治罪。”

有人问道：“《论语》，只是记录论答的言辞而已，现在最后一篇头一段却有这么一节，为什么呢?”柳先生说：“《论语》的深刻博大，没有能超过这篇的。”这是孔子常常咏诵的话。那孔子是荫庇天下人的大器。向上说，没碰到尧舜的好时光，禅让不到自己；向下说，又没有处在商汤、周武王的时代，自己不能做奉行天命的人。活着的人不能受他恩泽的泽被，一天天看着听着他们劳碌而死发出怨恨的呼喊，然而自己的德行只能枯竭干涸，却无所依从而实施。因此时常咏诵这句话作为终结。这是圣人的大志，不能在这中间有什么问答。弟子中有的明白，有的疑惑不能明白，相互传授它。因此在他成书的时候，在最后一篇的前面，尊敬地把它放在这里。

捕蛇者说

永州之野产异蛇，黑质而白章，触草木尽死，以啮人，无御之者。然得而腊[①]之以为饵，可以已大风，挛踠、瘘疠，去死肌，杀三虫。其始太医[②]以王命聚之，岁赋其二，募有能捕之者，当其租入。永之人争奔走焉。

有蒋氏者，专其利三世矣。问之，则曰："吾祖死于是，吾父死于是，今吾嗣为之十二年，几死者数矣。"言之貌若甚戚者。

余悲之，且曰："若毒之乎？余将告于莅事者，更若役，复若赋，则何如？"

蒋氏大戚，汪然出涕曰："君将哀而生之乎？则吾斯役之不幸，未若复吾赋不幸之甚也。向吾不为斯役，则久已病矣。自吾氏三世居是乡，积于今六十岁矣，而乡邻之生日蹙。殚其地之出，竭其庐之入，号呼而转徙，饥渴而顿踣，触风雨，犯寒暑，呼嘘毒疠，往往而死者相藉也。曩与吾祖居者，今其室十无一焉，与吾父居者，今其室十无二三焉；与吾居十二年者，今其室十无四五焉。非死则徙尔，而吾以捕蛇独存。悍吏之来吾乡，叫嚣乎东西，隳突[③]乎南北，哗然而骇者，虽鸡犬不得宁焉。吾恂恂而起，视其缶而吾蛇尚存，则弛然而卧。谨食之，时而献焉。退而甘食其土之有，以尽吾齿。盖一岁之犯死者二焉，其余则熙熙而乐，岂若吾乡邻之旦旦有是哉！今虽死乎此，比吾乡邻之死则已后矣，又安敢毒耶？"

余闻而愈悲。孔子曰："苛政猛于虎也。"吾尝疑乎是，今以蒋氏观之，犹信。呜呼！孰知赋敛之毒有甚是蛇者乎？故为之说，以俟夫观人风者得焉。

【注释】

①腊：制成干肉。②太医：官名。秦汉有太医令，主管医药，历代沿袭这一称呼。③隳突：骚扰。

【译文】

永州的野外出产一种奇特的蛇，黑色的身体，白色的花纹；碰到草木，草木就会全部死掉；咬着了人，没有治愈它的办法。然而捉到它并把它晾干了做成药品，可以用它治疗麻风病、痉挛病、大脖子病和恶疮，还可去掉坏死的肌肉，杀死人体中各种致病的细菌。起初，太医用皇帝的命令征收这种蛇，每年征收两次，招募那些能够捕蛇的人，许诺他们拿捕蛇抵他应交纳的租税。永州的人争相去做这件事。

有个姓蒋的，享有捕蛇的好处已经三代了。问他，就说："我祖父死于捕蛇上，我父亲死于捕蛇上，现在我接着干了十二年，几乎丧命的情况出现多次了。"他说这话的时候，样子像是十分悲痛。

我为他感到悲伤，并且说："你认为捕毒蛇这件事太痛苦吗？我要告诉主管的地方官，改换一下你的差使，恢复你应缴的租税，那么怎样呢？"

姓蒋的更加悲痛，哗哗地流着眼泪说："你要可怜我，让我活下去吗？那么，我干这个差使的痛苦，还不像恢复我的租税的痛苦更大呢。如果我不干这个差使，就早已困苦不堪了。从我们家三代住在这乡里，累计到现在已有六十年了，可是乡邻们的生活一天比一天困窘。他们缴尽了田地里的收获，缴完了全家的收入，哭喊求救，辗转流亡，忍饥受渴，劳累倒下，又冒着风吹雨打，受冷受热，呼吸瘴气，时常是接二连三地死去。从前和我祖父同住在这乡的人家，现在十家剩下还不到一家了；和我父亲同住在一乡的人家，现在十家剩下还不到两三家了；和我同住在这里十二年的人家，现在十家剩下还不到四五家了。他们不是死就是迁走了，可是我靠着捕蛇却活了下来。凶残的差役来到我们家乡，四处大叫大吵，到处骚扰，那种乱哄哄担惊受怕的情形，就是鸡狗也不得安宁啊！我小心翼翼地起来，看看瓦罐，只要我的蛇还在里边，就可以安心地躺下睡觉。我精心喂养它，按规定的时间献上它。回来后甜滋滋地吃着地里生产的粮食，来度过我的余年。大概一年中冒死亡的危险只有两次，其他时间就可以安闲自在，哪像我的乡邻们，每天都有这种死亡的危险呢！现在我就是死在捕蛇这差使上，比起我的乡邻们来，已是死得靠后了，又怎么敢把这当做痛苦呢？"

我听到这些话，更加伤心。孔子说："严酷的政令比老虎还凶恶。"我曾经对此怀疑过，现在拿姓蒋的一家人的遭遇来看，才信了。唉！谁知道苛捐杂税所带来的危害比这种毒蛇更加厉害呢！所以为这件事写了这篇文章，等待着那些考察民情的官吏来参考吧。

段太尉逸事状

太尉始为泾州刺史时，汾阳王[①]以副元帅居蒲。王子晞[②]为尚书，领行营节度使，寓军邠州，纵士卒无赖。邠人偷嗜暴恶者，卒以货窜名军伍中，则肆志，吏不得问。日群行丐取于市，不嗛，辄奋击折人手足，椎釜鬲瓮盎盈道上，袒臂徐去，至撞杀孕妇人。邠宁节度使白孝德以王故，戚不敢言。太尉自州以状白府，愿计事。至则曰："天子以生人付公理，公见人被暴害，因恬然[③]，且大乱，若何？"孝德曰："愿奉教。"太尉曰："某为泾州，甚适，少事，今不忍人无寇暴死，以乱天子边事。公诚以都虞侯命某者，能为公已乱，使公之人不得害。"孝德曰："幸甚。"如太尉请。

既署一月，晞军士十七人入市取酒，又以刃刺酒翁，坏酿器，酒流沟中。太尉列卒取十七人，皆断头注槊上，植市门外。晞一营大噪，尽甲。孝德震恐，召太尉曰："将奈何？"太尉曰："无伤也，请辞于军。"孝德使数十人从太尉，太尉尽辞去。解佩刀，选老躄者一人持马，至晞门下。甲者出，太尉笑且入曰："杀一老卒，何甲也？吾戴吾头来矣。"甲者愕。因谕曰："尚书固负若属耶？副元帅固负若属耶？奈何欲以乱败郭氏？为白尚书，出听我言。"晞出见太尉，太尉曰："副元帅勋塞天地，当务始终。今尚书恣卒为暴，暴且乱，乱天子边，欲谁归罪？罪且及副元帅。今邠人恶子弟，以货窜名军籍中，杀害人如是不止，几日不大乱？大乱由尚书出，人皆曰尚书倚副元帅不戢士。然则郭氏功名，其与存者几何？"言未毕，晞再拜曰："公幸教晞以道，恩甚大，愿奉军以从。"顾叱左右曰："皆解甲，散归大伍中，敢哗者死！"太尉曰："吾未晡食，请假设草具。"既食，曰："吾疾作，愿留宿门下。"命持马者去，旦日来。遂卧军中。晞不解衣，戒候卒击柝卫太尉。旦，俱至孝德所，谢不能，请改过，邠州由是无祸。

先是太尉在泾州为营田官，泾大将焦令谌取人田，自占数十顷，给与农曰："且熟，归我半。"是岁大旱，野无草，农以告谌。谌曰："我知入数而已，不知旱也。"督责益急。且饥死，无以偿，即告太尉。太尉判状词甚巽，使人求谕谌。谌盛怒，召农者曰："我畏段某耶？何敢言我！"取判铺背上，以大杖击二十，垂死，舁来庭中。太尉大泣曰："乃我困汝。"即自取水洗去血，裂裳衣疮，手注善药，旦夕自哺农者然后食。取骑马卖，市谷代偿，使勿知。淮西寓军帅尹少荣，刚直士也，入见谌，大骂曰："汝诚人耶？泾州野如赭，人且饥死，而必得谷，又用大杖击无罪者。段公，仁信大人也，而汝不知敬。今段公唯一马，贱卖市谷入汝，汝又取不耻。凡为人，傲天灾、犯大人、击无罪者，又取仁者谷，使主人出无马，汝将何以视天地，尚不愧奴隶耶？"谌虽暴抗，然闻言则大愧，流汗不能食。曰："吾终不可以见段公。"一夕自恨死。

及太尉自泾州以司农征，戒其族："过岐，朱泚幸致货币，慎勿纳。"及过，泚固致大绫三百匹。太尉婿韦晤坚拒，不得命。至都，太尉怒曰："果不用吾言！"晤谢曰："处贱无以拒也。"太尉曰："然终不以在吾第。"以如司农治事堂，栖之梁木上。泚反，太尉终，吏以告泚，泚取视，其故封识具存。

元和九年月日，永州司马员外置同正员柳宗元，谨上史馆。今之称太尉大节者出入，以为武人一时奋不虑死，以取名天下，不知太尉之所立如是。宗元尝出入岐周邠斄间，过真定，北上马岭，历亭鄣堡戍。窃好问老校退卒，能言其事。太尉为人姁姁[④]，常低首拱手行步，言气卑弱，未尝以色待物。人视之，儒者也。遇不可，必达其志，决非偶然者。会州刺史崔公来，言信行直，备得太尉遗事，覆校无疑。或恐尚逸坠，未集太史氏，敢以状私于执事。谨状。

【注释】

①汾阳王：郭子仪。安史之乱，子仪与李光弼恢复两京，重兴唐室。②晞：汾阳王的儿子。③恬然：安然不动貌。④姁姁：温和貌。

【译文】

段太尉刚任泾州刺史之时，汾阳王郭子仪以副元帅的身份驻守在蒲州。汾阳王的儿子郭晞担任尚书，兼任行营节度使，驻军邠州，放纵士兵横行不法。邠州人中那些强暴凶恶、苟且贪婪的家伙，最终花钱在军队中挂上一个名字，因此就肆无忌惮地为所欲为，官吏不敢过问。他们每天成群结队地在集市上勒索财物，得不到满足，就动武打断人家的手脚，用棍棒把锅、鬲、瓮、盆等瓦器砸得满街都是，然后裸露着臂膀缓缓离开，甚至还撞死怀孕的妇女。邠宁节度使白孝德由于汾阳王的缘故，心中忧急却不敢说什么。段太尉从泾州用文书报告节度使府上，希望商量一下这件事情。到了白孝德府上，就说道："天子把百姓交给你治理，你看到百姓被凶残地伤害，仍然表现出安然无事的样子，将要发生大乱，你准备怎么办？"白孝德说："愿意听你的指教。"段太尉说："我担任泾州刺史，非常安适，事务不多，如今我不忍心让百姓没有外敌却惨遭杀害，来扰乱天子的边防事务。你如果真的任命我为都虞侯，能给你制止暴乱，让你的百姓不再受到伤害。"白孝德说："太好了！"就按照段太尉的要求答应下来。

段太尉代理都虞侯职务一个月后，郭晞的十七个士兵进集市抢酒，又用兵器刺卖酒的老头儿，砸坏酒器，酒流进沟中。段太尉布置士兵抓获了这十七人，全都砍头，把首级挂在长矛上，竖立在市门外。郭晞整个军营都骚动起来，全部穿上盔甲。白孝德十分害怕，召来段太尉问道："打算怎么办？"段太尉说："没关系，让我到军中去解释一下。"白孝德派几十个人跟随着段太尉，太尉把他们全部辞掉。他除下佩刀，选了一个又老又跛的士兵牵着马，到了郭晞的门下。身穿铠甲的士兵走出来，段太尉边笑边进入营门，说："杀一个老兵，何必穿铠甲呢？我顶着我的头来了。"披甲的士兵非常吃惊。段太尉趁机劝说道："难道郭尚书对不住你们这些人吗？难道副元帅对不住你们这些人吗？为什么想用暴乱败坏郭家的名誉？替我报告郭尚书，请他出来听我说话。"郭晞出来会见段太尉，太尉说："副元帅的功勋充溢于天地之间，应该力求做到有始有终。如今您放纵士兵做凶残之事，残暴将造成混乱，扰乱天子边地，想归罪于谁？罪将要连累到副元帅身上。现在邠州那些坏子弟用钱财在军队名册上挂个名字，残害百姓，像这样下去不加约束，还能有几天不发生大乱？大乱从您这里发生，人们都会说您是仗着副元帅的势力，不约束士兵。既然如此，那么郭家的功名，还能保存的有多少呢？"话没说完，郭晞再拜道："承蒙您用大道理教育我，恩情很大，我愿意率领军队跟从您。"回头斥责左右的人说："全部卸去铠甲，解散回到队伍中去，胆敢喧闹的就处死！"段太尉说："我还没吃晚饭，请借备便饭。"吃完后，说："我的病又犯了，希望留宿军营中。"打发牵马的人离开，让他第二天清早再来。于是自己就睡在军营中。郭晞连衣服也没脱，告戒警卫敲着梆子保护段太尉。第二天清早，郭晞和段太尉一同来到白孝德那里，道歉说自己无能，请求允许纠正错误，邠州从此没有了祸乱。

在此之前，段太尉在泾州担任营田官，泾州大将焦令谌抢夺别人的土地，自己强占了几十顷，租给农民，说："到庄稼成熟了，一半归我。"这一年大旱，田野连草都没长，农民将情况报告给焦令谌。焦令谌说："我只知道收入数额罢了，却不知道天旱。"催逼索取更急，农民就要饥饿而死，没有办法偿还，就报告给了段太尉。段太尉写了判决书，言辞非常委婉，派人求见并告诉焦令谌。焦令谌大怒，召来农民，说："我怕段某吗？胆敢教训我！"拿过判决书铺在农民背上，用大棍子重打二十，就要打死了，就抬到太尉府厅堂上。段太尉大哭道："我害苦了你！"就亲自动手取来水洗去血迹，撕下自己的衣服为他包扎伤口，亲自给他敷上良药，早晚亲自喂农民吃饭，然后自己才吃。并把自己骑的马卖掉，买来谷子代农民偿还，还叫农民不让焦令谌知道。驻守在邠州的淮西军主帅尹少荣，是个正直刚毅的人，进去见焦令谌，大骂道："你还是个人吗？泾州的郊野一望如赤土，百姓就要饿死，而你却一定要得到谷子，又用大棍子打无罪的人。段公是位有仁义讲信用的长者，但是你却不知道尊重他。如今段公仅有一匹马，贱贱地卖掉，买了谷子缴给你，你居然又收下而不知羞耻。大凡一个人不顾天灾、冒犯长者、重打无罪的人，又收取仁人的谷子，让主人出门没马骑，你还凭什么活在天地之间，难道不为作奴仆的感到羞耻吗？"焦令谌尽管强横，但是听了这些话，却大为惭愧甚至流下汗来，吃不下饭去，说："我最终没法去见段公！"一个晚上，就悔恨死去。

等到段太尉从泾州任上调去做司农，临行之前告诫他的家人说："你们经过岐州时，朱泚可能会赠送些钱物，千万不要收。"等到经过时，朱泚执意要送三百匹粗绫。太尉的女婿韦晤坚决拒绝，还是没得到朱泚的同意。到了京都，段太尉发怒说："你们当真不听我的话！"韦晤谢罪说："我地位卑贱，没法拒绝呀。"段太尉说："但终究不能把粗绫放在我的宅第。"就将它送到司农的办事大堂，放置在屋梁上。朱泚造反，段太尉被害，官吏将此事报告给朱泚，朱泚取下一看，那原来封存的标记还都在。

元和九年（公元814年）某月某日，永州司马员外置同正员柳宗元恭敬地献给史馆。如今称赞段太尉大节的人所说与事实不符，认为是武夫出于一时的冲动而不考虑死，从而在天下赢得名声，不了解段太尉立身处世竟如此。我曾来往于岐、周、邠、斄之间，经过真定，北上到了马岭山，游历了亭障、碉堡和驻防地的营垒，喜欢私下里访问年老和退伍的将士，他们都能介绍段太尉的事迹。段太尉为人和蔼，经常低着头、拱着手走路，说话的声音很低，不曾用严厉的态度对人。别人看他，就像是一个读书人。遇到他以为不然的事，一定要达到自己的目的，这是一贯的作风决不是偶然的。正好赶上永州刺史崔能前来，他言而有信，行为正直，详尽搜罗段太尉遗事，核对无误。有时还怕有遗漏，未能为史官采录，因此我冒昧地将这篇逸事状私下呈送给您。谨为此状。

唐故御史周君碣

有唐贞臣汝南周氏，讳某字某，以谏死，葬于某，贞元十二年，柳宗元立碣于其墓左。

在天宝年，有以谄谀至相位，贤臣放退。公为御史，抗言以白其事，得死于墀下①，史臣书之。公之死，而佞者始畏公议。

於呼！古之不得其死者众矣，若公之死，志匡王国，气震奸佞，动获其所，斯盖得其死者欤！公之德之才，洽于博闻，卒以不试，而独申其节，犹能奋百代之上，以为世轨。第令生于定、哀②之间，则孔子不曰“未见刚者”。出于秦、楚之后，则汉祖不曰：“安得猛士”。而存不及兴王之用，没不遭圣人之叹，诚立志者之所悼也。故为之铭。铭曰：

忠为美，道是履，谏而死，佞者止。史之志，石以纪，为臣轨兮！

【注释】

①墀下：丹墀之下，即皇帝座下的台阶前。②定、哀：春秋鲁定公、鲁哀公。

【译文】

唐朝有一位节操坚贞的大臣，是汝南人，姓周，名某，字某，由于劝谏而死，葬在某地，贞元十二年（公元796年），柳宗元在他墓的左侧立了一块碣。

在天宝年间，有人凭谄谀之术而升至宰相之位，贤明的大臣反遭放逐贬谪。周公当时是御史，他在朝廷上高声陈述这件事，结果被杖死在帝阶前，史官记录了这件事。周公的死，使得那些奸诈小人才开始惧畏公众的议论。

唉！古代死得不得其所的人太多了，像他的死，志向在于匡正国政，气势震慑奸诈小人，行动得到了他所应得的，这应该算死得其所了罢！周公的品德和才华，宽宏而渊博，最终却不被朝廷所用，而只有伸张了他的气节，尚且能够振作百代以上人的精神，而成为世人的榜样。假如让他生在春秋鲁定公、哀公年间，那么孔子就不会说“没有见到刚直之士”了。假如让他出现在秦、楚之后，那么汉高祖就不会说“怎样能得到勇猛之士”了。但是他活着时没得到振

兴王业的重用，死了没得到圣人的赞赏，这实在是立志高远的人所伤心的。因此，为他写了碑铭，碑铭是：

坚贞是他的美德，臣道是他所践行的，因于劝谏而死，使奸佞小人的丑行得到制止。史官在史书记述他，我刻石缅怀他，把他作为臣子应学习的榜样！

陆文通先生墓表

孔子作《春秋》[1]，千五百年，以名为传者五家，今用其三焉。秉觚牍，焦思虑，以为论注疏说者，百千人矣。攻讦狠怒，以辞气相击排冒没者，其为书，处则充栋宇，出则汗牛马[2]。或合而隐，或乖而显，后之学者，穷老尽气，左视右顾，莫得其本。则专其所学，以訾其所异，党枯竹，护朽骨，以至于父子伤夷，君臣诋悖者，前世多有之。甚矣，圣人之难知也。

有吴郡人陆先生质，与其师友天水啖助洎赵匡，能知圣人之旨，故《春秋》之言，及是而光明，使庸人小童，皆可积学，以入圣人之道，传圣人之教。是其德岂不侈大矣哉！

先生字某，既读书，得制作之本，而获其师友，于是合古今，散同异，联之以言，累之以文。盖讲道者二十年，书而志之者又十余年，其事大备。为《春秋集注》十篇，《辩疑》七篇，《微指》二篇，明章大中，发露公器。其道以生人为主，以尧舜为的，苞罗旁魄，胶轕下上，而不出于正；其法以文武为首，以周公为翼，揖让升降，好恶喜怒，而不过乎物。既成，以授世之聪明之士，使陈而明之。故其书出焉，而先生为巨儒。用是为天子争臣、尚书郎、国子博士、给事中、皇太子侍读，皆得其道。刺二州，守人知仁。永贞年侍东宫，言其所学，为古君臣图以献，而道达乎上。是岁，嗣天子践祚而理，尊优师儒，先生以疾闻，临问加礼。某月日终于京师，某月日葬于某郡某里。

呜呼！先生道之存也以书，不及施于政；道之行也以言，不及睹其理。门人世儒，是以增恸。将葬，以先生为能文圣人之书，通于后世，遂相与谥曰“文通先生”。后若干祀，有学其书者，过其墓，哀其道之所由，乃作石以表碣。

【注释】

①《春秋》：鲁史记之名，孔子所修订。②充栋宇、汗牛马：均形容藏书之多。

【译文】

孔子作《春秋》，流传了一千五百年，给《春秋》作传知名的有五家，现在流行的为其中的三家。手持木简文书苦苦地思考，给《春秋》作论作注、作疏作说的人，成百上千。相互攻讦，谴责争论，用言辞语气互相排斥和相互倾轧的人，他们所写的书，如果保存下来就会充满屋子，拿出来就会使拉车的牛马出汗。有的协同而隐晦，有的不同而明显，后来学习的人，穷究到死，使尽气力，左看右看，不知道哪个是原意。就依照他所学习的独断专行，来非议那些跟它不同的，与枯竹结党，袒护朽骨，以至于父子之间都伤了和气，君臣之间相互诋毁违背，前代就有很多这样的事。圣人难以被理解太严重了。

有一个吴郡人，名叫陆质的先生，和他的师友天水人啖助以及赵匡，能理解圣人的意旨，因此《春秋》的言论，到这里而发扬光大，使得常人和小孩，都能够积累学力，进入圣人的道义行列，传授圣人的教义。在这方面，他的功绩难道不是很大吗！

陆质先生字某，开始读书，得到了写作的宗旨，又得到了师友的帮助，因此融合古今的说法，分离相同不同的说法，联接它们成语句，积累它们成文章。讲道二十年，把它写下来记录成书又十多年，这项工作大体上已经完成。作《春秋集注》十篇，《辩疑》七篇，《微指》二篇，条理分明，大要不偏不倚，共同的使公正法则显露出来。他的道义，以一般百姓为主，以尧舜为标准，包罗万象，广大宏伟，交错上下，但不出乎公正；他的方法以周文王、武王为首，以周公为两翼，以位让贤，上升下降，喜怒好恶，但不超过事理。已经写成，把它传授给世上聪明的读书人，让他们宣扬阐释的意旨。所以他的书问世后，先生成了一代巨儒。所以，做天子的诤臣、尚书郎、国子博士、给事中、皇太子侍读，都得益于他的学说。任二州的刺史，属下都知道他是有贤德的人。永贞年间侍奉东宫，讲述他所学的学说，并画了《古君臣图》来进献给皇上，所以他的学说被皇上知晓。这一年，继位太子登基理事，敬重优待儒生，以儒生为老师，先生的病被皇上知道了，皇上亲临问病，以礼相待。某月日死在京师，某月日葬在某郡某处。

唉！先生的学说因为书而留存于世，没来得及在政事上施行；学问因为言论而得以流行，没来得及看到用它治理。他的学生和世间的读书人，因此更增悲恸之情。将要埋葬的时候，由于先生能把圣人的书写成文字，通行于后世，于是共同送他“文通先生”的谥号。后来过了若干年，有学习他书的人，经过他的墓地，因为哀怜他的学说有所依据，就立起石头来做表文刻于石碑。

伊尹五就桀赞

伊尹[①]五就桀[②]，或疑曰：“汤之仁，闻且见矣；桀之不仁，闻且见矣。夫胡去就之亟也”！柳子曰：“恶，是吾所以见伊尹之大者也。彼伊尹，圣人也。圣人出于天下，不夏商其心，心乎生民而已。”曰：“孰能由吾言？由吾言者为尧舜，而吾生人尧舜人矣。”退而思曰：“汤诚仁，其功迟；桀诚不仁，朝吾从而暮及于天下可也。”于是就桀。桀果不可得，反而从汤。既而又思曰：“尚可十一乎，使斯人蚤被其泽也。”又往就桀，桀不可，而又从汤，以至于百一千一万一。卒不可，乃相汤伐桀，俾汤为尧舜，而人为尧舜之人。是吾所以见伊尹之大者也。仁至于汤矣，四去之；不仁至于桀矣，五就之，大人之欲速其功如此。不然，汤桀之辨，一恒人尽之矣，又奚以憧憧圣人之足观乎？吾观圣人之急生人，莫若伊尹；伊尹之大，莫若于五就桀。作伊尹五就桀赞。

圣有伊尹，思德于民，往归汤之仁。曰仁则仁矣，非久不亲。退思其速之道，宜夏是因。就焉不可，复反亳殷[③]。犹不忍其迟，亟往以观。庶狂作圣，一日胜残。至千万冀一，卒无其端。五往不疲，其心乃安。遂升自陑，黜桀尊汤，遗民以完。大人无形，与道为偶。道之为大，为人父母。大矣伊尹，惟圣之首。既得其仁，犹病其久。恒人所疑，我之所大。呜呼远哉，志以为诲。

【注释】

①伊尹：商朝的贤相，名伊，一说名挚。当初在莘野耕田，商汤聘请了他三次才去。做商汤的相讨伐夏桀，于是商朝成为天下之王，商汤尊称他为阿衡。②桀：名履癸，残暴不仁，为商汤所灭。③亳殷：地名。《尚书·序》："盘庚五迁。将治亳殷。"亳，今河南商丘。

【译文】

伊尹曾五次归附夏桀，有人疑虑地说："成汤的仁，听得到并且看得到；桀的不仁，听的到并且看得到。为什么还要多次地离开汤而归依桀呢？"柳宗元说："唉，这正是我们认为伊尹是个伟人的原因。伊尹是一个圣人。圣人出现在世间，他的心不偏向夏也不偏向商，心里只是关心老百姓的生活罢了。"（伊伊）说："谁能听信我的主张呢？听信我的主张的人就能成为尧舜一样的人，而我们老百姓就都能成为尧舜治下的人了。"退一步想又说："成汤确实仁，但要等他成就功业就太晚了；桀确实不仁，只要我早上跟从他，到晚上能施恩于天下就可以了。"因此去归附桀。桀果真不能如他所愿，回来追随汤。不久又想："或许还有十分之一的希望，这样可以使老百姓可以早些得到恩泽。"又前去归附桀，桀又不能如他所愿，就又追随汤，就这样以至于期望能有百分之一，千分之一，万分之一的可能。最终桀不能如他所愿，才做汤的相来讨伐桀，辅助汤成为尧舜那样的人，而老百姓也成了尧舜治下的人。这就是我认为伊尹是伟人的原因。仁达到了成汤那样，四次离开了他；不仁达到了夏桀那样，五次归依他，伟人想快些成就他的功业竟到了这样的地步。不是因为这样的话，像汤桀这样的明显区别，一个平常的人就可以完全分清，又为什么劳动圣人的脚往来不定地反复观察呢？我考察圣人那么急迫地想使老百姓活得更好，没有人能比得上伊尹的；伊尹的伟大之处，没有什么能超过于五次归附桀。所以为伊尹五次归附桀作赞：

有位圣人名叫伊尹，想施恩德给百姓，前往归依汤这样的仁人。说他仁确实是仁，可不是时间长久不能使百姓亲近。退一步想快些施行他的主张的途径，那就应当去凭藉桀。归附于桀不能实现，就又返回到亳殷。依然不忍心实行新政太迟，又多次回到桀那里观察。期望能够使狂人产生做圣人的念头，就是只有一天也会胜过残暴。以至到了只有千万分之一的希望，最终没有一点好的兆头。五次到那里去也不感到疲惫，他的心才安定下来。因此从陑地登上相位，废黜桀而尊奉汤，遗民因此能得到保全。伟大的人没有行迹，与道义为伴。以道义为大，成为百姓的父母。伟大呀伊尹，只有他可以称得上是圣人中的第一人。已经找到了仁义之主，依然忧虑他用的时间太长久。常人所疑惑的地方，正是我所认为的伟大。唉！他离我们已经很远了，把这件事记下来教诲后人。

欧阳永叔文忠集

秋声赋

欧阳子方夜读书，闻有声自西南来者，悚然[1]而听之，曰："异哉！初淅沥以萧飒[2]，忽奔腾而砰湃[3]，如波涛夜惊，风雨骤至。其触于物也，𪸩𪸩铮铮，金铁皆鸣，又如赴敌之兵，衔枚[4]疾走，不闻号令，但闻人马之行声。"余谓童子："此何声也？汝出视之。"童子曰："星月皎洁，明河在天，四无人声，声在树间。"

余曰："噫嘻悲哉！此秋声也，胡为乎来哉？盖夫秋之为状也，其色惨淡，烟霏云敛；其容清明，天高日晶；其气栗冽[5]，砭人肌骨；其意萧条，山川寂寥。故其为声也，凄凄切切，呼号奋发。丰草绿缛而争茂，佳木葱茏[6]而可悦。草拂之而色变，木遭之而叶脱。其所以摧败零落者，乃一气之余烈。

"夫秋，刑官[7]也，于时为阴；又兵象也，于行为金。是谓天地之义气，常以肃杀而为心。天之于物，春生秋实。故其在乐也，商声主西方之音，夷则为七月之律。商，伤也，物既老而悲伤；夷，戮也，物过盛而当杀。

"嗟乎！草木无情，有时飘零。人为动物，惟物之灵。百忧感其心，万事劳其形。有动乎中，必摇其精。而况思其力之所不及，忧其智之所不能？宜其渥然丹者[8]为槁木，黟然黑者为星星[9]。奈何非金石之质，欲与草木而争荣！念谁为之戕贼[10]，亦何恨乎秋声！"

童子莫对，垂头而睡。但闻四壁虫声唧唧，如助予之叹息。

【注释】

①悚然：惊惧貌。②萧飒：风声。③砰湃：波涛汹涌的声音。④衔枚：古代行军，为了不让士兵出声，每人发一小棒，叼在口中，故称衔枚。⑤栗冽：指秋天寒冷将至，使人身体颤抖。⑥葱茏：青翠茂盛貌。⑦刑官：《周礼》称秋官为刑官。⑧渥然丹者：渥然，润泽貌。丹，红的意思，指人的面貌红润。⑨星星：点点的意思，指人的黑发渐渐变成白发。⑩戕贼：残害。

【译文】

我晚上正读书时，听到有一种声音从西南方向传来，我惊恐地听着，说道："这声音真奇怪呀！开始是淅淅沥沥的雨声夹杂着萧瑟的风声，继而突然像江河奔腾、波涛澎湃，就如同黑夜波涛来临，风雨忽然袭来。它与物体一接触，就𪸩𪸩铮铮，像金属撞击般地全部鸣叫起来。又像开赴前线的士兵，口里横衔着一根筷子似的小棒飞快地无声奔跑，听不见发号施令，只听到士兵战马的行走声。"我对童子说："这是什么声音啊？你出去看看。"童子说："皓月银白，繁星闪烁，明亮的银河悬于蓝天，四周没有人声，声音发自树叶间吧。"

我说："唉，真悲伤啊！这是秋天的声音，可是它为什么来的呀？那秋天的形状是：颜色灰暗，烟气飞散，白云聚集；形容清亮，蓝天高爽，阳光灿烂；气息寒冷，刺人肌肤；生机萧条，高山静寂，大河寂寥。因此它发出的声音，异常凄切，好像在呼喊，好像在奋起。遍地的绿草，多么繁茂，争着生长；秀丽的树木，郁郁葱葱，惹人喜爱。可是，绿草一碰到这秋声，颜色就发生变化；秀树遇见它，绿叶就脱落。这些草木被摧残以至凋零的原因，就是这秋之余威的作用。

"这秋天，仿佛是掌管刑罚的法官，按照时令说是阴；又是战争的征兆，在五行中属金。这就是天地间的气息，时常把严厉摧残作为自己的精神。上天对于一切事物，使它们春天生长，秋天结出果实。因此，它表现在音乐方面，是代表西方的五音中的商声，十二律中的夷则配在七月。商，就是悲伤，万物衰老就会产生悲伤之心；夷，就是杀戮，万物太繁盛了按节律就该消灭。

"唉！草木是没有感情的，一到季节就会飘散零落。人是动物，是万物中最聪敏的。各种忧虑撼动着他的心灵，无数事务伤害着他的身体。在心中有所触动，一定会摇散他的精气。何况思考那些自己的力量所不能达到的，担心那些自己的智力所不能胜任的事情呢？这就会使那红润的面貌变得形如枯木，乌黑的头发变成银丝缕缕。怎么可以拿不是金属、玉石般的身体去跟那草木争荣呢！想想谁是这一切的残害者，又怎么能对这秋声有所怨恨呢？"

童子没有回答，低着头在打瞌睡。只听到四周秋虫的唧唧叫声，仿佛在为我的叹息助兴。

石曼卿墓表

曼卿讳延年，姓石氏，其上世为幽州[①]人。幽州入于契丹，其祖自成治以其族间走南归。天子嘉其来，将禄之，不可，乃家于宋州之宋城。父讳补之，官至太常博士。

幽燕俗劲武，而曼卿少亦以气自豪。读书不治章句，独慕古人奇节伟行非常之功。视世俗屑屑，无足动其意者。自顾不合于时，乃一混于酒。然好剧饮大醉，颓然自放。由是益与时不合。而人之从其游者，皆知爱曼卿落落可奇，而不知其才之有以用也。年四十八，康定二年二月四日，以太子中允秘阁校理卒于京师。

曼卿少举进士不第，真宗推恩，三举进士皆补奉职。曼卿初不肯就，张文节公素奇之，谓曰："母老乃择禄耶？"曼卿矍然起就之，迁殿直。久之，改太常寺太祝，知济州金乡县。叹曰："此亦可以为政也。"县有治声，通判乾宁军。丁母永安县君李氏忧，服除，通判永静军。皆有能名。充馆阁校勘，累迁大理寺丞，通判海州。还为校理。

庄献明肃太后临朝，曼卿上书，请还政天子。其后太后崩，范讽以言见幸，引尝言太后事者，遽得显官。欲引曼卿，曼卿固止之，乃已。

自契丹通中国，德明尽有河南而臣属，遂务休兵养息，天下晏然，内外弛武三十余年。曼卿上书言十事，不报。已而元昊[②]反，西方用兵，始思其言，召见。稍用其说，籍河北、河东、陕西之民，得乡兵数十万。曼卿奉使籍兵河东，还称旨，赐绯衣银鱼[③]。天子方思尽其才，而且病矣。既而闻边将有欲以乡兵捍贼者，笑曰："此得吾粗也。夫不教之兵，勇怯相杂，若怯者见敌而动，则勇者亦牵而溃矣。今或不暇教，不若募其敢行者，则人人皆胜兵也。"

其视世事，蔑若不足为。及听其设施之方，虽精思深虑，不能过也。状貌伟然，喜酒自豪，若不可绳以法度。退而质其平生取舍大节，无一悖于理者。遇人无贤愚，皆尽忻欢。及可否天下是非善恶，当其意者无几人。其为文章，劲健称其意气。

有子济、滋。天子闻其丧，官其一子，使禄其家。既卒之三十七日，葬于太清之

先茔，其友欧阳修表于其墓曰：

呜呼曼卿，宁自混以为高，不少屈以合世，可谓自重之士矣。世之所负者愈大，则其自顾也愈重；自顾愈重，则其合愈难。然欲与共大事，立奇功，非得难合自重之士，不可为也。故古之魁雄之人，未始不负高世之志，故宁或毁身污迹，卒困于无闻；或老且死，而幸一遇，犹克少施于世。若曼卿者，非徒与世难合，而不克所施，亦其不幸。不得至乎中寿，其命也夫！其可哀也夫！

【注释】

①幽州：今北京大兴县。②元昊：指西夏王赵元昊。③绯衣银鱼：绯衣，红袍。唐制，四品官服深红色，五品浅红色。银鱼，五品官以上出入宫廷的符信。

【译文】

曼卿先生名叫延年，姓石，他的祖上为幽州人。幽州归入契丹以后，他的祖父从成治率领他的族人从小道南下归宋。天子嘉许他归来，想封他官，他不同意，因此就在宋州的宋城安家落户。父亲名补之，官至太常博士。

幽州、燕州一带风俗崇尚强健勇武，曼卿小时候也以勇气豪放、自傲。他读书不研习章法文句，唯独仰慕古人杰出的节操，伟大的行为，不一般的功绩。世俗的东西他不屑一顾，没有能打动他的心思的。考虑到自己不适合当时的风尚，就在酒中消磨时光。但是他喜欢痛饮，一醉方休，自己放纵自己，一副颓废的模样。所以更加与时尚不合拍。跟他交往的人，都知道敬爱曼卿磊落豁达不寻常，却不了解他的才干可以用来经世济国。他四十八岁那年，即康定二年(公元1041年)二月四日，在京城逝世，那时所任官职是太子中允、秘阁校理。

曼卿年少时考取进士没有及第，真宗皇帝大开恩德，考三次进士仍没及第的都补任一个奉职的官名。曼卿开始不肯就职，张文节先生平时把他当作奇才，对他说："是要等母亲老了才做官吗?"曼卿听后慌张起身就去赴职了，后来升为殿直。过了很长一段时间，又改为太常寺太祝，任济州金乡县的知县。他叹息道："这里也可以做一番事业吧！"金乡县有了安定太平的名声后，改做乾宁军的通判。恰好他的母亲、永安县李氏老太君病逝，回家守丧，服丧满了以后，改做永静军的通判。都有才华出众的名声。后来充当馆阁校勘，又连续被提拔升为大理寺丞，做海州的通判。后来仍恢复校理一职。

庄献明肃太后临朝听政，曼卿上书太后，请她把国政交还给天子。这之后太后去世，范讽因为进献谏言被皇帝宠爱，所以他就提拔曾经奏请太后还政的人，使他们很快就做了大官。也想提拔曼卿，曼卿坚决拒绝他这样做，于是作罢。

自从契丹与中国通使以来，政治清明，黄河以南的地方都归宋朝所有，作为宋朝的附属，于是朝廷致力于裁减兵员，使百姓休养生息，天下一片太平的样子，京城内外松弛武备三十多年。这时曼卿上书皇帝奏请有关的十件事，没有得到答复。不久西夏王赵元昊造反，边境西部爆发了战争，皇帝这时才想起他的话，于是召见他。逐渐采用了他的主张，登记河北、河东、陕西一带的老百姓，得到乡兵几十万。曼卿奉命出使河东登记乡兵，回朝交旨后，被赐予红袍和五品以上官员出入宫廷的符信——银鱼。正当天子想要充分施展他的才干的时候，他却病了。不久就听说边境的大将有想用乡兵抵抗贼寇的，曼卿大笑说："这只是得到我的用兵战略的一点皮毛罢了。没有经过训练的士兵，勇敢的与胆小的夹杂在一起，如果胆小的士兵看到敌人就逃跑，那么勇敢的士兵也会牵连溃逃了！现在也许没有时间训练了，不如招募他们中敢作敢为的人，那么他们每个都会是常胜士兵。”

曼卿看待世间俗事，渺小到好似不值得去做。等到听说了他的方法措施，就是经过深思熟虑，也不能超过它。曼卿身材高大，丰姿伟岸，嗜好饮酒，自傲豪放，好像不能用法律尺度来约束他。返回来评判他一生中追求什么、舍去什么这些大的方面，没有一点违背义理的地方。凡是遇到的人，不管是贤能还是愚顽，都特别欢心、高兴。至于评价天下的是非善恶，符合他的想法的没有几个人。他写的文章，豪放雄健，同他本人的意气相称。

曼卿有石济、石滋两个儿子。天子听说他死了，就让其中的一个孩子做了官，使他用薪俸供养全家。去世三十七日后，埋葬在太清乡他先人的墓地中，他的朋友欧阳修在他的墓前撰写表文说：

唉呀！曼卿，宁可自己放浪形骸以为清高，丝毫也不曲意逢迎世人，可以说是能自重的人了。世上人承担的责任越大，那么他看待自己也就越重；看待自己越重的人，要适合他也就更加困难。但是想同别人一起图谋大事，建立杰出的功勋，假如不得到那些很难适合并且自重的人才，是不能成功的。因此古代的豪杰英雄之士，没有不抱有超出世人的志向，所以有的人宁可毁坏自己的身体、玷污自己的名声，最后默默无闻、贫穷困苦；有的人年龄大了，快要死了，这时如果有幸遇合圣君，还能够在世间施展一点儿自己的抱负才华。像曼卿这样的人，不只是与世人难以迎合，并且不能够一展雄才，也是他的不幸啊！他连一般人的寿命也未能达到，难道是命中注定的吗！这也太可悲了！

胡先生墓表

先生讳瑗，字翼之，姓胡氏。其上世为陵州人，后为泰州如皋人。先生为人师，言行而身化之，使诚明者达，昏愚者励，而顽傲者革[①]。故其为法严而信，为道久而遵。师道废久矣，自景祐[②]、明道以来，学者有师，惟先生暨泰山孙明复、石守道三人，而先生之徒最盛。其在湖州之学，弟子去来常数百人，各以其经转相传授。其教学之法最备，行之数年，东南之士，莫不以仁义礼乐为学。

庆历四年，天子开天章阁，与大臣讲天下事，始慨然诏州县皆立学。于是建太学[③]于京师，而有司请下湖州，取先生之法以为太学法，至今著为令。后十余年，先生始居太学。学者自远而至，太学不能容，取旁官署以为学舍。礼部贡举，岁所得士，先生弟子十常居四五。其高第者知名当时，或取甲科，居显仕。其余散在四方，随其人贤愚，皆循循雅饬，其言谈举止，不问可知为先生弟子；其学者相语称先生，不问可知为胡公也。

先生初以白衣[④]见天子，论乐，拜秘书省校书郎，辟丹州军事推官，改密州观察推官。丁父忧去职，服除，为保宁军节度推官，遂居湖学。召为诸王宫教授，以疾免。已而以太子中舍致仕，迁殿中丞于家。皇祐中，驿召至京师议乐，复以为大理评事，兼太常寺主簿，又以疾辞。岁余，为光禄寺丞、国子监直讲，乃居太学。迁大理寺丞，赐绯衣银鱼。嘉祐元年，迁太子中允，充天章阁侍讲，仍居太学。已而病不能朝，天子数遣使者存问，又以太常博士致仕。东归之日，太学之诸生与朝廷贤士大夫，送之

东门，执弟子礼，路人嗟叹以为荣。

以四年六月六日卒于杭州，享年六十有七。以明年十月五日，葬于乌程何山之原。其世次官邑与其行事，莆阳蔡君谟具志于幽堂。呜呼！先生之德在乎人，不待表而见于后世，然非此无以慰学者之思，乃揭于其墓之原。

六年八月三日，庐陵欧阳修述。

【注释】

①顽傲者革：顽傲，指没有才学却骄傲自满；革，改正，去掉。②景祐：宋仁宗年号。③太学：我国古代的大学。④白衣：古代称没有功名的人为白衣。

【译文】

先生名瑗，字翼之，姓胡。他的祖上是陵州人，后来成为泰州如皋人。先生做老师的时候，用自己的行动、言语亲身感化学生，使聪明、信诚的人更加通达；使头脑愚钝的人产生信心；使愚顽而骄傲的人有了变化。因为他施行的教育方法严格，被大家信任；长期坚持振兴师道，被大家遵循。求师、问师的风尚废置很久了，自景祐、明道以来，学习的人如果拜老师，那就只有先生和泰山的孙明复、石守道这三个人，并且先生的学生最多。他在湖州的学校，学生来来去去常常数百人，各自把他讲的经义相互辗转传授。他的教学方法最完备，流行了数年，所以东南一带的读书人没有谁不把仁、义、礼、乐做为自己的学习内容。

庆历四年（公元 1044 年），天子设立天章阁，同大臣们议论天下的大事，才果断地下诏书命令各州、各县都要建立学校。所以在京城建立了太学，主管太学的官员请求到湖州去，学习先生的教学方法作为太学的教学方法，至今仍被作为教学原则。十几年之后，先生才进入太学。学生从远方慕名而来，太学不能容纳，就暂借旁边官署的房子作为太学校舍。礼部举行的科举考试，每年所录取的学生，先生的弟子常常占据十分之四五。其中优秀的在当时很知名，有的被录取为第一等，做了大官。其余的分散到四方，不管他本人是聪明还是愚钝，都风雅谨慎，循规蹈矩，他们的言谈举止，不用问就可以明白是先生的学生；那些学生相互交谈时所说的先生，不用问也就可以知道是胡公了。

先生当年以布衣平民的身份面谒天子，谈论音乐，被封为秘书省校书郎，征召为丹州军事推官，后又改为密州观察推官。父亲去世后辞职守丧，服丧期满，作保宁军节度推官，所以居住在湖州学馆。后来皇上下诏征为诸王宫教授，由于有病，免征。不久，以太子中舍的身份退休，又在家里被升迁为殿中丞。皇祐年中，以驿马传召先生到京城讨论音乐，重新让他做大理寺评事，兼太常寺主簿，又以染病推辞。一年后，又封为光禄寺丞、国子监直讲，仍在太学供职。后升为大理寺丞，赐给他红袍和五品以上官出入宫廷的符信——银鱼。嘉祐元年（公元 1056 年），升迁为太子中允，担任天章阁的侍讲，依旧在太学供职。不久得了重病，不能上朝，天子多次派遣使者去慰问，又以太常博士的身份退职。东去回家那一天，太学的学生和朝廷的贤士大夫，一直送他到京城的东门，向先生行学生的礼节，过路的人感既不已，认为这很荣耀。

于嘉祐四年（公元 1059 年）六月六日在杭州去世，享年六十七岁。于第二年十月初五，埋葬在乌程何山的原野上。他的世系次序、任职之地和他的行为事迹，都记录在莆阳蔡谟先生写的、放在坟里的墓志中。唉！先生的品德将长留在人们的心中，不需要什么表文就能显示于

后代，但是不这样就不能抚平学生对老师的思念，于是在他的墓前空地上立了一块墓碑，刻上这篇表文。

嘉祐六年（公元 1061 年）八月三日，庐陵人欧阳修记述。

泷冈阡表

呜呼！惟我皇考[1]崇公卜吉于泷冈[2]之六十年，其子修始克表于其阡。非敢缓也，盖有待也。

修不幸，生四岁而孤。太夫人守节自誓，居贫，自力于衣食，以长以教，俾至于成人。太夫人告之曰："汝父为吏，廉而好施与，喜宾客。其俸禄虽薄，常不使有余。曰：'毋以是为我累。'故其亡也，无一瓦之覆，一垅之植，以庇[3]而为生。吾何恃而能自守邪？吾于汝父知其一二，以有待于汝也。自吾为汝家妇，不及事吾姑，然知汝父之能养也。汝孤而幼，吾不能知汝之必有立，然知汝父之必将有后也。吾之始归也，汝父免于母丧[4]方逾年。岁时祭祀，则必涕泣曰：'祭而丰，不如养之薄也。'间御酒食，则又涕泣曰：'昔常不足而今有余，其何及也！'吾始一二见之，以为新免于丧适然耳。既而其后常然，至其终身未尝不然。吾虽不及事姑，而以此知汝父之能养也。汝父为吏，尝夜烛治官书，屡废而叹。吾问之，则曰：'此死狱也，我求其生不得尔！'吾曰：'生可求乎？'曰：'求其生而不得，则死者与我皆无恨也，矧求而有得邪！以其有得，则知不求而死者有恨也。夫常求其生，犹失之死，而世常求其死也！'回顾乳者抱汝而立于旁，因指而叹曰：'术者[5]谓我岁行在戌将死，使其言然，吾不及见儿之立也，后当以我语告之。'其平居教他子弟常用此语，吾耳熟焉，故能详也。其施于外事，吾不能知；其居于家，无所矜饰而所为如此，是真发于中者邪！呜呼！其心厚于仁者邪！此吾知汝父之必将有后也。汝其勉之！夫养不必丰，要于孝。利虽不得博于物，要其心之厚于仁。吾不能教汝，此汝父之志也。"修泣而志之，不敢忘。

先公少孤力学，咸平三年进士及第。为道州判官[6]，泗、绵二州推官[7]，又为秦州判官。享年五十有九，葬沙溪之泷冈。太夫人姓郑氏，考讳德仪，世为江南名族。太夫人恭荐俭仁爱而有礼，初封福昌县太君，进封乐安、安康、彭城三郡太君。自其家少微时，治其家以俭约，其后常不使过之，曰："吾儿不能苟合于世，俭薄所以居患难也。"其后修贬夷陵，太夫人言笑自若，曰："汝家固贫贱也，吾处之有素矣。汝能安之，吾亦安矣。"

自先公之亡二十年，修始得禄而养。又十有二年，列官于朝，始得赠封其亲。又十年，修为龙图阁直学士、尚书吏部郎中，留守南京。太夫人以疾终于官舍，享年七十有二。又八年，修以非才，入副枢密[8]，遂参政事。又七年而罢。自登二府，天子推恩，褒其三世。盖自嘉祐以来，逢国大庆，必加宠锡。皇曾祖府君累赠金紫光禄大夫、太师、中书令，曾祖妣累封楚国太夫人；皇祖府君累赠金紫光禄大夫、太师、中书令兼尚书令，祖妣累封吴国太夫人；皇考崇公累赠金紫光禄大夫、太师、中书令兼尚书令，皇妣累封越国太夫人。今上初郊，皇考赐爵为崇国公，太夫人进号魏国。

于是小子修泣而言曰："呜呼！为善无不报，而迟速有时，此理之常也。惟我祖考，积善成德，宜享其隆。虽不克有于其躬，而赐爵受封，显荣褒大，实有三朝之锡命。是足以表见于后世，而庇赖其子孙矣。"乃列其世谱，具刻于碑。既又载我皇考崇公之遗训，太夫人之所以教而有待于修者，并揭于阡。俾知夫小子修之德薄能鲜，遭时窃位，而幸全大节，不辱其先者，其来有自。

熙宁三年岁次庚戌四月辛酉朔十有五日乙亥，男推诚保德崇仁翊戴功臣、观文殿学士、特进、行兵部尚书、知青州军州事、兼管内劝农使、充京东东路安抚使、上柱国、乐安郡开国公，食邑四千三百户、食实封一千二百户修表。

【注释】

①皇考：古代称死去的父亲为皇考。②泷冈：地名，在今江西永丰县南。③庇：庇护，依靠。④免于母丧：指母丧期满脱去丧服。⑤术者：以占卜、星相为职业的人。⑥判官：宋时节度、观察、防御、团练等使都设有判官，为地方长官的僚属。⑦推官：唐置，州府的幕僚。⑧副枢密：枢密院副使。宋制，文事出中书省，武事出枢密院，号为二府。

【译文】

唉！我的先父崇国公依照风水先生选择的墓地安葬在泷冈六十年了，他的儿子欧阳修到今日才在他的墓道上撰写了墓表。不是敢于拖延，而是有所等待。

我不幸四岁时就成为孤儿。母亲发誓坚守贞节，生活贫困，主要依靠自己的力量来解决衣食，她一边抚养我，一边教育我，使我直到长大成人。母亲告诉我说："你的父亲做官，廉洁并且喜欢施舍救济，又爱结交朋友。他的俸禄尽管很少，也时常不让它有剩余。他说：'不要让这个成为我的拖累。'因此他去世的时候，家里没有瓦片大的地方可以安身，地里没有一垅良田可以耕种，以靠它们作为生活来源。那我凭什么能自己坚守贞节呢？是由于我对你父亲了解一些，对你有所期待罢了。从我成为你们欧阳家的媳妇起就没赶上侍奉我的婆母，但是我知道你的父亲能够赡养老人。你成为孤儿时还很小，我不能断定你长大一定有所作为，但是我知道你父亲一定会有好后代。我开始嫁到你家时，你的父亲为他母亲守丧，丧满脱去丧服刚过一年。逢年过节祭祀的时候，一定流着眼泪说：'祭祀的供品再丰富，也不如生前给他哪怕是一小点的供养。'有时候进点儿酒，献点儿肉，又流着眼泪说：'过去时常不够吃，现在有了富余，又哪里赶得上啊！'我开始见他这样一两次，认为他刚刚脱掉丧服才这样而已。不久就发现此后他时常这样，一直到他去世从来没有一次不这样。我虽然没赶上侍奉婆母，仅凭这些我就知道你父亲能够赡养老人。你的父亲做官时，曾经夜间点着蜡烛处理官府的公文，几次放下文书叹气。我问他为什么，他就答道：'这是判处死刑的案件，我想救他一命却没有办法。'我说：'还能够救他一命吗？'他说：'想救活他却没有办法，那么死去的人和我就都没有遗憾了，何况想救他有时还有可能呢！因为救他有可能，就知道不去救活而死去的人是会有遗憾的。经常期望救活他，仍不免误判他死刑，况且世上很多法官常常要犯人死呢！'他回过头来看见奶妈抱着你站在一边，就指着你叹息说：'算命的说我在岁星运行到戌时就会死，如果他的话灵验，那我就来不及看到这孩子成人了，以后应该把我这些话告诉他。'他平时教育别的子弟也常常用这话，我听多了，因此能够记得很详细。他在社会上交往，我不得而知；他在家里生活时，没有一点儿做作，平时所作所为就是如此，这确实是从内心深处发出来的呀！唉，他的心很仁爱，很宽厚啊！通过这些，我知道你的父亲将来一定会有好后代。你要努力啊！赡养老人不一定丰厚，重要的是在于孝顺。尽管不能使天下的人都得到你的好处，但关键是要让你的心地仁慈宽厚。我不能够教给你什么，这些都是你父亲的遗愿。”我流着眼泪把这些话记在心里，不敢忘怀。

先父年幼时成为孤儿，但能够努力读书，咸平三年（公元1000年）登进士第。做过道州的判官，泗州、绵州两地的推官，后来又做过秦州的判官。享年五十九岁，安葬在沙溪的泷冈。我母亲姓郑，她的父亲名德仪，世世代代都是江南路有名的家族。母亲为人勤俭、恭敬、仁爱，待人有礼貌。开始被封为福昌县太君，后来加封为乐安、安康、彭城三郡的太君。自从我们家贫穷时候起，她管理家务就以节约勤俭为本，这之后也时常不让家里的花费超过这时候，她说：“我的儿子不能在世上马马虎虎混日子，节约勤俭是准备将来遭受灾难的时候过苦日子。”这以后我被贬到夷陵的时候，母亲言谈举止同平时一样，她说：“你的家本来就是贫贱的，我生活在这种情况下很习惯了。你可以安心过苦日子，我也就放心了。”

从先父去世后二十年，我才做了官，能够挣得薪俸，赡养老人。又十二年以后，我在朝廷上做官，才能够使皇上封赠我的父母亲。又过了十年，我做了龙图阁直学士、尚书吏部郎中、南京的留守。母亲由于生病在我官舍去世，享年七十二岁。又过了八年，我本来没有才干，蒙天子大恩，让我担任枢密副使，不久又担任参知政事。又过了七年，被免职。自从进了枢密院和中书省，天子广施恩惠，封赠我曾祖、祖父、父亲三代人。从嘉祐以来，遇上国家重大的庆典，一定要给我家三代追加封号。我曾祖父最终封赠为金紫光禄大夫、太师、中书令，曾祖母最终被封为楚国太夫人；祖父最终封赠为金紫光禄大夫、太师、中书令兼尚书令，祖母最终被封为吴国太夫人；父亲崇国公也最终封赠为金紫光禄大夫、太师、中书令兼尚书令，母亲最终被封为越国太夫人。今年皇帝第一次郊祀，我父亲蒙圣恩被封赠爵位为崇国公，母亲加封号为魏国太夫人。

在这个时候，我流着泪说：“啊！做好事的没有不得到报答的，只不过有的快有的慢，这是一般的道理啊。我的先人做了很多好事，成为道德高尚的君子，本来就应当享受这样的宏福。尽管不能在他们生前得到，但是数年来皇上封赠爵位，追谥封号，荣耀显赫，称扬光大，享有仁宗、英宗、当今皇上这三朝的恩赐。这些荣誉足够写个墓表，让后代看到，来保佑他们的子孙”。于是排列我家这几代的谱系，全都刻在墓碑上。接着又记载我父亲崇国公的遗训以及我母亲用来教育我的话和对我的希望，一并立在墓道上。使人们知道像我这样品德不高、能力又低，竟然偶遇机运，侥幸做了官，而且有幸保持了大节，没有辱没自己的祖先，全是来自祖先的恩泽和父母的培养。

熙宁三年即庚戌年（公元1070年）四月十五日，推诚保德崇仁翊戴功臣、观文殿学士、特进、行兵部尚书、知青州军州事兼管内劝农使、充京东东路安抚使、上柱国、乐安郡开国公，食邑四千三百户，食实封一千二百户，儿男欧阳修撰写表文。

张子野墓志铭

吾友张子野既亡之二年，其弟充以书来请曰：“吾兄之丧，将以今年三月某日葬于开封，不可以不铭，铭之莫如子宜。”呜呼！予虽不能铭，然乐道天下之善以传焉。况若吾子野者，非独其善可铭，又有平生之旧，朋友之恩，与其可哀者，皆宜见于予文，

宜其来请于予也。

初，天圣九年，予为西京留守[①]推官。是时陈郡谢希深、南阳张尧夫与吾子野，尚皆无恙。于时一府之士，皆魁杰贤豪，日相往来，饮酒歌呼，上下角逐，争相先后，以为笑乐。而尧夫、子野退然其间，不动声气，众皆指为长者。予时尚少，心壮志得，以为洛阳东西之冲，贤豪所聚者多，为适然耳。其后去洛来京师，南走夷陵[②]并江汉，其行万三四千里，山砠水厓，穷居独游，思从曩人，邈不可得。然虽洛人，至今皆以为无如向时之盛，然后知世之贤豪不常聚，而交游之难得，为可惜也。初在洛时，已哭尧夫而铭之，其后六年，又哭希深而铭之，今又哭吾子野而铭。于是又知非徒相得之难，而善人君子，欲使幸而久在于世，亦不可得。呜呼！可哀也已。

子野之世，曰赠太子太师讳某，曾祖也；宣徽北院使枢密副使累赠尚书令讳逊，皇祖也；尚书比部郎中讳敏中，皇考也。曾祖妣李氏，陇西郡夫人；祖妣宋氏，昭化郡夫人，孝章皇后之妹也；妣李氏，永安县太君。子野家联后姻，世久贵仕，而被服操履，甚于寒儒。好学自力，善笔札，天圣二年举进士，历汉阳军司理参军、开封府咸平主簿、河南法曹参军。王文康公、钱思公、谢希深与今参知政事宋公，咸荐其能，改著作佐郎，监郑州酒税，知阆州阆中县，就拜秘书丞。秩满，知亳州鹿邑县。宝元二年二月丁未，以疾卒于官，享年四十有八。子伸，郊社掌坐，次从，次幼未名；女五人，一适人矣。妻刘氏，长安县君。

子野为人，外虽愉怡，中自刻苦，遇人浑浑，不见圭角[③]，而志守端直，临事果决。平居酒半，脱冠垂头，童然秃且白矣。予固已悲其早衰，而遂止于此，岂其中亦有不自得者邪？

子野讳先，其上世博州高堂人，自曾祖已来，家京师而葬开封，今为开封人也。铭曰：

嗟夫子野，质厚材良。孰屯其亨，孰短其长？岂其中有不自得，而外物有以戕？开封之原，新里之乡。三世于此，其归其藏。

【注释】

①留守：古代天子巡视四方，以重臣代己留守京城，故谓之留守，唐以后为官名。②夷陵：县名，今湖北宜昌县。③圭角：比喻人的棱角分明，处事露锋芒。

【译文】

我的朋友张子野已经去世二年了，他的弟弟张充写了封信请求我说："我兄弟长的遗体将在今年三月某一天安葬在开封，不可以不写铭文，为他写铭文没有比先生您更合适的人了。"唉！尽管我不能写铭文，但是高兴述说天下的善事并使它们流传下来。何况象子野这样的人，不只是他的善行嘉言可以写成铭文，并且又是生前的老友，朋友间的恩情以及他有值得哀悼的地方，都应当写进我的文章里，他的弟弟来请求我是应该的。

起初，天圣九年（公元 1031 年），我做西京留守推官。这时候陈郡的谢希深、南阳的张尧夫与张子野，还都没有病。在这时整个留守府的士人都是豪杰英雄，每天相互来往，喝酒唱歌欢呼，互相竞争，看谁先谁后，以为快乐欢喜。可是尧夫、子野在人们中间显得谦卑，不动声色，大家都把他俩当做长者。我当时年纪还小，心存壮志，很是得意，认为洛阳是东西的要冲，贤士、豪杰来这里集结的很多，也是很自然的事。这之后我离开洛阳来到京城，向南到过夷陵及长江汉水一带，其间的行程其计一万三四千里，山峰高耸，江水浩渺，隐居为生，独游他方，怀念相从旧人，飘然无踪不能够再遇见了。然而就是洛阳人，直到现在都认为如今没有以前那样繁盛了，然后我才明白天下的贤士、豪杰不能经常聚结，相互交往难以再得，是多么可惜的事。当初在洛阳的时候，我已经哭祭尧夫而且为他撰写了铭文，这三后六年，我又哭祭希深而且也为他撰写了铭文，今天，我又将哭祭子野并且也为他撰写铭文。从这里我又知道了不只是互相投缘很难，君子、善人，想使他们有幸长活世间，也是不可能的事啊。唉！这也太悲哀了。

子野的祖先，死后封赠为太子太师名某某的，是他的曾祖父；宣徽北院使、枢密副使而且最终封赠为尚书令名逊的，是他的祖父；尚书比部郎中名敏中的，是他的父亲。曾祖母李氏，为陇西郡夫人；祖母宋氏，为昭化郡夫人，她是孝章皇后的妹妹；母亲李氏，为永安县太君。子野的家庭同后戚联为姻亲，好几代富贵、做官，但是他坚持操守，比贫困的读书人还厉害。子野喜欢学习，自己很努力，擅长写作。天佑二年（公元 1024 年）考取了进士，历任汉阳军司理参军、开封府咸平主簿、河南法曹参军等官职。王文康公、钱思公、谢希深和现在的参知政事宋公，都推荐他，又改为著作佐郎，监郑州酒税，任阆州阆中县的知县，又拜封秘书丞。任官到期后，又做亳州鹿邑县的知县。宝元二年（公元 1039 年）二月丁未日，由于染病在官任上去世，享年四十八岁。他的儿子张伸，是郊社署的掌坐，二儿子名从，小儿子由于年幼还没有起名字；有五个女儿，一个已经嫁人。子野的夫人刘氏，封为长安县君。

子野为人处事表面尽管很高兴快乐，内心却对自己的要求很严格、苛刻，与人接触十分随和，没有锋芒棱角，实际上他志向端正，操守高直，处理事情坚决果敢。平时喝酒，喝到一半的时候，他常常摘掉帽子，低着头，头顶都秃了，并且黑发也变白了。我本来已为他过早地衰老伤心，而他的寿命就止在这时，难道他心中也有不得意的地方吗？

子野名先，他的先人是博州高堂地方的人，从他曾祖父以来，就在京城安家而且埋葬在开封，现在是开封人。铭文说：

唉，子野！心地纯厚，才华高绝。为什么困住你的顺达，为什么掩盖你的长处？难道他心中有不得意的地方？有外来的力量把你戕伤？开封的田野，新里这个地方。你家三代在此安身，这儿是你的归宿，是安葬你的地方。

孙明复先生墓志铭

先生讳复，字明复，姓孙氏，晋州平阳人也。少举进士不中，退居泰山之阳，学《春秋》，著《尊王发微》。鲁多学者，其尤贤而有道者石介[①]，自介而下，皆以弟子事之。先生年逾四十，家贫不娶。李丞相迪将以其弟之女妻之，先生疑焉，介与群弟子进曰：“公卿不下士久矣，今丞相不以先生贫贱而欲托以子，是高先生之行义也，先生宜因以成丞相之贤名。”于是乃许。孔给事道辅，为人刚直严重，不妄与人，闻先生之风，就见之。介执杖屦侍左右，先生坐则立，升降拜则扶之，及其往谢也亦然。鲁人既素高此两人，由是始识师弟子之礼，莫不叹嗟之，而李丞相，孔给事亦以此见称于士大夫。

其后，介为学官，语于朝曰："先生非隐者也，俗仕而未得其方也。"庆历二年，枢密副使范仲淹②，资政殿学士富弼，言其道德经术宜在朝廷，召拜校书郎、国子监直讲。尝召见迩英阁说诗，将以为侍讲，而嫉之者言其讲说多异先儒，遂止。七年，徐州人孔直温以狂谋捕治，索其家得诗，有先生姓名，坐贬监处州商税，徙泗州。又徙知河南府长水县，签署应天府判官公事，通判陵州。翰林学士赵概等十余人上言："孙某行为世法，经为人师，不宜弃之远方。"乃复为国子监直讲。

居三岁，以嘉祐二年七月二十四日以疾卒于家，享年六十有六，官至殿中丞。先生在太学时，为大理评事，天子临幸，赐以绯衣银鱼。及闻其丧，恻然，予其家钱十万。而公卿大夫朋友太学之诸生，相与吊哭，赙治其丧。于是以其年十月二十七日，葬先生于郓州须城县卢泉乡之北扈原。

先生治《春秋》，不惑传注，不为曲说以乱经。其言简易，明于诸侯大夫功罪，以考时之盛衰，而推见王道之治乱，得于经之本义为多。方其病时，枢密使韩琦言之天子，选书吏给纸笔，命其门人祖无择就其家，得其书十有五篇，录之，藏于秘阁。

先生一子大年，尚幼。铭曰：

圣既殁经更战焚，逃藏脱乱仅传存。众说乘之汩其原，怪迂百出杂伪真。后生牵卑习前闻，有欲患之寡攻群，往往止燎以膏薪。有勇夫子辟浮云，刮磨蔽蚀相吐吞，日月卒复光破昏。博哉功利无穷垠。有考其不在斯文。

【注释】

①石介：宋兖州奉符（今山东泰安一带）人，字守道，好学有道，以进士的身份做国子监直讲。鲁人称他为徂徕先生。②范仲淹：宋吴县（今江苏苏州）人，字希文，大中祥符年间进士。仁宗时，率兵抗击西夏，战功卓著，拜枢密副使，进职参知政事，死后追谥文正。

【译文】

先生名复，字明复，姓孙，是晋州府平阳县人。年轻时参加进士考试没有中榜，所以返回居住在泰山的南面，学习《春秋》，写作《尊王发微》。齐鲁有许多好学的人，其中有一位石介，特别贤达、并且又有道德，自石介以下的人，都以弟子的身份跟他学习。先生的年龄超过了四十，但由于家境贫寒，没有娶妻。丞相李迪要把自己弟弟的女儿嫁给他，先生心存疑惑，石介和众弟子进言说："公卿大夫不礼贤下士已经很久了，现在丞相不因为先生卑贱贫困想把自己的侄女托付给你，这是看重先生的品德啊，先生应该借此机会来成全丞相爱惜贤人的好名声。"所以他就答应了这门亲事。孔道辅给事，为人刚直，处事认真严肃，不轻易赞赏别人，听说先生的德行，就来拜见他。石介拿着拐杖、鞋子在一旁侍候，先生坐的时候他就站着，先生上下台阶以及行礼的时候他就搀扶着，等到先生前去回拜的时候也是如此。鲁地的人高看这两个人，通过这些事才明白了老师、学生之间的礼节，没有谁不惊叹的，而李丞相、孔给事也因此而被士大夫所称道。

这以后，石介作了主管学校的官员。他在朝廷上说："先生并不是归隐的人，也想踏上仕途却没能找到合适的地方。"庆历二年（公元 1042 年），枢密副使范仲淹、资政殿学士富弼都说按先生的道德、经学应当在朝廷做官，于是征召他为校书郎、国子监直讲。天子曾在迩英阁召见他讨论关于诗的问题，将让他担任侍讲，然而嫉妒他的人说他讲论诗歌有许多地方与先贤圣儒不一致，于是做罢。庆历七年（公元 1047 年），徐州人孔直温由于密谋作乱，被捕惩办，搜察他的住处得到了一些诗稿，其中有先生的姓名，因而被贬监处州商税，迁徙泗州。后又迁往河南府长水县任知县，签署应天府判官公事，陵州府通判。翰林学士赵概等十几人上书皇帝说："孙先生的品被世人仿效，经术为人师表，不应该把他放逐到偏僻荒凉的地方。"于是又重新让他担任国子监直讲。

过了三年，在嘉祐二年（公元 1057 年）七月二十四日因病死于家中，享年六十六岁，他的最高官职为殿中丞。先生在太学时，担任大理寺评事，天子光临，赐给他红袍及五品以上官出入宫廷的符信——银鱼。等到天子听说他逝世后，十分伤心，赏给他的家属十万钱。那些公卿大夫、他的朋友、太学的学生们，都共同来哭丧吊唁，赞助财物，筹办他的丧事。于是在这一年的十月二十七日，把先生安葬在郓州府须城县卢泉乡的北扈原。

先生研习《春秋》，不被前人的传、注所迷惑，不用错误的见解来改窜经文。他的语言简明、平易，探明诸侯大夫的是非功过，来考察时世衰落、兴盛的原因，从而推衍出王道治乱的情况，他发现经文本义的地方有好多处。在他生病的时候，枢密使韩琦向天子进言，因而选派书吏，供给纸笔，派他的学生祖无择到先生的家中，求得他的书稿一十五篇，抄录下来，藏在秘阁。

先生有一个儿子名叫大年，尚年幼。铭文说：

圣人已经去世，经书屡遭战火。隐藏起来免遭战祸的，只剩传还保留着。各种学说乘机兴起扰乱它的本来面目，一些迂腐、怪论之说纷纷出笼，间杂着真与假。年轻人因而拘泥前说、地位低下，只是学习前人的结论，就是有人想挑毛病也是以少数对多数，结果往往是想扑灭大火却用了油脂、柴薪。这时勇敢的君子出来拨开浮云，揩掉污垢，吐故纳新，使得日月终于重放光彩，冲破黑暗。他的业绩多么伟大，没有止境。可以考究的事迹，不止于我这篇短文所说。

徂徕石先生墓志铭

徂徕先生姓石氏，名介，字守道，兖州奉符人也。徂徕，鲁东山，而先生非隐者也，其仕尝位于朝矣。鲁之人不称其官而称其德，以为徂徕鲁之望，先生鲁人之所尊，故因其所居山以配其有德之称。曰徂徕先生者，鲁人之志也。

先生貌厚而气完，学笃而志大。虽在畎亩，不忘天下之忧，以谓"时无不可为，为之无不至"，"不在其位，则行其言"，"吾言用，功利施于天下，不必出乎己；吾言不用，虽获祸咎，至死而不悔。"其遇事发愤作为文章，极陈古今治乱成败，以指切当世。贤愚善恶，是是非非，无所讳忌。世俗颇骇其言，由是谤议喧然，而小人尤嫉恶之，相与出力，必挤之死。先生安然，不惑不变，曰："吾道固如是，吾勇过孟贲[①]矣。"不幸遇疾以卒。既卒，而奸人有欲以奇祸中伤大臣者，犹指先生以起事，谓其诈死而北走契丹矣，请发棺以验。赖天子仁圣，察其诬，得不发棺，而保全其妻子。

先生世为农家。父讳丙，始以仕进，官至太常博士。先生年二十六，举进士甲科，为郓州观察推官、南京留守推官。御史台辟主簿，未至，以上书论赦，罢不召。秩满，

迁某军节度掌书记，代其父官于蜀，为嘉州军事判官。丁内外艰去官，垢面跣足，躬耕徂徕之下。葬其五世未葬者七十丧。服除，召入国子监直讲。

是时，兵讨元昊久无功，海内重困。天子奋然思欲振起威德，而进退二三大臣，增置谏官御史，所以求治之意甚锐。先生跃然喜曰："此盛事也！雅颂吾职，其可已乎？"乃作《庆历圣德诗》，以褒贬大臣，分别邪正，累数百言。诗出，太山孙明复曰："子祸始于此矣！"明复，先生之师友也。其后所谓奸人作奇祸者，乃诗之所斥也。

先生自闲居徂徕，后官于南京，常以经术教授。及在太学，益以师道自居，门人弟子从之者甚众。太学之兴，自先生始。其所为文章，曰某集者若干卷，曰某集者若干卷。其斥佛老时文[②]，则有《怪说中国论》，曰："去此三者，然后可以有为。"其戒奸臣宦女[③]，则有《唐鉴》，曰："吾非为一世监也。"其余喜怒哀乐，必见于文。其辞博辩雄伟，而忧思深远。其为言曰："学者学为仁义也，惟忠能忘其身；惟笃于自信者，乃可以力行也。"以是行于己，亦以是教于人。所谓尧、舜、禹，汤、文、武、周公、孔子、孟轲、扬雄、韩愈氏者，未尝一日不诵于口。思与天下之士，皆为周孔之徒，以致其君为尧舜之君，民为尧舜之民，亦未尝一日少忘于心。至其违世惊众，人或笑之，则曰："吾非狂痴者也。"是以君子察其行而信其言，推其用心而哀其志。

先生直讲岁余，杜祁公荐之天子，拜太子中允。今丞相韩公又荐之，乃直集贤院。又岁余，始去太学，通判濮州。方待次于徂徕，以庆历五年七月某日卒于家，享年四十有一。友人庐陵欧阳修哭之以诗，以谓待彼谤焰熄，然后先生之道明矣。先生既没，妻子冻馁不自胜，今丞相韩公与河南富公分俸买田以活之。后二十一年，其家始克葬先生于某所。

将葬，其子师讷与其门人姜潜、杜默、徐遁等来告曰："谤焰熄矣，可以发先生之光矣，敢请铭。"某曰："吾诗不云乎，子道自能久也，何必吾铭？"遁等曰："虽然，鲁人之欲也。"乃为之铭曰：

徂徕之岩岩，与子之德兮，鲁人之所瞻。汶水之汤汤，与子之道兮，逾远而弥长。道之难行兮，孔孟亦云其遑遑。一世之屯兮，万世之光。曰吾不有命兮，安在夫桓魋与臧仓？自古圣贤皆然兮，噫，子虽毁其何伤！

【注释】

①孟贲：古代的勇士。②佛老时文：指指教、道教及当时科举应试的文章。③奸臣宦女：指权臣、宦官、后官嫔妃。

【译文】

徂徕先生姓石，名介，字守道，是兖州府奉符县人。徂徕，是鲁地东部的一座大山，但是先生并不是隐士，他做过官，在朝廷上位列两厢。鲁地的人不赞赏他的官衔而是赞颂他的品德，认为徂徕山显示了鲁地的声望，先生是鲁人所敬仰的人，因此按他所居住的山名来匹配他有道德的名声。称他"徂徕先生"，是鲁人的心愿。

先生外表宽厚，气质高雅，学问渊博，志向高远。尽管在田间从事耕作，但是没有忘记国家的忧患，常说"没有哪个时代不可以有所作为，只要做了就没有达不到目的的"，"如果没有

在那个位置上，那么就身体力行实践自己说过的话"，"我的意见假如被采纳，功德恩惠将遍施天下人，不一定出于自己；假如不被采纳，就是遭受祸害，直到死去也不后悔。"他遇事发愤努力写成文章，极力陈述古今太平及乱世、成功与失败的经验，用来指谪当世，切中要害。不管是愚人，贤人，恶事、善行，是对还是错，都没有丝毫的讳忌。世间的俗人很是惊骇他的话，所以，非议、诽谤一时四起，那些小人尤其厌恶他，他们共同出力，一定要排挤他，置他于死地。先生对此泰然处之，没有困惑，也没有改变初衷，他说："我为人处世的准则本来就是这样，我的勇气超过了古代的孟贲哩。"先生不幸染病身亡。他既已去世，奸臣中有想用大祸造谣伤害忠良的人，还用作乱的罪名指控先生，说他装死向北逃到契丹了，请求皇上开棺核查一下。幸好天子圣明仁爱，发现他们是在诬告，没有打开棺材，保全了他的妻子、儿女。

先生世代务农。从父亲石丙才开始在朝为官，最高做到太常寺博士。先生二十六岁时，考取进士，中了甲等，担任郓州观察推官、南京留守推官。封为御史台主簿，还未上任，就由于上书皇帝讨论赦免的事被罢免，不再征召他。任期满后，改为某军节度掌书记，替代他父亲在四川做官，担任嘉州军事判官。在这个时候遇上父母双亡，辞去官职回家守丧，满面尘垢，赤着脚，在徂徕山下亲自耕作。安葬了他家五辈以来没有埋葬的七十人。守丧期满后，圣上征召他进国子监担任直讲。

这时候，国家发兵讨伐赵元昊已经很长时间了，却没有一点进展，天下困难重重。天子一副奋发的姿势，想要振作起来，重树仁德、恩威，提拔或贬退了一些大臣，增设了谏官御史，求得天下大治的愿望十分强烈。先生十分高兴地说："这是大好事啊！写雅诗、颂诗本来就是我的职责，难道能停止吗?"于是他写了《庆历圣德诗》，来贬斥、褒扬大臣，区别哪个是奸邪，哪个是忠良，多至几百字。诗写出来以后，泰山人孙明复说："你的灾祸将从这里开始了。"孙明复是先生的良师益友。这以后所说的构筑离奇大祸的奸人，就是诗中所斥责的人。

先生从闲居徂徕到之后在南京做官，时常把经学作为教育传授的内容。等他到太学后，更加以为师之道自居，追随他的学生很多。太学的兴起，是从先生开始的。他写的文章，叫某集的有多少多少卷，叫某集的有多少多少卷。他驳斥道教、佛教及当时的应试文章，有《怪说中国论》，他说："去掉这三种坏风气，然后才可以有所作为。"他为了惩戒宦官、奸臣、后妃，著有《唐鉴》，他说："我并不是把它作为一代的借鉴。"其他愤怒、喜庆、快乐、哀伤，一定会在他的文章出现。他的文辞雄辩、宏伟，并且忧虑久远深长。他曾经说过："读书人就是学习怎样做到仁义，只有忠诚才能舍身忘已；只有自信心深厚，才可以身体力行。"他用这个来约束自己，也用这个来教育别人。人们所称道的唐尧、虞舜、夏禹、商汤、周文王、周武王、周公、孔子、孟轲、扬雄、韩愈这些人，他没有一天不在口中诵念的。他常想跟天下的士人一起都成为周公、孔子的门徒，使他们的君主成为尧舜一样的君王，老百姓成为尧舜治理下的百姓，也没有一天在心中把这些事稍稍忘记。至于他违背世俗、惊动众人，有的人就讥笑他，他就说："我不是疯狂痴呆的人。"因此君子观察他的行为而后相信他的话，推测、揣摩他的用心而后哀怜他的志向。

先生担任国子监直讲一年多，杜祁公把他举荐给天子，天子封他为太子中允。现任丞相韩公又举荐他，做了集贤院的直讲。又过了一年多，才离开太学，做了濮州通判。正准备出发上任临时住在徂徕时，于庆历五年（公元 1045 年）七月某日在家中去世，享年四十一岁。他的朋友庐陵人欧阳修写了诗哭祭他，诗中说等那诽谤的火焰熄灭，之后先生的道理就会大白于天下了。先生已经去世，妻子儿女受冻挨饿，不堪忍受，现任丞相韩公和河南的富公都分出自己

的俸禄置买田地，来养活他们。二十一年后，他的家人才把先生安葬在某个地方。

将要安葬时，他的儿子石师讷与他的学生姜潜、杜默、徐遁等人来对我说："诽谤先生的火焰已经熄灭了，可以发扬先生的光辉了，冒昧地请求你写篇铭文。"我答道："我的诗不是说了吗，先生的道理自然可以长久，为什么还一定要我撰写铭文呢？"徐遁等人说："尽管这样，但这是鲁人的愿望啊！"因此我为他撰写铭文道：

徂徕多么高峻，与先生的品德，是鲁人瞻仰的对象。汶水浩浩荡荡，与先生的道理，是越远越长。道太难以施行了，孔子、孟子说起它来也遑恐不安。活了一世，万世荣光。你说自己的命运不好，那桓魋、臧仓一班小人又在哪里呢？从古以来圣人贤士都是如此，唉，你尽管被诋毁，又能伤害你什么呢？

故霸州文安县主簿苏君墓志铭

有蜀君子曰苏君，讳洵，字明允，眉州[①]眉山人也。君之行义，修于家，信于乡里，闻于蜀之人久矣。

当至和、嘉祐之间，与其二子轼、辙偕至京师。翰林学士欧阳修，得其所著书二十二篇，献诸朝。书既出，而公卿士大夫争传之。其二子举进士，皆在高等，亦以文学称于时，眉山在西南数千里外，一日父子隐然名动京师，而苏氏文章，遂擅天下。君之文，博辩宏伟，读者悚然想见其人。既见，而温温似不能言。及即之，与居愈久而愈可爱。间而出其所有，愈叩而愈无穷。呜呼！可谓纯明笃实之君子也。

曾祖讳祐，祖讳杲，父讳序，赠尚书职方员外郎。三世皆不显。职方君三子，曰澹，曰涣，皆以文学举进士，而君少，独不喜学，年已壮，犹不知书，职方君纵而不问。乡闾亲族皆怪之，或问其故，职方君笑而不答，君亦自如也。年二十七，始大发愤，谢其素所往来少年，闭户读书，为文辞。岁余，举进士不中，又举茂材异等，不中。退而叹曰："此不足为吾学也。"悉取所为文数百篇焚之。益闭户读书，绝笔不为文辞者五六年，乃大究六经百家之说，以考质古今治乱成败圣贤穷达出处之际，得其粹精，涵蓄充溢，抑而不发。久之，慨然曰："可矣！"由是下笔，顷刻数千言。其纵横上下，出入驰驱，必造于深微而后止。盖其禀也厚，故发之迟；志也悫，故得之精。自来京师，一时后生学者，皆尊其贤，学其文以为师法。以其父子俱知名，故号老苏以别之。

初，修为上其书，召试紫微阁，辞不至，遂除试秘书省校书郎。会太常修纂建隆以来礼书，乃以为霸州文安县主簿，使食其禄，与陈州项城县令姚辟同修礼书，为《太常因革礼》一百卷。书成，方奏未报，而君以疾卒，时治平三年四月戊申也，享年五十有八。天子闻而哀之，特赠光禄寺丞、直史馆，敕有司具舟载其丧，归于蜀。

君娶陈氏，大理寺丞文应之女。生三子，曰景先，早卒；轼，今为殿中丞，直史馆；辙，权大名府推官。三女皆早卒，孙曰迈、曰迟。有《文集》二十卷、《谥法》三卷。

君善与人交，急人患难，死则恤养其孤，乡人多德之。盖晚而好《易》，曰："易之道深矣，汩而不明者，诸儒以附会之说乱之也，去之则圣人之旨见矣。”作《易传》，未成而卒。治平四年十月壬申，葬于彭山之安镇乡可龙里。

君生于远方，而学又晚成，常叹曰：“知我者，惟吾父与欧阳公也!”然则非余谁宜铭？铭曰：

苏显唐世，实栾城人。以宦留眉，蕃蕃子孙。自其高曾，乡里称仁。伟欤明允，大发于文。亦既有文，而又有子。其存不朽，其嗣弥昌。呜呼明允，可谓不忘。

【注释】

①眉州：地名，今四川眉山县。

【译文】

有蜀地君子，人称苏君，名洵，字明允，是眉州眉山人。君有品德、道义，闲居在家修身养性，在乡里很有威望，在蜀地人中闻名已经很久了。

在至和末、嘉祐初，先生同他的两个儿子苏轼、苏辙一同到了京城开封。翰林学士欧阳修得了到他所写的书共二十二篇，并将它献给了朝廷。书一经出世，公卿大夫们争相传阅它们。他的两个儿子中了进士，都列在高等，也因学问文章在当时被人们称赞。眉山在京城西南几千里外，突然有一天他们父子声名大作，惊动了京城，苏氏的文章随之独霸天下。君的文章宏大雄辩，读过的人非常惊奇，能想象到他这个人的风貌。等看到他本人，一副温雅平和的样子，好像不擅长言辞。再接近他，同他呆在一起的时间越长就越觉得他这个人的可爱。间或也发表他本人的见解，越是与他辩论，他的见解就越加层出不穷。啊！可以说他是一个透明、纯静、朴实、深厚的君子。

苏洵曾祖父名祐，祖父名杲，父亲名序，死后封赠为尚书职方员外郎。这三代人都没有扬名于世。苏序先生三个儿子，苏澹、苏涣，都由于文章学问中了进士，可是君年少，独不喜欢学习，年龄大了以后，还不知道读书，他父亲放任他而不过问。老乡、亲戚、族人都对此非常奇怪，有人问他这是什么缘故，苏序先生只是微笑，不作回答，苏洵也依然如故。到了二十七岁，开始发愤努力，谢绝平时同他来往的少年，闭门苦读，练习文章修辞。一年多，参加进士考试没有中榜，又参加茂材异等选拔，也没有被录取。回到家里，他叹息说：“这些都不值得作为我的事业啊!”于是全部取来他以前所写的文章数百篇焚烧了。更加闭门刻苦读书，放下手中的笔有五六年不写文章，深入钻研六经和诸子百家的学说，在考察质询古今太平与动乱、成功与失败和圣贤的挫折与顺利、出仕与归隐中间，得到了其中的精华，积蓄的思绪充满脑中，但他还是控制住暂时不写出来。很长时间后，他才感叹地说：“可以了。”从此拿起笔写文章，顷刻间几千字。他论今谈古，汪洋恣肆，能出能入，随意奔驰一定达到细致入微然后才住笔。大概他的天赋深厚，因此成名较晚；心志笃诚，所以收获的都是精华。自来到京城后，一时间年轻的读书人，都尊崇他的贤能，学习他的文章并作为自己的榜样。由于他们父子三人都很知名，因此人们称他为老苏来区别他们父子。

起初，我为他上书皇帝，皇帝征召他试用紫微阁，他谢绝了没有应召，因此又任命他为试秘书省校书郎。正好太常寺编修纂写建隆年间以来记载祭祀礼仪的书，就任命他为霸州文安县主簿，让他靠俸禄为生，与陈州次城县令姚辟共同编撰礼书，写作《太常因革礼》一百卷。书完成后，奏报朝廷，批文还没有下来，君就因病去世，时间是治平三年（公元 1066 年）四月

戊申日，享年五十八岁。天子听说后，为他悲痛，特意封赠他光禄寺丞、直史馆，并下诏书命令官吏准备船只装载他的遗体运回蜀地。

君娶姓陈的女子为妻，她是大理寺丞文应的女儿。生了三个儿子，大的叫景先，幼年死亡；二儿子苏轼，现在是殿中丞、直史馆；三儿子苏辙，代行大名府推官。还有三个女儿，都很早就死了。孙子叫苏迈、苏迟。著有《文集》二十卷，《谥法》三卷。

君善于与人交往，看到别人有困难他就赶紧帮助；假如有人死了，他就扶养人家的孤儿，乡人都称赞他。晚年喜好《易经》，他说："《易经》的道理很深，混乱不明白，是由于那些腐儒用牵强附会的说解把它搞乱了，除去这些牵强附会的说法，那么圣人的本意就明朗了。"写作《易传》，没有成书就去世了。治平四年（公元1067年）十月壬申日，安葬在彭山的安镇乡可龙里。

君出生在远离京城的地方，晚年学业才有成就，时常叹息说："理解我的人只有我的父亲与欧阳修先生！"既然如此，那么除了我还有谁适合为他撰写铭文呢？铭文说：

苏氏在唐朝已经显名，本是栾城人士。由于在眉州做官就留在那里，在眉州子孙繁衍。从他的高祖、曾祖，乡里人都赞颂他们仁义。多么伟大呀，苏明允，在文学方面成就卓著。既有文才，又有好儿子。他将永垂不朽，他的子嗣后代将越来越昌盛。唉！明允先生，可以说永世不忘。

王彦章画像记

太师[①]王公讳彦章，字子明，郓州寿张人也。事梁为宣义军节度使，以身死国，葬于郑州之管城。晋天福二年（937年），始赠太师。

公在梁，以智勇闻。梁晋之争数百战，其为勇将多矣，而晋人独畏彦章。自乾化[②]后，常与晋战，屡困庄宗于河上。及梁末年，小人赵岩等用事，梁之大臣老将，多以谗不见信，皆怒而有怠心。而梁亦尽失河北，事势已去，诸将多怀顾望。独公奋然自必，不少屈懈。志虽不就，卒死以忠。公既死而梁亦亡矣，悲夫！

五代终始才五十年，而更十有三君，五易国而八姓。士之不幸而出乎其时，能不污其身、得全其节者鲜矣。公本武人，不知书，其语质。平生尝谓人曰："豹死留皮，人死留名。"盖其义勇忠信，出于天性而然。予于《五代书》，窃有善善恶恶之心，至于公传，未尝不感愤叹息。惜乎旧史残略，不能备公之事。

康定元年，予以节度判官来此，求于滑[③]人，得公之孙睿所录家传，颇多于旧史。其记德胜之战尤详。又言敬翔怒末帝不肯用公，欲自经于帝前。公因用笏画山川，为御史弹而见废。又言公五子，其二同公死节。此皆旧史无之。又云，公在滑，以谗自归于京师，而史云召之。是时梁兵尽属段凝，京师羸兵不满数千，公得保銮五百人，之郓州，以力寡，败于中都，而史云将五千以往者，亦皆非也。

公之攻德胜也，初受命于帝前，期以三日破敌。梁之将相闻者皆窃笑。及破南城，果三日。是时庄宗在位，闻公复用，料公必速攻，自魏驰马来救，已不及矣。庄宗之善料，公之善出奇，何其神哉！

今国家罢兵四十年，一旦元昊反，败军杀将，连四五年，而攻守之计，至今未决。

予尝独持用奇取胜之议，而叹边将屡失其机。时人闻予说者，或笑以为狂，或忽若不闻，虽予亦惑不能自信。及读公家传，至于德胜之捷，乃知古之名将，必出于奇，然后能胜。然非审于为计者，不能出奇。奇在速，速在果，此天下伟男子之所为，非拘牵常算之士可到也。每读其传，未尝不想见其人。

后二年，予复来通判州事。岁之正月，过俗所谓铁枪寺者，又得公画像而拜焉。岁久磨灭，隐隐可见。亟命工完理之，而不敢有加焉，惧失其真也。公尤善用枪，当时号王铁枪。公死已百年，至今俗犹以名其寺。童儿牧竖，皆知王铁枪之为良将也。一枪之勇，同时岂无？而公独不朽者，岂其忠义之节使然欤？

画已百余年矣，完之，复可百年。然公之不泯者，不系乎画之存不存也。而予尤区区如此者，盖其希慕之至焉耳。读其书，尚想乎其人，况得拜其像，识其面目，不忍见其坏也。画既完，因书予所得者于后，而归其人，使藏之。

【注释】

①太师：官名，三公之一。②乾化：五代梁太祖年号。③滑：地名，今河南滑县。

【译文】

太师王公名彦章，字子明，是郓州府寿张县人。侍奉梁朝任宣义军节度使，以身殉国，安葬在郑州的管城县。后晋天福二年（公元 937 年），才封赠太师称号。

公在后梁，以智勇双全而闻名。后梁与后唐之间的争战大小数百次，那些善战勇猛的大将太多了，可是后唐人唯独害怕王彦章。从乾化年间以后，常常同后唐作战，多次把唐庄宗围在黄河边。到梁朝末年，奸臣赵岩等人把持朝政，后梁的大臣、老将，大多由于谗言中伤而不被皇上信任，都心怀愤怒，产生了懈怠的想法。梁朝也因此失去了黄河以北的地盘，大势已去，众多将领都采取犹豫观望的态度。只有公奋然而起，自己坚信，没有丝毫的退却和懈怠。他的志向尽管没有实现，最后以忠诚为国牺牲。公已去世，后梁也随着灭亡了，可悲啊！

五代从开始到结束一共才五十年，却更换了十三个国君，五次改朝换代，八个姓氏不同的人先后掌权。读书人不幸出生在这个时代，能够不玷污自身的清誉，得以保全自己节操的人实在太少了。公原本是练武的人，不懂得学问，他的语言质朴无华。平时曾经对人说："豹死后留下自己的毛皮，人死了应该留个好名声。"大概他的英勇、仁义、信诚、忠心都是出于他的天性，是天性使他这样的。我在《五代书》中，曾私下怀有褒扬善人、贬斥恶人的心愿，写到公的传记时，未尝不为他的遭遇感伤、叹息。可惜旧史残缺简略，未能详尽地记录公的事迹。

康定元年（公元 1040 年），我以节度判官的身份来到这里，向滑州人搜寻有关公的材料，找到了公的孙子王睿记录王氏先人事迹的家传，比旧史书中的记述多得多。其中记载在德胜发生的战役最是详细。又提到当时的宰相敬翔对梁末帝不肯任用公十分气愤，竟想在末帝面前上吊自杀。公由于用笏板描画山川形势，被御史官弹劾，废置不用。还记载说公五个儿子，其中两个儿子同公一起为守节义而死。这些都是旧史书所没有记载的。还记载说，公在滑州的时候，由于被谗言诽谤，就自己一个人回到京城辩白，但是史书上说是皇上召回的他。这个时候后梁的士兵全都归段凝掌管，京城疲弱的士卒还不到几千人，公征得禁卫军五百人，率领他们赶赴郓州，因为兵力太小，在中都战败，可是史书却记载说他率领五千士兵前往，这都是不确

切的。

公进攻德胜的时候，在梁帝面前初次接受命令，约好三天内击败守敌。梁朝的大将、宰相凡听说的，都暗自发笑。等到攻破南城，当真是三天。这时唐庄宗在位，听说公被重新起用，料定公一定会火速攻城，因此从魏地乘马疾行前来营救，已经来不及了。唐庄宗善于料事，公善于出奇兵，是多么的神乎其神啊！

现今国家没有战事已经四十年了，忽然赵元昊反叛，击败了我们的军队，杀死我们的边将，连着四五年，可是防守、进攻的良策直到现在还没有决定。我曾独自提出采用奇兵取胜的建议，可叹的是边关诸将多次失去战机。当时听到我的建议的人，有的讥讽，认为我疯了；有的非常轻视好像没有听到，就是我自己也迷惑疑心不能相信自己了。等到读了公的家传，看到记述德胜战役大捷的时候，才知道古代的名将一定是出奇兵，然后才能获胜。可是如果不是周密进行谋划的人，是不能够出奇制胜的。奇贵在神速，神速在于处事果断，这是天下大丈夫才能做到的，不是那些拘泥陈规、只懂平常谋划的人所能做到的。每当我读他的传记，未尝不推想而了解他这个人。

二年后，我又一次来担任滑州通判。这年正月，我路过民间俗称为铁枪寺的寺庙，又见到了公的画像而且祭拜了他。那画像由于年代久远，画面已经磨损毁坏，隐隐约约还能看到。我马上叫画工修整画像，却不敢在上面有所添加，担心会失去他的本来面目。公尤其擅长用枪，当时号称王铁枪。公逝世已经有一百年了，直到现在民间仍用他的绰号作为寺院的名称。连小孩、牧童都知道王铁枪是一个良将。凭着一支铁枪勇猛无敌的，与他同时代的难道没有别人吗？可是唯独公能英名永存，或许是因为公的忠义气节使他这样的吧？

公的画像已经存在一百年了，修整以后，又可以流传一百年。但是公不被后人遗忘，不依赖画像的保存与否。可我如此地异常爱惜它，大概是我对他仰慕到了极点的缘故吧。读他的传记，尚且能够想见他这个人的容貌，何况能够拜见他的画像，亲自目睹他的容貌，实在不忍心看见它损坏下去。画像已经整修好了，我于是在画像的后面写下我所搜集到的关于他的事迹，还给画像的主人，让他收藏起来。

樊侯[①]庙灾记

郑之盗，有入樊侯庙，刳神像之腹者。既而大风雨雹，近郑之田，麦苗皆死。人咸骇曰："侯怒而为之也！"

余谓樊侯本以屠狗立军功，佐沛公。至成皇帝，位为列侯，邑食舞阳[②]，剖符传封，与汉长久。礼所谓有功德于民，则祀之者欤？舞阳距郑既不远，又汉、楚常苦战荥阳、京、索间，亦侯平生提戈斩级所立功处，故庙而食之，宜矣。

方侯之参乘沛公，事危鸿门[③]，振目一顾，使羽失气，其勇力足有过人者，故后世言雄武，称樊将军。宜其聪明正直，有遗灵矣。然当盗之剚刃腹中，独不能保其心腹肾肠哉？而反贻怒于无罪之民，以骋其恣睢，何哉？岂生能万人敌，而死不能庇一躬邪？岂其灵不神于御盗，而反神于平民，以骇其耳目邪？风霆雨雹，天之所以震耀威罚有司者，而侯又得以滥用之邪？盖闻阴阳之气，怒则薄而为风霆，其不和之甚者，凝结而为雹。方今岁且久旱，伏阴不兴，壮阳刚燥，疑有不和而凝结者，岂其适会民之自灾也邪？不然，则喑呜叱咤，使风驰霆击，则侯之威灵暴矣哉！

【注释】

①樊侯：名哙，沛（今江苏沛县）人。以杀狗为生。后辅佐沛公建立汉朝，因功封舞阳侯，故名樊侯。②邑食舞阳：指以舞阳邑的租税为俸禄。舞阳，今为河南舞阳县。③事危鸿门：指鸿门宴事。当时，沛公与项羽宴于鸿门，范增劝项羽杀掉沛公，危急时刻，樊哙持剑闯入，瞋目视羽，发指眦裂。项羽称他为壮士，并赐给他酒肉，最后帮助沛公脱离鸿门，免遭杀戮。

【译文】

郑地的小偷中，有一个潜入樊侯庙，剖开神像的肚子。不久之后这地方就刮起了大风，下起了冰雹。靠近郑地的良田，麦苗都死了。人们都很害怕，说："这是樊侯发怒后做下的事情。"

我认为樊侯原来是个杀猪的，后来建立军功，辅佐沛公刘邦。到刘邦坐上皇帝宝座，封给他的爵位列在王侯一级，封地是舞阳，授予作为凭信的剖符封命，同汉朝一样长久。这大约就是礼书所说的对老百姓有过功德的人，就要祭奠他们吧？舞阳距离郑地不太远，又处在楚、汉曾经苦战过的荥阳、京、索一带，也是樊侯生前手提大戈斩敌首级建功立业的地方，所以为他建立寺庙供奉他，这也是应当的。

在樊侯做沛公参乘的时候，鸿门宴上形势异常危急，樊侯震怒，用眼睛一看，就使项羽丧失了勇气。他的力量、勇敢足以超过一般人，因此后代的人称赞英雄威武，一定称说樊将军。他聪明、正直，死后有灵仿佛是应当的。但是正当那个小偷把利刃刺入他的肚中的时候，他为什么不能保护自己的五脏六腑呢？却反而把愤怒施加到无辜的老百姓头上，来显示他的凶狠残暴，为什么呢？难道他活着能抵挡千军万马，死后连自己的区区一身都不能保护吗？难道他的魂魄对于防御强盗不灵验，却反而对于平民灵验，来使他们的耳朵、眼睛受到惊吓吗？巨雷、狂风、冰雹、大雨，是上天用来显示神威，惩罚当政者的方式，樊侯又得以滥用它吗？我听说阴气和阳气，气势强了就会互相逼近从而形成大风、雷电；假如阴气、阳气太不和了，就会凝结形成雹子。正当今年天气干旱很久了，阴气隐藏没有兴起，阳气很盛，火爆刚烈，可能是阴阳不合而凝结成冰雹，难道樊侯正好赶上老百姓自己有灾了吧？假如不是如此，那么樊侯心怀怒气，厉声怒吼，使狂风迅疾，雷霆怒击，那么樊侯的威武神灵也太残暴了吧！

岘山亭记

岘山[①]临汉上，望之隐然。盖诸山之小者，而其名特著于荆州者，岂非以其人哉？其人谓谁？羊祜[②]叔子、杜预[③]元凯是已。

方晋与吴以兵争，常倚荆州以为重。而二子相继于此，遂以平吴而成晋业，其功烈已盖于当世矣。至于风流余韵，蔼然被于江汉之间者，至今人犹思之，而于思叔子也尤深。盖元凯以其功，而叔子以其仁。二子所为虽不同，然皆足以垂于不朽。余颇疑其反自汲汲于后世之名者何哉？传言叔子尝登兹山，慨然语其属，以谓此山常在，而前世之士，皆已湮灭于无闻，因自顾而悲伤。然独不知兹山待己而名著也。元凯铭功于二石，一置兹山之上，一投汉水之渊。是知陵谷有变，而不知石有时而磨灭也。

岂皆自喜其名之甚，而过为无穷之虑欤？将自待者厚，而所思者远欤？

山故有亭，世传以为叔子之所游止也。故其屡废而复兴者，由后世慕其名而思其人者多也。熙宁元年，余友人史君中辉以光禄卿来守襄阳。明年，因亭之旧，广而新之。既周以回廊之壮，又大其后轩，使与亭相称。君知名当世，所至有声，襄人安其政，而乐从其游也。因以君之官，名其后轩为光禄堂。又欲纪其事于石，以与叔子、元凯之名，并传于久远。君皆不能止也，乃来以记属于余。

余谓君知慕叔子之风，而袭其遗迹，则其为人与其志之所存者可知矣。襄人爱君而安乐之如此，则君之为政于襄者，又可知矣。此襄人之所欲书也。若其左右山川之胜势，与夫草木云烟之杳霭，出没于空旷有无之间，而可以备诗人之登高，写离骚之极目者，宜其览者自得之。至于亭屡废兴，或自有记，或不必究其详者，皆不复道也。

熙宁三年十月二十有二日，六一居士欧阳修记。

【注释】

①岘山：今湖北襄阳县南，一名岘首山。②羊祜：晋泰山南城（今山东费县）人。字叔子。晋武帝时镇守襄阳。绥怀远近，很得民心，轻裘缓带，身不披甲，与陆抗对境，修德以怀吴人。后因病而终，南州百姓罢市哭巷。③杜预：晋京兆杜陵（今陕西西安市东南）人，字元凯。曾为河南尹，羊祜推荐他代替自己，拜镇南大将军，讨伐吴国，大胜。功成修经籍，作《春秋左传集解》。

【译文】

岘山位于汉水边，远远望去，隐隐约约。它是众多山峰中比较小的，但是它的声名在荆州一带非常大，难道不是由于这个地方的主人吗？它的主人是谁呢？就是羊祜羊叔子、杜预杜元凯。

当晋国与吴国兵力相争的时候，时常依靠荆州，将它做为战略要冲。后来这两位先生相继来到这里，于是以灭掉吴国，成就了晋朝的霸业，他们的功勋、业绩在那个时候是没人比得上的。至于他们的流风余韵，广泛地流传在江汉一带，直到现今人们还怀念他们，在怀念羊祜羊叔子方面更加深切。大概杜元凯成名是由于他功勋卓著，羊祜羊叔子成名由于他的宽厚仁慈。两位先生的所作所为尽管不一样，但他们都足以永垂不朽。我很怀疑他们为什么反过来急急忙忙追求死后的声名呢？传说羊祜羊叔子曾经登上这座山，很感慨地对他的下属说，认为这座山将万世长存，但是前代的贤人名士都已经湮没无闻了，因此想到了自身，悲伤之情油然而生。但是他独独不知道这座山在等待着自己而声名卓著。杜元凯在两块石头上刻下了自己的功业，一块放在这座山上，一块投到了汉水的深渊中，这是杜预知道“高岸为谷、深谷为陵”的变化，却不明白石碑也会因为时代久远而风化剥蚀以至荡然无存。难道他们都非常喜欢自己的声名，从而过分地表现为无尽的忧患吗？或者是过于看重自己因此才想得这样长远呢？

这座山原来有个亭子，世人相传认为是羊祜漫游休息停留的地方。因此这个亭子多次毁坏而又屡屡修复，是因为后代仰慕他的声名而且缅怀他的人很多的缘故。熙宁元年，我的朋友史中辉先生以光禄卿的身份来做襄阳郡的太守。第二年，由于亭子太破旧了，于是扩大它的规模，使它焕然一新。既在亭子的四周新添了宏伟的回廊，又扩大了它的后轩，使它与亭子相称。先生当时名气很大，所到之处都有善理政事的声名，襄阳人在他的治理下很安心，并喜欢同他一道游乐。于是采用先生的官职命名亭子的后轩为光禄堂。还想将先生的事迹记录在石碑上，以便同羊祜、杜元凯的名字一起长久地流传后世。先生都不能阻止，因此来嘱托我写一篇记。

我以为先生了解、仰慕羊祜羊叔子的作风、气度，因而继承了他留下的地方，那么先生的为人和先生的志向在哪里，也就能够知道了。襄阳人爱戴先生并且如此地安居乐业，那么先生在襄阳处理政事的情况，又可以了解了。这是襄阳人想要写的。至于亭子四周山川的秀丽景色，同那花草树木、云雾烟气的深远，隐没在空旷的田野中，若有若无，足可供诗人登高望远，抒发自己的感慨了，应该让游览的人自己观看体验。至于岘山亭多次毁圮重修，有的自有碑记，有的没有必要探究它的详细情况，因此这里都不再说了。

熙宁三年（公元1070年）十月二十二日，六一居士欧阳修作记。

苏氏文集序

予友苏子美[①]之亡后四年，始得其平生文章遗稿于太子太傅杜公之家，而集录之以为十卷。子美杜氏婿也，遂以其集归之，而告于公曰：

斯文金玉也，弃掷埋没，粪土不能销蚀。其见遗于一时，必有收而宝之于后世者。虽其埋没而未出，其精气光怪，已能常自发见，而物亦不能掩[②]也。故方其摈斥摧挫，流离穷厄之时，文章已自行于天下。虽其怨家仇人，及尝能出力而挤之死者，至其文章，则不能少毁而掩蔽之也。凡人之情，忽近而贵远。子美屈于今世犹若此，其伸于后世宜如何也？公其可无恨。

予尝考前世文章政理之盛衰，而怪唐太宗致治几乎三王之盛，而文章不能革五代之余习。后百有余年，韩、李之徒出，然后元和之文，始复于古。唐衰兵乱又百余年，而圣宋兴，天下一定，晏然无事，又几百年，而古文始盛于今。自古治时少而乱时多，幸时治矣，文章或不能纯粹，或迟久而不相及，何其难之若是欤！岂非难得其人欤？苟一有其人，又幸而及出于治世，世其可不为之贵重而爱惜之欤？嗟吾子美，以一酒食之过，至废为民，而流落以死，此其可以叹息流涕，而为当世仁人君子之职位宜与国家乐育贤材者惜也！

子美之齿少于予，而予学古文，反在其后。天圣之间，予举进士于有司，见时学者务以言语声偶擿裂，号为时文，以相夸尚。而子美独与其兄才翁及穆参军伯长，作为古歌诗杂文。时人颇共非笑之，而子美不顾也。其后天子患时文之弊，下诏书讽勉学者以近古，由是其风渐息，而学者稍趋于古焉。独子美为于举世不为之时，其始终自守，不牵世俗趋舍，可谓特立之士也。

子美官至大理评事、集贤校理而废，后为湖州长史以卒，享年四十有一。其状貌奇伟，望之昂然，而即之温温，久而愈可爱慕。其才虽高，而人亦不甚嫉忌。其击而去之者，意不在子美也。赖天子聪明仁圣，凡当世所指名而排斥，二三大臣而下，欲以子美为根而累之者，皆蒙保全，今并列于荣宠。虽与子美同时饮酒得罪之人，多一时之豪俊，亦被收采，进显于朝廷。而子美独不幸死矣，岂非其命也？悲夫！

庐陵欧阳修序。

【注释】

①苏子美：名舜钦，宋梓州铜山（今四川中江县）人。小有大志，喜好古文。年轻时上书，极言时政，说明自己的看法，范仲淹很赏识，认为他很有才，召试，授集贤校理，后离官寓居吴中。著有《苏学士文集》十六卷。②掩：掩盖。

【译文】

我的朋友苏子美死后第四年，我才从太子太傅杜公的家中看到他生平所写的文章和遗留下来的书稿，将它们加以辑录、收集，分成十卷。苏子美是杜家的女婿，因此我把他的集子又归还给杜太傅，并告诉杜公说：

这些文章字字都是金玉，就是丢弃埋没在地下，污土也不能销毁腐蚀它们。它被遗忘只能是一时，后代一定会有珍视、收藏它的人。就是它们被埋没了，没有出现在世上，但是它们的精华灵气光彩夺目，奇异无比，已时常能自已显现，外物也不能把它掩盖起来。因此当他被排斥打击、遭受挫折、穷困蹇厄、流离失所的时候，文章已经自己在天下流行开来。就是他的冤家仇人，以及曾经尽力要把他逼死的人，对于他的文章，却不能稍加诋毁，将它们掩盖起来。大凡人之常情，总是忽略近的，看重远的。子美在当代饱受委屈，文章尚且能够被如此重视，等到他在后世得到伸张时又会怎样呢？杜公你或许能够没有什么遗憾了。

我曾考察前代的文章与政治的衰亡兴盛，很是奇怪唐太宗达到天下太平，差不多跟夏禹、商汤、周文王时一样兴盛，但是文章却不能革除五代时期留下的不良文风。这以后过了一百多年，韩愈、李翱一批人在文坛上崛起，这以后元和年间的文章，才开始恢复古代的风气。唐朝衰落，兵祸四起，又有一百多年，大宋兴起，天下统一安定，没有什么事情，又过了几百年，古文才在现在兴盛起来。自古以来天下大治的时候少，战乱的时候多，有时侥幸天下太平了，但是文章有的还未能达到精美，有的长久赶不上古代，文章的兴盛怎么这以艰难阿！难道不是人才难得吗？如果有了这样的人，又很幸运地赶上出生在太平盛世，世间怎么可以不把他当作宝贝从而更加爱护他呢？可叹啊，子美，由于一顿宴席的过错，以至被削职为民，流落他乡，困厄而死，这是多么值得叹息流泪，真使人为当代的君子仁人的职位应该给予国家乐于培养贤才的人而觉得惋惜。

子美的年纪比我小，可是我学习古文却在他的后面。天圣年间，我参加礼部主持的举人考试，看到当时的读书人致力于讲求对偶声律、割裂经典，号称时文，来相互效仿、夸耀。只有子美同他的兄长才翁和参军穆伯长，写作古体诗歌、杂文。那时的人都纷纷地一起责难嘲笑他们，可是子美置之不理。这之后天子对时文的弊病感到忧患，下诏书劝勉读书人写作与古文类似的文章。从此绮丽浮夸的文风才逐渐熄灭，读书人也逐渐趋于仿古。只有子美在全天下的人都不写时写作古文，他自己始终如一坚持不变，不被世俗的取舍所诱惑，可以说是有坚定志向和操守的人了。

子美官至大理寺评事、集贤院校理，后被削职，后来在湖州长史任上去世，享年四十一岁。子美外表雄伟奇异，远远望去气宇轩昂，一旦同他接触，便会感到他这个人态度很温和，时间越长越觉得可爱，令人敬仰。他的才干虽然很高，但是别人也不太嫉妒他。那些排挤打击迫使他离开朝廷的人，用意不是针对子美本人。仰仗天子仁义、英明，凡是当时被指名道姓、排斥打击的人，几个大臣以下，想以子美为根牵连进来的人，都蒙受圣恩得以保全性命，现在都并列官位，受到恩惠。就是同子美一块饮酒而遭到贬斥的人，他们多是当时的英雄豪杰，也

被朝廷任用征召，在朝廷上进升职位而显贵。只有子美不幸死去，莫非是他命该如此吗？多么值得悲伤啊！

庐陵欧阳修作序。

送杨寘序

予尝有幽忧①之疾，退而闲居，不能治也。既而学琴于友人孙道滋，受宫声数引，久而乐之，不知疾之在其体也。

夫琴之为技小矣，及其至也，大者为宫，细者为羽，操弦骤作，忽然变之：急者凄然以促，缓者舒然以和。如崩崖裂石，高山出泉，而风雨夜至也；如怨夫寡妇之叹息，雌雄雍雍②之和鸣也。其忧深思远，则舜与文王、孔子之遗音也；悲愁感愤，则伯奇③孤子、屈原忠臣之所叹也。喜怒哀乐，动人必深，而纯古淡泊，与夫尧舜三代之言语、孔子之文章、《易》之忧患，《诗》之怨刺，无以异其能。听之以耳，应之以手，取其和者，道其堙郁，写其忧思，则感人之际，亦有至者焉。

予友杨君，好学有文，累以进士举，不得志。及从荫调，为尉于剑浦。区区在东南数千里外，是其心固有不平者。且少又多疾，而南方少医药，风俗饮食异宜。以多疾之体，有不平之心，居异宜之俗，其能郁郁以久乎？然欲平其心，以养其疾，于琴亦将有得焉。故予作琴说以赠其行，且邀道滋酌酒、进琴以为别。

【注释】

①幽忧：过度忧劳。②雍雍：和睦貌。③伯奇：周尹吉甫的儿子。侍奉后母，非常孝顺，吉甫却听信后妻的谗言，疑心伯奇不孝，将他逐出家门。伯奇自认无罪，非常伤心，投河而死。

【译文】

我曾患有过度忧劳的疾病，辞官回家，静心休养，依然不能治愈。不久我跟着朋友孙道滋学习弹琴，学了几支曲子，时间一长，竟然喜欢上了弹琴，竟不知道疾病还生在自己身上。

弹琴，作为一种技艺，是很渺小的，等到达最高境界以后，声音宏大的是宫调，声音细小的是羽调，拨动琴弦，急速演奏，忽然变化：急挑快拨，乐声就急促凄惨；慢挑轻拨，乐声就平和、舒缓。有时象岩石炸裂、山崖崩塌，泉水从高山喷涌而出，狂风暴雨在黑夜降临；有时象鳏夫寡妇的叹息声，雌鸟、雄鸟和谐的鸣叫声。琴声所表达的深长忧思，就是虞舜与周文王、孔子遗留的音乐；琴声表达悲伤、愁苦、激愤、感动，就是孤子伯奇、忠臣屈原的叹息声。琴声所表达的哀、乐、喜、怒，感动起人来必定很深刻，而那古朴、清纯、淡泊，和尧、舜、禹三代的语言，孔子的文章、《易经》的忧患，《诗经》的讽劝哀怨，它们的表达技能没有什么差别。用耳朵来听它，用手来配合它，到达它们的相互契合，宣泄心中的苦闷，抒发自己的忧伤，那么在感动人心的时刻，也有达到最高境界的。

我的朋友杨寘，爱好学问，很有文彩，多次参加进士考试，都不得意。直到根据荫赠制度调配，到剑浦作县尉。区区一个小县，在东南几千里外的地方，这在他心中本来就会产生愤懑不满的想法。而且他年轻时就多病，南方又缺医少药，习惯风俗饮食又都不适合他。以多病的

身体，怀有愤慨不平的心情，居住在风俗习惯不适合自己的地方，怎能忧伤地长久生活下去？但是要想平定自己的心情，来养护治疗自己的疾病，学学弹琴将会有所收获。所以我写下这篇探讨琴技的文章来为他的远行送别，而且邀请孙道滋陪酒，献上琴曲，作为离别的纪念。

与尹师鲁书

某顿首，师鲁十二兄书记：前在京师相别时，约使人如河上。既受命，便遣白头奴出城，而还言不见舟矣。其夕又得师鲁手简，乃知留船以待，怪不如约。方悟此奴懒去而见给。

临行，台吏催苛百端，不比催师鲁人长者有礼，使人惶迫不知所为，是以又不留下书在京师。但深托君贶，因书道修意以西。始谋陆赴夷陵[①]。以大暑又无马，乃作此行。沿汴绝淮，泛大江，凡五千里，用一百一十程，才至荆南。在路无附书处，不知君贶曾作书道修意否？及来此，问荆人，云："去郢[②]止两程。"方喜，得作书以奉问，又见家兄，言："有人见师鲁过襄州，计今在郢久矣。"师鲁欢戚，不问可知。所渴欲问者，别来安否？及家人处之如何？莫苦相尤否？六郎旧疾平否？修行虽久，然江湖皆昔所游，往往有亲旧留连，又不遇恶风水，老母用术者言，果以此行为幸。又闻夷陵有米、面、鱼如京师，又有梨、栗、橘、柚、大笋、茶、，皆可饮食，益相喜贺。昨日因参转运，作庭趋，始觉身是县令矣。其余皆如昔时。

师鲁简中言，疑修有自疑之意者，非他，盖惧责人太深以取直耳。今而思之，自决不复疑也。然师鲁又云暗于朋友，此似未知修心。当与高书时，盖已知其非君子，发于极愤而切责之，非以朋友待之也。其所为何足惊骇？洛中来，颇有人以罪出不测见吊者，此皆不知修心也。师鲁又云非忘亲，此又非也。得罪虽死，不为忘亲，此事须相见可尽其说也。

五六十年来，天生此辈，沉默畏慎，布在世间，相师成风。忽见吾辈作此事，下至灶间老婢，亦相惊怪，交口议之。不知此事古人日日有也，但问所言当否而已。又有深相赏叹者，此亦是不惯见事人也。可嗟世人不见如往时事久矣！往时砧斧鼎镬，皆是烹斩人之物，然士有死不失义，则趋而就之，与几席枕藉之无异。有义君子在傍，见有就死，知其当然，亦不甚叹赏也。史册所以书之者，盖特欲警后世愚懦者，使知事有当然而不得避尔。非以为奇事而诧人也。幸今世用刑至仁慈，无此物，使有而一人就之，不知作何等怪骇也。然吾辈亦自当绝口不可及前事也，居闲僻处，日知进道而已。此事不须言，然师鲁以修有自疑之言，要知修处之如何，故略道也。

安道与予在楚州，谈祸福事甚详，安道亦以为然。俟到夷陵写去然后得知修所以处之之心也。又常与安道言："每见前世有名人，当论事时，感激不避诛死，真若知义者；及到贬所，则戚戚怨嗟，有不堪之穷愁，形于文字，其心欢戚，无异庸人。虽韩文公不免此累。"用此戒安道，慎勿作戚戚之文。师鲁察修此语，则处之之心又可知矣。

近世人因言事亦有被贬者，然或傲逸狂醉，自言"我为大不为小"。故师鲁相别，自言“益慎职，无饮酒”。此事修今亦遵此语，咽喉自出京愈矣，至今不曾饮酒。到县后勤官，以惩洛中时懒慢矣。夷陵有一路，只数日可至郢，白头奴足以往来。秋寒矣，千万保重。不宣。

修顿首。

【注释】

①夷陵：州名，今湖北宜昌市。②郢：地名，今湖北武昌一带。

【译文】

欧阳修叩头，师鲁十二兄，山南东道节度掌书记：前段时间我们在京城相互分手时，曾约好我派人到河边去送你。我领受命令以后，就派白头发的老仆人出城送你，但是他回来说没有看见你的船只。这天晚上我又收到了您的亲笔书信，才知道你停下船等我，责备我不履行当初的诺言。我才清楚这个仆人懒得到河边去送你，我被他骗了。

我临行前，御史台的官吏百般苛责催我快走，不比催你的人是忠厚的长者，彬彬有礼，让我紧紧张张，不知所措，所以又没能在京城给你留下一封信。只是深深地托付王拱辰在给你写信时顺便附上我的歉意，之后我就出发西行了。开始准备从陆路直赴夷陵，因为正值大暑，天气炎热，又没有马匹，才走了这条路。从水路沿着汴河，穿过淮河，泛舟长江，共有五千多里路，经过一百一十天才到达荆南江陵府。在路上没有邮寄书信的地方，不清楚王拱辰是否写信说明了我的歉意？等来到这里，询问荆人，他们说：“离郢州只有两天的路程。”我才有点高兴，可以写下这封信来问候你，又看到了我的兄长，他说：“有人看到师鲁经过襄州，算一下到现在他在郢州已很长时间了。”您欣喜还是忧愁，不用问我也能知道。所渴望想要问你的是，分别之后你一向可好？以及你的家人对你被贬态度怎样？没有苦苦地责难你吧？六郎的旧病平复了没有？我尽管旅行了很长时间，然而所经过的大江、湖泊都是我以前游历过的，往往有故友、亲人相挽留，又没有遇到狂风恶浪，老母亲相信算卦人的话，并依照他选定的日子出发，果真这次出行很幸运。又听说夷陵像京城一样有大米、白面、鲜鱼，又有梨、栗、橘、柚、大笋、茶、荈，都可以食用、饮用，更加互相庆贺恭喜。昨天由于参见转运使，行庭趋礼，才觉得我是这个地方的县令了。其余的都和以前一样。

你在信中说，怀疑我对自己的作为有了疑心，没有其他原因，只是害怕别人说我如此深切地责各人是为了邀取忠直的好名声罢了。现在再想想，自己很坚决、坦然，不再疑心了。但是你还说我对朋友的品质不太清楚，这似乎是不了解我的心思。当我给高若讷写信时，就已经清楚他不是一个真君子，只是出于极度愤怒而深切的痛斥他，并没有把他当作自己的朋友来看待。他的所作所为哪里值得大惊小怪？从洛阳来，很有一些人认为我的罪名出于不测并以此来安慰我，这些人都不了解我的心啊！您还教导我不能忘记亲人，这就又不对了。我身负罪罚，就是死了，也不会做忘记亲人的事，这件事必须见面后才能详尽地向你解释。

五六十年以来，上天造就了这么一批人，沉默寡言，谨慎畏惧，分散在人间各个角落，互相称对方为老师成为一种风气。突然看见我们这些人做出这种事情来，下到炉灶间的老妇人，也都大惊小怪，众口一辞地议论我们。不清楚这种事古代的贤人天天有啊，只是问问说的这些话是否正确而已。又有对我大加赞赏的人，这些人也是不经常见到这种事的人。可叹世人见不到过去时代的事情已经很久了。过去的铁砧、斧头、大鼎、铁镬，都是烹煮、斩杀犯人的刑

具，但是古代的士人有死却不违背道义的，就跑着奔向它们，这些刑具在他们看来，如同几案、卧席、枕头没有什么区别。如果有道义的君子站在旁边的话，看到他们走向死亡，知道他们应该这样，也不会对他们大加赞赏。史书之所以记载他们的原因，只是想警诫后代的懦夫、愚人，使他们懂得事情有应当这样，不能逃避的罢了。并不认为它们是奇事而让人诧异、惊奇。庆幸的是当今天下用刑非常仁慈，没有这些东西，假如有这些刑具，某一个人走向了它们，不知道看到的人会表现出怎样的奇怪、惊骇。但是我们这些人也应该自己绝口不能提及从前的事情，独居偏僻边远的地方，每天只知道加强自己的道德修养而已。这些事情本来不需要讲，但是您认为我对自己的所作所为产生了怀疑，一定要知道我对待这件事的态度如何，因此为你大致地说一下。

余安道和我在楚州的时候，我们非常详尽地谈论了吉凶祸福诸事，余安道也认为是这样。等到了夷陵后写封信邮去，这之后你就能知道我用来对待被贬谪一事的态度了。我又时常跟余安道说："每当看到前代有名人，在议论事情时，感情激越，不逃避获罪被杀，真好像是懂得仁义的人；可等他们到了被贬谪的地方，就哀伤忧愁，叹息怨恨，有不能忍受的穷困忧愁，于是把这些感受写成文章，他内心的欢乐与忧伤，和平常人也没有什么不同。就是像韩愈这样的人也不能避免这个毛病。"我用这些话来告诫余安道，千万不要写那些悲伤、忧愁、凄惨的文章。你如果能体谅我的话，那么我对待被贬这件事的态度你就知道了。

近代的人也有由于谈论政事被贬谪的人，但是有的人狂傲放纵，沉溺于酒，自己说："我只能做大事不能做小事。"因此跟你话别的时候，自己说："更加谨慎地做好本职工作，不再喝酒。"这些话我至今依然遵守着，咽喉的病从离开京城就好了，直到现在也不曾喝过一杯酒。到达县里以后，我十分辛勤地处理政事，以此来惩罚自己在洛阳时的懈怠、懒惰。从夷陵出发有一条路，只要几天的时间就能到达郢州，老仆人足以往来其间。秋天冷了，你千万要保重。不一一细说了。

欧阳修叩头。

祭尹师鲁文

维年月日，具官欧阳修，谨以清酌庶羞之奠，祭于亡友师鲁十二兄之灵曰：

嗟乎师鲁！辩足以穷万物而不能当一狱吏[①]，志可以挟四海而无所措其一身。穷山之崖，野水之滨，猿猱之窟，麋鹿之群，犹不容于其间兮，遂即万鬼而为邻。

嗟乎师鲁！世之恶子之多，未必若爱子者之众，而其穷而至此兮，得非命在乎天而不在乎人？方其奔颠斥逐，困厄艰屯，举世皆冤，而语言未尝以自及，以穷至死，而妻子不见其悲忻。用舍进退，屈伸语默，夫何能然？乃学之力。至其握手为诀[②]，隐几待终，颜色不变，笑言从容。死生之间，既已能通于性命，忧患之至，宜其不累于心胸。自子云逝，善人宜哀，子能自达，予又何悲？惟其师友之益，平生之旧，情之难忘，言不可究。

嗟乎师鲁！自古有死，皆归无物；惟圣与贤，虽埋不没。尤于文章，焯若星日；子之所为，后世师法。虽嗣子尚幼，未足以付予，而世人藏之，庶可无忧于坠失。子于众人，最爱余文，寓辞千里，侑此一尊，冀以慰子。闻乎不闻？尚飨！

【注释】

①狱吏：主管狱讼的官吏。②诀：分别，分手。

【译文】

某年某月某日，具官欧阳修，谨以清酒菜肴这些祭品，在亡友师鲁十二兄的灵前祭祀说：

啊！师鲁。你雄辩的才干足以困窘众人，却未能抵挡一名狱吏加给你的不实之辞；你的志向可以挟持四海，却无法找到自己一块安身的地方。野水的岸边，荒山的侧畔，猿猱的洞穴，麋鹿的队伍，还是不能容纳在它们之间，因此到了阴府和那众多的鬼魂成为邻居。

啊！师鲁。世上憎恨你的人很多，但也未必象爱戴你的人那么多，可你穷困潦倒到了这般地步，莫非是命运掌握在上天手里而非掌握在人的手中吗？在你颠簸奔走被放逐贬谪，处于异常困苦艰难的环境时，全天下的人都认为你是冤枉的，但你的言语之中从来没有提到自己，由困苦一直到死，但是妻子、儿女从没见过你为这些悲伤哀叹。任用你，就出来做官；不被任用，就退隐，在受挫与仕途顺利的时候都是沉默寡言，怎么能这样呢？这是你努力好学的结果。等到你与人握手表示诀别，伏在几案上等待死亡的降临，依然脸不变色，谈笑说话从容不迫。在生与死中间，你已经能够透彻地理解人的生命，那么当忧患到来的时候，就难怪你不把它放在心上。自从你逝世以后，善良的人们都感到很悲痛，你却能豁达脱俗，我又有什么好伤悲的呢？只有老师朋友间的教益，生平的故交，难忘的友情，才是言辞所不能表达的。

啊！师鲁，自古以来就有死亡，最终都化归为空虚；只有圣人与贤达，就是深葬地下，他们的光芒也不会被埋没。他们生前的著作更是如此，灿烂夺目，犹如光辉四射的太阳，闪烁的繁星；先生所写的文章，将成为后代的人学习的楷模。尽管他的儿子还年幼，不能够把这些交给他，但是世人会把它珍藏起来，几乎不用担心它们失传。先生在众多的文人学士中，最喜爱我的文章，在千里外的地方我托意于这篇祭文，再加上一杯酒，期望能以此来告慰你的英灵。先生，你听到了吗？请你快来享用吧！

苏明允老泉集

六　　国

六国[①]破灭，非兵不利，战不善，弊在赂秦[②]。赂秦而力亏，破灭之道也。或曰："六国互丧，率赂秦耶?"曰："不赂者以赂者丧。"盖失强援，不能独完，故曰弊在赂秦也。秦以攻取之外，小则获邑，大则得城，较秦之所得，与战胜而得者，其实百倍。诸侯之所亡，与战败而亡者，其实亦百倍。则秦之所大欲，诸侯之所大患，固不在战矣。

思厥先祖父，暴霜露，斩荆棘，以有尺寸之地。子孙视之不甚惜，举以与人，如弃草芥。今日割五城，明日割十城，然后得一夕安寝。起视四境，而秦兵又至矣。然则诸侯之地有限，暴秦之欲无厌，奉之弥繁，侵之愈急，故不战而强弱胜负已判矣。至于颠覆，理固宜然。古人云："以地事秦，犹抱薪救火，薪不尽，火不灭。"此言得之。

齐人未尝赂秦，终继五国迁灭，何哉？与嬴而不助五国也。五国既丧，齐亦不免矣。燕、赵之君，始有远略，能守其土，义不赂秦，是故燕虽小国而后亡，斯用兵之效也。至丹以荆卿[③]为计，始速祸焉。赵尝五战于秦，二败而三胜。后秦击赵者再，李牧[④]连却之。洎牧以谗诛，邯郸为郡，惜其用武而不终也。且燕、赵处秦革灭殆尽之际，可谓智力孤危，战败而亡，诚不得已。向使三国各爱其地，齐人勿附于秦，刺客不行，良将犹在，则胜负之数，存亡之理，当与秦相较，或未易量。

呜呼！以赂秦之地，封天下之谋臣；以事秦之心，礼天下之奇才，并力西向，则吾恐秦人食之不得下咽也。悲夫！有如此之势，而为秦人积威之所劫，日削月割，以趋于亡。为国者，无使为积威之所劫哉！夫六国与秦皆诸侯，其势弱于秦，而犹有可以不赂而胜之之势；苟以天下之大，而从六国破亡之故事，是又在六国下矣！

【注释】

①六国：指战国除秦以外，位于函谷关以东的楚、齐、燕、韩、赵、魏六个国家。②赂秦：贿赂秦国，此处指战国时秦国最强，六国害怕，为了求得暂时的安宁，争相割地贿秦。③荆卿：名轲，卫人，侠客。受燕太子丹派遣刺杀秦王，事情败露，被杀。秦王大怒，发兵攻燕，燕人杀太子丹，秦遂灭燕。④李牧：赵国大将，屡败秦军，后因赵王听信谗言被冤杀。

【译文】

六国的灭亡，不是由于兵器不锐利，仗打得不好，弊病出在贿赂秦国。贿赂秦国以后，国家的实力就被削弱，这是国破家亡的途径啊！有人问："六国相继灭亡，都是由于贿赂秦国吗?"回答说："不贿赂秦国的国家也由于贿赂秦国的国家而灭亡。"因为它们失去了强有力的支援，不能单独保全自己，因此弊病在于贿赂秦国。秦国除了用武力侵占别国土地外，还通过接受贿赂，小的得到邑，大的得到都城。比较秦国通过受贿所得的土地与秦国通过战争胜利而取得的土地，实际上高出百倍。六国由于贿赂秦国失去的土地与由于战争失败失去的土地，实质上也高出百倍。因此秦国所极力追求的和诸侯的最大祸患，本来就不在战争上。

想当初他们的祖先冒着风霜严寒，披荆斩棘，才有了尺寸大的那么一小点土地。做子孙的却对它特别不爱惜，都把它们拱手让人，就仿佛扔掉一根小草一样。今天割给人家五座城池，明天割给人家十座城池，这之后才得以睡一晚上的安稳觉，等睡醒起来环顾边境，秦国的军队又到了。但是诸侯的土地是有限的，暴秦的欲望却没有满足的时候，割让奉送的土地越多，秦国的攻势也就越急。因此不用打仗，谁强谁弱谁胜谁负就已经分明了。至于国家灭亡，本是理所应当的。古人说："用土地来侍奉秦国，就好像抱着木柴去救火，木柴不完，大火不灭。"这话算是说对了。

齐国人未曾贿赂秦国，但最终也跟着其他五国灭亡了，这是为什么呢？因为它同秦国交好并且不帮助其他五国。五国已经灭亡以后，齐国也就不能避免灭亡的命运了。燕国、赵国的国君，开始时有远大的战略目光，能够守住自己的国土，又按义行事不贿赂秦国，因此燕国虽然是一个小国却是最后被消灭的，这是它采取了抵抗方针的结果。至于后来太子丹采用刺客荆轲的计策，才加快了它的灭亡。赵国曾同秦国作战五次，两次战败，三次胜利。后来秦国又进攻赵国两次，相继被赵将李牧打退了。自从李牧由于谗言被赵王错杀，邯郸就成了秦国的一个郡，可惜赵国坚持用武力抵抗的政策没有贯彻到底。何况燕国、赵国处在秦国把其他几国消灭得差不多的时候，可以说智慧将尽、力量孤单，战败而亡，确实是不得已。如果先前韩、楚、魏三国各自爱惜自己的土地，齐国人不依附于秦国，燕国的刺客不出发去秦国，良将还活着，那么谁胜谁负的运数，谁存谁亡的道理，还应该与秦国较量一番，或者不能够轻易下结论。

唉！假如用贿赂秦国的土地，封给天下的谋士；用侍奉秦国的心意，礼遇天下的奇才，团结起来，合并力量，对付西边的秦国，那么我估计恐怕就是秦国人想吞并它们也不能够咽的下啊！多么可悲啊！占有如此的优势，却被秦国人渐渐积累的威力所控制，土地一天天、一月月地被割去，最终走向灭亡。治理一个国家，一定不能让别国积累的威力所控制啊！六国同秦国都是诸侯国，它们的势力比秦国要弱小，然而仍还有可以不贿赂秦国、战胜秦国的形势。假如以全天下这么大的地方，却追随六国贿秦而灭亡的旧事，这样做又在六国之下了。

御　将

人君御臣相易，而将难。将有二：有贤将，有才将，而御才将尤难。御相以礼，御将以术。御贤将之术以信，御才将之术以智。不以礼，不以信，是不为也；不以术，不以智，是不能也。故曰御将难，而御才将尤难。

六畜其初皆兽也，彼虎豹能搏能噬，而马亦能蹄，牛亦能触。先王知能搏能噬者，不可以人力制，故杀之；杀之不能，驱之而后已。蹄者可驭以羁绁[①]，触者可拘以楅衡[②]，故先王不忍弃其材而废天下之用。如曰是能蹄，是能触，当与虎豹并杀而同驱，则是天下无骐骥，终无以福乘也。

先王之选才也，自非大奸剧恶，如虎豹之不可以变其搏噬者，未尝不欲制之以术，而全其才以适于用。况为将者，又不可责以廉隅细谨，顾其才何如耳。汉之卫、霍、赵充国，唐之李靖、李绩，贤将也；汉之韩信、黥布、彭越，唐之薛万彻、侯君集、盛彦师，才将也。贤将既不多有，得才者而任之可也。苟又曰是难御，则是不肖者而后可也。

结以重恩，示以赤心，美田宅，丰饮馔，歌童舞女，以极其口腹耳目之欲，而折之以威，此先王之所以御才将者也。近之论者或曰："将之所以毕志竭力，犯霜露，蹈白刃而不辞者，冀赏耳。为国家者，不如先勿赏以邀其成功。"或曰："赏所以使人，不先赏，人不为我用。"是皆一隅之说，非通论也。将之才固有大小，杰然于庸将之中者，才小者也；杰然于才将之中者，才大者也。才小志亦小，才大志亦大。人君当观其才之小大，而为制御之术以称其志，一隅之说不可用也。

夫养骐骥者，丰其刍粒，洁其羁络，居之新闲，浴之清泉，而后责之千里。彼骐骥者，其志常在千里也，夫岂以一饱而废其志哉！至于养鹰则不然，获一雉饲以一雀，获一兔饲以一鼠，彼知不尽力于击搏，则其势无所得食，故然后为我用。才大者骐骥也，不先赏之，是养骐骥者饥之而责其千里，不可得也；才小者鹰也，先赏之，是养鹰者饱之而求其击搏，亦不可得也。是故先赏之说，可施之才大者；不先赏之说，可施之才小者。兼而用之可也。

昔者汉高帝一见韩信，而授以上将，解衣衣之，推食哺之；一见黥布，而以为淮南王，供具饮食如王者；一见彭越，而以为相国。当是时，三人者未有功于汉也。厥后追项籍垓下，与信越期而不至，捐数千里之地以畀之，如弃敝屣。项氏未灭，天下未定，而三人者已极富贵矣。何则？高帝知三人者之志大，不极于富贵则不为我用；虽极于富贵而不灭项氏，不定天下，则其志不已也。至于樊哙、滕公、灌婴之徒则不然，拔一城，陷一阵，而后增数级之爵，否则终岁不迁也。项氏已灭，天下已定，樊哙、滕公、灌婴之徒，计百战之功，而后爵之通侯。夫岂高帝至此而啬哉？知其才小而志小，虽不先赏不怨；而先赏之，则彼将泰然自满，而不复以立功为事故也。

噫，方韩信之立于齐，蒯通、武涉之说未去也，当是之时，而夺之王，汉其殆哉！夫人岂不欲三分天下而自立者？而彼则曰："汉王不夺我齐也。"故齐不捐，则韩信不怀；韩信不怀，则天下非汉之有。呜呼！高帝可谓知大计矣。

【注释】

①羁绁：羁，马笼头；绁，马缰绳。②楅衡：楅，架在牛角上的横木；衡，穿在牛鼻子上的横木。《周礼·地官·封人》："设其楅衡。"

【译文】

天子驾御大臣宰相容易，但是驾驭大将就比较困难。大将有两种：一种是贤将，一种是才将，其中驾驭才将尤为困难。驾驭大臣宰相要用礼仪，驾驭大将要用权术。驾驭贤将的方法要凭借信义，驾驭才将的方法要讲究谋略。不采用礼遇，不凭借信义，这是不想做；不采用权术，不使用谋略，这是不能够做。因此驾驭大将难，驾驭才将就更难。

六畜开始的时候都是野兽，那老虎、豹子能够搏击也能咬人，那马也能踢人，牛也能用犄角顶人。先王清楚那能搏能咬的老虎、豹子，不能用人的力量制服它，因此就杀了它们；不能杀它们的时候，就驱赶、轰跑它们。那踢人的马给它套上笼头，牵上缰绳，就可以驾驭它们了。那顶人的牛用楅夹住它的犄角，在它的鼻子中穿上衡，就能够牵它了。因此先王不忍心放弃它们的材用而使天下这些有用的东西成为废物。假如说这些能踢人的、能顶人的应当同老

虎、豹子一同杀掉或者一起赶跑，则天下就没有千里马了，最终人们也就没有用来驾驭福车子的东西了。

先王选用人才，如果不是大的奸臣或很坏的恶人，就像老虎、豹子一样不能改变它们好斗、咬人的本性的，未曾不想用权术制服他们，保全他们的才干，给他们找个适当的官职任用他们。何况那些做大将的又不能够用品行是否端正、做事是否细致与谨慎来要求他们，而只考虑他们的才能怎么样罢了。汉朝的卫青、霍去病、赵充国，唐朝的李靖、李绩，都是贤将；汉代的韩信、黥布、彭越，唐朝的薛万彻、侯君集、盛彦师，都是才将。贤将既然不多见，那么得到才将后任用它们也就可以了。假如还说这很难驾驭，那么只有得到没有才干的大将然后才能说可以。

用重重的恩惠同他交往，把自己的忠心掏给他看，给他置办好宅好地，丰盛的酒食，能歌善舞的美女小童，来满足他的口、腹、耳、目的欲望，之后用权势使他们臣服，这是先王用来驾驭才将的方法，近来发表议论的人有的以为："大将所以竭尽自己的才志与力量，冒着寒霜白露，就是踩上刀刃也不拒绝，是希望得到赏赐罢了。治理国家的人，莫不如先不要赏赐他们来促使他们勇猛杀敌，建功立勋。"有的人则认为："赏赐是用来驱使人的，不先赏赐他们，他们就不会被我所用。"这些观点都是一面之辞，不是正确的认识。大将的才能固然有大有小，在平庸的大将中出众的人，是才能较小的人；在才将中出众的人，才是才能大的人。才能小，他的志向也就小；才能大，他的志向也就大，天子应该观察他们的才能是大是小，然后确定驾驭策略来与他们的志向相称，一面之辞是不能够采用的。

那些饲养千里马骐骥的人，给它丰富的草料，干净的笼头、嚼子，让它们住在清新安闲的马厩里，在清泉里为它们涮洗身体，之后才能让它们日行千里。那些骐骥，它们的志向常是日行千里，难道由于一顿饱饭就丧失了自己的志向吗？至于饲养鹰的人则不是这样，得到一只野鸡就喂它一只麻雀；获得一只兔子就喂它一只老鼠，它们知道倘若不尽力去搏击捉拿猎物，那么这种情势将是什么也吃不上，因此这样做了以后，它们才能被我所用。才大的将军如同骐骥，不先赏赐他们，像饲养骐骥的人饿着它们却让它们日行千里，是行不通的；才小的将军如同鹰，先赏赐了他们，就好像饲养鹰的人喂饱了它们然后让它们去搏击捉拿猎物，也是不可能的。因此先赏赐的说法，可以用在那些才大的将军身上；不先赏赐的说法，可以用在那些才小的将军身上。两者都采用就可以了。

当年汉高祖刘邦一见到韩信，就授予他上将的官衔，将自己的衣服脱下来给他披上，把自己的饭菜让他食用；一见到黥布，就把他封为淮南王，他的食具饮食就同王侯一样；一见到彭越，就把他封为相国。在这时候，这三个人对汉朝一点儿功劳没有。等后来追赶项籍到了垓下，同韩信、彭超约定日期，他们却迟迟不到，高祖拿出数千里的土地赏赐给他们，就像丢掉一只破鞋子一样。这时项羽还未灭亡，天下还没有太平，但是这三个人已经到了富贵的顶点。这是为什么？高祖刘邦了解这三个人的志向非常大，不给他们最大的富贵，他们就不被我用；就是居于富贵的顶点，如果不消灭项羽，不平定天下，那么他们的志向就不可能终止。至于樊哙、滕公、灌婴这一类的人则不这样对待他们，攻下一座城池，拿下一个阵地，然后才给他们加官晋级，否则一年到头也不给他们晋级。项羽消灭了，天下太平了，樊哙、滕公、灌婴这一类人，统计他们多次战斗的战绩，然后封给他们通侯的爵位。难道是高祖刘邦在这时候吝啬了吗？是高祖清楚他们才小而且志向也小，就是不先赏赐他们，他们也不怨恨；倘若先赏赐他们，他们就会骄傲自满，一副无所事事的样子，并且不再把建功立业作为自己的追求的缘故。

噫，韩信在齐国自立为王的时候，蒯通、武涉的见解还没有绝迹，倘若在这个时候，剥夺他的王位，汉朝也就危险了！人谁不想三分天下然后占据一方自立为王？但是他却说："汉王不会夺取我的齐国呀！"因此不捐弃齐国给韩信，那么韩信就不归依；韩信不归依，那么天下就不归汉朝所有。啊！高祖刘邦可以说懂得大的谋略。

谏论上

古今论谏，常与讽[①]而少直[②]，其说盖出于仲尼。吾以为讽直一也，顾用之术何如耳。伍举进隐语，楚王淫益甚；茅焦解衣危论，秦帝立悟。讽固不可尽与，直亦未易少之。吾故曰：顾用之术何如耳。

然则仲尼之说非乎？曰：仲尼之说，纯乎经者也；吾之说，参乎权而归乎经者也。如得其术，则人君有少不为桀纣者，吾百谏而百听矣，况虚己者乎？不得其术，则人君有少不若尧舜者。吾百谏而百不听矣，况逆忠者乎？

然则奚术而可？曰：机智勇辩，如古游说之士而已。夫游说之士，以机智勇辩济其诈；吾欲谏者，以机智勇辩济其忠。请备论其效：周衰，游说炽于列国，自是世有其人。吾独怪夫谏而从者百一，说而从者十九；谏而死者皆是，说而死者未尝闻。然而抵触忌讳，说或甚于谏。由是知不必乎讽谏，而必乎术也。说之术，可为谏法有五：理谕之，势禁之，利诱之，激怒之，隐讽之谓也。触詟以赵后爱女贤于爱子，未旋踵而长安君出质；甘罗以杜邮之死诘张唐，而相燕之行有日；赵卒以两贤王之意语燕，而立归武臣。此理而谕之也。子贡以内忧教田常，而齐不得伐鲁；武公以麋鹿胁顷襄，而楚不敢图周；鲁连以烹醢惧垣衍，而魏不果帝秦。此势而禁之也。田生以万户侯启张卿，而刘泽封；朱建以富贵饵闳孺，而辟阳赦；邹阳以爱幸悦长君，而梁王释。此利而诱之也。苏秦以牛后羞韩，而惠王按剑太息；范雎以无王耻秦，而昭王长跪请教；郦生以助秦陵汉，而沛公辍洗听计。此激而怒之也。苏代以土偶笑田文，楚人以弓缴感襄王，蒯通以娶妇悟齐相。此隐而讽之也。五者相倾险诐之论，虽然，施之忠臣，足以成功，何则？理而谕之，主虽昏必悟；势而禁之，主虽骄必惧；利而诱之，主虽怠必奋；激而怒之，主虽懦必立；隐而讽之，主虽暴必容。悟则明，惧则恭，奋则勤，立则勇，容则宽。致君之道，尽于此矣。

吾观昔之臣，言必从，理必济，莫若唐魏郑公[③]。其初实学纵横之说，此所谓得其术者欤？噫！龙逄、比干不获称良臣，无苏秦、张仪之术也；苏秦、张仪不免为游说，无龙逄、比干之心也。是以龙逄、比干，吾取其心，不取其术；苏秦、张仪，吾取其术，不取其心，以为谏法。

【注释】

①与讽：称赞讽劝的好处。与，称赞。②少直：批评犯颜直谏。③魏郑公：即魏征。唐太宗时，他敢于犯颜敢谏，二百多条谏议，无不切中要害。被封为郑国公。

【译文】

古往今来议论进谏的，时常赞扬婉言讽劝，批评犯颜直谏，这种看法大致出自孔子。我以为婉言讽劝、犯颜直谏是一回事，只是看你采用的方式怎样了。伍举用婉转的语言进行讽劝，楚王荒淫的却更为厉害；茅焦脱了衣袍论说秦国的危险处境，秦王马上觉醒。婉言讽劝固然不能一概赞赏，犯颜直谏也难于一概批评。因此我说：只是看你采用的方式如何罢了。

既然如此，那么孔圣人的看法难道错了吗？回答说：孔圣人的看法是纯粹的儒家道德观念，我的看法是加入了权变，最后又回到儒家道德准则。倘若学会了我的方法，即使天子很少不像夏桀、商纣这样荒淫的，我进谏百次天子也会纳谏百次，何况那些虚心纳谏的天子呢？不学会我的方法，就是天子很少不像尧舜一样圣贤的，我进谏百次，天子也会拒谏百次，何况那些讨厌忠良的天子？

既然如此，那么采用什么方法才能让天子纳谏呢？回答说：机智、勇敢、雄辩，就像古代游说的辩士那样就可以了。游说的辩士通过机智、勇敢、雄辩来使他的奸诈之心得以实现；我说的那进谏的人，是通过机智、勇敢、雄辩来使他的忠良之心得以实现。请允许我详尽地说明它的功效：当年周王朝衰败的时候，游说在列国中十分盛行，从这个时代开始每代都有这种人。我只是奇怪进谏被采纳的，一百次中才有一次，而巧言游说被采纳的却占十分之九：因进谏而丧命的人比比皆是，因巧言游说而死去的却没有听说过。但是抵触忌讳的天子，游说有时比进谏还厉害。由此我们知道，不一定非要婉言讽劝，而一定要讲求采用的办法。游说的办法，可以作为进谏的方法有五种：讲道理使他明白，分析形势阻止他做，说明这样做的好处引诱他，利用激将法使他愤怒，从侧面来劝说他。触詟以赵太后爱护自己的女儿超过爱护自己的儿子这一事例来游说太后，脚跟还没有转过来的短暂时间内，长安君就出使齐国做了人质；甘罗用杜邮的死来诘问张唐，使张唐很快就出发去做燕国的宰相；赵王武臣的侍卒把张耳、陈馀想自立为王的意图告诉了燕将，燕将害怕武臣死后张耳、陈馀合力攻燕，立刻归还了武臣。这些是通过讲道理使人清楚。子贡用“忧在内者攻强，忧在外者攻弱”的战略教育田常，使齐国军队不能侵略鲁国；武公用麋鹿蒙上虎皮的比喻来迫胁楚顷襄王，使楚顷襄王不敢图谋宗周的土地；鲁仲连用把梁王烹杀，剁成肉酱使辛垣衍害怕，魏王（译者案：语误。验《史记》当为赵王）果然不尊秦昭王为帝。这些是分析形势来制止他。田生用万户侯的爵位来开导张卿，使刘泽被封为营陵侯；朱建用荣华富贵作为钓饵引诱闳孺，使辟阳侯被赦免；邹阳以王美人将被太后、帝后宠爱来取悦王长君，使梁孝王刘武免去罪过。这些是用好处诱导人。苏秦以“宁为鸡口，不为牛后”的比喻来羞辱韩宣惠王，使他按着剑把，仰天长叹；范雎以“秦国人眼中没有秦王只有穰侯”来侮辱秦王，使秦昭王两膝跪地，虚心向他请教；郦生用帮助秦人攻打汉军来威胁汉王，使沛公刘邦立刻停止洗脚，洗耳恭听他的谋略。这些是用激将法使人发怒。苏代以土偶、木偶的对话博取孟尝君田文一笑，楚人庄辛用弓缴射黄鹄的比喻来感悟楚襄王，蒯通用“是娶刚死丈夫的寡妇还是娶隐居不嫁的处女”打比喻，使相国曹参醒悟。这些是从侧面来规劝讽喻人。这五种都是相互倾轧、邪谄不正的方法，尽管这样，倘若用在忠臣的身上，足以成就大事，这是为什么呢？讲道理能使人明白，尽管君主昏庸，也一定会醒悟；分析形势而加以制止，就是君主骄傲，也一定会害怕；利用好处来引诱人，尽管君主懒怠，也一定会振作起来；用激将法使之愤怒，就是君主懦弱，也一定会自立；从侧面讽劝人，尽管君主狂暴，也一定会愉悦。醒悟后就能明白了，害怕后就能恭敬了，振作后就能勤奋了，自立后就勇敢了，愉悦后就宽厚了。辅佐君主的办法，都在这里了。

我考察了过去的谏臣，只要进谏就必定听从，只要说道理就必定能成功，没有超过唐朝郑国公魏征的了。他开始学的就是纵横家的学说，这就是所谓懂得了纵横家方法的人吧？噫！龙逢、比干不被人称为最好的忠臣，就是由于没有学会苏秦、张仪的游说方法；苏秦、张仪只不过是游说之士，由于他们没有龙逢、比干的忠心。所以，对于龙逢、比干，我学习他们对君主的赤胆忠心，不学习他们的方法；对于苏秦、张仪，我学习他们的游说方法，不学习他们的狡猾之心，以此作为进谏的方法。

谏论下

夫臣能谏，不能使君必纳谏，非真能谏之臣；君能纳谏，不能使臣必谏，非真能纳谏之君。欲君必纳乎？向之论备矣；欲臣必谏乎？吾其言之。

夫君之大，天也；其尊，神也；其威，雷霆也。人之不能抗天、触神、忤雷霆，亦明矣。圣人知其然，故立赏以劝之，《传》曰“兴王赏谏臣”是也。犹惧其选瑶阿谀，使一日不得闻其过，故制刑以威之，《书》曰“臣不下正，其刑墨”是也。人之情，非病风丧心，未有避赏而就刑者，何苦而不谏哉？赏与刑不设，则人之情又何苦而抗天、触神、忤雷霆哉？是非性忠义、不悦赏、不畏罪，谁欲以言博死者？人君又安能尽得性忠义者而任之？

今有三人焉，一人勇，一人勇怯半，一人怯。有与之临乎渊谷者，且告之曰：“能跳而越，此谓之勇，不然为怯。”彼勇者耻怯，必跳而越焉；其勇怯半者与怯者，则不能也。又告之曰：“跳而越者与千金，不然则否。”彼勇怯半者奔利，必跳而越焉，其怯者犹未能也。须臾顾见猛虎，暴然向逼，则怯者不待告而越之如康庄①矣。然则人岂有勇怯哉？要在以势驱之耳。君之难犯，犹渊谷之难越也。所谓性忠义、不悦赏、不畏罪者，勇者也，故无不谏焉；悦赏者，勇怯半者也，故赏而后谏焉；畏罪者，怯者也，故刑而后谏焉。

先王知勇者不可常得，故以赏为千金，以刑为猛虎，使其前有所趋，后有所避，其势不得不极言规失，此三代所以兴也。末世不然，迁其赏于不谏，迁其刑于谏，宜乎臣之禁口卷舌，而乱亡随之也！间或贤君欲闻其过，亦不过赏之而已。呜呼！不有猛虎，彼怯者肯越渊谷乎？此无他，墨刑之废耳。三代之后，如霍光②诛昌邑不谏之臣者，不亦鲜哉！

今之谏赏，时或有之；不谏之刑，缺然无矣，苟增其所有，有其所无，则谀者直，佞者忠，况忠直者乎？诚如是，欲闻谠言而不获，吾不信也。

【注释】

①康庄：平坦大道。②霍光：汉平阳（今山西临汾）人，字子孟。昌邑王因罪被废，对负有责任、不进谏的昌邑王的家臣，霍光辄杀之，百官震惊。

【译文】

做臣子的能够向君主进谏，但是如果不能使君主一定纳谏，也不能算是真正能够进谏的忠臣；做君主的能够纳谏，但是如果不能够使臣子一定进谏，也不能算是真正能够纳谏的君主。想让自己的君主一定采纳自己的谏言吗？前边对这个问题的论述已经很详尽了；想让自己的臣子一定进献谏言吗？请允许我谈谈自己的看法。

君主的高大，就像天一样；他的尊贵，就和神灵一样；他的威力，就同巨雷一样。人们不能抗拒上天，触犯神灵，违逆巨雷，也是很明显的了。圣人知道他们这个样子，因此制定赏赐来劝勉他们，《传》上说“使王业兴起一定要赏赐进谏的臣子”，说的就是这个。又担心大臣们退缩软弱、阿谀奉承，使自己有一天不能听到自己的过失，因此制定了刑法来威吓他们，《书》上说“做臣子的行为不正，他就要被施加墨刑”，说的就是这个。人之常情，倘若不是得了疯病，丧失心肝，就不会有躲避赏赐而希望受刑的，何苦不进献谏言呢？赏赐与刑罚不设立，那么依照人之常情谁又何苦去抗拒上天，触犯神灵、违逆巨雷呢？倘若不是本性忠诚仁义、不喜欢赏赐、不害怕犯罪，谁还想用言语招致杀身之祸呢？君主又怎么可能网罗全部本性忠诚仁义的贤臣并任用他们呢？

现在有三个人，其中一个勇敢，一个不太勇敢也不太怯懦，一个怯懦。如果有一个人和他们站在深渊峡谷的边上，并告诉他们说：“敢跳而且能跳过去，就叫做勇敢，不然就是怯懦。”那个勇敢的人以怯懦为耻辱，一定敢跳并能跳过去；那个不太勇敢也不太怯懦的人同那怯懦的人就会不敢跳。又告诉他们说：“敢跳并且能跳过去的人给他千金，不然就不给。”那个不太勇敢也不太怯懦的人为了财利，一定敢跳并且能跳过去，但是那个怯懦的人还是不敢跳。过了一会儿回头看见一只猛虎，忽然向他逼来，那么那个怯懦的人不等别人告诉他就会跳过去就像走在平坦的大路上。这样的话，人们哪里还有勇敢与怯懦的分别？关键在于用利势逼迫他们不得不这样而已。君主很难被侵犯，就像那深渊峡谷很难跳过去一样。上文所说的本性忠诚、仁义、不喜欢赏赐、不害怕犯罪的人，是勇敢的人，因此没有不进谏的；喜欢赏赐的人，是不太勇敢也不太怯懦的人，因此只有赏赐他们然后才会进谏；害怕犯罪的人，是怯懦的人，因此只有制定刑法后他们才会进谏。

先王清楚勇敢的人是不能经常得到的，因此用一千金作为赏赐，制定猛虎一样的严刑，使他前边有奔头，后面有应该躲避的危险，这样一种形势就会令他们不得不尽力进谏规劝先王的过失，这就是夏、商、周三代兴盛的原因。后代则不是如此，把那些赐品赏给那些不进谏的人，把那些刑罚施加在那些进谏人的身上，做臣子的闭起嘴巴、卷起舌头也就很自然了，但是战乱、灭亡的命运也就随之而来了！这其间也有个别的贤明君主想听到自己的过失，但也不过是赏赐谏臣罢了。唉！没有猛虎在后，那怯懦的人怎敢跳过深渊峡谷？这没有其他的原因，只是墨刑被废置不用了。三代之后，像汉朝的霍光诛杀昌邑王身边没有进谏的臣子这种事，不也是很少吗？

当今由地进谏受到赏赐，有时还有这种事；没有进谏的遭受刑罚，却荡然无存。如果增加原来就有的赏赐，设立原来没有的刑罚，那么阿谀奉承的人就会正直，奸佞的人就会忠心耿耿，何况那些正直忠诚的臣子呢？倘若真的像这样做了，想听到正直的言论却得不到，我不相信啊！

族谱引

苏氏族谱，谱苏氏之族也。苏氏出于高阳①，而蔓延于天下。唐神龙初，长史味

道刺眉州[②]，卒于官，一子留于眉，眉之有苏氏自此始。而谱不及者，亲尽也。亲尽则曷为不及？谱为亲作也。凡子得书而孙不得书者何也？以著代也。自吾之父以至吾之高祖，仕不仕，娶某氏，享年几，某日卒，皆书，而他不书者，何也？详吾之所自出也。自吾之父以至吾之高祖，皆曰讳某，而他则遂名之，何也？尊吾之所自出也。谱为苏氏作，而独吾之所自出得详与尊，何也？谱吾作也。呜呼！观吾之谱者，孝弟之心，可以油然而生矣。

情见于亲，亲见于服。服始于衰，而至于缌麻[③]，而至于无服。无服则亲尽，亲尽则情尽。情尽则喜不庆，忧不吊。喜不庆，忧不吊，则途人也。吾所与相视如途人者，其初兄弟也。兄弟其初，一人之身也。悲夫！一人之身，分而至于途人，此吾谱之所以作也。其意曰：分至于途人者，势也。势吾无如之何也。幸其未至于途人也，使其无至于忽忘焉可也。呜呼！观吾之谱者，孝弟之心，可以油然而生矣。系之以诗曰：

吾父之子，今为吾兄。吾疾在身，兄呻不宁。数世之后，不知何人。彼死而生，不为戚欣。兄弟之情，如手与足，其能几何！彼不相能，彼独何心？

【注释】

①高阳：即颛顼，黄帝的孙子。兴起之地为高阳，故号高阳氏。②眉州：今四川眉山县。③缌麻：五服中最轻的孝服，缌麻以外即无服。

【译文】

苏家的族谱是编排记录苏氏家族的书。苏氏诞生在颛顼帝的兴起之地——高阳，后来遍布繁衍天下。唐朝神龙初年，长史苏味道被贬谪做眉州刺史，死在官任上，一个孩子就留在了眉州，眉州有苏氏就是从那时开始的。族谱没有提到的人，是由于亲情完了。为什么没有亲情就不提及呢？因为族谱是为亲情而作的。儿子能够记录的先人而孙子却不能写，这是为什么？是为明确辈份关系。从我的父亲一直到我的高祖，做官还是不做官，娶了谁为妻，活了多大岁数，哪一天去世的都记了下来，其他的人不在记录之内，这是为什么？对于我所属的这一宗比较详尽的缘故。从我的父亲一直到我的高祖，都说名字讳某某，对于其他的人就直呼他的名字，这是为什么？尊重我所属的这一宗的缘故。族谱是为姓苏的人写的，只对我所属的这一宗写的详尽并受到尊重，这是为什么？族谱是我写的缘故。啊！看了我的族谱的人，孝敬父母，尊敬兄长的心情就能够油然而生了。

亲情表现在血缘的远近上，血缘的远近表现在丧服上。丧服从斩衰开始，一直到缌麻，最后直到不穿丧服。不穿丧服则血缘关系就没有了，血缘关系没有了，亲情也就没有了。亲情没有了就可以有了喜事不去庆贺，有了丧事不去吊唁。有了喜事不去庆贺，有了丧事不去吊唁，就同路人一样了。我所交往的那些互相将对方看作陌路的人，他们开始都是兄弟。兄弟最初都是从一个人身上传下来的。多可悲啊！从一个人身上传下来的，最后分道扬镳，以至于像陌路人一样，这就是我为什么写族谱的原因。他们的看法是：分道扬镳以至于像陌路人一样，这是形势所迫的。形势所迫，我对此也没有什么办法。庆幸的是在他们还没有成为路人的时候，使他们不要很快忘记彼此间的亲缘关系也就可以了。啊！看我的族谱的人，孝敬父母、尊敬兄长的心情就会油然而生了。有感于此，我作了一首诗附在文章的末尾：

我父亲的儿子，也就是我现在的哥哥。在我生病时，哥哥痛苦不安。但是过了数代以后，后人就不会明白我们是什么人了。那么对于我们的死亡就不会痛苦，对于我们的新生也就不会高兴。兄弟之间的感情，就和人的手和脚一样，是多么和睦、亲善啊！倘若我们不能互相和睦、亲善，那我们各自怀着的是何用心？

张益州画像记

至和元年秋，蜀人传言有寇至，边军夜呼，野无居人。妖言流闻，京师震惊。方命择帅，天子曰："毋养乱，毋助变，众言朋兴[①]，朕志自定。外乱不作，变且中起。既不可以文令，又不可以武竞。惟朕一二大吏，孰为能处兹文武之间？其命往抚朕师。"乃推曰："张公方平其人。"天子曰："然。"公以亲辞，不可，遂行。冬十一月至蜀。至之日，归屯军，撤守备，使谓郡县："寇来在吾，无尔劳苦。"明年正月朔旦，蜀人相庆如他日，遂以无事。又明年正月，相告留公像于净众寺，公不能禁。

眉阳苏洵言于众曰："未乱易治也，既乱易治也。有乱之萌，无乱之形，是谓将乱。将乱难治，不可以有乱急，亦不可以无乱弛。惟是元年之秋，如器之欹，未坠于地，惟尔张公，安坐于其旁，颜色不变，徐起而正之。既正，油然而退，无矜容。为天子牧小民不倦，惟尔张公。尔繄以生，惟尔父母。且公尝为我言：'民无常性，惟上所待。人皆曰蜀人多变，于是待人以待盗贼之意，而绳之以绳盗贼之法。重足屏息之民，而以砧斧令，于是民始忍以其父母妻子之所仰赖之身，而弃之于盗贼，故每每大乱。夫约之以礼，驱之以法，惟蜀人为易。至于急之而生变，虽齐鲁亦然。吾以齐鲁待蜀人，而蜀人亦自以齐鲁之人待其身。若夫肆意于法律之外，以威劫齐民，吾不忍为也。'呜呼！爱蜀人之深，待蜀人之厚，自公而前，吾未始见也。"皆再拜稽首，曰："然。"苏洵又曰："公之恩在尔心，尔死在尔子孙。其功业在史官，无以像为也。且公意不欲，如何?"皆曰："公则何事于斯？虽然，于我心有不释焉。今夫平居闻一善，必问其人之姓名，与其乡里之所在，以至于其长短大小美恶之状，甚者或诘其平生所嗜好，以想见其为人。而史官亦书之于其传，意使天下之人，思之于心，则存之于目。存之于目，故其思之于心也固。由此观之，像亦不为无助。"苏洵无以诘，遂为之记。

公南京人，为人慷慨有大节，以度量雄天下。天下有大事，公可属。系之以诗曰：

天子在祚，岁在甲午。西人传言，有寇在垣。庭有武臣，谋夫如云。天子曰嘻，命我张公。公来自东，旗纛舒舒[②]。西人聚观，于巷于途。谓公暨暨[③]，公来于于[④]。公谓西人，安尔室家，无敢或讹。讹言不祥，往即尔常。春尔条桑，秋尔涤场。西人稽首，公我父兄。公在西囿，草木骈骈。公宴其僚，伐鼓渊渊。西人来观，祝公万年。有女娟娟[⑤]，闺闼闲闲。有童哇哇，亦既能言。昔公未来，期汝弃捐。禾麻芃芃[⑥]，仓庾崇崇[⑦]。嗟我妇子，乐此岁丰。公在朝廷，天子股肱[⑧]。天子曰归，公敢不承？作堂严严，有庑有庭。公像在中，朝服冠缨。西人相告，无敢逸荒。公归京师，公像在堂。

【注释】

①朋兴：群起，蜂起。②舒舒：舒缓貌。③暨暨：坚毅、果敢貌。④于于：行走貌。⑤娟娟：美好貌。⑥芃芃：草木茂盛貌。⑦崇崇：高大貌。⑧股肱：辅佐大臣。

【译文】

至和元年（公元1054年）秋天，蜀地的百姓相互传说敌人到了边境了。边境的驻军晚上大呼小叫，搞得一片旷野无人居住。传闻、谣言四起，连京城的人也十分震惊。正在遍告选择挂印的元帅。天子说道："不要姑息动乱，也不要促成动乱。虽然各种意见并起，我心里却十分镇定。外力造成的动荡不会起来，看来动荡将从内部发生。既不能只下达告示，一味安抚，也不能用武力镇压。我的那些大臣们啊，谁能文武并用、软硬兼施啊？我将派他去安抚我的军队。"因此大家公推说："张方平先生这个人可以。"天子说："是这样。"张方平先生以侍奉双亲为由拒绝，天子不允，于是就出发了。这年冬天的十一月到了蜀地。到达的当天，就命令驻扎的部队回到原来的驻地，撤销了防守的军事设施，而且派人告诉各郡县长官："敌人再来了，由我应付，就不用辛苦你们了。"第二年的正月初一，蜀地的百姓相互庆贺欢度佳节，就和过去一样，形势因此安定了下来。又过了一年，正月间，蜀地的百姓共同禀告说要把先生的画像供奉在净众寺，先生未能制止他们。

眉阳人苏洵对众人说："没有动乱的时候，易于平定；动乱开始后，也易于平息。动乱刚刚萌芽，还没有动乱的事实，这个时候叫做快要动乱了。快要动乱的时候很难平定治理，既不可像动乱已经开始了那样急迫，也不可像没有发生动乱的时候掉以轻心。至和元年这一年的秋天，形势就好像一件器皿快要倒了，但还没有落在地上，只有那张先生，很安静地坐在它的旁边，脸色同平常一样没有改变，缓缓地站起身扶正它。扶正之后又慢悠悠地退回到座位上，没有一点骄傲自夸的表情。为天子治理天下百姓永不倦怠，只有你们的张先生。你们把自己的生命交付给他，就好像交给了你们的父母一样。何况先生曾经对我说过：'老百姓反复无常，本性不固定，就看官府怎么对待了。人们都说蜀地的人变化无常，诡计多端，因此官府用对待盗贼的态度来对待他们，用制裁盗贼的法律来制裁他们。对于吓得叠足不前、连气也不敢呼一口的老百姓，却挥动砧板和斧钺叱令他们，因此老百姓就会忍心把自己的父母、妻子、儿女所依赖的身体丢弃给盗贼调遣，因此时常发生大的动乱。假如用礼仪约束他们，用法令规范他们，那么蜀地的人也十分容易统治。至于逼迫他们过急，发生变故，就是是齐鲁人也是这样的。我用对待齐鲁人的态度来对待他们，则蜀地人也就会用齐鲁人的标准来要求自己。如果让我采用严刑酷罚，超过法律的规定，用威胁、逼迫来治理老百姓，我不忍心那样干啊！'啊，先生爱护蜀人的深切程度，对待蜀人的宽容程度，在先生之前，我没有见过。"因此大家都拜了两拜，叩头说："是这样的。"我又说："先生的功德已经铭刻在你们的心中，你们死了，还会记在你们孙子的心中。他的功绩史官会记载的，把画像挂在寺里也没有什么作用。何况先生的意思也不想这样，行不行？"他们都回答说："先生要这个干什么？尽管如此，在我们心里仍有不高兴的地方。平时大家一块儿生活，听说谁做了一件好事，必定要打听这个人姓什么，叫什么，是哪个地方的人，以至于他的身体是高个还是小个，是大人还是小孩，是漂亮还是丑陋，甚至有时还问他平时的爱好是什么，来想象他这个人。并且史官也把这些写进他的传记里，想让天下的百姓在心里想念他，把他的形象保留在眼睛里。将他的形象保留在眼睛里，则人们就会很牢固地在心里想念他。从这个角度考虑这件事，画像也不是没有帮助。"我没有话反驳他们，于是为他们写下了这篇记。

先生是南京人，平时为人大方慷慨，最讲大节，他的气量、风度称雄天下。国家如果发生战争，可以交付给先生。根据这些事迹我作了一首诗，附在末尾：

我朝皇帝在位，这一年是甲午年。西部边境的人传言说，敌人已经到了国境了。朝廷有战将，谋士像天上的云那么多。皇上说："嗜！还是让我的张先生去吧！"先生从东方而来，各色旌旗随风飘扬。蜀地的人听说后都来观看，有的在巷口上，有的在道边。都说先生一副果敢、坚毅的样子，缓缓而来。先生对蜀地的人说："安安静静地在家里呆着，不要听信谣言。谣言是不好的，像你们平常一样过日子吧！春天来了，你们就修剪桑树；秋天来了，你们就打扫谷场。"蜀地的人都叩头谢恩，说先生你就是我们的父母兄长。先生在蜀地的园囿里游玩，草木多么茂盛。先生宴请他的幕僚，鼓乐喧天。蜀地的人前来观望，齐声祝贺先生万寿无疆。少女们美丽动人，安闲地坐在自己的绣楼里。哇哇叫的婴儿也已经会说话了。从前先生没来的时候，本来打算要抛弃你们啊。现在地里的庄稼长得非常茂盛，仓库里的粮食都满了，像小山一样高。啊！我们的孩子、女人，都在欢庆丰收的年景。先生在朝廷上，是天子的得力大臣。天子在这时说："班师吧！"先生哪敢违抗？蜀人于是就筑造了一座威严的祠堂，有廊庑，有大厅。先生的画像就挂在正堂上，穿着朝服，帽子上插着簪缨。蜀地的百姓都祈祷说："我们不会懒散，荒废田园。先生人虽回到了京城，但是他的画像却留在了祠堂里。"

送石昌言为北使引

昌言①举进士时，吾始数岁，未学也。忆与群儿戏先府君侧，昌言从旁取枣栗啖我。家居相近，又以亲戚故，甚狎。

昌言举进士，日有名。吾后渐长，亦稍知读书，学句读，属对声律，未成而废。昌言闻吾废学，虽不言，察其意甚恨。后十余年，昌言及第第四人，守官四方，不相闻。吾日以壮大，乃能感悟，摧折复学。又数年，游京师，见昌言长安，相与劳问，如平生欢。出文十数首，昌言甚喜称善。吾晚学无师，虽日为文，中心自惭。及闻昌言说，乃颇自喜。

今十余年，又来京师，而昌言官两制②，乃为天子出使万里之外、强悍不屈之虏庭。建大旆，从骑数百，送车千乘，出都门，意气慨然。自思为儿时，见昌言先府君旁，安知其至此？富贵不足怪，吾于昌言独自有感也。大丈夫生不为将，得为使，折冲口舌之间，足矣。

往年，彭任从富公③使还，为我言曰："既出境，宿驿亭，闻介马数万骑驰过，剑槊相摩，终夜有声，从者怛然失色。及明视道上马迹，尚心掉不自禁。"凡虏所以夸耀中国者多此类。中国之人不测也，故或至于震惧而失辞，以为夷狄笑。呜呼，何其不思之甚也！昔者奉春君使冒顿，壮士健马，皆匿不见，是以有平城之役。今之匈奴，吾知其无能为也。孟子曰："说大人则藐之。"况于夷狄！请以为赠。

【注释】

①昌言：名扬休，擅长写诗。②两制：宋时，称翰林学士与中书舍人为两制。③富公：即富弼。

【译文】

昌言参加进士考试的时候，我才几岁，没有上学。回想那时我和一群小伙伴在我先人旁边玩耍，昌言从附近拿来栗子、红枣让我吃。我们两家住的较近，又由地是亲戚的缘故，我们俩人关系异常亲密。

昌言参加进士考试后，一天天有了名望。我后来逐渐长大，也慢慢地知道读书，学习怎么断句、怎样写对联及平仄押韵，没有学成就荒废了。昌言听说我荒废了学业，尽管没有说什么，看他的意思对此非常遗憾。以后十几年的时间，昌言中了进士，是第四名，在四方做官，就听不到关于他的消息了。我一天天长大到了成人年龄，才能对读书有所感悟，历经挫折，反复学习。又过了几年，游历京城，在长安见到了昌言，相互致意问好，就像小时候一样欢乐。我拿出自己写的十几篇文章让昌言看，他很高兴，说我写得非常好。我知道读书用功很晚，又没有老师，尽管天天写文章，但自己心中总是有点愧疚。等听到昌言的看法，才很高兴。

现在十几年过去了，我又来到京都长安，适值昌言官拜两制，作为天子的使节出使万里以外凶暴、强悍、不臣服的契丹国。扛着大旗，身后跟着数百名骑士，送行的车子一千多乘，出了城门，意气风发，激昂慷慨。我曾经想当初我们还都是小孩的时候，看见昌言站在我先人的旁边，哪里知道他会像今天这样？他的荣华富贵本不值得奇怪，我只是对昌言此行独自有不同的感受，大丈夫活着的时候，尽管不能做一名驰骋沙场的大将，能够做一名使节，与鞑虏唇枪舌战，也值得了。

前几年，彭任跟着富弼出使夷狄回来后对我说："出了国境以后，在驿站亭子住宿，听到那披着铠甲的数万匹战马飞驰而过，兵器相互撞击，整整一夜声音不断，随从都害怕得变了颜色。等天明上路，看见路上战马的蹄印，心里还不禁跳个不停。"大凡夷狄向中国夸耀的都是这一类东西。那些出使的中国人不加考虑，因此有的甚至于惊恐万状，口不能言，被夷狄人耻笑。唉！他们也太不考虑问题了！从前汉朝奉春君娄敬出使冒顿国，精壮的武士、威武的战马都藏了起来不让汉使看见，所以后来才有平城战役。现在的匈奴，我清楚他们没有什么作为。孟子说："游说大人物就要藐视他们。"何况对于夷狄！请允许我用这篇短文作为你此行的赠礼。

名二子说

轮辐盖轸①，皆有职乎车，而轼②独若无所为者。虽然，去轼，则吾未见其为完车也。轼乎，吾惧汝之不外饰也。

天下之车，莫不由辙，而言车之功，辙不与焉。虽然，车仆马毙，而患不及辙，是辙者祸福之间。辙乎，吾知免矣。

【注释】

①轮辐盖轸：轮，车轮；辐，车辐条；盖，车盖；轸，车箱底部四面的横木。②轼：车前横木。

【译文】

车轮、车辐、车盖、车轸，都是车子不可或缺的一部分，只有车轼好像没有什么用处。虽然如此，去掉车轼，我没有见过它是一辆完整的车子。车轼啊！我恐怕你不会被装饰外表了。

世上的车子，没有不是沿着车辙运行的，但是评价车子的功劳时，却没有车辙的份。尽管如此，车子翻倒，辕马毙命，灾祸又到不了车辙身上，这是由于车辙处在福、祸的中间。车辙呀，我明白怎样免除灾祸了。

苏子瞻东坡集

前赤壁赋

壬戌[①]之秋，七月既望，苏子与客泛舟，游于赤壁[②]之下。清风徐来，水波不举，举酒属客，诵明月之诗，歌窈窕之章。少焉，月出于东山之上，徘徊于斗牛[③]之间。白露横江，水光接天。纵一苇[④]之所如，凌万顷之茫然。浩浩乎如冯虚御风，而不知其所止；飘飘乎如遗世独立，羽化[⑤]而登仙。

于是饮酒乐甚，扣舷而歌之。歌曰："桂棹兮兰桨，击空明兮溯流光。渺渺兮予怀，望美人兮天一方。"客有吹洞箫者，倚歌而和之。其声呜呜然，如怨如慕，如泣如诉，余音袅袅，不绝如缕，舞幽壑之潜蛟，泣孤舟之嫠妇。

苏子愀然，正襟危坐，而问客曰："何为其然也？"

客曰："'月明星稀，乌鹊南飞'，此非曹孟德之诗乎？西望夏口，东望武昌，山川相缪，郁乎苍苍，此非孟德之困于周郎者乎？方其破荆州，下江陵，顺流而东也，舳舻千里，旌旗蔽空，酾酒临江，横槊赋诗，固一世之雄也，而今安在哉？况吾与子渔樵于江渚之上，侣鱼虾而友麋鹿，驾一叶之扁舟，举匏尊以相属。寄蜉蝣[⑥]于天地，渺沧海之一粟。哀吾生之须臾，羡长江之无穷。挟飞仙以遨游，抱明月而长终。知不可乎骤得，托遗响于悲风。"

苏子曰："客亦知夫水与月乎？逝者如斯，而未尝往也；盈虚者如彼，而卒莫消长也。盖将自其变者而观之，则天地曾不能以一瞬；自其不变者而观之，则物与我皆无尽也，而又何羡乎？且夫天地之间，物各有主，苟非吾之所有，虽一毫而莫取。惟江上之清风，与山间之明月，耳得之而为声，目遇之而成色，取之无禁，用之不竭，是造物者之无尽藏也，而吾与子之所共适。"

客喜而笑，洗盏更酌。肴核既尽，杯盘狼藉[⑦]。相与枕藉乎舟中，不知东方之既白。

【注释】

①壬戌：宋神宗元丰五年（一〇八二）。②赤壁：有两处，一在湖北嘉鱼县东北，是三国时赤壁之战发生地；一在黄州（今湖北黄冈县），是当地名胜。苏轼所游，是黄州赤壁。③斗牛：二星宿名，即南斗和牵牛。④一苇：比喻小船。《诗经·卫风·河广》："谁谓河广，一苇杭之。"⑤羽化：道家指人飞升而成仙。⑥蜉蝣：虫名，朝生暮死，生命十分短暂。⑦狼藉：零散杂乱貌。

【译文】

壬戌年（公元1082年）的秋天，七月十六日，苏子（作者自称）同客人乘船漂流江面，在赤壁的下面遨游。清风缓缓吹来，水面波浪不起，举起酒杯请客人饮酒，歌唱、吟诵《诗经》中描写明月窈窕的诗章。一会儿，月亮从东山的上头出来，在斗、牛两个星宿之间徘徊。白色露气横漫大江，水面泛光直接长空。放纵那像一片苇叶的小船，任凭它随意漂荡，凌驾着茫茫无际的万顷波涛。浩浩荡荡啊，就像驾驭清风、凭凌太空一样，却不清楚它停泊的地方；飘飘摇摇啊，好像已经离开世间而独立，飞舞高升，登上了仙境。

于是，喝着美酒，十分快乐，敲击船边作为节拍来歌唱。唱道："桂木棹啊兰木桨，拍击那澄澈的江水啊，逆着浮动的光波穿行。我的情怀啊深长悠远，遥望着美人啊在天的那一方。"有吹洞箫的客人，跟着歌声来应和它。那声音呜呜的，像爱慕，像怨恨，像诉说，像哭泣，余音宛转悠扬，如细丝一般连绵不绝，使深渊里潜伏的蛟龙飞舞起来，让孤零零小船上的寡妇哭泣不止。

苏子忧伤变色，整理好衣冠，庄严端坐，问客人道："乐声为什么会这样呢？"

客人说："'月明星稀，喜鹊南飞'，这不是曹操的诗吗？向西望夏口，向东望武昌，山河缭绕，林木茂密，一片苍翠，这不正是曹操被周瑜所困的地方吗？正当他攻破荆州，打下江陵，顺着江流向东进兵的时候，战船首尾相连，绵延千里，战旗飘扬，遮蔽长空，面临大江，斟上美酒，横执长矛，吟咏作诗，原本是一代英雄，但是现如今他在哪里呢？况且我和您在江上打鱼，在沙洲上砍柴，拿鱼虾作伴，把麋鹿当友，驾着一片树叶般的小船，举着葫芦做成的酒器，互相敬酒。像朝生暮死的蜉蝣一样寄宿在天地之间，渺小得像沧海中的一粒小米。哀叹我生命的匆促短暂，钦羡长江的无穷无尽。想携着飞翔的仙人来遨游，抱持明月而长生不灭。明白这不可能一下子得到，因此把不尽的余音寄托在悲凉的秋风之中。"

苏子说："客人也明白那江水与月亮吗？逝去的就像这江水，可是江水却未曾消去；有满有缺的就像这月亮，但是月亮最终却没有消减或增长。因为如果是从它变化的一方面来看，那么天地在一眨眼之间也不能保持住原样；从它不变的一方面来看，那么万物和我都是无穷无尽的，你又羡慕什么呢？何况天地之间，万物各有主人，倘若不是我所有的东西，即使是一丝一毫也不拿取。只有江上的清风，跟山间的明月，耳朵听到它就成为声音，眼睛看到它就成为色彩，取得它没有止境，使用它永不衰竭，这是大自然的无穷无尽的宝藏，是我同您所共同享有的东西。"

客人欢快地笑了，清洗杯子重新斟酒。菜肴、果品已经吃光，杯子、盘子零散杂乱。二人互相依偎在船中睡着了，竟不知道东方已经发白。

荀卿[①]论

尝读《孔子世家》，观其言语文章，循循莫不有规矩，不敢放言高论，言必称先王，然后知圣人忧天下之深也，茫乎不知其畔岸而非远也，浩乎不知其津涯而非深也。其所言者，匹夫匹妇之所共知；而所行者，圣人有所不能尽也。呜呼！是亦足矣。使后世有能尽吾说者，虽为圣人无难，而不能者，不失为寡过而已矣。

子路之勇，子贡之辩，冉有之智，此三者，皆天下之所谓难能而可贵者也，然三子者，每不为夫子之所悦。颜渊默然，不见其所能，若无以异于众人者，而夫子亟称之。且夫学圣人者，岂必其言之云尔哉？亦观其意之所向而已。夫子以为后世必有不足行其说者矣，必有窃其说而为不义者矣，是故其言平易正直，而不敢为非常可喜之论，要在于不可易也。

昔者常怪李斯[②]事荀卿，既而焚灭其书，大变古先圣王之法，于其师之道不啻若寇仇。及今观荀卿之书，然后知李斯之所以事秦者，皆出于荀卿而不足怪也。

荀卿者，喜为异说而不让，敢为高论而不顾者也。其言，愚人之所惊，小人之所喜也。子思、孟轲，世之所谓贤人君子也，荀卿独曰："乱天下者，子思、孟轲也。"天下之人，如此其众也，仁人义士，如此其多也，荀卿独曰："人性恶。桀纣性也，尧舜伪也。"由是观之，意其为人必也刚愎不逊，而自许太过。

彼李斯者，又特甚者耳。今夫小人之为不善，犹必有所顾忌，是以夏、商之亡，桀、纣之残暴，而先王之法度、礼乐、刑政犹未至于绝灭而不可考者，是桀、纣犹有所存，而不敢尽废也。彼李斯者，独能奋而不顾，焚烧夫子之六经，烹灭三代之诸侯，破坏周公之井田，此亦必有所恃者矣。彼见其师，历诋天下之贤人，自是其愚，以为古先圣王皆无足法者。不知荀卿特以快一时之论，而不知其祸之至于此也。

其父杀人报仇，其子必且行劫。荀卿明王道，述礼乐，而李斯以其学乱天下，其高谈异论有以激之也。孔孟之论未尝异也，而天下卒无有及者，苟天下果无有及者，则尚安以求异为哉？

【注释】

①荀卿：即荀子，名况，战国时赵人。游学于齐，曾为稷下学宫祭酒。后到楚国，为兰陵（今山东枣庄东南）令，老死该地。著有《荀子》。②李斯：上蔡（今河南上蔡西南）人。曾从荀子学习帝王术，战国末入秦，曾任廷尉。秦统一后，任丞相。主张实行郡县制、焚书坑儒，以加强专制主义中央集权的统治。还曾统一整理过文字。因遭赵高嫉恨，后为秦二世所杀。

【译文】

我曾读过《孔子世家》，观览孔子的言语文章，按部就班，没有什么是没有规矩的，从不敢高谈阔论、放肆妄言，谈话一定称说先王，这以后才了解到圣人忧患天下是多么深沉，渺渺茫茫不知道它的边际，但是并不离我们很远；浩浩荡荡不知道它的渡口、水涯，但是并不深奥难解。他所说的，是一般男女都了解的；但他所行的，就是圣人也有不能全部做到的。啊呀！这也就足够了。如果后代有能全照我所说的去做的人，就是当一个圣人也没有什么难的，就是不能全照我所说的去做的人，也不失为一个很少犯过失的人啊。

子路的果敢，子贡的辩才，冉有的聪慧，这三种才能，都是天下人所说的难以达到却又非常可贵的才能，但是这三个人，时常不被孔子所喜欢。颜渊沉默寡言，没有见到他会什么，似乎没有什么地方可以用来区分于一般人似的，但是孔子屡次地称赞他。再说那些学习圣人的人，难道一定要一字不易、如此这般地对待圣人的话吗？（并不是这样）只不过是观察圣人语意的指向而已。孔子认为，后代一定会有不完全推行他的学说的人，必定有剽窃他的学说去干不仁义事情的人，所以他的话平易正直，不敢妄立非同一般的、讨人喜欢的高论，而关键在于他的话不能由人随意加以篡改。

以前，常常奇怪李斯侍奉荀子，不久却又焚烧、销毁荀子的书，把古代圣明君主的法度大加变更，对于他的老师荀子的学说无异于像对待仇敌那样。直到现在，观看了荀子的书，这以后才了解到李斯用来侍奉秦国的方法，都是从荀子那里产生出来的，是不值得奇怪的。

荀子是一个喜爱提出与众不同的主张、言论，并且毫不谦让，敢于发表高论并无所顾忌的人。他的言论，是愚昧的人感到震惊的，是品格卑劣的人非常喜欢的。子思、孟轲，是世人所说的贤能的人、有道德的人，可荀子却偏偏说："扰乱天下的人，是子思、孟轲。"天下的人，是这么多；仁德的人、忠义的士，是这么多；只有荀子却偏偏说："人性都是恶的。夏桀、商纣，是先天自然的性；唐尧、虞舜，是后天人为的性。”以此看来，猜想荀子的为人，一定是刚愎自用，毫不谦逊，并且自己称许自己太过分。

那李斯，（同荀子相比）又是特别过分的一个人罢了。如今，品格卑劣的人做不好的事情，还一定有顾忌的地方，所以夏朝、商朝尽管灭亡，夏桀、商纣虽然残暴，可是先王的法度、礼乐、刑政还是没有达到灭绝以至无法考察的地步，这说明夏桀、商纣对此还有所保存，不敢完全废除。那李斯，单单能够奋起而不顾忌，焚毁孔子的六经，杀掉翦除三代的诸侯，破坏周公的井田制，这也一定是有倚仗的东西。他见到他的老师荀子，逐个地诋毁天下贤德的人，把他的愚昧自以为正确，认为古代的圣明君主全都没有值得仿效的地方。李斯不了解荀子只不过是用这个使仅能存于一时的议论显得尖锐，却不明白它造成的灾祸会达到这种地步。

他的父亲杀人来报仇，他的儿子必定要去抢夺财物。荀子阐明王道，陈述礼乐，但是李斯凭借他的学说扰乱天下，这说明他的高谈异论中确实有可以用来激励李斯的。孔子、孟子的议论未曾达到与众不同，但是天下最终没有赶上他们的人，倘若天下真的没有赶上他们的人，那么又哪里用得着去追求与众不同呢？

留侯论

古之所谓豪杰之士者，必有过人之节。人情有所不能忍者，匹夫见辱，拔剑而起，挺身而斗，此不足为勇也。天下有大勇者，卒然临之而不惊，无故加之而不怒，此其所挟持者甚大，而其志甚远也。

夫子房受书于圯上之老人[①]也，其事甚怪。然亦安知其非秦之世有隐君子者，出而试之？观其所以微见其意者，皆圣贤相与警戒之义，世人不察，以为鬼物，亦已过矣。且其意不在书。当韩之亡，秦之方盛也，以刀锯鼎镬待天下之士，其平居无罪夷灭者，不可胜数。虽有贲、育[②]，无所复施。夫持法太急者，其锋不可犯，而其势未可乘。子房不忍忿忿之心，以匹夫之力，而逞于一击之间。当此之时，子房之不死者，其间不能容发，盖亦已危矣。千金之子，不死于盗贼，何者？其身之可爱，而盗贼之不足以死也。子房以盖世之才，不为伊尹、太公之谋，而特出于荆轲、聂政之计，以侥幸于不死，此圯上老人之所为深惜者也。是故倨傲鲜腆而深折之。彼其能有所忍也，然后可以就大事，故曰：“孺子可教也。”

楚庄王伐郑，郑伯[③]肉袒牵羊[④]以逆，庄王曰：“其君能下人，必能信用其民矣。”遂舍之。勾践之困于会稽[⑤]，而归臣妾于吴者，三年而不倦。且夫有报人之志，而不能下人者，是匹夫之刚也。夫老人者，以为子房才有余，而忧其度量之不足，故深折其少年刚锐之气，使之忍小忿而就大谋。何则？非有平生之素，卒然相遇于草野之间，而命以仆妾之役，油然而不怪者，此固秦皇帝之所不能惊，而项籍之所不能怒也。

观夫高祖之所以胜，而项籍之所以败者，在能忍与不能忍之间而已矣。项籍惟不能忍，是以百战百胜，而轻用其锋。高祖忍之，养其全锋，以待其弊。此子房教之也。当淮阴破齐而欲自王，高祖发怒，见于辞色。由此观之，犹有刚强不忍之气，非子房其谁全之？

太史公疑子房，以为魁梧奇伟，而其状貌乃如妇人女子，不称其志气。呜呼！此

其所以为子房欤！

【注释】

①圯上之老人：圯，楚方言称桥。传说张良在下邳圯上游玩，遇一老人，老人故意将鞋掉桥下，使张良拣回并给穿上，张良一一做到。于是老人赠给张良一兵书，并告诉他，读了这本书，可当帝王之师，十三年后，你见到济北谷城山下黄石，即是我，言毕，老人遁云。事见《史记·留侯世家》。②贲、育：即孟贲、夏育，都是战国时代著名的勇士。③郑伯：郑襄公。④肉袒牵羊：肉袒，脱衣露体，表示任凭责打；牵羊，指用羊作为奉献的礼物。《左传·宣公十二年》："十二年者，楚子围郑，……克之。入自皇门，至于逵路。郑伯肉袒牵羊以逆。"⑤勾践之困于会稽：春秋时，越王勾践被吴国击败，困于会稽。于是勾践与吴媾和，亲赴吴国做吴王奴婢。三年后，勾践被放回。事见《国语·越语下》及《史记·越王勾践世家》。

【译文】

古代所说的豪杰之士，必定有过人的节操。人的感情有不能忍耐的东西，普通人被欺侮，拔剑而起，挺身搏斗，这不能够称为勇敢。天下有大勇的人，屈辱突然面对着他却毫不惊慌，触犯无缘无故地加诸他身上却不发怒，这是因为他的抱负非常广大，他的志向十分远大。

张良从圯上老人那里接受兵书，这件事情很是奇怪。但是又怎么知道这不是秦代有位隐居的君子出来试探张良呢？观察这位老人用来隐约表露他的用意的做法，都是表现了贤士圣人互相告诫的大义，但是世人不觉察，认为这老人是鬼神一类的东西，也就大错特错了。何况他的用意不是在那本兵书上。当韩国灭亡、秦国正在兴盛的时候，用刀锯鼎镬这些刑具来对付天下的士人，那些平时毫无罪过而被灭族、杀戮的，不能全都数过来。就是有孟贲、夏育这样的勇士，也没有地方再施展本领。掌握刑法过于严厉，它的锋芒不可触犯，它的情势也无机可乘。张良忍不住怨恨的心情，凭借一个人的力量，快意于对秦始皇发起一次攻击之中。当这个时候，张良能够活着不死，这其中借的距离几乎容不下一根头发，也太危险了。富贵人家的子弟，不会死在强盗手上，为什么呢？因为他知道自身应当爱护，而强盗是不值得跟他拼死的。张良凭借高出当世的奇才，不去策划伊尹、姜太公那样的谋略，却单单使出荆轲、聂政那种刺杀的下策，侥幸而不死，这是圯上老人深为他惋惜的原因。所以，假装做出骄傲无礼的样子深深地折辱他。他如果能对此有所忍耐，这以后可以成就大事，因此老人说："这孩子可以教好。"

楚庄王征伐郑国，郑襄公赤身裸体牵着羊来迎接，楚庄王说："郑国的君主能把自己放置在别人之下，一定能够取信、任用他的百姓。"因此就放弃了征伐郑国。越王勾践在会稽被困，作为奴婢归顺吴国，三年时间不怠倦。何况有向人报仇的志向，却不能把自己放置在别人之下，这就是一般人的刚强。那位老人，认为张良才华有余，却忧虑他的度量不够，因此深深折辱他少年的刚强锐利之气，使他忍耐小的怨恨而成就大的谋略。这是为什么呢？没有平生的深交，忽然在草野中间相遇，而拿仆人奴婢的差使指派他干，和和气气地不认为奇怪，这样一定秦始皇也不能使他受惊，项羽也不能使他愤怒。

观察一下刘邦胜利、项羽失败的原因，是在能忍耐与不能忍耐之间罢了。项羽正是不能忍耐，所以作战百次取胜百次，从而轻易地使用他的锐气。刘邦能忍耐，保养他的全部锐气，等待项羽的疲息。这正是张良教给他的。当韩信攻克齐地想要自己称王，刘邦发怒，表现在脸色、言辞上。从这里来看，刘邦还是有刚强不能忍耐的脾气，倘若不是张良那谁能成全他呢？

司马迁对张良有怀疑，认为他应当是奇异雄伟、高大魁梧的，但他的状貌却像妇人女子，跟他的志气不相称。啊呀！这大概正是张良之所以为张良的原因吧！

范增论

汉用陈平[1]计，间疏楚君臣。项羽疑范增[2]与汉有私，稍夺其权。增大怒曰："天下事大定矣，君王自为之，愿赐骸骨归卒伍。"归，未至彭城，疽发背死。

苏子曰：增之去，善矣；不去，羽必杀增。独恨其不早耳。然则当以何时去？增劝羽杀沛公，羽不听，终以此失天下。当于此去耶？曰：否。增之欲杀沛公，人臣之分也；羽之不杀，犹有人君之度也，增曷为以此去哉！《易》曰："知几其神乎！"《诗》曰："相彼雨雪，先集维霰。"增之去，当于羽杀卿子冠军[3]时也。

陈涉之得民也，以项燕、扶苏。项氏之兴也，以立楚怀王孙心；而诸侯叛之也，以弑义帝[4]。且义帝之立，增为谋主矣；义帝之存亡，岂独为楚之盛衰，亦增之所与同祸福也。未有义帝亡而增独能久存者也。羽之杀卿子冠军也，是弑义帝之兆也；其弑义帝，则疑增之本也，岂必待陈平哉？物必先腐也，而后虫生之；人必先疑也，而后谗入之。陈平虽智，安能间无疑之主哉？

吾尝论义帝，天下之贤主也。独遣沛公入关，而不遣项羽，识卿字冠军于稠人之中，而擢以为上将，不贤而能如是乎？羽既矫杀卿子冠军，义帝必不能堪；非羽弑帝，则帝杀羽，不待智者而后知也。增始劝项梁立义帝，诸侯以此服从；中道而弑之，非增之意也。夫岂独非其意，将必力争而不听也。不用其言，而杀其所立，羽之疑增必自是始矣。方羽杀卿子冠军，增与羽比肩而事义帝，君臣之分未定也。为增计者，力能诛羽则诛之，不能则去之，岂不毅然大丈夫也哉！增年已七十，合则留，不合则去。不以此时明去就之分，而欲依羽以成功名，陋矣！

虽然，增，高帝之所畏也。增不去，项羽不亡。呜呼，增亦人杰也哉！

【注释】

①陈平：汉初阳武（今河南原阳东南）人，事高祖刘邦，任护军都尉，屡出奇计。汉朝建立，被封为曲逆侯。在惠帝、文帝时曾任丞相。②范增：项羽谋臣，被尊亚父。居鄛（今安徽桐城南）人，项羽中刘邦反间计，削夺他的权利。范增愤而告老还乡，病死途中。③卿子冠军：楚怀王所封大将军宋义的称号。④义帝：楚怀王孙心。初项梁起义，范增劝其立楚王之后以资号召，于是项梁从民间得到楚怀王之孙（名心），即立为王，仍称楚怀王。后项羽尊称其为义帝。

【译文】

汉采用陈平的计策，离间疏远楚的君主与臣子。项羽怀疑范增同汉有暗中勾结，渐渐削夺他的权力。范增十分愤怒地说："天下事大体上定了，请君王自己治理它吧，期望给予恩赐使我的尸骨能回归乡里。"范增回去，没走到彭城，背上毒疮发作而亡。

苏子说：范增离开，太好了；不离开，项羽一定会杀范增。只是遗憾他没早点离开罢了。既然这样，那么应该在什么时候离开呢？范增劝说项羽杀刘邦，项羽不听从，最后因为这个失

去了天下。应该在这个时候离开吗？回答说：不。范增想要杀刘邦，是作为臣子的职分；项羽不杀刘邦，还有君王的气度，范增为什么因此就离去呢！《易经》说："能了解事物的几微之处，多么神明啊！"《诗经》说："看那下雪之前，先聚集雪糁。"范增离去，应当在项羽杀卿子冠军宋义的时候。

陈胜受到百姓拥护，是由于打着项燕、扶苏的旗号。项羽兴起，是因为立了楚怀王的孙子——心；诸侯反叛项羽，是由于项羽杀了义帝。况且义帝登上帝王之位，范增充当了主要的谋划者；义帝的生死存亡，难道只是关系着楚国的兴盛与衰落，其实范增也在跟他共同承受着祸患与幸福。不会有义帝死了范增却可以长久单独活着的情况。项羽杀死卿子冠军宋义，这是杀害义帝的先兆；他杀害义帝，就是怀疑范增的本源，难道一定要等着陈平施反间计吗？凡物一定先腐败了，然后虫子才生出来；凡人一定先猜疑了，然后谗言才乘机而入。陈平尽管聪明，怎么可以离间心中毫无猜疑的君主呢？

我曾评论过义帝，以为他是天下的贤明君主。单单派遣刘邦进入函谷关，却不派遣项羽，在众多的人中唯独赏识卿子冠军宋义，加以提拔，让他担任上将，倘若不贤明能够像这样吗？项羽已经假托命令杀死卿子冠军宋义，义帝一定不能容忍；不是项羽杀害义帝，就是义帝杀死项羽，不必等待聪明人然后才能明白这个道理。当初范增劝说项梁立了义帝，诸侯因此而服从；项羽半路上杀害他，不是范增的原意。岂止不是他的意愿，他一定要为此竭力争辩，可项羽就是不听从。项羽不采用范增的意见，杀害他所拥立的义帝，项羽怀疑范增一定从这时就开始了。当项羽杀卿子冠军宋义时，范增同项羽并肩平列地侍奉义帝，君主、臣子的职分还没有确定。替范增考虑，有力量能诛杀项羽就诛杀他，不能诛杀他就离开他，这样做，难道不是一个果断刚毅的大丈夫吗？范增年纪已经七十，彼此投契就留下，彼此不投契就离开。不在这个时候确实离开与留下的界限，却想要依仗项羽来成就功名，太浅陋了！

尽管如此，可范增是刘邦所畏惧的人。范增不离开，项羽就不会亡。唉，范增也算是才智杰出的人物啊！

伊尹论

办天下之大事者，有天下之大节者也；立天下之大节者，狭天下者也。夫以天下之大而不足以动其心，则天下之大节有不足立，而大事有不足办者矣。

今夫匹夫匹妇，皆知洁廉忠信之为美也，使其果洁廉而忠信，则其智虑未始不如王公大人之能也。惟其所争者止于箪食豆羹，而箪食豆羹足以动其心，则宜其智虑之不出乎此也。箪食豆羹，非其道不取，则一乡之人，莫敢以不正犯之矣。一乡之人莫敢以不正犯之，而不能办一乡之事者，未之有也。推此而上，其不取者愈大，则其所办者愈远矣。让天下与让箪食豆羹，无以异也；治天下与治一乡，亦无以异也。然而不能者，有所蔽也。天下之富，是箪食豆羹之积也；天下之大，是一乡之推也。非千金之子，不能运千金之资。贩夫贩妇，得一金而不知其所措，非智不若，所居之卑也。

孟子曰："伊尹①耕于有莘之野，非其道也，非其义也，虽禄之以天下，弗受也。"夫天下不能动其心，是故其才全；以其全才而制天下，是故临大事而不乱。古之君子，必有高世之行，非苟求为异而已。卿相之位，千金之富，有所不屑，将以自广其心，

使穷达利害不能为之芥蒂，以全其才，而欲有所为耳。后之君子，盖亦尝有其志矣，得失乱其中，而荣辱夺其外，是以役役[②]至于老死而不暇，亦足悲矣！

孔子叙《书》至于舜、禹、皋陶相让之际，盖未尝不太息也。夫以朝廷之尊，而行匹夫之让，孔子安取哉？取其不汲汲于富贵，有以大服天下之心焉耳。夫太甲之废，天下未尝有是，而伊尹始行之，天下不以为惊；以臣放君，天下不以为僭；既放而复立，太甲不以为专。何则？其素所不屑者，足以取信于天下也。彼其视天下，眇然不足以动其心，而岂忍以废放其君求利也哉？

后之君子，蹈常而习故，惴惴焉惧不免于天下，一为希阔之行，则天下群起而诮之，不知求其素，而以为古今之变，时有所不可者，亦已过矣夫！

【注释】

①伊尹：商初大臣。名伊，尹是官名。帮助商汤灭掉夏桀。商汤死后，辅佐卜丙、仲壬二王。太甲无道，伊尹放逐了他。三年后太甲悔过，伊尹又接回他复位。②役役：辛辛苦苦、劳作不息貌。

【译文】

做天下大事业的人，是具备天下的崇高节操的人；树立了天下崇高节操的人，是把天下看得十分狭小的人。凭借着广大的天下却不足以打动他的心，那么，天下的崇高节操就有不够他树立的，天下的大事业也有不够他做的了。

现今那些普通的男男女女，都知道廉洁、忠义、守信是美好的，如果他们果真廉洁、忠义、守信，那么他们的思虑、智慧未必赶不上王公大人们的所能。只是由于他们争夺的不过是一竹筐饭、一盘子带汁的肉食，而一竹筐饭、一盘子带汁的肉食足以打动他们的心，那么他们的思虑、智慧，不超出这个就是应该的了。一竹筐饭、一盘子带汁的肉食，倘若不是正当的途径就不去拿取，那么一乡的人，就没有谁敢采用不正当的手段来冒犯他了。一乡的人没有谁敢采用不正当的手段来触犯他，却不能办好一乡事情的人，从来没有过。依照这个向上推论，他不拿取的东西越大，则他能办的事情也就越大了。把天下让出去跟把一竹筐饭、一盘子带汁的肉食让出去，没有什么不一样；治理天下跟治理一乡，也没有什么不一样。但是不能做到，是因为有蒙蔽他们的东西。天下的财富，是由一竹筐饭、一盘子带汁的肉食聚集起来的；天下这么广大，是由一个乡不断推广而来的。倘若不是拥有千金的富家子弟，就不能运用价值千金的资财。那些出售货物的男女小商人，得到一金却不知道放置的地方，不是他的智商不如富贵家子弟，而是由于他处的地位十分卑下。

孟子说："伊尹在有莘国的郊外耕作，倘若不合乎道，如果不合乎义，就是拿整个天下作为他的俸禄，他也不接受。"天下都不能打动他的心，所以他的品德完美了；凭借他完美的品德来执掌天下，所以面临大事而不惑乱。古时候有道德的人，一定有超出世人的品行，不是苟且求得跟一般人不同罢了。卿相这样的高贵职位，价值千金的财富，也有所不顾，要用这个来使自己的心胸宽广，使得困窘、得志、利益、祸害都不能成为他心中的芥蒂，来完善他的道德，想要有所作为布局而已。后代有道德的人，大略也曾有过这样的志向，但得与失在他心中扰乱，荣与辱在他身外纠缠，所以辛辛苦苦地直到老死也无暇顾及自己的志向，也够可悲的了！

孔子为《书经》作序说到虞舜、夏禹、皋陶相互推让天下的时候，未尝不长长地叹息。朝

廷多么尊贵，可他们却像普通人那样将它推来让去，孔子看中了他们的哪一点呢？孔子看中了他们对富贵不心情急切地追求，有用来使天下人的心完全折服的功效罢了。太甲被废黜，天下未尝有过这种做法，而伊尹开始推行它，天下的人不以为骇怪；以臣下的身分放逐国君，天下的人不以为僭越；已经放逐又重新扶立，太甲不认为是独断专行。为什么呢？因为这些都是伊尹平常不屑一顾的，足够用来取得天下人的信任。伊尹看待天下，感到十分渺小不足以打动他的心，难道忍心用废黜放逐他的国君来求得好处吗？

后代有道德的人，遵循常规，习惯旧例，惴惴不安，只怕不被天下的人宽赦，一做出罕见的行为，天下的人就群起嘲讽他，不知道探求他平素的行为，却认为古今是有变化的，现今就是有不能去做的事，这其实是大错特错了啊！

范文正公集序

庆历三年，轼始总角[①]入乡校。士有自京师来者，以鲁人石守道所作《庆历圣德诗》示乡先生，轼从旁窃观，则能诵习其词。问先生以所颂十一人者何人也，先生曰："童子何用知之？"轼曰："此天人也耶？则不敢知；若亦人耳，何为其不可？"先生奇轼言，尽以告之，且曰："韩、范、富、欧阳，此四人者，人杰也。"时虽未尽了，则已私识之矣。

嘉祐二年，始举进士，至京师，则范公没。既葬，而墓碑出，读之，至流涕曰："吾得其为人，盖十有五年，而不一见其面，岂非命也欤！"是岁登第，始见知于欧阳公，因公以识韩、富，皆以国士[②]待轼，曰："恨子不识范文正公！"其后三年，过许，始识公之仲子今丞相尧夫。又六年，始见其叔彝叟京师。又十一年，遂与其季德孺同僚于徐。皆一见如旧，且以公遗稿见属为序。又十三年，乃克为之。

呜呼！公之功德，盖不待文而显，其文亦不待序而传。然不敢辞者，自以八岁知敬爱公，今四十七年矣；彼三杰者，皆得从之游，而公独不识，以为平生之恨；若获挂名其文字中，以自托于门下士之末，岂非畴昔之愿也哉！

古之君子，如伊尹、太公、管仲、乐毅之流，其王伯之略，皆定于畎亩中，非仕而后学者也。淮阴侯见高帝于汉中，论刘、项短长，画取三秦[③]如指诸掌，及佐帝定天下，汉中之言，无一不酬者。诸葛孔明卧草庐中，与先主论曹操、孙权，规取刘璋，因蜀之资以争天下，终身不易其言。此岂口传耳受，尝试为之，而侥幸其或成者哉！公在天圣中，居太夫人忧，则已有忧天下致太平之意，故为万言书以遗宰相，天下传诵。至用为将，擢为执政，考其平生所为，无出此书者。

今其集二十卷，为诗赋二百六十八，为文一百六十五。其于仁义礼乐、忠信孝弟，盖如饥渴之于饮食，欲须臾忘而不可得；如火之热，如水之湿，盖其天性有不得不然者。虽弄翰戏语，率然而作，必归于此。故天下信其诚，争师尊之。孔子曰："有德者必有言。"非有言也，德之发于口者也。又曰："我战则克，祭则受福。"非能战也，德之见于怒者也。

【注释】

①总角：小孩头发扎成抓髻，对未成年男女的称呼。②国士：国中杰出才士。③三秦：地名。在今陕西。项羽破秦入关，将秦关中之地划分为三：一为咸阳以西之地，封秦降将章邯为雍王；二为咸阳以东至黄河之地，封司马欣为塞王；三为上郡之地（在今陕西北部），封董翳为翟王。合称三秦。

【译文】

庆历三年（公元1043年），我还是孩子，才进入乡间学校。有从京师来的士人，拿鲁地人石介作的《庆历圣德诗》给辞官居乡的老人看，我从一旁偷看，就能够诵读熟悉诗中的言词了。因此就拿赞颂的这十一个人是什么人这个问题来问老人，老人说："小孩子为什么要明白这个呢？"我说："这些人是仙人吗？真是的话，那么我不敢知道；倘若也是一般人，为什么知道他们就不行呢？"老人对我的话很惊异，就把这十一人都告诉了我，并说："韩琦、范仲淹、富弼、欧阳修这四个人，是杰出的人物。"尽管当时不全明白，但已私下里记住他们了。

嘉祐二年（公元1057年），我才应举进士，来到京师，范仲淹却已逝世。已经下葬，立了墓碑，读了碑文，以至流泪说："我知道他的为人，大概十五年了，却一次也没见过他的面，难道不是命吗！"这一年我考取进士，才被欧阳修了解，通过欧阳修认识了韩琦、富弼，他们都依照对待国中杰出之士的礼仪对待我，说："遗憾的是你没能认识范仲淹！"这之后三年，经过许地，才认识了范仲淹的第二个儿子即现在的丞相范纯仁。又过了六年，才在京都见到范仲淹的叔父彝叟。又过了十一年，才同范仲淹的四儿子范纯粹在徐州成为同僚。都是一见到就仿佛老朋友一样，并且把范仲淹的遗稿托付给我做序。又过了十三年，才完成了序文。

唉！范仲淹的业绩品德，本不依靠文章才显赫，他的文章也不依仗序文才流传。但是我不敢推辞，自从八岁时就知道敬爱范仲淹，到现在四十七年了；那三位杰出人物，我都能跟他们交游，可单单未能认识范仲淹，把这个当成平生的遗憾；倘若得以在他的文章中挂上一个名，在范仲淹的门下士人的末尾寄托上自己，这难道不是我一向的心愿吗！

古代有道德的人，像伊尹、太公望、管仲、乐毅一班人，他们成就王霸之业的谋略，都是在田野之中制定的，不是做了官以后才学的。淮阴侯韩信在汉中见到刘邦，评论刘邦、项羽的短长，谋划夺取三秦就仿佛在手掌中指划着那么容易，等到辅佐刘邦平定天下，在汉中时说的一番话，没有一句没实现的。诸葛亮躺卧在草房之中，同刘备谈论曹操、孙权，规划攻取刘璋，凭借蜀地的资源来争夺天下，他的这些话都实现了，在他一生之中也没什么变更之处。这些难道是嘴上说、耳朵听、试着去做，侥幸或许成功的吗！范仲淹在天圣年中，因太夫人故去居丧卸去官职时，就已经有忧患天下求取太平的志向，因此写了万言书送给宰相，天下传诵。以至被任用担任将领，提拔为主持国家大政的官员，考查他平生的行为，没有超出这封万言书的。

现今他的集子二十卷，有诗赋二百六十八首，有文章一百六十五篇。他对于仁义礼乐、忠信孝悌，就好似饥饿、口渴时对于饭和水一样，想忘记一会儿也不可能；又好像火的灼热、水的潮湿，他的天性中有不得不如此的。就是随意弄笔、一时戏语，轻率写出来，也必定归结到这些内容上。因此，天下的人相信他的真诚，争着像对待师长那样敬重他。孔子说："有道德的人一定有名言。"不是有名言，这是从嘴里发出来的品德啊！孔子又说："我作战就胜利，祭祀就得福。"不是会作战，这是在愤怒之中表现出来的品德啊！

六一居士集序

夫言有大而非夸，达者信之，众人疑焉。孔子曰："天之将丧斯文也，后死者，不得与于斯文也。"孟子曰："禹抑洪水，孔子作《春秋》，而予距杨、墨。"盖以是配禹也。文章之得丧，何与于天？而禹之功与天地并，孔子、孟子以空言配之，不已夸乎？

自《春秋》作而乱臣贼子惧，孟子之言行，而杨、墨之道废，天下以为是固然，而不知其功。孟子既没，有申、商、韩非[①]之学，违道而趋利，残民以厚主。其说至陋也，而士以是罔其上。上之人侥幸一切之功，靡然从之。而世无大人先生如孔子、孟子者，推其本末，权其祸福之轻重，以救其惑。故其学遂行，秦以是丧天下，陵夷至于胜、广、刘、项之祸，死者十八九，天下萧然。洪水之患，盖不至是也。方秦之未得志也，使复有一孟子，则申、韩为空言，作于其心，害于其事，作于其事，害于其政者，必不至若是烈也。使杨、墨得志于天下，其祸岂减于申、韩哉？由是言之，虽以孟子配禹可也。

太史公曰："盖公言黄老，贾谊、晁错明申、韩。"错不足道也，而谊亦为之，予以是知邪说之移人，虽豪杰之士有不免者，况众人乎！自汉以来，道术不出于孔氏，而乱天下者多矣。晋以老庄亡，梁以佛亡，莫或正之。五百余年而后得韩愈，学者以愈配孟子，盖庶几焉。

愈之后二百有余年，而后得欧阳子。其学推韩愈、孟子以达于孔氏，著礼乐仁义之实，以合于大道。其言简而明，信而通，引物连类，折之于至理，以服人心，故天下翕然师尊之。自欧阳子之存，世之不说者，哗而攻之，能折困其身，而不能屈其言。士无贤不肖，不谋而同曰："欧阳子，今之韩愈也。"

宋兴七十余年，民不知兵，富而教之，至天圣、景祐极矣，而斯文终有愧于古，士亦因陋守旧，论卑而气弱。自欧阳子出，天下争自濯磨，以通经学古为高，以救时行道为贤，以犯颜纳谏为忠。长育成就，至嘉祐末，号称多士，欧阳子之功为多。呜呼！此岂人力也哉？非天其孰能使之！

欧阳子没，十有余年，士始为新学，以佛老之似，乱周孔之真，识者忧之。赖天子明圣，诏修取士法，风厉学者，专治孔氏，黜异端，然后风俗一变，考论师友渊源所自，复知讲习欧阳子之书。

予得其诗文七百六十六篇于其子棐，乃次而论之曰：欧阳子论大道似韩愈，论事似陆贽[②]，记事似司马迁，诗赋似李白。此非予言也，天下之言也。欧阳子讳修，字永叔，既老，自谓六一居士云。

【注释】

①申、商、韩非：申、商，即申不害、商鞅，他们与韩非都是战国时法家的代表人物。②陆贽：字敬舆，唐苏州嘉兴（今属浙江）人。大历进士，德宗时为翰林学士，后迁中书侍郎、同平章事。后被裴延龄所谗，罢相，贬为忠州别驾。在朝论政，所作奏议条理精密，文笔流畅，世所称道。

【译文】

话有很大却并不夸张的，事理通达的人相信它，众人却怀疑它。孔子说："上天就要丧失这些文化了，后死的人，不能掌握这些文化了。"孟子说："大禹抑制洪水，孔子写了《春秋》，而我抵御了杨朱、墨翟的学说。"是用孔子和自己来同大禹相配。文章的得与失，同上天有什么相干？而大禹的功迹跟天地并列，孔子、孟子凭借空洞的言词跟他相配，不是太夸张了吗？

自从《春秋》写出来，乱臣贼子都很害怕，孟子的主张流行，杨朱、墨翟的学说废置，天下的人认为这是原本如此，却不清楚孔子、孟子的功劳。孟子已死，有申不害、商鞅、韩非的学说，违背道义而趋于利益，残害百姓而厚奉君主。他们的学说浅陋至极，但是士人拿这个来欺骗他们的长上。在上位的人侥幸临时的功效，纷纷效仿它。世上没有像孔子、孟子这样的大人先生，来考究它的原委，权衡一下它造成祸福的轻重，以挽救他们的迷惑。因此申不害、商鞅、韩非的学说就流行起来，秦朝因此丧失天下，衰败下去，延续到陈胜、吴广、刘邦、项羽的祸乱，死的人占到十分之八、九，天下凄清、冷落。洪水的灾难，大约也达不到这样。当秦朝没有得志的时候，如果再有一个孟子，那么申不害、韩非的学说就会成为空洞的言词，产生在他们心中，危害他们的事情，从事于他们的事情，危害他们的政治的情况，一定不至于这么厉害。如果杨朱、墨翟在天下得志了，他们的祸害难道会比申不害、韩非减轻一些吗？从这一点来说，就是用孟子跟大禹相配也是可以的。

太史公司马迁说："盖公谈论黄老之学，贾谊、晁错阐释申不害、韩非的学说。"晁错不值得一谈，可贾谊也做这个，我因此清楚异端学说能改变人，就是豪杰之士也有不能免除的，何况是一般人呢！自汉朝以来，道术不出自孔子，而扰乱天下的情况太多了。晋由于崇尚老子、庄子的学说而灭亡，梁由于崇尚佛教而灭亡，没有谁来纠正他们。五百多年以后有韩愈，学者拿韩愈跟孟子相比，大概差不多呀。

韩愈之后过了二百多年，而后又有欧阳子。他的学说从韩愈、孟子，一直考究到孔子，著明礼乐仁义的实质，来契合大道。他的言语简洁而明白，真挚而通畅，援引事物联系同类，用最根本的道理做标准来判断，以折服人心，因此天下的人都争着像对待师长那样尊敬他。自从有欧阳子在，世上不喜欢他的人，喧哗起来攻击他，可以挫折损伤、困窘他的身躯，却不能驳倒他的主张。士人中无论贤能还是不贤能，都不约而同地说："欧阳子，是现今的韩愈。"

宋朝兴盛七十多年，老百姓不知道战争，他们富裕了就接着教育他们，至天圣、景祐年间到达极点。但是读书人跟古代相比到底有愧疚，士人也保守旧法、因袭浅陋而不加改更，议论卑下、气质纤弱。自从欧阳子出现，天下人争着洗涤旧习，锻炼磨砺，把通晓经学研究古代当成高尚，把挽救时势、实行大道看成贤德，把冒犯尊长的威颜，向居主进谏看作忠诚。培育成就，到嘉祐末年，号称士子众多，欧阳子的功劳最多。唉！这难道是人力吗？倘若不是上天谁又能驱使他呢！

欧阳子逝世十多年了，士人才从事新学，拿佛、老这种似是而非的东西，来扰乱周、孔的真谛，有识之士对此十分忧虑。依靠天子圣明，下诏令修改取士的方法，激励感化学者，专门研习孔子，废除异端邪说，此后风俗为之一变，论证、考查老师和朋友之道的渊源来自哪里，重新明白应该讲习欧阳子的书。

我从欧阳子的儿子欧阳棐那里得到欧阳子的诗文七百六十六篇，就按照次序评论他说：欧阳子议论大道像韩愈，评论事情像陆贽，记叙事件像司马迁，歌赋诗词像李白。这不是我的看法，是天下人的看法。欧阳子名修，字永叔，年迈以后，自己称作六一居士。

放鹤亭记

熙宁十年秋，彭城大水，云龙山人①张君之草堂，水及其半扉。明年春，水落，迁于故居之东，东山之麓。升高而望，得异境焉，作亭于其上。彭城之山，冈岭四合，隐然如大环，独缺其西一面，而山人之亭，适当其缺。春夏之交，草木际天；秋冬雪月，千里一色。风雨晦明之间，俯仰百变。山人有二鹤，甚驯而善飞。旦则望西山之缺而放焉，纵其所如，或立于陂田，或翔于云表，暮则傃②东山而归，故名之曰“放鹤亭”。

郡守苏轼，时从宾佐僚吏③，往见山人，饮酒于斯亭而乐之。挹山人而告之曰：“子知隐居之乐乎？虽南面之君，未可与易也。《易》曰：‘鸣鹤在阴，其子和之。’《诗》曰：‘鹤鸣于九皋④，声闻于天。’盖其为物，清远闲放，超然于尘埃之外，故《易》、《诗》人以比贤人君子。隐德之士，狎而玩之，宜若有益而无损者，然卫懿公好鹤，则亡其国。周公作《酒诰》，卫武公作《抑戒》，以为荒惑败乱，无若酒者；而刘伶、阮籍之徒，以此全其真而名后世。嗟夫！南面之君，虽清远闲放如鹤者，犹不得好，好之则亡其国；而山林遁世之士，虽荒惑败乱如酒者，犹不能为害，而况于鹤乎？由此观之，其为乐未可以同日而语也。”山人欣然而笑曰：“有是哉？”乃作放鹤、招鹤之歌曰：

鹤飞去兮，西山之缺，高翔而下览兮，择所适。翻然敛翼，宛将集兮，忽何所见，矫然而复击。独终日于涧谷之间兮，啄苍苔而履白石。

鹤归来兮，东山之阴。其下有人兮，黄冠草屦，葛衣而鼓琴。躬耕而食兮，其余以汝饱。归来归来兮，西山不可以久留。

【注释】

①云龙山人：张天骥的号。云龙山，今江苏徐州南面，张天骥在此 隐居，故自以为号。②傃：依傍，沿着。③宾佐僚吏：宾客、属官。④九皋：水泽深处。

【译文】

熙宁十年（公元 1077 年）的秋，彭城发大水，云龙山人张天骥先生的草房，大水淹到他家房门的一半。第二年春天，水落下去了，就迁到故居的东边，东山的山脚下。登高远眺，在那儿看到了块奇特的地方，就在它上边建了亭子。彭城的山势，丘陵和山岭四面合拢，隐隐约约地像个大环，唯独缺少它西边的一面，而云龙山人的亭子，正好面对它的缺口。春夏之交，草木漫山遍野直接天边，秋冬的雪天或月夜，千里一片银白。刮风或下雨，昏暗或晴朗的日子里，景致瞬息万变。云龙山人有两只鹤，它们十分驯服并且善于飞翔。早晨就对着西山的缺口放开它们，听凭它们飞到哪里去，有时站立在池田中，有时飞翔在白云之外，傍晚就依傍着东山飞了回来，因此给亭子起名叫“放鹤亭”。

郡太守苏轼，时常让宾客、属官跟着去拜见云龙山人，在这个亭子里饮酒并为此感到快乐。给云龙山人斟酒并告诉他说：“您清楚隐居的乐趣吗？就是面向南面称王的君主，也不能够拿来同它交换呀。《易经》说：‘欢叫着的鹤，就是在阴暗的地方，它的雏鸟也能应和它。’《诗经》说：‘仙鹤在水泽深处鸣叫，声音也能传到天上。’大概是由于它作为动物，广远、清明、舒放、闲适，超脱于尘世之外，因此写《易经》、作《诗经》的人都把它比拟成贤能的人、有道德的人。隐居而有才德的人，亲昵地赏玩它，似乎应该是有好处而没有害处的，但是卫懿公喜爱鹤却使得他的国家灭亡了。周公作《酒诰》，卫武公作《抑戒》，都认为让人迷惑、荒唐、昏乱、败坏的东西没有像酒的了；然而刘伶、阮籍一类人，却用酒保全了他们的本性并留芳后世。唉，面向南面称王的君主，即使广远、清明、闲适、舒放像仙鹤的，也不能够爱好，一爱好就会使他的国家灭亡；但是那些隐居山林逃避世事的人，就是爱好像酒这样让人迷惑、荒唐、昏乱、败坏的东西也不能够成为祸害，更何况爱好仙鹤呢？由此可见，隐士与君主在享受快乐方面是不能相提并论的。”云龙山人十分高兴地笑着说：“竟然是这样的啊！”于是就作了放鹤、招鹤的歌，写道：

鹤飞去呀，飞到西山的缺口，高高地飞翔而又向下看呀，想选择一个合适的地方。转过身来收起翅膀，仿佛将要栖息呀，突然间又看见了什么，就强有力地又用双翅拍击长空。整天独自在山涧峡谷之间呀，啄食青苔而踏在白石之上。

鹤飞回来呀，回到东山的北面。那下面有个人呀，戴着黄帽子穿着草鞋，穿着葛布做的衣服在操琴。亲自耕种来吃饭呀，那剩下的粮食把你来喂饱。飞回来飞回来呀，西山是不能长久停留的。

凌虚台记

国于南山[①]之下，宜若起居饮食与山接也。四方之山，莫高于终南；而都邑之丽山者，莫近于扶风[②]。以至近求最高，其势必得。而太守之居，未尝知有山焉。虽非事之所以损益，而物理有不当然者，此凌虚之所为筑也。

方其未筑也，太守陈公，杖屦逍遥于其下，见山之出于林木之上者，累累如人之旅行于墙外而见其髻也，曰：“是必有异。”使工凿其前为方池，以其土筑台，高出于屋之檐而止。然后人之至于其上者，恍然不知台之高，而以为山之踊跃奋迅而出也。公曰：“是宜名凌虚。”以告其从事苏轼，而求文以为记。

轼复于公曰：“物之废兴成毁，不可得而知也。昔者荒草野田，霜露之所蒙翳，狐虺之所窜伏，方是时，岂知有凌虚台耶？废兴成毁，相寻于无穷，则台之复为荒草野田，皆不可知也。尝试与公登台而望：其东则秦穆之祈年、橐泉[③]也，其南则汉武之长杨[④]、五柞[⑤]，而其北则隋之仁寿、唐之九成[⑥]也。计其一时之盛，宏杰诡丽，坚固而不可动者，岂特百倍于台而已哉？然而数世之后，欲求其仿佛，而破瓦颓垣无复存者，既已化为禾黍荆棘丘墟陇亩矣，而况于此台欤？夫台犹不足恃以长久，而况于人事之得丧，忽往而忽来者欤？而或者欲以夸世而自足，则过矣。盖世有足恃者，而不在乎台之存亡也。”既已言于公，退而为之记。

【注释】

①南山：即终南山，今陕西西安南，为秦岭主峰之一。②扶风：地名，今陕西凤翔县。③祈年、橐

泉：春秋时秦穆公的宫殿名。④长杨：汉武帝时狩猎场。⑤五柞：汉武帝时宫殿名。⑥仁寿、九成：皆是宫殿名。

【译文】

都城建在终南山下，应该是起居饮食都跟山连结了。四面的山，没有比终南山再高的了；而城镇依靠着山的，没有比扶风更靠近的了。凭藉着最近的位置求得最高的山景，它的这种形势是一定可以得到的。但太守居住此地却未曾知道这里有山。这尽管对事物没有什么增减，但是根据事物的道理又不应该是现在这样的，这就是凌虚台之所以建造的缘故了。

当这个台没有修建之前，太守陈公扶着手杖、穿着麻鞋在它下面悠闲地散步，看到高出森林树木之上的峰顶，连续不断地好像人在墙外走过却只看见他们头上的发髻一样，就说："这儿一定有异常之处。"命令工匠在它前边开凿成方池，用挖出来的土修筑成台子，直到比屋檐还高才停止。这之后，到了这个台子上面的人，恍恍惚惚不知道台子的高度，却认为是山峰忽然一下子奋起跳跃才伸出来的。陈公说："这台子应该叫它'凌虚'。"将这件事情告诉他的僚佐苏轼，并且求他作文把这件事记下来。

苏轼回复陈公道："事物的兴盛、衰落、败毁、成功，是不能够预先知道的。以前荒草野田，是严霜露水遮蔽覆盖，狐狸毒蛇出没藏匿的地方，那个时候，难道能知道会有凌虚台吗？兴盛、衰落、败毁、成功，在无穷无尽中连续不断地出现，那么凌虚台又重新成为荒草野田，也都是不可以知道的。尝试同您登上台子远望：凌虚台的东边就是秦穆公的祈年宫、橐泉宫的遗址，它的南边就是汉武帝的长杨狩猎场、五祚宫的遗址，而它的北边就是隋文帝修筑的仁寿宫，唐太宗改建的九成宫的遗址。想一想当年它们盛极一时，高大宏伟瑰丽怪异，坚固而不能够动摇的情景，难道仅仅超出凌虚台百倍而已吗！但是数代之后，想寻求它们原来大概的样子，但连破瓦断墙也没有再存在的了，已变成禾黍、荆棘、丘墟、田地了，更何况这个台子呢？台子还不足以依靠它长久存在，更何况对于人事的得失，匆忙而去和匆忙而来的东西呢？倘若想要凭这个台子向世人夸耀来自我满足，那就错了！大概世上有足以仰仗的东西，却不在于台子的存在和消亡。"我已对先生说过了，回来就为他写了这篇记。

石钟山记

《水经》云："彭蠡[①]之口，有石钟山焉。"郦元[②]以为下临深潭，微风鼓浪，水石相搏，声如洪钟。是说也，人常疑之。今以钟磬置水中，虽大风浪不能鸣也，而况石乎！至唐李渤始访其遗踪，得双石于潭上，扣而聆之，南声函胡[③]，北音清越，枹[④]止响腾，余韵徐歇，自以为得之矣。然是说也，余尤疑之。石之铿然有声者，所在皆是也，而此独以钟名，何哉？

元丰七年六月丁丑，余自齐安舟行适临汝，而长子迈将赴饶之德兴尉，送之至湖口，因得观所谓石钟者。寺僧使小童持斧，于乱石间择其一二扣之，硿硿然。余固笑而不信也。至莫夜月明，独与迈乘小舟至绝壁下。大石侧立千尺，如猛兽奇鬼，森然欲搏人；而山上栖鹘，闻人声亦惊起，磔磔[⑤]云霄间；又有若老人咳且笑于山谷中者，或曰：此鹳鹤[⑥]也。余方心动欲还，而大声发于水上，噌吰如钟鼓不绝。舟人大恐。

徐而察之，则山下皆石穴罅，不知其浅深，微波入焉，涵澹澎湃而为此也。舟回至两山间，将入港口，有大石当中流，可坐百人，空中而多窍，与风水相吞吐，有侹坎镗鞳之声，与向之噌吰者相应，如乐作焉。因笑谓迈曰："汝识之乎？噌吰者，周景王之无射也，侹坎镗鞳者，魏庄子之歌钟也。古之人不余欺也！"

事不目见耳闻，而臆断其有无，可乎？郦元之所见闻，殆与余同，而言之不详；士大夫终不肯以小舟夜泊绝壁之下，故莫能知；而渔工水师，虽知而不能言，此世所以不传也。而陋者乃以斧斤考击而求之，自以为得其实。余是以记之，盖叹郦元之简，而笑李渤之陋也。

【注释】

①彭蠡：即鄱阳湖，今江西北部。②郦元：即郦道元，字善长，北魏范阳涿鹿（今河北涿县）人，著名的地理学家和文学家。著有《水经注》。③函胡：指声音模糊而厚重。同含胡。④枹：鼓槌。⑤磔磔：鸟儿鸣叫声。⑥鹳鹤：像鹤而顶不红，颈、嘴较长。

【译文】

《水经》上记载说："鄱阳湖的湖口，有一座石钟山座落在那里。"郦道元以为山的下部面临深潭，微风激起波浪时，湖水同山石互相猛烈撞击，发出的声音像洪钟一样。这种说法，人们时常怀疑它。现今把钟磬放到水中，就是有大风大浪也不能发出声音，更何况是石头呢？到了唐朝李渤才开始探访石钟山的遗迹，他在潭上找到两块石头，敲击它们并且仔细地听它们发出的声音，南边那块石头发出的声音模糊而沉重，北边那块石头发出的声音清脆而悠扬，鼓槌停止了敲击，声音仍在传扬，余音慢慢地才消失，自己以为找到了石钟山命名的原因了。但是这种说法，我更加怀疑它。敲打时能发出响亮声音的石头，到处都有，然而这座山唯独用钟命名，为什么呢？

元丰七年（公元 1084 年）六月丁丑日，我从齐安坐船到临汝去，长子苏迈正要到饶州德兴县去做县尉，送他到湖口，所以得以观看人们所说的石钟山。寺里的和尚派小童拿着斧子，在乱石中间选出其中的一二块敲打它，发出硿硿的响声。我就笑起来，不相信它。到了晚上，月光明亮，我独自跟苏迈乘坐小舟到了绝壁下边。巨大的石头在旁边耸立着有千尺多高，像凶猛的野兽、奇异的鬼怪，阴森森的像是要扑上来抓人；山石上栖息的鹘鸟，听到人说话的声音也受到惊吓而飞起，在云霄间磔磔地鸣叫；又有像老人在山谷中边咳嗽边笑的声音，有的人说：这是鹳鹤。我内心正惊恐地想要回去，从水上发出了巨大的声音，响亮而沉重像敲钟击鼓声不断。船夫十分害怕。我慢慢地察看发出声音的地方，原来山下都是石洞和裂缝，不清楚它们的深浅，微波涌入到它们里边，浪花翻腾、水波激荡所以形成了这种声响。小船回到两山的中间，将要驶入港口，有一块巨大的石头正处在水流的中心，上面可坐一百多人，石头中间是空的，有很多窟窿，跟风浪相吞吐，一会儿风浪涌进，一会儿风浪退出，发出窾坎镗鞳的声音，和刚才洪亮沉重的声音相应和，好似音乐正在演奏。因此笑着对苏迈说："你知道这个吗？发出洪亮沉重声音的，是周景王的无射钟；发出窾坎镗鞳声音的，是魏庄子的歌钟。古时候的人没有欺骗我呀。"

任何事情没有亲眼看到亲耳听到，却凭主观臆断它的有还是无，可以吗？郦道元的所见所闻，大体跟我相同，但是说的不详细；作官、读书的人到底不愿意在夜里把小船停泊到绝壁的

下边，因此不能够了解情况；但是渔人和船工，尽管了解情况却不能够说出来，这就是石钟山取名由来在世上没有流传下来的缘故呀。但是见识浅薄的人居然用斧头敲击石头来探求石钟山命名的原因，自己以为找到了它取名的真相。我因此记录下来考察的情况，叹惜郦道元记叙的简略，讥笑李渤的浅薄。

潮州韩文公庙碑

匹夫而为百世师，一言而为天下法，是皆有以参天地之化，关盛衰之运，其生也有自来，其逝也有所为。故申、吕自岳降，而傅说为列星，古今所传，不可诬也。孟子曰："吾善养吾浩然之气。"是气也，寓于寻常之中，而塞乎天地之间。卒然遇之，则王公失其贵，晋、楚失其富，良、平失其智，贲、育失其勇，仪、秦失其辩。是孰使之然哉？其必有不依形而立，不恃力而行，不待生而存，不随死而亡者矣。故在天为星辰，在地为河岳，幽则为鬼神，而明则复为人。此理之常，无足怪者。

自东汉以来，道丧文敝，异端并起。历唐贞观、开元之盛，辅以房、杜、姚、宋[①]而不能救。独韩文公起布衣，谈笑而麾之，天下靡然从公，复归于正，盖三百年于此矣。文起八代之衰，而道济天下之溺，忠犯人主之怒，而勇夺三军之帅，此岂非参天地、关盛衰、浩然而独存者乎？

盖尝论天人之辨，以谓人无所不至，惟天不容伪。智可以欺王公，不可以欺豚鱼；力可以得天下，不可以得匹夫匹妇之心。故公之精诚，能开衡山之云，而不能回宪宗之惑；能驯鳄鱼之暴，而不能弭皇甫镈、李逢吉之谤；能信乎南海之民，庙食[②]百世，而不能使其身一日安于朝廷之上。盖公之所能者，天也；其所不能者，人也。

始潮人未知学，公命进士赵德为之师，自是潮之士，皆笃于文行，延及齐民，至于今，号称易治。信乎孔子之言："君子学道则爱人，小人学道则易使也。"潮人之事公也，饮食必祭，水旱疾疫，凡有求必祷焉。而庙在刺史公堂之后，民以出入为艰。前太守欲请诸朝作新庙，不果。元祐五年，朝散郎王君涤来守是邦，凡所以养士治民者，一以公为师，民既悦服，则出令曰："愿新公庙者听。"民欢趋之，卜地于州城之南七里，期年而庙成。

或曰："公去国万里而谪于潮，不能一岁而归，没而有知，其不眷恋于潮也审矣。"轼曰："不然。公之神在天下者，如水之在地中，无所往而不在也。而潮人独信之深，思之至，焄蒿凄怆，若或见之。譬如凿井得泉，而曰水专在是，岂理也哉！"

元丰七年，诏封公昌黎伯，故榜曰："昌黎伯韩文公之庙。"潮人请书其事于石，因作诗以遗之，使歌以祀公。其辞曰：

公昔骑龙白云乡，手抉云汉分天章，天孙为织云锦裳。飘然乘风来帝旁，下与浊世扫秕糠。西游咸池略扶桑，草木衣被昭回光。追逐李、杜参翱翔，汗流籍、湜走且僵，灭没倒影不可望。作书诋佛讥君王，要观南海窥衡湘，历舜九嶷吊英皇。祝融先驱海若藏，约束鲛鳄如驱羊。钧天无人帝悲伤，讴吟下诏遣巫阳。犦牲鸡卜羞我觞，於粲荔丹与蕉黄。公不少留我涕滂，翩然被发下大荒。

【注释】

①房、杜、姚、宋：即房玄龄、杜如晦、姚崇、宋璟。这四个人在唐太宗或唐玄宗时都曾任过宰相。②庙食：有功勋之人死后得以立庙，享受祭祀。《后汉书·梁竦传》："（竦）尝登高远望，叹息言曰：'大丈夫居世，生当封侯，死当庙食。'"

【译文】

普通的一个人却能成为百代人的宗师，平常的一句话竟能成为天下人的行为准则，这样的人都是用来参与天地化育万物，并关系到国家盛衰命运的，他们的降生有来历，他们的逝去也有缘由。因此周朝的申伯、吕侯出生时从高山上降神，商朝的傅说死后与众星并列，这都是古今相传的，是不能诬为不实的。孟子说："我擅长培养我的浩然正气。"这正气，寄寓在平常的事物中，却充溢于天地之间。突然间遇到它，帝王、公侯就会失去他们的高贵，晋国、楚国就会失去它们的财富，张良、陈平就会失去他们的才智，孟贲、夏育就会失去他们的勇敢，张仪、苏秦就会失去他们的雄辩。这是谁使得他们这样呢？这一定是有不依附于形体而能站立，不依靠力量却能行动，不等待生育却能存在，不跟随死亡而消失的东西啊！因此在天上就成为星辰，在地上就成为河流高山，在阴间就成为鬼神，而在阳间就又成为人。这是很平常的道理，没有什么值得奇怪的。

自东汉以来，儒道沦丧，文风败坏，异端邪说，一并兴起。经过唐代贞观、开元的盛世，用房玄龄、杜如晦、姚崇、宋璟那样的贤相来辅助却不能挽救。只有韩文公出身平民，谈笑之间发出号召，天下人都被倾倒并追随韩文公，又使得天下重新回到正路，到现在大约已有三百年了。文章振兴了八代的衰微，道德救助了天下的沉沦，忠直敢于冒犯皇帝，勇气直取三军统帅，这难道不是参与天地化育、关系国运盛衰、浩然正气独存的证明吗！

我曾评论过天道和人事的不同，认为人是没有什么不去做的，只有上天是不容忍虚伪的。智慧可以欺骗王公，不能够欺骗豚、鱼；力量可以得到天下，不能够得到普通男女的心。因此韩文公至诚的精神，可以散开衡山的乌云，却不能够转变宪宗的迷惑；可以驯服凶暴的鳄鱼，却不能消除皇甫镈、李逢吉对自己的诽谤；可以从南海的平民那里得到信任，百代以来享用庙祭，却不能够在朝廷里使自身平安地度过一天。大概韩文公所能做到的是天道，他所不能做到的是人事啊。

当初潮州人不知道学习，韩文公就派进士赵德做他们的老师，从这以后潮州的士人，都对文章德行非常重视，扩展到平民百姓，直至现在，潮州都号称是容易治理的地方。孔子的话真是信实啊："品德高尚的人学习了道理就会爱别人，道德低下的人学习了道理就容易役使了。"潮州人供奉韩文公，吃饭喝酒时一定祭奠，旱灾、水灾、瘟疫、疾病流行时，凡是有事求助时一定要到庙里祈祷。但是祠庙在州官办事厅堂的后边，百姓认为出入有困难。前任太守想向朝廷请求建座新庙，没有实现。元祐五年（公元1090年），朝散郎王君涤来到这个地方任太守，凡是用来培养士人、治理平民百姓的措施，都把韩文公作为仿效的典范，平民百姓已经心悦诚服了，就发布命令说："乐意新建韩文公祠庙的人，任凭重修。"百姓们高兴地急忙去办这件事，通过占卜在州城南边七里处选择了一块地方，一年后庙就建成了。

有人说："韩文公离开京都万里而贬居到潮州，不到一年就回去了，如果人死后有知觉的话，他对潮州不眷恋这一点就是很明白、很清楚的了！"苏轼说："不是这样。韩文公的精神存在于天下，就好似水存在于地中，所到之处没有不存在的。潮州人偏偏信仰他最深，怀念他到

了极点，祭祀时香气散发，引起悲哀的情绪，仿佛隐约看到了韩文公。譬如挖井找到了泉水，却说水唯独在这里有，难道符合道理吗!”

元丰七年（公元1084年），皇帝颁发命令封韩文公为昌黎伯，因此题匾额为：“昌黎伯韩文公之庙。”潮州人请求在碑石上刻写他的事迹，于是作诗来赠送他们，让他们歌唱来祭奠韩文公。那歌词说：

以前韩文公骑着龙在那神仙乡，双手挑取银河分得天体的文彩与华光，织女为他织出了云锦的衣裳。飘飘荡荡驾云乘风来自天帝身旁，降临污浊人世扫除那糟粕与秕糠。向西游历太阳沐浴的咸池，巡行在太阳升起的扶桑，花草树木衣被恩泽普照光芒。追赶李白、杜甫同他们一起翱翔，使张籍、皇甫湜奔跑得汗水流光，两腿发僵，他们像倒影一样消失而对您无法仰望。撰写文章诋迎佛骨讽谏君王，贬潮州得观南海、衡山与湘江，经过虞舜葬地九嶷山，凭悼女英与娥皇。祝融前面来开道，海若深深海底藏，管束鲨鱼鳄鱼像赶羊。中天无人天帝悲伤，派巫阳讴吟而下，要招韩文公回天上。高背野牛作供品，用鸡骨来占卜，端上杯中酒，色彩鲜明啊荔枝嫣红香蕉黄。韩文公不作停留，我的眼泪纷纷扬，披散长发朝着仙界飘然飞往。

韩干画马赞

韩干[①]之马四：其一在陆，骧首奋鬣，若有所望，顿足而长鸣。其一欲涉，尻高首下，择所由济，跼蹐[②]而未成。其二在水，前者反顾，若以鼻语；后者不应，欲饮而留行。

以为厩马也，则前无羁络[③]，后无箠策[④]；以为野马也，则隅目耸耳，丰臆细尾，皆中度程。萧然如贤大夫贵公子，相与解带脱帽，临水而濯缨，遂欲高举远引，友麋鹿而终天年，则不可得矣。盖优哉游哉，聊以卒岁而无营。

【注释】

①韩干：唐代画家。玄宗时官至太府寺丞。善画人物，尤工骏马。②跼蹐：小步走路貌。③羁络：马笼头。④箠策：马鞭子。

【译文】

韩干画的马有四匹：其中一匹在陆地上，仰着头，摇动鬃毛，好似望着什么东西，跺着脚长鸣。其中一匹想要渡河，撅着屁股低着头，在选择从哪条途径渡河，迈着小步徘徊而未能渡成。其中两匹在水里，前面的一匹回过头来看，好像用鼻子跟后边的马说话；后边的一匹马没有回应，想要饮水而停止不前。

认为它们是马房中饲养的马，却前边没有马笼头，后面没有马鞭子；以为它们是野马，却是眼睛有棱角，耳朵向上竖起，胸脯丰满，尾巴细小，这些都合乎良马的标准。超逸脱俗的样子好似贤大夫、贵公子，一同解开衣带，脱下帽子，来到水边清洗帽带，因此想要高飞远去离开俗世，跟麋鹿做朋友而享受自然的寿命，却不能得到呀。还是闲暇自得，自由自在地生活，暂且享尽天年而不要去谋取功名富贵。

祭欧阳文忠公文

呜呼哀哉！公之生于世六十有六年，民有父母，国有蓍龟①，斯文有传，学者有师，君子有所恃而不恐，小人有所畏而不为。譬如大川乔岳，不见其运动，而功利之及于物者，盖不可以数计而周知。

今公之没也，赤子无所仰芘，朝廷无所稽疑，斯文化为异端，而学者至于用夷，君子以为无为为善，而小人沛然自以为得时。譬如深渊大泽，龙亡而虎逝，则变怪杂出，舞鳅鳝②而号狐狸。昔其未用也，天下以为病；而其既用也，则又以为迟；及其释位而去也，莫不冀其复用；至其请老而归也，莫不惆怅失望，而犹庶几于万一者。幸公之未衰，孰谓公无复有意于斯世也？奄一去而莫予遗，岂厌世溷浊，洁身而逝乎？将民之无禄，而天莫之遗？

昔我先君，怀宝遁世，非公则莫能致。而不肖无状，因缘出入，受教于门下者，十有六年于兹。闻公之丧，义当匍匐③往救，而怀禄不去，愧古人以忸怩，缄词千里，以寓一哀而已矣。盖上以为天下恸，而下以哭其私。呜呼哀哉！

【注释】

①蓍龟：蓍，草名，古代用它的茎占卜；龟，古代灼龟甲以占卜。蓍龟，在这里指决疑定策的人。②鳅鳝：泥鳅和鳝鱼。③匍匐：竭力，尽力。《诗经·邶风·谷风》："凡民有丧，匍匐救之。"

【译文】

唉，太可悲了！欧阳文忠公活在世上六十六年，百姓有了好父母官，国家有了决疑定策的人，儒道文章有了传授的人，学习的人有了师长，有道德的人有了靠山而不再恐惧，道德低下的人有了畏惧而不敢胡作非为。就好比大江高山，没有看到它在运动，可是功效、利益波及到万物，大概不能用数字来计算而全面了解。

现今欧阳文忠公去世，百姓没有了庇护仰仗的人了，朝廷失去了决断疑事的人了，儒道文章变成了异端邪说，而学习的人到了采用外来佛学的地步，有道德的人认为无为是好的，但道德低下的人兴致勃勃地自认为得到了好时机。就好似深邃的水潭与广大的湖泽，蛟龙亡失而老虎离开，那么诡怪变异就纷纷地出来，泥鳅、鳝鱼起舞而狐狸、野猫号叫。以前欧阳文忠公没被任用的时候，天下的人以为是弊病；而当他已经被任用了，就又认为是任用晚了；等到他被罢去职位而离开的时候，没有谁不期望他被重新任用；等到他请求退休而回家的时候，没有谁不惆怅失望，而还希冀他万一能回来。幸好欧阳文忠公没有衰老，谁说他不再对这个人世怀有情意了？忽然一下子离去了不再留给我们，难道是由于厌恶世间的混浊，想保持自身的高洁才离去的吗？还是百姓们没有福禄，而上天不把他留下来呢？

以前我的父亲苏洵，怀有满腹经纶，逃遁避世，假如不是欧阳文忠公，没有谁能够招引他。而我没有什么成绩，凭借缘份在欧阳文忠公门下往来出入，接受教导，到现在已十六年了。听说欧阳文忠公的丧事，按照道义应当竭力地前去帮助，可我却留恋官位没有离开这里前往，想到古代的弃官奔师丧，非常羞惭，觉得愧对古人。从千里之外缄封邮寄祭文，来寄托我

的全部哀思而已。对上用这个替天下人痛哭，对下用这个为我的私情而哭。唉，太可悲了！

日 喻

生而眇[①]者不识日，问之有目者，或告之曰："日之状如铜盘。"扣盘而得其声，他日闻钟，以为日也。或告之曰："日之光如烛。"扪烛而得其形，他日揣龠，以为日也。

日之与钟、龠亦远矣，而眇者不知其异，以其未尝见而求之人也。道之难见者甚于日，而人之未达也，无以异于眇。达者告之，虽有巧譬善导，亦无以过于盘与烛也。自盘而之钟，自烛而之龠，转而相之，岂有既乎？故世之言道者，或见其所见而名之，或莫之见而意之，皆求道之过也。然则道卒不可求欤？苏子曰："道可致而不可求。"何谓致？孙武[②]曰："善战者致人，不致于人。"子夏曰："百工居肆，以成其事，君子学以致其道。"莫之求而自至，斯以为致也欤！

南方多没人[③]，日与水居也，七岁而能涉，十岁而能浮，十五而能没矣。夫没者岂苟然哉？必将有得于水之道者。日与水居，则十五而得其道。生不识水，则虽壮，见舟而畏之。故北方之勇者，问于没人，而求其所以没，以其言试之河，未有不溺者也。故凡不学而务求道，皆北方之学没者也。

昔者以声律[④]取士，士杂学而不志于道；今者以经术取士，士求道而不务学。渤海吴君彦律，有志于学者也，方求举于礼部，作《日喻》以告之。

【注释】

①眇：原指一只眼睛，此指双目失明。②孙武：字长卿，春秋时齐人，军事家。著有《孙子》。③没人：能潜入水中善于游泳的人。④声律：诗赋最讲究声律，此处用来代称诗赋。

【译文】

生下来就眼瞎的人不清楚太阳的样子，就问有眼睛的人，有人告诉他说："太阳的形状像铜盘。"他敲盘子听到了它的声音，另外一天他听到钟响的声音，就认为是太阳了。又有人告诉他说："太阳的光好似蜡烛。"他摸蜡烛得知了它的形状，另外一天他摸到了一支像笛子一样的管乐器，就以为是太阳了。

太阳同钟、笛状的管乐器相差也太远了，然而眼瞎的人不了解它们的差异，由于他未曾看见太阳而是向别人求教的。道理的难以洞察比起太阳来要厉害得多了，而人在没有通晓它的时候，跟眼瞎的人没有什么差异。懂得道理的人告诉他，就是有巧妙的比喻、良好的引导，也没有办法超过铜盘和蜡烛的比喻。从铜盘而想到钟，从蜡烛而想到笛状的管乐器，辗转地比它，难道有终结吗？因此世上谈论道理的人，有的人看见他自己所看见的东西而指称它，有的人没有看见，只凭主观想象来臆断它，这些都是追求道理中的过失。既然如此，那么道理最终是不能够追求的吗？苏子说："道理只可以使它自然而然地到来却不能够去强求。"什么叫做使它自然而然地到来？孙武说："擅长作战的人，能使敌人来就我，而我不被敌人所诱惑。"子夏说："工匠们呆在作坊里才能干好他们的活儿，君子努力学习才能获得、掌握那些道理。"没有去强求，道理却自己到来，这大约就是使它自然而然地来到的吧！

南方有许多会潜水的人，整天跟水呆在一起，七岁能够渡河，十岁能够浮在水面，十五岁就能够潜水了。那些会潜水的人难道是偶然的吗？他们必定是对水的规律有所掌握的人。每天同水呆在一起，那么十五岁就掌握了水的规律。生下来就不知道水，那么就是身体强壮，看见小船就害怕它。因此北方的勇敢的人，向会潜水的人询问，求得他用来潜水的方法，依照他的话去河里试验，没有不被水淹没的。所以凡是不勤奋学习就从事于追求道理的，都像是那学习潜水的北方人。

以前都用诗赋取士，读书人夹杂地学习却不一心一意地追求道理；现在用经术取士，读书人只知道追求道理却不致力于勤奋学习。渤海郡吴彦律先生，是有志于勤奋学习的人，正在礼部应进士考试，写了《日喻》来告诫他。

书蒲永升画后

古今画水，多作平远细流，其善者不过能为波头起伏，使人至以手扪之，谓有洼隆，以为至妙矣。然其品格，特与印板水纸争工拙于毫厘间耳。

唐广明中处士孙位，始出新意，画奔湍巨浪，与山石曲折，随物赋形，尽水之变，号称神逸。其后蜀人黄筌、孙知微皆得其笔法。始知微欲于大慈寺寿宁院壁作湖滩水石四堵，营度经岁，终不肯下笔。一日苍黄①入寺，索笔墨甚急，奋袂如风，须臾而成，作输泻跳蹙之势，汹汹欲崩屋也。

知微既死，笔法中绝五十余年。近岁成都人蒲永升，嗜酒放浪，性与画会，始作活水②，得二孙本意，自黄居寀兄弟、李怀衮之流，皆不及也。王公富人或以势力使之，永升辄嘻笑舍去。遇其欲画，不择贵贱，顷刻而成。尝与予临寿宁院水，作二十四幅，每夏日挂之高堂素壁，即阴风袭人，毛发为立。永升今老矣，画亦难得，而世之识真者亦少。如往时董羽、近日常州戚氏画水，世或传宝之；如董、戚③之流，可谓死水，未可与永升同年而语也。

【注释】

①苍黄：即仓皇，匆匆忙忙貌。②活水：指活泼的画水方法。③董、戚：即董羽、戚氏，都是宋代的水法画家。

【译文】

古今画水，大多画成平的、远的细流，其中好的不过是能画出起伏的浪头，至于使得人们拿手去抚摸它，以为有凹凸之感，认为是最妙的了。但是它的品格，仅仅跟印板水纸在毫厘之间争工巧拙劣而已。

唐代广明年间的隐居之士孙位，才开始创出新意，画那奔腾的急流、巨大的波浪，随山石让水流弯弯曲曲，随物体不同赋予水流以形状，穷尽了水流的千变万化，号称俊逸神采。这之后蜀地人黄筌、孙知微都学到他的笔法。起初孙知微想要在大慈寺寿宁院的四面墙壁上分别画湖、滩、水、石四幅画，构思、琢磨一年，始终不肯下笔。一天，匆忙进入寺院，寻找笔墨十

分着急，衣袖随着手臂挥动，像刮风一样，一会儿就画成了，水流画作奔腾涌泻、跳荡折逆的姿态，汹涌澎湃几乎要将房屋冲塌。

孙知微死后，这种笔法中断了五十多年。近年来成都人蒲永升，嗜好饮酒，狂放不羁，天性与绘画相结合，开始采用活泼的画水方法，得到了孙位、孙知微二人的本意，像黄居宷兄弟、李怀衮一班人，都及不上他。王公及富人有的凭藉势力指使他作画，蒲永升总是嘻笑着抛弃他们而离去。碰到他想要作画，就不选择富贵或贫贱，一会儿就画成了。曾跟我来到寿宁院的水流前，画了二十四幅画，每当夏天把它们挂在高大厅堂的白色墙壁上，就有阴冷的风侵袭过来，毛发因此竖立起来。蒲永升现在老了，画也难以得到，而世上知道真正的好画的人也很少。比如过去的董羽，近来的常州戚氏，他们画的水，世上的人有的还将它们传来传去，当作宝物；像董羽、戚氏一类人，可以说画的是死水，不能同蒲永升同日而语的。

七　古

和子由踏青

东风陌上惊微尘，游人初乐岁华新。人闲正好路傍饮，麦短未怕游车轮。城中居人厌城郭，喧阗晓出空四邻。歌鼓惊山草木动，箪瓢散野乌鸢驯。何人聚众称道人，遮道卖符色怒嗔？宜蚕使汝茧如瓮，宜畜使汝羊如麕。路人未必信此语，强为买服禳新春。道人得钱径沽酒，醉倒自谓吾符神。

【译文】

东风微拂的田间小路上惊起了微尘，游人们开始来到野外感受春天的喜悦与温馨。人们难得清闲，正好停车在路旁小饮，麦苗短而柔韧，不怕那辗轧过来的车轮。城里人厌倦了高高的城墙，向往着郊外的景致，许多人家一大早就爬起来，闹腾腾地涌出城来踏青。鼓乐声惊醒了冬眠的山岭，草木在欢歌笑语中摇动。野餐用的箪瓢遍野都是，前来捡食的乌鸢像驯养熟了一样全不避人。那边是个什么人在自称道人，引得众人都来围观？只见他挡在路上卖符，脸红脖子粗地夸说它是多么灵：“我这符能使你家养蚕结茧似瓮大，养羊如獐圆滚滚。”路上的人未必就信他的话，只是为了图个新春吉利，才勉强买下佩带在身。道人卖得了钱就径自去买酒喝，醉倒后还自言自语说我这符可真灵。

石鼓歌

冬十二月岁辛丑，我初从政见鲁叟①。旧闻石鼓今见之，文字郁律蛟蛇走。细观初以指画肚，欲读嗟如箝在口。韩公②好古生已迟，我今况又百年后！强寻偏傍推点画，时得一二遗八九。我车既攻马亦同，其鱼维鲔贯之柳。古器纵横犹识鼎，众星错落仅名斗。模糊半已似瘢胝，诘曲犹能辨跟肘。娟娟缺月隐云雾，濯濯嘉禾秀良莠。漂流百战偶然存，独立千载谁与友？上追轩颉③相唯诺，下揖冰斯④同鷇彀。忆昔周宣歌鸿雁，当时籀史⑤变蝌蚪。厌乱人方思圣贤，中兴天为生耆考。东征徐卤阚虓虎，北伐犬戎随指嗾。象胥杂沓贡狼鹿，方召联翩赐圭卣。遂因鼓鼙思将帅，岂为考击烦矇瞍。何人作颂比嵩高？万古斯文齐岣嵝[⑥]。勋劳至大不矜伐，文武未远犹忠厚。欲寻年岁无甲乙，岂有名字记谁某。自从周衰更七国，竟使秦人有九州。扫除诗书诵法律，投弃俎豆陈鞭杻。当年何人佐祖龙？上蔡公子牵黄狗。登山刻石颂功烈，后者无继前无偶。皆云皇帝巡四国，烹灭强暴救黔首。六经既已委灰尘，此鼓亦当遭击掊。传闻九鼎沦泗上，欲使万夫沉水取。暴君纵欲穷人力，神物义不污秦垢。是时石鼓何处避？无乃天工令鬼守。兴亡百变物自闲，富贵一朝名不朽。细思物理坐叹息，人生安得如汝寿！

【注释】

①鲁叟：称呼孔子。石鼓当时在孔子庙中，作者到孔庙去谒圣，所以说“见鲁叟”。②韩公：即韩愈，他亦作有《石鼓歌》。③轩颉：轩辕、苍颉。④冰斯：李阳冰及李斯。⑤籀史：周宣王时太史籀创作了籀文，因而称他为籀史。籀文，即大篆。⑥岣嵝：碑名，夏禹治水时所书，是最早的石刻。

【译文】

嘉祐六年（公元 1061 年）辛丑十二月，我刚到凤翔府上任，就去孔庙谒圣。从前曾听说过石鼓，现今在庙里看到了它们，那上边的文字生动险曲，好似龙蛇飞舞。它们是那么难认，我细细看着，手指也不自觉地开始在肚子上比划；想要读出它的音来，更是像有一把竹镊子卡在口中，只能望鼓兴叹。韩愈先生说他好古而苦于生得太晚，因此对鼓流泪；况且我现在又比他晚生了上百年，更是认读不出。勉强找寻每个字的偏旁部首，极力推测它的点点划划，有时辨出了一字半句，但绝大多数无法猜认。完全能够读得通的，只有这么几句：“我车既攻，我马既同；其鱼维何，维鲔维鲤。何以贯之？维杨与柳。”这就好比众多古器中我只认识鼎器，满天繁星中我只识得斗星。有些字模模糊糊的，有半边像是结了疮疤或厚茧，有些字弯弯曲曲且形体不全，仅仅还能辨得出哪是脚跟哪是臂肘。那些完整而清晰的字散缀其间，像美丽的弯月在云雾中忽隐忽现，又像挺秀的禾苗在杂草丛中闪着光泽。石鼓文在人间漂流，历经上百次战火而偶然得以保存下来，真是独立千载而绝世无双。它们上与轩辕、仓颉时代的蝌蚪文一脉相承，下作李斯和李阳冰的小篆的基础与养料。《诗经》中有一篇名叫《鸿雁》，是赞美周宣王的，回顾一下那段历史吧，正是那时的史官籀将蝌蚪文变革为籀书，也就是这石鼓上的大篆体文字。那之前人民已厌倦了夷王和厉王时的动乱，才思盼圣贤之君；而后果真出现了中兴之主宣王，上天还为他降下了许多史籀这样的能臣。东征徐地的强虏有怒虎咆哮般威猛的武将，北伐犬戎的顽敌有狗一样任凭驱驰的士兵。掌管外邦和属国的“象胥”纷纷出使，各地的贡品滚滚而来；征荆有功的方叔和讨淮获胜的召虎，接连得到了圭和卣这样珍贵的赐品。由于听着军鼓之声就能寄托对远征将帅的挂念之情，因此宣王才要乐师们演奏，哪里会是只为了欣赏音乐，而去给那些盲老人们增添麻烦呢！石鼓文和《嵩高》一样是赞颂宣王功德的颂词，不知谁人所作，它那万古流芳的文采，足以与记载大禹事迹的岣嵝碑文相媲美。宣王建立了至为宏伟的功业，却不居功自傲，可见文王和武王的德行还没有远逝，周家天子还是这样忠厚、仁义。我想从石鼓文中找寻出关于年代的记载来，却没有发现甲子、乙丑之类字眼；也没见哪里有“某某人记某某”这样的句子。自从宣王以后周朝衰败以来，经历了春秋五霸和战国七雄的更替，最终秦国兼并六国、统一天下。秦始皇焚毁儒家经典，强迫读书人诵读法家著作；抛开礼

器，摆出刑具，以“法治”取代“礼治”。当时辅佐始皇帝的是谁呢？就是那个爱牵黄狗的上蔡公子李斯。秦始皇多次出巡，登山刻石，其兴师动众和劳民伤财的程度，真是前无古人后无来者。刻石上却还都说皇帝出巡四方，是为了振救黎民、剿灭暴徒。《六经》既已被烧成了灰烬，这石鼓也应该遭致了损毁吧？传说周朝的九鼎沉没在泗水中，秦始皇就派了成千上万人下水，想将它们捞取上来。但是即使暴君想竭尽人力，这些有灵的宝物也似深明大义，决不让那肮脏的手玷污。这时候石鼓又在哪里隐藏呢？莫不是上天派了神鬼在护卫着它吧？人世间经历了无数次兴亡变幻，它们却悠然自得，存留至今，由此我联想到富贵荣华不过一朝一夕，只有声名才能永垂不朽。仔细地思索着这物体中所寓含的哲理，我不由因之叹息：人生怎样才能像你这石鼓一样有永恒的寿命？

欧阳少师令赋所蓄石屏

何人遗公石屏风，上有水墨希微踪。不画长林与巨植，独画峨眉[①]山西雪岭上万岁不老之孤松。崖崩涧绝可望不可到，孤烟落日相溟蒙。含风偃蹇得真态，刻画始信天有工。我恐毕宏韦偃[②]死葬虢山下，骨可朽烂心难穷。神机巧思无所发，化为烟霏沦石中，古来画师非俗士，摹写物象略与诗人同。愿公作诗慰不遇，无使二子含愤泣幽宫。

【注释】

①峨眉：山名，位于今四川境内。②毕宏、韦偃：二人都是唐朝名画家，善画松，而不为当世所重。

【译文】

是谁送给先生一块这样的石屏？上头隐约似有淡笔水墨的痕迹。那天然之笔不画长长的林子和巨大的树木，只画峨眉山西边雪峰顶上那万年不老的一株孤松。深涧隔绝、崖壁崩裂，这孤松可望而不可及；在它四周，孤烟与落日混融难分，一片迷濛。它卧于风中，虬枝欲摇，尽得松之真态，刻画之神妙，使我开始相信天然造化确有人力所不能及的精巧。我想象毕宏、韦偃这样的画松大师，死后葬在虢山脚下，骨头虽可腐烂，但他们对艺术的热爱之情，恐怕难以穷尽和泯灭。他们的神奇技艺与巧妙构思无处展现，因此化为烟雾霞霏隐进石中，形成这样奇妙的图画。自古以来画家都不是庸俗的人，描摹物象的那种工巧与清新，与诗人略为相似。因此我希望先生以作诗来告慰那怀才不遇的画家的在天之灵，不要使他们在坟墓里满怀怨愤地哭泣。

泗州僧伽塔

我昔南行舟系汴[①]，逆风三日沙吹面。舟人共劝祷灵塔，香火未收旗脚转。回头顷刻失长桥，却到龟山[②]未朝饭。至人无心何厚薄，我自怀私欣所便。耕田欲雨刈欲晴，去得顺风来者怨。若使人人祷辄遂，造物应须日千变。我今身世两悠悠，去无所逐来无恋。得行固愿留不恶，每到有求神亦倦。退之旧云三百尺，澄观所营今已换。

不嫌俗土污丹梯，一看云山绕淮甸。

【注释】

①汴：河名，位于今河南境内。②龟山：位于今安徽盱眙县北部。

【译文】

我曾乘船去南方，到汴梁时不得不停下，因为一连三天逆风，沙尘扑面。船上的人都劝我去灵验的僧伽塔祷祝，结果香火还没有收起来，风向就已经转变。次日一早重又开船，不多久回头就看不见汴河上的长桥了，行到龟山时还没到吃早饭的时间。至圣的人没有私心，也就不会计较神灵对人的眷顾是厚是薄，我则怀着个人打算，而为老天爷给了我方便而兴奋。耕田的人期望下雨，割禾的人则期望天晴；往前去的船只得到顺风了，从前头来的却会埋怨逆风。如果让每个人一祈祷就遂愿，那老天只好一日改变上千次了。现今我飘零无定，去留都悠然自在，前去没有什么可以追求，返回也没有什么值得眷恋。能够起程固然乐意，如果滞留下来也不讨厌，每逢遇上不顺就去祷求帮助，神灵也会感到厌倦。韩愈以前曾说僧伽塔有三百尺高，那是名僧澄观重建后的样子，现在已经改变了。我不嫌俗人游玩时踩脏了它的丹梯，登上塔顶一览云山环绕的江淮大地的风光。

薄薄酒二首　并序

胶西先生赵明叔，家贫好饮，不择酒而醉。常云：薄薄酒，胜茶汤；丑丑妇，胜空房。其言虽俚而近乎达，故推而广之，以补东州之乐府。既又以为未足，复自和一篇，以发览者之一噱云尔。

薄薄酒，胜茶汤；粗粗布，胜无裳。丑妻恶妾胜空房。五更待漏靴满霜，不如三伏[①]日高睡足北窗凉。珠襦玉柙[②]万人相送归北邙[③]，不如悬鹑百结[④]独坐负朝阳。生前富贵，死后文章，百年瞬息万世忙。夷齐盗跖俱亡羊，不如眼前一醉是非忧乐两都忘。

薄薄酒，饮两钟。粗粗布，著两重。美恶虽异醉暖同。丑妻恶妾寿乃公，隐居求志义之从。本不计较东华[⑤]尘土北窗风，百年虽长要有终。富死未必输生穷，但恐珠玉留君容。千载不朽遭樊崇[⑥]，文章自足欺盲聋。谁使一朝富贵面发红，达人自达酒何功，世间是非忧乐本来空。

【注释】

①三伏：夏至后三庚为初伏，第四庚为中伏，立秋后初庚为末伏，这是一年中最热的季节。②珠襦玉柙：汉代皇帝、皇后死后，以珠襦玉柙殓尸，如颜师古所说："以珠为襦，如铠状，以黄金为缕，腰以下玉为柙，至足亦缝，以黄金为缕"。③北邙：山名，位于今河南洛阳县东北部，汉王侯多葬于此。④悬鹑百结：形容衣服破烂不堪。悬鹑，鹌鹑毛斑尾秃，似披破衣，故以"悬鹑"比喻衣服破烂。⑤东华：东华门，意指在京师为官。⑥樊崇：两汉末，樊崇起兵，号赤眉兵，发掘长安诸陵。

【译文】

胶西有位先生名叫赵明叔，家里虽穷，却好饮，不管什么酒都喝，而且总是一醉方休。他常说，淡淡的酒，胜过茶汤；丑丑的妻子，强比守空房。这话虽然粗俗，但接近真理，因此我想将它推而广之，以给我们东州的乐府添补一首新作。写完之后，意犹未尽，感到还不够，因此又自和一篇，以博阅读它们的人一笑而已。

淡淡的酒，胜过茶汤；粗粗的布，胜过没有衣裳。丑陋的妻子和小妾，胜过独自守空房。为官之人每天五更就爬起来，去待漏院等待上早朝，等得靴帽上都布满了寒霜；还不如平民百姓三伏天里，太阳老高也不必起床，在凉爽的北窗下睡得舒舒畅畅。披金缀珠地躺在玉棺里，由成千上万人祭祀之后，送往北邙山去埋葬，还不如鹑衣百结地活在世上，一个人悠然自得地坐在庭前，晒着暖洋洋的太阳。生前追求富贵荣华，死后期望文章流芳，百年转瞬即逝，万代碌碌忙忙，君子如伯夷、叔齐，盗匪如跖，都一样在世间消亡。因此与其一生追名逐利，不如只图眼前一醉，是非忧乐，得失荣辱，统统忘个精光。

淡淡的酒，且饮两钟，粗糙的布，也着两重；酒无论好坏，都能让人喝醉；布虽有粗细，保暖却无异同。丑妻恶妾不堪亲近，倒可以让他们的老公多些寿命。丈夫想去归隐，以追求自己的人生理想，她们也会义无反顾地跟从，因为她们本来就不计较，丈夫是为官出入东华门呢，还是退隐沐浴北窗风。人活百年尽管很长，但总要有个尽头，富贵地死去，也不一定不如活着忍受贫穷。只担心珠衣玉匣保留住您的真容，千年之后还不朽烂，最终被乱贼掘出，肆加欺凌、侮辱。文章能够骗骗盲人和聋子就自足了，谁要你一朝得到富贵荣华而满面发红？得意的人自己能够得志意，酒能有什么作用？世间的是非忧乐呀，原本就是一场空。

李思训画长江绝岛图

山苍苍，江茫茫，大孤小孤①江中央。崖崩路绝猿鸟去，惟有乔木参天长。客舟何处来？棹歌中流声抑扬。沙平风软望不到，孤山久与船低昂。峨峨两烟鬟，晓镜开新妆。舟中贾客莫漫狂，小姑②前年嫁彭郎。

【注释】

①大孤小孤：均为山名，位于今江西彭泽县大江中。②“小姑”句：小孤山，俗称小姑山，与南岸彭浪矶相对，这里是巧借谐音的拟人笔法。

【译文】

山色苍苍，江水茫茫，大孤山和小孤山屹立江中，遥遥相望。崖壁崩塌，山路断绝，猿鸟都逃向他方；只剩许多参天大树，在那儿顽强生长。那只客船从哪里飘来？船夫的歌声在江中忽而低沉忽高昂。沙尘止息，风力微弱，孤山可望，船儿难航；船上看山，船高山低，船低山高，随波跌宕。烟雾迷漫，两山好似发髻高耸；长江似镜，映出少妇晨起梳好的新妆。船上的商人不要轻狂，对着这幅“丽人图”胡思乱想，小姑（孤）尽管让人着迷，可“她”已于前年嫁给了彭郎（浪）。

登云龙山

醉中走上黄茅冈，满冈乱石如群羊。冈头醉倒石作床，仰看白云天茫茫。歌声落谷秋风长，路人举首东南望。拍手大笑使君狂。

【译文】

醉醺醺地走上云龙山北面的黄茅冈，只见满山的乱石像无人看管的群羊。走上冈头时我醉卧在地，暂将乱石当床；仰脸看着白云，只觉高天茫茫。引吭高歌，声落谷中，余音像秋风一般悠长；过路人都抬头向东南方张望，看到我这个样子，不由拍手大笑，因为他们的太守竟是这般狂放。

寄吴德仁兼简陈季常

东坡先生无一钱，十年家火烧凡铅。黄金可成河可塞，只有霜须无由玄。龙丘居士亦可怜，谈空说有夜不眠。忽闻河东狮子吼，拄杖落手心茫然。谁似濮阳公子贤，饮酒食肉自得仙。平生寓物不留物，在家学得忘家禅。门前罢亚十顷田，清溪绕屋花连天。溪堂醉卧呼不醒，落花如雪春风颠。我游兰溪访青泉，已办布袜青行缠。稽山不是无贺老①，我自兴尽回酒船。恨君不识颜平原②，恨我不识元鲁山③。铜驼④陌上会相见，握手一笑三千年。

【注释】

①贺老：即贺知章。唐朝时山阴人，开元礼部侍郎兼集贤院学士，晚年自号“四明狂客”，天宝初年，请求辞官退隐，年八十六卒。②颜平原：即颜真卿，玄宗时为平原太守，曾力主讨伐安禄山，后迁刑部尚书，封鲁国公，死后谥号“文忠”。他擅长真体草书，笔力遒劲秀拔。此处用以自比。③元鲁山：名德秀，唐朝时河南人，少年丧父，长大后极为孝敬母亲，当被举为进士时，不忍离开母亲而辞谢。母亲死后，因家中贫困，请求出任了鲁山县令。他喜爱陆浑一带的好山水，于是定居在那儿。天子认为他品行高洁，因而称他为“元鲁山”。死后谥号文行。此处用以比吴德仁。④铜驼：洛阳有铜驼街。《洛阳记》：“铜驼陌上集少年。”

【译文】

东坡先生我不名一文，十年炼丹也只能烧得凡铅。黄金能够炼成，黄河决口可以堵塞，长生之药却不可得，依然变得白发斑斑。陈季常自号“龙丘居士”，他也和“东坡居士”一样可怜，终日议仙论道谈空说有，晚上还不愿睡眠。突然听见河东狮吼般的声音，原来是他那好妒凶悍的妻子发怒了，吓得他拄杖脱手，心中茫然。谁能像濮阳公子吴德仁那样有才有德，又饮酒又吃肉却照例养道修仙。他平常寄意于物但不沉湎于物，住在家中也能学得忘家之禅。门前有种满水稻的上十顷田，还有一条清溪绕屋而过，屋前屋后鲜花连天。他却在溪堂醉卧，喊也喊不醒，落花如雪片纷飞，随着春风在他周围飘散。我穿上布袜、缠好绑腿，游了兰溪又访青泉。前番未遇德仁先生，并不是如李白所言“稽山无贺老”，是我游兴已尽而开回酒船，且等来日再见。很遗憾德仁君不认识我，我也未睹您的真颜。在某个像铜驼街那样热闹的地方，我们定能邂逅，到那时握手一笑，彼此都慨叹又已过了许多年！

七　　律

有美堂暴雨

游人脚下一声雷，满座顽云拨不开。天外黑风吹海立，浙东飞雨过江来。十分潋滟金樽凸，千杖敲铿羯鼓催。唤起谪仙[1]泉洒面，倒倾鲛室泻琼瑰[2]。

【注释】

①谪仙：谪居世间的仙人，是赞誉人的话，如称李白为“谪仙”。苏东坡也自称是“谪仙”。②琼瑰：琼玉瑰珠。《左传》：“琼瑰盈吾怀乎。”是指眼泪。此处是形容雨点之大。

【译文】

一声巨雷好似从游人脚底响起，满座的厚云堆积得移拨不开。黑风从天外卷来，吹得大海简直要立起，飞雨由浙东滚过江面，来得又快又猛。西湖水涨，好像装得十分满的酒凸过了杯面；雨声紧凑，恰如千槌齐敲而鼓声不息，一排紧催一排。难道天公是要唤醒谪仙，而用这急雨浇洒他的脸面？或者是不小心打翻了龙宫，倾泻下这么多的珠串、玉块？

次韵述古过周长官夜饮

二更铙鼓动诸邻，百首新诗间八珍[1]。已遣乱蛙成两部，更邀明月作三人。云烟湖寺家家境，灯火沙河夜夜春。曷不劝公勤秉烛？老来光景似奔轮。

【注释】

①八珍：龙肝、凤髓、豹胎、鲤尾、鸮炙、猩唇、熊掌、酥酪蝉为八珍。

【译文】

时间已是二更，鼓乐声还惊扰着四邻，席间赋就新诗多首，桌上摆满山珍海味。已经让乱蛙分为两部奏开了音乐，再邀明月而成三人一同宴饮。家家的情境都像云烟中的湖寺一样繁华，灯火通明的沙河上总是夜夜如春。何不劝先生您及时行乐呢？晚年时光转眼即逝，快得像飞奔的车轮。

除夜野宿常州城外二首

行歌野哭两堪悲，远火低星渐向微。病眼不眠非守岁[1]，乡音无伴苦思归。重衾脚冷知霜重，新沐头轻感发稀。多谢残灯不嫌客，孤舟一夜许相依。

【注释】

①守岁：古人除夕夜全家围炉团坐，终夜不睡叫守岁。

【译文】

在旅行途中哀歌和在荒郊野外哭泣，这两种情景都令人悲伤；远处的灯火和低空的星星，已逐渐变得稀微。由于眼病而久久不眠，并不是为了要在除夕之夜守岁；乡音遥远，无亲无友，我苦苦地怀念着家人，渴望立刻返归。盖了好几床被子脚依然冷，可见今夜的霜有多厚；刚洗过澡而觉得头很轻，大约是头发已掉得很稀。真得感谢这盏残灯不嫌弃我这个不眠之客，乐意在这孤舟上与我整夜相依相伴。

刁同年草堂

不用长竿矫绣衣，南园北第两参差。青山有约长当户，流水无情自入池。岁久酴醾[①]浑欲合，春来杨柳不胜垂。主人不用匆匆去，正是红梅著子时。

【注释】

①酴醾：一种类似蔷薇的花，俗称十姊妹，亦称荼蘼。

【译文】

南北两座屋舍一低一高，院子里没有用长竿晒着绣衣。青山好似和草堂订有约定，永远对着门户；流水不解风情，自顾流入小池。岁月已久，荼蘼叶子快要完全卷拢；春天到来，杨柳枝条不胜重负似地下垂。主人真没必要这样匆忙地离去，因为现在正是红梅结子之时。

惠山谒钱道人烹小龙团登绝顶望太湖

踏遍江南[①]南岸山，逢山未免更留连。独携天上小团月，来试人间第二泉[②]。石路萦回九龙脊，水光翻动五湖天。孙登无语空归去，半岭松声万壑传。

【注释】

①江南：宋代路名，至道年间设置，江苏省长江以南，镇江以西，安徽省长江以南及江西省全境都是它的辖地。②第二泉：在无锡惠山第一峰白石坞下，唐陆羽评为天下第二泉。

【译文】

我已踏遍了江南路境内、长江南岸一带的名山，遇到惠山时却仍不免要在此流连。这珍贵的小龙团茶是我独自从天上揽下的小小圆月，我把它放入壶中烹煮，想要试试天下第二泉的水是否名不虚传。石子铺成的小路沿九龙山脊萦回，波光粼粼中好像翻动了五湖中的水底天。孙登到此居然不留一语而徒然归去，只留下半岭松声在万道沟壑中长久相传。

次韵陈海州乘槎亭

人事无涯生有涯，逝将归棹汉江槎。乘桴我欲从安石[1]，遁世谁能识子嗟？日上红波浮翠岫，潮来白浪卷青沙。清谈美景双奇绝，不觉归鞍带月华。

【注释】

①安石：晋谢安，字安石，为相前曾经在东山隐居。

【译文】

人生之事纷繁无际，生命却有尽头，我发誓将要隐居，在汉江上摇着小木筏。我想跟随谢安乘船运遁，谁还能认得出避世而去的留子嗟？太阳升起在海面，红波上浮着青翠的山峰，潮流涌向岸边，白色的浪涛卷起了青沙。一番清谈，一番美景，都是那样引人入胜；归来的时候意犹未尽，没有察觉到马鞍上已经洒满了月华。

正月廿日往岐亭，郡人潘、古、郭三人送余于女王城东禅庄院

十日春寒不出门，不知江柳已摇村。稍闻决决[1]流冰谷，尽放青青没烧痕。数亩荒园留我住，半瓶浊酒待君温。去年今日关山路，细雨梅花正断魂。

【注释】

①决决：形容流水之声。

【译文】

连续十日春寒料峭，我一直没有出门；不知江边已有绿柳万条，摇醒了整个小村。隐约听到泉水流进冰谷的声音，四处绿草覆盖住去冬的烧痕。数亩荒园需要我留下来整治，半瓶浊酒等待诸君去热好而为我饯行。去年也是这个日子，我走在关山路上，冒着霏霏淫雨，看着路旁梅花，为孑然独行而几欲断魂。

秋兴三首

野鸟游鱼信往还，此身同寄水云间。谁家晚吹残红叶？一夜归心满旧山。可慰摧颓仍健食，此生通脱屡酡颜。年华岂是催人老，双鬓无端只自斑。

故里依然一梦前，相携重上钓鱼船。尝陪大幕今陈迹，谬忝承明愧昔年。报国无成空白首，退耕何处有名田？黄鸡白酒云山约，此计当时已浩然。

浴风池边星斗光，宴余香满上书囊。楼前夜月低韦曲[1]，云里车声出未央[2]。去国何年双鬓雪，黄花重见一枝霜。伤心无限厌厌梦，长似秋宵一倍长。

【注释】

①韦曲：地名，位于今陕西长安县南部。②未央：宫名，位于今在长安。

【译文】

野鸟和游鱼随心所欲地往返，我已和它们一起寄身于云水之间。谁家在断断续续地吹奏乐器，像一片摇摇欲坠的红叶？一夜间生出的归隐之心，差不多已飘满了旧日居留过的青山。身子已经老朽了，值得宽慰的是还算能食、健康，这一生洒脱通达，时常开怀畅饮至红光满面。哪里是岁月要催人老去？只是那双鬓无端地变得白发斑斑。

故乡仍然如同一梦之前，我和亲友相携着再次登上那钓鱼船。曾陪侍在大幕中运筹，现今空留下旧迹；我的差错辱没了朝廷，真是有愧当年。报效国家一事无成，徒自白了头发，打算归隐躬耕，又不知哪里能寻得好田。提着黄鸡和白酒与云山相约会饮，这个计划在仕宦之初就已经在我心中了然。

浴风池边闪烁着星斗之光，宴席散后，香气充溢于悬作帷幕的书囊。楼前俯看西沉之月，低低地快要隐没在韦曲境内；云中响起车马之声，飘出了故宫未央。离京之后，不知何时两鬓变成了白雪，那时的秋菊，又将重现出一枝寒霜。无尽感慨只能化作一个疲倦而无奈的梦，好似两个秋夜那样漫长。

七　绝

陈季常所蓄朱陈村嫁娶图二首

何年顾陆丹青手，画作朱陈[①]嫁娶图。闻道一村惟两姓，不将门户买崔卢[②]。

我是朱陈旧使君，劝耕曾入杏花村。而今风物那堪画，县吏催钱夜打门。

【注释】

①朱陈：村名，位于今江苏丰县东部。唐代诗人白居易曾经有诗写及：“徐州古丰县，有村曰朱陈。一村唯两姓，世世为婚姻。”②崔卢：崔氏、卢氏二姓，是六朝及唐时的名门望族。

【译文】

不知是哪一年，有人用顾恺之、陆探微那样的丹青妙手，画成了这幅《朱陈村嫁娶图》。听说这一村就只有朱陈两姓，世为婚姻，从不与名门望族联姻而来装点门户。

我是朱陈村人以前的太守，为了劝勉农民耕种，曾去过那个杏花盛开的小村。现今那里的光景哪里值得去画，县吏下来催收钱粮，半夜三更还去敲打各家的门。

海　棠

东风渺渺[①]泛崇光，香雾空蒙月转廊。只恐夜深花睡去，故烧高烛照红妆。

【注释】

①渺渺：也作袅袅，与“嫋”相通，微风吹动之状。

【译文】

东风微微吹拂，海棠花瓣上不断泛起春光，它散发出的香雾迷迷濛濛，招惹得月亮也转过了回廊。夜深了，我担心这美丽的花儿睡去，因此点燃了长长的蜡烛，照着它的红妆。

题西林壁

横看成岭侧成峰，远近高低各不同。不识庐山[①]真面目，只缘身在此山中。

【注释】

①庐山：位于今江西九江县一带。

【译文】

横看是七座峻岭，侧看却又合为一峰，站在远处、近处、高处和低处看时，形状各不相同。看不出这变幻无穷的庐山的真实面目，只是由于自己站在此山之中。

吉祥寺赏牡丹

人老簪花[①]不自羞，花应羞上老人头。醉归扶路人应笑，十里珠帘半上钩。

【注释】

①簪花：戴花。《司马光传》：“光中进士甲科，年甫冠。性不喜华靡，闻喜宴，独不戴花，同列语之曰：‘君赐不可违，’乃簪花一枝。”

【译文】

人老了却摘枝牡丹插到头上，也不自觉羞愧；这么娇媚的花儿，大约会羞于簪上我这老朽的头。醉歪歪地被人扶着归来，人们看到我这样子一定很好笑；十里长街上居民争相围观，很多人家都把珠帘挂上了钩。

六月二十七日望湖楼醉书五首　录三首

放生鱼鳖逐人来，无主荷花到处开。水枕能令山俯仰，风船解与月徘徊。

献花游女木兰[①]桡，细雨斜风湿翠翘。无限芳洲生杜若[②]，吴儿不识楚辞招。

未成小隐聊中隐，可得长闲胜暂闲。我本无家更安往？故乡无此好湖山。

【注释】

①木兰：一种树木的名称，也叫杜兰。《楚辞》："朝搴毗之木兰。"②杜若：多年生草本植物，生长于森林、原野的多阴地带。《楚辞》："采芳洲兮杜若。"

【译文】

喜获放生的鱼鳖逐人而来，无主的荷花四处盛开。以水为枕，随波荡漾，能使山也一俯一仰；小船随风飘荡，好像也懂得与月亮一起徘徊。

献花游女乘坐着木兰舟，斜风细雨沾湿了她们头上的翠翘。无边无际的芳洲上生长着馥郁的杜若草，这番情景在《楚辞·招魂》以及其他许多篇章中都有记述，可惜吴地的献花游女们并不知道。

没能退居山林长作"小隐"，暂且"中隐"作个闲官；哪里能够得到长闲，胜过这暂时的偷闲？我本来就没有一个家，又能够归到哪里去？我那久违的故乡，也没有眼前这样的好湖山。

冬至日独游吉祥寺

井底微阳回未回，萧萧寒雨湿枯荄。何人更似苏夫子，不是花时独肯来！

【译文】

井底阳气应升而没有上升，萧萧的寒雨淋湿了枯干的草根。还有什么人像我苏老先生，不到牡丹盛开的季节，也乐意独自一个来此，赏玩这番凄凉之景。

饮湖上初晴后雨二首

朝曦迎客宴重冈，晚雨留人入醉乡。此意自佳君不会，一杯当属水仙王①。

水光潋滟②晴方好，山色空蒙雨亦奇。欲把西湖比西子③，淡妆浓抹总相宜。

【注释】

①水仙王：苏东坡自注：湖上有水仙王庙。②潋滟：水波相连之状。③西子：西施，越国苧萝村樵夫的女儿，范蠡将她献给吴王夫差，吴国灭亡后，仍归范蠡。

【译文】

晨曦迎来了客人，大家宴饮在重冈，夜雨还殷勤挽留，让我们进入醉乡。这其中的意味自有佳处，可惜你不能体会，再敬一杯酒，我们应该把它献给那好客的西湖主人水仙王。

湖面上波光粼粼，晴天的风光正好；山色迷濛空幻，雨时的景致也奇。想将西湖比拟成天姿国色的越女西施，不论是淡淡点缀，还是浓浓妆扮，都是那样宜人。

陌上花三首　并序

游九仙山，闻里中儿歌陌上花。父老云：吴越王妃每岁春必归临安，王以书遗妃

曰："陌上花开可缓缓归矣。"吴人用其语为歌，含思宛转，听之凄然，而其词鄙野，为易之云。

陌上花开蝴蝶飞，江山犹是昔人非。遗民几度垂垂老，游女长歌缓缓归。

陌上山花无数开，路人争看翠軿[①]来。若为留得堂堂去，且更从教缓缓回。

生前富贵草头露，身后风流陌上花。已作迟迟君去鲁，犹教缓缓妾回家。

【注释】

①翠軿：妇人所乘之车。

【译文】

我在游览九仙山时，听到了当地儿歌《陌上花》。乡亲们说：吴越王钱俶的妻子每年春天一定回到临安，钱王派人送信给王妃说："田间小路上鲜花盛开，你可迟些回来。"吴人将这些话编成歌儿，所含情思婉转动人，使人听了心神凄然，然而它的歌词比较粗俗、浅陋，因此给它换掉，而成以下三首云云。

田间小路上的花儿开了，蝴蝶在花丛中飞呀飞，江山还没有更改呀，往昔的主人早已更替。经过了几度春秋，遗民已逐渐老了，出游的女子长歌着缓缓返归。

田间小路上无数花儿烂漫盛开，路上的行人争相围观那彩车驶来。如果要留住这明艳的春花，那就暂且听从钱王的意见，不要急着返回。

生前的富贵荣华好似草尖上的露珠，死后的风流情感正如那田间小路上的春花。钱王你已眷恋不堪地离杭降宋去了，还要教妻子不急于从陌上归家。

苏子由栾城集

上枢密韩太尉书

太尉[1]执事：辙生好为文，思之至深，以为文者气之所形。然文不可以学而能，气可以养而致。孟子曰："我善养吾浩然之气。"今观其文章，宽厚宏博，充乎天地之间，称其气之小大。太史公行天下，周览四海名山大川，与燕、赵间豪俊交游，故其文疏荡，颇有奇气。此二子者，岂尝执笔学为如此之文哉？其气充乎其中而溢乎其貌，动乎其言而见乎其文，而不自知也。

辙生十有九年矣。其居家所与游者，不过其邻里乡党之人；所见不过数百里之间，无高山大野可登览以自广；百氏[2]之书，虽无所不读，然皆古人之陈迹，不足以激发其志气。恐遂汩没[3]，故决然舍去，求天下奇闻壮观，以知天地之广大。过秦、汉之故都，恣观终南、嵩、华之高；北顾黄河之奔流，慨然想见古之豪杰；至京师，仰观天子宫阙之壮，与仓廪府库城池苑囿之富且大也，而后知天下之巨丽；见翰林欧阳公，听其议论之宏辩，观其容貌之秀伟，与其门人贤士大夫游，而后知天下之文章聚乎此也。太尉以才略冠天下，天下之所恃以无忧，四夷之所惮以不敢发，入则周公、召公，出则方叔、召虎[4]，而辙也未之见焉。

且夫人之学也，不志其大，虽多而何为？辙之来也，于山见终南、嵩、华之高，于水见黄河之大且深，于人见欧阳公，而犹以为未见太尉也。故愿得观贤人之光耀，闻一言以自壮，然后可以尽天下之大观而无憾矣。

辙年少，未能通习吏事。向之来，非有取于升斗之禄，偶然得之，非其所乐。然幸得赐归待选，使得优游数年之间，将以益治其文，且学为政。太尉苟以为可教而辱教之，又幸矣。

【注释】

①太尉：官名，地位与丞相相等。②百氏：即诸子百家。③汩没：沉没、埋没。④方叔、召虎：均为周宣王之贤臣。荆蛮背叛，王命方叔南征，荆蛮归服。淮夷不服，王命召虎率领军队沿着江汉讨平他们。

【译文】

太尉执事：我生平喜爱作文章，对于这件事想得极为深刻，认为文章是一个人气质的表现。然而文章不能靠单纯的学习就会做的，而气质是可以靠加强修养来获得的。孟子说："我擅长修养我广大深厚的气质。"现在观看他的文章，内容深厚、宽阔、广博、宏大，充溢于天地中间，与他的气质大小完全相符。司马迁畅游天下，看遍天下的名山大川，跟燕、赵之间的英雄豪杰互相交游，所以他的文章舒展流畅，很有奇气。这两个人难道曾拿着笔学做这样的文章吗？那种气质充满在他们的心中，而在他们的面貌上流露出来；在他们的言语里表现出来，在他们的文章中展现出来，可他们自己却并不清楚是怎样做出来的啊。

我出生已经十九年了。我住在家里时所交往的人，不过是自己的邻居或同乡的人；看到的也不超过几百里之内，没有高山可供攀登，也没有旷野可供游览，从而使自己的胸襟开阔；诸子百家的著作尽管没有不读的，但是那些都是古代人的陈旧遗迹，不够用来激发自己的志气。

我害怕就这样沉没，因此断然抛开它们，访求天下的奇特传闻和壮丽的景象，来了解天地的宽阔广大。经过秦朝和汉朝的故都，尽情观赏终南山、嵩山和华山的高峻；向北眺望黄河奔腾的急流，感叹地想象着古代的英雄豪杰；到了京都，抬眼观看皇帝宫殿的壮丽和粮仓、仓库、城池、苑囿的众多而且宏大，这以后才清楚天下的无比壮丽；拜见了翰林学士欧阳公，听到他雄辩的议论，看到他伟岸清秀的相貌，同他的学生、贤德的士大夫们交游，这之后才知道天下的好文章原来都汇集在这里。太尉您凭着雄才大略，誉为天下第一，是天下人所倚靠的，使他们因此不再忧患，是四方边境的蛮夷所惧怕的，使他们因此不敢发难，在朝廷内犹如周公、召公，出外征伐恰似方叔、召虎，但是我至今还没能见到您啊。

再说，一个人的学习，不有志于那大的方面，那么，就是学得再多又能干什么呢？我来到这里，对于山，看到了终南山、嵩山和华山的高峻；对于水，看到了黄河的广大而深邃；对于人，看到了欧阳公，但还是认为没能见到太尉是一大憾事。因此希望能够瞻仰您的光辉，听到您的一句话来充实自己，这之后，才可以算得看遍了天下的雄奇景观，也就没有什么遗憾了。

我年纪尚轻，还没能熟悉通晓行政事务。先前来到这儿，并非想对微小的俸禄有所企盼，偶然之间得到了它，并不是我所高兴的。但是，幸亏得到朝廷的恩赐，准我回乡等待选拔，使我能够在几年之间闲暇自得，打算趁此机会更好地钻研自己的文章，而且学习治理政事。太尉如果认为我还可以教诲而且屈尊教诲我，那么又是我的荣幸了。

武昌九曲亭记

子瞻迁于齐安①，庐于江上。齐安无名山，而江之南武昌诸山，陂陀蔓延，涧谷深密，中有浮图精舍。西曰西山，东曰寒溪。依山临壑，隐蔽松枥，萧然绝俗，车马之迹不至。每风止日出，江水伏息，子瞻杖策载酒，乘渔舟乱流而南。山中有二三子，好客而喜游，闻子瞻至，幅巾迎笑，相携徜徉而上，穷山之深，力极而息，扫叶席草，酌酒相劳，意适忘反，往往留宿于山上。以此居齐安三年，不知其久也。

然将适西山，行于松柏之间，羊肠九曲而获少平，游者至此必息。倚怪石，荫茂木，俯视大江，仰瞻陵阜，旁瞩溪谷，风云变化，林麓向背，皆效于左右。有废亭焉，其遗址甚狭，不足以席众客；其旁古木数十，其大皆百围千尺，不可加以斤斧。子瞻每至其下，辄睥睨②终日。一旦大风雷雨，拔出其一，斥其所据，亭得以广。子瞻与客入山视之，笑曰："兹欲以成吾亭邪?"遂相与营之。亭成而西山之胜始具，子瞻于是最乐。

昔余少年，从子瞻游，有山可登，有水可浮，子瞻未始不褰裳先之，有不得至，为之怅然移日。至其翩然独往，逍遥泉石之上，撷林卉，拾涧实，酌水而饮之，见者以为仙也。盖天下之乐无穷，而以适意为悦。方其得意，万物无以易之；及其既厌，未有不洒然自笑者也。譬之饮食，杂陈于前，要之一饱而同委于臭腐，夫孰知得失之所在？惟其无愧于中，无责于外，而姑寓焉。此子瞻之所以有乐于是也。

【注释】

①齐安：地名，在今湖北黄冈县西北一百二十里。②睥睨：斜视貌。

【译文】

子瞻被贬谪到齐安时，在江边筑小屋居住。齐安地界没有太出名的山，但是长江南岸的武昌诸山，山势倾斜，绵延不绝，山涧峡谷稠密、幽深，其中有不少佛寺。西边的叫西山，东边的叫寒溪。依傍高山，面对深谷，隐蔽在松、栎林中，幽静凄清，与尘俗隔绝，车马也到不了这里。每当山风停息，太阳出来，江水平伏止息时，子瞻就拄着竹杖，用车子装着酒食，坐上打渔的小舟横渡过江向南行。山中有那么两三个人，十分好客而喜欢游览，听说子瞻到来，只戴着束发的幅巾欢笑地迎接他，互相携手盘旋地上山，穷尽山的最深处，力量用完了才休息，扫去树叶，坐在草地上，斟上酒，相互慰问，心情舒畅，忘记了归还，常常在山上留宿。像这样在齐安居住了三年，竟不觉得时间长。

但是要到西山去，在松柏林中行走，穿过像羊肠一样弯弯曲曲的小道，而获得一块稍微平坦的地方，游人来到这里一定会休息一下。倚靠着怪石奇岩，在茂树的荫庇下，低头下看大江，抬头仰望山陵，向周围环顾溪流山谷，风云变幻，山林有向有背，都呈现在左右了。在那里有一座弃置的亭子，它的遗址十分狭小，不足以坐下众多游客；它的旁边有数十株古树，树木高大，都有百围千尺，不能用斧子砍伐。每当子瞻来到它们的下边，总是整天地盯着它看。有一天，雷雨大风，拔出其中的一棵，开拓它所占据的地方，使亭子得以扩大。子瞻同客人进山看到了它，笑着说："这大概是要来成全我的亭子吧？"因此就共同修建它。亭子建成而西山的美景才完备，子瞻对此非常兴奋。

起初，我还是少年，跟随子瞻出游，有山可以攀登，有水可以游泳，子瞻没有不提起衣裳先行的，有时碰到不能到的地方，就要因此长时间地不高兴。至于他飘然独自前往，在山泉幽石之上悠然自得，采摘林中的花草，撷取山涧中的果实，酌饮山中的泉水，看见的人都以为他是神仙。大凡天下的乐趣是无穷无尽的，而以顺心为最大的欢愉。正当他的意趣得到满足的时候，万事万物没有哪个可以拿来同它交换；而等到他已经满足了，又没有不洒脱地自己嘲笑自己的。这就好比吃饭，山珍海味纷杂地摆在面前，关键是求得一饱，而后并弃于腐臭之中，又哪里清楚得与失存在的地方呢？唯有在自己内心没有愧疚，在身外没有所求，暂且在那里寄托自己的心意。这就是子瞻对此怀有快乐的缘故。

黄州快哉亭记

江出西陵[①]，始得平地，其流奔放肆大。南合湘沅，北合汉沔[②]，其势益张。至于赤壁之下，波流浸灌，与海相若。清河张君梦得谪居齐安，即其庐之西南为亭，以览观江流之胜，而余兄子瞻名之曰"快哉"。

盖亭之所见，南北百里，东西一舍。涛澜汹涌，风云开阖。昼则舟楫出没于其前，夜则鱼龙悲啸于其下，变化倏忽，动心骇目，不可久视。今乃得玩之几席之上，举目而足。西望武昌诸山，冈陵起伏，草木行列，烟消日出，渔夫樵父之舍，皆可指数，此其所以为快哉者也。至于长洲之滨，故城之墟，曹孟德、孙仲谋[③]之所睥睨，周瑜、陆逊[④]之所驰骛，其流风遗迹，亦足以称快世俗。

昔楚襄王从宋玉、景差于兰台之宫，有风飒然而至者，王披襟当之曰："快哉此风！寡人所与庶人共者耶？”宋玉曰：“此独大王之雄风耳，庶人安得共之！”玉之言，盖有讽焉。夫风无雄雌之异，而人有遇不遇之变。楚王之所以为乐，与庶人之所以为忧，此则人之变也，而风何与焉！

士生于世，使其中不自得，将何往而非病？使其中坦然，不以物伤性，将何适而非快？今张君不以谪为患，收会计[⑤]之余功，而自放山水之间，此其中宜有以过人者。将蓬户瓮牖[⑥]，无所不快，而况乎濯长江之清流，挹西山之白云，穷耳目之胜以自适也哉！不然，连山绝壑，长林古木，振之以清风，照之以明月，此皆骚人思士[⑦]之所以悲伤憔悴而不能胜者，乌睹其为快也哉！

【注释】

①西陵：即西陵峡，又名巴峡，长江三峡之一，在湖北巴东至宜昌一带。②汉沔：即汉水。古代汉水上游称沔水。③曹孟德、孙仲谋：即曹操、孙权。④周瑜、陆逊：周瑜，字公瑾，三国时吴将，曾经在赤壁大败曹操。陆逊，字伯言，亦吴将，曾率兵驻扎在黄州。⑤会计：掌管钱粮税收事务，即任职的公务。⑥蓬户瓮牖：编结蓬草做成门，用破瓮做成窗户，指贫贱者的住房。⑦骚人思士：诗人与不得志之士。

【译文】

长江从西陵峡流出，方才遇到平地，它的水流宏大奔放。南面跟湘水、沅水汇合，北面跟汉水汇合，它的水势更加扩大。到了赤壁下面，水流淹灌，跟大海相似。清河的张梦得君贬职到齐安居住，在靠近他住宅的西南方建了一座亭子，来观赏江流的壮观景致，我的兄长子瞻给它起了个名字叫“快哉”。

大约在亭子上能望到的，从南到北约有一百里，从东到西约有三十里。波涛澎湃汹涌，风吹着云彩忽合忽散。白天船只在亭子前面忽隐忽现，夜晚鱼龙在亭子下面悲壮地吟啸，景色变幻迅疾，使人骇目惊心，不能长时间地观赏。现今有了快哉亭，才得以在几案边、席子上观赏这些景色，只要抬起眼来就能看个够。向西眺望武昌的群山，冈峦丘陵，高低起伏，草木一行行，一排排，烟云消散，太阳出来，打鱼人和砍柴人的住屋都可以指明数清，这就是把它称作“快哉”的缘由啊。至于长长沙洲的边上，旧城的废墟，曹操、孙权窥探的地方，周瑜、陆逊角逐奔驰的场所，他们遗留下来的风尚和事迹，也足以用来在世上一般人中间称为快意了。

以前，宋玉、景差跟随着楚襄王在兰台宫玩赏，有一阵风飒飒地吹来，襄王敞开衣襟对着它说：“这风真是畅快呀！大概是我跟百姓共同享受到的吧？”宋玉说：“这只是大王的雄风而已，百姓怎么能够与大王共同享受它呢！”宋玉的话大概是含有讽谏意味的。风并没有雄雌的差异，人却有得意和失意的变化。楚襄王感觉快乐的原因，同老百姓觉得苦闷的原因，这是人的心情的变化，与风有什么相干？

读书人活在世上，只要他心中不得意，那么去到哪里会不忧愁呢？只要他心中坦然，不因外物而损伤性情，那么到哪里去会不快乐呢？现在，张君不将降职当作忧虑，利用办公以外剩余的时间，自己在山水之间尽情遨游，这说明在他心中应当有超越一般人的东西。蓬草编门，破瓮作窗，尚且没有什么不快乐，更何况在长江的清流中洗涤，舀取西山的白云，竭尽耳目所能看到的美景，从而使自己畅快呢！何如不是这样，幽深的沟壑，绵延的山岭，古老的树木，高大的森林，以清风来吹动它，以明月来照映它，这些都是诗人和不得志的士大夫因而悲伤以

至憔悴不能忍受的，哪能将它们看作是快乐呢！

代三省祭司马丞相文

呜呼！元丰末命，震惊四方，号令所从，帷幄是望。公来自西，会哭于庭。缙绅咨嗟，复见老成。太任[①]在位，成王在左。曰予惸惸，谁恤予祸？白发仓颜，三世之臣。不留相予，孰左右民？公出于道，民聚而呼。皆曰吾父，归欤归欤！公畏莫当，遄返洛师。授之宛丘，实将用之。公之来思，岌然特立。身如槁木，心如金石。时当宅忧[②]，恭默不言。一二卿士，代天斡旋。事棼如丝，众比如栉。治乱之机，间不容发。公身当之，所恃惟诚。吾民苟安，吾君则宁。以顺得天，以信得人。锄去太甚，复其本原。白叟黄童，织妇耕夫。庶几休焉，日月以须。公乘安舆，入见延和。裕民之言，之死靡他。将享合宫，百辟咸事。公病于家，卧不时起。明日当斋，公讣暮闻。天以雨泣，都人酸辛。礼成不贺，人识君意。龙衮蝉冠，遂以往襚。公之初来，民执弓矛；逮公永归，既耕且耰。公虽云亡，其志则存。国有成法，朝有正人。持而守之，有一毋陨。匪以报公，维以报君。天子圣明，神母万年。民不告勤，公志则然。死者复生，信我此言。呜呼哀哉！

【注释】

①太任：周文王父亲王季之妻，任姓，挚国国君的第二个女儿。《诗经·大雅·思齐》："思齐太任，文王之母。"②宅忧：居丧。《尚书·说命》："王宅忧，亮阴三祀。"

【译文】

啊呀！神宗元丰临终遗命，惊动四面八方，听从号令之处，全都瞻仰帝王帷幄。公从西边来到，聚众哭于朝廷。缙绅人人叹息，又见德望老臣。太皇太后高氏临朝，哲宗年幼尚未亲政。我们横遭悖逆，有谁体恤我们的灾难？今公白发苍颜，历经三世之臣。不留下辅助我们，凭谁治理百姓？公出道路之上，百姓聚集高呼。都说：我们的父亲，您回来吧！回来吧！公心畏惧无法承受，急速返回洛京。授他宛丘之地，委实是要任用他。公在初来之时，高行卓异出众。身体虽如枯树，内心坚以金石。正当居丧之时，恭谨默默不语。只有一两个卿士，代替天子周旋。政务紊乱如丝，事多比列似梳。正是治乱关键，其间不容一发。公亲自主持，只凭一片忠心。我们的百姓倘若安定，我们的国君就会安宁。凭着顺从获得天意，凭着诚信得到民心。铲除那些过分的东西，恢复它的本源。不管老翁幼童，纺织女耕田夫，都希望得以休整，日日月月地翘首以待。公乘坐着安车，入朝拜见圣上。谈论使民富足，至死没有二心。将要在明堂祀典，公卿百官都来侍奉。公患病家中，躺卧不能按时起来。明天正当斋日，公的讣告晚上便听到了。上天以下雨表示哭泣，京都之人个个酸苦。礼成互相不贺，人们都知道君王之意。天子与达官贵族，于是同往给死者赠送衣被。想公当日初来，百姓都拿着弓矛在打仗；等到公今日长逝，百姓锄草耕田忙于农事。公尽管已经不在了，但他的愿望长存。国家有了成法，朝中有了正直之人。保持而守护它，始终如一不要陨灭。不是用来报答公，而是用来报答皇上。天子英明神圣，太皇太后长寿万年。百姓不告勤苦，公的期望就是这个。死去的人重新复活，应当相信我这个话。唉，多么令人哀伤呀！

商　　论

商之有天下者三十世，而周之世三十有七。商之既衰而复兴者五王，而周之既衰而复兴者，宣王一人而已。夫商之多贤君，宜若其世之过于周，周之贤君不如商之多，而其久于商者乃数百岁，其故何也？盖周公之治天下，务以文章繁缛之礼，和柔驯扰刚强之民。故其道本于尊尊而亲亲，贵老而慈幼，使民之父子相爱，兄弟相悦。以无犯上难制之气，行其至柔之道，以揉天下之戾心，而去其刚毅果敢之志，故其享天下之久。而诸侯内侵，京师不振，卒于废为至弱之国，何者？优柔和易可以为久，而不可以为强也。

若夫商人之所以为天下者，不可复见矣，尝试求之《诗》、《书》。《诗》之宽缓而和柔、《书》之委曲而繁重者，举皆周也。而商人之《诗》骏发而严厉，其《书》简洁而明肃，以为商人之风俗盖在于此矣。夫惟天下有刚强不屈之俗也，故其后世有以自振于衰微；然其至败也，一散而不可复止。盖物之强者易以折，而柔顺者可以久存；柔者可以久存，而常困于不胜；强者易以折，而其末也乃可以有所立。此商之所以不长，而周之所以不振也。

呜呼！圣人之虑天下，亦有所就而已，不能使之无弊也。使之能久而不能强，能以自振而不能以及远，此二者，存乎其后世之贤与不贤矣。太公封于齐，尊贤而尚功，周公曰："后世必有篡弑之臣。"周公治鲁，亲亲而尊尊，太公曰："后世寖衰矣。"夫尊贤尚功，则近于强；亲亲尊尊，则近于弱。终之齐有田氏之祸[①]，而鲁人困于盟主之令。盖商之政近于齐，而周公之所以治周者，其所以治鲁也。故齐强而鲁弱，鲁未亡而齐亡也。

【注释】

①田氏之祸：战国时，田氏并齐以后称田齐。田氏先祖陈完由陈奔齐，曰田敬仲，桓公让他担任工正。齐景公时，田桓子用大斗出贷、小斗收进等办法来笼络人心。景公死，爱少子荼，嘱托国子、高子拥立他。田氏与诸大夫攻灭国子、高子，废荼，立景公子阳生，田氏遂独揽大政。至田成子又弑简公，立平公。至田盘担任齐宣公相，与晋国的韩、魏、赵氏共谋篡国。

【译文】

商朝拥有天下共三十代，而周朝统治天下三十七代。商朝既已衰败又恢复兴盛的共有五个王，而周朝既已衰落又恢复兴盛的，只有宣王一人罢了。商朝多有贤能的君主，它统治的世代似乎应当超过周朝，周朝的贤明君主不如商朝多，但是周朝统治天下竟然比商朝长几百年，这里的原因究竟是什么呢？大概周公治理天下，必定用法令条款、条文、繁琐的礼仪，来驯服、缓和刚强的百姓。因此说他治国的方法根源于尊重尊贵的人，亲近亲爱的人，尊敬老人，爱护孩童，使百姓们父子之间互相爱戴，兄弟之间和睦相处。由于没有冒犯尊长和难以控制的燥气，施行那种极尽怀柔的治国方法，来平抚天下的反叛之心，从而除去他们的果敢、刚毅的意

志，因此周朝能较为长久地享有天下。但是诸侯国入侵，京都一蹶不振，最终衰败成为最弱小的国家，为什么呢？这是由于柔弱、平易尽管可以维持长久，却不能借此成为强盛的国家。

至于商朝人用来治理天下的方法，不能够再见到了，曾试图从《诗》、《书》中寻求它。《诗》中宽缓平和的，《书》中婉曲且繁重的，全都是周朝的。而商朝人的《诗》英俊风发而又严谨，他们的《书》简洁而又严明，我认为商朝人的习俗风尚大概表现在这里了。正因为天下有刚强不屈的风尚习俗，因此他们的后代才有用来从衰落中自发奋起的精神；但是他们到了失败的时候，一经溃散就不能再停止。大概刚强的东西容易由此而折断，而柔顺的东西却可以由此而长久存在；柔顺的东西可以长久存在，但经常被不能取胜所困扰；刚强的东西容易因此折断，但是它最终却可以因此而有所建树。这就是商朝的统治之所以不长久，而周朝之所以不能奋起的缘故。

啊呀！圣人思考天下大事，也不过是有所成就而已，不能够使它没有弊端。能使统治达到长久却不能强盛，可以凭它自发奋起却不能达到长远，这两种情况，就在于他们的后代贤明与不贤明了。姜太公封到齐地，尊重贤人并崇尚武功，周公说："后代一定有篡权弑君的臣子。"周公治理鲁国，亲近亲爱的人，尊重尊贵的人，姜太公说："他的后代会逐渐衰落了。"尊重贤人，崇尚武功，就与刚强接近；亲近亲爱的人，尊重尊贵的人，就与柔弱接近。最后，齐国发生了田氏之祸，而鲁国人被盟主的命令所困扰。大略说来，商朝治国跟齐国近似，而周公用来治理周朝的方法，就是他用来治理鲁国的方法。因此齐国强盛而鲁国弱小，鲁国没有灭亡而齐国却灭亡了。

六国论

尝读六国世家，窃怪天下之诸侯，以五倍之地、十倍之众，发愤西向，以攻山西千里之秦，而不免于灭亡。尝为之深思远虑，以为必有可以自安之计。盖未尝不咎其当时之士虑患之疏，而见利之浅，且不知天下之势也。

夫秦之所与诸侯争天下者，不在齐、楚、燕、赵也，而在韩、魏之郊；诸侯之所与秦争天下者，不在齐、楚、燕、赵也，而在韩、魏之野。秦之有韩、魏，譬如人之有腹心之疾也。韩、魏塞秦之冲，而蔽山东之诸侯，故夫天下之所重者，莫如韩、魏也。昔者范雎[①]用于秦而收韩，商鞅[②]用于秦而收魏，昭王未得韩、魏之心，而出兵以攻齐之刚、寿，而范雎以为忧。然则秦之所忌者可以见矣。秦之用兵于燕、赵，秦之危事也。越韩过魏而攻人之国都，燕、赵拒之于前，而韩、魏乘之于后，此危道也。而秦之攻燕、赵，未尝有韩、魏之忧，则韩、魏之附秦故也。夫韩、魏诸侯之障，而使秦人得出入于其间，此岂知天下之势耶？委区区之韩、魏以当狼虎之强秦，彼安得不折而入于秦哉？韩、魏折而入于秦，然后秦人得通其兵于东诸侯，而使天下遍受其祸。

夫韩、魏不能独当秦，而天下之诸侯，藉之以蔽其西，故莫如厚韩亲魏以摈秦。秦人不敢逾韩、魏以窥齐、楚、燕、赵之国，而齐、楚、燕、赵之国，因得以自完于其间矣。以四无事之国，佐当寇之韩、魏，使韩、魏无东顾之忧，而为天下出身以当秦兵。以二国委秦，而四国休息于内，以阴助其急。若此，可以应夫无穷，彼秦者将何为哉？不知出此而乃贪疆场尺寸之利，背盟败约，以自相屠灭，秦兵未出，而天下诸侯已自困矣。至使秦人得伺其隙，以取其国，可不悲哉！

【注释】

①范雎：战国时魏人。用远交近攻的谋略劝谏秦昭王，立为相，封为应侯。②商鞅：战国时卫人。喜好刑名之学，担任秦孝公的相，实行变法，被封商地，号商君。

【译文】

我曾阅读过《史记》中的六国世家，我感到奇怪的是，天下的诸侯，用五倍于秦国的土地，十倍于秦国的人口，发愤努力面对西方，来攻打崤山西面、拥有千里土地的秦国，却不能免除灭亡。我曾为此而深思远虑，认为六国一定有可以自我保全的计策。我未曾不责怪那些当时的策士们考虑祸患的失误，只见微利的浅薄，而不了解天下的局势。

秦国同诸侯争夺天下的战略要地，不在齐、楚、燕、赵各国，而在韩、魏两国的郊处；而诸侯各国跟秦国争夺天下的战略要地，也不在齐、楚、燕、赵各国，而在韩、魏两国的郊外。秦国旁边有韩、魏两国，就像人有心腹大病。韩、魏两国阻塞了秦国的交通要冲，掩护着山东各国诸侯，所以，天下最重视的战略要地，没有比得上韩、魏的了。以前，范雎被秦国重用而笼络韩国，商鞅被秦国重用来笼络魏国，秦昭王没有得到韩、魏的折心归顺，就出兵攻打齐国的刚、寿一带地方，而范雎对此感到忧虑。既然如此，那么秦国所顾忌的是什么就可以看出来了。秦国对燕、赵用兵，这对秦国来说是危险的事情。秦国越过韩国和魏国而去攻打别国的都城，就会形成燕、赵在前边抵挡它，而韩、魏又在后边乘机袭击它的情形，这是一种十分危险的做法。然而，秦国在进攻燕、赵的时候，未曾有过韩、魏的后顾之忧，这就是韩、魏依附于秦国的原因。韩国和魏国是诸侯的屏障，却让秦国人在这中间得以自由出入，这难道是了解天下的局势吗？遗弃了小小的韩国和魏国，让它们去抵挡强大的虎狼一般的秦国，他们怎么能不屈节而归附于秦国呢？韩、魏折节而归附于秦国，这之后秦人就可以通过韩、魏两国而对东方各诸侯国用兵，而使天下都遭到它的祸患了。

韩国和魏国不能独自抵御秦国，但是天下的诸侯要凭借它们来作为自己西方的屏障，因此不如厚交韩国，亲近魏国来排斥秦国。秦人不敢逾越韩、魏来窥视齐、楚、燕、赵这些国家，而齐、楚、燕、赵这些国家，因此得以在这中间来保全自己了。用四个没有战事的国家来辅佐面对敌寇的韩国和魏国，使得韩国和魏国没有了回顾东面的忧虑，从而替天下挺身而出抵御秦军。把韩、魏二国推给秦国来对付，而四国在后方休养生息，暗中援助韩国和魏国的急难。假如这样，就能够应付无穷无尽的变故，那秦国还能做些什么呢？不懂得出此上策，居然为了贪图疆场上的尺寸小利，背叛、破坏盟约，自相残杀起来，秦国军队还没出来，天下诸侯自己已经疲惫不已了。以至使秦人得以窥伺他们的可乘之机，来攻取他们的国家，这能不令人感到悲伤吗？

三国论

天下皆怯而独勇，则勇者胜；皆暗而独智，则智者胜。勇而遇勇，则勇者不足恃也；智而遇智，则智者不足恃也。夫惟智勇之不足以定天下，是以天下之难，蜂起而

难平。盖尝闻之，古者英雄之君，其遇智勇也以不智不勇，而后真智大勇乃可得而见也。

悲夫！世之英雄其处于世，亦有幸不幸耶！汉高祖、唐太宗，是以智勇独过天下而得之者也；曹公、孙、刘，是以智勇相遇而失之者也。以智攻智，以勇击勇，此譬如两虎相捽，齿牙气力，无以相胜，其势足以相扰，而不足以相毙。当此之时，惜乎无有以汉高帝之事制之者也。昔者项籍[①]乘百战百胜之威，而执诸侯之柄，咄嗟叱咤，奋其暴怒，西向以逆高祖，其势飘忽震荡，如风雨之至，天下之人，以为遂无汉矣。然高帝以其不智不勇之身，横塞其冲，徘徊而不得进，其顽钝椎鲁，足以为笑于天下，而卒能摧折项氏而待其死。此其故何也？夫人之勇力用而不已，则必有所耗竭；而其智虑久而无成，则亦必有所倦怠而不举。彼欲用其所长，以制我于一时，而我闭门而拒之，使之失其所求，逡巡求去而不能去，而项籍固已惫矣。

今夫曹公、孙权、刘备，此三人者，皆知以其才相处，而未知以不才取人也。世之言者曰："孙不如曹，而刘不如孙。"刘备唯智短而勇不足，故有所不若于二人者，而不知因其所不足以求胜，则亦已惑矣。盖刘备之才，近似于高祖，而不知所以用之之术。昔高祖之所以自用其才者，其道有三焉耳：先据势胜之地，以示天下之形；广收信、越出奇之将以自辅其所不逮；有果锐刚猛之气而不用，以深折项籍猖狂之势。此三事者，三国之君，其才皆无有能行之者。独有一刘备近之而未至其中，犹有翘然自喜之心，欲为椎鲁而不能钝，欲为果锐而不能达，二者交战于中而未有所定，是故所为而不成，所欲而不遂。弃天下而入巴蜀，则非地也；用诸葛孔明治国之才而当纷纭征伐之冲，则非将也；不忍忿忿之心，犯其所短，而自将以攻人，则是其气不足尚也。嗟夫！方其奔走于二袁之间，困于吕布[②]，而狼狈于荆州[③]，百败而其志不折，不可谓无高祖之风矣，而终不知所以自用之方。夫古之英雄，惟汉高帝为不可及也夫！

【注释】

①项籍：字羽，秦末下相（今江苏宿迁西南）人。力能扛鼎，才气过人。与叔父项梁在吴中起兵。项梁战败而死，项籍领兵大败秦军，自立为西楚霸王。与汉高祖刘邦争夺天下，后被汉军及诸侯军围在垓下，战败而死。②吕布：东汉五原郡九原（今内蒙古包头市西北）人，字奉先。事董卓，誓为父子，因卓行暴虐，与王允设计杀卓。后被卓余党打败。往依袁术，复投袁绍，曾在徐州围困刘备，后被曹操缢死。③狼狈于荆州：狼狈，困顿。刘备在荆州，曹操率精兵攻打，战于当阳长坂。刘备大败，弃妻子，与诸葛亮、赵云等数十骑逃奔夏口。

【译文】

天下人都懦弱，只有一个人勇敢，那么，勇敢的就获胜；所有的人都愚昧，只有一个人聪明，那么，聪明的就获胜。假如勇敢的遇到勇敢的，那么，勇敢就不足以凭借了；聪明的遇到聪明的，那么，聪明也就不足以凭借了。只有勇敢、聪明，不足以平定天下，所以，天下的灾难，如蜂而起，难以平定。我曾听说过，古时候被称为英雄的君王，他们遇到智勇之人而采用不智不勇来对付，而后真智大勇就能够见到了。

可悲呀！世上的英雄，他处于世间，也有幸运与不幸运啊！汉高祖刘邦，唐太宗李世民，

这是凭借智勇独超天下人而得到天下的人；曹操、孙权、刘备，这是凭借智勇相遇而失去天下的人。用智攻智，用勇击勇，这就好像两虎相斗，凭藉牙齿气力，无法用来战胜对方，它的形势足以相互扰乱，却不足以击毙对方。正当这个时候，没有以汉高祖刘邦的处事方法来遏制对方的人，真是可惜啊。以前项羽乘着百战百胜的声威，执掌着诸侯的权柄，怒吼呵斥，奋起他的愤怒狂暴，向西迎战刘邦，那气势猛烈迅疾，激荡震动，如同风雨的到来，天下的人，以为就不会有汉了。但是刘邦凭借他的不智不勇之身，横塞项羽的战略要冲，使得项羽徘徊不能前进，他的蠢钝、愚顽，足以被天下人当作笑柄，但是最终能打击、挫折项羽，直等到他死去。这样做，它的原因是什么呢？人的勇力不停地使用，就一定有消耗乃至竭尽的时候；而他的谋虑、智力长久得不到成功，也就一定会懈怠疲倦，不能重新振作。对方要用他的长处，来对我进行暂时的遏制，但是我却关起门来抵御他，使他丧失他所追求的东西，徘徊迟疑，想要离去又不能离去，而项羽早已疲惫不堪了。

现在那曹操、孙权、刘备，这三个人，都知道凭借自己的才能彼此相处，却不明白凭借没有才能来攻取别人。世上评论的人都说："孙权不如曹操，而刘备不如孙权。"刘备由于智虑短浅而且勇力不足，因此有不如曹操、孙权二人的地方，但他不懂得根据自己的不足来求得胜利，也就很迷惑了。大概刘备的才干，跟汉高祖刘邦相近似，可他却不清楚使用它的方法。从前汉高祖刘邦自己使用他的才能，他的做法有三方面而已：先占据地势优越的地方，来向天下显示地形的优势；广泛地收拢韩信、彭越等出奇制胜的良将，来辅佐自己达不到的地方；有锐利、果敢、勇猛、刚强的气势却不使用，来深深地挫折项羽猖狂的气焰。这三件事，三国的君主，他们的才能都没有能做到的。只有一个刘备接近这些却又没有进入其中，还有高傲自我得意的心理，想做到蠢钝却不能蠢钝，想做到果敢、锐利却未能达到，二者在心中交战没有一定，因此做事不能成功，想要达到的，不能遂愿。放弃了天下而进入巴蜀，那不是能够成就帝业的地方；任用诸葛孔明治国的才能面对杂乱征伐的战略要塞，那不是辅助自己的良将；不能忍受忿忿不平之心，冒犯自己的短处，亲自带兵去攻打别人，那么，这正是他的气质不足相称的。唉！当他在二袁之间奔走，被吕布所围困，困顿在荆州的时候，屡遭失败而他的志向不屈，不能说没有汉高祖刘邦的风度，但是最终不明白使用自己才能的方法。古代的英雄，只有汉高祖刘邦是不可企及的啊！

元祐会计录序

臣闻汉祖入关，萧何[①]收秦图籍，周知四方盈虚强弱之实，汉祖赖之以并天下。丙吉[②]为相，匈奴尝入云中、代郡，吉使东曹考案边琐，条其兵食之有无与将吏之才否，逡巡进对，指挥遂定。由此观之，古之人所以运筹帷幄之中，制胜千里之外者，图籍之功也。

盖事之在官，必见于书，其始无不具者，独患多而易忘，久而易灭，数十岁之后，人亡而书散，其不可考者多矣。唐李吉甫[③]始簿录元和国计，并包巨细，无所不具。国朝三司使丁谓等因之为《景德》、《皇祐》、《治平》、《熙宁》四书，网罗一时出内之计，首尾八十余年，本末相授，有司得以居今而知昔，参酌同异，因时施宜，此前人作书之本意也。

臣以不佞，待罪地官，上承元丰之余业，亲睹二圣之新政，时事之变易，财赋之

登耗，可得而言也。

谨按艺祖皇帝创业之始，海内分裂，租赋之入，不能半今世，然而宗室尚鲜，诸王不过数人；仕者寡少，自朝廷郡县，皆不能备官；士卒精练，常以少克众。用此三者，故能奋于不足之中，而绰然常若有余。及其列国款附，琛贡相属于道，府库充塞，创景福内库，入畜金币，为殄虏之策。太宗因之，克平太原；真宗继之，怀服契丹。二患既弭，天下安乐，日登富庶，故咸平、景德之间，号称太平。群臣称颂公德，不知所以裁之者，于是请封泰山，祀汾阴，礼亳社。属车所至，费以巨万。而上清、昭应、崇禧、景灵之宫，相继而起，累世之积糜耗多矣。其后昭应之灾，臣下复以营缮为言，大臣力争，章献感悟，沛然遂与天下休息。

仁宗仁圣，清心省事以幸天下，然而民物蕃庶未复其旧。而夏贼窃发，边久无备，遂命益兵以应敌，急征以养兵。虽间出内藏之积以求纾民，而四方骚然，民不安其居矣。其后西戎既平，而已益之兵不复裁汰，加以宗子藩衍，充牣宫邸，官吏冗积，员溢于位，财之不赡，为日久矣。

英宗嗣位，慨然有救弊之意，群臣竦观，几见日日新政，而大业未遂。神宗嗣世，忿流弊之委积，闵财力之伤耗，览政之初，为富国强兵之计。有司承奉，违失本旨，始为青苗助役，以病农民；继为市易盐铁，以困商贾。利孔百出，不专于三司，于是经入竭于上，民力屈于下。继以南征交趾，西讨拓拔，用兵之费，一日千金，虽内帑别藏时有以助之，而国亦惫矣。

今二圣临御，方恭默无为，求民之疾苦而疗之，令之不便，无不释去，民亦少休矣。而西夏不宾，水旱继作，凡国之用度，大率多于前世。当此之时，而不思所以济之，岂不殆哉！

臣历观前世，持盈守成，艰于创业之君。盖盈之必溢，而成之必毁。物理之至，有不可逃者，盈成之间，非有德者不安，非有法者不久。昔秦、隋之盛，非无法也，内建百官，外列郡县，至于汉、唐，因而行之，卒不能改，然皆二世而亡，何者？无德以为安也。汉文帝恭俭寡欲，专务以德化民，民富而国治，后世莫及，然身没之后，七国作难，几于乱亡。晋武帝削平吴、蜀，任贤使能，容受直言，有明主之风，然而亡不旋踵，子弟内叛，羌胡外乱，遂以失国。此二帝者，皆无法以为久也。

今二圣之治，安而静，仁而恕，德积于世，秦、隋之忧，臣无所措心矣。然而空匮之极，法度不立，虽无汉、晋强臣敌国之患，而数年之后，国用旷竭，臣恐未可安枕而卧也，故臣愿得终言之。

凡会计之实，取元丰之八年，而其为别有五：一曰收支，二曰民赋，三曰课入，四曰储运，五曰经费。五者既具，然后著之以见在，列之以通表，而天下之大计，可以画地而谈也。若夫内藏右曹之积，与天下封椿之实，非昔三司所领，则不入会计，将著之他书，以备观览焉。臣谨序。

【注释】

①萧何：汉代沛县（今属江苏）人，辅佐高祖平定天下。既定天下，论功第一，封为酂侯。汉代律

令，多为萧何制定。②丙吉：汉代鲁国（今山东曲阜）人，字少卿。宣帝时，封博阳侯，任丞相，知大礼，世称贤德。③李吉甫：唐代赵郡（今河北赵县）人，字弘宪。宪宗时，同平章事，振兴朝政，后转任淮南节度使。

【译文】

我听说汉高祖刘邦进入函谷关后，萧何收取，秦政府的图书和户籍，全面掌握了天下各方虚实强弱的实际情况，汉高祖刘邦凭借着它吞并了天下。丙吉担任丞相，匈奴曾侵入代郡、云中，丙吉让公府中的机构东曹稽考守边官吏情况的记录，逐项开列军粮的有无和将官是否有才，很快地就进呈对答，因此发令调遣也就从容不迫了。以此看来，古时候的人运筹于帷幄之中，制胜于千里之外的原因，都是因为图书、户籍的功效啊。

大约官府办理的政事，一然会在书中见到，它开始时无不具备，只怕事情多了容易忘记，时间久了易于散灭，几十年之后，人死了书散了，那些不可考查的事就多了。唐朝李吉甫开始用簿籍抄录元和年间国家的方针政策等，事无巨细，兼容并包，没有不具备的。本朝三司使丁谓等人继续它编写了《景德》、《皇祐》、《治平》、《熙宁》四本书，搜罗一时下达和进奏的各种文件，自始至终共八十多年，事情的始终互相串联起来，官吏得以处在当世而了解昔日的情况，参考斟酌同异，根据当时的情况推行相应的措施，这就是前人编写书籍的本意。

我由于没有才智，不称职地担任地官，上面继承元丰年间遗留下来的事业，亲眼目睹了二圣的新政，时事的变化更替，财物、赋税的进纳与消耗，就能够了解并谈论了。

谨考察太祖皇帝开始创业的时候，天下分裂，租税的收入未能达到现在的一半，但是帝王的宗族很少，诸侯王不过几个人；做官的人很少，从朝廷到郡县，都不能备齐官员；士卒干练精明，时常以少胜多。由于这三点，因此能够在不充足之中奋起，并且时常好像绰绰有余。等到各国诚心归附，进贡献宝的在道上络绎不绝，国库装满了财物，又创立了景福内库，入纳蓄积金币，并制定消灭外敌的策略。太宗继承它，攻克平定了太原；真宗继承它，使契丹归顺。这两个祸患已经消除，天下安宁和乐，一天天地趋于富裕，民众日多，所以 咸平、景德年间，号称太平盛世。群臣称颂功德，不知道采用什么方法消耗财富了，因此请求封禅泰山，祭祀汾阴，礼拜亳社。皇帝侍从车子所到之处，耗资巨万。并且上清、昭应、崇禧、景灵等宫殿相继修起，几代的累积，浪费消耗了许多。这之后发生昭应宫火灾之祸，臣下又以营造修缮作为谏言而大臣据理力争，章献太后被感动醒悟，因此就让天下百姓充分休养生息。

宋仁宗圣明、仁爱，以省简政事、清心寡欲来幸临天下，但是百姓财物的蓄积富庶并未恢复到原来的状况。并且西夏贼人暗中发难，边境长时间内没有防备，于是命令增加兵力来应付敌人，紧急征调军用物资来养兵。尽管间或拿出内库的积蓄来力求解除百姓的疾苦，但是天下动乱，百姓也不能安居乐业了。这之后西戎已经平定，然而已经增加的兵员却不再裁减汰除，再加上宗室子弟滋生蔓延，充斥京城的宫室府第，官吏多余积聚，人员多于职位，财物供给不足，为时已很久了。

宋英宗继位，激昂慷慨，有挽救弊害之心，群臣都提起脚跟、伸长脖子仰望，几乎天天见到新的政令，然而最终大业没有成就。宋神宗继位，愤恨相沿而成的弊端聚积成堆，忧虑财力的消耗伤损，在执政之初，就制定富国强兵的计划。官吏承旨推行，却违背了神宗的本来意图，开始实行青苗法、助役法，给农民造成了弊害；接着施行市易法，盐铁法，来困顿商人。经济利益的来源出于多方，不为掌管财赋的三司所专有，因此上边的收入匮乏了，下边的民力

竭尽了。继而向南征讨交趾，向西讨伐拓拔，用兵的费用，一日千金，就是内库外库不时有钱财拿出来资助军用，然而国家也已是疲惫不堪了。

现在二圣临朝执政，正是敬默、恭谨、清静无为，寻求百姓的疾苦来疗治它，不合适的政令，没有不除去的，百姓也稍稍得到了休整。但西夏不归顺、宾服，水旱灾害相继发生，凡是国家的用度，大约都比前代为多。正在这个时候，却不想用什么办法来救助它，难道不是很危险的吗？

我逐一地观察过前代，保持完满的成业，守住已有的成就，往往比创业的君王还要困难。因为完满了，一定就要外溢；成就了，一定要走向毁灭。这是事物最根本的规律，是不能够逃避的，在完满和成就之间，如果不是有道德的人就不会安定，不是有法制的人，就不能长久。以前秦朝与隋朝十分兴盛，不是没有法律制度，朝廷内设有百官，朝廷外列有郡县，到了汉朝、唐朝，沿袭并实行它，最后也不能改变，但是都仅传二世就灭亡了，为什么呢？是因为没有施加恩德使社会安定。汉文帝节俭、谦恭、清心寡欲，专门致力于用道德教化百姓，百姓富足了，国家也治理得很好，后人没有谁能赶上他，但是身死之后，吴楚七国开始作乱，汉朝差点儿在战乱中灭亡。晋武帝削平了吴、蜀，任用贤德的人，任用有才能的人，容纳接受直言进谏，具有圣明君王的风度，然而在来不及转脚跟的极短时间内就灭亡了，子弟在内部反叛，羌胡在外部作乱，于是因此而亡国。这二位帝王，都是没有法律制度来保持国家的长治久安。

现今二圣治理国家，安稳而又平静，仁爱而又宽厚，恩德累积于世，秦朝、隋朝二世而亡的那种忧虑，我是不放在心上了。但是国家空虚匮乏到了极点，法律制度没有确立，尽管没有汉、晋那样强大的臣属和敌对的国家的祸患，然而几年之后，国家用度枯竭、空乏，我恐怕不能安于枕席睡大觉了，期望我希望能够把话说完。

总括会计的实际，选取元丰八年（公元 1085 年）的时间，其分门别类有五：一类是收支，二类是民赋，三类是税收，四类是储运，五类是经费。这五类已经完备，这之后把现在的情况附加在上面，用通表将它们排列出来，这样，天下的大计，就可以划地为迹、侃侃而谈了。至于内库、右曹的蓄积，与天下封椿库内的储藏，不是以前三司所管辖的，就不写入会计，要写在其他的书上，预备观看阅览。我谨作此序。

曾子固南丰集

先大夫集后序

公所为书，号《仙凫羽翼》者三十卷，《西陲要纪》者十卷，《清边前要》五十卷，《广中台志》八十卷，《为臣要纪》三卷，《四声韵》五卷，总一百七十八卷，皆刊行于世。今类次诗赋书奏一百二十三篇，又自为十卷，藏于家。

方五代之际，儒学既摈焉。后生小子，治术业于闾巷，文多浅近。是时公虽少，所学已皆知治乱得失兴坏之理。其为文闳深隽美，而长于讽谕，今类次乐府已下是也。

宋既平天下，公始出仕。当此之时，太祖、太宗已纲纪大法矣。公于是勇言当世之得失，其在朝廷，疾当事者不忠，故凡言天下之要，必本天子忧怜百姓，劳心万事之意，而推大臣从官执事之人，观望怀奸，不称天子属任之心，故治久未洽。至其难言，则人有所不敢言者。虽屡不合而出，而所言益切，不以利害祸福动其意也。

始公尤见奇于太宗，自光禄寺丞、越州[①]监酒税召见，以为直史馆，遂为两浙转运使。未久而真宗即位，益以材见知。初试以知制诰，及西兵[②]起，又以为自陕以西经略判官。而公尝激切论大臣，当时皆不悦，故不果用。然真宗终感其言，故为泉州[③]。未尽一岁，拜苏州。五日又为扬州，将复召之也。而公于是时又上书，语斥大臣尤切，故卒以龃龉终。

公之言，其大者，以自唐之衰，民穷久矣，海内既集，天子方修法度，而用事者尚多烦碎，治财利之臣又益急。公独以谓宜遵简易，罢管榷，以与民休息，塞天下望。祥符初，四方争言符应，天子因之，遂用事泰山，祠汾阴[④]，而道家之说亦滋甚。自京师至四方，皆大治宫观。公益诤，以谓天命不可专任，宜绌奸臣，修人事，反覆至数百千言。呜呼！公之尽忠，天子之受尽言，何必古人？此非传之所谓主圣臣直者乎？何其盛也！何其盛也！

公在两浙，奏罢苛税二百三十余条。在京西，又与三司争论免民租，释逋负之在民者，盖公之所试如此。所试者大，其庶几矣。公所尝言甚众，其在上前及书亡者，盖不得而集。其或从或否，而后常可思者，与历官行事，庐陵[⑤]欧阳修公已铭公之碑特详焉，此故不论，论其不尽载者。公卒以龃龉终，其功行或不得在史氏记。藉令记之，当时好公者少，史其果可信欤？后有君子，欲推而考之，读公之碑与书，及予小子之序其意者，具见其表里，其于虚实之论可核矣。

公卒乃赠谏议大夫，姓曾氏，讳某，南丰[⑥]人。序其书者，公之孙巩也。

至和元年十二月二日谨序。

【注释】

①越州：今浙江绍兴县。②西兵：指契丹兵。因契丹位于宋朝疆土西边，故名西兵。③泉州：今福建晋江县。④汾阴：今山西万荣县。⑤庐陵：今江西吉安市。⑥南丰：今江西南丰县。

【译文】

公著的书，名为《仙凫羽翼》的有三十卷，《西陲要纪》十卷，《清边前要》五十卷，《广中台志》八十卷,《为臣要纪》三卷,《四声韵》五卷,一共一百七十八卷,都刊印成书发行天下。现分类编排诗、赋、书、奏共一百二十三篇,又独自分为十卷,收藏在家中。

在五代的时候,儒家学说已多被废弃。年轻人在贫闾陋巷钻研学问,但是文章大多浅近。这时候公尽管年少,但通过所学已经懂得了乱世治世、国家兴亡得失的道理。公写的文章意旨深远,文辞优美,在讽谕方面尤为见长,现分类编排,在乐府诗的后面就是这样。

宋朝既已统一天下,公刚刚步入仕途。在这个时候,太祖、太宗已经制定了风纪、纲常、法令。公在这个时候,勇敢地议论当代的得失,公在朝廷上痛恨当官执政的人不忠心,所以凡是评论天下大事,一定根据天子忧怜天下百姓,为天下大事操心这一宗旨,批评大臣、从官、执事一类人做事观望,心怀奸邪,与天子委任他们的本意不相称,因此治理政事很久,却没有治理好。至于那些发难的话,有一些是常人所不敢说的。尽管屡次同皇上的心意不合而被罢黜,他的言辞却一次比一次急切,不由于利害祸福而动摇自己的意志。

开始的时候,公很是被太宗皇帝视为奇才,自任光禄寺丞,越州监酒税时召见,让他任职直史馆,于是担任两浙路转运使。不久真宗即位,更由于才华出众被赏识。起初试用为知制诰,后来西部边境契丹起兵入侵,他又被任命为陕西以及陕西西部经略判官之职。由于公曾经激烈直率地议论当朝大臣,当时大臣们都不高兴,因此没被录用。但是真宗皇帝最终被他的言语感动,所以让他做了泉州知府。不到一年,调任苏州。五天后又任职扬州,将要重新征召他。公在这时,又上书皇帝,指责大臣过失,言语更为激烈,所以最后因与众人意见不合被闲置不用告终。

公的言论,其中主要内容是认为从唐朝衰落以后,百姓贫困很久了,天下已经统一,天子正在修明法度,但是当权的人崇尚政事琐碎繁杂,治理财政的大臣又更加急迫地收缴赋税。独独公认为此时应当遵从手续简略的原则,罢免盐、铁、酒的专买,让百姓得到休养生息,堵塞天下苍生的怨恨。祥符初年,天下纷纷议论符谶应验之事,皇帝也趋赴此事,于是在泰山祭神,在汾阴建立祠庙,道家学说因之更为滋溢蔓延。从京都到四方,都大建道宫、道观。公更加直言劝谏,认为不能一味相信天命,应当罢免奸臣,干实事,反复上书强调,长达数百、上千余言。唉,公效忠皇上,天子采纳忠言,为什么一定是古人才有的事?这难道不是经传上所说的圣主英明、大臣正直吗?多么盛大啊!多么高尚啊!

公在两浙路做转运使时,曾经上奏折罢免苛捐杂税二百三十多条。在京西做经略判官时,又同三司争论减免民租,对于百姓拖欠的税款一律免收,大概公做的就是这些。所做的再大一些,那就差不多了。公曾说过的话很多,其中在皇上面前说的以及写了丢失的,没能得到编辑。其中有被采纳的,有被否定的,后来时常又能忆及的,同他历任的官职、所做的事情,在庐陵人欧阳修先生为公所写碑铭中已经十分详尽了,因此这里不再提及,只谈论那些没有全部记载的。公最后由于与众人意见不和被罢免终其一生,他的功劳、行迹有的就没能写进史官的记录中。如果让他们为公记录它,当时喜欢公的人很少,史官的记载难道就真的可信吗?后继的各位君子,如果想推求考察这些事,读读公的碑文、著作和我的序文,就会全面了解他的情况,那么对于议论中哪些是真实的,哪些是虚假的就可以分辨了。

公去世时被追封为谏议大夫,姓曾,名叫某某,南丰人。为他的书作序的,是公的孙子曾巩。

至和元年(公元1054年)十二月二日作序。

范贯之奏议集序

尚书户部郎中、直龙图阁范公贯之之奏议，凡若干篇，其子世京，集为十卷，而属予序之。

盖自至和以后，十余年间，公常以言事任职。自天子大臣至于群下，自掖庭至于四方幽隐，一有得失善恶，关于政理，公无不极意反复，为上力言。或矫拂情欲，或切劘计虑，或辨别忠佞，而处其进退。章有一再或至于十余上，事有阴争独陈，或悉引谏官、御史合议肆言。仁宗常虚心纳采，为之变命令，更废举，近或立从，远或越月逾时，或至于其后卒从听用。盖当是时，仁宗在位岁久，熟于人事之情伪与群臣之能否，方以仁厚清静休养元元[①]，至于是非与夺，则一归之公议，而不自用也。其所引拔以言为职者，如公皆一时之选[②]。而公与同时之士，亦皆乐得其言，不曲从苟止。故天下之情，因得毕闻于上。而事之害理者，常不果行。至于奇邪恣睢[③]，有为之者，亦辄败悔。故当此之时，常委事七八大臣，而朝政无大阙失，群臣奉法遵职，海内乂安。夫因人而不自用者，天也。仁宗之所以其仁如天，至于享国四十余年，能承太平之业者，由是而已。后世得公之遗文而论其世，见其上下之际，相成如此，必将低回感慕，有不可及之叹。然后知其时之难得。则公言之不没，岂独见其志，所以明先帝之盛德于无穷也。

公为人温良慈恕，其从政宽易爱人。及在朝廷，危言正色，人有所不能及也。凡同时与公有言责者，后多至大官，而公独早卒。公讳师道，其世次、州里、历官、行事，有今资政殿学士赵公抃为之墓志铭云。

【注释】

①元元：指老百姓。②一时之选：指当时知名的人。③奇邪恣睢：指奇异暴戾的事情。

【译文】

尚书户部郎中、直龙图阁范贯之公的奏议，共有若干篇，他的儿子世京，辑集为十卷，嘱托我为它作个序。

大约从至和年间以后，十几年的时间，公时常担任谏官的职务。从天子大臣到黎民百姓，从京城掖庭到边远四方，一旦有什么善恶得失，有关政治的事情，公无不尽力极意反复地向皇上陈述己见。有时矫正皇上的欲望，有时探讨切磋计划，有时辨别忠良与奸佞，以确定是录用还是罢免。奏章有一次两次或达到十多次上奏的，事情有独自陈述私下争论的，或将谏官、御史都召集来一同商量，无所顾忌地抒发己见。仁宗时常虚心采纳，并因此改变原来的命令，对于兴举、废除之事加以变更，快的马上照办，慢的超过一个月或一个季节，有时到了最后才终于听从。大约在这时，仁宗在位已经很多年了，对于人事的真假与群臣的能否十分熟悉，正用宽厚、仁义、清静的方式使百姓修养生息，至于去取是非，一并让大家讨论，而不自作主张。他所提拔的以进谏为自己职责的人，像公这样的，全是当时的知名人士。公与同时代的名士也都高兴得以发表看法，既不曲意奉承，也不盲目反对。所以天下的情况，靠了他们使皇上都能

听到。违背理义的事情，时常得不到实行。至于奇异暴戾的事情，有敢于做它的人，也总是失败和后悔。因此在这时，皇上常常把政事委托给七八个大臣，朝政却没有什么大的阙失，群臣遵守法律，克尽职守，天下太平。借助他人而不刚愎自用，这就是天啊。仁宗皇帝的仁义像天一样博大，至于在位四十多年，能够继承先皇创立的太平基业，其原因就是因为这个罢了。后世的人如果得到公的遗文，评说那个时代，看到上下之间，如此相辅相成，一定会感慨、仰慕、徘徊，发出不可企及的感叹。然后知道那个时代，很难再遇到了。那么公的诤言不被湮没，哪里只是表现他的志向，是为了表明先帝无边的功德啊！

公为人善良温存，宽恕慈祥，他治理政事简易、爱人、宽和。在朝廷上言语正直，表情严肃，有其他人赶不上的地方。凡是同时代与先生有进谏职责的人，后来多做了大官，而只有公早逝。公名师道，他的世系排列、籍贯、历任的官职、行为事迹，有现任的资政殿学士赵抃先生为他写了墓志铭。

谢杜相公书

伏念昔者，方巩之得罪，罚于河滨，去其家四千里之远，南向而望，迅河大淮，埭堰湖江，天下之险，为其阻阨。而以孤独之身，抱不测之疾，茕茕[①]路隅，无攀缘之亲、一见之旧，以为之托。又无至行上之可以感人，利势下之可以动俗。惟先人之医药，与凡丧之所急，不知所以为赖，而旅榇之重大，惧无以归者。明公独于此时，闵闵[②]勤勤，营救护视，亲屈车骑，临于河上，使其方先人之病，得一意于左右，而医药之有与谋。至其既孤，无外事之夺其哀，而毫发之私，无有不如其欲，莫大之丧得以卒致而南。其为存全之恩、过越之义如此。

窃惟明公相天下之道，吟诵推说者穷万世，非如曲士[③]汲汲一节之善；而位之极，年之高，天子不敢烦以政，岂乡闾新学危苦之情、丛细之事，宜以彻于视听而蒙省察？然明公存先人之故，而所以尽于巩之德如此。盖明公虽不可起而寄天下之政，而爱育天下之人材，不忍一夫失其所之道，出于自然，推而行之，不以进退，而巩独幸遇明公于此时也。

在丧之日，不敢以世俗浅意，越礼进谢。丧除，又惟大恩之不可名，空言之不足陈，徘徊迄今，一书之未进。顾其惭生于心，无须臾[④]废也，伏维明公终赐亮察。夫明公存天下之义，而无有所私，则巩之所以报于明公者，亦惟天下之义而已。誓之则然，未敢谓能也。

【注释】

①茕茕：孤独貌。②闵闵：关切貌。③曲士：孤陋寡闻的人。《庄子·秋水》："曲士不可以语于道者，束于教也。"④须臾：片刻。

【译文】

回忆过去，在我获罪的时候，被发配到黄河边上，离我的家乡远达四千多里。向南远望，湍急的黄河，浩大的淮河，堤坝、湖泊、江河，天下的险要都被它扼断。凭着孤独的一身，患

有不能推测的大病，孤独路边，没有可投靠的亲戚、见过一面的故人，来作为自己的依托。自己又没有十分出众的品行，上可以感动别人；没有权位势力，下可以打动俗人。父亲求医问药的费用与死后办理丧事的急迫，不知道依靠谁，并且客死他乡的事情又很重大，非常担心灵柩不能够回家。唯独明公在这个时刻，关切殷勤，营救看护，亲自屈尊乘着车驾，来到河边，使我在父亲生病时可以全心全意地在侍奉左右，求医问药的事情能够有人商量。到父亲去世后，没有杂事影响我的哀悼，就是毫发一样的小事，也没有不如意称心的，如此大的丧事能够最终办好，南下归棺。他表现出如此成全人的恩德和超过一般的道义。

我暗地里想明公辅助天下的道义，吟咏、诵读、推究、评说诸方面能够穷极万代，不像那些孤陋寡闻的人急急忙忙做出一点善行；公的地位极高，年岁很大，天子不敢用政事烦扰他，难道像乡间闾巷的后生小子琐细的小事、危苦的感情，还要让您看到听到而蒙受你的省察吗？但是明公思念与先父的旧交，所以，对我如此尽心尽力的帮助。明公尽管没能够使我父亲被救活，托他去掌管天下的政事，然而他爱护、培养天下的人才，不忍心每一个人失去他所走的道路，出于本心，施行、推广它，不因为个人的升迁与降职而改变，只有我有幸在这个时候遇到了明公。

在守丧的日子里，我不敢以世俗人浅薄的意图，违背丧礼前去拜访。丧事完毕，又想到公的大恩大德不可名状，空洞的言语又不能够表达，犹豫不决，一直拖到今天，一封信也没有寄给你。一想到这些，羞愧就从心中油然而生，没有片刻停止过，敬请明公最终能给予明察。明公继承天下的大义，没有私心，那么我用来报答明公的，也只有天下的大义而已。心里发誓要这样做，但不敢说自己可以做到。

寄欧阳舍人书

巩顿首载拜舍人先生：去秋人还，蒙赐书及所撰先大父墓碑铭，反覆观诵，感与惭并。夫铭志之著于世，义近于史，而亦有与史异者。盖史之于善恶，无所不著。而铭者，盖古之人有功德材行志义之美者，惧后世之不知，则必铭而见之。或纳于庙，或存于墓，一也。苟其人之恶，则于铭乎何有？此其所以与史异也。其辞之作，所以使死者无有所憾，生者得致其严。而善人喜于见传，则勇于自立；恶人无有所纪，则以愧而惧。至于通材达识，义烈节士，嘉言善状，皆见于篇，则足为后法。警劝之道，非近乎史，其将安近？

及世之衰，人之子孙者，一欲褒扬其亲而不本乎理。故虽恶人，皆务勒铭以夸后世。立言者既莫之拒而不为，又以其子孙之所请也。书其恶焉，则人情之所不得，于是乎铭始不实。后之作铭者，当观其人。苟托之非人，则书之非公与是[①]，则不足以行世而传后。故千百年来，公卿大夫，至于里巷之士，莫不有铭，而传者盖少。其故非他，托之非人，书之非公与是故也。

然则孰为其人而能尽公与是欤？非畜道德而能文章者，无以为也。盖有道德者之于恶人，则不受而铭之，于众人则能辨焉。而人之行，有情善而迹非，有意奸而外淑，有善恶相悬而不可以实指，有实大于名，有名侈于实。犹之用人，非畜道德者，恶能辨之不惑，议之不徇？不惑不徇，则公且是矣。而其辞之不工，则世犹不传。于是又在其文章兼胜焉，故曰：非畜道德而能文章者，无以为也。岂非然哉？

然畜道德而能文章者，虽或并世而有，亦或数十年或一二百年而有之。其传之难如此，其遇之难又如此。若先生之道德文章，固所谓数百年而有者也。先祖之言行卓卓，幸遇而得铭，其公与是，其传世行后无疑也。而世之学者，每观传记所书古人之事，至其所可感，则往往衋然不知涕之流落也，况其子孙也哉！况巩也哉！其追晞祖德，而思所以传之之由，则知先生推一赐于巩而及其三世，其感与报，宜若何而图之？

抑又思，若巩之浅薄滞拙，而先生进之，先祖之屯蹶[②]否塞[③]以死，而先生显之。则世之魁闳豪杰不出世之士，其谁不愿进于门？潜遁幽抑之士，其谁不有望于世？善谁不为？恶谁不愧以惧？为人之父祖者，孰不欲教其子孙？为人子孙者，孰不欲宠荣其父祖？此数美者，一归于先生。既拜赐之辱，且敢进其所以然。

所论世族之次，敢不承教而加详焉。

愧甚，不宣。

巩再拜。

【注释】

①非公与是：指徇于私情而不公平、不真实。②屯蹶：颠仆倒地。③否塞：命运困厄。

【译文】

曾巩叩头再拜欧阳舍人先生：去年秋天到你那里去的人回来，承蒙先生的回信和你为我先祖父所撰写的墓碑铭文，我反复吟诵阅读，既感激又惭愧。铭文碑志流传世间，它的性质同史书差不多，也有与史书不同的地方。大概史书对于善恶，没有不记载的。而铭文，是古人有大的功劳、道德和才能，有崇高的节操、思想与骨气，担心后代的人不清楚，就一定要请人撰写铭文使后人见到。有的收藏在祖庙，有的安放在墓地，目的是一样的。如果那个人很坏，在铭文中还有什么可写的呢？这是铭文与史书不同的原因。铭文的写作是为了使死去的人没有遗憾，活着的人得以表达自己的敬仰。好人喜欢死后被人传颂，于是勇于做好事，立业修身；坏人没有什么可写的，就会因此害怕、惭愧。至于有才能广博、见识卓越的人，以及有节操的义士烈士，他们的美好言论、出色表现都能写在铭文里，值得后人效法。如此看来，铭文警世劝人的作用，不接近史书，又接近什么呢？

等到世风衰落的时候，人们的子孙只是想赞美他的亲人而不根据义理。因此即使是坏人，也都致力于镌刻铭文用来在后人面前夸耀。铭文的作者既无法拒绝他而不写，又由于有他的子孙的请求。记载那个人的劣迹吧，又是人情所不允许的，因此铭文开始不真实了。后世撰写铭文的人，应该看看那个人是好是坏。如果托写的人不是好人，那么写时就会不真实、不公正，就不足以流行天下，传给后人。因此千百年以来，从公卿大夫到乡间的贫士，没有人没有铭文，然而能流传下来的却很少。没有别的原因，只是托写的人不是好人，而写时不公正、不真实的原因。

既然这样，那么谁是这样的人，能够做到尽量公正与真实呢？不是具备崇高道德而且擅长写文章的人，是没有办法做到的。有道德的人对于坏人不接受请托为他写铭文，对于一般的人也可以识别。人们的行为，有的表面看不怎么样而内心却十分善良，有的内心奸诈而外表善

良，有的由于人们说好说坏相差很大却不能确定它的实情，有的实际大于名声，有的名声大于实际。这就好像任用人才，不是有很高道德的人，怎么可以分辨他们而不被迷惑，评价他们又不讲私情呢？不被迷惑，不徇私情，就能做到公平真实了。然而文章如果文辞不优美，也不会在社会上流传。所以还要求他写的文章也好。因此：不是有很高道德并且善于写文章的人，是没有办法做到的。难道不是这样吗？

但是具备崇高道德而且善写文章的人，尽管有时同时代就有，但是也许过一二十年或一二百年才有。铭文的流传是如此艰难，遇到这种写铭文的人也是如此艰难。像先生这样的道德文章，当然是人们所说的几百年才有的。先祖父的言语高妙、行为卓绝，有幸遇到先生得以为他撰写传记，铭文真实、公正，它遗传后代、流行世间是没有疑问的。天下的读书人，每每读到传记所记载的古人事迹，一到那感人的地方，往往非常激动，不知不觉地眼泪就流了下来，何况他的子孙呢！何况又是我！我追念仰慕祖父的品德，思考铭文流传的原因，就明白先生将这一篇铭文赐给我将使我家三代人得到恩惠，我的感激与报答之心，应当怎样实现它呢？

但是我又想，像我这样苯拙浅薄，先生还加以勉励；祖父一生处境艰难命运困厄直至去世，先生使他扬名天下。那么世间的英雄豪杰，不常出的精英，还有谁不愿进你的门呢？归隐避世、压抑埋没的人才，还有谁不对这个世界抱有希望呢？好事谁不想做，坏事谁不羞愧害怕？做人的父亲、祖父的，谁不想教育好他的子孙？做人的儿子、孙子的，谁不想光宗耀祖？这种种好处，都归功于先生啊！很不安地接受了您的这份厚礼，斗胆说明自己为什么这么感激。

您的来信指出我的氏族次序所存在的问题，我怎敢不接受你的教导而更加详细地把它写明？

很惭愧，不再一一细说了。

曾巩再拜。

墨池记

临川[①]之城东，有地隐然而高，以临于溪，曰新城。新城之上，有池洼然而方以长，曰王羲之之墨池者，荀伯子《临川记》云也。羲之尝慕张芝[②]临池学书，池水尽黑。此为其故迹，岂信然邪？

方羲之之不可强以仕，而尝极东方，出沧海，以娱其意于山水之间，岂有徜徉肆恣而又尝自休于此邪？羲之之书晚乃善，则其所能，盖亦以精力自致者，非天成也。然后世未有能及者，岂其学不如彼邪？则学固岂可少哉？况欲深造道德者邪？

墨池之上，今为州学舍。教授王君盛恐其不章也，书“晋王右军墨池”六字于楹间以揭之，又告于巩曰：“愿有记。”推王君之心，岂爱人之善，虽一能不以废，而因以及乎其迹邪？其亦欲推其事以勉其学者邪？夫人之有一能，而使后人尚之如此，况仁人庄士[③]之遗风余思，披于来世者何如哉！

庆历八年九月十二日，曾巩记。

【注释】

①临川：县名，今属江西省。②张芝：字伯英，东汉酒泉人，善草书，世称草圣。③庄士：指品行端

庄正直的人。

【译文】

临川县城东边，有一块地高高耸立，位于溪水的边上，叫做新城。新城的上面，有一个下凹的池塘，是方的并且很长，据南朝宋的荀伯子的《临川记》记载，这里称作王羲之的墨池。王羲之曾经仰慕张芝在水池边练习写字，池水都被洗黑了。这就是他留下的遗迹，难道真是这样吗？

当年王羲之不愿再勉强做官，曾到最东边旅游过，出了大海，在山水中间娱乐他的心志，难道他到处漫游尽情任意而且曾经在这个地方休息过吗？王羲之的书法晚年才成熟，他的成就也是靠自己刻苦努力得来的，并非靠上天成功的。但是后世没有能赶上他的人，难道是他们在刻苦学习方面不如他吗？那么勤奋学习难道能够缺少吗？何况想在修养道德方面达到很高境界的人呢！

墨池上边，现在是州学的校舍。教授王君盛先生担心它不被人注意，所以在楹柱上写了“晋王右军墨池”六个大字来标明；又告诉我说：“期望能有篇记。”推究王先生的心意，难道他喜欢别人的优点，就是一技之长也不放过，因此对那个人的遗迹也珍爱起来吗？大概也是想用探究墨池的事迹来勉励自己的学生吧？一个人有一种特长，使后世如此效仿，何况正直仁义君子遗留的风范、思想，它对于后世的影响又将会如何呢！

庆历八年（公元1048年）九月十二日，曾巩作记。

抚州颜鲁公祠堂记

赠司徒鲁郡颜公，讳真卿，事唐为太子太师，与其从父兄杲卿皆有大节以死，至今虽小夫妇，人皆知公之为烈也。

初，公以忤杨国忠，斥为平原[①]太守。策安禄山[②]必反，为之备。禄山既举兵，以常山太守杲卿伐其后。贼之不能直窥潼关，以公与杲卿挠其势也。

在肃宗时，数正言，宰相不悦，斥去之。又为御史唐旻所构，连辄斥。李辅国迁太上皇居西宫，公首率百官请问起居，又辄斥。代宗时，与元载争论是非，载欲有所拥蔽，公极论之，又辄斥。杨炎、卢杞既相德宗，益恶公所为，连斥之。犹不满意。李希烈陷汝州，杞既以公使希烈。希烈初惭其言，后卒缢公以死。是时公年七十七矣。

天宝之际，久不见兵，禄山既反，天下莫不振动，公独以区区平原，遂折其锋。四方闻之，争奋而起。唐卒以振者，公为之倡也。当公之开土门，同日归公者十七郡，得兵二十余万。由此观之，苟顺且诚，天下从之矣。

自此至公殁，垂三十年，小人继续任政，天下日入于弊，大盗继起，天子辄出避之。唐之在朝臣，多畏怯观望，能于其间一忤于世，失所而不自悔，寡矣！至于再三忤于世，失所而不自悔者，盖未有也！若至于起且仆，以至于七八，遂死而不自悔者，则天下一人而已，若公是也。

公之学问文章，往往杂于神仙浮屠之说，不皆合于理。及其奋然自立，能至于此者，皆天性然也。故公之能处其死，不足以观公之大。何则？及至于势穷，义有不得

不死，虽中人可免焉，况公之自信也欤？维历忤大奸，颠跌撼顿，至于七八，而终始不以死生祸福为秋毫顾虑，非笃于道者不能如此，此足以见公之大也。夫世之治乱不同，而士之去就亦易。若伯夷之清，伊尹之任，孔子之时，彼各有义。夫既自比于古之任者矣，乃欲眷顾回隐以市于世，其可乎？故孔子恶鄙夫不可以事君，而多杀身以成仁者。若公，非孔子所谓仁者欤？

今天子至和三年，尚书都官郎中知抚州聂君厚载、尚书屯田员外郎通判抚州林君慥，相与慕公之烈，以公之尝为此邦也，遂为堂而祠之。既成，二君过予之家，而告之曰："愿有述。"夫公之赫赫不可盖者，固不系夫祠之有无。盖人之向往之不足者，非祠则无以致其志也。闻其烈，足以感人，况拜其祠而亲炙之者欤！今州县之政，非法令所及者，世不复议。二君独能追公之节，尊而事之，以风示当世，为法令之所不及，是可谓有志者也。

【注释】

①平原：地名，即今山东平原县一带。②安禄山：本为胡人，唐玄宗时，为平卢、范阳、河东三节度使，厚结贵妃杨玉环，宠信无比。天宝末年，举兵反唐，攻陷洛阳，直逼长安，自称燕帝，玄宗无奈逃往四川避难，后安禄山被其子安庆绪所杀。

【译文】

死后追封为司徒的鲁郡颜公，名真卿，在唐朝为官，官至太子太师，同他叔父的儿子堂兄杲卿都有大节为国难殉难，直到现在，就是下层的男男女女，谁都知道公的壮烈行为。

当初，先生由于忤逆杨国忠，被贬为平原郡太守。他预料到安禄山一定会谋反，为此做了应急准备。到安禄山一举兵反唐，他就派常山太守颜杲卿攻打他们的后方。叛军不能直接进逼潼关，就是由于公与杲卿阻挠了他们的攻势。

在肃宗的时候，颜公屡次向皇上直言进谏，宰相不高兴，排挤他使他离开。又被御史唐旻诬告，接连遭到贬斥。在李辅国将太上皇迁往西宫居住的时候，公首先率领百官请问太上皇的起居情况，又受到排斥。代宗时，跟元载争论是非，元载想遮蔽一些奸情，公照样极力揭露他，又遭到排斥。后来杨炎、卢杞做了德宗的宰相，更加讨厌公的作为，接连排斥他。这样做还不满意。在李希烈攻陷汝州的时候，卢杞就借机让公出使李希烈。李希烈开始听了公的话感到羞愧，可最后还是缢死了公。这时公已经七十七岁了。

天宝年间，天下很长时间没有发生战争，安禄山既已谋反，天下没有不被惊动的，唯有公单单凭借小小的平原郡的力量，就挫败了叛军的锐气。各地听到这件事后，争着起来抵抗讨伐叛军。唐朝最终得以复兴，是公最先起事的。在公攻打土门县的时候，同一天归附公的就有十七个郡，得到军队二十多万。从这些事迹看，假如事业正义而且为人热诚，全天下的人都会听从他的。

从平原郡抗敌到公去世，将近三十年时间，小人继续掌权，天下一天天在堕落，大的作乱者接连不断，天子总是离开京城躲避他们。大唐在朝的大臣，大多怕事胆小，相互观望，能够在这时触犯当时的权贵，失去自身利益而不后悔的人，太少了！至于再三触犯权贵、失去自身利益而不觉得后悔的人，大概还没有呢！假如做到爬起来又摔倒，一直到七八次，就是死了也不后悔的人，普天下也只有一个人罢了，如颜公就是如此。

公的学问文章，往往夹杂着道教、佛教的学说，不完全符合圣贤之道。等到他奋然而起，自立于天下，能做到这些，都是天性使然。所以公能够正确地对待自己的死亡，仅从这点还不足以评论公的伟大。为什么呢？因为到势衰途穷的时候，按照忠义不得不去死，就是一般人也可以勉强这样做，何况像公这样自信的人呢？历次忤逆奸人，困苦挫折动荡至于七八次，始终不把自己的死生祸福作丝毫的考虑，不是深信道义的人是不能够这样的，这足以表明公的伟大了。世间的安宁、动荡有不同，士人的做官与辞职也就很容易。像伯夷的清高、伊尹的担当大任、孔子的适应时宜，他们各有各的道理。那种既想把自己比作古代担负大任的人，又想留恋隐居以在世上标榜自己，难道可以吗？因此孔子讨厌小人不能够为君王做事，称颂那些为了成就仁义而牺牲生命的人。像公这样，难道不是孔子所说的仁者吗？

当朝天子至和三年（公元 1056 年），尚书都官郎中、抚州知州聂厚载先生，尚书屯田员外郎、抚州通判林君慥先生都敬仰公的业绩，因为公曾经治理过这个地方，所以建了祠堂来祭祀公。等建成以后，两位先生来到我的家中，对我说："希望能有篇文章记述这事。"公的赫赫功名不可湮灭，固然不会依赖祠堂的有无。人们的追思向往还不足以表达自己的心情时，不建立祠堂就不能表达自己的心声。听到公的业绩，足以激发感动人，何况拜见他的祠堂并且亲受他教育熏陶过的人呢！现在各州、县的政治，不是法令所规定要办的，世人一般不再议论它了。只有二位先生能够追念公的气节，尊敬他而且把这件事作为自己的职责，来教育当世的人们，这是法令所没有涉及的，这可以说是有志向的人了。

越州赵公救灾记

熙宁八年夏，吴越大旱。九月，资政殿大学士右谏议大夫知越州赵公，前民之未饥，为书问属县灾所被者几乡，民能自食者有几，当廪[①]于官者几人，沟防构筑可僦[②]民使治之者几所，库钱仓粟可发者几何，富人可募出粟者几家，僧道士食之羡粟书于籍者其几具存，使各书以对，而谨其备。

州县吏录民之孤老疾弱不能自食者二万一千九百余人以告。故事，岁廪穷人，当给粟三千石而止。公敛富人所输及僧道士食之羡者，得粟四万八千余石，佐其费。使自十月朔，人受粟日一升，幼小半之。忧其众相蹂也，使受粟者男女异日，而人受二日之食。忧其且流亡也，于城市效野为给粟之所，凡五十有七，使各以便受之，而告以去其家者勿给。计官为不足用也，取吏之不在职而寓于境者，给其食而任以事。不能自食者，有是具也；能自食者，为之告富人，无得闭粜。又为之出官粟，得五万三千余石，平其价予民，为粜粟之所凡十有八，使籴者自便如受粟。又僦民完城四千一百丈，为工三万八千，计其佣与钱，又与粟再倍之。民取息钱者，告富人纵予之，而待熟，官为责其偿。弃男女者，使人得收养之。

明年春，大疫，为病坊，处疾病之无归者。募僧二人，属以视医药饮食，令无失所时。凡死者使在处随收瘗之。法，廪穷人尽三月当止，是岁尽五月而止。事有非便文者，公一以自任，不以累其属。有上请者，或便宜多辄行。公于此时，蚤夜惫心力不少懈，事细巨必躬亲，给病者药食多出私钱。民不幸罹旱疫，得免于转死；虽死得无失敛埋，皆公力也。

是时旱疫被吴越，民饥馑疾疠，死者殆半，灾未有巨于此也。天子东向忧劳，州县推布上恩，人人尽其力。公所拊循，民尤以为得其依归。所以经营绥辑，先后终始之际，委曲纤悉，无不备者。其施虽在越，其仁足以示天下；其事虽行于一时，其法足以传后。盖灾沴[③]之行，治世不能使之无，而能为之备。民病而后图之，与夫先事而为计者，则有间矣。不习而有为，与夫素得之者，则有间矣。余故采于越，得公所推行，乐为之识其详，岂独以慰越人之思，将使吏之有志于民者，不幸而遇岁之灾，推公之所已试，其科条则不待顷而具。则公之泽，岂小且近乎？

公元丰二年以大学士加太子少保致仕，家于衢。其直道正行，在于朝廷；岂弟之实，在于身者，此不著。著其荒政可师者，以为《越州赵公救灾记》云。

【注释】

①廪：储米的仓库，这里指发放粮食，赈济灾民。②僦（jiù）：租赁。这里是雇佣的意思。③沴：疫病。

【译文】

熙宁八年（公元1075年）夏天，吴越一带发生了大旱灾。九月，资政殿大学士、右谏议大夫、越州知州赵先生，在老百姓没有发生饥馑之前，写信询问所属各县有几个乡遭受灾害，老百姓的粮食自己够吃的有多少人，应该从官仓中放粮救济的有多少人，堤防、濠沟等构造建筑能够雇佣百姓建造的有几所，仓库的金钱、粮食可以赈灾的有多少，富裕人家可以捐献粮食的有几家，僧人、道士吃剩下的粮食记录在账本上的还有多少，让各州县书信回答，精心地做着准备，以防不测。

各州县的官吏报告说：老百姓中孤儿、老人、病人、弱者粮食不够吃的共二万一千九百多人。以前的例规，每年赈济穷人发放三千石粮食就够了。先生征收富人捐献的以及僧人、道士吃剩下的粮食，共得粮食四万八千多石，用以补助救灾的费用。从十月初一，每人每日领粮食一升，幼小的人半升。又担心人多相互践踏拥挤，使领取粮食的男、女分开，不在同一天，每人一次领取两天的粮食。还担心他们会流亡，在城市郊区边上设立赈粮的场所，共计五十七处，使他们在各自方便的地方领取粮食，而且告诉他们逃离家乡者不供给。考虑到官府人手不够用，征召只有官衔没有任职却在本地居住的官员，供给他们食物，委托他们办事。对于自己无法生存的灾民，采取了这些措施；对于可以自己生存的灾民，官府便为他们通告富人，不能不卖粮食。又为他们拨出官粮，共五万三千多石，平价卖给老百姓，设立买卖粮食的场所共十八处，使买粮食的人就像领取粮食那么方便。又雇用民工修缮城墙四千一百丈，耗费工时三万八千个，计算他们的工作量给钱，又给了他们两倍的口粮。老百姓乐意借利息钱的，叫有钱人家尽量借给他们，等到粮食成熟，官府替他们要账。被遗弃的男女儿童，使人们可以收养他们。

第二年春天，大的瘟疫流行，又设立医院，收留患病且无家可归的人。还招募了两名僧人，让他们负责照看病人的求医、问药、饮食等事情，使他们不失去治疗的机会。只要是病死的，让所在地的官府负责收敛埋丧他们。依照法律，救济穷人满三个月就应该停止，这一年满五个月才停止。事情有不合规定的，先生一个人承担责任，不连累自己的部下。凡是下面有奏请的，只要对救灾有利，大多立刻采纳施行了。先生在这个时候，早晚竭尽精力心思没有丝毫松懈，事情不管大小一定亲自去办。供给病人拿药的钱、饭钱大多出自他本人的腰包。老百姓不幸遇上旱疫，能够免于辗转而死；就是死了也能够随时收敛埋葬，这都是先生出的力。

这时候旱疫笼罩了吴越一带，老百姓由于饥荒疫病而死的将近一半，灾害没有比这次更大的了。天子面向东方，忧心忡忡，各州各县推广皇上的恩德，人人尽自己的力量。先生尽力抚恤安慰百姓，使他们更加以为是得到了依托。从事先计划到随后安顾，从一开始到最后，事情的曲折，其中的细节，没有不被考虑在内的。他的措施尽管只在越州推行，他的仁义之举却足以昭明天下；他所做的一切尽管在救灾期间实行，他的方法却足以流传后世。大凡瘟疫的流行，太平盛世也不能使它灭绝，但却能够为瘟疫的防治早作准备。老百姓病了，然后才为他们考虑，与事先准备好，作好计划，是有差距的。不熟悉别人的成功经验，而想一下子成功，与平时心中就有计划，是有差距的。因此我在越州采风时，弄明白了先生曾经当年所采取的措施，很高兴替他详细地记录了下来，哪里只是为了抚慰越人对赵公的思念，而是使有志于为百姓着想的官吏，在治地不幸遇到大灾荒时能施行先生曾经试行的方法，他抵御灾害的方法很快就会具备。那么赵先生的恩惠，难道能说是作用小、范围不大吗?

先生元丰二年（公元1079年）以大学士兼任太子少保告老退休，居住在衢州。他的梗直之道和崇高品德，记录在朝廷上；和乐平易的性格，存在于他的自身，这里都略而不提。只叙述他在灾荒期间可供仿效的政绩，而写成《越州赵公救灾记》。

王介甫临川集

王介甫臨川集

原 过

天有过乎？有之，陵历阙蚀[①]是也。地有过乎？有之，崩弛竭塞[②]是也。天地举有过，卒不累覆且载者何？善复常也。人介乎天地之间，则固不能无过，卒不害圣且贤者何？亦善复常也。故太甲思庸，孔子曰“勿惮改过”，扬雄贵迁善，皆是术也。予之朋有过而能悔，悔而能改，人则曰：是向之从事云尔。今从事与向之从事弗类，非其性也。饰表以疑世也。夫岂知言哉？天播五行于万灵，人固备而有之。有而不思则失，思而不行则废。一日咎前之非，沛然[③]思而行之，是失而复得，废而复举也。顾曰：非其性，是率天下而戕性[④]也。且如人有财见篡于盗，已而得之，曰：非夫人之财，向篡于盗矣，可欤？不可也。财之在己，固不若性之为己有也，财失复得，曰“非其财”且不可，性失复得，曰“非其性”，可乎？

【注释】

①陵历阙蚀：阴阳参差月阙日蚀。②崩弛竭塞：山崩海弛河洛竭塞。③沛然：勇疾貌。《孟子》：“沛然谁能御之？”④戕性：残害本性。

【译文】

天有过错吗？有过错，月缺日食、阴阳参差就是天的过错。地有过错吗？有过错，山崩海弛、川竭渊塞就是地的过错。天和地都有过错，最终并不妨害庇养众生和承载万物，这是什么原因呢？这是由于它们善于恢复本性。人处在天地之间，本来就不能没有过错，最后并不妨害圣智与贤能，这是什么原因呢？这也是由于他们善于恢复本性。因此太甲思念常道，孔子说“不要惧怕改正错误，”扬雄认为改恶从善是难能可贵的，都是这个道理。我的同门之中有犯了错误便能够悔悟、悔悟后便能够改正的人。有人却说：这只不过是以前的从事罢了。现今的从事和先前的从事并不相同了。改正错误不是他的本性，只是修饰外表来疑惑社会上的人。这种话难道是有真知灼见的言论吗？上天将仁、义、礼、智、信五常播散给所有生灵，人本来就兼具五常。有五常却不想着它们，就会失去它们；只是想着它们却不去实践，就会荒废它们。一旦追究从前的错误，便迅速、勇敢地想起五常，而且去实践它们，这是失去之后又一次获得，荒废之后又一次兴起。有人却说：这不是他的本心，这是引导天下的人残害本性。就好像人有财物被强盗抢夺了，不久又得到了失去的财物，如果说：这不是那个人的财物，那个人的财物以前被强盗抢去了。可以这样说吗？不可以。财物在己，本来就不如本性为自己所有。财物失去再获得，说“不是他的财物”尚且不可；本性失去再获得，说“不是他的本性，”可以吗？

伤仲永

金溪[①]民方仲永，世隶耕。仲永生五年，未尝识书具，忽啼求之。父异焉，借旁近与之，即书诗四句，并自为其名。其诗以养父母、收族为意，传一乡秀才观之。自是指物作诗立就，其文理皆有可观者。邑人奇之，稍稍宾客其父，或以钱币乞之。父利其然也，日扳仲永环谒[②]于邑人，不使学。

余闻之也久，明道[③]中，从先人还家，于舅家见之，十二三矣。令作诗，不能称前时之闻。又七年，还自扬州，复到舅家问焉，曰："泯然[④]众人矣！"

王子曰：仲永之通悟，受之天也。其受之天也，贤于材人远矣。卒之为众人，则其受于人者不至也。彼其受之天也，如此其贤也，不受之人，且为众人。今夫不受之天，固众人，又不受之人，得为众人而已耶！

【注释】

①金溪：县名，今属江西省。②环谒：到处拜访。③明道：宋仁宗年号。④泯然：泯没无闻。

【译文】

金溪县百姓方仲永，世世代代属于种田的人。方仲永出生后五年，不曾认识书写工具，突然哭着要纸笔。父亲对他的行为感到奇怪，便从邻居家中借来纸笔交给他，他便写下了四句诗，而且自己为诗取了诗名。他的诗把赡养父母、收容同族的人作为意旨，传给全乡的秀才观看。自此以后，点出事物来让他写诗，他便立刻写成，诗的义理文辞都有令人赞赏之处。乡里的人认为他与众不同，渐渐礼敬他的父亲，有的人便拿钱币送给他。父亲认为这样可以赚到钱，便每天领着他到处拜见乡里人，不让他学习。

我听说这件事有很长时间了。明道年间，我跟随先父回到家乡，在舅舅家中见到了方仲永，那时他已十二三岁了。我让他写诗，写的诗和以前我所听到的有关他的传闻已不能相称。又过了七年，我从扬州回家，又到舅舅家中问询他的情况，舅舅说："仲永已默默无闻，成为普通人了！"

我以为：方仲永的聪悟通灵，是禀受于天的。他禀受于天，比起有才干的人还要超过许多。最终变成普通人，那是由于他没有接受人的教育。他禀受于天，是如此的多，不接受人的教育，尚且成为普通人；现今那些没有禀受于天，本来就是普通人，假如再不接受人的教育，要想做一名普通人，做得成吗？

读孟尝君传

世皆称孟尝君[①]能得士，士以故归之，而卒赖其力以脱于虎豹之秦。嗟乎！孟尝君特鸡鸣狗盗[②]之雄耳，岂足以言得士？不然，擅齐之强，得一士焉，宜可以南面而制秦，尚何取鸡鸣狗盗之力哉？夫鸡鸣狗盗之出其门，此士之所以不至也。

【注释】

①孟尝君：战国四公子之一，姓田，名文，承继其父封爵，为薛公，以好客著称，门下食客多达数千人，曾相齐、相魏，卒谥孟尝君。②鸡鸣狗盗：孟尝君出使秦国，被秦王扣留。食客中能为狗盗的，盗一领千金狐裘，献给秦王爱姬，秦王听从爱姬请求，遣孟尝君回国。不久秦王后悔，派人追赶孟尝君。当时孟尝君已至关，关法规定鸡叫后放客出关。食客中能学鸡叫者，仿鸡叫，引发鸡鸣，于是得以出关。后以鸡鸣狗盗称有卑微技能之人。

【译文】

世人都说孟尝君善于得到人才，所以人才归附到他的门下，而且最终依赖他们的力量脱险于如虎似豹的秦国。唉！孟尝君只不过是鸡鸣狗盗之辈当中的头儿罢了，哪里有资格说得上善于得到人才？假如不是这样的话，孟尝君据有强大的齐国，在国中得到一位人才，应当是可以当上霸主而控制秦国的，哪里还用得着鸡鸣狗盗之辈的力量呢？鸡鸣狗盗之辈出入于孟尝君门下，这正是人才不到孟尝君门下的原因。

读孔子世家

太史公叙帝王则曰“本纪”，公侯传国则曰“世家”①，公卿特起则曰“列传”，此其例也。其列孔子为世家，奚其进退无所据耶？孔子旅人②也，栖栖衰季之世，无尺土之柄，此列之于传宜矣，曷为世家哉？岂以仲尼躬将圣之资，其教化之盛，舄奕③万世，故为之世家以抗之？又非极挚之论也。夫仲尼之才，帝王可也，何特公侯哉？仲尼之道，世天下可也，何特世其家哉？处之世家，仲尼之道，不从而大；置之列传，仲尼之道，不从而小。而迁也自乱其例，所谓多所抵牾者也。

【注释】

①世家：《史记》纪诸侯王之事，称做“世家”。②旅人：旅客。《易注》：“仲尼旅人，则国可知矣。”③舄奕：蝉联不绝。《后汉书》：“舄奕乎千载。”

【译文】

太史公司马迁记述帝王之事便题为“本纪”，记述诸侯传国之事便题为“世家”，记述公卿兴起之事便题为“列传”，这是《史记》的体例。司马迁把孔子排列于世家之中，怎么这个人进退没有依凭呢？孔子是周游列国的人，忙碌于衰亡的年代，没有一尺土地的权力，把他排列在列传当中就合适了，为什么要排列在世家中呢？难道是由于孔子本身具有将圣的的资质，他那显赫的教化，蝉联万世而不绝，因此把他排列在世家之中来提高他的身份吗？这又并非很中肯的议论。孔子的才能，可以做帝王，岂只是做公侯呢？孔子的学说，可以传于天下，岂只是传于家呢？将他放在世家，孔子的学说不随之而光大；将他放在列传，孔子的学说不随之而渺小。但是司马迁自乱他的体例，这是人们所说的《史记》中多有自相矛盾的地方。

答司马谏议书

某启：昨日蒙教，窃以为与君实①游处相好之日久，而议事每不合，所操之术多异故也。虽欲强聒，终必不蒙见察，故略上报，不复一一自辩。重念蒙君实视遇厚，于反覆不宜卤莽，故今具道所以，冀君实或见恕也。

盖儒者所争，尤在于名实，名实已明，而天下之理得矣。今君实所以见教者，以为侵官、生事、征利、拒谏，以致天下怨谤也。某则以为受命于人主，议法度而修之于朝廷，以授之于有司，不为侵官；举先王之政，以兴利除弊，不为生事；为天下理财，不为征利；辟邪说，难壬人，不为拒谏。至于怨诽之多，则固前知其如此也。人习于苟且非一日，士大夫多以不恤国事、同俗自媚于众为善，上乃欲变此，而某不量敌之众寡，欲出力助上以抗之，则众何为而不汹汹然？盘庚[2]之迁，胥怨者民也，非特朝廷士大夫而已。盘庚不为怨者故改其度。度义而后动，是而不见可悔故也。如君实责我以在位久，未能助上大有为，以膏泽斯民，则某知罪矣；如曰今日当一切不事事，守前所为而已，则非某之所敢知。

无由会晤，不任区区向往之至。

【注释】

①君实：司马光之号，光陕州夏县涑水乡人，宝元初进士。历仕仁宗、英宗，至神宗时以议安石新法之害，出居洛。高太后临朝，光入为相，尽改新法。在相位八月而卒，赠太师、温国公，谥文正。著《资治通鉴》，为中国编年史之最善者。②盘庚：商王名。商都河北已久，宫室奢侈，民居垫隘，水泉泻卤，不可行政化。王欲徙成汤故都，臣民安土重迁，咸相咨怨，乃作书告谕，即《商书盘庚》，渡河而南，复居于亳，改号曰殷，商道复兴。

【译文】

王安石向您陈述如下：昨天收到来信。我私下以为同您交游往来、相好时间长了，但是论事时常常不合，这是我们之间所持的政见存在着很多分歧的缘故。尽管我想勉强辩解，最终肯定不会被您了解，因此就简略地写了回信，没有再一一为自己辩解。我反复考虑蒙受您高看，交往很厚，在书信往来中不应该简慢无礼，因此现在我详细说明原由，希望您或许宽恕我。

儒者所争论的，主要是在名称和实际上。名称和实际已经辨明，则天下的公理便找到了。如今您指责我的，是以为我的做法侵犯了官吏的职权，凭空制造了事端，与百姓争了利，而且拒绝劝谏，以此招来天下怨恨和指责。我却以为从皇帝那里接受了命令，议定制度法令并在朝廷上加以修正，将它交给各级主管官吏，这不能算是侵官；提出先王的政治，来兴利除害，这不能算是生事；为天下管理财物，这不能算是营利；驳斥不正确的言论，责难巧辩谄媚的坏人，这不能算是拒谏。至于怨恨、指责多，这本来就是我事先清楚会这样的。人们习惯于得过且过不是一天了，士大夫大多把不附和世俗、关心国事、讨好众人看作优点，皇上却想改变这种现状，我不衡量敌对势力的大小，想出力帮助皇上对付他们，他们怎能不喧闹呢？盘庚迁都，怨恨的是百姓，不只是朝中的士大夫。盘庚不因为有人怨怒而改变自己迁都的计划，这是由于考虑到合适，然后才采取行动，认为做得正确，看不出有值得懊悔的地方的缘故。假如拿我在位时间长，不能帮助皇上有较大的作为，将恩惠施与百姓来指责我，那我就知罪了；假如说现在应当什么事情也不做，只是遵照老规矩办事而已，那就不是我所能领教的了。

没有因由与您见面，说不尽我对您的极为恳挚的仰慕。

芝阁记

祥符时，封泰山以文天下之平，四方以芝[1]来告者万数，其大吏则天子赐书以宠嘉之，小吏若民辄锡金帛。方是时，希世有力之大臣，穷搜而远采，山农野老，攀缘狙杙[2]，以上至不测之高，下至涧溪壑谷，分崩裂绝，幽穷隐伏，人迹之所不通，往往求焉。而芝出于九州四海之间，盖几于尽矣。

至今上即位，谦让不德，自大臣不敢言封禅[3]，诏有司以祥瑞告者皆勿纳。于是神奇之产，销藏委翳于蒿藜榛莽之间，而山农野老，不复知其为瑞也。则知因一时之好恶，而能成天下之风俗，况于行先王之治哉！

太丘陈君，学文而好奇，芝生于庭，能识其为芝，惜其可献而莫售也，故阁于其居之东偏，掇取而藏之。盖其好奇如此。噫！芝一也，或贵于天子，或贵于士，或辱于凡民，夫岂不以时乎哉？士之有道，固不役志于贵贱，而卒所以贵贱者，何以异哉？此予之所以叹也。

【注释】

①芝：菌类，寄生于干枯树木，古以为瑞草。一名灵芝，又名紫芝。②狙杙：猱升。③封禅：泰山上筑土为坛以祭天，报天之功叫做封；泰山下小山之除地，报地之功叫做禅。

【译文】

祥符年间，在泰山之上筑坛祭天来文饰天下太平。东南西北各地都拿着灵芝来到朝廷报告的人数以万计，其中的大官，便由天子赐给书信来尊宠嘉奖他们；小官或者百姓，天子便赐给他们黄金布帛。正在这个时候，能力世上少有的大臣，四处搜寻，远方采集；山里的农民、田野中的老者，攀山缘木如同猕猴，往高处爬上不可测量的高山，往低处走进沟壑溪谷，幽深隐秘、崩塌断裂、人迹不到的地方，他们时常去那里寻求。灵芝在全国被挖出，大略快要挖完了。

等到现今的皇上即位，皇上谦逊礼让、不自以为有德，就是大臣也不敢谈论关于封禅的事。皇上下令主管部门，凡是拿吉祥符瑞来报告的，都不要接纳他们。所以神奇的物产，隐蔽销藏在杂草灌木之间，田野中的老者、山里的农民，不再知道它们是祥瑞。通过这件事知道：由于皇帝一时的爱好憎恶，就可以形成天下的风俗。更何况推行先王的政治呢！

太丘陈先生，学习文章并且喜好奇异的东西。灵芝生长在他的庭院中，陈先生可以认出它是灵芝，惋惜能把它进献给朝廷却没有实现，因此在他的居所东侧建造了阁楼，采下灵芝并且把它珍藏在阁楼中。他就是这样地喜爱奇异的东西。唉！灵芝是一样的，有的显贵于天子，有的显贵于士人，还有的受辱于普通百姓，这难道不是由地时机吗？士人有道，确实是对于高贵低贱无所用心，然而最终让他们高贵或低贱，和让灵芝显贵或受辱的原因，有什么不同呢？这是我感叹的原因。

扬州龙兴讲院记

予少时客游金陵[1]，浮屠[2]慧礼者从予游。予既吏淮南，而慧礼得龙兴佛舍，与其徒日讲其师之说。尝出而过焉，庳屋数十椽，上破而旁穿，侧出而视后，则榛棘出入，不见垣端。指以语予曰："吾将除此而宫之。虽然，其成也，不以私吾后，必求时之能行吾道者付之，愿记以示后之人，使不得私焉。"当是时，礼方丐食饮以卒日，视其居枵然。余特戏曰："姑成之，吾记无难者。"后四年来曰："昔之所欲为，凡百二十楹，赖州人蒋氏之力，既皆成，盍有述焉？”

噫，何其能也！盖慧礼者，予知之，其行谨洁，学博而才敏，而又卒之以不私，宜成此不难也。今夫衣冠而学者，必曰自孔氏。孔氏之道易行也，非有苦身窘形，离性禁欲，若彼之难也。而士之行可一乡、才足一官者常少，而浮屠之寺庙被四海，则彼其所谓材者，宁独礼耶？以彼之材，由此之道，去至难而就甚易，宜其能也。呜呼！失之此而彼得焉，其有以也夫！

【注释】

①金陵：今江苏江宁县。②浮屠：僧人。

【译文】

我年轻的时候旅游金陵，一个叫慧礼的僧人与我交往。我在淮南做了官之后，慧礼得到了龙兴寺院，他每天同他的门徒讲授他师父的学说。我曾出门到他那里拜访，他那里有矮屋数十间，房顶破漏并且墙壁还有窟窿。从旁边走出观看屋后，只见灌木长得超过了人的身高，看不到墙头。慧礼用手指着灌木对我说：“我将来要除去它们，在这里建起房舍。尽管如此，房屋建成之后，不把它们留给我的后人。一定要寻找那时可以推行我的学说的人，把房舍交给他。希望您写一篇记文来给我的后人看，使他们不能把房舍据为私有。”在这时，慧礼正乞讨度日，看他的居室空空荡荡，什么东西也没有。我故意和他开玩笑说：“姑且建成它，我写记文没有什么困难。”在这以后过了四年，慧礼前来向我说：“以前想要建造的，共一百二十间，依靠本州之人蒋某的力量，已经都建成了，您为什么不写记文呢？”

哎！怎么他可以做得到呢！慧礼这个人，我了解他。他的品性纯洁谨慎，学识渊博，而且才思敏捷，最后再加上他没有私欲，他建成这些房舍不难做到是应该的。现今穿着儒服、戴着儒冠学习的人，必定说学业出自孔子。孔子的学说易于实行，没有使身体受苦，没有禁制欲望、违背性情，没有像佛教徒苦修那样的困难，但是士人之中品行被一乡之人所肯定，才智足够胜任一种官职的，常常不多。僧人的寺庙遍布中国，那么人们所说的有才能的人，岂只是慧礼一个人呢？凭借他那样的才干，遵循着这种道术，去掉异常困难的而从事特别容易的，他能做到也是理所应当的。唉！从这里失去却从那里得到，这话恐怕有道理啊！

游褒禅山记

褒禅山，亦谓之华山。唐浮图慧褒始舍于其址，而卒葬之，以故其后名之曰“褒禅”。今所谓慧空禅院者，褒之庐冢[①]也。距其院东五里，所谓华阳洞者，以其在华山之阳名之也。距洞百余步，有碑仆道，其文漫灭，独其为文犹可识，曰“花山”。今言华如华实之华者，盖音谬也。

其下平旷，有泉侧出，而记游者甚众，所谓前洞也。由山以上五六里，有穴窈然[②]，入之甚寒，问其深，则虽好游者不能穷也，谓之后洞。余与四人拥火以入，入之愈深，其进愈难，而其见愈奇。有怠而欲出者，曰：“不出，火且尽。”遂与之俱出。盖予所至，比好游者尚不能十一，然视其左右，来而记之者已少。盖其又深，则其至

又加少矣。方是时，予之力尚足以入，火尚足以明也。既其出，则或咎其欲出者，而予亦悔其随之，而不得极夫游之乐也。

于是予有叹焉：古人之观于天地山川草木虫鱼鸟兽，往往有得，以其求思之深而无不在也。夫夷以近，则游者众；险以远，则至者少。而世之奇伟瑰怪非常之观，常在于险远，而人之所罕至焉，故非有志者不能至也。有志矣，不随以止矣，然力不足者，亦不能至也；有志与力，而又不随以怠，至于幽暗昏惑而无物以相之，亦不能至也。然力足以至焉而不至，于人为可讥，而在己为有悔；尽吾志也而不能至者，可以无悔矣，其孰能讥之乎？此予之所得也。

余于仆碑，又以悲夫古书之不存，后世之谬其传而莫能名者，何可胜道也哉！此所以学者不可以不深思而慎取之也。

四人者，庐陵③萧君圭君玉，长乐④王回深父，予弟安国平父、安上纯父。至和元年七月某日，临川王某记。

【注释】

①庐冢：屋舍，坟墓。②窈然：深远貌。③庐陵：汉县名，故城在今江西吉安县南。④长乐：宋县名，故城在今广东梅县东北。

【译文】

褒禅山，人们也把它叫做华山。唐代僧人慧褒第一个在这个地方修建了房舍，死了之后葬在了这里，由于这个缘故，后代的人把它称作“褒禅”。现今人们所说的慧空禅院，就是慧褒的禅房和墓冢。距离这个禅院往东五里，人们所说的华阳洞，是依据它处在华山的南面而起的名称。距离华阳洞一百多步，有块石碑倒在路上，碑文模糊不清，只有其中成字的还可辨识，是“花山”。如今把华字读作华实的华，大概是音误。

山下道路宽阔平坦，有条泉水从旁流出，游人在洞壁上题写游记的很多，那就是人们所说的前洞。顺着山路往上走五六里，有个山洞十分幽深，进入洞中异常寒冷。向人询问洞穴的深远程度，就是爱好游玩的人也不能走到洞的尽头。这即是人们所说的后洞。我和四个人一起举着火把进入洞中，进去越深，行进也就越困难，但所见到的景致也就越是奇异。有一位倦怠而想走出的人，说道：“假如不出去，火把就要烧完了！”因此我们便跟他一同走了出来。我们游到的地方，和那些喜爱游玩的人比起来，还不及他们的十分之一，尽管这样，我看到洞壁的两侧，来到这里在上面题写游记的已经少了。大概山洞更深的地方，到达的人会更少。正当这时，我的力气还足以用来往深里走，火把还足以用来照明。我们已经走了出来，因此有人责备那个想往外走的人，我也后悔自己跟着他往外走，以致不能穷尽那种观赏的乐趣。

在这件事上，我产生了一种感慨：古人观察天地山川草木虫鱼鸟兽，时常有所收获，这是由于他们追求思考问题有深度并且这种深思无处不在。路又平又近，游人就多；路又险又远，到的人就少。但是世上雄奇瑰丽、不同寻常的景观，常常在那人迹罕到、路险而远的地方。因此，如果不是有坚定信念的人就不能走到那里；有坚定信念，也不跟随别人中途而止，但是力气不足，也不能走到那里；有坚定的信念和气力，并且又不跟随别人懈怠，到了辨不清方向、幽深昏暗的地方，却没有照明的东西来帮助他，也不能走到那里。然而力气足以用来走到那里却没有走到，在别人看来，这是令人讥笑的；在自己看来，这是值得懊恼的。尽了自己的心志却还是未能到达，就可以没有懊悔了，谁还能讥笑自己呢？这就是我的收获。

我通过倾倒的石碑，又对于古书不能保存产生了悲哀，后代的错误传闻却不能指明的，哪里说得完呢？这就是学者不能不深深地思考而且谨慎采用的原因。

同游的四个人是：庐陵县的萧君圭、表字君玉；长乐县的王回、表字深父；我的弟弟王安国、表字平父和王安上、表字纯父。至和元年（公元1054年）七月某日，临川县王安石记。

祭范颍州文

呜呼我公，一世之师！由初迄终，名节无疵。明肃之盛，身危志殖。瑶华失位，又随以斥。治功亟闻，尹帝之都。闭奸兴良，稚子歌呼。赫赫之家，万首俯趋。独绳其私，以走江湖。士争留公，蹈祸不栗。有危其辞，谒与俱出。风俗之衰，骇正怡邪。蹇蹇我初，人以疑嗟。力行不回，慕者兴起。儒先酋酋[2]，以节相侈。公之在贬，愈勇为忠。稽前引古，谊不营躬。外更三州，施有余泽。如釃河江，以灌寻尺。宿赃自解，不以刑加。猾盗涵仁，终老无邪。讲艺弦歌，慕来千里。沟川障泽，田桑有喜。戎孽孽狂，敢齮我疆。铸印刻符，公屏一方。取将于伍，后常名显。收士至佐，维邦之彦。声之所加，虏不敢濒。以其余威，走敌完邻。昔也始至，疮痍满道。药之养之，内外完好。既其无为，饮酒笑歌。百城晏眠，吏士委蛇。上嘉曰材，以副枢密[3]。稽首辞让，至于六七。遂参宰相，厘我典常。扶贤赞杰，乱冗除荒。官更于朝，士变于乡。百治具修，偷堕勉强。彼阏不遂，归侍帝侧。卒屏于外，身屯道塞。谓宜考老，尚有以为。神乎孰忍，使至于斯！盖公之才，犹不尽试。肆其经纶，功孰与计！自公之贵，厩库逾空。和其色辞，傲讦以容。化于妇妾，不靡珠玉。翼翼公子，敝绨恶粟。闵死怜穷，惟是之奢。孤女以嫁，男成厥家。孰堙于深？孰锲乎厚？其传其详，以法永久。硕人今亡，邦国之忧。矧鄙不肖，辱公知尤。承凶万里，不往而留。涕哭驰辞，以赞醪羞。

【注释】

①瑶华：玉之美者。②酋酋：魁伟貌。③副枢密：官名。宋时枢密院与中书省分掌文武二柄，号为二府，有枢密使、副使等官。

【译文】

呜呼哀哉！我们范公，一代宗师。自始至终，操守无疵。明肃权盛，身危志立。美玉失位，又遭贬斥。政绩屡闻，治理首都。杜奸兴善，孩童欢呼。显赫之家，万人趋附。独纠其私，流浪江湖。士争留公，遇祸不怵。有高声讲，跟您同出。风俗败坏，惊正乐邪。我始忠直，人却怀疑。力行不回，慕者兴起。先儒魁伟，操行堪夸。公在贬时，为忠更勇。考前引古，义不营躬。外经三州，普施恩泽。如引河江，来灌数尺。旧赃自消，不加刑罚。奸盗怀仁，至老无邪。讲艺弦歌，慕来千里。挖河筑堤，农夫欢喜。西夏疯狗，屡犯我疆。铸刻符玺，守保一方。卒伍取将，后常名扬。取士至佐，国家贤良。声威所加，敌不敢近。用其余

威，败敌全邻。以前初到，疮痍满目。医治疗养，内外完好。既已无事，畅饮笑歌。百城安睡，吏士自得。上称其才，任副枢密。叩头推辞，至六七次。遂参宰相，改订纲常。扶助贤杰，除去杂荒。官改于朝，士变于乡。万事俱修，懒者自强。遏制不成，来侍帝侧。终弃于外，身艰道蹇。以为年老，还有作为。神仙怎忍，使至于此！公之才能，尚未全用。肆其筹治，谁可比功！从公显贵，家财更空。态度和蔼，傲讦宽容。化至妻妾，珠玉不饰。公子整饬，破衣粗食。怜悯死穷，奢侈仅此。孤女已嫁，男孩成家。谁埋于地，谁刻于石？要传要详，百世效仿。贤者今死，举国悲伤。况鄙不才，辱公知罪。承凶万里，不去而留。痛哭疾书，来助酹馐。

祭欧阳文忠公文

夫事有人力之可致，犹不可期，况乎天理之溟溟[①]，又安可得而推？惟公生有闻于当时，死有传于后世，苟能如此足矣，而亦又何悲？

如公器质之深厚，智识之高远，而辅学术之精微，故充于文章，见于议论，豪健俊伟，怪巧瑰琦。其积于中者，浩如江河之停蓄；其发于外者，烂如日星之光辉；其清音幽韵，凄如飘风急雨之骤至；其雄辞闳辩，快如轻车骏马之奔驰。世之学者，无问乎识与不识，而读其文则其人可知。

呜呼！自公仕宦四十年，上下往复，感世路之崎岖，虽屯邅困踬，窜斥流离，而终不可掩者，以其公议之是非。既压复起，遂显于世，果敢之气，刚正之节，至晚而不衰。

方仁宗皇帝临朝之末年，顾念后事，谓如公者，可寄以社稷[②]之安危。及夫发谋决策，从容指顾，立定大计，谓千载而一时。功名成就，不居而去，其出处进退，又庶乎英魄灵气，不随异物腐散，而长在乎箕山[③]之侧与颍水[④]之湄。然天下之无贤不肖，且犹为涕泣而歔欷，而况朝士大夫，平昔游从，又予心之所向慕而瞻依！

呜呼！盛衰兴废之理，自古如此，而临风想望，不能忘情者，念公之不可复见，而其谁与归？

【注释】

①溟溟：渺茫。②社稷：国家之代称。古灭国则变置其社稷，故称国家为社稷。③箕山：在河南登封县东南。尧时，巢父、许由隐于箕山之阴。④颍水：出河南登封西境颍谷，向东南流。

【译文】

事情有人力可以做到的，尚且不能一定成功，更何况天道渺茫，又怎么能够揣度？文忠公活着的时候闻名当时，死了以后流芳后世，假使能够做到这样也就满足了，又有什么悲伤呢？

像您这么资质深厚，见识高远，又助以学术精妙，因此充斥于文章之内，表现在议论之中的，雄健伟大，精巧美妙。您积存于胸的，就如同长江黄河存蓄众水那样浩渺；您表露在外的，就如同日月星辰的光辉那样灿烂；您的清高的声音、幽雅的韵调，就如同暴风骤雨的突然到来那样悲切；您的雄健的言辞、博大的辩论，就如同轻车骏马的奔驰那样迅疾。世间的学者，不管是认识您还是不认识您，只要读过您的文章，那么便可了解您的为人。

唉！从您做官后的四十年间，官职反复升降，感慨世道的坎坷，尽管处境艰难窘迫，放逐流离，但是最终不能掩盖您的光辉形象，这是由于是非自有公论。贬谪之后又被起用，名声终究在世上显扬；勇敢果断的气概，正直刚强的节操，直到晚年没有衰减。

在仁宗皇帝当朝处理国事的末年，考虑到身死后皇位继承的大事，仁宗皇上以为像您这样的人，可以把国家的安危托付给他。到决定策略、策划计谋时，您行动迅速，态度从容，立刻确定了立英宗为皇帝的重要谋略，以为这是一千年才遇到一次的时机。功成名就之后，您却不贪恋功名而要求离职，您的出仕居官，进取隐退，又近于英灵精神不随尸体腐败，而永远留存于箕山之侧和颍水之滨，与巢父、许由作伴。但是天下无论贤与不贤，尚且为之哭泣感叹，更何况朝中的士大夫，平时交游，又是我心中所向倾慕并且尊仰亲近的人呢！

唉！兴废盛衰的道理，自古以来便是如此，然而我之所以临风思念，不能忘怀，是由于考虑到不能再见到您，我将归依谁呢？

许主簿墓志铭

君讳平，字秉之，姓许氏。余尝谱其世家，所谓今泰州海陵①县主簿者也。君既与兄元相友爱称天下，而自少卓荦②不羁，善辩说，与其兄俱以智略为当世大人所器。宝元③时，朝廷开方略之选，以招天下异能之士，而陕西大帅范文正公④、郑文肃公⑤争以君所为书以荐，于是得召试为太庙斋郎，已而选泰州海陵县主簿。贵人多荐君有大才，可试以事，不宜弃之州县。君亦常慨然自许，欲有所为，然终不得一用其智能以卒。噫，其可哀也已！

士固有离世异俗，独行其意，骂讥笑侮，困辱而不悔，彼皆无众人之求，而有所待于后世者也，其龃龉固宜。若夫智谋功名之士，窥时俯仰以赴势物之会，而辄不遇者，乃亦不可胜数。辩足以移万物，而穷于用说之时；谋足以夺三军，而辱于右武之国。此又何说哉？嗟乎！彼有所待而不悔者，其知之矣。

君年五十九，以嘉祐⑥某年某月某甲子葬真州之扬子县⑦甘露乡某所之原。夫人李氏。子男瑰，不仕；璋，真州司户参军；琦，太庙斋郎；琳，进士。女子五人，已嫁二人：进士周奉先，泰州⑧泰兴⑨令陶舜元。铭曰：

有拔而起之，莫挤而止之。呜呼！许君而已于斯，谁或使之？

【注释】

①海陵：今江苏泰县。②卓荦：超绝。③宝元：宋仁宗年号。④范文正：范仲淹。⑤郑文肃：郑伯熊。⑥嘉祐：仁宗年号。⑦真州扬子：今江苏仪征县。⑧泰州：今江苏泰县。⑨泰兴：今江苏泰兴县。

【译文】

先生名平，字秉之，姓许。我曾编写他的家谱，他就是现今人们所说的泰州海陵县主簿。先生既已和兄长许元相友爱，为天下之人所称许，又从小就善长辩论、卓然不群，和自己的兄长都凭借谋略才智被当代的士大夫所器重。宝元年间，朝廷开设用兵方法谋略的选举，来招致

天下有突出能力的人才，陕西大帅范文正公、郑文肃公争相拿先生写的书来举荐，于是得以被皇上召见面试，做上了太庙斋郎，不久选做泰州海陵县主簿。朝中有权势的人大都推举先生有大才，可以用重要的工作来试用，不应该把先生抛弃在州县。先生也常常慨然自叹，想有一番作为，但是终究没有得到一次施展自己才智的机会就死了。唉！这真是令人悲哀啊！

士人本有远离世事不同流俗、独自实践自己的意志、被人侮笑、挨骂受讥、受辱虽穷困却不懊悔的，他们都没有普通人的追求，却在后世有所期待，他们于时不合固然是应当的。至于那些有智谋功名的人士，窥测时机上下逢迎来追求权势利禄的际遇，但是往往不被知遇的，却也是数不胜数。才辩足以用来改变万物，却窘迫于采纳游说的时代；谋略足以用来改易三军，却受辱于重武之国，这又怎么解释呢？唉！那些有所期待却不懊悔的人，是可以知道的了。

先生活了五十九岁，在嘉祐某年某月某甲子日葬于真州扬子县甘露乡某处坟地。夫人姓李。儿子许瑰，没有做官；许璋，任真州司户参军；许琦，任太庙斋郎；许琳，是进士。五个女儿，两个已经出嫁；一个嫁给了进士周奉先，另一个嫁给了泰州泰兴县令陶舜元。铭文如下：

有人将他提拔了起来，没有人把他排挤下去。唉！许先生止于此，是谁令他如此？

给事中孔公墓志铭

宋故朝请大夫给事中、知郓州军州事、兼管内河堤劝农同群牧使、上护军、鲁郡开国侯、食邑一千六百户、实封二百户、赐紫金鱼袋孔公者，尚书工部侍郎、赠尚书吏部侍郎讳勖之子，兖州曲阜县令、袭封文宣公、赠兵部尚书讳仁玉之孙，兖州泗水县主簿讳光嗣之曾孙，而孔子之四十五世孙也。

其仕当今天子天圣、宝元之间，以刚毅谅直名闻天下。尝知谏院矣，上书请明肃太后归政天子，而廷奏枢密使曹利用、尚御药罗崇勋罪状。当是时，崇勋操权利与士大夫为市，而利用悍强不逊，内外惮之。尝为御史中丞矣，皇后郭氏废，引谏官御史伏阁以争，又求见上，皆不许，而固争之，得罪然后已。盖公事君之大节如此。此其所以名闻天下、而士大夫多以公不终于大位为天下惜者也。

公讳道辅，字厚济。初以进士释褐[①]，补宁州军事推官[②]。年少耳，然断狱议事，已能使老吏惮惊。遂迁大理寺丞，知兖州仙源县，又有能名。其后尝直史馆。待制龙图阁，判三司理欠凭由司、登闻检院、吏部流内铨，纠察在京刑狱，知许、徐、兖、郓、泰五州，留守南京，而兖、郓、御史中丞皆再至。所至官治，数以争执不阿，或黜或迁，而公持一节以终身，盖未尝自绌也。

其在兖州也，近臣有献诗百篇者，执政请除龙图阁直学士，上曰："是诗虽多，不如孔某一言。"乃以公为龙图阁直学士。于是人度公为上所思，且不久于外矣。未几，果复召以为中丞。而宰相使人说公，稍折节[③]以待迁。公乃告以不能，于是又度公且不得久居中，而公果出。

初，开封府吏冯士元坐狱，语连大臣数人，故移其狱。御史劾士元罪，止于杖，又多更赦。公见上，上固怪士元以小吏与大臣交私，污朝廷，而所坐如此，而执政又以谓公为大臣道地，故出知郓州[④]。

公以宝元二年如郓，道得疾，以十二月壬申卒于滑州之韦城驿，享年五十四。其后诏追郭皇后位号，而近臣有为上言公明肃太后时事者，上亦记公平生所为，故特赠公尚书工部侍郎。公夫人金城郡君尚氏，尚书都官员外郎讳宾之女。生二男子：曰淘，今为尚书屯田员外郎；曰宗翰，今为太常博士，皆有行治，世其家。累赠公金紫光禄大夫、尚书兵部侍郎，而以嘉祐七年十月壬寅，葬公孔子墓之西南百步。

公廉于财，乐振施，遇故人子恩厚尤笃。而尤不好鬼神禨祥事。在宁州，道士治真武像，有蛇穿其前，数出近人，人传以为神。州将欲视验以闻，故率其属往拜之，而蛇果出，公即举笏击蛇杀之。自州将以下皆大惊，已而又皆大服，公由此始知名。然余观公数处朝廷大议，视祸福无所择，其智勇有过人者，胜一蛇之妖何足道哉！世多以此称公者，故余亦不得而略也。铭曰：

展也孔公，维志之求，行有险夷，不改其辀。权强所忌，谗谄所仇。考终厥位，宠禄优优，维皇好直，是锡公休。序行纳铭，为识诸幽。

【注释】

①褐：贫民所穿粗布衣服。②推官：官名，唐置，为节度、观察两使之僚属。③折节：屈己以求人。④郓州：宋州名，位于今山东郓城县。

【译文】

大宋原朝请大夫给事中、执掌郓州军州事、兼管内河堤劝农与群牧使、上护军、鲁郡开国侯、采邑一千六百户、实封两百户、赐紫金鱼袋孔大人，是尚书工部侍郎、赠尚书吏部侍郎孔勖的儿子，是兖州曲府县令、袭封文宣公、赠兵部尚书孔仁玉的孙子，是兖州泗水县主簿孔光嗣的曾孙，是孔子的第四十五世孙。

孔大人在当今圣上天圣、宝元年间做官，凭借果毅刚强、正直诚实，名闻天下。曾执掌过谏院，上书请求明肃太后把国政归还皇上，并在朝廷之上陈述枢密使曹利用、尚御药罗崇勋的罪行。正在这个时候，罗崇勋掌握着权力跟士大夫们作交易，而曹利用蛮横不顺，朝廷内外都畏惧这两个人。曾担任过御史中丞，皇后郭氏被废黜，孔大人率领谏官、御史伏在宫殿之上来谏争，请求皇上召见，都未得到皇上许可。但是他还坚决谏争，获罪之后才停了下来。孔大人侍奉皇上，大节如此。这是孔大人闻名天下，但士大夫都认为他不终于重要职位是天下憾事的原因。

孔大人名道辅，字厚济。当初由于考取进士脱去布衣，穿上了官服，任宁州军事推官。孔大人年轻，然而处理案件，议论政事，已让年老的官吏惊惧。因此升迁为大理寺丞，担任兖州仙源县令，又有能力高的名声。之后曾做过史官，做过龙图阁待制，兼任三司理欠、凭由司，升任闻检院、吏部流内铨，举发检查在京的刑狱，任许、徐、兖、郓、泰五州知州，任应天府留守。兖州知州、郓州知州和御史中丞都任过两次。所到之处，官府太平。屡次因为坚持己见，不阿附权贵，有时罢免，有时升迁。孔大人抱着一种节操直至逝世，未曾自我减损。

在孔大人任兖州知州的时候，皇上亲近的大臣中有位献给皇上一百首诗的，掌权的人请求皇上授予这个人龙图阁直学士这一官职，皇上说道："这个人诗尽管多，但比不上孔道辅的一句话。"因此任命孔大人担任龙图阁直学士。这时人们揣测孔大人被皇上所思念，将不会长久

在外地任职了。没过多久，果然又一次将他召到京城，任命他担任御史中丞。宰相派人劝说孔大人，稍微改变节操、克制自己来等候升迁。孔大人于是回告他自己不能做到。这时人们又揣测孔大人将不会长时间留在朝中做官，而孔大人果然被贬出了朝廷。

当时，开封府小官冯士元犯了案，供辞牵连到好几个大臣，因此把这个案件转移上交了。孔大人审判冯士元的罪状，只是杖责而已，又多经宽赦。孔大人谒见皇上，皇上本来就奇怪冯士元凭着小吏的身份地位跟大臣私下结交，玷污了朝廷，却判的罪这样轻，掌权的人由于事说孔大人替大臣疏通，以留余地，所以被贬出朝廷，做了郓州知州。

孔大人于宝元二年（公元 1039 年）前往郓州，路上患了病，于该年十二月壬申日死在滑州韦城驿站，活了五十四岁。孔大人死后，皇上下诏追封郭皇后的爵位和名号，皇上身边大臣有向皇上提起孔大人请明肃太后把国政归还皇上这件事的，皇上也记得孔大人生平所做的事情，因此特别追赠孔大人为尚书工部侍郎。孔大人的夫人金城郡尚氏，是尚书都官员外郎尚宾的女儿。尚氏生了两个儿子，一个叫孔淘，现在担任尚书屯田员外郎；一个叫孔宗翰，现在是太常博士。俩人都有良好的品德和政绩，都能传家，皇上连续追赠孔大人为金紫光禄大夫、尚书兵部侍郎。于嘉祐七年（公元 1062 年）壬寅这一天，将孔大人埋在孔子墓西南一百步的地方。

孔大人不贪财，喜爱赈济施舍，对老朋友的孩子恩德更深厚。很不喜欢鬼神吉凶一类的事情。孔大人在宁州，道士塑真武像，有条蛇从真武塑像前穿过，多次爬出靠近人群，人们相传把它看作神。州将想察视验证后报告给皇上，因此率领他的属下前往拜谒真武像。蛇果然爬了出来，孔大人立刻举起笏板击打蛇，打死了它。自州将以下的人都十分恐惧，不久又都对孔大人十分佩服，孔大人由此开始出名了。但是我看到孔大人多次处理国家大事，对待祸福没有什么选择，他的才智和胆略有超出常人的地方，战胜一条蛇这样的小妖怪又哪里值得一提呢？社会上好多人由于这件事称赞孔大人，所以我也不能略而不提。铭文如下：

孔公诚实，追求志愿。路有平险，不变车辕。豪强畏惧，小人仇怨。善终其位，荣禄丰赡。君喜正直，因赐公善。编集成篇，被识冥间。

归熙甫震川集

项思尧文集序

永嘉项思尧与余遇京师，出所为诗文若干卷，使余序之。思尧怀奇未试，而志于古之文，其为书可传颂也。

盖今世之所谓文者难言矣，未始为古人之学，而苟得一二妄庸人为之巨子，争附和之，以诋诽前人。韩文公云："李杜①文章在，光焰万丈长。不知群儿愚，那用故谤伤。蚍蜉②撼大树，可笑不自量！"文章至于宋、元诸名家，其力足以追数千载之上而与之颉颃，而世直以蚍蜉撼之，可悲也！无乃一二妄庸人为之巨子以倡道之欤？

思尧之文，固无俟于余言，顾今之为思尧者少，而知思尧者尤少。余谓文章天地之元气，得之者，其气直与天地同流。虽彼之权足以荣辱毁誉之人，而不能以与于吾文章之事；而为文章者，亦不能自制其荣辱毁誉之权于己，两者背戾而不一也久矣。故人知之过于吾所自知者，不能自得也；己知之过于人之所知，其为自得也，方且追古人于数千载之上矣。吾与思尧言自得之道如此，思尧果以为然，其造于古也必远矣。

【注释】

①李杜：唐李白、杜甫。②蚍蜉：蚍，大蚁；蜉，蜉蝣。

【译文】

永嘉县的项思尧与我在京城相遇，拿出他自己写的若干卷诗文，让我替它们写一篇序文。思尧身怀奇才却没有机会施展，但是却有志于古文，他写的书是值得传扬称颂的。

现今世上那些所谓的文人就难说了，他们不曾钻研过古人的学说，随便找来一两个狂妄庸俗的人作他们的首领，争相附和他，来诽谤、诋毁前人。韩文公说："李杜文章在，光焰万丈长。不知群儿愚，那用故谤伤。蚍蜉撼大树，可笑不自量！"文章到了宋元两代那些名家手中，他们的能力足以用来追踪数千年之上并跟那时的文章大家相抗衡，但是世上竟然有人用蚍蜉之力摇撼他们，可悲啊！这难道不是一两个狂妄庸俗的人作他们的首领来发起的吗？

思尧的文章，本来用不着我去评论，但是如今像思尧那样有志于学习古人文章的人太少，而了解思尧的人更少。我以为文章是天地间的元气，获取它的人，文气便径自和天地之气一起流传。虽然那些人的权力足以用来荣辱毁誉别人，但是却不能凭着他们的权力参与我们的文章写作之事；写文章的人，也不能自己掌握自己的毁誉荣辱之权，两者乖背、不统一时间长了。因此别人知道的东西超过了自己所知道的，这是由于自己不能真有所得；自己知道的东西超过了别人所知道的，是他自己所追求得到的，就要赶超上数千年以前的古人了。我同思尧谈论自得之道如上所说，思尧果然认为我说的不错，他的学业肯定已达到很远以前的古人的境界了。

西王母图序

新安①鲍良珊客于吴，将归寿其母，作西王母之图，而谒予问瑶池之事。

予观《山海经》、汲冢《竹书》、《穆天子传》，称西王母之事信奇矣。秦始皇东游海上，礼祀名山大川及八神，求蓬莱、方丈、瀛洲[②]三神山，传其物禽兽尽白，而黄金银为宫阙，然终身不得至，但望之如云而已。汉武帝诸方士言神仙若将可得，欣然庶几遇之。穆王身极西土，至昆仑之丘，以观春山之瑶，乃秦皇汉武之所不能得者，宜其乐之忘归。造父[③]何用盗骊、骅骝、騄耳之驷，驰归以求区区之徐偃王，穆王岂非所谓耄耶？列子曰：穆王觞瑶池，乃观日之所入，一日行万里。王乃叹曰："呜呼！予一人不足于德而谐于乐，后世其追数吾过乎！"穆王盖有悔心矣。然又曰："穆王几神人哉！能穷当世之乐，犹百年乃殂，后世以为登遐焉。"

《传》云：天子西征，宿于黄鼠之山，至于西王母之邦，执圭璧，好献锦组，西王母再拜受之，觞瑶池之上，遂驱升于旸山，乃纪丌迹于石而树之槐，眉曰"西王母之山"。《山海经》曰：玉山，西王母山也，在流沙之西。而博望侯[④]使大夏，穷河源，不睹所谓昆仑者，此殆如武陵桃源，近在人世而迷者也。《武帝内传》云：帝斋承华殿中，有青鸟从东方来集殿前，上问东方朔，朔曰："此西王母欲来也。"顷之，西王母乘紫云辇，驾五色龙上殿，自设精馔，以盘盛桃，帝食之甘美。夫武帝见西王母于甘泉、柏梁、蜚帘、桂馆间，视穆王之车辙马迹周行天下，不又逸耶？岂公孙卿所谓事如迂诞，积以岁年，乃可致耶？然史云候伺神人，入海求蓬莱，终无有验，则又何也？史又云：时去时来，其风肃然。岂神灵怏异，有无之间，固难言也？

庄生有言：夫道在太极之先而不为高，在六极之下而不为深，先天地生而不为久，长于上古而不为老。西王母得之，坐乎少广，莫知其始，莫知其终。子其归而求之，西王母其在子之黄山之间耶？今天子治明庭，修黄帝之道，西王母方遍现中土，人人见之，穆王秦汉之事，其不足道矣。

【注释】

①新安：县名，今属河南省。②蓬莱、方丈、瀛州：传说中的三座仙山。③造父：周时善御者，周穆王时，以御八骏之功，封赵城，由此为赵氏。④博望侯：即张骞，汉代汉中成固人，曾出使西域，后随大将军卫青击匈奴，因功封博望侯。

【译文】

新安县鲍良珊旅居吴县，就要回家为他的母亲祝寿，画了一张西王母像，而后来见我，向我问询关于瑶池的事。

我看《山海经》、汲冢《竹书》、《穆天子传》，书中记叙说王母娘娘的事情确实太离奇了。秦始皇往东游于海上，祭祀名山大川和八神，找寻蓬莱、方丈、瀛州三座神山。传说三座神山上的东西和禽兽都是白色的，并且用黄金白银建为宫殿。秦始皇直到死也没能到达三神山，只是遥望它们如同白云罢了。汉武帝那些方术之士说神仙好像快要找到了，高兴地希望遇见他们。周穆王亲自出游到了很远的西方之地，到达昆仑山，观看春山上的美玉，这些是秦始皇、汉武帝未能做到的，周穆王乐而忘返，是理所当然的。造父为什么用盗骊、骅骝、騄耳这些骏马驾车，飞奔而回，来寻找一个小小的徐偃王，穆王难道不是人们说的那种老糊涂吗？列子说："周穆王饮酒于瑶池，因此观看太阳从哪里落下去。太阳一天行走一万里。穆王因此叹道：'唉！寡人道德不足却喜爱游乐，我死之后，后世的人会指责我的过失吧！'"穆王大约是有悔

悟的意思了。然而列子又说："穆王差不多是一个神人啊！能穷尽当世的欢乐，还是活了一百岁才死去的。后代的人把他的死看作升天。"

《穆天子传》说：穆王西征，在黄鼠山过夜，到达王母娘娘之国，穆王手持圭璧，献上锦绣丝带，王母娘娘施礼接受了礼品，在瑶池之上宴请穆王。穆王因此赶着车登上弇山，在弇山之上记下了这件事，而且在山上种了槐树，把"西王母之山"几个字题刻在石上。《山海经》说：玉山，是西王母的山，这座山处于流沙之西。但是博望侯张骞出使大夏，直走到黄河的发源地，也没有看到人们所说的昆仑山，这恐怕就像那武陵桃源，近在人世却分辨不清。《武帝内传》说：武帝在承华殿中斋戒，有一只青色的鸟从东方飞来，落在承华殿前。汉武帝问东方朔，东方朔说："这是西王母要来了。"不久，西王母乘坐紫云车，驾着五色龙上了承华殿。她亲手摆设精美的食品，用盘子盛着桃。汉武帝吃了桃子，桃子的味道十分甘美。武帝在甘泉、柏梁、蜚帘、桂馆等宫殿中见到西王母，比起穆王驾着车马周游天下，不是又安逸多了吗？难道像公孙卿说的那样，神仙之事似乎怪诞荒唐，时间长了，才能使神仙出现吗？但是《史记》说"等候神人出现，入海寻找蓬莱山，始终没有效验，"那又是什么缘故呢？《史记》又说："神仙时去时来，来去的时候嗖嗖带风。"难道神仙行动非常迅速，是有神仙，还是没有神仙，两者之中，本来就难以说清楚吗？

庄子说过：道在五气之上不算高远，在六合之下不算深邃，比天地早生不算长久，比上古还年长不算老迈。西王母得了道，坐在少广山中，没有人明白她什么时候生，也没有人知道她什么时候死。您还是回家寻找她吧，西王母大约就在您家乡的黄山之间吧！现今天子修治明堂，研习黄帝之术，西王母正要在中原到处出现，每个人都能够见到她。周穆王、秦始皇、汉武帝见王母娘娘的事，将不值得称道了。

张雄字说

张雄既冠[①]，请字于余，余辱为宾，不可以辞，则字之曰"子溪"。

闻之老子云："知其雄，守其雌，为天下溪。常德不离，复归于婴儿。"此言人有胜人之德，而操之以不敢胜人之心；德处天下之上，而礼居天下之下。若溪之能受而水归之也。不失其常德，而复归于婴儿。人己之胜心不生，则致柔之极矣。人居天地之间，其才智稍异于人，常有加于愚不肖之心，其才智弥大，其加弥甚，故愚不肖常至于不胜而求反之。天下之争，始于愚不肖之不胜，是以古之君子，有高天下之才智，而退然不敢以有所加，而天下卒莫之胜，则其致柔之极也。然则雄必能守其雌，是谓天下之溪；不能守雌，不能为天下溪，不足以称雄于天下。

【注释】

①冠：古代男子二十岁行成人礼，结发加冠。既冠，指已行成人礼。

【译文】

张雄已成年加冠，向我求表字，我忝为宾客，不能推辞，就给他起了表字叫"子溪。"

我听老子说过："知其雄，守其雌，为天下溪。常德不离，复归于婴儿。"这几句话的意思是：一个人有胜人的品行，却用不敢胜人的思想保持它；在品行方面处在天下人之上，在礼节方面居于天下人之下。如同河沟能容纳，所以水才归入河沟。固有的品德不消失，然后又回到纯真无邪的婴儿时代。不存胜人之心，也不存胜己之心，那就做到柔弱的极限了。人处在天地之中，才智和别人稍有不同，便时常有凌驾愚蠢无能之人的心思；他的才智越大，他凌驾别人的心思也就越重。因此愚蠢无能之人时常至于承受不了而寻求反对他。天下的争夺，始于愚蠢无能之人不能承受。所以，古时候的君子，有高于天下人的才智，却畏缩着不敢凭借它来凌驾别人，所以天下人始终不能胜过他，这是因为他做到了柔弱的极限。然则雄定能保持自己的雌，这就叫“天下之溪”；不能保持雌，就不能成为天下之溪，也就不足以称雄天下。

二子字说

予昔游吴郡之西山，西山并太湖，其山曰光福①，而仲子生于家，故以“福孙”名之。其后三年，季子生于安亭②，而予在昆山之宣化里，故名曰“安孙”。于是福孙且冠娶，予因《尔雅》之义，字福孙以“子祜”，字安孙以“子宁”。

念昔与其母共处颠危困厄之中，室家欢聚之日盖少，非有昔人之勤劳天下，而弗能子其子也，以是志之，盖出于其母之意云。今母亡久矣，二子能勿自伤而思所以立身行道，求无愧于所生哉？

抑此偶与古之羊叔子③、管幼安④之名同。二公生于晋魏之世，高风大节，邈不可及，使孔子称之，亦必以为夷、惠⑤之俦。夫士期以自修其身，至于富贵非所能必。幼安之隐，叔子之仕，予难以拟其后。若其渊雅高尚，以道素自居，则士诚不可一日而无此。不然，要为流俗之人，苟得爵禄功名显于世，亦鄙夫也。

【注释】

①光福：镇名，位于吴县西乡太湖之滨。②安亭：镇名，属昆山县。③羊叔子：名祜，晋时名臣。④管幼安：名宁，隐居不仕，汉末高士。⑤夷、惠：伯夷、柳下惠。

【译文】

我以前游览吴郡的西山，西山靠近太湖，山的名子叫光福。那时，我的二儿子在家里出生，所以用“福孙”两个字给他起了名。从此之后过了三年，我的小儿子在安亭出生，那时我在昆山宣化里，所以给他起名叫“安孙”。现今福孙将要加冠娶妻了，我根据《尔雅》的释义，用“子祜”给福孙起了表字，用“子宁”给安孙起了表字。

回想以前，我同他们的母亲在一起处在颠沛穷困之中，合家欢聚的日子很少，倘若不像古人那样勤劳于天下，便不能抚养自己的孩子。通过他们的字来记录这些，是出于他们的母亲的意思。如今他俩的母亲逝世了很久了，两个儿子能不悲伤、思考怎样立身行道，以求无愧于生身母亲吗？

但是子祜、子宁偶然和古代的羊叔子、管幼安的名相同。二公生在晋、魏之世，高风亮节，远远不能赶上。如果让孔子评论他们，也一定会认为他们是伯夷、柳下惠一类的人。士人用提高自身修养来要求自己，至于富有显贵，不是他们能担保的。管幼安的归隐，羊叔子的出

仕，我都难以在他们身后仿效。至于他们的高尚深雅、以纯朴自居，却是士人确实不能一天没有这种节操的。假如不是这样，那总归是世俗之人。就是获得爵禄功名，显赫于世上，他也是一个鄙陋的人。

福建按察使杨君七十寿序

予少时有事金陵，常经句曲①之间，观其山川之胜。其地有茅山，自茅山而南，连岭叠障，东出吴兴之天目②，至罗浮③以极于南海。以金陵之形势，而不得此山，虽紫岩天阁之回合，疑亦浅薄易尽，而无以固东南之王气。由此而言，龙盘虎踞之说，亦得其近者也，故道家以为洞天福地，盖云阳氏始居之。禹禅会稽，后世传禹穴焉。古之得道者，往往乘云气御飞龙于此，茅君最后出，而山以此名。其后葛元、葛洪、许迈、陶宏景、杨义和之流，世皆以为得道仙去。虽其说怪迂，非儒者之所道，要之天地山川之气，神灵之所降集，理固有然者。

按察使杨君，句曲人，以进士历今官，致仕家居，今年七十。予友葛理卿介其乡之缙绅诸先生使者，来请祝寿之辞。盖予识其山川矣，而独恨不识其地之人。观此山之蜿蜒磅礴如昔时，意其必有陈安世、茅季伟之徒，往来茅岭洞室之间，而无从得见之也。理卿言先生以康强之年为大官，骎骎乎向用而未已，一旦谢去，长往而不顾。其貌丰腴而气愈盛，其年殆未可量。以予观之，非学道者不能也。道书曰：句曲地肥土良水清，可以度世。予亦将因理卿以从先生于此山之间。先生之年寿，方与茅君诸人等比，区区人世之所云寿者，夫何足以为祝乎！是为序。

【注释】

①句曲：山名，今江苏句容县东。②天目：山名，在浙江临安县西北五十里。③罗浮：山名，在广东增城县，为粤中名山。

【译文】

我年轻的时候在金陵有事做，时常路过句曲山中，欣赏它的山川美景。那里有茅山，从茅山往南走，重峦叠障；往东走出吴兴天目山，到罗浮山而后至于南海。凭借金陵的地理形势而论，假如没有茅山，虽有紫岩、天阁环绕，我怀疑它也是太浮浅、容易穷尽，没有什么可用来巩固东南方的帝王气象。由此而论，龙盘虎踞这种说法，也不过是只看到了它近的方面而已。因此道家把茅山视为名山胜境，大约云阳氏最初住在这里。大禹在会稽山祭祀山川，后人相传大禹在这里挖凿洞穴居住过。古代得道成仙的人，时常在这里乘坐云气、驾驭飞龙。茅君最后出现，但是这座山却因茅君而得名。在此以后，葛元、葛洪、许迈、陶宏景、杨义和这些人，世上都以为他们得道成仙、离开了俗世。尽管这些传说荒唐怪诞，不是儒家所称道的，但总而言之，天地山川之气，是神灵降落栖息之地，按理说必定有这样的事。

按察使杨先生，是句曲县人，凭借进士的身份担任按察使这种官职，辞去官职后，在家居住，如今七十岁了。我的朋友葛理卿推介杨先生派来的那些同乡士大夫，来向我要祝寿辞。我认识那里的山川了，只是遗憾不认识那里的人。看到茅山气势蜿蜒磅礴，和以前一样，我猜想肯定会有陈安世、茅季伟一类的人，往来于茅岭洞穴之间，然而没有机会能够见到他们。葛理卿说杨先生在健康强壮之年担任大官，很快就要被不停地重用，一旦辞去官职，便一去不回头。先生相貌丰满，精神更加旺盛，他的寿命恐怕不可限量。在我看来，假如不是学道的人便不能做到这些。道家书中说：句曲水质清纯、土地肥沃，可使人脱离世俗，得道成仙。我也要通过理卿的介绍，在此山中追随先生。先生的年寿，正要和茅君等仙人的年寿等同，人间所说的那短短的寿命，哪里值得拿来为先生祝福呢！为此写了这篇序。

见村楼记

昆山治城之隍，或云即古娄江。然娄江已湮，以隍为江，未必然也。吴淞江自太湖西来，北向若将趋入县城。未二十里，若抱若折，遂东南入于海。江之将南折也，背折而为新洋江。新洋江东数里，有地名罗巷村，亡友李中丞先世居于此，因自号为罗村云。

中丞游宦二十余年，幼子延实，产于江右南昌之官廨。其后每迁官辄随，历东兖、汴、楚之境，自岱岳①、嵩山②、匡庐③，衡山④、潇湘⑤、洞庭⑥之渚，延实无不识也。独于罗巷村者，生平犹昧之。中丞既谢世，延实卜居县城之东南门内金潼港。有楼翼然出于城軿之上，前俯隍水，遥望三面皆吴淞江之野，塘浦纵横，田塍如画，而村墟远近映带。延实日焚香洒扫读书其中，而名其楼曰“见村”。

余间过之，延实为具饭。念昔与中丞游，时时至其故宅所谓南楼者，相与饮酒论文，忽忽二纪，不意遂已隔世，今独对其幼子饭，悲怅者久之。城外有桥，余常与中丞出郭，造故人方思曾，时其不在，相与凭栏，常至暮，怅然而返。今两人者皆亡，而延实之楼，即方氏之故庐，余能无感乎！中丞自幼携策入城，往来省墓及岁时出郊嬉游，经行术径，皆可指也。孔子少不知父葬处，有挽父之母知而告之，余可以为挽父之母乎？

延实既能不忘其先人，依然水木之思，肃然桑梓之怀，怆然霜露之感矣，自古大臣子孙，蚤孤而自树者，史传中多其人，延实在勉之而已。

【注释】

①岱岳：泰山，五岳之一，今山东泰安县。②嵩山：五岳之一，今河南登封县北。③匡庐：山名，今江西省北部。④衡山：五岳之一，今湖南衡山县西北。⑤潇湘：湘江汇合潇水叫潇湘，今湖南零陵县北。⑥洞庭：湖名，今湖南境内。

【译文】

昆山县城的城壕，有人说就是古代的娄江，但是娄江已经湮没，把城壕说成是娄江，不一定是正确的。吴淞江从太湖西面流过来，往北流好似要流进昆山县城，在距县城二十里的地方，好似要环抱县城，又好似要拐过县城，因此往东南方向流入大海。在吴淞江将要向南拐弯的地方，向着相反的方向拐弯分出来新洋江，在新洋江以东几里路的地方，有个村子叫罗巷村，我的已故朋友李中丞的祖先便住在这个村子里，所以李中丞自号罗村。

李中丞离家在外作官二十多年，他的小儿子延实，出生在江西南昌的官署。之后每次官职变迁，延实都跟在他的身边。李中丞在东兖、汴、楚境内先后做过官，延实自泰山、嵩山、衡山以至潇湘、洞庭沿岸，没有不熟悉的，只是对于罗巷村，有生以来还不明白。李中丞去世以后，延实在县城东南门以内的金潼港选择了一块地方住了下来，有座楼房像长了翅膀一样飞出城门之上，往前能俯视隍水，远望三面都是吴淞江流域，塘浦纵横交织，田埂如同图画，乡村集市远近辉映。延实每天在楼上洒扫、焚香，在里边读书，并给这座楼命名为"见村。"

近来我前去拜访他，延实为我准备了饭。想起从前和李中丞交游，我们时常到被称作南楼的他的旧宅去，在一块喝酒、评论文章，转瞬之间，二十四年过去了，没想到我和李中丞竟已成了隔世之人。现今独自面对他的幼子吃饭，不禁怅惘、悲伤了好长时间。县城之外有一座桥，我时常和李中丞一起走出城郭，拜访老朋友方思曾，有时方思曾不在家，我便和李中丞一起靠在桥栏杆上，时常到太阳快要落山了，我们才怅然若失地返回城中。现今李中丞、方思曾两个人都死了，而延实的楼，就是方思曾的旧屋，现今见到见村楼，我能没有感触吗？李中丞从小携带书本进入县城，往来上坟以及过年过节的时候，到效外嬉戏游玩，所走过的路，我都能用手指出来。孔子小的时候，不知道父亲埋葬在什么地方，挽父的母亲清楚，告诉了孔子。我可以成为挽父的母亲那样的人吗？

延实既能不忘记自己的先人，又依依不舍地思念本源、恭恭敬敬地感怀乡里、凄凄惨惨地伤感霜露降下，不忘祭祀、悼念先人。从古至今，大臣的后代过早成为孤儿而能自我建树的，史书传记当中多有这样的人，至于延实，全在他努力而已。

世有堂记

沈大中以善书名里中，里中人争客大中。大中往来荆溪[①]、云阳[②]，富人延之教子，其言杨少师事甚详。性独好书，及为歌诗，意洒然不俗也。卜筑于城东南，取昌黎韩子"辛勤三十年，乃有此屋庐"之语，名其堂曰"世有"。

夫其视世之捷取巧得、倏然而至者，大中不为拙耶？其视世之贪多穷取、缺然日有所冀者，大中不为固耶？呜呼！徒为物累者也。天下之物，其可以为吾有者，皆足以为累：歉于其未有而求之，盈于其既有而不餍。夫惟其求之之心生则不餍之意至，苟能不至于求也，故当其无有，不知其无有，一旦有之，亦适吾适而已矣，兹其所以能为有者也。

大中之居，本吾从高祖之南园。弘治、正德间，从高祖以富侠雄一时，宾朋杂沓，觞咏其中，蛾眉翠黛，花木掩映，夜深人静，环溪之间，弦歌相应也。鞠为草莽几年矣，最后乃归于大中。夫有无之际，其孰能知之哉！

纯甫吴先生雅善大中，为之请记。予观斯堂之名，有足慨者，遂为书之。

【注释】

①荆溪：水名，今江苏宜兴县南。②云阳：县名，位于今江苏丹阳县。

【译文】

沈大中凭借字写得好而闻名乡里，乡里的人们争相请他到家中作客。大中来往于荆溪、云

阳之间，富人邀请他教他们的孩子，他谈谈杨少师的事情谈得十分详细。大中天生的唯独喜好书法，至于写诗词，则立意超群不凡。他在城东南选择地方建造了房子，取意昌黎韩愈“辛勤三十年，乃有此屋庐”之语，为他的厅堂取名为“世有堂”。

沈大中比起世上那些走捷径、用巧妙的手段获得自己想要得到的东西，自己想要得到的东西便忽然到手的人来，岂不是太笨拙了吗？比起世上那些贪得无厌、总感到自己东西欠缺，每天都有所希求的人来，不是太固陋了吗？唉！他们那些人不过是被外物拖累的人。天下万物，其中可用来成为自己所有的，都足以成为拖累：在他们还未拥有它们的时候，欠缺它们，所以来追求它们；在他们已经拥有了它们的时候，自己富足了，但是却不满足。正因为他们追求那些东西的想法产生了，因此他们不感到满足的意念也就来到了。如果能够做到无所追求，在他们没有它们的时候，他不知道自己没有；一旦有了它们，也不过是对满足了自己的需求感到满足而已，这是他能够成为有的原因。

沈大中的住宅，原本是我堂高祖父的南园。在弘治、正德年间，堂高祖父凭借富有豪侠称雄一时，朋友宾客众多纷杂，在南园之中喝酒吟诗；美丽的女子和花草树木相辉映，在夜深人静的时候，环绕溪水之间，用琴瑟伴奏的歌声互相应和。这里变为荒墟已经有几年了，最终才归属于沈大中。有无之间，谁又能说得清呢？

吴纯甫先生平常和沈大中很要好，他替沈大中请求我写一篇记文。我看这座厅堂的名字，有足以令人感叹的，因此替沈大中的世有堂写了这篇记文。

栎全轩记

余峰先生隐居安亭江上，于其居之北，构屋三楹，扁之曰“栎全轩”。

君为人坦夷，任性自适，不为周防于人意之所至，人或不谓为然，君亦不以屑意，以故人无贵贱，皆乐与之处，然亦用是不谐于世。

君年二十余举进士，居郎署，不十年为两司。是时两司官惟君最少，君又施施然不肯承迎人，人有倾之者，竟以是罢去。

会予亦来安亭江上，所居隔一水，时与君会。君不喜饮酒，然会即谈论竟日，或至夜分不去。即至他所亦然。其与人无畛域[①]，欢然而情意常有余如此也。

君好山水，为郎时，奉使荆湖，日登黄鹤楼，赋诗饮酒。其在东藩，谒孔林，登岱宗，观沧海日出之处。及归，则慕陶岘[②]之为人，扁舟五湖间。人或访君，君常不在家。去岁如越，泛西湖，过钱塘江，登子陵钓台，游齐云岩，将陟黄山，历九华，兴尽而返。

一日邀予坐轩中，剧论世事，自言：“少登朝著官资，视同时诸人颇为凌躐，一旦见绌，意亦不自释。回首当时事，今十余年矣，处静以观动，居逸以窥劳，而后知今之为得也。天下之人，孰不自谓为才？故用之而不知止，夫惟不知其止，是以至于穷。汉党锢、唐白马之祸，骈首就戮者，何可胜数也！二十四友、八司马、十六子之徒，夫孰非一世之才也？李斯用秦，机、云入洛，一时呼吸风雷，华曜日月，天下奔走而慕艳之。事移时易，求牵黄犬出上蔡东门，听华亭之鹤唳，岂可得哉？则庄生所谓不才终其天年，信达生之至论，而吾之所托焉者也。”

予闻而叹息，以为知道之言。虽然，才与不才，岂有常也？世所用楩梓豫章也，则楩梓豫章才，而栎不才矣；世所用栎也，则栎才而楩梓豫章不才矣。君固清庙明堂之所取，而匠石之所睥睨也，而为栎社，君其有以自幸也夫！其亦可慨也夫！

【注释】

①畛域：界限。《庄子》："泛泛乎若四方之无穷，无所畛域。"②陶岘：唐昆山人。雅好游览，治三舟：一自载，一置宾客，一贮饮馔。日与云门卿辈幽探山水，必穷其胜。自号麋鹿野人。

【译文】

余峰先生归隐在安亭江上，在他住房的北面，建造了三间房子，扁上题名为"栎全轩。"

先生平易近人，听任个性行事来使自己得到安适，对于别人的想法不做周密防范。有的人对先生不以为然，先生也不为意，所以，人们不分高贵和低贱，都喜欢同他相处，但是也正是因此不合于世。

先生二十多岁考中进士，任郎官，不到十年，先生先后担任了布政使司和按察使司的长官。那时全国这两个司的长官只有先生最年轻，先生又怡然自乐，不肯奉承巴结别人，别人当中有排挤他的，他竟然为此罢官离去。

刚好我也来到安亭江上，住的地方和先生只隔着一条河，我时常和先生见面。先生不喜欢饮酒，但是每次见面便谈论一整天，有时直到半夜还不离去。就是到了别的地方也是如此。他跟人交往没有局限，总是这样地高高兴兴、情意绵绵。

先生喜欢山水，担任郎官时，奉旨出使荆湖，天天登上黄鹤楼，赋诗饮酒。他在东藩的时候，拜谒孔林，攀登泰山，观沧海日出之处。等到罢官回家，便景仰陶岘的为人，乘坐小船泛游于五湖之间。有人拜访先生，先生时常不在家中。去年他到了越地，在西湖划了船，经过了钱塘江，登上了子陵钓台，游历了齐云岩，打算上黄山，游历九华山后，兴尽而归。

一天，他邀请我坐在栎全轩中，大谈社会上的事情，他自己说："年轻时上朝登记做官的资历，对待和自己同时的那些人多有冒犯，一旦被贬斥，心情也不痛快。回忆起当时的事情，到现在十多年了，自己处在安逸、闲静的环境来看过去那种不得安闲、劳劳碌碌的生活，但是知道现在这种生活才是恰当的。天下的人，谁不说自己是有才能的人？所以任用他做了官，他却不知适可而止，正因为他不知适可而止，所以才至于困窘。汉代的党锢之祸，唐代的白马之祸，头并在一起被杀掉的，哪里能数得清呢！二十四友、八司马、十六子这些人，哪一个不是一世奇才呢？李斯被秦国任用，陆机、陆云进入洛阳，一时呼吸如风雷、光华如日月，天下的人都跑着前去敬慕艳羡他们。时事起了变化，他们再要求牵着黄狗走出上蔡东门、再要求听华亭的鹤鸣，难道可以做到吗？那么庄子所说的无才可以终养天年，确实是通达人生的最正确、最深刻的言论，确实是我所要依托的。"

我听了这段话而叹息，以为这时理解人生道理的言论。尽管如此，可是才和不才，哪有什么定准呢？假如世上用的是楩梓豫章，那么楩梓豫章便是才，而栎木便是不才了；世上假如用的是栎木，那么栎木便是才，而楩梓豫章便是不才了。先生本来是宗庙宫室所取用、工匠所窥伺的大材，然而他却甘心做一棵栎树，先生大概有可用来使自己幸存的方法吧，这也可令人感叹啊！

沧浪亭记

浮图文瑛居大云庵，环水，即苏子美[1]沧浪亭之地也。亟求余作《沧浪亭记》，曰："昔子美之记，记亭之胜也，请子记吾所以为亭者。"

余曰："昔吴越有国时，广陵王[2]镇吴中，治南园于子城[3]之西南，其外戚孙承佑亦治园于其偏。迨淮海纳土，此园不废，苏子美始建沧浪亭，最后禅者居之，此沧浪亭为大云庵也。有庵以来二百年，文瑛寻古遗事，复子美之构于荒残灭没之余，此大云庵为沧浪亭也。夫古今之变，朝市改易。尝登姑苏之台，望五湖[4]之渺茫，群山之苍翠，太伯、虞仲之所建，阖闾、夫差之所争，子胥、种、蠡之所经营，今皆无有矣。庵与亭何为者哉？虽然，钱镠因乱攘窃，保有吴越，国富兵强，垂及四世，诸子姻戚，乘时奢僭，宫馆苑囿，极一时之盛，而子美之亭，乃为释子所钦重如此，可以见士之欲垂名于千载之后，不与其澌然而俱尽者，则有在矣。"

文瑛读书喜诗，与吾徒游，呼之为沧浪僧云。

【注释】

①苏子美：宋铜山人，名舜钦，少有大志。寓吴中，诗歌豪放，与梅圣俞齐名。②广陵王：钱元璙。《石林诗话》："沧浪亭为钱氏广陵王元之别圃。"③子城：附属于大城的小城。④五湖：《姑苏志》以贡湖、游湖、胥湖、梅梁湖、金鼎湖为五湖。

【译文】

僧人文瑛住在大云庵，四面环水，这里即是苏子美沧浪亭的地方。文瑛屡次求我写一篇《沧浪亭记》，并说道："以前子美所写的记，是写亭的胜境；请您写一写我重修沧浪亭的缘故。"

我写道："以前吴越建立国家的时候，广陵王镇守吴中，在小城的西南方向营建南园，他的亲戚孙承佑也在旁边建造了园亭。直到最后一个吴越王归属宋朝，这座园亭也没有荒废，苏子美初建沧浪亭，最后和尚住在了这里，这便是沧浪亭变作大云庵的缘故。有了大云庵以来已有二百年，文瑛寻访古代遗迹，在荒凉残破淹没未尽的地方，恢复了子美的建筑，这就是大云庵又变作沧浪亭的原因。古今的变化，朝廷和集市不断变更。我曾登上姑苏台，观赏五湖的渺茫，群山的苍翠，太伯、虞仲建造的，阖闾、夫差争夺的、伍子胥、文种、范蠡营建的，现今都不存在了。庵与亭算得上什么呢？尽管如此，钱镠趁着乱世窃取权位，拥有吴越之地，军队强大国家富强，传到第四代，许多子孙和姻亲，趁机奢侈僭越，宫馆园囿等建筑，穷极一时的兴盛，但是子美的沧浪亭，却被和尚们这样的敬重，可见得士人想垂名于千年之后，不跟自己的形体同尽，确实是有道理存在。

文瑛读书，喜爱作诗，同我辈交游，我辈称他为沧浪僧。

野鹤轩壁记

嘉靖戊戌之春，余与诸友会文于野鹤轩。吾昆之马鞍山，小而实奇，轩在山之麓，

旁有果泉，芳洌可饮。稍折而东，多盘石，山之胜处，俗谓之东崖，亦谓刘龙洲墓，以宋刘过[①]葬于此。墓在乱石中，从墓间仰视，苍碧嶙峋[②]，不见有土，惟石壁旁有小径，蜿蜒出其上，莫测所往，意其间有仙人居也。始慈溪杨子器[③]名父创此轩，令能好文爱士，不为俗吏者，称名父，今奉以为名父祠。嗟夫！名父岂知四十余年之后，吾党之聚于此邪？

时会者六人，后至者二人。潘士英自嘉定来，汲泉煮茗，翻为主人。余等时时散去，士英独与其徒处。烈风暴雨，崖崩石落，山鬼夜号，可念也。

【注释】

①刘过：字改之，号龙洲，南宋人。工词，与柳永等齐名。②嶙峋：山崖重深貌。③杨子器：慈溪人，明成化进士，官拜昆山县令，升吏部主事，因言事下诏狱，不久获释，官至河南布政司。

【译文】

嘉庆戊戌年（公元1538年）春天，我和朋友们一起在野鹤轩相聚谈艺。我们昆山县境内的马鞍山，小而奇特，鹤壁轩就在山脚下，一边有果泉，芳香清醇可以饮用。稍稍往东拐，有许多大石，这里是马鞍山的佳境，人们习惯上把它叫做东崖，也叫刘龙洲墓，由于宋代的刘过埋在这里。刘过的坟墓在乱石之间，从墓地中间往上看，山崖青绿高耸，看不到有土，只在石壁一旁有条小路，曲曲折折地出现在石壁上，不知它通向哪里，我猜测石壁中间有仙人居住。当初慈溪人杨子器名父创建野鹤轩，县令能爱好文学，喜欢读书人，不做俗吏的，称作名父，现今把鹤壁轩尊奉为名父祠。唉！名父莫非知道四十多年以后，我们一伙在这里聚会吗？

当时聚会的有六个人，后到的有两个人。潘士英从嘉定县来，从泉中打来水煮茶，反倒成了主人。我们这些人时常散会离去，潘士英只同他的门徒在一起住在这里。狂风暴雨的时候，山崖崩坍山石堕落，山鬼在夜间哭号，真是让人担心。

吴山图记

吴、长洲二县在郡治所，分境而治，而郡西诸山，皆在吴县。其最高者，穹窿、阳山、邓尉、西脊、铜井；而灵岩[①]，吴之故宫在焉，尚有西子之遗迹；若虎丘、剑池及天平、尚方、支硎，皆胜地也；而太湖汪洋三万六千顷，七十二峰沉浸其间，则海内之奇观矣。

余同年友魏君用晦为吴县，未及三年，以高第召入为给事中[②]。君之为县有惠爱，百姓扳留之不能得，而君亦不忍于其民，由是好事者绘《吴山图》以为赠。

夫令之于民诚重也，令诚贤也，其地之山川草木，亦被其泽而有荣也；令诚不贤也，其地之山川草木，亦被其殃而有辱也。君于吴之山川，盖增重矣。异时吾民将择胜于岩峦之间，尸祝[③]于浮屠老子之宫也固宜。而君则亦既去矣，何复惓惓于此山哉？昔苏子瞻称韩魏公去黄州四十余年，而思之不忘，至以为《思黄州》诗，子瞻为黄人刻之于石。然后知贤者于其所至，不独使其人之不忍忘，而己亦不能自忘于其人也。

君今去县已三年矣，一日与余同在内庭，出示此图，展玩太息，因命余记之。噫！

君之于吾吴有情如此，如之何而使吾民能忘之也！

【注释】

①灵岩：山名，在江苏吴县西，又名研石山。吴王曾建馆娃宫于此。②给事中：官名，秦汉为加官，名为左右曹诸史。明分为吏、户、礼、兵、刑、工六科，掌侍从规谏纠察六部之弊误，有驳正章奏封还制敕之权。③尸祝：古时祭祀皆用尸以依神，故称祀祷为尸祝。

【译文】

吴县和长洲两县同在苏州府范围内，两县划界而治，府西许多山，都在吴县境内。其中最高的，有穹窿山、阳山、邓尉山、西脊山和铜井山；灵岩山上，有吴国的故宫，还有西施的故迹；至于虎丘山、剑池山以及天平山、尚方山、支硎山，也全是名胜之地；太湖水面，宽广浩渺，有三万六千顷，七十二峰沉浸湖中，这真可算是海内奇观了。

和我同一年考中进士的好友魏用晦任吴县县令，不到三年，由于政绩突出，入朝做了给事中。魏君治理吴县对百姓有恩惠，百姓挽留他不能做到，魏君也不忍心抛弃他的百姓，所以有好事的人绘制了《吴山图》送给他。

县令对于百姓来说真是太重要了。县令如果贤明，该地的山川草木，也会受到他的恩惠而有了荣光；县令假如不贤，该地的山川草木，也会受到他的祸殃而蒙上耻辱。魏君对于吴县的山川，大概是加重了它们的身价。将来吴县的百姓要在岩石峰峦选择胜地，在佛家道家的宫庙内祝祷他，这确是应当的。魏君已经离开了吴县，为什么还对吴县的山依依不舍呢？从前苏轼称说韩琦离开黄州四十余年，但是思念黄州不能忘记，甚至因此写了《思黄州》诗，苏轼为黄州人把这首诗刻在了石上。然后明白贤者在他们所到之处，不只是让那里的人们不忍心忘掉自己，并且自己也不能忘掉那里的人们。

魏君现今离开吴县已经三年了，有一天他和我同在宫禁之中，拿出这张图来给我看，打开观赏，感叹良久。因此他命我为它写一篇记文。

唉！魏君对于我们吴县有这么深厚的感情，怎么能让我们的百姓忘掉他呢！

畏垒亭记

自昆山城水行七十里曰安亭，在吴淞江之旁。盖图志有安亭江，今不可见矣。土薄而俗浇，县人争弃之。余妻之家在焉，余独爱其宅中闲靓[①]，壬寅之岁，读书于此。

宅西有清池古木，垒石为山。山有亭，登之隐隐见吴淞江环绕而东，风帆时过于荒墟树杪之间，华亭[②]九峰、青龙镇古刹浮屠，皆直其前。亭旧无名，余始名之曰“畏垒”。

庄子称庚桑楚得老聃[③]之道，居畏垒之山，其臣之画然知者去之，其妾之挈然仁者远之，拥肿[④]之与居，鞅掌[⑤]之为使，三年畏垒大熟，畏垒之民，尸而祝之，社而稷之。而余居于此，竟日闭户，二三子或有自远而至者，相与讴吟于荆棘之中。

余妻治田四十亩，值岁大旱，用牛挽车，昼夜灌水，颇以得谷，酿酒数石，寒风惨栗，木叶黄落，呼儿酌酒，登亭而啸，忻忻然谁为远我而去我者乎？谁与吾居而吾使者乎？谁欲尸祝而社稷我者乎？作《畏垒亭记》。

【注释】

①靓：同静。②华亭：县名，明清为江苏松江府治，今改松江县。其地名山为九峰。③老聃：姓李名耳，字伯阳，谥聃，故称老聃。曾任周守藏吏，著《道德经》五千余言，题名为《老子》，为道家之祖。④拥肿：磊块不平直，此处作假设的人名。⑤鞅掌：烦劳，此处也用作人名。

【译文】

从昆山县城水路航行七十里叫安亭，安亭在吴淞江旁边。大约是地理图书上有安亭江，现今看不到了。那里土地贫瘠，风俗轻浮，县里的人争相离弃它。我妻子的家在那里，我独自喜爱妻子家的宅院安静，壬寅（公元1542年）这一年，我在这里读书。

宅院西边有清清的水池，古老的树木，叠起石头做成的假山。假山上有间亭子，登上假山，隐约看见吴淞江环绕宅院往东流去，船帆时时在废墟树梢之间穿过，华亭县的九峰山，青龙镇的古庙佛塔，都径自出现在面前，以前亭子没有名称，我开始给它起名叫“畏垒”。

庄子说庚桑楚学到老聃的道术，住在畏垒山上，他的自谓明智的臣下离开了他，他的自我标榜仁义的奴婢也疏远了他，拥肿跟他住在一起，鞅掌供他役使，住了三年，畏垒获得大丰收。畏垒的百姓，立尸主祝福他，将他看作土神、谷神。我住在这里，每天关门读书，几个朋友有时从远方来到这里，我和他们一同在灌木丛中讴歌吟咏。

我的妻子种了四十亩地，遇到大旱之年，用牛拉着车，日夜给土地浇水，所以稍稍收得一些粮食，酿了几石酒。寒风凛冽，树叶枯黄、凋落了，唤出儿子来斟酒，我登上亭子长啸，欣然自得，谁是疏远离开我的人呢？谁是同我一起居住、供我支使的人呢？谁是要崇敬我、以我为社稷的人呢？因此写了《畏垒亭记》。

项脊轩记

项脊轩，旧南阁子也。室仅方丈，可容一人居。百年老屋，尘泥渗漉，雨泽下注，每移案，顾视无可置者。又北向，不能得日，日过午已昏。余稍为修葺，使不上漏；前辟四窗，垣墙周庭，以当南日，日影反照，室始洞然。又杂植兰桂竹木于庭，旧时栏楯，亦遂增胜。借书满架，偃仰啸歌，冥然兀坐，万籁有声。而庭阶寂寂，小鸟时来啄食，人至不去。三五之夜，明月半墙，桂影斑驳，风移影动，珊珊可爱。

然余居于此，多可喜，亦多可悲。先是庭中通南北为一，迨众父异爨，内外多置小门墙，往往而是。东犬西吠，客逾庖而宴，鸡栖于厅。庭中始为篱，已为墙，凡再变矣。家有老妪，尝居于此。妪，先大母婢也，乳二世，先妣抚之甚厚，室西连于中闺，先妣尝一至。妪每谓予曰：“某所，而母立于兹。”妪又曰：“汝姊在吾怀呱呱而泣，娘以指叩门扉曰：‘儿寒乎？欲食乎？’吾从板外相为应答……”语未毕，余泣，妪亦泣。余自束发，读书轩中。一日，大母过余曰：“吾儿，久不见若影，何竟日默默在此，大类女郎也？”比去，以手阖扉语曰：“吾家读书久不效，儿之成则可待乎！”顷之，持一象笏至，曰：“此吾祖太常公宣德间执此以朝，他日汝当用之！”瞻顾遗迹，如在昨日，令人长号不自禁。

轩东故尝为厨，人往，从轩前过。余扃牖而居，久之，能以足音辨人。轩凡四遭火，得不焚，殆有神护者。

项脊生曰："蜀清守丹穴，利甲天下，其后秦皇帝筑女怀清台①。刘玄德与曹操争天下，诸葛孔明起陇中②。方二人之昧昧于一隅也，世何足以知之？余区区处败屋中，方扬眉瞬目，谓有奇景，人知之者，其谓与坎井之蛙何异？"

余既为此志，后五年，余妻来归，时至轩中，从余问古事，或凭几学书。吾妻归宁，述诸小妹语曰："闻姊家有阁子，且何谓阁子也？"其后六年，吾妻死，室坏不修。其后二年，余久卧病无聊，乃使人复葺南阁子，其制稍异于前。然自后余多在外，不常居。

庭有枇杷树，吾妻死之年所手植也，今已亭亭如盖矣。

【注释】

①女怀清台：今四川长寿县南，《史记》："巴寡妇清得丹穴擅利，用财自卫，人不敢犯，始皇以为贞妇而客之，为筑女怀清台。"②陇中：地名，今陕西陇县。西北跨甘肃清水县，山高而长，为西面之险地。

【译文】

项脊轩以前是一间小南屋，屋子只有一丈见方，仅能容纳一个人居住。上百年的老房子，泥土从屋顶往下掉，雨水从屋顶往下流，每次移动书桌，环视屋中，没有摆放书桌的地方，屋子又朝北，不能见到日光，太阳过了中午，室内已成黄昏。我稍微对它做了些修补，让它不再从屋顶漏雨水，掉泥土；南面墙壁上开了四个窗子，环绕庭院，砌起了围墙，对着南面的太阳，阳光反射在墙壁上，屋内才显得敞亮。我又在庭院中混合着种上了兰桂竹木，先前的栏杆，因此又增添了光彩。我借来书籍装满书架，沉默端坐，仰卧歌吟，自然界发出的各种声音都能听得到。但是庭前阶上却一点声音也没有，小鸟常常来到台阶上啄食吃的东西，人走到鸟旁，鸟也不飞走。阴历十五的夜晚，明月映照半面墙壁，桂树的影子星星点点，清风吹动树枝，影子也随之移动，树影摇曳，令人喜爱。

但是我住在这里，有许多令人高兴的，也有许多令人悲伤的。以前庭院之中从南到北只有一个大院子，等到父辈们分了家，庭院内外设置了很多小门墙，到处都是。东家的狗在西家鸣叫，客人穿过厨房赴宴，鸡栖息在厅堂之上，庭院当中最初树起了篱笆，之后建起了隔墙，已经变化两次了。家中有位老婆婆，曾在这里住。这位老婆婆，是我死去的祖母的仆人，她给父亲和我们两代人喂过奶，先母对她照顾很多。项脊轩西边与内宅连接，先母活着时曾到这里来过一次。老婆婆常常对我说："屋子的这块地方，你的母亲曾在这站过。"老婆婆又说："你的姐姐在我怀里哇哇哭叫，你的母亲用手指敲打着门扇说：'女儿冷吗？想吃东西吗？'我在门外替她应答……"话没有说完，我哭了，老婆婆也哭了。我从儿童时代便在轩中读书。有一天祖母到我这里来说："我的孩子，好长时间看不到你的身影，怎么整天在这里沉默，很像个女孩子呢？"到她离去时，用手关上门说道："我们家读书很久不见成效，这孩子成就功名就能指望吗？"不一会，祖母手中拿着一块象牙手板来到这里，说："这是我的祖父太常公在宣德年间拿着上朝的笏板，将来有一天你应当能用它。"前后观视先人的遗迹，这事就如同发生在昨天，

真令人长声哭嚎不能自止。

项脊轩东面从前曾是厨房，人到厨房去，要从轩前经过。我关着窗户居住，时间久了，能根据走路的声音辨认出人来。项脊轩一共遇到四次火灾，能够不被烧掉，大约是有神灵保护。

我项脊生说道："蜀清拥有朱砂矿，获利超过天下人，之后秦始皇为她筑起了女怀清台。刘备同曹操争夺天下，诸葛亮崛起于陇中。当诸葛亮、蜀清在一个角落默默无闻的时候，世上的人又怎么能了解他们？我身处破陋的屋子，正自满脸喜色，以为有奇异的景观，人们知道后，将会认为我和井底之蛙没有什么不同。"

我已写了这篇记文，之后又过了五年，妻子嫁了过来。她时常来到轩中，向我问以前的事情，有时爬在书桌上练习写字。我的妻子回娘家省亲，回来后向我转述她的几个小妹妹的话说："听说姐姐家有阁子，什么叫阁子呢？"这件事过后六年，我的妻子死了，轩室坏了也不去修整。又过了两年，我由于长期患病无聊，因此派人又修复了小南屋，它的建造规格与形状和以前相比稍有不同。然而自此以后，我大部分时间在外面，不常在这里居住。

庭院之中有棵枇杷树，是我的妻子逝世那年我亲手种植的，现今这棵树已经高高挺立，长得像伞盖了。

秦国公石记

宋太师秦国卫文节公泾[①]，淳熙十一年进士第一人，参知政事，文章议论，有裨于当世，《宋史》轶不传。公吾县人也，县人能纪之。

当韩侂胄[②]用事时，公隐居十年，于所居地名石浦辟西园，累致太湖石甚富，至今往往流落人间，然皆为屠沽儿酒肉腥秽，可吊也，独其在学宫者，为四方过客之所钦仰。

余居安亭江上，往来陆家浜，舟中见冢间大石，问知为秦公故物，埋草土中无识者。先时吏部侍郎叶文庄公亦石浦人，其家子弟运致于此。因购之叶氏，载以二百斛舟，沿吴淞江而下，置于堂东。学宫石世以为名品，以余观之，殆如雕镂耳；此石旋转作人舞，而形质恢碎，类靺师[③]所率之夷舞，若以甲乙品第，当在学宫之上。嗟乎！公吾乡之先哲，余朝夕对之，如对公矣。

前十年于阊门刘尚书宅得一奇石，形如大旆，迎风猎猎，仿佛汉大将军兵至阗颜，大风起，纵兵左右翼围单于；骠骑封狼居胥临瀚海时也。久僵仆庭中，今立于西垣云。

【注释】

①卫泾：字清叔，宋华亭人，历事三朝，为国忘家，始终一节，诛韩侂胄有功。卒谥文节。②韩侂胄：字节夫，宋光宗时知阁门事，宁宗即位，为太师平章军国事。自负定策功，甚专横，贬逐善类，后为伐金事被杀。③靺师：官名，负责东夷乐舞。

【译文】

宋朝太师、秦国公、文节公卫泾，淳熙十一年（公元1184年）考中进士第一名，参与国事及文章议论，都对当世有所裨益，《宋史》遗漏，没有给他立传。秦国公是我们县的人，县里的人可以记得他的事迹。

在韩侂胄当权的时候，秦国公隐居十年，在他所居住的名叫石浦的地方开辟了西园，积累的太湖石很多，到现今这些太湖石时常流落到民间，都被屠宰卖酒之徒的酒肉弄得腥臊污秽，真让人怜悯，只有保留在学校中的太湖石，被四方过客所敬仰。

我住在安亭江上，来往于陆家浜，在船中看到坟地里的大石，经过打听，明白它原先是秦国公的东西，埋没于草土之间没有人认识它。以前吏部侍郎叶文庄叶公也是石浦人，他家的子弟把这块大石运到这里。因此我从叶家把这方大石买了下来，用盛二百斛粮食的大船装运它，顺着吴淞江往下游航行，将它放置在学堂的东侧。学堂的太湖石，世人以为是名品，依我看来，恐怕象是人工雕刻的而已。这方太湖石旋转作出人跳舞的姿势，形体诡异神奇，就像鞣师率领他的属下跳的东夷之舞。假如用甲乙来品评次第，它当在学堂中的太湖石之上。唉，秦国公是我乡的古代贤人，我早晚面对着这方太湖石，就如同面对着秦国公了。

前十年在苏州城西门刘尚书的宅院中得到一方奇石，形如大旗，迎风而立，猎猎作响。好像汉代大将军卫青兵到阗颜，大风刮起，发兵分左右两翼包围单于；又好很骠骑将军封狼居胥山，登临瀚海之时的样子。这方奇石长时间倒卧在刘尚书的庭院中，现今把它立在学堂的西墙。

沈贞甫墓志铭

自余初识贞甫时，贞甫年甚少，读书马鞍山浮屠之偏。及余娶王氏，与贞甫之妻为兄弟，时时过内家[①]相从也。余尝入邓尉山中，贞甫来共居，日游虎山、西崦，上下诸山，观太湖七十二峰之胜。

嘉靖二十年，余卜居安亭。安亭在吴淞江上，界昆山、嘉定之壤，沈氏世居于此，贞甫是以益亲善，以文字往来无虚日。以余之穷于世，贞甫独相信，虽一字之疑，必过余考订，而卒以余之言为然。盖余屏居江海之滨，二十年间，死丧忧患，颠倒狼狈，世人所嗤笑，贞甫了不以人之说而有动于心，以与之上下，至于一时富贵翕赫[②]，众所观骇，而贞甫不余易也。嗟夫！士当不遇时，得人一言之善，不能忘于心，余何以得此于贞甫邪？此贞甫之殁，不能不为之恸也！

贞甫为人伉厉，喜自修饰，介介[③]自持；非其人未尝假以辞色，遇事激昂，僵仆无所避。尤好观古书，必之名山及浮屠老子之宫，所至扫地焚香，图书充几。闻人有书，多方求之，手自抄写，至数百卷。今世有科举速化之学，皆以通经学古为迂，贞甫独于书知好之如此，盖方进于古而未已也。不幸而病，病已数年，而为书益勤。余甚畏其志，而忧其力之不继，而竟以病死，悲夫！

初，余在安亭，无事每过其精庐，啜茗论文，或至竟日。及贞甫殁，而余复往，又经兵燹之后，独徘徊无所之，益使人有荒江寂寞之叹矣。

贞甫讳果，字贞甫，娶王氏，无子，养女一人。有弟曰善继、善述。其殁以嘉靖三十四年七月日，年四十有三，即以是年某月日，葬于某原之先茔，可悲也已！铭曰：

天乎命乎不可知，其志之勤而止于斯！

【注释】

①内家：指妻家。《礼》："公父文伯之丧，内人皆行哭失声。"②翕赫：显赫。③介介：耿介，刚直。

【译文】

在我刚认识沈贞甫时，贞甫年纪还很小，正在马鞍山佛塔的旁边读书。到我娶了王氏，由地为王氏与贞甫的妻子是姐妹，因此我和贞甫常常一同前往妻家。我曾进入邓尉山中，贞甫前来同我一起居住这里，每天游览西崦、虎山，在很多山峰爬上爬下，观赏太湖七十二峰的美景。

嘉靖二十年（公元1541年），我在安亭选择了住地。安亭地处吴淞江上，界于昆山、嘉定两地之间，沈家祖祖辈辈在这里居住，因此贞甫更加和我亲爱友好，天天有文字往来。因为我穷困潦倒在世上，唯独贞甫独自信任我，就是有一字疑惑，他也一定要到我这里来考证，而且最后认为我的话是对的。我退隐江海之边，二十年间，历经了死丧忧患，困顿颠蹶，被社会上的人所讥笑，贞甫一点也不因为其他人对我不好的评论而对我的信任有所动摇，来迎合世人对我的看法，至于一时富贵显达，人们注视敬畏的那些人，贞甫并不用他们来取代我。唉！读书人在不得志的时候，得到别人一句好话，就不能从心眼里忘掉，我凭着什么从贞甫那里得到这些呢？这是贞甫死后，我不能不为他悲伤的原因。

贞甫为人凌厉高傲，爱好自我修饰，坚守志节不与俗苟合，假如不是好人，他就从不用言词和脸色向那人表示好感。遇事情绪激昂，就是死，也没有什么可躲避的。他特别喜欢读古书，一定去名山以及道观、佛寺，到了那里扫地烧香，图书摆满书案。听说别人有书，便从多方面向他请求，借到书后亲手抄写，抄写的书籍累积至数百卷。现今世上有科举速化的学说，都把通晓经书学习古文看作迂腐，贞甫独独对书如此地明白爱好它们，这大概是在学古方面上进还未终止。不幸得了病，得病已有几年，但他读书更为用功。我十分佩服他的意志，但是担心他的气力跟不上；但是他最终因病而死，真令人悲伤啊！

当初，我住在安亭，在没事的时候经常到他的书房，品茶论文，有时一直到天黑。到贞甫死后，我又前往他的书斋，又是在经历了兵火之后，我在那里独自徘徊没有什么地方可去，这更让我产生了寂寞荒凉的感叹。

贞甫名果，字贞甫，娶了王氏，没有孩子，收养了一个女儿。他有两个弟弟叫善继、善述。他死于嘉靖三十四年（公元1555年）七月某日，活了四十三岁。就在这年的某月某日，把他埋在某处高原上的祖坟中，真令人悲叹啊！铭文如下：

是天是命不能知晓，其志勤苦而终于此。

归府君墓志铭

府君姓归氏，讳椿，字天秀，大父讳仁，父讳祚，母徐氏，嘉靖十五年正月初八日卒，年七十一。娶曹氏，父讳永太，母高氏，嘉靖十年三月十九日卒，年六十八。子男三：雷、霆、电；女一，适钱操；孙男五：谏，县学生，谟、训，皆国学生，让幼；女三。曾孙男六。以嘉靖二十六年十二月庚申日，合葬于马泾，实渍泾。

按归氏出春秋胡子，后灭于楚，其子孙在吴，世为吴中著姓。至唐宣公乃世贵显，封爵官序，具载《唐史》。宋湖州判官罕仁居太仓，其别子居常熟之白茆，居白茆已数

世矣。由湖州而下，差以昭穆，府君我曾大父城武公兄弟行也。

府君初为农，已乃延礼师儒，教训诸孙，彬彬向文学矣。府君少时亦尝学书，后弃之，夫妇晨夜力作。白茆在江海之堧，高仰瘠卤，浦水时浚时淤，无善田。府君相水远近，通溪置闸，用以灌溉。其始居民鲜少，茅舍历落，数家而已，府君长身古貌，为人倜傥[①]好施舍，田又日垦，人稍稍就居之，遂为庐舍市肆如邑居云。晚年诸子悉用其法，其治数千亩如数十亩，役属百人如数人。吴中多利水田，府君家独以旱田。诸富室争逐肥美，府君选取其硗者，曰："顾吾力可不可，田无不可耕者。"人以此服府君之精。

盖古之王者之于田功勤矣，下至保介、田畯、遂师、遂大夫、县正、里宰、司稼，设官用人，如是悉也。汉二千石遣令长、三老、力田及里父老善田者，受田器，学耕种，养苗状，时赵过、蔡癸之徒，皆以好农为大官。今天下田独江南治耳，中原数千里，三代畎浍之迹，未有复也。议者又欲放前元海口万户之法，治京师濒海萑苇[②]之田，以省漕壮国本，其事行之实便，而久不行，岂不以任事者难其人邪？或往往叹事功之不立，谓世无其人，若府君，岂非世之所须也？铭曰：

昔在颛顼，曰惟我祖。绵绵汝颍，蹙于荆楚。迄唐而昌，鸣玉接武。湖州来东，海鱼为伍。亦有别子，居白茆浦。旷然江海，寂无烟火。孰生聚之？府君之抚。府君颀颀，才无不可。实甽畮之，终古泻卤。黍稷薿薿，有万斯亩。曷不虎符，藏于兹土？

【注释】

①倜傥：洒脱，不受世俗礼法拘束。《晋书》："瑰伟倜傥，不拘细行。"②萑苇：泛指芦苇。

【译文】

府君姓归，名椿，字天秀。祖父名仁，父亲名祚，母亲姓徐。府君嘉靖十五年（公元1536年）正月初八日去世，享年七十一岁。归府君妻子姓曹，曹氏父亲名永太，母亲姓高。曹氏于嘉靖十年（公元1531年）三月十九日去世，享年六十八岁。有三个儿子：归雷、归霆、归电，一个女儿，嫁给了钱操；有五个孙子：归谏，是县学生，归谟、归训，都是国学生，归让还年小，有三个孙女；有六个曾孙子。于嘉靖二十六年（公元1547年）十二月庚申这一天，将归府君和曹氏合葬于马泾，实际是渍泾。

考查归氏出自春秋时期的胡国国君，后来胡被楚灭掉了，他的后代子孙生活在吴地，世世代代为吴中望族。到了唐代，归宣公才显贵于世，封爵官序，全都记载于《唐史》。宋代湖州判官归罕仁居住在太仓，他的庶子居住在常熟县白茆，住在白茆已有几代了。从湖州判官归罕仁之后，按辈份来排，府君是我的曾祖父城武公的兄弟辈。

府君当初为农，不久便延请老师，礼敬儒生，训导教育他的孙子们，孙子们文质兼备，趋向于文学了。府君小时候也曾读书，后来抛弃读书，夫妻早晚努力劳作。白茆在江海边的隙地上，地势高仰有盐碱，浦水时治时淤，没有好地。府君视察水的远近，勾通溪流，设置水闸，用溪水来灌溉田地。当时居民很少，茅屋疏落，只有几家而已。府君相貌古朴，身材高大，喜好施舍，为人潇洒，土地又一天一天地得到开发，人们渐渐走到这里来居住，因此建造房屋店铺如同县城一般。晚年儿子们全部采用他的方法，治理数千亩土地如同治理几十亩，役使百人

如同几个人。吴中多靠水田获利，府君家独靠旱田。富人们争相追求肥美的土地，府君却选取那些贫瘠的土地，他说："就看我们的能力可不可，土地没有不可耕种的。"人们因此佩服府君精明。

古代帝王对于农业生产可说是辛勤了，下至保介、田畯、遂师、遂大夫、县正、里宰、司稼，设立官职，任用人材，是如此完备。汉代二千石一级的官吏派令长、三老、力田以及乡里擅长种田的父老，接受农具，学习耕种，培养禾苗。当时赵过、蔡癸这些人，都由于喜好农业而做了大官。现今天下的田地只有江南治理好了，中原几千里的土地，夏、商、周三代沟渠之迹，没有得到恢复。议论国事的人又想效仿以前元代海口万户的作法，治理京城临海的芦苇地，用来节省漕运，壮大立国的根本，这件事实行起来实在很便利，但是长久得不到实行，难道不是由于负责此事的难以找到合适的人吗？有人时常感叹事业办不成，说世上没有合适的人，像府君这个人，难道不是世上所需求的吗？铭文如下：

以前的颛顼，是我的始祖。联绵的汝、颍，困窘于荆楚。到唐代兴盛，鸣玉接步武，从湖州东来，与海鱼为伍。也有支庶子，居住白茆浦。辽阔的江海，寂寥没烟火。谁使之积蓄、繁殖，府君的爱抚。府君生魁伟，才干无不可。往日贫瘠地，治理成畎亩。黍稷薿薿茂，有田万余亩。何不剖虎符，埋藏于此土？

寒花葬志

婢，魏孺人媵[①]也。嘉靖丁酉五月四日死。葬虚丘。事我而不卒，命也夫！

婢初媵时，年十岁，垂双鬟，曳深绿布裳。一日天寒，爇[②]火煮荸荠熟，婢削之盈瓯。余入自外，取食之，婢持去不与，魏孺人笑之。孺人每令婢倚几旁饭，即饭，目眶冉冉动，孺人又指余以为笑。回思是时，奄忽便已十年，吁，可悲也已！

【注释】

①媵：从嫁的婢女。②爇：烧。

【译文】

婢女寒花，是我的夫人魏孺人的随嫁婢女。嘉靖十六年（公元1537年）五月四日死去，埋在了土山之上。她侍奉我不终，这是天命啊！

寒花刚随嫁过来时，年纪十岁，头上垂着两个环形发髻，身上拖着浓绿布裙。有一天天气寒冷，烧火将荸荠煮熟，寒花削去皮，装满了小盆。我从外面走进家中，拿起削好的荸荠便吃，寒花把荸荠拿开不给我吃，把我的夫人给逗笑了。夫人时常让寒花靠在桌边吃饭，吃饭时，她的眼睛缓缓转动，夫人又指给我看，以此取笑。回想这事，转眼就已过了十年，唉！真令人悲叹啊！

亡友方思曾墓表

予友方思曾之殁，适岛夷来寇，权厝于某地。已而其父长史公官四方，子升幼不

克葬，某年月日始祔于其祖侍御府君之墓，来请其墓上之文，亦以葬未有期，不果为，至是始畀其子升，俾勒之于石。

盖天之生材甚难，其所以成就之尤难。夫其生之者，率数千百人之中得一人而已耳。其一人者，果出于数千百人之中，则其所处必有以自异，而不肯同于数千百人之为。而其所值，又有以激之，是以不克安居徐行，以遽入于中庸之道，则天之所以成材者，其果尤难也。

思曾少负奇逸之姿，年二十余，以《礼经》为京闱首荐。既一再试春官[①]不利，则自叱而疑曰："吾所为以为至矣，而又不得，彼必有出于吾术之外者。"则使人具书币，走四方，求尝已得高第者与夫邑里之彦，悉致之于家而馆饩之，其人亦有为显官以去者。然思曾自负其材，顾彼之术，实不能有加于吾，亦遂厌弃。

方其试而未得也，则愤憾而有不屑之志，其后每偕计吏行，时时绝大江，徘徊北岸，辄返棹登金、焦[②]二山，徜徉以归，与其客饮酒放歌，绝不与豪贵人通。间与之相涉，视其龌龊，必以气陵之。闻为佛之学于临安者，思曾往师之，作《礼赞叹》，求其解说。自是遇禅者，虽其徒所谓堕龙哑羊之流，即跪拜施舍，冀得真乘[③]焉。而人遂以思曾果溺于佛之说，不知其有所不得志而肆意于此，以是知古之毁服童发，逃山林而不处，未必皆精志于其教，亦有所愤而为之者耶？以思曾之材，有以置之，使之无愤憾之气，其果出于是耶？然使假之以年，以至于今，又安知其愤憾不益甚，而将不出于是耶？抑彼其道空荡祥然，不与世竞，而足以消其愤憾之气耶？抑将平其气，无待于外，安居徐行，而至于中庸之途也？此吾所以叹天之成材为难也。

思曾讳元儒，后更曰钦儒。曾祖曰麟，赠承德郎、礼部主事；祖曰凤，朝列大夫、广东佥事前监察御史；父曰筑，今为唐府长史侍御，与兄鹏同年举进士。侍御以忤权贵出，而兄为翰林春坊，至太常卿，亦罢归。思曾后起，谓必光显于前之人，而竟不得位以殁。时嘉靖某年月日也，春秋四十。娶朱氏，福建都转盐运使司判官希阳之女；男一人，升；女三人，皆侧出。

思曾少善余，余与今李中丞廉甫晚步城外隍桥，每望其庐，怅然而返，其相爱慕如此。后予同为文会，又同举于乡。思曾治园亭田野中，至梅花开时，辄使人相召，予多不至，而思曾时乘肩舆过安亭江上，必尽醉而归。尝以予文示上海陆詹事子渊，有过奖之语，思曾凌晓乘船来告。予非求知于世者，而亦有以见思曾爱予之深也。

思曾之葬也，陈吉甫既为铭，予独痛思曾之材，使不得尽其所至，亦为之致憾于天而已矣。

【注释】

①春官：《周礼》六官，以宗伯为春官，负责礼部。明太祖立春夏秋冬四官，称做四辅。②金、焦：二山名，均在江苏镇江境内。③乘：禅学浅深的等级叫做乘，如言小乘、大乘、最上乘之类。

【译文】

我的朋友方思曾死的时候，刚好遇上海岛中的蛮夷来入侵，只好暂时把他的灵柩存放某

地。不久之后他的父亲长史公到四方为官，儿子方升年纪小不能把他安葬，某年月日才把他葬在他的祖父侍御府君的墓地。来请我给他的墓写墓表，由于下葬没定下日期，没有写成，到现在才把墓表给了他的儿子方升，让方升把它刻到墓石上。

上天生育人才很不容易，成就人才更不容易。上天生育人才，一般是在几千几百人之中得到一人而已。那一个人，最终从几千几百人之中脱颖而出，则他的所作所为必定有与众不同的地方，而不肯同于几千几百人的所作所为。他的遭遇，又有用来激发他的事情，所以不能安宁居处，慢慢行走，从而迅速进入中庸之途。天成就人才，真是不容易。

思曾小时候就怀有超群奇特的姿质，二十多岁时，凭借治《礼经》而成为京城考场中的第一名被推荐者，之后多次考试春官都没考中，便斥责自己并怀疑道："我所钻研的认为是到顶了，却又不能考中，他们必定有和我的道术不同的方面。"因此就让人具办书信礼物，奔走四方，寻求那些已经考得好成绩和乡里的俊彦人士，将他们全都请到家中来招待他们，照顾他们吃住，其中也有当上高官而离去的。但是思曾自己依靠自己的才能，看到那些人的道术，实在不能有超过自己的，也就离弃、厌恶了那些人。

正值他考试却没有考中的时候，便愤愤不平并且有不屑一顾之意，其后每次应征召和考察官员的官吏同行，时常渡过长江，在北岸徘徊，总是掉转船头，登上金、焦二山，彷徨而归，跟自己的客人喝酒唱歌，全然不同权贵交往。偶尔跟权贵交涉，看到他们品行肮脏，必定会用气势侵凌他们。听说在临安有研究佛学的，思曾前去拜他为师，写了一篇《礼赞叹》，请那个人解说。自此遇到佛教人物，就是他的门徒所说的堕龙、哑羊一类的僧人，也立刻跪拜施礼，施舍财物，期望从他们那里获得真乘。所以人们就认为思曾果真是沉溺于佛家学说，不了解他是不能实现自己的志向才纵情于此。由此清楚古时候那些下降服饰等级剃了光头，逃隐山林却不居处的人，并不一定是专心于那种教派，也是有所愤恨才那样做的吧！凭借思曾的才能，如果有合适的职位来安置他，让他不再有愤愤不平之气，难道他还真的采取这种做法吗？但是假如延长他的寿命，让他活到现在，又怎么知道是他的愤恨不平不更为严重，将来不采取这种做法呢？还是他的道术坦荡空广，自我超越，不与世争，足以用来消解自己愤恨不平之气呢？还是将要使自己的气平复，不依赖于外物，安稳居处，慢慢行走，至于中庸之途呢？这是我感慨上天成就人才不容易的原因。

思曾名元儒，后改名钦儒。曾祖父名麟，封赠承德郎礼部主事；祖父名凤，曾任朝列大夫、广东佥事前监察御史；父亲名筑，现今担任唐府长史侍御，和自己的哥哥方鹏同一年考中进士。侍御因为触犯了权贵外出任职，兄长做翰林春坊，官至太常卿，之后罢职回家。思曾后来兴起，认为肯定会比前人显贵光宠，竟然没有得到职位就去世了。去世时是嘉靖某年某月某日，享年四十岁，娶妻朱氏，是福建都转盐运使司判官朱希阳的女儿；有一个儿子，叫方升；三个女儿，都是妾生的。

思曾小时候同我交好，我和现在的李廉甫中丞晚上在城外隍桥散步，每当望见思曾的房舍，便怅然若失，返回城中，我们是如此地相互倾慕。思曾同我一起举办文会，稍晚，又和我同年考中举人。思曾在田野中修建了园亭，到了梅花开放的季节，他时常派人邀请我。我时常不到，思曾便常常乘坐轿子到安亭江上来造访我，一定要都喝醉了他才回家。他曾把我的文章拿给上海陆子渊詹事看，陆子渊说了一些过奖的话，思曾便清晨坐船来告诉我，我并不是追求被世人了解的人，但是通过这件事，也可以看到思曾喜爱我的程度是如此之深。

思曾安葬的时候，陈吉甫已经撰写了铭文，我却十分伤痛思曾的才能，使他不能够充分达到他所应达到的水平。写这篇文章，只不过是为他把愤恨不平告知上天而已。

先妣事略

先妣周儒人，弘治元年二月十一日生。年十六来归，逾年生女淑静。淑静者，大姊也。期而生有光，又期而生女、子，殇一人，期而不育者一人。又逾年生有尚，妊十二月。逾年生淑顺，一岁又生有功。有功之生也，孺人比乳他子加健，然数颦蹙顾诸婢曰："吾为多子苦!"老妪以杯水盛二螺进曰："饮此后妊不数矣。"孺人举之尽，喑不能言。正德八年五月二十三日，孺人卒。诸儿见家人泣，则随之泣，然犹以为母寝也，伤哉！于是家人延画工画，出二子命之曰："鼻以上画有光，鼻以下画大姊。"以二子肖母也。

孺人讳桂，外曾祖讳明，外祖讳行，太学生，母何氏。世居吴家桥，去县城东南三十里。由千墩浦而南，直桥，并小港以东，居人环聚，尽周氏也。外祖与其三兄皆以资雄，敦尚简实，与人姁姁说村中语，见子弟甥侄无不爱。孺人之吴家桥则治木绵，入城则缉纻[①]，灯火荧荧，每至夜分，外祖不二日使人问遗，孺人不忧米盐，乃劳苦若不谋夕。冬月炉火炭屑，使婢子为团，累累暴阶下。室靡弃物，家无闲人。儿女大者攀衣，小者乳抱，手中纫缀不辍，户内洒然。遇僮奴有恩，虽至箠楚，皆不忍有后言。吴家桥岁致鱼蟹饼饵，率人人得食，家中人闻吴家桥人至皆喜。有光七岁与从兄有嘉入学，每阴风细雨，从兄辄留，有光意恋恋，不得留也。孺人中夜觉寝，促有光暗诵《孝经》，即熟读无一字龃龉[②]乃喜。

孺人卒，母何孺人亦卒。周氏家有羊狗之痾[③]，舅母卒，四姨归顾氏又卒，死三十人而定，惟外祖与二舅存。

孺人死十一年，大姊归王三接，孺人所许聘者也。十二年，有光补学官弟子。十六年而有妇，孺人所聘者也。期而抱女，抚爱之，益念孺人，中夜与其妇泣。追唯一二，仿佛如昨，余则茫然矣。世乃有无母之人，天乎，痛哉！

【注释】

①缉纻：析麻搓接成线。②龃龉：参差出入。③羊狗痾：病名，俗称羊癫风。

【译文】

先母周孺人，生于弘治元年（公元 1488 年）二月十一日。十六岁出嫁，过了一年生了淑静。淑静，是我的大姐。过了一周年生了我，又过了一周年生了一个女孩、一个男孩，其中一个没有长大成人就死了，另一个活了一周年便死了。又过了一年，生了有尚，怀孕十二个月。过了一年生了淑顺，一年后又生了有功。有功出生之后，周孺人比喂养其他几个孩子时身体更加强健，但是多次皱着眉头顾视婢女，并对她们说："我因孩子多而痛苦!"一个老妇用盛着水的杯子装了两只螺献给她说："喝了它之后怀孕的次数就不会再多了"。周孺人举起它来一饮而尽，嗓子哑了不能说话。正德八年（公元 1513 年）五月二十三日，周孺人去世。孩子们看到家中人们哭泣，也就跟着哭泣，但还以为母亲是在躺着睡觉，真令人哀伤啊！因此家人请画家

画母亲的像，领出两个孩子指示画家说："鼻子以上画有光，鼻子以下画淑静。"因为这两个孩子长得像母亲。

先母名桂，外曾祖父名明，外祖父名行，是太学生，外祖母姓何。祖辈住在吴家桥，离县城三十里，在县城东南。从千墩浦往南直到吴家桥，沿着小港以东的地方，住户围聚，都是姓周的人家。外祖父和他的三个哥哥凭借有资产而在当地出名并有势力，崇尚简朴，同别人在一起和和气气地说村里话，见到子弟甥侄等晚辈，没有不爱的。先母到吴家桥便纺棉花，进入城中便织麻线，点着微弱的油灯，时常工作到半夜。外祖父不过两天便派人问讯并送东西，先母对粮食和食盐并不发愁，她却像生活十分、朝不谋夕窘迫那样勤劳辛苦。冬天生炉火烧剩下的炭的碎末，她让婢女把它们揉成炭团，一堆一堆地把炭团晒在台阶下边。屋子里没有被扔弃的东西，家中没有闲着不干活的人。她对待自己的孩子，大的牵着他们的衣服，小的抱在怀里喂奶，手中针线活不断，门内收拾得整齐有序。对待奴仆有恩德，就是被打了棒子，奴仆都不忍心在背后说怨恨不满的话。吴家桥每年都把用鱼蟹做的糕饼送到我家，家里每人都可以吃到，家中人听说是吴家桥的人来了都高兴。我七岁时和堂兄有嘉一起入学，每逢阴天刮风下小雨，堂兄就留在家中不去上学，我心中恋着家，但是不能留在家中。先母半夜睡醒觉，便督促我背诵《孝经》，直至熟读到没有一个字读得不流畅，她才高兴。

先母死后，外祖母何孺人也死了。周家有羊癫风病，舅母死了，四姨嫁给姓顾的又死了，死了三十人才停止，只有外祖父和二舅还健在。

先母逝世后十一年，大姐嫁给王三接，这是先母生前定的亲。十二年，我考取了秀才。十六年，我娶了妻子，这也是先母生前定的亲。娶妻周年后，我抱上了女儿，抚养慈爱这个孩子，更是思念先母，半夜同自己的妻子一起悲泣。追想一两件往事，好似发生在昨天，于是我就茫茫然了。世上竟有没有母亲的人，天哪，真让人悲伤啊！

归氏二孝子传

归氏二孝子，予既列之家乘矣，以其行之卓而身微贱，独其宗亲邻里知之，于是思以广其传焉。

孝子讳钺，字汝威。早丧母，父更娶后妻，生子，孝子由是失爱。父提孝子，母辄索大杖与之，曰："毋徒手，伤乃力也！"家贫，食不足以赡，炊将熟，母即戋戋[①]罪过孝子，父大怒，逐之，于是母子得以饱食。孝子数困，匍匐道中，比归，父母相与言曰："有子不居家，在外作贼耳？"又复杖之，屡濒于死。方孝子依依户外，欲人不敢，俯首窃泪下，邻里莫不怜也。父卒，母独与其子居，孝子摈不见。因贩盐市中，时私其弟，问母饮食，致甘鲜焉。正德庚午大饥，母不能自活，孝子往，涕泣奉迎。母内自惭，终感孝子诚恳，从之。孝子得食，先母弟，而己有饥色。弟寻死，母终身怡然[②]。孝子少饥饿，面黄而体瘠小，族人呼为"菜大人"。嘉靖壬辰，孝子钺无疾而卒。孝子既老且死，终不言其后母事也。

绣字华伯，孝子之族子，亦贩盐以养母，已又坐市舍中卖麻。与弟纹、纬友爱无间。纬以事坐系，华伯力为营救。纬又不自检，犯者数四。华伯所转卖者，计常终岁无他故，才给蔬食，一经吏卒过门辄耗，终始无愠容。华伯妻朱氏，每制衣必三袭，令兄弟均平，曰："二叔无室，岂可使君独被完洁耶？"叔某亡，妻有遗子，抚爱之如己出。然华伯人见之以为市人也。

赞曰：二孝子出没市贩之间，生平不识诗书，而能以纯懿之行自饬于无人之地，遭罹屯变，无恒产以自润，而不困折，斯亦难矣！华伯夫妇如鼓瑟[3]，汝威卒变顽嚚[4]，考其终皆有以自达。由是言之，士之独行而忧寡和者，视此可愧也。

【注释】

①戋戋：谗毁。②怡然：自得貌。③鼓瑟：和谐。《诗》："妻子好合，如鼓瑟琴。"④顽嚚：顽固，愚悍。

【译文】

归家的两个孝子，我已把他俩写进家谱了，由地他们品行高尚但身份低贱，只有他们的宗族、亲属了解他们，因此我想写一篇文章来让他们的事迹广为流传。

其中一个孝子名钺，字汝威。早年丧母，父亲另外娶了后妻，生了儿子，孝子从此失去父爱。父亲打孝子，后母时常找来大棍子给父亲，说："不要空手打他，伤耗你的力气。"家中贫困，粮食不够吃，饭快做熟了，后母便谗毁罪过孝子，父亲大怒，把孝子赶走，因此后母和自己的儿子能够吃得很饱。孝子多次饿得精疲力尽，在路上爬行，等到回家，父母一起说："有儿子不呆在家中，到外边作贼去了吗？"又拿棍子打他，屡次被打得快要死了。正当孝子依恋在门外，想进门却又不敢，低着头偷偷落泪时，邻居们没有不怜悯他的。父亲死后，后母只跟自己的儿子住在一起，把孝子排斥在外不见他。因此孝子便在集市中贩卖食盐，时常私下照顾他的弟弟，询问后母饮食情况，把甘鲜果品送给她。正德庚午年（公元1510年）出现大饥荒，后母自己不能养活自己，孝子回到家中，哭泣着奉迎她，后母内心羞愧，终于被孝子的诚心所感动，跟着孝子过活。孝子得到食物，先给后母和弟弟，而自己面有饥色，弟弟不久死了，后母一辈子过得很快活。孝子小时候忍饥挨饿，面色发黄并且身体瘦小，同族的人叫他"菜大人"。嘉靖壬辰年（公元1532年），孝子归钺无病而死。孝子既已年老快要死了，还是始终不谈他后母虐待自己的事。

另一个孝子名绣，字华伯，是孝子归钺的同族兄弟的儿子，也贩卖食盐来侍奉母亲，不久又坐在集市店铺中卖麻。他与弟弟归纹、归纬十分友爱。归纬因事被拘捕，华伯尽全力营救。归纬又不自我约束，又多次犯罪。华伯转卖东西获得的收入，总计时常终年没有其他事故，仅仅能够供给粗恶的饮食，一经官吏狱卒过门勒索，家中便会出现亏损，华伯始终没有怒色。华伯的妻子朱氏，每次缝制衣服一定要做三套，让哥仨平均一人一套，而且对华伯说道："二小叔子没有妻室，怎么能让您一个人独自穿完好干净的衣服呢？"小叔子某某死了，他的妻子有个遗腹子，朱氏抚爱这个孩子，就好似是自己亲生的一样。但是华伯这个人，人们见到他还认为他是普通的买卖人。

赞叹道：这两个孝子出没于市贩之间，一生没有读过诗书，却能够用完美高尚的品德在没有人的地方整饰自己，遭遇困难，没有固定的产业来扶助自己，却不困辱，这也很不容易了！华伯夫妻是那样的和谐，汝威最终改变了凶悍之人，他俩都有好的品行用来使自己做到善终。由此看来，士人中那些不随俗沉浮却担心和者少的人，看到这两个孝子的事迹应该感到惭愧。

筠溪翁传

余居安亭，一日有来告云："北五六里溪上，草舍三四楹，有筠溪翁居其间。日吟哦，数童子侍侧，足未尝出户外。"余往省之，见翁颀然晰白。延余坐，瀹茗①以进，举架上书悉以相赠，殆数百卷，余谢而还。久之遂不相闻，然余逢人辄问筠溪翁所在，有见之者，皆云翁无恙。每展所予书，未尝不思翁也。

今年春，张西卿从江上来，言翁居南澥浦，年已七十，神气益清，编摩②殆不去手，侍婢生子方呱呱。西卿状翁貌，如余十年前所见加少，亦异矣。

噫，余见翁时，岁暮天风憭栗③，野草枯黄，日将晡④，余循去径还家，媪儿子以远客至具酒，见余挟书而还，则皆喜。一二年妻儿皆亡，而翁与余别，每劳人问死生。余虽不见翁，而独念翁常在宇宙间，视吾家之溘然而尽者，翁殆如千岁人。

昔东坡先生为《方山子传》⑤，其事多奇。余以为古之得道者，常游行人间，不必有异，而人自不之见。若筠溪翁固在吴淞烟水间，岂方山子之谓哉？或曰筠溪翁非神仙家者流，抑岩处之高士也欤？

【注释】

①瀹茗：烹茶。②编摩：观摩书籍。贡师泰诗有"太平乐谱自编摩"。③憭栗：寒意。④晡：日过午后为晡。⑤《方山子传》：见《东坡集》。

【译文】

我住在安亭，一天有人告诉我："往北五六里的溪上，有三四间草房，筠溪翁住在其中。他天天朗诵诗书，几个童子在他身边侍奉，足不曾走出过门外。"我前往看望他，只见筠溪翁身材修长，皮肤洁白，他请我坐下，烹好茶端给我，拿起书架上的书全都送给了我，几乎有几百卷，我向他表示了谢意就回家了。时间长了就不再听得到关于他的情况，但是我碰到人便打听筠溪翁的住处，有见到他的人，都说筠溪翁安好无恙。每当我打开他送给我的书，没有一次不想起他。

今年春天，张西卿从江上来，告诉我说筠溪翁住在南澥浦，已经七十岁了，神气越发地清新了，几乎书不离手，侍妾生了个孩子才一两岁。西卿形容筠溪翁的相貌，比我在十年前看到的还更年轻，太奇怪了。

唉，我见到筠溪翁时，已是那一年的晚期，气候寒冷，刮着风，田野中的草干枯了，树叶变黄了，日将中午，我顺着来路回家，妻子和孩子由于远方客人来了，置办酒食，看到我挟着书回来，都很高兴。才过了一两年，妻子和儿子都死了，筠溪翁和我离别后，时常烦劳别人打探我的生死。我虽然见不到筠溪翁，但我一个人想他常在天地间，比起我家突然死去的人来，筠溪翁大概像一位千岁老人。

以前东坡先生写《方山子传》，方山子的事迹有很多都十分离奇，我认为古代得道之人，时常行走于人间，不一定和普通人有什么两样，只是人们自己不能发现他们。假如筠溪翁本来就在吴淞江烟水之间，难道他就是所说的方山子吗？有人说筠溪翁不是神仙家一类的人，或者是位隐居岩穴的高人吧？

侯朝宗壮悔堂集

赠江伶序

江生吴人也，以歌依宋君于雪苑。先是沙随有郭使君者，官常州刺史，携江生与其侣十余人以归。余识使君，使君每宴余，则出江生度曲。秀外惠中，丰骨珊珊，发清商之音，泠然善也。未几为睢阳武卫冯将军所留，已而复归于郭，又未几卒归宋君。江生尝告余曰："身羁旅也，不幸以歌曲事人，实愿始终一主。而朝章华之馆，暮虒祁之宫，非其志也。"主人不能有也，宋君者，今相国介弟也，乃独能有之，日设酒食，召宾客以自娱乐，慷慨豁达，不为龌龊态，可谓达矣。

余因有感于雪苑盛时，乌衣朱桁，门第相望，当时亦有相国沈氏，其族如仪部君撰，尤以文采自命，为豪举，辇千金三吴[①]招呼伎乐如江生者，皆衣轻纨，歌《子夜》[②]，暇则鸣珂[③]走马，富贵儿竞而效之，南邻北壁，钟鼓不绝。如此者遂历三纪[④]，识者以为雪苑风气，于是尽矣，侈极而衰，固其所也。无何，果为寇所破，向之门第相望者，或承寡妇弱儿，或遂展转灭没，不知其姓氏。呜呼！转瞬间相悬绝者，何止如江生一辈也！

有老伶吴清者，尝逮事沈相国家，年六十余，须鬓白如丝，贫无依倚，乃为陈将军教其十许岁歌儿以糊口，能言吾郡神宗间最盛时事。谓江生晚出，雪苑向日之歌者，皆已散去，惜未得见江生。江生亦不幸而未见夫梨园全队，人擅白雪，每发一声，则缠头之赠，金钱委积。清老矣，当时身所亲历，至今犹数数梦见之，每言则呜咽泣下，沾襟不止。余更征诸长老，清之言信然。既夙有感于中，而江生之来自吴，又识之独先，然则江生虽少，固余之何戡[⑤]也！

属酒酣，乃为之序，而顾谓宋君曰："人生贵行乐耳，公真达者矣！"天下固多不遇而遇，遇而不遇，江生江生，苟精一技，亦可以成名。高岸成谷，深谷为陵，即秉烛刻阴，岂足以当老伶之一泣也！

【注释】

①三吴：古代以苏州、常州、湖州为三吴。见《指掌图》。②子夜：古代一女子名，作一曲，取名《子夜歌》。③鸣珂：珂，马饰。④纪：十二年为一纪，谓木星绕日一周。⑤何戡：唐刘禹锡《与歌者何戡诗》："二十余年别帝京，重闻天乐不胜情。旧人惟有何戡在，更与殷勤唱渭城。"

【译文】

姓江的年轻人是吴地人，由于有歌唱的才华在雪苑依属宋君。在这以前，沙随这个地方有个姓郭的使君，官任常州刺史，率领江生以及他的十多个同伴回到故乡。我认识郭使君，使君每次宴请我，就让江生出来唱歌。江生外貌秀美，身材丰满，内心聪颖，高洁飘逸，气质潇洒，他的歌声悠扬舒展清亮高亢，感觉轻妙，十分美好。不久江生被睢阳的武卫冯将军留下，之后再次回到郭使君那里，又没过多长时间，最后依属宋君。江生曾告诉过我说："我一个人寄居在外，不幸靠唱歌来侍奉别人，实在期望跟从侍奉一个主人，但现在却早晨在朝华馆中，晚上又到了虒祁宫唱歌，这不是我的志向！"从前的那些主人不能使江生属于他们，宋君这个人，是现在相国的弟弟，却唯独能拥有江生，每天摆设酒宴美食，广招宾客来娱乐自己，豁达慷慨，不拘小节，可以称得上心怀宽阔了。

我由此对雪苑兴盛的时候很有感触。那时从乌衣巷到朱雀桥，高门大户前后相望。当时也有相国沈氏，他的家族中如仪部中的沈君撰，尤其自己以为文才出众，做出许多豪爽的事情，装载千金，来到三吴一带，招呼像江生这样的歌伎乐工，都穿着用轻飘的细绢做成的衣服，演唱《子夜歌》，空余时间里就策马急驰，马饰相撞，叮咚作响；贵族人家的子弟竞相仿效，周围人家，不管是南边相邻的住户，还是北边接壁的人家里，钟鼓之声不绝于耳。这种情形持续了近三十六年，有见识的人认为“雪苑风气”到这时就要完结了，奢靡到了极点而衰败，本来就是必然的结果。不久，果然被贼寇攻破，以前那些接连不断的高门大院，有的被寡妇弱子继承了下来，有的便几易其主沉沦消失，不知道它们的主人是谁。唉，转瞬间前后相差很远的，何止像江生这一类人呢！

有一个叫吴清的年老的伶人，曾赶上了侍奉沈相国，年纪六十多岁了，胡须洁白如丝，很贫穷，也没有什么人可以依仗，就为陈将军教他十来岁的歌儿来糊口，能讲述我们这个郡在神宗年间最兴盛时候的往事。他说江生出来的时间靠后，雪苑过去那些唱歌的人，都已经解散离开，为没有能看见江生感到遗憾。江生也不幸没有能够看见梨园全部人马。有人擅长演唱“白雪之曲”，每次唱歌，唱出一声，则客人赠送给演员包头用的罗锦和金银钱币便多得堆积起来。吴清现在老了，当时所亲身经历的事，至今依然屡次在梦中见到。每次讲述起来，他都低声哭泣流下眼泪，沾湿衣襟也不停止。我另外又在别的老人那里证明吴清的话是真实的。平素对这些事已很有感触，而江生来自吴地，又唯独先认识他。既然如此，那么江生尽管年轻，本来也是我的何戡啊！

正值喝酒正在酣畅之时，于是为他做序，然后回头对宋君说：“人生在世，能做快乐的事是可贵的。您真是心怀宽阔的人呀！”世间像这种没有缘由相遇却遇到了，而应当相遇却没有遇到的事本来很多，江生啊江生，就是能够精通一种技艺，也可以成就声名。高高的崖岸可成为山谷，深深的山谷可成为土山，就是拿着蜡烛，刻烛计时，用功苦练，又怎么抵得上老伶的一声哭泣呢！

癸未去金陵日与阮光禄书

仆窃闻君子处己，不欲自恕而苛责他人，以非其道。今执事之于仆，乃有不然者，愿为执事陈之。

执事，仆之父行也，神宗之末，与大人同朝，相得甚欢。其后乃有欲终事执事而不能者，执事当自追忆其故，不必仆言之也。大人削官归，仆时方少，每侍未尝不念执事之才，而嗟惜者弥日。及仆稍长，知读书，求友金陵，将戒途，而大人送之曰：“金陵有御史成公勇者，虽于我为后进，我常心重之，汝至当以为师。又有老友方公孔炤，汝当持刺拜于床下。”语不及执事。及至金陵，则成公已得罪去，仅见方公，而其子以智者，仆之夙交也，以此晨夕过从。执事与方公，同为父行，理当谒，然而不敢者，执事当自追忆其故，不必仆言之也。今执事乃责仆与方公厚，而与执事薄，噫，亦过矣。

忽一日，有王将军过仆甚恭。每一至，必邀仆为诗歌，既得之必喜。而为仆贳酒奏伎，招游舫，携山屐，殷殷积旬不倦。仆初不解，既而疑以问将军，将军乃屏人以告仆曰："是皆阮光禄[①]所愿纳交于君者也，光禄方为诸君所诟，愿更以道之君之友陈君定生、吴君次尾，庶稍湔[②]乎。"仆敛容谢之曰："光禄身为贵卿，又不少佳宾客，足自娱，安用此二三书生为哉！仆道之两君，必重为两君所绝。若仆独私从光禄游，又窃恐无益光禄。"辱相款八日，意良厚，然不得不绝矣。凡此皆仆平心称量，自以为未甚太过，而执事顾含怒不已，仆诚无所逃罪矣。

昨夜方寝，而杨令君文骢叩门过仆曰："左将军[③]兵且来，都人汹汹，阮光禄扬言于清议堂，云子与有旧，且应之于内，子盍行乎！"仆乃知执事不独见怒，而且恨之，欲置之族灭而后快也。仆与左诚有旧，亦已奉熊尚书之教，驰书止之。其心事尚不可知。若其犯顺，则贼也；仆诚应之于内，亦贼也。士君子稍知礼义，何至甘心作贼！万一有焉，此必日暮途穷，倒行而逆施，若昔日干儿义孙之徒，计无复之，容出于此。而仆岂其人耶？何执事文织之深也！

窃怪执事常愿下交天下士，而展转蹉跎，乃至嫁祸而灭人之族，亦甚违其本念。倘一旦追忆天下士所以相远之故，未必不悔，悔未必不改。果悔且改，静待之数年，心事未必不暴白。心事果暴白，天下士未必不接踵而至执事之门，仆果见天下士接踵而至执事之门，亦必且随属其后，长揖谢过，岂为晚乎？而奈何阴毒左计，一至于此！仆今已遭乱无家，扁舟短棹，措此身甚易。独惜执事忮机一动，长伏草莽则已，万一复得志，必至杀尽天下士，以酬其宿所不快。则是使天下士终不复至执事之门，而后世操简书以议执事者，不能如仆之词微而义婉也。

仆且去，可以不言，然恐执事不察，终谓仆于长者傲，故敢述其区区，不宣。

【注释】

①阮光禄：名大铖，阉党，封光禄大夫。②湔：昭雪。③左将军：即宁南侯左良玉。

【译文】

我私下听说道德修养很高的人对待自己，不想自己宽恕自己却苛刻地要求别人，因为这不合乎道义。现在您对于我，却有不是这样的地方，我想向您陈述这些事。

您，是我的父辈，神宗末年，您与我父亲同朝为臣，相处得很好。以后我父亲想永远为您做事却不能，这其中的缘由当由您自己追忆，不用我再说它了。我父亲被免官回归家乡，我那时正当年少。每次侍奉父亲，他老人家总是怀念您的学问才华，整日叹惜感慨。等我稍稍长大，知道读书，到南京去寻找学友。就要筹备登程，我父亲送我说："南京有御史成勇公，尽管是我的后辈，我在心里边时常很看重他，你到了南京应当以他为师。又有老友方孔炤公，你应该拿着名片到他家去拜望。"话语中没有谈到您。等我到了南京，那时成勇公已经有罪离开了，只见到方孔炤公，而他的儿子方以智，是我的旧交，所以日夜在一起互相来往。您与方孔炤公，同是我的父辈，理应拜见，但是却不敢去见，您应当自己追忆其中的缘由，不需要我说它了。现在您居然责备我与方孔炤公交情深，而与您交情薄，啊呀，过分了。

突然有一天，有一位姓王的将军来探望我，十分恭敬。每到一个地方，一定邀请我做诗词歌赋，他拿到这些诗词歌赋，一定十分高兴。又为我赊酒进伎，当我玩水时，他给我叫来游船；当我游山时，他给我带着爬山用的鞋，近十日殷勤不倦。我开始觉得不可理解，然后开始怀疑，询问王将军，将军于是就让左右离开，告诉我说："这全是阮光禄想和你结交采取的方法，阮光禄正被诸君羞辱，希望您另外把这些事告诉您的朋友陈定生君、吴次尾君，期望能稍稍洗刷一下羞辱。"我态度严肃，拒绝他说："阮光禄身为高官，又不缺乏好的宾客，足以使自己娱乐，哪里用得着这两三个书生呢？我把这些告诉二君，一定又会被二君拒绝。如果我独自私下跟光禄交游，又私下里害怕对光禄没有益处。"承蒙您款待我八天，情意很是深厚，然而不得不谢绝了。大凡这些，都是我平心衡量，自认为没有太过分，但您却仍恨个没完，我实在是没有洗刷罪名的方法了。

昨夜将要睡觉的时候，县令杨文骢敲门来看望我，说："左将军的军队要来了，南京的人动荡不安，阮光禄在清议堂扬言，说你与左良玉将军有旧交，将要做他的内应，你还不快走！"我才清楚您不仅怨我，并且恨我，想把我置于灭族的境地然后您才会觉得快乐。我与左良玉将军的确有旧交，而且已遵照熊尚书的话，火速送信阻止他。他心里怎么想的我还不知道。如果他造反作乱，就是叛贼了；我如果真在城内接应他，也是叛贼了。士人、君子稍稍还懂得些礼义，哪至于甘心作贼？万一有了这种事，这必定是倒行逆施、日暮途穷，就像过去的依附魏忠贤的干儿义孙那些人，因为再没有别的计策了才这样做。而我难道是那种人吗？您歪曲事实，故意陷人入罪是多么深啊！

我私下感到奇怪：您时常有意跟天下的读书人结交，却又在反复栽了几次跟头后，竟至于嫁祸于人，将别人的家族灭掉，这也太违背您的初衷了。如果一旦追忆天下的读书人之所以疏远您的缘故，未必不感到懊悔。后悔，未必不改。果真后悔并且改正，静静地等待他们数年，您的心事未必不显露。假如您的想法果真显露使他们知道，天下的读书人未必不脚跟脚地来到您的门下。我如果真的见到天下的读书人脚跟脚地来到您的门下，也一定将会跟随在他们后边，向您长揖施礼，道歉称错，难道算是晚了吗？怎么您错误的计划、阴险的毒计，竟然到了这种地步！我现在已经遭乱没有了家，只伴随一叶小船和短短的船桨，随便找个地方安身很容易。唯独痛恨您疾害人的动机一旦产生，您长期潜伏在民间也就得了，万一又得志，必定要达到杀尽天下读书人来偿还你平常的不快的地步。那么这样又使天下的读书人最终不会再来到您的门下，而后代著述评论您的文章，就不会像我这样用词轻微而含义委婉了。

我就要离开，可以不说这些话，然而我又恐怕您不明察，最终说我对于长辈太傲慢，所以冒昧陈述自己的微浅的想法。不一一细说。

答孙生书

域附白孙生足下：比见文二首，盖复奇宕有英气，甚喜。亦数欲有言以答足下之意，而自审无所得，又甚愧。

仆尝闻马有振鬣[1]长鸣而万马皆喑者，其骏迈之气空之也，虽然，有天机焉。若灭若没，放之不知其千里，息焉则止于闲，非是则踢之啮之，且泛驾矣，吾宁知泛驾之果愈于凡群耶？此昔人之善言马有不止于马者，仆以为文亦宜然。

文之所贵者气也，然必以神朴而思洁者御之，斯无浮漫卤莽之失，此非多读书未易见也，即读书而矜且负，亦不能见。倘识者所谓道力者耶？惟道为有力，足下勉矣。

足下方年少有余于力，而虚名无所得。如仆犹不惮数问，岂矜与负者哉？然则以其求之于仆者，而益诚求之于古人，无患乎文之不日进也。呜乎！果年少有余于力，而又心不自满，以诚求之，其可为者，将独文乎哉？足下殆自此远矣！

【注释】

①鬣：马颈上的毛叫鬣。

【译文】

侯方域捎信告诉孙生您：连着看到你的两篇文章，文章再次表现得气势豪放奇异有英气，十分高兴。也多次想写些文章来答谢您的厚意，然而自己仔细想起来却没有什么收获，又非常惭愧。

我曾听说马有振动马鬃长长嘶鸣而万马都默然无声的，这是由于它的骏迈的气势使别的马好像不存在了。尽管如此，也是因为有天赋的悟性和才能。它的天机飘忽不定，忽隐忽现，不易觉察；放开它，便不知它能走几千里；不让它跑，就在马圈里停下来，倘若不这样的话，就会踢人咬人，并且还会因不受控制而翻车，我难道知道它翻车的结果也胜过一般的马吗？这些是前人善于评论马的地方，又不局限于只是评论马的地方，我以为文章也应该是这样。

做文章贵在有"气势"，但是一定要依靠精神质朴并且思绪洁净来驾御这个"气势"，才能没有浮漫卤莽的过失缺点，做到这一点，不多读书是不容易发现的；就是读了书，如果骄矜而又自负，也不能发现。或许这就是有见识的人所说的"道力"吧？只有"道"才有力，请你努力吧。

你现在正当年轻，有余力，而虚名没有得到。就连我这样的人你都不怕多次求教，哪里是矜持和自负的人呢？既然如此，那么用你向我询问这些事的诚恳态度，更为诚恳地去到古人那里求取，不必担心文章不会每日都有所长进呀。唉，果然是既年轻又有余力，而心里边又不自满，用诚挚的态度求取学问，那么能有所作为的，又岂止是在文章这方面呢？你的前途大概会从此十分远大呀！

司成公家传

叔父司成公讳恪，字若木。年二十四登第，不肯仕，更读书为诗赋。三岁而方相国从哲贤之，以为翰林院庶吉士。然立朝论议，终不肯苟同方相国。

公性宽厚长者，嗜饮酒，不事生产，常家居，其门下生董嗣谌为郡太守，宋玫、林一柱之徒，各宰其旁邑，迭请间，愿有以为公寿，公固闭阁不与通，日召其故人饮酒。故人稍稍有言及者，益拒却之，更饮以酒，数岁以为常。以故历从官通显矣，而析产不辄丰。

公为诗推杜甫，而洛阳人王铎者，后公举进士，能为诗，既第，家贫甚，公更推荐之，铎以此得入馆，后卒以诗名当世。自唐杜甫后，大雅不作，至明乃复振，虽李梦阳、何景明倡之，至此益显，公之力也。

天启间，公为编修，而宦者魏忠贤①窃政，日杀戮士大夫不附己者。公心重杨涟，而与缪昌期友。涟指忠贤二十四罪条上之，天子不能用，反为忠贤所害，昌期亦坐死。寻有言忠贤二十四罪章者，故昌期趣公代具稿，忠贤大怒，坐曲室中深念欲杀公。而其假子金吾将军田尔耕顾素知公，进曰："是人颇以诗赋谬名公卿间，而能书米芾书，翁必无意曲赦之耶？"忠贤仰视罘罳，[2]，日影移晷不语，良久乃顾谓尔耕："儿试为我招之。"尔耕退诣公话故旧，因佯言："我之游魏翁者，欲为士大夫地也，非得已者。"公大悦，呼酒与饮，辄慷慨指当世事，尔耕默不得语。居数日，又诣公，则益为款言，伺公嬉笑，饮酒酣，乃促膝附公耳言："公且以杨、缪故重得罪，我为公画计，某月日乃吾翁魏翁诞辰，公自为诗书之。"言未得竟，公大怒，推案起，酒羹覆尔耕衣上淋漓。尔耕低头惭恧，已而乃大发怒去。

适南乐魏广微者，亦忠贤之假子也，以大学士掌贡举，而公为其下校官。广微心嗛公，公所荐取士郑友玄、宋玫，辄有意摧抑之，以语挟公，公力与争曰："人生贵识大义，恪岂恋旦夕一官，负天下贤才哉？"语侵广微。而忠贤里人子御史智铤廉知之，乃立劾公罢官。忠贤积前恨，更矫传上旨，夺所赐诰，而令公养马。公即日脱朝冠，自杖策出长安南门。而其门下生二十三人者，追止于芦沟桥，共置酒觞公。公饮酣，遍顾二十三人者曰："吾归矣，幸无蒗颜以羞诸生。诸生第识之，异日有言诸生为好人者，乃吾弟子也，诚不愿诸生为好官。"二十三人者皆泣下。而宋玫终工部侍郎仗节死，友玄以御史直谏谪，当世名公为知人。

公既归，则益召其生平故人者与痛饮，不事事。而里人邓生者，妄人也，构小衅诟公，谓若乃养马，而我职弟子员，冠儒冠。公门下奴客忿欲殴邓生，公大笑，悉召之，与饮皆醉，邓生乃免。当是时，忠贤实欲杀公不已。会诛死，而公复起为庶子，邓生大惧，更诣公，汗浃背，前匍匐谢。公又大笑，掖起之，徐饮以酒，一无所问，邓生亦醉。

公为人和易有容，不修苛节。见人无贵贱，皆与饮酒。然遇有所不慝者，辄义形于色，屹不可夺。以庶子迁为南雍祭酒，太学诸生闻之曰："是故与南乐相争郑友玄、宋玫者耶？"愿入成均近万人，明兴三百年未之有也。满岁以病请归。

公生平善为诗，每赋诗辄饮。而前后虑天下事有不当意，则又感愤，日夜纵饮。久之积病，竟以卒，年四十三。天下皆以公有宰相器，深痛惜之。

当崇祯二年，公之为庶子也，职记注，有浙人温体仁者，揣天子意，自为书讼言群臣朋党，得召对。对时体仁钩挑诟谇，数睨望颜色，伏叩头为侧媚曲谨状，天子大悦，趣立以为相。公跪墀下，纤悉疏其丑而出，扬言于朝，体仁病之，数曲恳公，愿稍得改易。公固不肯，而谓人曰："体仁之奸过李林甫，而伪强介若卢杞，果执政，天下且乱。吾所以扬言者，冀天子神明，一闻而感悟耳。"体仁闻，恐遂言之，乃出公于南京云。

初，文相国震孟为吴门孝廉，年五十余，老矣，以书谒公于史馆，公一见称之曰："子慎自爱，终当辅天子，子必勉之！"其后十余岁，震孟与体仁同执政，以争谏臣许誉卿事不胜去。而体仁终相位者八年，卒乱天下焉。

公著《遂园诗》二十卷，李自成破宋，子方岳从贼中搜得之，负以过河。公六子，

方镇、方岳、方岩、方闻、方隆、方新，而方镇城破死，有才名，别传。

【注释】

①魏忠贤：明代的宦官。熹宗时，与帝乳母客氏通，把持朝政，专横无忌。副都御史杨涟弹劾忠贤二十四大罪，反被忠贤所杀。后大戮东林党人，党羽满朝，生祠遍于各地。思宗立，被贬于凤阳，自缢死。②罘罳：屏障。大臣来朝见国君，想他要应对的事，走到门内屏外，又有所思，所以罘罳，即复思。见《古今注》。今幛幕之类也称罘罳。

【译文】

我的叔父司成公，名恪，字若木。二十四岁的时候，参加科举考试，已经考中，却不愿做官，更多地读书，做诗为赋。三年后方从哲相国认为他是有才能的人，让他做翰林院的庶吉士。然而站立朝廷之上议论政事时，始终不愿苟且迎合方相国。

司成公性情宽厚，很有长者风度。喜爱喝酒，不为谋生做事，时常在家里呆着，他的学生董嗣谌做郡太守，宋玫、林一柱等人，各自在旁边的城邑中做长官，多次请求司成公在闲暇之时希望可以为司成公敬酒祝寿，司成公坚决关闭房门不和他们交往，日日招呼旧知故友喝酒。过去的老朋友稍稍有谈到这方面事的，司成公愈发拒绝推辞他们，用喝酒来转移话题，多年这样，成为常事。所以，历任做皇帝的侍从官，显要通达了，但是分家时财产并不多。

司成公做诗方面推崇杜甫，而洛阳有个叫王铎的人，比司成公晚中进士，善于做诗，已考中，家里贫穷得太厉害，司成公又推荐他，王铎凭着司成公的推荐才得以进入学馆中，后来终于因为诗作的好而名闻于当世。从唐代杜甫以后，诗歌创作不兴盛，到明代才又一次兴起，尽管有李梦阳、何景明提倡它，然而发展到现在，更加蓬勃，这是司成公的力量呀。

天启年间，司成公任翰林院编修，宦官魏忠贤窃取朝政，日日杀戮士大夫中那些不归附于自己的人。司成公心里十分敬重杨涟，同时又和缪昌期友好。杨涟指出魏忠贤二十四条罪状，上书皇帝。上书不能被皇帝采纳，杨涟反倒被魏忠贤害死，缪昌期也受株连被处死。不久，有人说那篇指出魏忠贤二十四条罪状的上奏文章，本来是缪昌期催促司成公代替写的底稿，魏忠贤大怒，坐在深邃的密室中念念不忘地想杀掉司成公。而魏忠贤的养子金吾将军田尔耕平素却十分了解司成公，他进言说："这个人由于诗赋写的好，在公卿中间很有名气，而且能写米体字，您无意于间接赦免他吗?"魏忠贤抬头看着屏障，日影移动，过了好长时间，不说话，很久才回过头来，对尔耕说："你试着为我把他招来。"田尔耕退下，到司成公那里谈过去的事，叙叙旧情，趁机假装说："我与魏翁交往的目的，是想替士大夫占个位置，是迫不得已呀。"司成公十分高兴，摆设酒宴和他一同饮酒，总是情绪激昂地指点当世的政事，尔耕一直沉默没机会言语。过了几天，田尔耕又到司成公那里去，说的话更为诚恳，陪同司成公嬉戏玩笑，饮酒到酣畅的时候，就靠近司成公对着他的耳朵说："您将要因为杨、缪的缘故获很大的罪了，我为您设计筹划一下，某月某日是我父亲魏忠贤的生日，您自己做一首诗，把它写下来。"话还没有说完，司成公大怒，推翻几案站起，酒和菜汤都倒在了田尔耕的衣服上，一点一滴往下淌。田尔耕低着头很羞愧，不久就大发雷霆离开。

正好南乐的魏广微，也是魏忠贤的养子，以大学士的身份主管官员的选举、推荐，而司成公做他下面的校官。广微心中怀恨司成公，对司成公所推举录取的读书人郑友玄、宋玫等，都故意排挤、压抑，用话挟制司成公，司成公竭力与魏广微抗争，说："人生一世，以识大义最为可贵，我怎么能够因贪恋这早晚间便会失去的一官半职，而辜负天下有才能的人呢？”话语冒犯了广微。魏忠贤的同乡御史智铤察知这件事，因此立即揭发司成公的罪状，罢了他的官。魏忠贤积聚以前的仇恨，又假传圣上旨意，没收了他所受的赠赐和封赠的文书，让司成公养马。司成公当天便脱去朝中衣帽，自己执鞭出了长安城的南门。而他门下的二十三个学生，在芦沟桥追赶上他，让他停了下来，一起摆酒为司成公饯行。司成公开怀畅饮，非常痛快，环顾二十三个学生，说道：“我回去了，幸好我没有什么惭愧的事使各位学生为我感到羞愧。各位学生只要谨记，往后有说各位学生是好人的，那你们就是我的学生，实在不期望各位学生做好官。”二十三人都流下泪来。而后来宋玫最终在任工部侍郎时因为保持节操而死，友玄凭着御史的身份直言进谏而被贬职，当时的人都称赞司成公能认识人的品性。

司成公已经归乡，更为频繁时常地召集有生以来的老友痛快地饮酒，不做什么事情。但是乡里有一位姓邓的年轻人，是一个很狂妄的人，制造一些小小的摩擦侮辱司成公，说你是个养马的人，而我的官职是弟子员，戴着儒生的帽子。司成公家的奴仆食客都很气愤，想打这个姓邓的小子，司成公大笑，把这些奴仆和食客全召集在一起，和他们一同喝酒，都喝醉了，邓生这才幸免。正当这个时候，魏忠贤想杀害司成公的念头没有消失。等到魏忠贤被杀死，而司成公又被重新起用为庶子，姓邓的青年十分害怕，又去谒见司成公，吓得汗流浃背，跪着向前爬行来请罪。司成公又一次大笑，拉着他的胳膊把他拽起来，慢慢地喝酒，一句话也没有问，邓生也喝醉了。

司成公为人平易和蔼很有仪容，不拘小节。看到别人不分贵贱，都和他们一起喝酒。然而如果遇到不对的，总是在脸上表现出道义，巍然屹立，不可夺易。从庶子转任南雍祭酒，太学的学生听到这件事说：“这位是过去为郑友玄、宋玫而与南乐魏广微抗争的人吧？”因仰慕司成公而乐意进入官设学校上学的近万人。明朝三百年间未曾有过这样的事。一年后司成公因病请求辞官回家。

司成公擅长做诗，每次做诗都饮酒。但是前后考虑国家大事有很多不如意的，却又因所感而气愤，日夜放纵饮酒。时间长了积累成病，居然因此去世，终年四十三岁。天下人都认为司成公有做宰相的才干，对他的英年早逝感到非常痛惜。

当崇祯二年（公元1629年）时，司成公做庶子，他的职责是记注，当时有个叫温体仁的浙江人，揣测皇帝的心意，自己写书诉讼群臣朋党，得到召见、回答天子的问题。温体仁在回答时，左右牵连，挑拨离间，污辱责骂，多次偷偷观看皇帝的脸色，再趴在地上叩头，表现出一副讨好谨慎之貌，皇帝非常高兴，立刻任命他做宰相。司成公跪在台阶下面，仔细地把他的丑态全部说出，在朝廷上扬言。温体仁担心司成公，多次委婉地恳求司成公，希望司成公能稍微改变一些，司成公坚决不肯改变，对人说：“体仁的奸诈超过了李林甫，而虚假的正直刚强超过卢杞。果然掌握政事，天下将混乱。我之所以扬言的缘故，是期望天子神明，听到后能够省悟明白。”体仁听到这些话，担心他最终说出这些话，就把司成公调往南京。

当时，文震孟相国是吴地一带的孝廉，五十多岁，已老了，写信要求在史馆进见司成公，成公一见他便叹赞说：“您谨慎自爱，最终应当辅佐皇帝，你一定要努力。”这以后十多年，震孟和体仁一同执政，由于替谏臣许誉卿争辩没有获胜而去官，而体仁最终当了八年宰相，终于使天下大乱。

司成公写有《遂园诗》二十卷，明代李自成攻陷宋城，他的儿子方岳从乱军中搜到这些作品，背着它过了黄河。司成公有六个孩子，方镇、方岳、方岩、方闻、方隆、方新，而方镇由

于城池被攻破死去，他很有才名，另有传文。

徐作霖张渭传

徐作霖者，有俊才，少不得志于有司，以入资为诸生。张渭曰："朝廷岁一大县补生徒百人，小者亦四五十人，每岁取天下之士且逾万数，而作霖以资入，岂不异哉！"张渭者，慕徐渭[1]之为人，因名渭。自谓狂生，人亦狂之。使酒难近，独推作霖。作霖短小精悍，高辞盛气，遇人皆以奴蓄之，顾谓渭善也。渭须绕其面，发毵毵然；又骑马折其左臂，常蜷曲，类世之儿童戏绘以为冥官像者；短舌无正音，醉后谈天下事，则衮衮不倦；为文敏妙，日成十余篇。作霖好学深思，常偃仰卧竟日，或草创后复毁之，然出而人以为高文典册焉。

会南昌万元吉知作霖，崇祯二年庚午举孝廉第一。作霖既就征春官，而渭益落，常试居下，自袖其文，争之提学使者潘曾纮。曾纮取熟视曰："子文诚善，吾猝未识也。"竟高拔之。后数年，而复袖其文争之提学使者任赞化，赞化怒，更黜渭。渭大噪，而郡之荐绅先生亦有言渭实名士者，久之乃复其故。

崇祯七年甲戌，作霖入对策，言今天下剧贼窟秦蜀，蹂晋豫，孔亟殆矣！天子不可不及时收人心，若崇任苛深，责文法，恐天下乱。傅冠得之以示文震孟，共嗟叹，署上第，而宰相温体仁恶其言直，排之不收也。

庚辰，作霖复罢春官，渭亦且摧挫老矣，每醉则谓其友人曰："吾马周[2]也，天下方有事，胡不用我？天下且不知文士，况能知我？"或遂怒骂其坐客，或醉而哭，坐客益以渭为狂。作霖忽怒骂曰："若富贵子，席父兄余业，饱十数碗肉羹耳！天下乱形已成，无英雄能救之者，吾辈固旦暮死，而谓渭狂何哉？"举坐酒皆醒，而其友人吴伯裔、吴伯胤、侯方域则皆哭泣。时方嬉游，修春社于吴伯裔之家，因惨沮不乐，罢去。

阅二岁而为崇祯十五年壬午，宋城破，作霖不知所终。其友侯方域曰："作霖死矣！作霖慨慷意气丈夫也，乌能郁郁溷迫胁乎？作霖必死矣！"后甲申弘光立，录中外死者，宗伯亦廉知作霖果死，遂为请，赠以为祠部郎。而张渭当城破时，贼以刀斫之，颐张且断矣，渭犹右手洒其髯之血，而以折臂手自承其颐，徐步行，口呐呐骂不止。又一贼从后至，斫以刀，乃仆而死。

渭故贫，饶心计纵横术，立置产逾万，而其子后鬻于市侩驵猾者，不数月皆尽，无所得。作霖无子，有弟作肃，侄世琛，文行甚高，人见之，犹想见作霖云。

侯方域曰：呜呼！古之死而不知其所者多矣！其怀材质者，或不得见用于世，而传之亦异，又足悲也。四子之文学不具论，以余交当世之缙绅先生以及知名士，未有如裔与霖之大略者也。胤稍文弱，然其死又何壮也！渭乃自比徐渭，即祢衡何足道哉？呜呼！而皆不幸而死矣。由今论之，岂其不幸欤？岂独其不幸欤？

【注释】

①徐渭：字文长，山阴人，明代奇士。②马周：唐人，字宾王。贞观五年（631 年），住在中郎将常

何家，碰到皇帝召见百官谈论政事的得失，常何是个武将，对学问不涉及，马周为他条列了二十多件事。太宗奇怪，询问常何，常何说："这是我的家客马周教我说的。"皇帝立即召见，与马周交谈，非常高兴，授与监察御史。

【译文】

徐作霖这个人，有超群的才华，年少的时候，在主考官吏面前不能实现自己的志愿，依仗钱财才被录取为诸生。张渭说："朝廷每年一个大县增补诸生一百人，小县也有四五十人，每年取天下的读书人超过万名，但是徐作霖凭借钱财成为诸生，难道不奇怪吗？"张渭这个人，仰慕徐渭的为人，因此取名叫渭。自己说自己是个狂妄的青年人，别人也以为他狂妄。他酗酒任性，很难接近，独独推崇徐作霖。徐作霖短小精悍，言语高傲，盛气凌人，对待别人都像对待奴仆那样，只说徐渭是好样的。徐渭的胡须围绕着脸，头发很长；又在骑马时扭断了左臂，常常蜷曲，就像那时候儿童玩耍时画的阴间鬼吏的画像；舌头短，没有正常的声音，酒醉后大谈天下的事情，就连绵不绝，一点儿也不疲倦；做文章思路敏捷，文笔精妙，一日便能写成十多篇。徐作霖爱好学习，善于深思，常趴着或仰着躺整整一天，有时写出草稿后又毁掉，然而拿出来的文章，别人则认为是好的文章、重要的文献。

正好南昌的万元吉知道了解徐作霖，崇祯二年（公元 1629 年）庚午徐作霖被推举为孝廉第一。徐作霖已担任春官，但是张渭渐渐地落后，时常参加考试，可却总居于下流，因此，张渭自己在袖子里装着文章，去和提学使者潘曾纮辩论。潘曾纮拿过文章仔细地看过之后说："你的文章确实很好，我匆忙之中没能发现。"最终把他提拔到很高的层次。后来过了几年，张渭又在袖子里揣着自己的文章去和提学使者任赞化争辩，赞化大怒，又贬贪了张渭。张渭使劲喧哗，而郡中有地位有权势的人也有说张渭实在是名士的，时间久了，就又恢复了他的原状。

崇祯七年（公元 1634 年）甲戌，徐作霖进入朝廷，参加考试，按皇帝写在竹简上的问题陈述自己的见解。论及现在天下的反叛军日益严重，他们以秦蜀两地作为根据地，践踏晋、豫，已经很危险了。皇帝不可以不及时地收笼民心，假如崇尚严刑峻法，用条文法令严格要求，恐怕天下要大乱。傅冠拿到这篇文章，将它拿给文震孟看，两人一同叹息感慨，写上上等文章的题字，但是宰相温体仁嫌恶他的言论太直，排斥他而不录取。

庚辰年，徐作霖又被罢免春官，张渭也由于屡遭摧毁挫败将要老了，每次喝醉就对他的朋友说："我是马周，现在天下正在有事，为什么不用我？天下的人尚且不知道文士，更何况知道我呢？"有时怒骂自己的座上宾客，有时喝醉大哭，在座的宾客更加把张渭看成狂人。徐作霖忽然发怒骂道："你们不过是富贵人家的子弟，继承了你们父亲、兄长留下来的家业，饱食十多碗肉和汤罢了。天下混乱的局势已形成，没有英雄能挽救这种局面。我们这些人本来就要早晚间死去，却为什么说张渭狂妄呢？"满座人的酒都醒了，而他的朋友吴伯裔、吴伯胤、侯方域就都大哭流泪。那时正在嬉戏游玩，在吴伯裔家里治理春社，由于伤心丧气不快乐，都各自散去。

过了二年，是崇祯十五年（公元 1642 年）壬午，宋城被攻破，徐作霖不知到哪里去了。他的朋友侯方域说："徐作霖死了，作霖是个很慷慨意气的大丈夫，怎么可以郁郁苟活于胁迫之中呢？作霖一定死了。"后来甲申年弘光帝即位，收录中外死者，宗伯也察知作霖果然已经死了，因此就为他请示，追赠他为祠部郎。而张渭当城被攻破时，叛军用刀砍他，面颊已被砍得张开将要断了，张渭依然用右手把他胡须上的血洒掉，用那折断的手臂自己托着腮，缓慢地

走，嘴中呐呐地骂个不停。又有一个叛军从后边过来，用刀砍他，这才倒地而死。

张渭本来贫穷，费心机于计谋纵横术，很快置办家产过万，但他的儿子后来在市场上把家产卖给狡猾的购物的巨商，不到几个月家产都光了，没有什么获得。作霖没有儿子，有弟弟作肃，侄子世琛，文章品行都十分高，人们见到徐作肃、徐世琛，就像见到作霖。

侯方域说：唉！古代死得没有意义的人多了。那些很有才干的人，有的人在当世不被重用，而流传下来的事又不同，又够可悲了。这四个人的学问文章不具体论说了，把他们同我所结交的当代的达官以及知名人士相比，没有人能像吴伯裔和徐作霖那样的有雄才大略呀！吴伯胤稍微文弱，但是他的死又多么悲壮！张渭自己同徐渭作比，就是祢衡又何足称道呢？唉，却都不幸而死了。在今天来谈论他们，难道他们不幸吗？难道只有他们不幸吗？

宁南侯传

宁南侯者，姓左氏，名良玉，字曰昆山，辽东人也。少起军校，以斩级功，官辽东都司。苦贫，尝挟弓矢射生，一日见道旁驼橐，驰马劫取之，乃锦州军装也。坐法当斩，适有邱磊者与同犯，愿独任之，良玉得免死。

既失官，久之无聊，乃走昌平军门，求事司徒公[①]。司徒公尝役使之，命以行酒，冬至宴上陵朝官，良玉夜大醉，失四金卮。旦日谒司徒公请罪，司徒公曰："若七尺躯，岂任典客哉？吾向误若，非若罪也。"

会大凌河围急，诏下昌平军赴救，榆林人尤世威者为总兵官，入见司徒公曰："大凌河当天下劲兵处，围不易解，世威当行，今既以护陵不可，公且遣将，谁当往者？中军将王国靖，书生也，左右将军更不可任。"司徒公曰："然则谁可？"世威曰："独左良玉可耳。顾良玉方为走卒，奈何帅诸将？"司徒公曰："良玉诚任此，吾独不能重良玉乎？"即夜遣世威前谕意，漏下四鼓，司徒公竟自诣良玉邸舍请焉。良玉初闻世威往，以为捕之，绕床语曰："得非邱磊事露耶？"走匿床下。世威排闼呼曰："左将军富贵至矣，速命酒饮我！"引出而谕以故，良玉失色战栗，立移时乃定，跪世威前，世威且跪且掖起之。而司徒公至，乃面与期，诘旦会辕门，大集诸将，以金三千两送良玉行。赐之卮酒三，令箭一，曰："三卮酒者，以三军属将军也。令箭如吾自行，诸士勉听左将军命。左将军今已为副将军，位诸将上，吾拜官疏夜即发矣。"良玉既出，而以首叩辕门墀下曰："此行倘不建功，当自刎其头。"已而果连战松山、杏山下，录捷功第一，遂为总兵官。良玉自起谪校至总兵，首尾仅岁余，年三十二。

是时秦寇入豫，良玉当往剿，见司徒公，司徒公曰："将军建大功，殊不负我，欲有言以赠将军，将军奚字？"良玉曰："无也。"司徒公笑曰："岂有大将军终身称名者哉？"良玉拜以为请，司徒公曰："即昆山可矣。"自此乃号为昆山将军。

良玉长身赪面，骁勇善为左右射，每战身先士卒。既至豫，则向所苦贼帅一斗谷、蝎子块、满天星等皆平。最后战怀庆，与督府意不合，乃叹曰："吾即尽贼，安所见功乎？"遂阴纵之，而寇患始大。熊文灿者继为督府，尝受贼金而脱其围，良玉尤轻之。以至杨嗣昌以阁部出视师，倚良玉不啻左右手，九调而九不至，嗣昌怏怏死。丁启睿代督师，则往来依违于其间，为良玉调遣文书，未始自出一令，时人谓之左府幕客。然良玉立功最早，威名重一时，强兵劲马，皆在部下，流贼惮之，呼为左爷爷。壬午大出兵，与李自成②战朱仙镇，三日夜而败，良玉还军襄阳。

初，良玉三过商丘，必令其下曰："吾恩府家在此，敢有扰及草木者斩！"入诚谒太常公，拜伏如家人，不敢居于客将。朝廷知之，乃以司徒公代丁启睿督师。良玉大喜踊跃，遣其将金声桓率兵五千迎司徒公。司徒公既受命，而朝廷中变，乃命距河援汴，无赴良玉军。良玉欲率其军三十万觐司徒公于河北，司徒公知粮无所出，乃谕之曰："将军兵以三十万称盛，然止四万在额受粮，实又未给度支，今远来就我固善，第散其众则不可。若悉以来，而自谋食，咫尺畿辅，将安求之？"卒不得与良玉军会。未几有媒孽之者，司徒公遂得罪，以吕大器代。良玉愠曰："朝廷若早用司徒公，良玉敢不尽死？今又罪司徒公而以吕公代，是疑我而欲图之也。"自此意益离，遂往来江楚，为自竖计。尽取诸盐船之在江者，而掠其财，贼帅惠登相等皆附之，军益强。又尝称军饥，欲道南京就食，移兵九江。兵部尚书熊明遇大恐，请于司徒公，以书谕之而止。朝廷不得已。更欲为调和计，封良玉为宁南侯，而以其子梦庚为总兵官，良玉卒不为用。

燕京陷，江南立弘光帝，马士英、阮大铖乱启，良玉乃兴兵清君侧，欲废弘光帝，立楚世子，至九江病死。而英王师尾其后，梦庚以其军降。

初，尤世威为总兵时，往谒蓟辽督府曹文衡，文衡尊严不少假。更竭司徒公，司徒公谕令勿长跪，相见如弟子礼。世威感悦，愿效死。司徒公行边至黄花镇上，遇火炮灾，司徒公压于敌楼下，背上积二十二死人。世威震落在五里外，起立卒不肯去，号而呼，求司徒公。复至敌楼，适有电光照司徒公，世威乃趋而抱之，而以手起其二十二死人者。火及冠，脱其冠，及袍，脱其袍，遂烧其须，及其左耳，世威坚不动，竟袒而负司徒以出，行四十里抵于山下，边人谓之"尤半耳"云。

邱磊者既坐斩，系刑部狱十三年，良玉每一岁捐万金救之，得不死，卒受知司徒公，后为山东总兵官。

侯方域曰：余少时见左将军，将军目不知书，然性通晓，解文义，勇略亚于黔彭，而功名不终，何欤？当左将军出军时，有党应春者，以军校逃伍当死，司徒公缚而笞之百，应春起而徐行，无异平时。拔以为军官，复逃。再缚之来，应春仰首曰："札官实岂异军校耶？"司徒公异之，以付左将军为先锋。后乃立功佩印，为山海关将。然则将苟有材，得其人以御之，虽卒伍可也，而况于公侯哉！

【注释】

①司徒公：名恂，朝宗之父，万历进士，崇祯时官至御史，不久调任兵部侍郎。②李自成：明末陕西米脂人。崇祯十七年（1644 年），在西安称王，正式定国号为"大顺"。率起义军向东进军，所到之处都被起义军攻占，后攻陷北京，庄烈帝朱由检自缢而死。吴三桂引清兵入关，李自成率部向西转战，在九宫山被地主乡团所围困，李自成牺牲，时年仅三十九岁。

【译文】

宁南侯，姓左，名良玉，字昆山，辽东人。年轻时，从军校起家，由于杀敌的功劳，官至辽东都司。他生活苦难贫困，曾夹着弓箭捕射动物，一天看见道旁有只骆驼，左良玉驱马把它偷了回来，却是锦州的军事装备。犯罪应当斩首，正好有个叫邱磊的人和他一同犯法，愿意独自一人承担责任，左良玉才能免死。

左良玉已失去官职，久而久之就很无聊，于是投奔了昌平提督，在司徒公这里寻找一个差事。司徒公曾像把他当役人使用，命令他在酒宴上巡行斟酒劝饮，冬至那天宴请上陵朝官，左良玉夜里喝得大醉，丢了四个金酒杯。第二天，他拜见司徒公，请求处罚。司徒公说："你堂堂七尺之躯，哪里能任典客？我以前耽误了你，不是你的过错。"

正逢大凌河被包围，形势十分紧急，皇帝下诏命令昌平军前往营救解围，榆林人尤世威做总兵，进来拜见司徒公说："大凌河处在天下劲兵攻击之下，包围不容易被解除，世威我将要出发，现在既然因为非护陵不可，司徒公您应当派遣大将，谁应该前往呢？中军将王国靖，是一个书生，左右将军更不可以任命。"司徒公说"既然如此，那么谁可以呢？"世威说："唯独左良玉可以，不过左良玉才是小兵卒，怎能统帅各个将领呢？"司徒公说："假如左良玉的确能胜任此任，我难道不能重用良玉吗？"当晚派世威前去说明意思。当更漏报四鼓时，司徒公竟亲自到良玉的住所请他。左良玉刚开始听世威来，认为是来捕他的，绕着床自言自语说："莫非是邱磊的事暴露了吗？"他跑过去藏到床底下，世威推门喊道："左将军富贵到了，赶快请我喝酒。"世威把良玉领出来告诉他原因，左良玉面部失色，战栗不已，站了很长时间才定下来，跪在世威面前，世威也一边跪下一边搀扶着他起来。当司徒公到来，便当面与他约好。第二天早晨在辕门会面，把众将官全都招来，用三千两黄金送左良玉出行。赐给他三杯酒，一支令箭，说："赐你三杯酒，是把三军交给将军了。带有令箭就像我自己前往，众将士尽力听从左将军的命令。左将军现在已是副将军，位置在各位将领之上，我的任命文书当夜就要交送皇上了。"左良玉已出来，又在辕门的台阶上叩首说："此次出行，如果不能立大功，就自己砍掉头颅。"不久果然在松山、杏山下连续作战，在打胜仗有功的记录中他是第一名，因此成了总兵官。左良玉从一名被贬谪的军校至官任总兵，前后仅一年多，当时年纪三十二岁。

此时秦寇进入河南，左良玉将要前往围剿，见司徒公，司徒公说："将军建了大的功业，果然没有辜负我，我有话来赠给将军，将军的字是什么？"良玉说："没有字。"司徒公笑着说："哪有大将军终身称名的呢？"良玉施礼拜，请司徒公赐字，司徒公说："就字昆山好了。"从此以后便称做昆山将军。

左良玉身材修长，红脸膛，勇敢矫健擅长左右开弓射箭，每次作战，身先士卒。已经到了河南，过去让百姓吃尽苦头的叛贼头领一斗谷、蝎子块、满天星等人都被平定，最终在怀庆作战，与督府的意思不相合，因此就感叹说："我就是把贼兵灭尽，又有什么功劳呢？"于是就暗暗放纵他们，而贼寇的祸患又开始大起来。熊文灿继任督府，他曾接受贼寇的钱财而解除了对贼寇的围困，良玉十分瞧不起他。到了杨嗣昌以阁部的身份出巡视察军队，依仗左良玉不异于左右手一般，但九次调他九次不到，杨嗣昌心情抑郁不愉快地死去。后来丁启睿代做督师，就在这中间往来反复，没有办法，为左良玉调遣文书，不曾自己发出一个命令，那时的人把他称作左府幕客，但是良玉立功最早，威名在当时很重，强悍的士兵，矫健的骏马，都在他部下，流寇畏惧他，称呼他为"左爷爷"。壬午年大队出兵，和李自成在朱仙镇大战，三天三夜后左良玉被打败，回军驻扎在襄阳。

当初，左良玉多次经过商丘，每次必定命令他的部队说："我恩人的家在这里，胆敢有扰乱一草一木的人斩杀勿论！"进入城中拜见太常公，伏身下拜就像家里的人，不敢以客将自居。朝廷知道了这件事，就让司徒公代替丁启睿监督军队。左良玉十分高兴，非常踊跃，派遣他的大将金声桓率领五千人马迎接司徒公。司徒公已接受命令，可朝廷中途又改变主意，却命令司徒公到黄河援助开封，不到左良玉的军队去。良玉想统领他的三十万军队在黄河之北拜见司徒公，司徒公知道粮草没有来源，就告诉他说："将军的军队有三十万可谓强盛，但是只有四万人是名额内接受粮草军饷的，实质上又没有给规划计算，现在你们远道而来接我固然很好，使众人散开就不可以。假如全部而来，却自己谋取食用之物，距京城只有咫尺之遥，将从哪里得到这些粮草呢？"最后没能同左良玉的军队会合。不久有迫害诬陷司徒公的人，司徒公于是获罪，让吕大器代替司徒公。左良玉愠怒说："朝廷假如早些启用司徒公，良玉岂敢不尽死力？现在又判司徒公的罪而让吕大器代替他，这是怀疑我而想图谋我呀。"从此以后，心思与朝廷更加偏离，因此在江楚一带来来往往，为自己考虑后路。左良玉将在长江上的盐船全部劫取，抢掠他们的财物，叛贼将领惠登相等人都依附左良玉，军队更加强壮。左良玉又曾称军中无粮，想到南京就食，把军队转移到九江。兵部尚书熊明通十分恐慌，向司徒公请求，司徒公给左良玉写信告诉他，左良玉才停止。朝廷迫不得已，又想用调和计，封良玉为宁南侯，让他的儿子梦庚做总兵官，良玉最终未被利用。

燕京陷落，江南拥立起弘光帝，马士英、阮大铖事发，良玉举兵清理君王左右的坏人，想废弘光帝，立楚世子，到九江时因病而死。而英王的军队尾随在他后边，梦庚统率军队投降。

最初，尤世威做总兵时，去拜会蓟辽督府曹文衡，文衡不肯放下一点架子，又另去拜见司徒公，司徒公告诉说不让长跪，相见时就象弟子般见礼。世威高兴感动，愿效死。司徒公巡行边界到达黄花镇上，遭到火炮轰击，司徒公被压在敌人的楼下，背上积压了二十二个死人。世威被震落到五里外，起来始终不肯离去，呼喊哭号，找寻司徒公。又回到敌楼，正好有闪电的光照着司徒公，世威就走上前抱起他，用手拉开司徒公背上的二十二个死人。火烧着了帽子，他扔掉帽子；烧着了袍子，脱去他的袍子，火又烧了他的胡须和左耳，世威坚挺不动，最后竟光着身子背着司徒公出来，走了四十里到达山下，边界上的人把他叫做"尤半耳"。

邱磊已被判处斩刑，在刑部狱十三年。良玉每年都捐献万金救他，得以不死，最终是受司徒公知遇，后来成为山东总兵官。

侯方域说：我年少时见左将军，将军不识字，但是天性畅晓通达，理解文义，勇气谋略稍逊于彭越，但是功名没有完成，为什么呢？当左将军出军时，有一个叫党应春的人，是个军校，开小差逃跑，应该处死，司徒公派人绑住他，打他一百大板，应春起来慢慢行走，同平时没有什么差异。司徒公提拔他作军官，他又逃跑，再绑住他回来．应春昂头说："札官难道与军校有差别吗？"司徒公认为他很奇特，把他交给左将军作先锋，后来就立了功佩了印，成为山海关的大将。既然如此，那么将领如果有才，有具备一定见识的人来使用他，就是出身卒伍也可以，更何况是公侯呢！

马伶传

马伶者，金陵梨园[①]部也。金陵为明之留都，社稷百官皆在，而又当太平盛时，人易为乐，其士女之问桃叶渡、游雨花台者，趾相错也。梨园以技鸣者，无论数十辈，

而其最著二：曰兴化部，曰华林部。

一日，新安贾合两部为大会，遍征金陵之贵客文人与夫妖姬静女，莫不毕集。列兴化于东肆，华林于西肆。两肆皆奏《鸣凤》，所谓椒山先生者。迨半奏，引商刻羽，抗坠疾徐，并称善也。当两相国论河套，而西肆之为严嵩②相国者曰李伶，东肆则马伶。坐客乃西顾而叹，或大呼命酒，或移坐更近之，首不复东。未几更进，则东肆不复能终曲。询其故，盖马伶耻出李伶下，已易衣遁矣。马伶者，金陵之善歌者也。既去，而兴化部又不肯辄以易之，乃竟辍其技不奏，而华林部独著。

去后且三年，而马伶归，遍告其故侣，请于新安贾曰："今日幸为开宴，招前日宾客，愿与华林部更奏《鸣凤》，奉一日欢。"既奏，已而论河套，马伶复为严嵩相国以出。李伶忽失声，匍匐前称弟子。兴化部是日遂凌出华林部远甚。

其夜华林部过马伶曰："子，天下之善技也，然无以易李伶，李伶之为严相国至矣，子又安从授之而掩其上哉？"马伶曰："固然，天下无以易李伶，李伶又不肯授我。我闻今相国昆山顾秉谦者，严相国俦也。我走京师，求为其门卒三年，日侍昆山相国于朝房，察其举止，聆其语言，久乃得之，此吾之所为师也。"华林部相与罗拜而去。

马伶名锦，字云将，其先西域人，当时犹称马回回云。

侯方域曰：异哉，马伶之自得师也！夫其以李伶为绝技，无所于求，乃走事昆山。见昆山犹之见分宜也，以分宜教分宜，安得不工哉？呜呼！耻其技之不若，而去数千里，为卒三年，倘三年犹不得，即犹不归尔。其志如此，技之工又须问耶？

【注释】

①梨园：唐明皇选乐工三百人教于梨园，声音有错误的，帝必觉察然后纠正他。后世遂把戏曲演员称为梨园子弟。②严嵩：明分宜人，弘治进士。世宗时官至太子太师，恃宠揽权，排斥杀害忠良。御史邹应龙等弹劾严嵩父子的罪行，皇帝让严嵩辞官归居，严嵩之子世蕃下狱被诛。严嵩后来寄食墓舍而死。

【译文】

马伶，是南京戏班子里的一名演员。南京是明朝的留都，国家的百官都在这里，而又正值太平盛世，人就易于行乐，那些游览雨花台、桃叶渡的男女，脚印都要交错起来。戏剧班子中由于演技精湛而闻名的，大概有几十个，而其中最著名的有二个：一个叫兴化部，一个叫华林部。

一天，新安的大富商召集这两个戏班子做大会演，将南京的贵客文人以及那些贤静、漂亮的女子一一邀请，没有不到这里会集的。兴化部被列在东面的戏台，华林部被列在西面的戏台。东西两台都演奏《鸣凤记》，就是所说的椒山先生的事。当演奏到一半的时候，音乐忽而悠扬舒缓，忽而低回婉转，音调时高时低，节奏时快时慢，人们都击节叫好。当演到两个相国争论收复河套的时候，西面戏台扮演严嵩相国的是李伶，东面扮演严嵩的是马伶。在坐的宾客却只向西面戏台看着惊叹，有人大声呼唤拿酒，有的人将座位向西台移得更近，头不再向东面转。不久，再向下面进行，则东面戏台不能再把剧演完。问询其中原因，却是马伶耻于落在李伶的下风，已经换衣服逃走了。马伶这个人，是南京擅长歌唱的人，他已离开，而兴化部又不肯用别人代替他，所以竟然停止他们的演奏了，因此就只有华林部独自闻名了。

马伶离去后将近三年，他回来了，马伶一一告诉了他的老伙伴，向新安的大富商请求说：“今天期望您能设宴，招请三年前的那些宾客，愿意同华林部再次演奏《鸣凤记》，奉献一天的欢乐。”演奏开始，不久两相国争论收复河套，马伶再次装扮成严嵩相国出场。李伶突然失声，爬着向前到马伶跟前，自称为弟子。兴化部于是在这天超出华林部很多。

这天夜里，华林部的人造访马伶说：“您，是天下演技很精湛的人了，但是没有办法超过李伶，李伶扮演严嵩相国已经达到顶点了，您又是从哪里学到这些演技超出他之上的呢？”马伶说：“确实如此，天下的人无法超过李伶，李伶又不肯传授给我。我听说今天昆山的相国顾秉谦，是和严相国极相似的一类人。我跑到京师，请求做了他的门下差役三年，终日在朝房中侍候昆山相国，观察他的举止动作，听他的话语言谈，时间长了就学会了，这就是我所拜的老师。”华林部的人一起施礼相拜而去。

马伶名锦，字云将，他的祖上是西域人，当时的人还称他马回回。

侯方域说：奇异呀，马伶自己去找老师。他以为李伶的表演是绝技，没有办法从李伶处求艺，就跑去侍候昆山相国。见到昆山相国就像见到严嵩一样。用严嵩教严嵩，怎能不精湛呢？唉！为自己的演技不如别人而感到羞耻，而远去数千里，做三年门徒；如果三年还没有学到，就还不回来。他的意志如此坚定，演戏技艺的精湛还需问么？

魏冰叔叔子集

晋楚论

晋、楚[①]狎主中国，汝上、北林[②]诸役，晋之辟楚者，盖数数焉，非能有加于晋也。晋、楚皆恃其诈力，而晋犹彬彬然，以礼义持其外；楚则济以凶悖，惟利所在，悍然轻犯大难而不复顾，此楚所以常强也。然诸侯服从晋，久而不叛者，亦在于是。韩、赵、魏三分其国，足以抗楚，而楚顾能加于晋哉？

自陈胜[③]、吴广[④]之徒起而亡秦，其后天下之乱，国家败亡之由，大半皆起于楚，然卒亦鲜能收之者。昔晋、楚相遇于绕角，析公曰："楚师轻窕，易震荡也。"楚人剽悍，敢于有为，固其天性；善用楚者，慎其所发，而谋其所收，亦庶乎其可矣。

【注释】

①晋、楚：春秋时，晋、楚两国一个在北方，一个在南方，他们都想称霸，相互经常发生战争。②汝上、北林：都在今河南省，是晋、楚交战的地方。③陈胜：秦阳城人，字涉，二世元年，同吴广一起带兵起义，借公子扶苏的名义，许多郡县由于不堪忍受秦国严酷的刑法，纷纷归服他，不久陈胜立自己为楚王。④吴广：秦末阳夏人，字叔，与陈涉同时发兵起义，称为后被诸将所杀害。

【译文】

晋国和楚国交相主宰中原，汝上、北林等各次战役，晋国躲避楚国，大概有好多次，但是楚国并不能凌驾于晋国之上。晋国和楚国都依靠他们的欺骗能力，可晋国却是文质彬彬的样子，用礼让和正义对待外国；楚国却依靠凶残违乱来立足，只要有利可图，便不顾一切蛮横地大举进攻，这就是楚国一直强盛的原因。然而诸侯国归服听从晋国，很长时间也不反叛，其原因也在这里。韩、赵、魏三家瓜分晋国，完全可以抵抗楚国，而楚国还能侵犯晋国吗？

从陈胜、吴广这帮人揭竿而起，秦国便灭亡了，这之后天下的混乱，国家灭亡衰败的原因，大多是楚国引起的，但是最终也很少有人能收伏得了他们。以前，晋、楚两国军队在绕角相遇，析公说："楚国军队不够稳重，容易动荡不安。"楚国人骁勇轻捷，敢作敢为，这本是他们的天性；善于治理楚国的人，采取行动要谨慎，而且要认真考虑收场的措施，这样差不多就可以了。

秦　论

秦并天下，在范雎[①]远交近攻之一言。然其先世所以富强，坐大西陲者，则在近攻，而远者不交。何则？秦地僻远，与戎狄为伍，不与中国朝聘会盟之事，中国以此轻之，而不知秦人之谋其所以得志者，正在于此。

秦自穆公败殽以来，初未尝劳师于远，《春秋》纪秦所夷灭，梁、滑而已。乃李斯所称"并国二十，遂霸西戎"者，果何在也？然则秦之近攻，亦可知矣。其后惠王不攻西周三川而伐巴蜀，至北收上郡，南取汉中，犹用此策。然使秦当日者求好于中国，比年而数盟，一岁而数聘，牵引宋、郑，争长晋、楚，则将竭其财力，劳其心以奔走于道路之间，而日不暇给，又何暇毕力于耕战之务，坐致富强，卒兼天下也哉？吾故曰：秦所以得志在近攻，而远者不交也。

春秋列国，惟齐、晋、秦、楚最强大。然秦灭国者二，齐灭国十有二，楚灭国二十有一。秦之恶不如楚，而人称虎狼之国，则不在楚而在秦，何者？楚县陈而复，破郑而不贪，若是者，自穆公以来所未尝有。虎狼得兽而生之，世固无有是也。秦人之得志，莫有过于此者。秦建国六世始大，十二世而强，二十一世而并天下，不二世而国亡宗灭焉。呜呼！吾未见其得也。

【注释】

①范雎：战国时期魏国人。由于劝勉秦昭王实行远国交往近国去攻战的策略而做了丞相，被封为应侯。

【译文】

秦国兼并天下，关键在于范雎"远交近攻"这一句话。但是秦国的祖先富裕强盛，在西部边陲渐渐强大起来的原因，却在于攻取邻近国家、相距较远的国家不去交往，为什么呢？秦国地域偏僻荒远，同戎狄在一起，不参与中原诸侯聚会结盟、朝见天子一类的事情，中原诸侯国由于这些而轻视秦国，却不明白秦国人谋划实现他们愿望的策略，正在这里。

秦国自从穆公在殽一战失败以来，开始并没有向远处用兵。《春秋》中记载秦国灭亡的国家，只有梁、滑而已。但李斯称道的"兼并二十个国家，因此称霸西戎"，到底在哪里呢？那么秦国攻占邻近国家，也就可以明白了。后来秦惠王不攻打西周三川之地却讨伐巴蜀，以至在北方攻占了上郡，南方夺取了汉中，用的仍是这个策略。然而如果秦国当时向中原求得和好，一年几次结盟，一岁多次通问，牵制着宋国和郑国，与晋国楚国争霸，那么将会使他们财力枯竭，耗费精力以奔走于路途中，这样时间还不够用，又哪里有时间去从事耕田作战一类的事情，轻易地强盛起来，最终去兼并天下呢？因此我说：秦国强大起来的原因在于攻占邻近国家，而远国不去结交。

春秋时的许多国家，只有齐国、晋国、秦国、楚国最为强大。但是秦灭亡的国家只有两个，齐灭亡的国家有十二个，楚灭亡的国家有二十一个。秦国的残暴比不上楚国，可人们所说的像虎狼一样的国家，指的不是楚国却是秦国，为什么呢？楚国曾攻占了陈把它作为自己的一个郡县而后又让它复国了，攻破了郑国却不贪婪，像这样的事，秦国自穆公以来未有过。虎狼得到了野兽又放走它，世界上本来就没有这样的事情。秦国能得其所欲，没有哪一条比这个更重要的了。秦建国后六世开始壮大，十二世后强盛起来，二十一世就兼并了天下，此后没过两代国家就灭亡了。哎！我没看到他得到了什么。

十国春秋序

钱塘吴任臣撰《十国①春秋》成，以示宁都易堂魏禧而属之叙。禧不敏，不敢辞，于是叙之。

曰：史才之难也久矣！世之言史者，率右司马迁而左班固。禧尝以为迁当以文章

雄天下，史之体，则固为得。盖史主记事，固详密，于体为宜。迁则主于为文而已，文欲略而后工者，则势不得更详。而欧阳修《五代史》，亦于事为略，至《十国》尤不备。任臣生七八百年之后，传闻阔绝，书籍散亡，毅然起而补之；其功甚巨，事亦最难。禧读其书：采择详博，而精于辨核，为文明健有法，自《史记》、《汉书》、《五代史》而外，岂亦有能先之者哉？

禧惟天下之势，分之久则必合，合之久则必分，而其自合而之分也，天下鱼溃肉烂，不可收拾。当时所号为豪杰者，非有殊尤绝异之才，其德力皆不能相一。峻法重敛，战争不休，生民之苦，于是为极！然吾尝观分崩之际，其人才每为特盛。盖天下之治，礼法明而风俗厚，人心安和，虽有奇才异能，皆贴首抑志以就绳墨，及其乱也，愤郁而思动，铤而走险。上焉者纪纲法度不立，而其下得肆志妄作，以自尽其才。故自周、秦之末，以及五代，莫不有特起之英，踔厉沉深，自奋于功名，王侯将相，皆以智力相取，而非有幸得。当其时，有大力者出而驱之则合，无大力者驱之则分。彼帝制自为，角立争雄长者，要皆韩、彭、冯、邓、秦、李、曹、石之流亚，然后知天下盖无时而无才，顾所以用之者何如耳！分崩之际，最不足数，莫如后五代。而十国中人才可观者，既已如是，任臣是书，岂独补古史之阙，取备见闻云尔哉？

士不幸生其时，当思所以自奋，毋徒碌碌以苟全性命为自得。且观其得，则知十国之能分者何在；观其失，则知十国之终于分而不能合者何故；夫能以智力争城略地，而不知定天下之有规模，能屈志协力以得将士之用，而不能深仁厚泽以得民心。呜呼！此有志之士所为掩卷长太息者也！

任臣志行端悫，博学而思深，著有《山海经广注》、《字汇补》已版行，而是书关系古今尤大，惜无有能授之梓人以传于世者。《传》曰："人之欲善，谁不如我？"吾知其必有望矣。

【注释】

①十国：五代时割据政权的国家，闽国的王审知占据福州，吴国的杨行密占据淮南，南唐的李升占据南京，吴越的钱谬占据杭州，楚国的马殷占据长沙，南平的高季兴占据荆州，前蜀王建、后蜀孟知祥都占据成都，南汉的刘隐占据广州，北汉的刘崇占据太原，这就是十国。

【译文】

钱塘的吴任臣撰写了《十国春秋》，书成后，拿给宁都易堂的魏禧阅读并吩咐写个序文。我学识浅陋，不敢推辞，于是为它作叙。

我以为：写史的人才难以出现的时间很久了！人们评论修撰史书的人，大概以司马迁为尊而班固稍次。我曾以为司马迁应凭他的文章称雄天下，史书的体制，班固则更为适当，大概史书重在记载史事，班固写史周密详实，在文体方面是恰当的。司马迁则侧重于文学创作而已，文章要求简略而又要精巧，那么势必不能更为详尽。可欧阳修的《五代史》，记事也较为简略，到《十国》仍然不够完备。吴任臣出生在十国的七八百年之后，关于十国的传说很少，书籍散失，他毫不犹豫地承担起补阙工作，他的功劳很大，事情也是最难做的。我阅读他的书：选用材料广博详细，而且精通于辨别考核，行文明白有力很有章法，除《史记》、《汉书》、《五代史》之外，难道还有超过它的吗？

我以为天下的形势，分裂久了必定统一，统一久了又必然要分裂，但是从统一到分裂，天下便像臭鱼烂肉那样破败混乱，不可收拾。那时被称为豪杰的人，并不是有十分卓越的特殊才能，他们的道德和能力都不能相一致。赋税沉重，法令严酷，战争不断，人民的痛苦在这时到了极点。但是我曾观察到天下瓦解的时候，有突出才华的人往往很多。天下清明安定的时候，礼法明确，风俗纯厚，人心安定和顺，就是有奇异的才能，也都俯首贴耳，抑制自己的志向，以便归顺于法度；等到天下大乱，他们郁闷愤慨，因此想起来反抗，采取冒险行为。统治者不制定法律，百姓就肆意妄为，来充分施展他们的才华。因此从周朝、秦朝的晚期，以及五代的时候，都有耸然崛起的英才，他们奋发昂扬，沉着机智，尽力追求功名，王侯将相等官职都凭自己的气力才华来取得，而没有侥幸得到的。正当那个时候，有才能突出的人出来驱遣他们，那么天下就能统一，没有能人出来领导，天下就会分裂。那些自为帝制，卓然争雄好胜的，主要是韩、彭、冯、邓、秦、李、曹、石这类人物，然后便明白天下无时不存在有才能的人，只是看任用的方式如何罢了！天下分裂的时候，人才最少的也没有像后五代那样。但十国之中人才数量之多，已经如上所列举，任臣这本书，难道只是补缀古史中的遗漏，以广见闻吗？

有志之士不幸生在那个时候，应该考虑自己怎样奋斗，不能平庸无能，姑且保全性命而自感得意。看他们所得到的，就能明白十国之所以分裂的原因在哪里；看他们所失去的，就明白十国最后分裂而不能统一是什么原因。能够凭借智力争夺城邑，夺取土地，却不知道统一天下有它的规制，能够委屈自己一心只求能得到将士们的支持，却不能仁慈宽厚给百姓带来好处，以便得到民心。唉，这就是有志之士掩卷长叹的原因！

任臣的志向和操守诚实正直，思想深邃，学识渊博，撰写的书籍有《山海经广注》、《字汇补》，都已出版发行，而这本书涉及到古代和现代尤其重要，可惜没有能够把它交给刻印的人使它流传在世上。《传》说："人们盼望美好的事情，哪个不像我这样呢？"我知道这本书的出版发行肯定有希望。

李忠毅公年谱序

天启中，逆阉擅国[①]，日月晦蚀，天地易位，正人窜斥诛死。最著者，杨、左、周、缪以下二十余人，江阴李忠毅公其一也。

公讳应升，字仲达，年二十四中万历丙辰进士，谒选得南康推官。既为御史，敢直言。时逆阉恣横，公屡疏纠之，削籍归里，复追逮诏狱，身被毒刑以死，天下痛之。

公死四十七年，禧客毗陵[②]，公子逊之出公年谱见示，且命之叙。禧受而卒读，气结填膺，涕下不能止。则又窃自奋发，以为日月晦蚀，天地易位之时，尚有人如是！禧读国史，自建文逊国到逆阉之祸，又身所历甲申以还凡数大故，天下忠臣义士，杀身成仁者，不可胜计，莫不烈烈然上为日星，下为河岳。

窃私论人之贤不肖，当观其大节，大节既立，其余不足复较。然不深究其生平，则贤与尤贤无以见。有当死生患难，不夺其所守而事功无可称，或节与功并著，立身居心不无遗议者，盖人之醇杂偏全，禀于性，成于学问，不可得而强。是以论人者必先大节，而其不徒以节见者为尤贤。今观公年谱，历官所至，清强仁明。为诸生时，

师事吴霞舟先生，所相与摩厉者，皆圣贤仁义之指，然则公即幸不为忠臣，已足为名臣；又使布衣坎壈[③]终其身，而公之为贤者亡疑也。孔子曰：“国有道，不变塞焉；国无道，至死不变。”孟子曰：“君子所性，虽大行不加焉，虽穷居不损焉。”盖必如是而后可以为君子也已。

方公被逮时，道出毗陵，留霞舟先生家，赋诗论学二日然后去。而先生后公二十五年，仗节自焚于东海。呜呼！岂偶然哉！

【注释】

①逆阉擅国：逆阉，指魏忠贤。②毗陵：即今江苏常州。③坎壈：不得志。《楚辞》：“坎壈兮贫士，失职而志不平。”

【译文】

天启年间，魏忠贤独揽内外大权，天地倒位，日月昏暗，正直的人遭到流放、贬斥和杀害。最为突出的是杨涟、左光斗、周顺昌、缪昌期以下二十多人，江阴的李忠毅大人是其中之一。

忠毅公名应升，字仲达，二十四岁考中明神宗丙辰年（公元 1616 年）进士，被吏部选派为南康府的推官。担任御史以后，他敢于直言不讳，指责朝政。当时宦官专权，蛮横肆虐，李公多次上疏纠正他们的过失，却被免除官职回到家乡，后又被逮捕关进监狱，身受了残酷的刑罚而死于狱中，天下人为此悲叹。

李公死后四十七年，我旅居毗陵，李公的儿子逊之把李公的年谱拿给我看，而且叫我作叙。我拿来读完后，郁怒填胸，泪流不止。同时我又亢奋不已，感叹在这日月昏暗，天地倒位的混乱年代，还能有这样的人！我阅读明朝的历史，从明惠帝辞让国位到宦官专权，又加上我亲自经历的甲申国变以来的好多次重大变故，天下正直忠诚的文臣志士，为了正义和理想而舍弃生命的人，不计其数，没有哪一个不震古烁今，如天上的日月星辰，地上的河岳山川。

我以为评价一个人的贤愚，应该看他的主要方面，主要方面已经具备了，别的方面不值得过多计较。但是不仔细考究他们的生平事迹，那么一般的贤人与十分突出的贤人就无从看出来。有的面对生死患难的危难处境，也不改变他们的节操，但功绩没什么值得称道的，也有的节操与功绩都很显著，他们的为人处世不是没有被人议论的地方，大概人的精纯与杂乱、偏驳与全面，禀承于他们的性情，形成于学习之中，不能勉强。因此评价一个人一定要先看他的主要方面，而那些不仅仅凭操守被人称道的人才是十分贤良。现今看过李公的年谱，他为官所到之处，都清廉、坚强、仁慈、明达。李公还是生员的时候，拜吴霞舟先生为老师，与他互相切磋讨论的东西，都是圣贤仁义蕴含的意旨。但是李公即使侥幸不为忠臣，也已足够称得上是一个贤能的臣子；又倘若他作为一个平民忧郁不得志而死，那李公算是一个贤能的人也是没有怀疑的。孔子说：“国家太平的时候，君子不穷厄困顿；国家政治昏暗，至死也不改变他们的节操。”孟子说：“君子具备的本性，就是他是安顺处优也不会增加，就是是处境艰难也不会减少。”大概必须要做到这样然后才能成为君子吧。

当李公被逮捕的时候，经由毗陵出发，留住在霞舟先生家里，一块写诗作赋讨论学术，两天后才离去。而霞舟先生在李公死后二十五年，为坚守节操在东海自焚。哎！难道这只是偶然的吗！

梓室遗稿序

予谬以古文教授山中，兄子世杰从讲论最久，颇得窥门户，尝能删除吾文字，论古人亦自出意见相发明，予为刻若干首，请正世之大人先生。

伯兄既久客外，杰于群从长，内外支吾①，少读书，善病。丁巳三月，予客庐陵②山中，还书戒勉，欲其卒有成就。不幸逾五六月，而杰以伯兄之变死矣。

初，杰从季父夜行八十里，往视父殓，盖棺之顷，拔佩刀自刺者再，为人所持，遂奋拳捶胸，死血结于少腹，目终日上视，肠腹痛，偻不能立，逾二十日遂死，哀哉！

吾兄欲纾桑梓之祸，身罹荼毒，杰以痛父殒命，闻者莫不哀悼。而吾兄弟骨肉之痛，门祚之感，永终天日，无有已时。而杰方以学之将成，而竟不能有所成也。吾尝谓吾及门中，惟杰将来可独任事，读书处世，足有成立。乃不克永年以死，可不重哀而痛惜哉！

简其笥中得存稿若干首，为续刻而编次之。自吾返勺庭③，抑心释虑以教授诸稚孙，讲艺之际，门人旅进旅退，忽忽四顾，独亡有是人。嗟夫！予年衰无子，他日当以遗稿属杰，及诸事未行世者，为吾次第刊布，而今乃以其残文断简，烦吾老人也。悲哉！

戊午九日，勺庭叔父禧抗抆泪书。

【注释】

①支吾：指支持门户。②庐陵：地名，在今江西吉安县南。③勺庭：在今江西宁都县。

【译文】

我在山中勉强地教古文，哥哥的儿子世杰跟随我讲解的时间最长，颇能探索古文写作的途径，曾能删改我的文章语句，评论古人也提出自己的看法与我互相启示，我替他校改了几篇，诚请大方之家批评指正。

哥哥长时间旅居在外，世杰在孩子中是长子，里外都要他操持门户，小时候读书，经常生病。丁巳年（公元1677年）三月，我寄住在庐陵山上，写信警戒和勉励他，希望他以后有所造就。出乎意料的是过了五六个月，世杰由于我哥哥的变故去世了。

当时，世杰跟随季父夜里走了八十里路，去看他父亲的遗体，当盖上棺材盖的时候，他两次拔出随身携带的刀子自杀，被别人拉住了，因此他使劲挥拳捶打胸口，死血在小腹里淤积，眼睛整天朝上看，肠腹疼痛，弯着身子不能站立，过了二十天就去世了，真悲哀啊！

我哥哥为了能解除家乡的灾祸，自己身遭残害，世杰由于痛悼父亲而丧命，听到这件事的人没有不哀痛悼念他们的。但我自己兄弟骨肉相继去世的痛苦，对家世的感叹，天长日久也没有终止的时候。而世杰在学业上正将有些成就，却到底没能有所成就。我曾说在我的受业弟子之中，只有世杰将来能够独立成就事业，研读经书，为人处世，完全能够成长自立。但他却短命而死，能不叫人深深地悲痛和惋惜吗！

我查看一下他的书稿箱得到几篇遗留下来的稿子，便替他删改续写并编排起来。自从我返

回勺庭，克制自己放下他念来教导那些幼小的孙子，讲解经艺的过程中，弟子们一块儿来又一块儿走，恍恍惚惚地看看周围，唯独没有这个人。哎！我年老体弱没有孩子，将来本应该把遗留下来的稿子交给世杰，还有许多没有整理公布出来的稿子，都替我一篇篇校正发表出来，但现在却用他的残卷断篇来麻烦我这个老人，可悲啊！

戊午九日，勺庭叔父魏禧拭泪而书。

树德堂诗叙

丁巳孟冬，予将自广陵之吴门，于子实庭挈尊酒，招予为别，且言曰："子何去之速也，其遂将归翠微乎？"予曰："吾闻真州[①]有桃花坞[②]，溪水出其中，舟行二十里，若泛明霞，明年仲春，与友人为花期[③]，当相见也。"实庭曰："真州花比年稍衰谢。吾家塘村，去村四十里有口堰者，桃最盛，方花时，灼烁万株，垂锦十余里，极望无际，子有意乎？"予闻之，喜极大笑，杯酒覆衣袪。盖予生平癖于花，于桃尤甚，曰："使成是游也，诸君赋诗，予当为叙。"

时王正子在坐，因为予言实庭故工诗，而实庭让未皇也。予索览不得，正子乃强发其箧，得五七言律绝一帙。予命童子移烛去，即于坐上读之，清华而多姿，若春风桃李，而垂柳扬其上，清溪带其下也。独实庭诗皆近体，无古诗。游览之作，唯古诗最工叙述，魏晋六朝诸家，往往以此得名，而渊明咏桃花源："嬴氏乱天纪，贤者避其世"，其诗乃复古质隽永，出颜谢之上。实庭以工近体之力，求工于古诗，其何所不为工！吾知口堰看花，实庭必有魏晋之作，出而示我矣。

【注释】

①真州：即今苏州，又江苏仪征县古代也称作真州。②桃花坞：在今吴县阊门内北边城下，宋时炎枢密章楶的别墅，后来成为菜园，明朝唐寅在这里建成桃花庵。③花期：开花的时候相互见面。

【译文】

丁巳年（公元1677年）初冬，我打算从广陵去苏州，于实庭拿出一瓶酒叫我去，要为我饯行，并对我说："你为什么这么快就走，难道是打算回翠微峰去吗？"我说："我听说苏州有个桃花坞，溪水从那里面流出来，船行二十里，就像是行走在明亮的云霞上。明年春二月，和朋友相约在花开的时候见面，我应当去见他。"实庭说："苏州的花近几年逐渐衰败了。我的家乡塘村，离村四十里有个叫口堰的地方，桃树十分多，每当开花的时候，几万棵桃树争奇斗妍，光艳照人，周围十多里都呈现一派迷人的景色，极目远望，不见尽头，你有这个兴趣吗？"我听到这句话，十分高兴，放声大笑，杯子里的酒都泼到衣袖上去了。我生来对花异常喜爱，对桃花更是如此，我说："如果这次游览成功的话，你们写诗，我一定作序。"

当时王正子也在坐，因此向我说实庭过去很会写诗，可实庭推辞说还没有时间顾及，我索取不到，正子却强行打开他的书箱，得到五言七言的律诗和绝句一套。我叫小孩把蜡烛拿过去，立即就坐在凳子上读起来，诗句华丽清美，多彩多姿，像桃李吐芳春风荡漾，轻垂的杨柳在上面随风轻扬，清溪如带在下面舒缓流淌。只是实庭的诗都是近体诗，没有古体诗。记述游览的作品，只有古体诗最适合叙述，魏晋六朝时代的好多诗人，往往由于写这样的诗而出名，陶渊明歌咏桃花源：“秦始皇扰乱纲纪，贤良之士逃避那个社会”，他的诗歌更为隽永古朴，超过了颜延之和谢灵运。实庭用擅长写近体诗的能力，尽力去写好古体诗，怎么会写不出精彩的诗歌呢！我明白到口堰观看桃花后，实庭一定可以写出具有魏晋风格的作品，拿来让我看。

费所中诗序

予伏处山中二十年，所交友多持高节笃行，不与世俯仰。比年欲游名山大川，交天下奇伟非常人，于是逾江，涉淮南，尽吴会，东渡钱塘，大率与山中诸子才相伯仲。

吴门奇士费所中，弃诸生教授，予因武陵沈甸华造之，相问劳而别，未之奇也。会所中足疾，遣其门人何吉士报谒，何生三造予不遇，则属其友蒋君自洞庭来访，且曰：“吾见此人老骥伏枥，诗似颇有奇者。”中秋之夕，予与蒋君买舟竟造何生所，留三日，博论古今之故，私喜此二人者殆非常士，而何生言吾之学盖亲得于费先生云。予反造所中，听其论史，读其诗，所中真奇士也。

所中于权奇之书无不究，而其学得《阴符》、孙武、韩非[①]为深。人有以文章名节誉己者，所中则面发赤，握手相戒，若将反唇而诟詈己者然。乃其所为诗，感慨激昂，深奇之气固已郁勃蓬萃而不可遏。与其论史，实相表里。所中读史，当秦汉之际，以至三国五代，龙战虎斗，风雨交驰，雷电并击，则扬眉抵掌，掀髯而笑，其神采百倍；及天下既定，裂土而封，量才而官，修吏治，典礼乐，则嗒然不能终篇，心烦虑散，若白日而欲寝者。

予窃怪以所中才，使生四五十年之前，譬之学屠龙[②]者技成而无所用，所中纵负奇，必不肯为黄巢[③]、朱温[④]，老死贫贱，固无足怪；不幸而生今日，天生所中，疑若有意，所中亦自疑其才当为世用。乃年近五十，衣食不自聊，终岁课句读为童子师，感慨激昂之气，不得不发之于诗，而世无知者，则果何为也？予将溯大江而归，所中赠予以言曰：“今使之捐弃文章，毁名义，而使之为牛马，为盗贼，则何如矣？”

所中命余叙其诗，予为言其诗所为作者如此。

【注释】

①《阴符》、《孙武》、韩非：《阴符》，经书的名称，相传为黄帝所作的兵书。孙武，春秋时期的兵法家。韩非，战国时期的刑法家。②屠龙：《列子》：“朱泙漫学屠龙于支离益，殚千金之家，三年技成，而无所用其巧。”指技术高明而无用武之地为屠龙之技。③黄巢：唐曹州人。唐僖宗时，王仙芝发动叛乱，黄巢起兵响应。后来长安陷落，皇帝逃到蜀，黄巢自称齐帝。沙陀部长李克用起义兵讨伐黄巢，连连取胜，黄巢被他的部下所杀害。④朱温：名全忠，砀山人。起初为黄巢起义军的将领，黄巢失败后又归服唐朝，后来迫使唐皇帝退位，自立为王，这就是梁太祖。

【译文】

我在山中隐居了二十年，结交的朋友大都持有高尚的节操、敦厚的行为，淡泊名利，与世无争。近来我想游历名山大川，结交天下出类拔萃、雄奇伟岸的人物，因此渡过长江，进入淮

河以南，经过苏州，向东再渡过钱塘江，结交的朋友与山中诸君的才华差不多。

吴门的奇士费所中，放弃诸生学历而教授门徒，我随着武陵的沈甸华到他那儿去，互相问候了一番就告辞了，不觉得他是奇士。适逢所中得了脚病就派他的门人何吉士来拜见我，何吉士来三次都没有碰上我，因此托付他的朋友蒋君从洞庭湖来拜访我，并说："我看这个人年老而有壮志，他的诗看起来很有些奇特。"中秋节晚上，我和蒋君招来船只径直到何吉士的住地，逗留了三天，我们海阔天空地谈论古今之事，暗自高兴这两个人大概是不同平常的人，可何吉士说他的学问是亲自从费先生那里得到的。我回来又到所中那儿去，听他评论史书，读他的诗歌，感到所中真是个奇士。

所中对于奇谲高超的书籍无不去做一番考究，而他学业从《阴符》、孙武、韩非那里学到的更为深刻。有人拿他的文章和他的名节来称赞他，所中却满脸通红，握着两手警告别人，像是将要反唇相讥辱骂自己的人的样子。至于他写的诗，振奋昂扬，感情激越，奇伟深邃的气势盛大繁茂，不可阻止。他评论史书，实质上与论诗相为表里。所中阅读史书，看到秦汉之际，以及到三国五代，天下大乱，如风雨交加，电闪雷鸣，龙争虎斗，就舒展双眉拍手叫好，开口张须笑容满面，精神面貌好了上百倍；当看到天下已经平定，划分田地分封诸侯，衡量才能来授予官职，修定政策，制度礼乐大典，他就神情沮丧，读不下去，心中烦乱，精神分散，就像白天想睡觉的人一样。

我觉得奇怪，凭所中的才华，让他生活在四五十年之前，就像学屠龙的人技术学到了，然而没有用武之地一样，所中就是仗持他的奇伟之才，也一定不愿做黄巢、朱温那样的人，贫贱清苦尽其天年，本没什么奇怪；但不幸生在今天这个时代，上天这样安排，大概有些用意，所中自己也觉得他的才能应当被当世所用。可他已年近五十，衣食都不能自足，整年考查文章的断句，教教小孩子，激越昂扬的感情，不得不在诗中表达出来，可世上没有了解这些的人，那到底是为什么呢？我准备沿江溯流而上，所中送给我一句话说："现在让你抛弃文章，毁坏名声，并使你做牛马，做强盗，你将怎么办呢?"

所中叫我为他的诗作叙，我为他说明了他的诗为何而作的原因并写了上面这些话。

赠北平刘雪舫叙

癸卯十月，予客秦邮[①]，刘君雪舫归自燕，访余黄黄山家。余久知刘君家世及其为人，三过秦邮不得见。既相揖，列东西向坐，余熟视刘君，肃然动容色，欲径前就君，执其手相痛哭，呕血数升然后罢。时坐客甚众，自贬抑，心愀然不怿者久之。明日报谒，登其堂，则见故驸马都尉巩公所画山水悬于壁，拱手瞻视，悲敬交作，而余自曲巷趣郎门，入方丈[②]之室，见其墙户案几杯匜书砚以至服用细器，块然不相关之物，一触于目，则皆若有所甚伤于其心，欲痛哭而后已者，余亦不自知其何以然也。有顷，君出其一门殉难纪略及巩都尉城破自刭事示余，受而读之，拊膺泣下，几不能终篇。

方甲申三月之变，君年才十有五岁，又生长贵戚，宜纵心声色，自骄倨，不学问，乃其所纪殉难本末，于天子孝思刘氏先世，所以与母若兄捐躯殉国之大节，都城所以陷败，虽仓皇急遽中，一言一事莫不条理委悉，使读者如目见耳闻，而悲愤感激，勃然作其忠义之气。呜呼！若刘君者，岂常人哉！

君去京师，避地秦邮者二十年，劳苦患难，饥寒之状，无弗身试，然君语皆就师音，而方颐广颡，隐然为宗庙之牺，昔商民输梏于河，手拥而弗敢坠，跪入之弗敢投。夫梏非文王之梏，非文王之梏而敬之若此，况亲为天子懿戚，为忠臣孝子之子若弟，虽庸人犹将爱敬之，而又况刘君之贤者乎！

君好学工诗，其入燕，有《燕游草》，悲凉忼壮，不忍多读。吾意君马首既北，夕阳在野，望燕市城郭宫阙，必有徘徊怆恍、策马而不能进者，不得已而作诗，诗如是，无足怪也。《诗》曰："夙兴夜寐，无忝尔所生。"刘君日夜孜孜，敬其身不负君父，以视予相见鲠涕，又其情之余也已。

【注释】

①秦邮：即今江苏高邮县。②方丈：指一丈正方之面积。

【译文】

癸卯（公元 1663 年）十月，我旅居高邮，刘雪舫先生从燕地归来，在黄黄山家里探望我。我早就知道刘先生的家阀世系和他的为人处世，三次经过高邮都没有见到他。互相行过揖礼后，我们一向东一向西坐着。我仔细地打量刘先生，让我肃然起敬，改变了脸色，真想上前靠近他，握住他的手痛哭一场，吐出几升血来，之后才罢休。当时在座的客人很多，我压抑着自己，心里难受忧惧了好长时间。第二天去回访他，一进屋就看见昔日的驸马都尉巩公画的山水画挂在墙壁上，沓合两手，抬头细看，哀伤和敬佩之情交错产生，而我从偏僻的小巷来到门庭，走进一丈正方大小的屋子，看到那里的墙壁、门窗、桌子、茶几、杯子、匭器、书籍、笔砚，以及平常用到的琐碎的东西，那些零零散散毫不相干的东西，一进入眼帘，就都好似使我的内心很有些伤感，想痛痛快快地哭一场然后才作罢，我也不明白自己为什么会这样。过了一会，刘先生拿出他一个家族中为国难而死的人的纪传和巩都尉城破自杀之事的记录我看，我拿过来阅读，顿足捶胸，悲愤泪下，几乎不能读完全篇。

当甲申年（公元 1644 年）三月之变的时候，刘先生才十五岁，又出生在显贵的家庭，本该是放荡不羁，追求声色，不学无术，骄傲自大，可他记录的为国殉难的前前后后，对天子的孝敬，对刘氏祖先的敬重，母亲和哥哥为国难捐躯的伟大节操，都城陷落的原因等等，尽管异常急促匆忙，但每一句话每一件事都很有条理，详细全面，使读者像亲眼看到亲耳听到一样，感慨激昂，悲伤愤怒，深刻表现出他的正直忠诚的气概。哎！像刘先生这样的人，难道是个普普通通的人吗！

刘先生离开京城，移居高邮有二十年了，受苦受难、饥寒交迫的日子，他都亲身经历过，但是刘先生说话还都是京城的口音，而他的方下巴宽额头，好像是宗庙里用于祭祀的牺牲。过去商朝百姓把手铐运到黄河里，将他们的手系起来就不敢弄开，把他们的脚套进去就不敢踏步。这手铐不是周文王的手铐，不是周文王的手铐都这样敬佩它，何况他还是皇亲国戚，是孝顺人家、忠厚贤良的后代呢，就是平庸的人也会敬重爱戴他，而又何况是刘先生这样才华出众的人呢！

刘先生勤奋好学，擅长写诗，他去燕地，写了《燕游草》，慷慨雄壮，悲伤凄凉，实在不忍心多读几次。我想刘先生已经前往北地，夕阳快要落山，远望燕京的城郭宫阙，一定有挥鞭

策马、回旋恍惚却不能前进的感觉，没有其他办法就写诗，写出的诗是这个样子，也就没什么奇怪的了。《诗经》里说："早上起来晚上休息，不要有愧于你的父母。"刘先生日日夜夜都勤勉不怠，警戒自己不能辜负君父的希望，他和我见面的时候流泪哽咽，这又是他的感情的余绪了。

陈文长画竹册叙

陈文长工画竹，余最爱之。余所居翠微峰，石根拔起，墙立八百尺，其上生杂木数千章，梧桐桃李橘柚之属植无算，皆拱把，荫高屋，独竹不生。予种竹，死而复种，凡十数年，终不活，每以为恨。及予游新城，得文长画竹，归悬勺庭中，而右风所种竹，已笋生可盈握。其后竹日益生，予日倚竹下，乃益爱文长画竹。

家伯子东房，性喜画，颇能别识古今人工拙，见文长画竹，惊叹，谓观其竹叶，直是颜、柳[①]家书法。画师为余写像，颇似之而近俗。文长辄画小竹七八枝，蒙以烟月，俗气顿洗。文长画竹多形态，册小当恐不尽其工。然吾伯子自燕都还，相谓河北苦寒，都中诸贵人园亭，得数竿竹以为奇玩，而前年有司称朝廷命取竹江南，穷山僻壤，驿骚[②]无不至，余翠微峰顶竹莫能免。今文长挟其册游吴越，吴越士大夫宦京师，文长竹益工，好者益远，见其似而欲得其真，江南之竹，恐以文长尽也。文长其无以竹游也夫！

或曰："世之好似也久矣，江南竹劚根舆土而之燕，百无一得活者，得文长画悬壁间，飒然而风雨至，烟云怆恍，出入庭户，即真竹何异？文长竹益工，则江南其可以终休矣！"文长为人良易，能文藻，吴越多予知交，又人好奇，必有知文长者，予将惟文长之所至也。

【注释】

①颜、柳：指颜真卿和柳公权，二人以书法闻名。②驿骚：使骑骚扰。吴师道诗："嫌逢骑驿骚。"

【译文】

陈文长擅长画竹，我最喜爱他画的竹子。我所居住的翠微峰，怪石嶙峋，拔地而起，像墙壁似的矗立有八百来尺高，它的上面生长的各种大树有几千棵，栽种的梧桐桃李橘柚一类树木多得无法计算，它们都有两手合抱粗，遮住了高处的房屋，只有竹子不能生长。我种些竹子，死了又种，这样十几年，到底没有成活，时常为此感到遗憾。等到我游览新城，得到文长画的竹子，回来把它挂在勺庭里面，但是右面山岭上所种的那些竹子这时已长出了笋子，有满满一把粗。从那这后竹子一天天长大，我天天靠在竹子下面，因此更加喜欢文长所画的竹子。

我的哥哥东房天生喜爱画画，很能辨别古今画人技术的巧拙，他看到文长画的竹子，惊奇并赞叹说他画的竹叶，简直是颜真卿、柳公权的书法。有位画师给我画了幅肖像，很相象但近于俗气，文长就在上面画了七八棵小竹子，烟月笼罩，朦朦胧胧，俗气顿然洗清。文长画竹子，侧重表现它的姿势，画册小了恐怕不能淋漓尽致地发挥他的技巧。但是我哥哥从燕都回来，说河北那里气候特别寒冷，都城里一些富贵人家的园亭里种得几棵竹子就以为是新奇的赏玩之物，可前年一位官吏奉朝廷之命到江南收取竹子，那些偏僻贫瘠的荒山和荒远落后的地方，都常有使骑的骚扰，我那翠微峰顶上的竹子都未能幸免。今天文长带着他的画册游历吴越一带，吴越一带的士大夫又到京城出游，这样文长的竹子画得越好，喜爱的人也就范围越广，看到画得这么像的竹画便想得到真正的竹子，江南的竹子，恐怕由于文长的影响而被砍光了吧。文长啊，你不要再带着竹画出游了吧！

有人说："世人喜爱模仿很长久了，江南的竹子连根带土挖起来运到北方，一百棵中没有一棵能活下来，假如弄到文长的一幅画挂在墙壁上，飒然而风雨到来，恍恍惚惚，烟云缭绕，进出屋子，那它与真正的竹子又有什么区别呢？文长画的竹子更为精巧了，那么江南或许能永远安定了！"文长待人温和善良，会写文章，吴越一带有好多我的知心朋友，人人都喜爱奇特之才，那吴越一带一定有了解文长的，我将要考察文长所到过的地方。

跋苏文忠书醉翁亭记

余幼从塾师授欧阳文忠《醉翁亭记》、范文正《岳阳楼记》，且读且念，若欲往而至其地。及大外舅谢莲青先生守滁州，以七十致政归，予时十一岁，谒之南郊螺子山。既设食，按记而问所谓醉翁亭者今安在，大外舅为言琅琊[1]风景及亭所以数兴废，余至今犹恍惚其一二。向微欧阳公文传六七百年，遍于海内，则予发未燥，且不知有滁州，安知所谓琅邪醉翁亭者？

癸卯五月，余自宁都来高邮寿黄黄山。十七登其堂，见屏风间苏文忠所书此记。又年二十读《开国记》，慨然思郭氏所以兴大师，略滁阳，李韩国被书生服道谒，命掌书记，及平僭乱，封爵极人臣，自恨童子时不识国家典故，仅从大外舅问山水亭榭之胜。予今年已四十，距问醉翁亭时三十年，读《大政记》二十年，日月奄忽，遂以至今，不禁流连太息。而予内人实生于滁，比年再游江淮，嘱予倘至滁，为询州守旧官舍在否，先大夫遗泽，滁人能道之否。余居尝欲游息此地，慰二十年郁郁之志，而不获遂，可叹也！黄山曰："子何其多思也？"遂书所怀于屏以贻之。

【注释】

①琅邪：山名，在安徽滁县西南。《醉翁亭记》："西南诸峰，林壑幽美，望之蔚然而深秀者，琅邪也。"

【译文】

我小时候跟私塾里老师学习欧阳修的《醉翁亭记》、范仲淹的《岳阳楼记》，一边诵读一边思考，心驰神往就像亲临那些地方。等到大外舅谢莲青先生作滁州太守，到七十岁归政还乡，那时我十一岁，在滁州南郊的螺子山求见他。准备好饭菜之后，我根据《醉翁亭记》问他文中所说的醉翁亭现在在什么地方，大外舅向我说起琅琊山的景物和亭子多次被重修和破坏的缘故，我到现在还模模糊糊记得一二。如果没有欧阳修的文章被传诵了六七百年，名声遍布全国，那么我年龄很小，还不知道有个滁州，又怎能明白人们所说的琅邪山上的醉翁亭呢？

癸卯（公元1663年）五月，我从宁都到高邮来为黄黄山先生祝寿，十七日登上他的厅堂，

看到屏风上苏轼书写的《醉翁亭记》。二十岁读《开国记》时，感慨万千，思考郭氏发动军队，掠夺滁州以南的原因，李韩国穿着学生服到路上求见他，叫他掌管文字筹算工作，等到平定叛乱，封给他做臣子的最高爵位，我悔恨自己小时候没有记住国家的典章大事，只从大外舅那里问得一些山水亭榭的风景。我今年已四十岁了，离我向大外舅询问醉翁亭的时候已经三十年了，离我读《大政记》有二十年，岁月匆匆，不知不觉就到了现在，禁不住叫人潸然泪下，长声叹息。我的妻子出生在滁州，往后我将再次游览江淮一带，她叮嘱我假如到滁州，就问一下滁州太守过去的住宅还在不在，先前的大夫施给人民的恩惠，滁州的人民还称道不。我平时曾想到这地方游玩，以实现二十年来忧闷的心愿，可又没能做到，真是遗憾啊！黄山说："你为什么想得这么多呢?"因此我便把自己所想的写在屏风上以赠给黄先生。

燎衣图记

《光武燎衣图》，唐吴道子[①]画，友人程邃得之新安僧渐江。

邃字穆倩，博雅能诗，工书画，好藏古人名迹，此图尤有神采。画人八、马一、驴一、牛二、犬一、大石立若阙者二，一茅亭，树叶脱，枝槎丫高出亭上者二。亭内三人，并釜灶杂器；亭外五人。大树一在亭前，右倚石，一倚亭后。前树下二牛互卧。石后立驴，见头颈，有黑犬半出，唁唁张口吠。左立人。亭外五人，左二带剑，服弓箭，牵马立石下，旁剸二旆，卷其帛；右三面兜鍪出石背，亦见剑镡矢羽弓箫。亭内三人：短项隼鼻，腰济弢弓，左膝跽地下，手厝薪吹火者一人，邓禹[②]；两手奉麦饭，向釜间来，丰颐者一人，冯异[③]；一人，光武帝，鞠身燎衣，背胡床向火立。细视亭屋内又二人，从壁柱间窥，各见半面。光武帝丰颐隆准，大耳高额，微髭须，缜发，眉端从际额，目光澄渟，不耀其武，伏波将军[④]所谓帝王自有真，信与！左壁上有更始日历，下壁泥落，见编竹。茅亭烟突出屋脊，北风斜吹，烟穗拂高树枝，想见于时寒冽。通幅周尺，从五尺有奇，衡二尺五寸。所画人皆长尺有三四寸，牛马称是。树本大径二寸八分，亭柱径一寸三分。

穆倩云："渐江盖名诸生，世变弃妻子为僧，更以画学名。言此得之新安吴氏也"。

予季弟礼，尝经光武村，作诗，予读之慨然。今览此图，不胜叹息，呵冻书此。辛亥腊月朔日易堂魏禧扬州记。

【注释】

①吴道子：唐阳翟人，名道玄。擅长绘画，笔法非常巧妙，人称他为画圣。唐玄宗时征召他为供奉，他曾在大同殿画嘉陵江，一天就画好了，他又善于画佛像。②邓禹：字仲华，新野人。云台二十八将，邓禹位于首位。③冯异：字公孙，城父人，常常坐在大树下面，不夸耀自己的功劳，军中称他为"大树将军"。④伏波将军：即马援。

【译文】

《光武燎衣图》，是唐代吴道子画的，友人程邃从新安县的僧人渐江那里得来。

程邃字穆倩，典雅博学，会写诗歌，擅长书法绘画，喜爱收藏古人有名的东西，这幅图画尤其具有神采。上面画了八个人，一匹马，一头驴，两头牛，一条狗，像观阙一样立着的大石头两块。一座茅亭，两棵树，树叶已脱落，树枝向上伸得比亭子还高。亭子里面有三个人，还有锅灶等各种东西；亭子外面有五个人，一棵大树在亭子前面，右边靠着石头，另一棵依靠在亭子后面。前边那棵树下面有两头牛相对卧在地上。石头的后面站着一头驴，能看到它的头和颈，有条黑狗露出一半身子，正张着嘴巴喑喑地叫着。左边站着一个人。亭子外面五个人，左边的两个带着剑，佩着弓和箭，牵着马站在石头下面，旁边插着两面旗子，旗子已卷起来了；右边的三个人都戴着头盔从石头的那面出来，也能看见他们的剑鼻、箭羽和弓梢。亭子里面的三个人；短脖子，隼鸟鼻，腰间扎着弓袋，左膝盖跪在地上，手中拿着柴禾正在吹火的那个人是邓禹；两只手捧着小麦食，朝锅旁走过来，有着丰满的下颔，这个人是冯异；还有一个人是光武帝，他弯着身子正在烘烤衣服，背对胡床面朝着火站着。仔细看亭屋里边还有两个人，从壁柱的中间看，只能见到他们面部的一半。光武帝有宽大的下颔，高高的鼻梁，大耳朵，高额头，少量的胡须，黑黑的头发，眉毛的两端接近际额，眼光集中安定，好不威武，伏波将军所说的皇帝自有他的官相，的确如此啊！左边的墙壁上挂着更始年的日历，墙壁的下边泥土脱落，能看到编在一起的竹子。茅亭里的烟囱高出屋顶，北风斜吹，缕缕炊烟，轻拂着较高的树枝，可以想见当时天气的寒冷。整幅画周尺长五尺多，宽有二尺五寸。上面画的人都有一尺三四寸长，牛马也都这般大小。树干直径有二寸八分大小，亭子的柱子直径为一寸三分。

穆倩说："渐江大约是个有名的诸生，世道变了就抛弃妻子儿女做了和尚，而且因为画画出了名。他说这幅画是从新安县一位姓吴的人那里得到的。"

我的弟弟魏礼，曾经过光武村，写了一首诗，我读后感情激越，今天看过这幅图画，真让人赞不绝口，因此呵手驱寒写下这些话。辛亥年（公元 1671 年）腊月朔日易堂魏禧写于扬州。

泰宁三烈妇传

呜呼！自甲申之变，烈皇帝身殉社稷，皇后从天子死，一时若马公世奇、汪公伟、陈公良谟，皆妻妾同时死节。而海内通都大邑，下至穷僻乡妇人女子，守身不辱，视强死如归，以禧所见所传闻不胜纪。吾宁都蕞尔邑，有若职方主事彭锟妻李氏，城破，同夫自经死；东门曾氏一门三烈妇；禧再从姨叶芈妻谢氏，给贼自椹其喉，皆禧所亲见。他或名氏无所考，或久失其传。呜呼！二南之化，乱离板荡之日，抑何其速且远也，节义之故，夫岂不以一人哉？禧读新城孔鼎纪泰宁李氏事最奇特，其二妾从死甚烈，作《三烈妇传》。

李氏者，逸其名及其家世，盖泰宁县诸生廖愈达之妻也。好读书，通诗书大义。愈达尝学制举业，寒暑每旦至夜分不少辍，李氏辟纩[①]以待，然尝有不豫之色。愈达怪而问之，数不应，久之目愈达曰："君尚无子，与科名孰重?"愈达怃然。于是劝愈达纳汪氏女为妾。数年又无子，更为娶张氏，而愈达益事制举业，不乐家居，筑别业于隔河石壁下。

李氏每女红闲，则持《女孝经》及《女小学》，正席南向坐，二妾坐东西向，为讲章句大义，旁及古今贞淫善恶感应事，二妾递供茶果饵以为常。愈达一日自别业归，闻讲书声，驻户外窃听，李氏则教二妾识仁字，语谆复不休。已，愈达入而笑，李氏

正色曰："志士仁人有杀身以成仁，毋求生以害仁。"

岁丙戌，愈达挈家避乱石辋之新塘坑，于寓室得《国变录》一册，愈达取阅之，疟作中止。李氏乃尽夜读至竟，明日呼二妾告曰："予昨夜读《国变录》，甲申三月十八日，简讨汪伟知京城不守，誓死为厉鬼杀贼。夫人耿氏曰：'妾则请从。'十九日闻城破，耿夫人执榼承饮，请伟共酌毕，五拜起，伟缢于右，夫人缢于左。夫人既引颈就帛，忽顾伟曰：'虽颠沛不可失夫妇之序'。乃皆出帛，易左右位，缢以死。"李氏语至是，哽咽不能出声，泪落如雨。二妾亦相持悲号。主人妇疑愈达妻妾失欢，竟来慰藉，卒不知为何事。

八月三山失守，九月初三日，敌兵逼新塘，愈达携妻妾同乡人夜走南石寨[②]。寨素号天险，四壁墙立，远近荐绅富人处其中。明晨敌兵前后攻寨门甚急，炮声震天地。寨中人欲窜徙他去，愈达亦率妻妾至寨口，则万人奔挤不得下。李氏谓愈达曰："君何必出寨门？出寨门者，吾三人事耳。"愈达曰："汝辈顾得出。"未及答，群呼兵自后门入，李氏即从寨口展两手投崖下。愈达既已无可奈何，更携二妾奔别崖岩中。岩多刺棘，男妇数十人先伏处。未几搜牢兵至，愈达遽疟发仆地，而张氏投崖死矣。愈达出金进兵，兵得金去。汪氏牢把愈达衣，伏其后。顷之遥见一朱缨窄袖者，拔刀南向立，诸小卒执枪挺东向侍，指挥巡逻山前后，狰狞无人状。汪氏乃大哭曰："君善自保。"耸身投崖石。石右击，挂于崖左，若支解然。是夜雨甚，兵宿崖项。明晨兵退，诸乡人妇与愈达同伏岩中者皆得免。

魏禧论曰：三烈女诚少须臾缓其死，则皆可以不死，而竟死，或曰天也，非与？烈妇计须臾缓其死，则惧夫求死而不可得也。求死不得死，与可以不死而死，孰得孰失，亦讲之久矣。士大夫死生出处之际，濡忍不断，身败名恶，取笑千载者，何可胜道也！

孔鼎曰：愈达妻妾有殊色。李烈君之死年三十有九，汪氏二十有五，张氏十有八。李烈君之为教亦奢矣，岂非然哉？烈妇死四日，愈达求其尸，合而葬之。过其处者，皆呼三烈妇墓。

【注释】

①辟纑：练麻叫做纑，织之曰辟。《孟子》："妻辟纑。"②南石寨：地名。在山中居住，用树木圈起来就叫做寨。

【译文】

哎！自甲申年（公元1644年）李自成起兵攻占北京之后，烈皇帝为国殉难，皇后也跟随天子死了，与此同时像马世奇、汪伟、陈良谟等人都和妻妾同时为守节义而丧命。而全国各地上至繁荣的大城市，下至贫穷偏僻的乡村都有妇人女子保守自己的贞操，不受别人侮辱，把死于非命看得满不在乎，据我所看到的和所听到的就写不完。我们宁都是个很小的地方，有个官为职方主事的彭锟，他的妻子李氏，在宁都被攻破时，同丈夫一起上吊自杀；城东门曾氏一个家族就有三位为守节而死的妇女；我的再从姨叶芈的妻子谢氏，强盗来的时候她自己割断自己的喉咙，这些都是我亲眼所见。其他的烈妇有的名姓无从查考，有的时间久远失传了。哎！周

南、召南的风化，在乱离板荡的日子里，又传播得多么快速遥远啊。节操和义行的变故，难道不是由于一个人吗？我读到新城的孔鼎记叙泰宁李氏的事情最为奇特，两个妾相随而死异常壮烈，因此写了这篇《三烈妇传》。

李氏这个人，已查不清她的名字以及家阀世系，大概是泰宁县儒生廖愈达的妻子，她喜爱读书，通晓诗书里蕴含的微言大义。愈达曾学习科举考试功课，无论冷热每天从早到晚不停地看书，李氏就练麻并编织来陪伴着他，可有次她脸上显出不高兴的样子，愈达很奇怪就问她，问了好几次都不答应，好长时间她才看着愈达说："你还没有儿子，同科举的功名比起来，哪个更重要呢？"愈达觉得茫然若失。李氏因此劝说愈达娶汪氏的女儿作妾。几年以后还没有儿子，因此又娶了张氏。可愈达更加用功为他的科举考试做准备，不愿住在家里，就在河对面石壁下面另外造了间房子。

每当缝纫、纺织等事的空闲时候，李氏就拿起《女孝经》和《女小学》，在中间位置面朝南坐着，两个妾一个面朝东一个面朝西坐着，替她们讲每章每句的重要含义，顺便谈到古今贞洁、奸淫、善良、丑恶和神明感应等方面的事情，两个妾轮流为她端送茶水和果实糕饼之类，就这样习以为常。一天，愈达从自己的屋中回来，听到讲解书文的声音，站在门外偷听，李氏正在教两个妾认"仁"字，翻来覆去不停地讲解。讲完了，愈达走进去笑了起来，李氏表情严肃地说："有宏伟志趣和高尚道德的人，只勇于牺牲来成全仁德，不贪生怕死而损害仁德。"

丙戌年（公元 1646 年），愈达带着家眷到石辋的新塘坑，躲避战祸，在他住的房子里找到一册《国变录》，愈达拿过来翻看，由于疟疾发作看到中间就停止了。李氏因此一夜把它读完了，第二天叫来两个妾说："我昨天晚上读了《国变录》，甲申年（公元 1644 年）三月十八日，简讨汪伟知道京城不能守住，发誓死了后要做个恶鬼去杀那些强盗。他的夫人耿氏说：'请让我也跟随你。'十九日听说京城被攻破，耿夫人拿酒端起来喝，叫汪伟一块儿喝完它，拜了五次才起来，汪伟在右边上吊，夫人在左边上吊。夫人已把自己的颈脖子就近了帛带，突然看着汪伟说：'尽管国家灭亡，但不能失去了夫妇之间的次序。'因此都从帛带上下来，将左右的位置调换了一下，上吊而死。"李氏说到这里，已呜咽不能成声，泪流如雨。两个妾也都跟着悲伤哭泣。房子的女主人怀疑是愈达的妻妾之间闹矛盾了，便来安慰她们，到最后都不明白她们是为了什么事情。

八月，三山失守了，九月初三那天，敌人的军队进逼新塘，愈达带着妻妾和同乡的人夜里逃到南石寨。南石寨向来号称是天然屏障，四面峭壁如墙而立，远近的荐绅和富人都住在这里。第二天早上，敌军攻打南石寨的前门和后门异常急烈，炮声震天动地。寨子里面的人想逃出来去别的地方，愈达也带着妻妾来到了寨门口，可上万人都拼命地挤，一时出不去。李氏对愈达说："你为什么一定要出寨门呢？出寨门是我们三个人的事情。"愈达说："你们几人只管出去吧。"还未来得及回答，只听人群呼喊，贼兵从后门进来了，李氏立刻从寨口伸开两手跳到崖下去了。愈达已没有办法，于是带着两个妾逃到别的山洞里。洞里面好多荆棘野刺，男的女的几十个人起先就卧在里面。没过一会，搜寻财物的士兵进来了，愈达忽然疟疾发作躺在地上，可张氏已经跳崖而亡。愈达拿出钱来给士兵，士兵得到钱就走了，汪氏紧紧抓住愈达的衣服，卧在他的后面。一会儿，远远看见一位系着红带子、袖子窄小的人，拿着刀子面朝南站着，几个小兵拿着枪面朝东笔直地站在一边，持刀的人指挥小兵在山前山后巡回侦察，样子异常凶恶都不像是人了。汪氏因此大哭说："您好好保重自己吧。"便纵身跳下崖石。石头往右撞击她，她的身体又飞到崖的左边，像是要把她的肢体撕裂开来的样子。这天夜里雨下得很大，

士兵们在山顶上露宿。第二天清晨士兵撤退了，那些乡人妇女和愈达一块卧在山洞里面的都侥幸未死。

魏禧感慨地说：三位烈妇假如稍稍晚一点去自杀，那么她们都能不死，但是最终却死了，有人说这是天意，不是吗？烈妇考虑到假如等一会儿才去死，却又怕一会儿想死而死不成了。想死却死不了和可以不死却死了，它们的得失，也议论了很久。士大夫在是生是死是出是处的关键时刻，优柔寡断，结果身败名裂，千百年被人嘲笑，这样的人又怎么能说得完呢！

孔鼎说：愈达的妻妾都十分漂亮。烈妇李氏死时三十九岁，汪氏二十五岁，张氏十八岁。李氏对她们的教导也太过分了，难道不是这样吗？烈妇死后四天，愈达找到她们的尸体，合葬在一块。经过她们坟地的人，都叫它三烈妇墓。

大铁椎传

庚戌十一月，予自广陵归，与陈子灿同舟。子灿年二十八，好武事，予授以左氏兵谋兵法，因问数游南北，逢异人乎？子灿为述大铁椎，作《大铁椎传》。

大铁椎，不知何许人？北平[①]陈子灿省兄河南，与遇宋将军家。宋，怀庆[②]青华镇人，工技击，七省好事者皆来学。人以其雄健，呼宋将军云。宋弟子高信之，亦怀庆人，多力善射，长子灿七岁，少同学，故尝与过宋将军。时座上有健啖客，貌甚寝，右胁夹大铁椎，重四五十斤，饮食拱揖不暂去，柄铁折叠环复如锁上练，引之长丈许，与人罕言语，语类楚声，叩其乡及姓字，皆不答。

既同寝，夜半，客曰："吾去矣！"言讫不见。子灿见窗户皆闭，惊问信之，信之曰："客初至，不冠不袜，以蓝手巾裹头，足缠白布，大铁椎外，一物无所持，而腰多白金，吾与将军俱不敢问也。"子灿寐而醒，客则鼾睡炕上矣。

一日，辞宋将军曰："吾始闻汝名以为豪，然皆不足用。吾去矣！"将军强留之，乃曰："吾尝夺取诸响马物，不顺者辄击杀之。众魁请长其群，吾又不许，是以仇我，久居此，祸必及汝。今夜半，方期我决斗某所。"宋将军欣然曰："吾骑马挟矢以助战。"客曰："止！贼能且众，吾欲护汝，则不快吾意。"宋将军固自负，且欲观客所为，力请客。客不得已，与偕行。将至斗处，送将军登空堡上，曰："但观之！慎弗声，令贼知汝也。"

时鸡鸣月落，星光照旷野，百步见人。客驰下，吹觱篥数声。顷之，贼二十馀骑四面集，步行负弓矢从者百许人。一贼提刀纵马奔客曰："奈何杀我兄？"言未毕，客呼曰："椎！"贼应声落马，马首尽裂。众贼环而进，客从容挥椎，人马四面仆地下，杀三十许人。宋将军屏息观之，股栗欲堕，忽闻客大呼曰："吾去矣！"地尘且起，黑烟滚滚，东向驰去。后遂不复至。

魏禧论曰：子房得力士，椎秦皇帝博浪沙中，大铁椎其人与？天生异人，必有所用之。予读陈同甫[③]《中兴遗传》，豪俊侠烈魁奇之士，泯泯然不见功名于世者，又何多也！岂天之生才，不必为人用与？抑用之自有时与？子灿遇大铁椎为壬寅岁，视其貌当年三十，然则大铁椎今四十耳。子灿又尝见其写市物帖子，甚工楷书也。

【注释】

①北平：即北京。明太祖在此建北平府，永乐年间改称顺天。②怀庆：旧府治，治所在今河南沁阳县。③陈同甫：名亮，南宋永康人。才华横溢，气势豪迈，下笔数千言立就。

【译文】

庚戌年（公元1670年）十一月，我从广陵回来，与陈子灿搭乘同一条船。子灿二十八岁，喜爱武术一类的活动，我教给他左氏的用兵策略和用兵方法，因此问他时常走南闯北，碰到特殊的人没有？子灿为我讲了大铁椎。我就写了《大铁椎传》。

大铁椎，不清楚是哪里人？北平陈子灿到河南探望兄长，在宋将军家遇到大铁椎。宋将军，是怀庆青华镇人，擅长搏击的武术，七个省热心此道的人都来跟他学习。人们由于他雄壮威武，称他为宋将军。宋将军的弟子高信之，也是怀庆人，他力气大，善于射箭，比子灿大七岁，少年时两人是同学，因此曾一起拜访过宋将军。当时座位上有位很能吃的客人，相貌十分丑陋，右肋下夹着一把大铁椎，重四五十斤，连吃饭作揖时都一刻也不放下，大铁椎的铁柄上有折叠起来的铁环就像锁上的铁练一样，拉开来有一丈多长。这人与别人很少说话，口音像湘鄂一带的人，问起他的家乡和姓名，他都不答。

晚上同睡在一间屋子里，到半夜时，这人说道："我走了！"说完就不见了。子灿看到窗子和门都关着，惊异地问信之。信之说："这位客人刚来时，不戴帽子不穿袜子，用蓝色手巾裹着头，脚上缠着白布，除大铁椎外，什么东西都没有带，但腰里缠着很多白银。我和宋将军都不敢过问他。"子灿一觉醒来，这人已在炕上打呼噜睡得正香呢。

一天，这人向宋将军辞别说："我开始听到你的名字以为你是个豪杰，但是这都是不中用的。我走了！"宋将军尽力挽留他，他便说："我曾夺取过那些强盗的财物，不顺从的随即把他杀死。强盗的头领们请我出去当他们的统帅，我又没答应，所以他们仇恨我，我若长久居在这里一定要给你惹祸。今天半夜，他们正约我在一个地方决斗。"宋将军高兴地说："我骑上马拿着弓箭为你助战。"这人说："罢了！盗贼既有能耐人又很多，我要掩护你，就不能痛痛快快地任意击杀了。"宋将军本来很自负，并且想看看这人的所作所为，极力请求这人带他去。这人没有办法，只好带他一起去。快要到决斗的地方，这人送宋将军登上一座空堡说："你只能在这里观看决斗！千万小心不要出声，让强盗知道你了。"

当时鸡已啼叫，月亮落山，星光照耀着旷野，百步之远都能看见人。这人骑马奔驰而下，吹了几声觱篥。一会儿，二十多个骑马的强盗从四面八方聚拢过来，步行背着弓箭在后跟随的有一百来人。一个强盗提刀跃马直奔这人说："为什么杀我哥哥？"话没说完，这人大声喊道："看椎！"那强盗应声落马，连马头都打碎了。众强盗包围着向他逼进，他从容不迫地挥舞着大铁椎，四面的强盗和马匹都倒在地上，杀了三十来人。宋将军屏住呼吸观看了这场战斗，双腿发抖快要瘫软下来。忽然听见这人大喊道："我走了！"只见地面尘土飞扬，黑烟滚滚，骑着马向东奔去。这之后就再也没有回来。

魏禧评论说：张良得到大力士，用铁椎在博浪沙袭击秦始皇，大铁椎就是这样的人吧？天生奇异的人，必定有他的用武之地。我阅读南宋陈亮写的《中兴遗传》，上面记载的豪杰、贤俊、侠客、烈士等种种突出的奇才，沉沦于世没有建立功名的又何其多啊！难道老天降生的人才不一定被人所用吗？还是用人才自有一定的时机呢？子灿遇到大铁椎时是康熙元年（公元1662年），看他的相貌大约有三十岁，那么大铁椎如今已有四十岁了。子灿又曾看到他写的购

买物品的帖子，是很好的楷书体。

明益国府辅国将军常泙传

辅国将军常泙，建昌[1]益国府宗室，宪宗皇帝六世孙也。崇祯甲申国变[2]，乙酉，益国王起义兵，将军召子由椁等曰："藩王举义师，图兴复，诚忠孝事。独兵皆召募，无谋主，又饷不足而敌逼，事不可为也。我与诸儿死耳，义不辱祖宗。"闰六月晦日，敌骑至城下，急攻城，而益国王知事必败，已私启关走福建，诸王孙多逃匿。将军长子由椁、次子由槺趣白将军曰："事急矣，当阖门自焚。"将军曰："幼子一孙，且令匿他所，毋俱死，绝父祖祀也。"七月朔城陷，将军及诸子被执，敌拔刀，怒向将军喝曰："速献宝！"将军曰："宝则无有，但有头颈耳！"遂遇害。而由椁大骂"死贼"，受极刑，骂声愈厉，敌大怒，乃斫其颈。由槺形状魁梧，面洁白，敌不忍杀，既知其读书，欲以书记活之。夜分，槺立玄妙观池上，见素所善族兄字元长者，招之曰："国破家亡，死，分也，不可偷生于世，吾当与兄同死。"元长迟未应，槺遂挽其手俱赴水。时盛暑，槺体肥硕，逾二十日敌退，出池中尸，颜色如平生。

建昌故僻郡，自益国分封，妓人乐工亭榭饮食衣服甲江西。天下太平，人不知兵革，王孙贵人富家子皆奢荡为豪，客舟上下，过东城门，笙歌箫鼓之声，日夜闻不绝，红棂曲槛出城门楼上，靓妆袨服，下照水际，见者以为金陵、广陵所不及。以故遭大乱，城邑丘墟，宗子士大夫庶姓之人，莫能自强者。而将军当盛时，独方正不肯苟且，终日衣冠坐立中堂，读书教子孙。呜呼！有以也夫！有以也夫！

将军能诗，好弹琴，习张旭草书而工之。又好医药，尝录经验方于壁，买药以施病者。人有凶丧不能举者，辄助之，故岁得禄钱甚厚，而家常贫。身衣自朝祭礼服外，未尝用帛，日膳不兼味。以贤行闻国中，益国王雅爱敬之，举宗正副四人，将军与焉。本支长子绝，将军行最卑，王以其贤，特命主祭。

将军字玉池，别号壶公。由椁字文田，由槺字文藻，并南城县学生。椁疏财尚气节；槺居平不苟訾笑，为诸弟师，衣冠必整肃，虽尊辈亦严惮之，督学侯公峒曾奇其文，试诸生第一。将军六子，第三子由欃，字文蔚，谨厚多材技，补宗学生。乙酉七月之变，欃独逸去，从诸王子起兵，转战溪山间，屡败不挫。岁辛卯，同傅公鼎铨被执，死焉。第四子殇，第五子由辅，城破失所在。幼子由炰及由槺子顺，以匿免。

论曰：万历十二年，宗正上属籍者盖十六万人，他庶宗贫弱不能自达于天子，不知其几，至崇祯末当百万。然则天下宗子盖多矣，呜呼，将军亦贤矣哉！禧友南丰谢文洊与由炰交，洊字文仿，尚廉隅，为文洊所重。文洊既传将军父子死义事，禧更举其略作后传。文洊谓禧："洊少年时，于建昌饮酒座上一识由槺，壮其貌，又爱其谈论，欲交之而未得也。"

【注释】

①建昌：旧府名，治所在今江西南城县。②甲申国变：崇祯十七年（一六四四年），李自成攻陷北京，

皇帝在煤山上上吊而死。

【译文】

辅国将军常沽，是建昌益国府的宗室，明宪宗皇帝的第六世孙子。崇祯十七年（公元1644年）李自成攻陷北京，乙酉年（公元1645年），益国王发起正义的军队，辅国将军把儿子由梓等人叫来说："藩王发动正义的军队，期望能重振大明，恢复大明江山，确实是尽忠尽孝的事业。但是士兵都是召集来的，没有出谋划策的头领，军饷又不充足，而敌人又在进逼，事情不能挽回了。我和你们几个儿子都死去算了，按道义不能侮辱了祖宗。"闰六月的最后一天，敌军骑兵打到城下，猛烈地攻城，益国王清楚守城肯定会失败，已经私自打开城门逃到福建去了。那些王子王孙大多逃走躲藏起来了，将军的大儿子由梓，次子由槺急走过去告诉将军说："事情十分危急，我们应该全家自焚而死。"将军说："最小的儿子和一个孙子，叫他们藏到别的地方去，不要都死了，没有人去祭奠祖先。"七月的第一天，城楼论陷，将军和几个儿子都被抓住了。敌人拔出刀子，愤怒地向将军喝道："赶快交出宝贝！"将军说："宝贝我可没有，只有脑袋而已！"因此遭到杀害。由槺大声诅咒他们是"死贼"，他遭受了残酷的刑罚，但咒骂声更为厉害，敌人大怒，于是砍断了他的颈脖子。由槺身体长得高大魁梧，脸上白白净净，敌人不想杀他，等清楚他读过书后，便想把他留下来做些文字工作。半夜时分，由槺站在玄妙观池水旁边，看到平时很要好的一位族兄，这位族兄表字元长，将他叫过来对他说："国家灭亡，家庭破散，死是在料想之中的事情，不能在世上苟活，我当与兄长您一块儿死去。"元长迟迟没有回答，由槺于是挽着他的手一块儿投进水里。当时正是盛夏，由槺身体肥胖，过了二十天敌人撤退了，捞出池子里面的尸体，尸体的颜色还同他活着的时候一样。

建昌过去是个偏僻的郡，自从益国王封到这里后，那里的歌舞艺人，亭台楼榭，饮食穿着都是江西最好的。天下太平无事，人们不知道还有战争，王子王孙和富贵人家的子弟都放纵奢侈，他们还引以为豪，客船往往来来，经过东面城门，笙歌箫鼓的声音，日夜不绝于耳，红色的楼房弯曲的栏杆伸出城门楼上，穿着华丽服装，倒映在下面的水中，看见的人以为金陵、广陵都比不上这儿。所以遭受大乱，城市变成了废墟，皇族子弟、士大夫和与皇族异姓的人，都没有能自强不息的，可将军在兴盛的时候就刚直不阿，不愿得过且过，整天衣帽整齐地坐在堂屋正中，读读书文，教教子孙。哎！将军临危不惧，为国捐躯，有道理啊！有道理啊！

将军会写诗，好弹琴，临习张旭的草书而且写得十分好。又喜爱医药方面的知识，时常在墙壁上记录一些服用有效的药方，买来药物送给患病的人。假如人家有凶丧之事却没能力料理，他就去帮助，所以他每年得到的俸禄钱财尽管很多，但家里经常很贫困，自己的衣服除掉朝会祭祀时所穿的礼服之外，从没穿过丝织衣服，每天不吃两种以上的菜肴。他凭着贤德的举止在国内闻名，益国王很尊敬欣赏他，举荐宗正副职四个人，将军是其中之一。这个支族的长子死了，将军排行最小，益国王由于他的贤德，特地叫他主祭。

将军字玉池，别号壶公。由梓字文田，由槺字文藻，都是南城县学生。由梓轻视钱财，崇尚志行和节操；由槺生活平淡，不随便讥笑别人，作几个弟弟的老师，穿衣戴帽总是严肃整齐，就是长辈也敬畏他，督学侯峒先生曾以为他的文章很奇妙，诸生考试他得了个第一。将军六个儿子，三儿子由欆，字文蔚，朴实恭谨，有卓越的才艺，招补为皇族子弟学校学生。乙酉年（公元1645年）七月事变，由欆独自逃走了，跟随那些王子发起军队，在水涯群山之间辗转作战，多次失败但没有被打垮。辛卯年（公元1651年），与傅鼎铨先生同时被俘，遭杀害。

四儿子早死，五儿子由褲，城池沦陷后不知道去了哪儿。小儿子由煾和由槺的儿子顺，由于躲藏起来了幸免遇难。

评论说：万历十二年（公元1585年），宗正献上宗室谱籍，谱籍上的人大约有十六万，其他旁系宗室的人贫穷弱小，不能把自己的名册送给天子，不知道他们有多少人，到崇祯末期应该有上百万。这样看来天下皇族的子弟还是很多啊！哎，将军真是贤明的人啊！我的朋友南丰的谢文洊与由煾相识，由煾字文仿，品德行为端方不苟，文洊很器重他。文洊已把将军父子为守节义而死的事情告诉了我，我就挑其主要简单地为他们写个后传。文洊对我说："我年纪小的时候，在建昌一次饮酒的宴席上认识了由槺，我赞赏他的容貌又喜爱他的评述谈吐，想和他交往却没能实现。"

卖酒者传

万安县有卖酒者，以善酿致富，平生不欺人。或遣童婢沽，必问："汝能饮酒否？"量酌之，曰："毋盗瓶中酒，受主翁笞也。"或倾跌破瓶缶，辄家取瓶，更注酒，使持以归。由是远近称长者，里有事醵饮者必会其肆。

里人有数聚饮，平事不得决者，相对咨嗟，多墨色[①]，卖酒者问曰："诸君何为数聚饮，平事不得决相咨嗟也？"聚饮者曰："吾侪保甲贷乙金，甲逾期不肯偿，将讼，讼则破家，事连吾侪，数姓人不得休矣。"卖酒者曰："几何数？"曰："子母四百金。"卖酒者曰："何忧为！"立出四百金代偿之，不责券。乙得金欣然，以为甲终不负己也。四年甲乃仅偿卖酒者四百金。

客有橐重资于途，甚雪不能行，闻卖酒者长者，趋寄宿。雪连日，卖酒者日呼客同博，以赢钱买酒肉相饮啖。客多负，私怏怏曰："卖酒者乃不长者耶？然吾已负，且大饮啖，酬吾金也。"雪霁，客偿博所负行，卖酒者笑曰："主人乃取客钱买酒肉耶？天寒甚，不召博，客将不肯大饮啖。"尽取所偿负还之。

术者[②]谈五行，立决人死，疏先后宜死者十许人，克以日月，卖酒者名第七。诸应期死者六人矣。卖酒者将及期，置酒召所买田舍主毕至，曰："吾往买若田宅，若中心愿之乎？价毋亏乎？欲赎者视券，价不足者追偿以金。"又召诸予贷者，曰："汝贷金若干，子母若干矣，能偿者损其息，贫者立折券还之。"曰："毋使我子孙患苦汝也。"及期，卖酒者大会戚友，沐棺更衣待死。是日也，卖酒者颜色阳阳如平时。戚友相候视，至夜分乃散去。其后第八人以下，各如期死，卖酒者活更七年。

魏子曰：吾闻卖酒者好博，无事则与其三子终日博，喧争无家人礼。或问之，曰："儿辈嬉，否则博他人家，败吾产矣。"嗟呼！卖酒者匪惟长者，抑亦智士哉！

卖酒者姓郭，名节，他善事颇众，予闻之欧阳介庵云。

【注释】

①墨色：忧郁的神色。②术者：指阴阳算卦之类的人。

【译文】

万安县有个卖酒的人，因为善于酿酒而富了起来，一生不欺骗别人。有人叫小仆人去买酒，他一定要问："你能喝酒吗？"按量卖给他酒后，说："不要偷喝瓶子里的酒，要不然主人会打你的。"有时摔碎了瓶子，他就从家里拿个瓶子，重新装上酒，让小仆人拿着回去。由于这样，远近的人都称他为长者，乡村有事情聚钱喝酒一定上他的酒店。

乡里有几个人多次一块喝酒，讨论事情又总不能得到解决，他们都相互叹息，脸上充满忧郁的表情，卖酒者问他们："你们这些人为什么多次一块饮酒，讨讨事情不能解决而互相叹息呢？"喝酒的人说："我们几个人给甲做保从乙那里借了钱，甲过了期限还不偿还，准备打官司，打官司就会使他家破产，这事也会累及我们几个人，几个姓的人都将不得安宁。"卖酒者说："借了多少钱？"回答说："连本带利是四百两。"卖酒者说："这有什么值得发愁的！"立刻就拿出四百两银子替他们偿还，还不要借钱的契据。乙得到偿还的钱十分高兴，认为甲终究没有亏欠自己。四年后甲偿还给卖酒者的钱依然只有四百两。

路上有个行人，带有装着沉重钱财的袋子，雪很大不能行走，听说卖酒的人是个长者，就去他那儿借宿。雪接连下了好几天，卖酒的人每天叫这位客人同他一块赌博，拿赢来的钱买酒买肉一块儿喝一块吃，客人输了好多钱，私下有些不高兴地说："卖酒的人不是个长者吗？然而我已输了不少钱。暂且大吃大喝，来弥补我所输的那些钱。"雪停了，客人付清赌博所输的钱要走，卖酒的人笑着说："主人难道拿客人的钱去买酒肉吗？天气很冷，不叫你赌博，你就不会大吃大喝。"因此拿出客人给他的钱全部还给了他。

卜卦算命的人用五行进行测算，立刻就能判断出人的生死，列举了先后将要死去的人有十来个，按日月的先后，卖酒的人排在第七位。按他测算的日期而死去的人已有六个了。卖酒的人死期将至的时候，便摆设酒宴，把他所买的田地房舍的主人都叫来，说："我以前买了你们的田地房舍，你们内心乐意这样吗？价格不太低吧？想赎回的就看看你们的契券，价钱没给够的追还给你们。"又叫来那些向他借过钱的人说："你们借了我一些钱，连本带利也不少了，能偿还的不收利息，贫困的人立即毁掉契券还给你们。"并说："不要让我的子孙为难你们。"到了他要死的日子，卖酒的人把朋友亲戚召聚在一起，弄好棺材换上衣服等着死去。这一天，卖酒者颜色自如像平时一样。亲戚朋友都互相伺望着他，到夜半的时候才离去。他后面第八个人以下，都按预测的日子死了，卖酒的人却又活了七年。

魏禧说：我听说卖酒的人喜爱赌博，没有事情就成天与他的三个儿子一块赌博，争争吵吵不讲一家人应有的礼节。有人问他，他说："与儿子们是闹着玩的，否则他们与别人赌博，就会败损我的家产了。"哎！卖酒的人不但是个长者，也是一个智者啊！

卖酒的人姓郭，名节，他做的好事很多，我从欧阳介庵那里听来的。

许秀才传

许王家字君聘，一字父民，苏州长洲县人也。少好学，以名节自励。崇祯丁丑，王家年三十一，补府学生。时流寇所在猖獗，王家慨然有澄清之志。甲申国变，王家闻之，悲号不食久之，奉父母，挈家隐居澄河东之姚澄。乙酉北兵南下，所居地邻境有聚众拒守者，当路发兵捕之。八月下剃发令，王家慨然太息曰："父母冠我时，祝我为何如人？此发岂复可毁伤耶？"家人见其语决，环之泣。或劝王家曰："君一秀才耳，

未食天禄，奈何遽以身殉乎？”王家曰：“国家养士三百年，所养何事？吾已名列学宫，亦朝廷士也。先师杀身成仁，求生害仁之义，吾讲之熟矣！”以父母属妻顾氏曰：“尔善事堂上，吾不能终养为孝子矣。”父母素知王家为人，亦忍涕谓王家曰：“汝行汝志，勿以我二人为念。”王家乃整衣冠赴河水而死。时年三十有九。妻顾亦挈两女赴河，水浅，人救之，不得死。亲戚乃群绕顾氏相与语之曰：“夫殉义，妻保孤可也。且汝夫以堂上二人托汝，今背其言，陷夫于不孝，虽死，汝夫犹将恨汝。”顾氏泣谢，诸亲戚收王家尸殓之。色如生，衣冠肃然不乱，观者百数十人皆惊叹。顾氏孝奉舅姑，终三年丧，抚其三子悉成立，今庚申年七十有三云。

魏禧曰：王文恪公鏊六世孙会者，笃实君子也，与禧善，长为禧道许秀才事。甲申国变，吴门诸生许玉重饿死于学宫，二许不知同宗族与否？何许氏之多奇男子也！禧亦故诸生，方偷活浮沉于时，视二许能不愧死入地哉！或谓以诸生死国难及争毛发丧其元为已甚，禧曰：此不可以责望天下士。士苟奋然出此，虽圣人不以为过。今夫伯夷、叔齐①让国而隐于首阳，亦商家两匹夫耳，以武王之圣，伐纣之暴，然卒且饿死，而孔子以为贤，子舆氏以为圣，万世而下，未有非之者也。当夫逆闯②破京师，主上③殉社稷，公卿崩角稽颡恐后期，及夫毁章甫，裂缝掖，昔之鸣玉垂绅者，莫不攘臂争先，效仿之惟恐其万一之不肖。于此有贫贱士，不食朝廷升斗之禄，无一级之爵，顾毅然舍其躯命，以争名义于毫末，震天地而泣鬼神，虽夷、齐何以加焉！禧故因王会之言特传之。惜夫穷乡下里，匹夫老生之以死殉义者多有其人，禧不及闻，闻之或不详，而不能为之传也！

【注释】

①伯夷、叔齐：殷孤竹君的两个儿子。孤竹君临死时，遗嘱叔齐继位。孤竹君死后，叔齐要伯夷继位，伯夷说：“这是父亲的命令。”于是离开了之里。叔齐也不继位而逃走了。周武王讨伐殷，伯夷、叔齐在马前叩头进谏。等到武王灭殷而占有天下，伯夷、叔齐以吃周朝的粮食为耻辱，在首阳山隐居，采些野菜充饥，终致饿死。②逆闯：即李自成，号闯王。③主上：即崇祯皇帝。

【译文】

许王家，字君聘，又字父民，是苏州长洲县人。小时候喜爱学习，用名誉和节操来勉励自己。崇祯丁丑年（公元1637年），王家三十一岁，招补为府立学校的学生。当时流窜的盗贼到处胡作非为，王家异常愤慨，立志要澄清这种混乱的局面。甲申年（公元1644年）李自成起义攻陷北京，王家听到这个消息，号啕悲伤，好久不进饮食，仍侍奉父母亲，带着全家到澄河东面的姚澄隐居。乙酉年（公元1645年）北方军队南下，他们的住地附近汇聚了好多进行抵抗的人，官府发兵逮捕他们。八月下达剃发令，王家非常悲愤地叹息说：“父母为我结发戴冠时，让神灵保佑我成为一个什么样的人呢？这头发怎么能剃去呢？”家人见他语气坚决，都围着他哭了。有人劝王家说：“你不过是一个秀才，还没有享用国家的薪俸，怎么能为这事而殉命呢？”王家说：“国家养育士人三百年，养育他们是为了什么呢？我的名字已被列进了府立学校，也算是朝廷的一名士人，孔子所谓“杀身成仁，求生害义”之义，我讲习得很熟练了！”因此把父母托付给妻子顾氏说：“你要照顾好父母亲，我不能侍候他们到老而作个孝子了。”父母平素知道王家的为人，也强忍住泪水对王家说："你按你的志向去做吧，不要顾及我们两人。"王家因此穿好衣服戴好帽子投水而死。死时只有三十九岁。妻子顾氏也携着两个女儿投进河里，由于水浅，有人把她们救了起来，没有死成。亲戚于是都围着顾氏纷纷对她说："丈夫为道义而舍命，妻子保护好孩子就可以了。何况你丈夫把父母二人都托付给你了，现在你违背了他的话，让丈夫落个不孝的名声，就是你死了，你丈夫也将会怨恨你。"顾氏哭着感激他们的劝告，众位亲人捞起许王家的尸体装进棺材。他的脸色还像活着时那样，衣服帽子还整整齐齐，一丝不乱，围观的一百多人无不感叹惊奇。顾氏很孝顺地侍奉公婆，服丧三年，把她的三个儿子都抚养成人，今年庚申年（公元 1680 年）她已七十三岁了。

魏禧说：文恪公王鏊的六世孙子王会这个人，是一个老实忠厚的君子，同我很要好，经常和我说起许秀才的事情。甲申年（公元 1644 年）国家剧变，吴门的儒生许玉重在学校里饿死了，两位姓许的不知道是不是同一个宗族？为什么姓许的有这么多奇伟的男子呢！我也是往昔的儒生，现在却苟且偷生随波逐流，对照两位许君真叫我惭愧得想钻到地下去！有的说那些儒生为国难而死以及为了使头发免于损害而丧失了脑袋真是太过分了，魏禧说：这不能责备和抱怨天下的有志之士。有志之士如果愤激而这样去做了，就是圣人也不认为是过分。如今看来伯夷、叔齐都谦让国位而隐居在首阳山，也不过是商王朝的两个平民罢了，凭借周武王的圣贤，来讨伐商纣王的残暴，但是他们竟然活活饿死，孔子却认为他们贤明，孟子认为他们是圣人，几千年来，没有诋毁他们的人。现今作恶为乱的李自成攻陷北京，崇祯皇帝为国殉难，公卿大夫争相叩头，以至毁坏了缁冠，撕裂了衣服，往昔佩戴玉饰、垂挂绅带的人，没有一个不奋力争先去模仿他们，唯恐有丝毫的差异。在这时，有些贫贱的志士不享受朝廷一点点奉禄，也没有一点点爵位，但果敢地抛弃自己的生命，在十分细小的事情上都要争得名义，天地为之震动，鬼神为之哭泣，就是伯夷、叔齐，又哪里比他们更伟大呢！我由于听了王会的介绍而特地为他作传。遗憾的是在穷僻的乡村，以死来成全节义的平民和老生还有很多，我没有听说过，听说了有的又不很详尽，所以就不能替他们作传了！

汪茗文尧峰集

治生说

治生之家，未有急于治田亩者也：劳劳然春而播之，夏而耕之，秋而获之。惟其家有积谷，然后可以贸易百物，于是金玉锦绣之货，饮食器用之需，旁及于图书彝鼎[1]希有难得之玩，皆不劳而坐致之，故擅富名于天下。不幸而有不肖者出，厌其耕获之勤以费也，遂尽斥其田亩以委之于人，虽有所蓄，已不足以给朝夕而谋衣食矣，况望其致富哉？

为学亦然。举凡诗书六艺[2]诸子百家，吾所资以为文者，亦如富家之有田亩也，故必惫精竭神以耕且获于其中。惟其取之也多，养之也熟，则有渐摩之益，而无剽贼[3]之疵；有心手相应之能，而无首尾舛互之病；浩乎若御风而行，沛乎若决百川四渎而东注。其见于文者如此，则亦庶几乎其可也。彼不能力求乎古人，而思欲苟营而捷得之，于是取之者少，则剽贼之疵见；而养之者疏，则舛互之病生。以此夸耀于人，与不肖子之弃田亩何以异哉？使不遇旱涝兵燹之灾则已，设一旦有之，几何不立见其穷也！

《记》曰：“无剿说，无雷同，必则古昔，称先王。”今之学者，可谓剿说矣，雷同矣。骤而告之以古昔先王，不将骇然而疑，哗然而笑，群以为愚且迂者乎？嗟乎！使吾之说而不愚不迂，又何以自异于今之学者也？故书此以自勉。

【注释】

①彝鼎：泛指古代青铜祭器。②六艺：礼、乐、射、御、书、数。③剽贼：剽窃。

【译文】

经营家产的人，没有比经营田地更迫切的，劳苦辛勤地春天播种，夏天耕耘，秋天收获。只有家中存着积蓄的粮食，之后才能用它们换取各种东西，因此金玉锦绣这些财物，器用饮食这些生活必需品，以及图书钟鼎、稀有难得的珍玩，都能够不费力气轻易地得到它们，所以在天下独擅富有的名誉。不幸家中出现了不肖的后代，厌恶耕种收获的辛苦与费神，因此把他家的田地全部废弃把它们丢给别人，尽管有一些积蓄，已不够用来供给从早到晚的需求而不得不筹划吃穿了，何况是希望他致富呢？

做学问也是这样。凡是诗书六艺诸子百家，这些我所凭借用来作文章的古籍，也就如同富人拥有的田地，因此一定要竭尽精力在其中耕耘收获。只有他获取得多，蓄养得熟，才有渐渐积累的益处，而没有剽窃的瑕疵；有得心应手的能耐，而没有前后矛盾的毛病。文气浩博，如同乘风飞行；才思充溢，如同打开百川四渎往东流。他在文章当中表现出来的文气、才思如同上面所说，就差不多可以了。假如他不能从古人作品当中用力寻求知识，却想通过苟且经营便迅疾获得作文之道，于是获取的知识少，那么剽窃的瑕疵便出现；蓄养的知识疏，那么前后矛盾的毛病便产生。用这些来向别人夸耀，跟不肖之子抛弃田地有什么不同呢？如果遇不上旱涝战火的灾祸还则罢了，如果一旦遇上了，能保持多长时间不马上暴露出他的贫乏呢？

《礼记》说：“不要剿袭旧说，不要与别人雷同，一定要效法古代，称引先王。”现今的学者，可以说是剿袭旧说了，跟别人雷同了。假如把古代先王的所做所为突然告诉他们，他们不就要惊异地怀疑，喧闹地嘲笑，成群结伙地认为这是既愚蠢又迂腐的行为吗？唉！假如我的说法不愚蠢又不迂腐，那么又用什么来使自己不同于如今的学者呢？所以写下这篇文章用来勉励自己。

陈文庄公祠堂碑

前明南京国子祭酒赠詹事陈文庄公之殁也，是为崇祯七年。阅十年，其长君济生献公所著书于朝，始予赠谥，追录其子一人。又一年为弘光元年，复许建专祠以祀。于是偕其弟济桢，卜地建祠于府治卧龙街关壮缪庙之右。岁月且久，有司时节往祀，辄叹其密迩市门，湫隘不足以称也，乃谋迁于虎丘[1]。得民屋若干楹，更而新之，门庑壮丽，堂寝崇闳。其旁则馂食有所，庖湢有庐。又其旁则有廪有仓，凡文庄公所置赡族义田若干顷及祭田若干亩，其所得岁租，悉出纳于此。盖其地山川之雄秀，林陆之亢爽，烟云竹木之靓深，实称神明所栖，非故祠比。工已告成，次君济桢复聚族谋曰："维兹丽牲[2]之碑阙焉，无辞以刻，非所以妥先灵而示子姓也。"乃来谒某为文。某自惟乡曲晚进，未及登公之堂而受其学，顾少而尝从两公子游，倘复挂名碑尾，附公以不朽，固素愿也，遂不敢礼辞。

谨按刘念台、黄石斋两先生所撰《文庄公家传》，备言公之在熹宗末也，以讲官负重望。会逆阉魏忠贤父子冒公求给铁券[3]，公当草诰辞，忠贤屡遣使趣公，公奋曰："首可断，诰不可草。"由是触忠贤怒，兴妖人孙文豸狱，牵连及公，竟削籍以归。数阳言欲杀公，仅而得免。

嗟呼！闻观史所载宦官之祸，无世蔑有，殆未有如汉唐及前明之甚者也！然而汉之亡也，以十常侍，唐之亡也以北司[4]，是直宦官与士大夫为难耳。前明则不然，君子小人杂然并立于朝，日夜用门户相倾轧，而小人遂借刃于宦官以戕君子，此其过在士大夫，非专属诸宦官也。

当是之时，吾郡被祸最酷。不幸而死，则有周忠介、忠毅两公；幸而生，则有公与文文肃、姚文毅三公。夫两周公之死，非轻生也；公与文、姚之生，非避死也，皆天也。天之死两周公，所以伸忠臣之节也；其生公与文、姚诸贤者，所以养直臣之气也。假令诸贤悉毕命于锒铛桁杨之下，则国无人焉。吾见夫靦颜蒙面，绝无顾恤，呼九千岁之不已，必至于九锡，策九锡之不已，必至于劝进，亦何所畏忌而不敢为耶？此公与诸贤之幸存，系于前明宗社。宗社非小也，某故曰天也。

由今思之，向之号为义子义孙者，其威福势焰非不盛且炽也，曾几何时，而俱归于澌尽泯灭。虽下讫于妇人竖子，亦往往戟手恣口，指斥其姓氏以为诟厉。而公与诸贤独名在天壤，能使言之者太息，闻之者兴起，然则君子小人其获报于天者，又孰为愈哉？今日距公之殁逾五十年矣，四方士庶往来虎丘者，登其祠而拜瞻其祏主，有不欷歔俯仰，想见公之风声气烈徘徊不去者乎？吾知其必无是也！

祠成康熙十九年，又三年，某始为之文。至若公之述作，已行于时，其家世生卒

之详，已见于刘、黄两先生所撰者，概不复诠次云。

公讳仁锡、字明卿，世居长洲，天启壬戌科进士第三人，由编修历官南祭酒。别自号芝台，学者称芝台先生。

【注释】

①虎丘：地名，今江苏苏州内。②丽牲：拴马。《礼》："君牵牲，既入庙门，丽于碑。"③铁券：古代帝王颁赐功臣授以世代享受某种特权的凭信。④北司：指宦官。《唐书》："文宗即位，宦人握兵，横指海内，号曰北司。"

【译文】

明朝南京国子祭洒，追赠詹事之职的陈文庄公死的那一年，是崇祯七年（公元1635年）。过了十年，他的长子陈济生把他所著的书献给了朝廷，朝廷才赐予了他封赠谥号，追加录用了他的一个儿子。又过了一年是弘光元年，朝廷又恩准专门为他建造祠堂来祭奠他。因此陈济生偕同他的弟弟济祯，在府衙卧龙街关帝庙的右边选取了地盘建造了祠堂。时间长了，有关部门过年过节的时候前去祭祀，时常感慨这座祠堂靠近闹市，地势低洼、狭窄，不足以和庄文公的声望相称，因此策划把祠堂搬迁到虎丘。在那里找到几间民房，翻新了它，门廊壮丽，堂寝高大。祠堂旁边吃饭有地方，作饭、洗澡有屋子。在厨房、浴室的旁边有粮仓，但凡文庄公为赈济家族中的贫户所置买的若干顷田地以及若干亩祭田，每年所收到的租子，全都从这里出纳。那个地方山河秀丽雄伟，树林、陆地高旷开朗，烟云竹林幽深安静，实在适合神灵居住，不是原来的那座祠堂所能比拟的。工程已经宣告完成，文庄公的次子济桢又召集同一家族的人商量道："只是这里还缺少一方拴马碑，没有文辞用来刻写在石碑上，这是不能安妥先人神灵、垂示子孙的。"因此来请我写一篇碑文。我自思自己是乡里晚辈，没有赶上走进文庄公的学堂、接受文庄公的学业，只是我小时候与文庄公的两个公子交往，如果在石碑的末尾署上我的名字，依附文庄公而永垂不朽，这本来就是我的心愿，因此我不敢推辞。

我慎重地考核了刘念台、黄石斋两位先生所撰写的《文庄公家传》，《家传》中详细地介绍了文庄公在熹宗末年，凭借讲官的身分而深孚重望。正好遇上叛逆太监魏忠贤父子假冒文庄公请求皇帝颁给享受特权的铁券，文庄公应该起草诰命，魏忠贤屡次派使臣催促文庄公，文庄公情绪激昂地说："头可断，诰命不可起草。"因此触怒了魏忠贤，魏忠贤兴起妖人孙文豸一案，牵连到文庄公，文庄公居然被革职回到家中。魏忠贤多次公开说想杀掉文庄公，文庄公仅得幸免于难。

唉！近来我观看史书上所记载的宦官之祸，没有一个朝代没有过，然而恐怕没有像汉朝、唐朝以及明朝这样严重的！但是汉朝的灭亡，是由于十个常侍；唐朝的灭亡，是由于北司，这只不过是宦官和士大夫发难而已。明朝却不然，君子和小人一起夹杂地站立于朝廷，整天因门户派别不同互相倾轧，小人于是把兵刃借给宦官来杀害君子。这种过错在士大夫，不能将它全部归属到宦官的身上。

在这个时候，我郡遭受到的祸害最惨重。不幸而死的，有周忠介、周忠毅二公；侥幸活下来的，有陈文庄、文文肃和姚文毅三公。两位周公的死，不是轻生；陈文庄公、文文肃公、姚文毅公的生，不是怕死，这都是天命。天让两位周公死，为的是伸张忠臣的气节；让文庄公、文文肃公、姚文毅公活，为的是培养直臣的正气。如果让贤臣们都死在刑具之下，那么国中就没有贤臣了。我看到那些满脸愧色的人蒙起自己的脸来，一点也没有顾忌，呼喊九千岁不止，一定会发展到策命九锡，策命九锡还不止，一定会发展到劝他做皇帝，这些人又有什么忌惮、畏惧而不敢做的呢？文庄公和贤臣们侥幸得以生存，是由明朝国家所维系，国家不是小事，因此我说几位贤人的幸存是天命。

现在想起来，以前称作是魏忠贤的干儿子干孙子的人，他们的势焰威福并不是不旺盛而炽烈，才经过了多长时间，他们就都趋于渐渐消亡了。即使下至妇女小孩，也往往用手指指点着任意评说，提名道姓地污辱他们。然而文庄公和那些贤臣却独自闻名于天地之间，能让提到他们名字的人叹息，听到他们事迹的人振奋，然则君子和小人他们从老天那里获得的报应谁是更多一些的呢？现今距文庄公逝世超过五十年了，来往于虎丘的四方士民，登上文庄公的祠堂瞻仰拜祭他的灵位，有不哀悼抽泣、前俯后仰，想象到文庄公的气节名声而徘徊不忍离去的吗？我知道一定没有这样的人。

祠堂建成于康熙十九年（公元1681年），又过了三年，我才撰写了这篇碑文。至于文庄公的著述，已经流传于世；他的家世、生卒年代等方面的详尽情况，已见于刘念台、黄石斋两位先生所撰写的《文庄公家传》，一律不再叙述了。

文庄公名锡，字明卿，祖祖辈辈居住在长洲，是天启壬戌（公元1622年）科进士第三名，由编修历官南祭酒。另外自号芝台，学者称他为芝台先生。

前明提督雁门等关兼巡抚山西地方都察院右副都御使加一级蔡忠襄公墓志铭

前明崇祯十七年春二月八日，流贼李自成陷太原，原任巡抚山西都察院右副都御史蔡公懋德死之，贼长驱入京师。无何，弘光帝即位于南京，于是礼部尚书顾公锡畴上疏乞褒公，曰："辇毂沦陷，天崩地坼，大小文武官吏，相率抱首鼠窜，甚而迎降献策，为逆贼倒戈出死力者，实繁有徒。至于慷慨赴义，则仅遇其人。臣懋德以只身控扼全晋，备著劳绩，事穷势迫，洒血盟众，誓不与贼偕生，城陷之日，竟酬其志。又能倡率旗鼓弁流，尽为一时节义之冠。苟不厚加恩恤，何以慰忠魂，而示以死勤事之报？"疏上，诏予祭葬建祠，谥曰"忠襄"。是时阁臣马士英与顾公修故隙，媚士英者，遂劾公失守罪，以是格赠荫皆不行。东南士大夫争扼腕长叹，以为报公未尽云。

先是公之抚山西也，方与陕西督臣孙公传庭相犄角以御贼，最后孙公之师十余万大溃于潼关。自成入西安，掠榆林，公所属平阳、汾州皆大震。遂属巡按御史汪宗友守太原，独提羸师三千，日夜往来，拒贼河上，一败贼于大庆渡，再败之风陵渡，又败之吉乡渡。相拒者四阅月，数上疏请饷，不报；请发禁旅及大同宣府兵为援，又不报。而会贼自榆林声言寇太原，于是太原复告急。宗友以书促公归卫晋王，王亦请救于公，使者前后相望。公不得已，三分其麾下士，以二千人守平阳、汾州，亲引千人驰入太原。公既归，宗友遽出走，而贼遂从平阳渡河而北矣。已宗友在道闻之，以己之促公归也，惧得罪，谋委之公以自解，露章诬劾公不援平阳状。有旨解任听勘，且命郭景昌代公巡抚，命阁臣李建泰督师来援。两人者皆逗留不进。

自成遣伪使诱公降，公枭使者首，竿之以令众。或讽公："寇深矣，盍循故事出竟

候代乎？”公毅然曰：“吾封疆臣，死封疆耳。此时存亡呼吸，奈何藉口解任以自便哉？”遂誓士民乘城。自成怒公杀使者，悉其众五十万抵城下。先是公度郭外要害地，瘗炮以待，贼至，适营其上，乃夜募壮士发炮，歼贼众无算，自成亦几殆，益大怒，挥众肉搏攻城。越明日，大风拔树，扬沙石，天昼晦，守陴者皆不能立。又明日，城遂陷。公先草遗疏怀之，至是以授赞画知县贾士璋，而身督麾下巷战。久之，知势不支，麾下士欲劫公走，公厉声不可，径下骑徒行，入三立祠。祠故建以祀山西诸先贤者也。时从公者犹数十人。公从容登祠堂，北向叩首呼曰：“臣力竭矣，不敢不以死报！”复再拜诸先贤木主讫，解腰带，自缢于祠之东梁。从死者，自中军副总兵应时盛以下凡若干人。自成既入城，购公急。或指示尸处，贼遂戕而弃之海子。材官段可达廉得之，窃买棺，藁葬于南门外之东冈。我清顺治五年，公子方炳、方炌往负公柩归，太原人无不涕泣以送者。又三年卜葬吴县妙明山之麓，而方炳以行状谒铭。

嗟乎！谋人之军师，败则死之；谋人之邦邑，危则亡之。公既奉旨解任，宜其有以自解免矣，是虽待罪境上可也，不则与众偕奔，俟贼之衅以为后图亦可也，而公俱不谓然。夫公之莅太原，仅二年所尔，自三秦瓦解以后，内无宿饱之储，外无蚍蜉蚁子之援，张空拳，裹枵腹，力与虎狼相抗。及其末也，啖之以利而不顾，怵之以死亡而不悔，杀身授命，完节地下，岂仓卒所能办哉？公盖素宗王文成公[①]之学，至老犹聚诸生讲论不辍。幸而名成功遂、享有封爵，则为文成；不幸而身死国裂，委尸沟壑，则遂为公。虽遭遇不同，而其不朽则均也。

方公为举子，得《文成传习录》读之，叹曰：“圣学渊原在是，吾今而后，知所宗矣。”故其言学者，以致知格物[②]为根要，以至诚为归宿，以知及仁守庄莅礼动为阶级，以发愤疑问深造自得为功夫，而独推尊文成，谓之嫡传。由文成而溯朱、陆诸儒，由诸儒而溯孔孟，原流派别，洞若指掌，然后知公之死也，期以不愧所学者，不负君父，即孔子所谓成仁、孟子所谓舍生取义是也。以视匹夫匹妇之谅，诚大有间矣。

按状，公字维立，别自号云怡，先世居河南之新蔡，宋南渡初始迁于吴，曾祖安自太仓迁昆山。祖畤，赠某官，父允忠，赠某官，至公三世，皆冒陈姓。公既归，始复姓，归于蔡。举万历末进士，释褐杭州推官。上官荐治行第一，当入为给事中，以忤同县阁臣顾秉谦，改礼部某司主事。又忤太监魏忠贤，谒告归。忠贤诛，复补礼部，历员外郎至郎中，出为按察司副使，提督江西学政，改嘉湖道，进布政使司右参政兼按察司佥事。丁内艰，服阕，补井陉道，进左参政，改宁前道。我清兵大入，公有城守松山功，又忤阁部杨嗣昌不叙，量移济南道，进山东按察使、河南右布政使，所在具有声望，为上官所倚重。

在宁前，祖将军大寿久镇边，其士卒颇骄纵，公患之，入其营，阳与好语，良久，大寿悦，乃徐谓曰：“边事急，幸幕府戮力，敢相厄哉？顾部下士鱼肉商民，将军不知也。某请治之，以全将军令名，保终始。”大寿敬诺，边人得赖以安。总监高起潜尤贵横，公贻书责之曰：“职与贵监相见之礼，不载会典，宪纲体统，当从义起耳。贵监体不诎，则为凶德；职等体不伸，则失所守。今使职惟朝命是尊，而贵监常得折节士大夫，欢然通宾主意，庶几贵监享谦谦之誉，职亦伸謇謇之节，岂不两相成哉？”起潜不能难也。

会以灾异应诏言事，公极言戡定必需经济，而经济不本圣贤大道，见小欲速，终不足以拨乱反治。又言儒者心学不明，类多党同伐异，祸乱实基于此。既擢抚山西，愍帝召见中左门，诏问致治之要，公首言："四方多事，皆由民穷为盗。臣任抚绥，当使穷民有饭吃耳。"又言："爱民莫先察吏，察吏莫先臣自察。臣不公不廉，何以服寮属心？"又言："兵富而后能强，欲劝屯田，必信永不起科之令。"愍帝颇嘉纳之。盖其终始守正不阿类如此。

当前明之季，中朝诸巨公贵人，惟知分持门户，日夜以语言相龃龉，其有贤者如公，则辄委而摈之于外矣。设若假以便宜，资以调遣，使得左掎右梧以扞御西北，则天下尚可为也。颠危之不恤，方相与蹴社稷而覆之，谁秉国成，公岂能代尸其咎哉？顾议公者犹曰失守太原，曰不援平阳，夫以公之风采气节，既以争光日月，而彼小子纤人，蠹国偾宗之余，乃复靦焉面目，骋私意以诎公论，不惩其心，复怨其正，岂不当流涕痛哭者与！

公享年五十有九，配徐淑人，后公十五年卒。子三人，长方熺，国子监生，淑人出；方炳、方蚧其仲、季也。方炳长洲学生，侧室顾氏出；方炌苏州府学生，侧室叶氏出。女二人，婿管熙、陈哲庸，皆诸生。孙男女若干人。方炳所为行状，叙公官政甚具，予述其大者，而又作招魂之词以铭公曰：

公乎归来！雁门岌並，道阻修些。河流滂湃，蟠蛟虬些。归来归来，勿久留些。公乎归来！峨然三尺，马鬣封些。苍松桧樌，森成行些。归来归来，乘云龙些。公乎归来！刻桷丹楹，有崇祠些。羔臄兔腒，杂豚胹些。归来归来，荐清醴些。公乎归来！元气浩浩，风烈烈些。大书特书，在史册些。归来归来，越千亿年，令名不没些。

【注释】

①王文成公：名守仁，浙江余姚人，有《传习录》，学者称阳明先生。②致知格物：《大学》："致知在格物，"朱注："格，至也。物，犹事也。穷知事物之理，欲其极处，无不到也。"

【译文】

明朝崇祯十七年（公元 1644 年）春二月八日，流贼李自成攻陷太原，原先担任巡抚山西都察院右副都御史的蔡懋德蔡公为保卫太原牺牲了。李自成长驱直入，占领了京城。没过多长时间弘光帝在南京即位，因此礼部尚书顾锡畴顾公上书陈述蔡公的事迹，请求皇上褒奖蔡公，说道："京城被李自成攻陷占领，崇祯皇帝吊死在景山，大小文武百官，互相带领着抱头鼠窜。而投降李自成，向他出谋划策，为他倒转武器拼死卖力的，实在是人众不少。至于慷慨就义，就很少见到这样的人。大臣懋德一人控制整个山西，战绩功劳都很显著。形势紧迫，情况危急，因此抛洒热血与众人盟誓，立志不和李自成一起生存。山西城陷落的那一天，竟然实现了他的心愿，为国捐躯了。又能倡导率领麾下武士，全都成为当时节义之士中的突出人物。假如不重重地施予恩典和抚恤，用什么来安慰忠臣的灵魂？用什么来表达对为了王事而牺牲的人的报答？"奏章献上，皇帝下令准予祭奠、安葬、建立祠堂，封给蔡公的谥号是"忠襄。"这时阁臣马士英跟顾公纠缠旧有的矛盾，巴结马士英的人，便弹劾蔡公失守之罪，所以待遇标准、荫

封、追赠都没有实现。东南士大夫争相握住手腕长声叹息，以为报答蔡公还不彻底。

在此以前，蔡公镇守山西的时候，正跟陕西督臣孙传庭互相构成犄角之势来抵抗贼兵，最后孙公十多万军队在潼关之战大败。李自成攻入西安，侵掠榆林，蔡公统属的汾州、平阳都非常震惊。因此委派巡按御史汪宗友镇守太原，独自提点三千弱兵，日日夜夜在黄河岸边往来抵抗贼兵。第一次在大庆渡打败了贼兵，第二次在风陵渡打败了贼兵，接着又在吉乡渡打败了贼兵。和贼兵相距四个月，屡次上奏章请求发派粮饷，没有回应；请求派遣禁卫军以及大同宣府镇的军队作为援军，又没有回应。恰好赶上贼兵从榆林扬言侵略太原，因此太原方面又告急。汪宗友写信催促蔡公回到太原保卫晋王，晋王也向蔡公求救，送信的人一个接着一个。蔡公没有别的办法，只好将自己统帅的士兵分作三份，用两千士兵把守平阳和汾州，亲自率领一千士兵骑马飞奔，进入太原。蔡公回到太原后，汪宗友便匆匆逃走，贼兵于是从平阳渡过黄河北上。不久汪宗友在路上听说这事，由于是自己催促蔡公回到太原的，害怕获罪，便图谋把罪责推托给蔡公来自我解脱，上奏章诬陷蔡公不援救平阳的情形。皇上下旨解除蔡公的官职听候审问，而且命令郭景昌代替蔡公巡抚，命令阁臣李建泰率领军队前来援救。这两个人都停留不前。

李自成派遣使者引诱蔡公投降，蔡公砍下了使者的头，将它悬挂在旗杆上来号令众人。有人讽喻蔡公："敌寇深入了，为什么不遵循惯例走出山西地界，等候别人替代自己呢?"蔡公态度坚决地说："我是边界上的大臣，死在边界上而已。这时存亡系于呼吸之间，怎么可以把解除自己的官职作为借口来方便自己呢?"因此与将士百姓立下誓言，登上了城墙。李自成恼怒蔡公杀了他的使者，把他的五十万人马全部调集在太原城下。在此之前，蔡公仔细察看了城郭以外的要害之地，在那里埋上炮火等待敌军，贼兵到来，恰好在炮火之上建立了军营，于是连夜招募壮士点燃炮火，歼灭的敌兵无法计数，李自成也几乎遭遇危险，更加恼火，指挥人马徒手搏斗、攻打城池。第二天大风拔起了树木，吹起了沙石，天空白昼晦暗，守城的人都站立不稳。又过了一天，城池终于陷落。蔡公事先起草了留给皇帝的奏章，揣在怀里，到这时才把它交给赞画知县贾士璋，然后亲自指挥部下跟敌人巷战。时间久了，蔡公清楚这种形势不能支持下去，部下士兵想胁迫蔡公逃走，蔡公严厉地说不可，径直下了战马徒步行走，进入三立祠。三立祠是原来建造以祭祀山西先贤们的。当时跟随蔡公的还有几十个人。蔡公从容不迫地登上祠堂，向北磕头喊到："我的力气用尽了，不敢不用死来报答皇上!"又对先贤们的牌位拜了两拜，拜毕之后，解下了腰带，在三立祠的东梁上自己吊死了。跟随他一起死的，从中军副总兵应时盛往下共有若干人。李自成入城后，悬赏缉拿蔡公异常迫切。有人指给他蔡公尸体所在的地方，贼兵于是将他的尸体弄残后扔进了水泊。材官段可达察访找到了他的尸体，私下里购买了棺材，草草地将他埋葬在南门外的东山冈。大清顺治五年，蔡公的儿子方炳、方炌前去运送蔡公的灵柩返回祖籍，太原城的人们没有不哭泣着送他的。又过了三年，在吴县妙明山脚下选择了坟地安葬了他，方炳拿着蔡公的生平事迹来请我写铭文。

唉!为他人的军队策划，军队败了便为他捐躯；为他人的国家策划，国家危急了便为他死亡。蔡公奉圣旨解除了官职，他应当有理由用来解脱自己了，这样，就是在边境上等着被治罪也是可以的，假如不这样做，那么就和自己的人马一同逃跑，等着贼兵出现可乘之机以后再考虑夺回城池也是可以的，但是蔡公都不以为然。蔡公来到太原，只不过两年左右而已。自从陕西溃败之后，城内没有隔夜的存粮，城外没有象蚂蚁那样力量微弱的援兵，张着空拳，缠着空肚子，奋力同如狼似虎的敌人相抗衡。到了最后，用好处来引诱他却不顾，用死亡来恫吓他却

不悔，牺牲自己献出生命，在地下保全自己名节，这哪里是仓促之间所能做得到的呢？蔡公平素推崇王文成公的学说，一直到老年还聚集学生们讲论不休。幸运因而功成名就，享有封爵的，是文成公；不幸因而身死国残，尸体丢弃在沟壑的，是忠襄公。尽管他们的遭遇不同，但他们的永不磨灭却是相同的。

正当蔡公做举人的时候，得到一本《文成传习录》，读完这本书以后，感慨道："圣人学问的根源在这里，我从此以后，明白尊崇什么了。"所以他谈论做学问，把推究事理、获得知识作为根本，把达到最高的道德规范作为归宿，把知及仁守庄莅礼动作为阶梯，把发愤疑问深造自得作为功夫，只推崇王文成公，说他是嫡传正宗。从文成公上溯朱熹、陆九渊诸儒，从朱熹、陆九渊等儒者上溯孔子、孟子，源流派别，就如同手指手掌那么分明。然后明白蔡公的死，是希望不愧于先师，对得起君王和父母，这就是孔子说的"成仁"，孟子说的"舍生取义"。拿他来同一般人的诚信相比，确实是太有差别了。

考察蔡公的行状，蔡公字维立，另外自号云怡。祖先居住在河南的上蔡县，南宋初年才迁徙到吴县，曾祖父安从太仓迁移到昆山。祖父畴，追赠某种官职；父亲允忠，追赠某一官职，至蔡公三代，都假充陈姓。蔡公返回后，才恢复原姓，姓蔡。万历末年考中进士，脱去布衣、穿上官服后任杭州推官。上一级长官推荐蔡公政绩是第一名，应该入朝担任给事中，由于触犯了同县阁臣顾秉谦，改任礼部某司主事。又触怒了太监魏忠贤，告假回到家中。魏忠贤被杀后，又补任礼部，历任员外郎至郎中，出任按察司副使，任江西省学政，改任嘉湖道台，升任布政使司右参政兼任按察司佥事，升任左参政，改任宁前道台。清军大举入关，蔡公有守卫松山城的战功，又由于触犯了阁部杨嗣昌，没有晋升，改任济南道台，提升山东按察使、河南右布政使。蔡公所在任所都有名誉与威望，被长官所重视。

蔡公在宁前道，祖大寿将军长期镇守边疆，他的士兵非常放肆骄横，蔡公对此十分忧虑，进入他的军营，表面上与他说好话，过了很久，祖大寿高兴了，蔡公这才慢慢地告诉他说："边界情况危急，幸亏将军同心协力，我怎么敢为难您呢？但是您的部下士兵任意欺凌商民，将军您不清楚。请允许让我来处治他们，用来成全将军的美名，保持始终。"祖大寿答应了他，边界上的百姓依赖他得到安宁。总监高起潜尤为专横显贵，蔡公送上书信责备他说："卑职和您相见的礼节，会典中没有记载，法纪规矩，应该依从道义建立。您身体不屈，那么就成为恶行；卑职等人身体不伸，那么就有失操守。如果现在让卑职只是遵奉朝廷的命令，并且您时常做到尊敬士大夫，高高兴兴地沟通宾主之意，这样或许可以让您享受谦虚的美名，卑职也可伸张忠贞的气节，难道不是双方面得到了成全吗？"高起潜不能为难他。

刚好赶上由于灾异接受皇命入朝议事，蔡公极力主张平定灾异必须经国济民，而经国济民假如不以圣贤大道为根本，只看到小利，只想马上成功，始终不足用来拨乱反正。又谈到儒者不明良知之学，大多是观点相同者结成帮派来攻击观点和自己不同的，灾祸叛乱其实是从这开始。被提拔巡抚山西后，愍帝在中左门召见了他，向他询问达到太平盛世的要点，蔡公首先说："四方多事，都是由于百姓贫困成为强盗。我担任安抚之职，应该让贫穷的百姓有饭吃。"又说："爱护百姓不如先考察官吏，考察官吏不如先考察自己。我假如不公正、不廉洁，用什么来让属下官吏信服？"又说："军队富有之后才能强盛，我想勉励士兵开垦田地。一定要信守永不摊派的命令。"愍帝深表赞许并采纳了他的意见。蔡公从始至终笃守正道、不逢迎拍马大致如此。

在明朝末年，朝中那些高官权贵，只知道各自坚持各自的门户派别，整天用言语互相诋

毁，其中有象蔡公这样的贤者，时常被排斥放弃在外。如果给予他们见机行事、因利乘便的权力，再给予他们调兵遣将的权力，让他们能左右支撑来防御西北，那么天下还可以挽救。他们不忧虑国家颠仆危急，正一起践踏社稷，倾覆它，谁还来执掌国家的成规？蔡公怎能替代他们承受罪责呢？可是议论蔡公的人还说蔡公失守太原，说蔡公不援救平阳，凭借蔡公的风度气节，已经与日月争光，然而那些小人，倾覆宗族、损害国家的余孽，却又徒具人的外貌，发挥个人的意见来歪曲公正的评说，不警戒自己的内心，反倒怨恨别人对他们的纠正，这难道不是应该流泪痛哭的吗？

蔡公享年五十九岁，原配徐淑人，比蔡公晚死了十五年。有三个儿子，长子方熺，国子监生，是徐淑人所生的；方炳、方炌是蔡公的二儿子和小儿子。方炳，长洲学生，是偏房顾氏所生的；方炌，苏州府学生，是偏房叶氏所生的。两个女儿，女婿管熙、陈哲庸，都是生员。有孙子孙女若干人。方炳所写的蔡公生平事迹，论述蔡公的官职政绩异常详尽，我在这里只叙述了其中重要的方面，又写了一篇招魂词来铭记蔡公：

蔡公归来！雁门高险，路险远啊。河流汹涌，蛟龙蟠啊。归来归来，勿留淹啊。蔡公归来，高达三尺，墓起封啊。苍松桧槚，严成行啊。归来归来，乘云龙啊。蔡公归来！雕椽赤柱，有伟祠啊。羔舌兔臀，合豚煮啊。归来归来，献美酒啊。蔡公归来！精神广博，气势炽烈啊。大书特书，在史册啊。归来归来，过千万年，美名不灭啊！

读书斋记

编修叶子子吉，在京师以好书著闻，常积书数千卷，闭户读之，以自奋勉于学，因命其所居室曰“读书斋”，而属予为记。

嗟乎！书岂易言读哉？士之少也，困于科举之业，则书之凡无益于经史者，悉废而不暇以读矣。及壮而宦游四方，又困于薄书文牒之猥琐，仓庾狴犴[①]城郭之周防，上官僚友，冠盖交游，往来酬酢之纷纭上下，则书之凡无益于吏治者，悉废而不暇以读矣。当是之时，未尝无有志之士知书之可好而能自奋勉者也，然其未遇也，或见为迂疏，而不足以迎合有司；其既遇也，或见为窣茸[②]迟钝，而不足以炼达当世之务。故士大夫无所事于书，而争以读书为讳。

惟翰林先生则不然，既已舍去科举之旧，而又无簿书文牒仓庾狴犴之可虞，品秩虽稍卑下，而率用简贵相高，其于往来酬酢之节，亦仅仅耳。此欧阳永叔所谓荣显清闲，得兼宰辅神仙人天之乐者也，宜其遂有读书之暇矣。且夫翰林之为官也，素以文章侍从为职业，上之人优其廪赐而宽其程课，使之从容缓步于簪笔[③]荷橐之列，如此而复废书以女矣，不几旷官而丧职也与？而叶子寓直之庐，则又国史院也，吾意必有前代金匮石室[④]之藏，与夫日历起居注之属，人间所不易购者，咸充牣乎其中，以俟叶子之读。

然则叶子苟好书，又何必惓惓于是斋也哉？抑予尝考之于古，若周之柱下所掌，晋之伯黡氏所司，汉之兰台、天禄，唐之丽正殿，宋之崇文院之所校辑，皆设有专官，其书多者，乃至八万九千余卷，而近世固无是也。盖三院所贮者，自太祖、太宗暨前明十三朝实录而外，不闻有难购之书；翰林先生自翻习满字而外，亦不闻有卓然留意于书者。至于退而休沐，亦皆饮酒谐笑之时为多，然后知以读书为讳者，虽在翰林亦然。而叶子顾独不然。方其用心于是斋也，孜孜矻矻，穷日尽夜，几不知异物之可以易其好者。倘益奋勉而不已，则其学岂可量哉？故不辞而为之记。

【注释】

①狴犴：监狱。②窣茸：驽顿。音蹋。③簪笔：古人插笔于首，有事则书于笏。《史记》："西门豹簪笔磬折。"④金匮石室：用金做的书柜，用石做的藏书室，指国家存放重要典籍的地方。

【译文】

编修叶子吉先生，在京城由于好读书而闻名，时常是积累几千卷书，插起门来阅读它们，为了勉励自己学习，于是把他住的屋子题名为"读书斋"。并嘱托我写一篇记文。

唉！书哪里容易说读呢？读书的人在年轻的时候，被科举的学业所困扰，但凡对经史没有用处的书，全都废置在一边，没有时间去读了。到了壮年，外出四方求官，又困扰于簿籍公文的繁琐，仓库监狱城郭的防范周密，长官同僚、做官的朋友、应酬往来的乱纷纷地跑上跑下，但凡对官吏处理政事没有用处的书，又全都废置在一边，没有时间去读了。正当这个时候，不是没有知道书是值得爱好并且能够自我勉励的有志人士，但是当他们没有被知遇的时候，有时行为、见解迂阔，不足用来迎合主管官吏；当他们被知遇后，有时见解、行为迟钝，不足用来通晓世上的事情。所以士大夫不读书，争着把读书当作一种忌讳。

只有翰林先生不是这样的人，他已经放弃了科举旧业，并且又没有仓库监狱、簿籍公文这些让人忧虑的事，官职的等级尽管稍微低下，但是人们大都由于简贵而推崇他，他对于往来应酬的礼节，也只不过是仅仅应付罢了。这是欧阳永叔说的显贵却清闲、能够兼备宰相神仙、人间天上的乐趣的那种人，他终于有读书的时间是应该的。再说翰林这种官职，时常是把作文章、随从帝王左右做为自己的职业，上边的人多给他们粮饷和赏赐，而且放宽他们的工作量，让他们悠闲地慢步在文官的行列，像这样的优越条件却还是废置书籍来嬉戏，这不就近似于空着官位、玩忽职守了吗？叶先生当班的房子，又是国史院，我料想其中肯定有前代存放在金柜、石室中的藏书，和那些日历、起居注之类的书。民间不容易买到的书都装满在国史院中，来等待着叶先生阅读。

假如是这样，那么叶先生如果喜爱书，又为什么一定要对这间书斋这样情意恳切呢？我曾对于古代的藏书作过考证，象周朝柱下史所掌管的，晋国伯黡氏所主持的古书，汉代的兰台阁、天禄阁，唐代的丽正殿，宋代的崇文院所校勘、收集的古书，都设有专门的官吏，其中藏书多的，居然达到八万九千多卷，近代委实是没有这么多书。大概三院所贮藏的书籍，除了太祖、太宗以及明代十三朝的编年史以外，没有听说过有难以买到的书；翰林先生们除了翻译学习满文之外，也没听说过有对书特别留意的。至于下班休假，也都是喝酒开玩笑的时间居多，然后知道把读书作为一种忌讳，就是在翰林院也是如此。叶先生却独独不然，当他在这间书斋中间用心读书的时候，孜孜不倦，度过了一个个白天和黑夜，几乎不懂得别的东西可以代替他的嗜好。如果他更加勤奋不已，那么他的学问哪里还能够限量呢？所以我没有推辞他的嘱托，为他的书斋写了这篇记文。

送魏光禄归蔚州序

宋邹志完之在朝也，尝恐忧其母，其母告之曰：“儿能报国，吾顾何忧！”其友王回者亦曰：“子虽有亲，然移孝为忠，亦太夫人素志也。”予读史至此，未尝不叹古之为人臣者，其家庭之所劝诫与朋友之所底属，抑何严切如此也！

今光禄丞魏环极先生，固士大夫所称有道者也，一旦上书于朝，乞终养以归。若以愧当世之嗜仕不止者，为先生计则得矣，然岂太夫人所望于先生者乎？又岂士大夫所望于先生母子间者乎？而竟毅然去不复顾何也？予考先生立朝始末，盖尝由翰林出为谏官矣。是时海内初定，居职者未谙国俗，率皆唯唯持禄，以幸无事，而先生独抗论国家大计，时时见诸施用，其疏稿具传于世，士大夫家皆有之。既而名日益盛，忌者日益众，辟诸含沙伏弩，乘间窃发，先生几蹈不测之祸，顾与太夫人怡然安之若命，噫，何其难也！盖其家庭之间，能不愧志完母子者久矣。由是言之，使人主所以倚仗先生者常如谏垣之时，则先生方纳忠陈力之不暇，而何暇于归？先生虽欲归，太夫人亦不听之归也。今不幸回翔于闲署，名为稍稍通显，而实弃诸无所设施之地，则其从容陈乞于天子之前者，岂得已哉？

今天下不可谓无事矣，法严而吏蠹，财匮而民佻，度亦先生所日夜太息者也。万一人主思得老成耆硕之儒，与之共济，必且以尺书束帛招致先生于里居，吾不知为先生者，其遂采菽酌水[①]，奉太夫人以终其身乎？抑承太夫人素志，幡然[②]还车而即路乎？古之君子，进非轩冕[③]之为荣，而退非山林[④]之为达也，从容去就，惟道之安尔。世之论者，咸谓先生是行也将有往而不返之思，而予独逆推先生之未然。以为先生固有道者，必不如是之偏且矫也。

予不敢辱与先生为友，窃自附于王回之后，故引志完故事而复为之说，以期望先生者如此。

【注释】

①采菽酌水：吃粗茶淡饭。《礼》：“孔子曰：‘啜菽饮水尽其欢，斯之谓孝。’”菽，豆类总称。②幡然：变动貌。《孟子》：“既而幡然改曰。”③轩冕：卿大夫乘的车、戴的帽。此指显贵之人。④山林：隐士归隐的地方，此指隐士。张华诗：“隐士托山林，遁世以保誉。”

【译文】

宋朝邹志完在朝为官的时候，曾经担心让他母亲忧虑，他的母亲告诉他说：“儿子假如能报效国家，我还忧虑什么！”他的朋友王回也说：“您虽然有父母活着，但是把对父母的孝转变为对国君的忠，这也是太夫人平时的心意。”我读史书读到这里，未曾不赞叹古代作人臣的，他的家庭对他的劝诫和朋友对他的砥励怎么这样峻切严厉！

现在任光禄丞的魏环极先生，本来是士大夫称赞的有道之人，一日上书朝廷，请求奉养年老的母亲以终其天年而辞官回家。假如想用这种做法来使当今社会上那些嗜好作官不休的人感到羞愧，替您考虑，这种目的是达到了，但是这难道是您的母亲对您希望的做法吗？又难道是士大夫对你们母子希望的吗？但是您竟然果断地离去不再回头，这是为什么呢？我考察先生在朝为官的始末，大概是曾从翰林出任谏官了。这时天下刚安定，作官的人还不熟习国中的习俗，大多都是用顺从卑恭来拿取俸禄，希望不出事，唯独先生直言议论国家大计，意见时常被采纳施行，先生上书的文稿还都在世上流传，士大夫家家都有这些文稿。不久声誉也越来越大，忌惮先生的人也就越来越多，好似含沙、伏弩，瞅准空子便暗中发射出来，先生几乎遭遇不可测度的大祸，反倒跟太夫人一起听从天命和和乐乐地安然处之，唉，这是多么难得的啊！大概是先生家庭之间，能够无愧于志完母子的时间长了。据此说来，如果国君用来倚仗先生的态度常如先生在谏官官署的时候，那么先生正在进纳忠言、贡献力量还忙不过来，哪里顾得上辞官回家？先生就是回家，太夫人也不会听任他回去。现今不幸盘桓于清闲衙门，名义上是稍微显贵了，然而实际上是把他抛弃在了无所作为的地方，那么他从容地在天子面前请求辞官回家，难道是得已的吗？

现今天下不能说是太平无事了，官吏败坏、法令严酷，百姓轻浮、财物短缺，我料想这些也是先生整天叹息的。万一国君想得到年高而有德望的学者，与他一起共同治理国家，一定会用书信、礼品从乡里把先生招来，我不知道作为先生您，是始终用粗茶淡饭侍奉太夫人以终养她的天年呢？还是秉承母亲的平素心愿，幡然改悔，回车上路呢？古时候的君子，仕进并不是把高官厚禄看作荣耀，退隐也不是把隐居山林看作豁达。安闲从容地进退，只求道义安妥而已。世上议论先生的，都认为先生这次行动必将存在一去不返的思想，但是我却预料先生不会这样。我以为先生本是一位有道之人，必定不会象这样的偏激而且矫饰真情。

我没有资格与先生交朋友，私下里把自己附属在王回之后，因此引用了邹志完的故事并且又为此作了说解，期望您能象邹志完那样以国事为重。

送王进士之任扬州序

诸曹[①]失之，一郡得之，此十数州县之庆也；国家得之，交游失之，此又二三士大夫之憾也。吾友王子贻上，年少而才，既举进士于甲第，当任部主事[②]，而用新令，出为推官扬州，将与吾党别。吾见憾者，方在燕市[③]，而庆者已翘足企首，相望江淮之间矣，王子勉旃！事上宜敬，接下宜诚，莅事宜慎，用刑宜宽，反是，罪也。吾告王子止此矣。

朔风初劲，雨雪载途，摇策而行，努力自爱。

【注释】

①诸曹：分职治事的官署叫做曹。《汉书》："坐曹治事。"②当任部主事：言王既举进士，按旧制当任六部中主事。主事，官名，位次员外郎。③燕市：即北平，又称燕京，即今北京。

【译文】

官署失去了他，一郡得到了他，这是十几个州县的幸运；国家得到了他，朋友失去了他，这又是几个士大夫的遗憾。我的朋友王贻上先生，年纪轻轻却很有才干，中了第一等进士后，应当担任六部中的主事，但是采用新颁布的命令，出任扬州推官，将要和我们一伙人离别。我发现感到遗憾的人，正在燕京，而感到幸福的人却踮起脚后跟、抬着头，在江淮之间期盼他

了，王先生努力吧！事奉上级应该谦敬，对待下级应该诚恳，遇到事情应该谨慎，使用刑罚应该宽松。假如跟这些相反，那就是罪过。我要给王先生说的话只有这些。

北风刚刚猛烈，雨雪洒满征程，挥鞭前行，尽力珍重。

送宋牧仲榷赣州关序

康熙十七年仲冬之吉，刑部宋子牧仲方以才能简任[1]关使者于赣州[2]，濒行，京师诸相识率皆往而饯之，又以诗赠之。牧仲意犹未已，复命予序其端。

予叹息谓牧仲曰；“琬盖尝受教乡先生矣，愿明以语子。胜国[3]时士大夫为郎吏者，往往不乐任户曹；为户曹者，亦往往退让，不欲以分司之职，受知于其长；为分司者，又皆不汲汲于征利，而惟务以宽恤往来之行旅。此所以商贾富饶，吏民安乐，而士大夫亦多廉耻之风也。比年以来，其时其势率异此，故关政日益严，而所以勾稽利弊者亦日益巧且密，于是商贾之子钱易耗，耗多则舟车不前，而贸易渐稀。贸易者稀，则所产之地患其不售，而远方难得之物，黠者将居之以为奇，故其价急趋于翔踊[4]。民间既骚然告困，而算缗[5]者亦策无所出，为国家致富之术，如是可乎？顾犹自诧曰：我才也，我能也。是知其一不知其二者也。以宽大为政，以招徕拊惠为心，上不阙军国之供，而下不诒远人之怨，是在吾子勉之而已。至于赣州山水之雄、鱼鲜橘柚花竹之美，与夫亲旧僚友携尊设祖、殷勤道故、黯然伤别之情，举凡见诸诗者，皆不暇以云也。”

【注释】

①简任：选拔任命。②赣州：府名，府治赣县，今改为赣州市，属江西省。③胜国：被灭亡的国家，此指明朝。语出《周礼》。④翔踊：物价步步高增。《汉书》：“谷价翔贵。”⑤算缗：理财。

【译文】

康熙十七年（公元1679年）仲冬吉日，刑部宋牧仲先生正由于才能出众选任赣州关使者，临出发时，京城里的老熟人们大都前去为他送行，又写了诗送给他。牧仲意犹未尽。又命我在诗集开头写一篇序文。

我对牧仲感慨地说道：“我曾接受过年老辞官居住乡里之人的教导，期望明明白白地告诉给您。前朝时士大夫担任郎吏的，时常不乐意担任户曹；担任户曹的，也时常退让，不想用分管部门的职责，来得到上级长官的知遇；担任分管部门职务的，又都不追求征收利税，只是致力于体恤、宽容来来往往出行在外的人。这是官吏百姓安乐、商人富足、士大夫也大都有廉耻风气的原委。近年以来，时间和情势大都与此不同，所以关口的赋税一天比一天地严重，并且用来检查利弊的手段也一天比一天更加精密、巧妙，因此商人的利钱容易消耗，消耗多了那么商人的船、车就不前往，所以贸易逐渐稀少。贸易稀少，那么出产物品之地的人们担心他们不能把物品卖出去，而远地方那些难以买到的货物，狡诈的人会把它们储存起来作为奇货，所以他们的价格势必步步增高。民间乱哄哄地报告贫困后，理财的也想不出相应的对策，替国家招致财富的道术，象这样，行吗？但是自己还惊异地说：我有才华啊，我有能力啊。这是只懂其中一个方面，不懂得其中的另一个方面。用宽大的政策来处理政事，把招来商贾安抚他们给他们恩泽作为自己的指导思想。上不缺军队国家的供应，下不让远方之人怨恨，这全在于您勉力去做而已。至于赣州山水的雄奇，鱼鲜橘柚花竹的美好，以及那些同僚朋友、亲戚故旧，提着酒器、摆下送别的宴席，意味深长地叙述旧情，神情沮丧地伤感离别的情景，凡是已在诗中表现出来了的，都没有时间去叙说了。

赠翁君序

翁君名天章，字汉津，吴县人，以诸生入国子上舍[①]。为人喜声色，纵游狭邪。顺治十四年来京师，与妓冯金者相好也，已尽散其所携资。不数月，冯径弃君，更归他氏，而君犹日夜叹诧不自得，每对客，必曰："吾负冯生[②]！吾负冯生！"云。于是京师人皆以君为狂。

翁氏世居洞庭之东山，君之族人有逢春者，故名中书舍人也，其豪迈犹与君类。客金陵时，有所狎妓寇氏，以色艺擅名南院中，中书君惑之，先后费钱帛巨万，始得娶为外妇。已复游临安[③]，辇橐中金二千于寓庑下。一日被酒归，蹴金伤其趾，遽怒呼曰："吾明日用汝不尽，不得复称侠矣！"遂遍召故人游士及妖童艳倡之属，期诘旦集湖上。是日舣舫西泠桥，合数十百人，置酒高会，所赠遗缠头[④]无算。抵暮，问守奴余金几何，则已告尽矣。

又有彦登者，亦君诸父行也，少任智数，武断山中。当明愍帝时，置姬十二，各建一楼居之，高甍画栋，制如掖庭。为怨家飞章所讦，下巡捕致于狱。于是君与其族人出家财居间，久之始得解。盖翁氏以意气相尚类如此。

东山之俗，健斗喜讼，富者率居货四方，以纤啬起家，而翁氏独任侠轻财，至倾其产不顾，亦豪矣哉！

往予游东山，值翁氏盛时，甲第相望，其子弟轻裘鲜服，日夜与宾客相过从，弹筝抚瑟，有古游闲公子之风。今相距不过数年，逢春死，彦登老且病，而君亦濩落长安中，讫无所遇，翁氏几无复前日之盛矣。然君意气如故，终不以此自悔恨也，岂真古之范少伯[⑤]、原巨先[⑥]之流耶？

公娶布政来虞公女，于予为从姑之夫，性坦率，多大言，每自矜能诗，然馆予邸舍累月，亦不见君尝为诗矣。忽谓予曰："女他日铭我于石，当云云。"予笑应之曰："君果欲琬文，又何用铭为？"于是遂略序君之生平，且牵连翁氏故事，为文以赠。

【注释】

①国子上舍：官署名，即国子监。清末立大学堂，国子监始废。②冯生：吴人呼某妓为某生。③临安：府名，故址在今浙江省杭州市。④缠头：赠送女妓的财物。⑤范少伯：即范蠡，春秋楚宛人。曾辅佐越王句践灭吴，后弃官经商，三致千金，一再分散给贫交和疏远的兄弟。⑥原巨先：原涉字巨先，汉茂陵人。父死，退还丧礼，专以赈穷赴急为务。

【译文】

翁先生名天章，字汉津，吴县人，凭借诸生资格进入国子监。他为人喜爱美女音乐，在妓院肆意游逛。顺治十四年来到京城，与叫冯金妓女的相好，不久便都挥霍完了他所携带的盘缠。没过几个月，冯金径自抛弃了翁先生，另嫁了他人，而翁先生还是整日整夜地感慨不能得到她。每当面对宾客，他必定要说："我对不起冯生！我对不起冯生！"因此京城里的人都认为翁先生是个疯子。

翁家祖祖辈辈居住在洞庭的东山，翁先生有一位名叫逢春的同族人，以前是有名的中书舍人，他的不羁豪放与翁先生尤其相似。旅居金陵的时候，有一位他所亲昵的妓女寇氏，凭借姿色和技艺在南院中独自闻名，中书舍人先生被她迷惑，前后破费了成千上万的布帛、金钱，才得以把她娶为在外私通的女人。不久又出游临安，用车子将口袋中的两千两黄金运到寓所的走廊下面。有一天喝醉了酒回到寓所，脚踏在金子上弄伤了脚趾，突然怒吼道："我如果明天用不完你们，就不能再称为豪侠了！"因此普遍地邀请老朋友、游客以及漂亮的少年、妖艳的娼妓一类的人，约定好明天早晨在湖上聚齐。这一天将游船停泊在西泠桥，聚集了几十上百的人，摆下酒席，举行盛大宴会，赠送给歌舞女子财物无法计算。到了傍晚，中书舍人问管钱的仆人还剩多少金子，金子早已用完了。

又有一位叫翁彦登的人，也是翁先生的父辈，年轻时放纵心计，在山中以威望主断曲直。在明朝愍帝的时候，他购置了十二个姬妾，给她们每个人都建造了一座楼房让她们分别住在里边，雕梁画栋，形制好似皇宫中嫔妃居住的房屋。翁彦登被仇家匿名信所揭发，事交巡捕官查办，把他投进了监狱。因此翁先生和他的同族人拿出家中的钱财调解，过了好长时间才把他放了出来。翁家以意气相崇尚大都如上所说。

东山的风尚，嗜好诉讼、善于打斗，有钱的人大多在四方囤积货物，待价出售，靠着悭吝起家，唯独翁家负气仗义、轻易地把钱财施舍给别人，直到倾家荡产也不顾惜，真可称得上是豪放啊！

从前我游览东山，正赶上翁家兴旺的时期，豪门大院相连不断，他们的子弟穿着轻暖的皮袍、华丽的衣服，日夜跟宾客相交往，弹奏着瑟、筝等乐器，很有古时候游闲公子的风度。现今距离那时不过几年，翁逢春死了，翁彦登年老且有病，而翁先生也无聊失意于长安之中，到现在也无人知遇。翁家几乎不再有往日的兴旺气象了。但是翁先生意志气概与以往一样，始终不为此懊悔、遗憾，莫非他真是古代的范少伯、原巨先之类的人吗？

翁先生娶的是布政使来虞公的女儿，对于我来说，他是我堂姑的丈夫。他性格直爽，好说大话，时常自我矜持能作诗，但是他留我住在他的宅第中好几个月，我也没有发现他曾经写过诗。忽然告诉我说："你将来把我铭刻在石碑上，应当如此如此。"我笑着答应他说："您假如真的想让我写文章，又何必一定要写铭文呢？"因此我就简略地叙述了翁先生的生平，并涉及到翁家的往事，写成这篇序文来送给他。

计甫草中州集序

信乎诗文之以好游而益工也！予友计子甫草来京师，出其中州所作书、序、记、铭、五七言杂诗若干篇，予受而读之，而为之三叹也。

盖甫草自春徂秋，遍游大河之南北，其车辙马蹄之所及，率皆明季时战争旧垒也，故其戈头矢镞，阴燐遗骼，往往杂出于颓垣野田荒烟蔓草之中，见之恒有苍凉壮烈愤然不平之余思，则其为道途逆旅诸作也，宜其多徬徨而凄恻。逾河涉洛[1]，遥望嵩山[2]、少室、苏门之巉秀，其间长林修竹，飞瀑清湍，绵亘而不绝，至于菟园、雁池、铜台、紫陌之旁，日落风号，狐嗁而鸱啸，虽欲问梁孝王[3]之骄侈，曹氏[4]、高氏[5]之雄豪意气，而眇乎远矣，则其为登临怀古诸作也，宜其多幽峭而深长。所遇贤士大夫与夫王孙贵胄，下暨酒人侠客卖浆屠沽之徒，埋名而更姓者，犹不失中原文物之遗焉，幸得追随其步趋，而相与上下往复，其议论无不动心骇魄，可歌可涕，则其为往来赠答宴饮别离诸作也，宜其多激昂沉郁，而出之以顿挫。然则甫草所作之工，盖至是而蔑以加矣！

昔太史公足迹几半天下，而子美、太白[6]亦尝櫜阸齐、鲁、秦、蜀、荆、湖之间，故能出其所得，名当时而传后世。诗文之道，虽古今人常不相及，而要之以好游而益工，则固千载已来雄才杰士之所同也。

方予之少也，亦欲藉区区之翰墨与甫草相角逐，及一旦系官于此，无由为名山大川千里之游，以壮其气而开拓其耳目，于是学日益劣，识日益卑，而才华亦渐以凋落，盖有愧于甫草多矣，况敢远望古人乎！顾犹欲竭其固陋，为甫草序此而不辞者何哉？夫亦以志吾愧也。

【注释】

①逾河涉洛：渡过黄河、洛河。②嵩山：五岳之一，在今河南登封县北。③梁孝王：名武，汉文帝子，景帝时来朝，朝归，更加骄横奢侈。④曹氏：即曹操。挟天子令诸侯，威权震赫。于临漳县造铜雀、金虎、冰山三台，极崇闳壮丽。⑤高氏：高欢。初仕后魏，平朱氏之乱，拥立孝武帝，欢为丞相，专权，及子高洋篡魏，追尊为神武帝。⑥子美、太白：杜甫、李白。

【译文】

诗文因喜爱游览而更为精妙，这话真是一点儿不假！我的朋友计甫草先生来到京城，拿出他在中州作的书、序、记、铭、五言诗、七言诗、杂言诗等若干篇，我接过来阅览了它们，为它们再三感慨。

甫草从春天到秋天，游遍了大河南北，他的马蹄车辙所到之处，大都是明朝末年打仗时的破旧营垒，因此那些戈头箭头，阴森的鬼火、遗弃的枯骨，时常混杂在一起出现在破墙野田荒烟蔓草当中，看到这些时常使人产生凄凉壮烈愤然不平的遐想，那么他所写的旅店、道路那些作品，当然大多是凄惨、徬徨。渡过黄河、洛水，遥望嵩山、少室山、苏门山的巉岩秀丽，其中高大的树木、修长的毛竹、飞漱的瀑布、清澄的湍流，连绵不断，至于菟园、雁池、铜台、紫陌的旁边，太阳西落，狂风怒吼，野狐嗁叫，怪鸱悲鸣，就是想考察梁孝王的傲慢奢侈，曹氏、高氏的豪放气概，然而这也太遥远了，那么他所写的登山临水、感怀往昔的那些作品，当然其中大多是严峻深长。自己遇到的贤明的士大夫和那些贵族子弟，下至酒徒、侠客、卖水者、屠户、酒家这帮人，其中埋名改姓的，仍然没有丧失中原文人的遗风，幸好得以跟从他们亦步亦趋，和他们一起上下往返，他们的议论没有不是惊心动魄、可歌可泣的，那么他所写的往来赠答宴饮离别的那些作品，当然其中大多是深郁激昂，而用顿挫抑扬的手法把它们表现出

来。但是甫草作品的精妙，至此便无以复加了。

以前司马迁的足迹几乎到过半个天下，杜甫、李白也曾游历于齐、鲁、秦、蜀、荆、湖之间，所以他们能把自己游历的收获写出来，闻名当时并流传后代。作诗写文之道，尽管古人今人的观点常常不相关联，但总起来说，诗篇文章是靠着喜好游历更为精妙，这确实是千年以来雄才伟人所共同的认识。

在我年轻的时候，也想凭借小小的笔墨跟甫草相比赛，等到一旦在这里作了官，没有机会去做名山大河千里的远游，来开阔眼界、增壮文气，因此学问一天比一天更加粗劣，见识一天比一天更加低下，才气也逐渐地衰竭了，对于甫草来说，自己感到羞愧的地方就很多了，更怎么敢远望古人呢？然而还想竭尽自己的鄙陋见识，为甫草写这篇序而不推辞的原委是什么呢？不过是用此来记住我的羞愧罢了。

答王进士书

琬启：比辱枉顾，命作贤姊节烈传，琬诚不敢固辞。然所示事实，不免太简。如尊大人官讳氏族俱不书，贤姊既亡于井，何时购得其尸以殡又不书，此皆其大者，得更赐教为幸。

琬尝思古之所谓忠孝义烈者，其身虽亡，其容貌动止虽不可得而见，而其气则浩浩然，落落然，流被天壤。上自名公巨卿，下自里巷之氓，以至妇人竖子[①]，莫不乐颂其姓氏。及其有可感者，则又相顾太息，不知涕泗之流落也。故虽愈久而愈不可磨灭，相距几千百年，犹昭灼在人口耳。此岂系乎文章之有无耶？然而有志之士，犹欲奋起而为之纪载者何哉？非为忠孝义烈之名，恃此而后不朽也，直以文章不能无故而作，必借他人之事而发之，以稍见其胸中之奇，而取重于后世。或所遇非其人，所书非其事，则虽有上下驰骋瑰玮诡异之词，决不及传；或遇得其人矣，而行事不加恢奇，则其词虽传，亦决不及于久远，故尤慎择其所得而详书之。

昔李习之[②]有盛名于唐，然独自述其所叙高愍女、杨烈妇，为不在班孟坚[③]、蔡伯喈[④]下；近世归震川[⑤]先生亦号东南大儒，尤沾沾自喜者，惟在作《张氏女子神异记》，亦可窥见前贤之用心矣。而流俗不察，妄相推许，遽谓文章之权，可以褒宠死者，几欲自比于夫子之《春秋》，不亦夸而难信矣乎！

琬才学蠢陋，使厕于李习之、归震川之列，必当愧颜汗下。然其私淑诸人者，殆有年矣。方欲借足下所示以自传其文章，故先略道所见，伏冀省览。不宣。

【注释】

①竖子：小孩。语出《左传》。②李习之，唐赵郡人，名翱。文章与韩愈齐名，著有《习之文集》。③孟坚：姓班名固，东汉北地人，著有《汉书》。④蔡伯喈：名邕，东汉陈留人。灵帝时拜郎中，累迁至中郎将，后以卓党死狱中。著有诗赋等百余篇。⑤归震川：归有光，字熙甫，人称震川先生，明昆山人。为明代中叶古文大家，著有《震川集》。

【译文】

我向您陈述：近来蒙您屈驾来访，命我给您的姐姐写一篇节烈传，我委实不敢坚决推辞。

但是您给我看的事情的实际情况，未免太简单。比如您父亲的官职、名讳、宗族等情况都没有写下来，您的姐姐死在井中之后，什么时候找到她的遗体来殡葬又没有写下来，这些都是写节烈传的重要的材料，希望您另外把这些告诉我。

我曾思考古代所说的那些忠孝义烈的人，他们自身尽管死了，他们的行为容貌尽管不能再看到了，但他们的精神却高超不凡、广博浩大，流传散布于天地之间，上至有名望、高贵的公卿，下至乡村街道里的普通百姓，以至妇女小孩，没有人不愿意称颂他们的姓氏。遇上其中令人伤感的，那么他们又相视叹息，不知不觉地眼泪和鼻涕一起流了下来。所以虽然时间越来越久远，但他们却更加不可磨灭，距离他们已过了几千几百年，但他们仍然显著、鲜明地存在人们的口耳之间，这难道关系到文章的有或是没有吗？但是有志的人士，还是想挺身而出把他们的事迹记载下来，这是为什么呢？不是由于忠孝义烈之士的名声依赖文章然后才永不磨灭，只是由于文章不能平白无故地去作，一定要凭藉别人的事迹来发起，以此稍稍表现出他胸中的奇才，然后被后代的人所看重。有的遇到的不是合适的人，记载的不是值得记载的事，那么就是有纵横驰骋美好奇特的文词，也肯定得不到流传；有的遇上合适的人了，但是品行和事迹不比别人更加伟大突出，那么他的文词即使留传，也决不会流传得久远，因此对于自己所得到的素材更应该谨慎的选择而详细的书写。

从前李习之在唐朝有很高的名望，但是他仅仅述说自己所写的高愍女、杨烈妇的传文是不在班孟坚、蔡伯喈之下的；近代的归震川先生也号称东南一带的大儒，他自己最喜爱的，只在于自己所作的《张氏女子神异记》而已，这也能够窥见以前贤人们的用心了。但是世俗之人不加审察，随便互相吹捧，便说文章的权力，可用来褒奖尊宠死人，几乎想拿孔夫子的《春秋》来跟自己的文章相比，这不是太夸大而且令人难以相信了吗？

我的学问才识低劣蠢笨，假如把我放在李习之、归震川的行列中，那我一定会惭愧得流出汗来。但是自己宗仰那些人，恐怕有一定年头了。我正想凭着您给我看的材料来使自己的文章得到流传，因此先简略地陈述了自己的看法，期望您明察。不再一一细说。

乙邦才传

乙邦才，字奇山，山东青州人。明愍帝时，以队长从监军太监击贼河南江北间，主者未之奇也。

总兵黄得功与贼战于霍山[①]，得功乘胜舍其大军，单骑前逐贼，陷淖中，贼围之数重，射杀得功所乘马，得功亦仰面射贼洞胸，与之相持。会天欲暮，所余二矢耳，得功自分必不免，而邦才适自别道驰还，登高望见之，识其胄，曰黄总兵也，大呼，复驰之，贼散走，得功乃自拔上。邦才授以己马，分箙中矢与之，步从得功，且走且反射，凡杀追骑十余人，始得及其大军。于是得功德邦才，以语主者，主者始大奇之，稍拔为标下材官。

而是时有张衡者，从总兵刘良佐，亦以骁勇知名。贼兵围六安，[②]危甚，提督马士英帅军救之，始至，立斥其左右副将，而号于诸军曰："孰为乙邦才、张衡者？入见！"两人廷谒，即牒补副将，以其兵授之，出文书曰："为我入六安，取太守结状[③]以报！"两人则应曰："诺！"即出，简壮士二百骑，与之约，使人持一角，十人共建一纛[④]，

夜趋贼营，突贯贼阵，遂入城，周城而呼曰："大军至矣！"城中人大喜合噪，两人者促太守具食，食已，挥太守曰："署状！"急怀其状，复引骑冒围出。贼大惊，已而知其邦才、衡也，皆止不敢逼。既得报，竟不亡失一骑。

自兵兴之后，颍、寿、六安、霍山诸州县数被寇，邦才常在其间，大小十余战，破围陷阵，所俘馘无算。主者或攘其功，或移诸他将者数矣。同列为邦才不平，时时讽之使言，辄谢曰："此我众不惜死耳，我一人何能为！"终退让不自言也。

弘光帝即位，史公可法出督师，愿得邦才与俱，以总兵官驻扬州。未几，大清兵到，而邦才战败死矣。

邦才形貌仅及中人，白皙坳准，猿臂而蜂腰，善投壶。本不知书，而进止安雅，敬礼士大夫。与颍州刘子公勇善。

汪子曰：予读公勇所书乙将军始末，辄慨然想见其人，因稍删润之如此。公勇又云："邦才素不饮酒，独好美妇人。某尝遇之濠上，直其猎还，为某席地置酒，自弹琵琶，命侍姬歌秦声和之，意欢甚，已复置琵琶于膝，注视某曰：'邦才自出行间，数受上方银币之赐，致位大将，所可报国家者，惟此身耳。幸而所辖无事，不能不以声色自娱。一旦有警，且判此为国家死矣。'其后卒如其言，岂不痛哉！"

张衡者，不知其所从始，自言山西人。在刘良佐军中，军尝却，衡独身断后，以是亦积功至总兵官云。

【注释】

①霍山：山名，今安徽霍山县西。②六安：县名，今属安徽省。③结状：在公文上签字盖章。④纛：大旗。

【译文】

乙邦才，字奇山，是山东青州人。明朝愍帝的时候，凭借队长的身份跟随监军太监在黄河以南、长江以北之间攻打贼兵，主帅还没有认识到他的与众不同。

总兵黄得功在霍山和贼兵交战，乘胜舍弃了大部队，一人一骑前去追赶贼兵，陷入了烂泥塘中，贼兵包围了他好几圈，射死了得功乘坐的战马，得功也仰脸射穿了贼兵的胸部，跟贼兵相持不下。正赶上天快傍晚了，得功剩下的只有两支箭而已，他自料肯定唯免一死。乙邦才刚好从另一条道路驱马跑回来，站在高处望见了黄得功，认得他戴的头盔，说："那个人是黄总兵。"大声呼喊着，又骑马奔跑了过来，贼兵被驱散撤走了，得功才自己抽身从烂泥塘中爬了上来。邦才将自己的战马送给他，又把箭袋中的箭分给了他，自己徒步跟从得功，一边跑一边回身射箭，总共射死了十多个追上来的骑兵，才得以回到他们的大部队。因此得功感激邦才，将这件事告诉了主帅，主帅才开始觉到他很奇特，渐渐提拔他担任了自己属下的材官。

这时有位叫张衡的人，跟随总兵刘良佐，也凭借勇猛善战而闻名。贼兵包围了六安县城，十分危急，提督马士英率领部队来援救，刚到城下，便立刻罢免了他的左右副将，并向各部队发布号令说："谁是乙邦才、张衡这两个人？进来见我！"乙邦才、张衡在帅府谒见，马士英立刻授予他俩副将之职，把原来副将的兵马交给了他俩，拿出一份公文说："替我闯进六安城，拿太守签署的文状回来向我报告！"两个人于是答道："好！"立刻走出帅府，挑选了二百骑壮士，与他们约定，让他们每个人手拿一个号角，每十个人便树起一面大旗，夜间奔向贼兵的营垒，忽然穿过贼兵的营阵，于是进入了六安城，一边绕着城墙跑、一边喊道："大部队到啦!"城中的人非常欢喜，聚集在一起大声喧哗。乙邦才、张衡催促太守备办饭食，吃罢饭，向太守挥手说："签署文状"。两人急忙揣着太守签好的文状，又率领着骑兵突围出城。贼兵大惊，接着知道了他们是乙邦才、张衡，都停下来不敢近逼。已经回报了主帅，居然没有伤亡一兵一骑。

自从战乱发生以来，颍、寿、六安、霍山等州县多次被侵犯，邦才往返在这几个州县之间。大小经历过十多次战斗，突围陷阵，杀死、俘虏敌人无数。主帅有时侵夺他的战功，有时把他的战功转给其他将领，这样的事发生过多次了。同事替他不平，时常委婉地劝他让他把这事说出来，他总是推辞说："这些功劳不过是我的部下们不怕死换来的，我一个人能够做什么?"始终谦让不自我表白。

弘光帝做了国君，史可法史公出朝督率军队，期望得到乙邦才同他一起前往。乙邦才以总兵官的身份驻守扬州。没有多长时间，大清的部队到了扬州，乙邦战败死了。

乙邦才相貌形体仅仅比得上中等的人，皮肤白皙、鼻梁塌陷，手臂长得象猴臂，腰细得象蜂腰，擅长投壶游戏。他本不识字，但是举止文雅安闲，尊敬礼遇士大夫。和颍州刘公勇先生很要好。

作者说：我读刘公勇所写的乙将军始末，时常感叹地想象到他那个人，于是稍微把它删减润色写成上面一段文字。公勇又说："邦才平时不喝酒，唯独嗜好美貌的妇女。我曾在濠上见到他，正值他打猎归来，为我就地摆下酒宴，自己弹着琵琶，命侍妾唱着秦音相和，心情很是愉快，不久又把琵琶放置在膝上，注视着我说：'邦才我出身行伍之间，我能用来报答国家的，只有这一身躯罢了。幸好我所管辖的范围内太平无事，不能不用声乐美女来使自己快乐。一旦出现了紧急情况，就要和这些分离、为国家去死了'。以后终于象他说的那样为国家而死，怎么不令人悲伤呢?"

张衡这个人，我不清楚他出生在哪里，他自己说是山西人。他在刘良佐的部队中，部队曾后退，张衡只身断后，所以也积累军功做到了总兵官。

邵宗元传

邵宗元，字元扆，徐州人。明崇祯末，为保定府同知，署府印。十七年春，流贼李自成破居庸关，将寇京师，保定人震怒，宗元与总监方公正化①、故光禄少卿张公罗彦②纠乡兵二千人登陴。无何，督师阁部李建泰③退兵抵保定，谋入城，守城者不纳。建泰不得已，遣监军御史金公毓峒与城上人盟，始得帅其麾下士百余人入居公廨。

先是建泰尝遇贼，阴有异志矣，而宗元等皆不之知也。已自成陷京师，遣伪将刘方亮趋保定。方亮射书城上诱降，具言京师覆没，保定孤城无援状。建泰得之，匿其书，促召众议事廨中。众稍集，建泰从容曰："诸君亦闻京师之变乎？众曰：窃闻之而未审也。"建泰乃出贼所射书以示众。众方传观其书，宗元后至，见之，勃然曰："吾辈受国家厚恩，宜以死报，安能靦颜向狗豕求活耶?"当是时，知府何公复者甫之任，未暇受府印也，印犹在宗元所，建泰遂曰："吾欲得君印印文书，为保定数万户请命，

不则必被屠杀，奈何？”宗元乃涕泣被面，不言久之。已复大呼曰：“曩知府来不受印，宗元所以不固让者，以守城之议倡自宗元故也。此时即知府争印亦不与，况阁部将劫取之以授贼乎！”因目建泰数之曰：“嗟呼！宗元一江北老贡生耳，位不过郡丞，碌碌无足比数，然犹不忍背主苟活，阁部固名甲科，受任将相，纵不自爱惜，独不记出师时，皇帝亲祖正阳门，以武侯、晋公④相期待耶？顾丧心若此！”建泰瞠目无以对。而其麾下士大哗，欲兵宗元。宗元急掷印建泰前曰：“任若所为！”因拔佩刀将自刎，众或抱持之。宗元哭，众亦哭。最后张光禄、金御史至，复取印授宗元，相率引出。建泰独居廨中，仰天叹曰：“嗟乎！我为保定士民计耳，此一举无噍类矣！”独夜缒其私人出，阴与贼约降。

越明日，城陷，宗元乃挈印自投城下，为群贼所执。贼搜得其印，欲夺之，宗元大骂，固不与，遂为贼所杀，犹手持印不解，贼断两指取以去。正化与何知府皆死，张光禄兄弟妇女二十余人亦皆死，而建泰竟率其麾下降于贼矣。建泰既降，又遣使者持一矢招金御史，御史且走且手摺折其矢，厉声诃责使者。有绿衣贼尾御史入三皇庙，御史出不意，奋拳迎殴贼，仆之，遂抱监军印急趋庙前古井中，亦死。越数年，保定人立祠祀诸死事者，宗元与焉，血食至今。

汪琬曰：甲申之变⑤，保定据孤城，后京师五日而陷，其以死殉者甚众。诸生陈禧有《上谷纪事》，述之详矣。予独慕宗元骂李阁部语，侃侃壮伟，故略其始末如此。

【注释】

①方正化：明山东人，崇祯时为司礼太监。畿辅被兵，命总监军务，有全城功，后复为总监，驻保定，登陴固守，城陷被害。②张罗彦：明清苑人，字仲美。崇祯二年举进士，累迁光禄少卿。崇祯十七年，起义部队逼近京城，与兄罗俊，同知邵宗元尊誓死守，城陷投缳死。全家死者共二十三人。③李建泰：明末曲沃人，天启进士，官至大学士。崇祯末率领军队围剿起义军，等到京城被起义军攻陷，于是投降了起义军。④晋公：即裴度，唐闻喜人，字中立，贞元进士。淮蔡作乱，王师数不利，群臣争请罢兵，度力请讨贼，帝重倚之，即拜门下侍郎、平章事，督诸军力战，擒吴元济，封晋国公。⑤甲申之变：甲申三月李自成攻陷北京，帝自缢。

【译文】

邵宗元，字元汭，是徐州人。明朝崇祯末年，担任保定府同知，代管府印。崇祯十七年（公元1644年）春天，流贼李自成攻破居庸关，将要侵犯京都，保定府的人非常惊恐。邵宗元和总监方正化方公、原光禄少卿张罗彦张公纠集二千名乡兵登上城墙。没过多久，督师阁部李建泰的退兵抵达保定，想进城，守城的人不他进城。建泰不得已，派监军御史金毓峒金公和城上的人订立和约，才得以统率他的部下一百多士兵进城住进官署。

在这以前，李建泰曾和贼兵相遇，暗中就有异心了，但是宗元等人都不了解这种情况。不久李自成攻破了京城，派遣他的将领刘方亮来到保定。方亮将书信射到城上引诱守城的人投降，详尽地说明了京城陷落以及保定这座孤城没有后援的情况。李建泰得到了这封书信，把它隐藏了起来，急忙召集人马在官署中商量事情。人马渐渐到齐，建泰怂恿说：“各位也听到京城之变了吗？”他手下的人说：“私下听说了，但还没搞清楚。”于是李建泰把贼兵射进城中的劝降信拿出来给大伙看。大伙正传着看这封劝降信，邵宗元来到了，见到这种情况，勃然大怒说："我们这些人蒙受国家大恩，应当用死来报答国家，怎能厚着脸皮向猪狗乞求活命呢？"正在这个时候，知府何复何公才到任，还没来得及接受府印，府印仍旧在邵宗元那里，李建泰于是说："我想得到您手上的府印来在文书上盖印，替保定数万户居民祈求保全性命。假如不投降，必定会被屠杀。怎么样？"邵宗元于是泪流满面，好长时间没有说话。不一会儿又高声说："先前知府来不接受府印，我没有坚决让出府印，是因为坚守城池的建议是我首先提出来的原因。这时就是知府争印我也不给他，何况是你要强行拿去将它交给贼兵呢？"所以用眼瞪着李建泰责备他说："我邵宗元只不过是一名江北老贡生而已，职位不过郡丞，平庸不足跟别人相比，但是还不忍心背叛君主苟且偷生；阁部您本是有名的进士，接受将相重任，纵然自己不珍爱自己，难道不记得统率部队出征的时候，皇帝亲自到正阳门为您送行，拿诸葛亮、裴度来期待您吗？您反倒如此地丧失良心！"李建泰瞪着两眼没有话来回答。他部下的士兵大乱，想杀邵宗元。邵宗元急忙将府印扔到李建泰面前说："随您怎么做！"因此拔出佩刀想自杀，人们有的抱住了他。宗元哭，人们也哭。最后张光禄、金御史到了，又把印拿过来交给邵宗元，一起退了出去。建泰独自住在官署中，仰天长叹道："唉！我只不过是替保定的士民考虑罢了，他们这种举动保定会没有活人了！"晚上私自把他的心腹从城上用绳子放了下去，暗中同贼兵约定投降。

第二天，保定城被攻陷，于是邵宗元提着府印自己跳到城下，被成群的贼兵所抓获。贼兵搜到他的府印，想抢夺它，宗元大声斥责，坚决不给，因此被贼兵杀害，依然用手拿着府印不松手，贼兵砍断了他的两个手指才把府印拿走了。方正化和何知府都死了，张光禄兄弟妇女二十多口也都死了，李建泰却带着他的部下投降了贼兵。建泰投降后，又派使者拿着一支箭招降金御史，御史一边逃跑一边折断了那支箭，高声斥责使者。有个穿绿衣服的贼兵尾随御史进入三皇庙，御史出其不意，挥动拳头迎击贼兵，打倒了他，于是抱着监军大印急忙投向庙前的古井当中，也死了。过了几年，保定人建立祠堂来祭祀那些为守卫保定城而死的人们，邵宗元也在被祭之列，直到现在还享受祭奠。

作者汪琬说：甲申之变，保定据守孤城，比京城晚了五天被攻破，其中以身殉城的人非常多。诸生陈禧有《上谷纪事》，叙述这件事很详尽了。我只是仰慕邵宗元骂李阁部的言论，理直气壮，豪迈雄伟，因此简要地叙述他的首尾经过如上。

书沈通明事

淮安沈通明字克赤，尝为前明总兵官，任侠轻财，好从中原士大夫游，士大夫皆称之，数与贼战有功。

顺治二年，先是有巡抚田仰者，素习通明之为人，加礼遇焉，至是见明将亡，遂属其家通明，而身自浮海去。通明匿仰妻子他所。会王师渡淮，购仰妻子，急踪迹至通明家，且并捕通明。是时通时已散遣所部，杜门久矣。捕者凡十余辈，合噪围其居，通明走入寝室，饮酒数斗，裂束帛，缚其爱妾，负之背，而牵骑手弓矢以出，大呼曰："若辈亦知沈将军邪？"遂注矢拟捕者，皆逡巡引却。通明疾驰，与爱妾俱得脱。僦居苏州，变姓名，卖卜以自活，未几，爱妾死，意不自聊，入灵岩山①祝发为浮屠。已复弃浮屠服，北访故人于邓州②。

通明故魁垒丈夫也，美须髯，以饮酒自豪。又善度曲，每醉辄歌呼邓州市上，间以曼声杂之，酸楚动听，一市皆以为狂。而彭公子璘，其州人也，素有声望于江淮间，方罢巡抚家居，独闻而异之。侦得通明所在，徒步往与之语，通明默不应。已询知为彭巡抚，乃大喜吐实。公捉其手曰："君状貌稍异，必将有物色③之者，非我其孰为鲁朱家④邪?"引与诸归。公亦豪于酒，日夜与通明纵饮甚欢。居久之，遇赦，始得出。

通明少以勇力闻，尝与贼战，贼射之洞腹，通明急拔矢，裂甲裳裹其创，往逐射者，竟杀其人而还，由是一军皆壮之。今且年八十余矣，膂力虽少衰，而饮酒不减少时，任侠自喜亦如故也。始居苏州，变姓名曰申宗耿；及为浮屠，又名玄旸。刘吏部公勇曾有序赠之，至比诸前宋姚平仲、龙伯康云。

夫明季战争之际，四方奇才辈出，如予所纪乙邦才、江天一及通明之属，率倜傥非常之器，意气干略，横从百出，此皆予之所及闻也。其他流落湮没，为予所不及闻，而不得载笔以纪者，又不知几何人。然而卒无补于明之亡者何与？当此之时，或有其人而不用，或用之而不尽。至于庙堂枋事之臣，非淫邪朋比，即窣茸委琐，怀禄耽宠之流，当其有事，不独至掣若人之肘也，必从而加媒孽焉。及一旦偾决溃裂，揍手无策，则概诬天下以乏才。呜呼！其真乏才也耶?《诗》有之："谁秉国成？不自为政！"此予所以叹也。

【注释】

①灵岩山：今江苏吴县内。②邓州：今河南邓县。③物色：察访人物。《后汉书》："帝思其贤，乃令以物色访之。"④朱家：鲁人，好侠仗义，汉初救过季布的性命，另救过数以百计的贤者的性命。

【译文】

淮安府沈通明字克赤，曾担任明朝总兵官，仗义疏财，喜爱跟中原士大夫交游，士大夫都称赞他。屡次和贼兵打仗，立有军功。

顺治二年（公元1645年），在这以前有一个巡抚叫田仰的人，平时熟知沈通明的为人，对他以礼相待，到这时看到明朝将要灭亡，因此把自己一家托付给通明，然后自己漂洋过海走了。通明把田仰的妻子和孩子们隐藏到了别的地方。正赶上大清的部队渡过淮河，悬赏缉拿田仰的妻子和孩子，迅速追踪到沈通明家中，要一同逮捕通明。这时通明已遣散了自己统领的人马，关门不出很长时间了。抓人的总共十余批，聚集在一起大声叫嚷着包围了通明的住所，通明跑进卧室，喝了几斗酒，撕开了成捆的布帛，捆起他的爱妾，将她背在自己的背上，然后牵着坐骑、手中拿着弓箭走了出来，大声喊着："你们这批人也了解沈将军吗?"因此把箭放在弓弦上向抓人的比划，抓人的个个吓得不敢上前，退了下去。通明骑着马飞奔，和爱妾都得以脱身。在苏州租赁房子居住下来，改名换姓，依靠给人算卦来养活自己。没过多长时间，爱妾死了，心情无所寄托，进入灵岩山削发做了和尚。不久又脱掉了僧衣，往北到邓州寻访老朋友。

沈通明原是魁梧的男子，须髯漂亮，以能喝酒而自豪。又擅长制作新曲，每当喝醉便在邓州市上歌呼，不时把舒缓的曲调搀杂在其中，乐声凄楚动人，整个市上的人都以为他是疯子。但是彭子篯彭公，是这个州的人，平时在江淮之间很有声望，刚罢免巡抚之职在家中居住，唯独他听到沈通明的歌声认为他与众不同。他侦察得到通明的住所，徒步前去跟他说话，通明沉默不答话。不久通过寻问知道他是彭巡抚，因此十分高兴地吐露了实情。彭公握着他的手说："您的样子稍有奇异，必定会有查访您的人，假如不是我，那么谁能象鲁国的朱家那样存活贤人呢？"彭公带着他跟他一起回到自己家中。彭公也在喝酒方面很豪放，整天整夜与通明一起狂饮，十分开心。过了好长时间，遇到大赦，通明才得以走出了彭公家。

通明年轻的时候凭借勇猛有力而闻名，曾同贼兵作战，贼兵射他，射穿了他的腹部，通明急忙拔出箭来，撕下战袍包扎好自己的伤口，前去追赶那个射自己的人，竟然把那人杀死之后返回来，由于这件事全军认为他很勇猛。如今他将近八十岁了，虽然力气稍微减弱了，但是喝酒却不减当年，负气仗义，用以自娱也如同以往。当初住在苏州，改名换姓叫做申宗耿；等到做了和尚，又叫玄弃。刘公勇吏部曾写过一篇序文送给他，甚至将他比作宋朝的姚平伯、龙伯康。

明朝末年战争时期，四方雄奇人才成批诵现，比如我所写的乙邦才、江天一以及沈通明这些人，都是豪迈卓越，不同寻常的人才，气概意志谋略才干，纵横百出，这些都是我听说到的。其他流落埋没，由于我没有听说到而不能用笔把他们记载下来的，又不知有多少人。但是最终对明朝的灭亡没有补救，这是为什么呢？在这个时候，有时是有这样的人才却不任用，有时是任用他们却不充分。至于朝廷管事的大臣，不是邪僻荒淫，拉帮结伙，便是才能驽弱，容止鄙陋。怀揣俸禄、享受荣宠之流，在国家有事的时候，他们不只是牵制这些人才，一定会接着对这些人才施加毒害。等到一旦溃败倾覆，干搓着手想不出对策的时候，便一概拿缺少人才来欺瞒天下。唉！是真的缺乏人才吗？《诗经》有这样的话："谁来掌握国家的成规？不亲自管理政事！"这是我感慨的原因。

方灵臯望溪集

读大诰

昔朱子读《大诰》①，谓周公当时欲以此耸动天下，而篇中大意，不过谓周家辛苦创业，后人不可不卒成之。且反覆归之于卜②，意思缓而不切，殊不可晓。呜呼！此圣人之心，所以与天地相似，而无一言之过乎物也。

盖纣之罪，可列数以耸人听，而武庚③之罪，则难为言。所可言者，不过先王基业之不可弃，与吉卜既得，可征天命之有归而已。夫感人以诚不以伪，此二者乃周人之实情，可与天下共白之者也。其于武庚，则直述其鄙我周邦之言，未尝有一语文致其罪；其于友邦君，第动以友伐厥子之私义，而不敢谓大义当与周同仇也。非圣人而能言不过物如是与？

不惟此也，周初之书，惟《牧誓》为不杂。武王数纣之罪，惟用妇言弃祀事，而剖心、斫④胫、焚炙刳剔诸大恶弗及焉。至于暴虐奸宄⑤，则归狱于多罪逋逃之臣。故读《牧誓》而知圣人之心之敬，虽致天之罚，誓师声罪，而辞有所不敢尽也。读《大诰》而知圣人之心之公，审己之义，察人之情，壹禀于天理，而修辞必立其诚也。

然《大诰》之书，自汉至宋，千有余年，读者莫之或疑，至朱子而后得其间焉，是又治经者所宜取法也夫！

【注释】

①《大诰》：《尚书》篇名。②卜：用龟甲占卜。想知道事情的吉凶，灼烧龟甲用来取兆。③武庚：殷纣的儿子，周封为殷后，武王死后，与管叔、蔡叔作乱。成王命令周公讨诛他。④斫：斩。⑤宄：奸。

【译文】

以前朱熹读《尚书·大诰》，说周公当时是为了用这篇文章使天下震动，但是文章的大致思想，不过是说周家辛辛苦苦地创业，后世的人不能不完成他们未尽的事业。并且反复把这种意思归依于占卜，其中的意思和缓而又不急迫，实在让人不能知晓。唉，这就是圣人的胸怀，和天地本性相似，而没有一句话超过物性。

大概商纣王的罪过，能够一条一条地摆出来以耸人听闻，但是武庚的罪过，就很难说清楚了。所能讲的不过是说先王打下的基业不能丢弃，和占卜得到了吉兆，可以验证天命都是有归宿的罢了。《大诰》用坦诚而不是用虚伪去感动人。这两件事记录的都是周朝的实际情况，是可以和天下人言明的。《大诰》对于武庚，直接陈述他轻视我周朝的法令言论，没有一句是陈述追究他罪过的话；《大诰》对于周朝友帮的君主，也只是表达依仗朋友挫败、讨伐逆子的心意，而不敢说面对大义，应当与周朝共同对敌。假如不是圣人，能做到像这样言语从不浮夸，从不超过事物的内容和实际的吗？

不但如此，周朝初期写的文章，只有《牧誓》是后人没有加工篡改过的，文中武王数说纣王的罪过，只说他听信妇人的谗言而放弃了祭祀的大事，而纣王的种种酷刑：剖人心，刀斩脚胫，烧烤犯人，剖挖孕妇等罪行都没有涉及。至于纣王为非作歹、凶恶残酷的事，都归咎于罪大恶极的叛逃之臣。因此读到《牧誓》就了解了圣人之心的恭敬，就是需要禀告上天的处罚，在出征前激励将士、声讨敌军罪行时，言辞也是很含蓄的。读《大诰》就了解了圣人之心的公正，审视自己的容止，体察别人的心情，全部禀受天理，而在辞句修饰上从不虚伪。

但是《大诰》上记载的内容，自从汉朝至宋朝，一千年间，读者中没有谁对它产生怀疑，等到朱熹读时才从中发现了问题，这又是研读经学的人应当仿效的啊！

周公论

刘子古塘问于予曰："周公不以东征属二公[①]，而亲加刃于管叔，何也？"余曰："是乃所以为周公也。明知管叔之当诛，而假手于二公，是饰于外以避其名也。观后世乱臣贼子，必假手于他人，或卖而诛之，以塞众口，则周公之纯乎天理可见矣。盖天理不可以为伪，且以昭万世之人纪，使知大义灭亲，虽弟可加刃于其兄；又以明居位而不能讨乱，则与之同罪。孔子作《春秋》，于隐之大夫而臣于桓，桓之大夫而死于庄、闵之世者，皆不书其卒，以云皆有可诛之罪也。然观《鸱鸮》之诗，早已叹育子之闵斯，则终公之身，长隐痛乎！文考文母之恩勤，而亹然无以自解，盖讨贼之义与哀兄之仁，固并行而不相悖也。"

古塘复问曰："以周公之圣，暴师三年，而仅乃克奄，何也？"曰："此时也，势也。武王征九牧[②]之君，登豳阜以望商邑，已忧未定天保而夜不能寐。及三叔流言，武庚诞纪其序，凡羞行暴德逸德之人，皆乘时而思逞。虽有善类，亦追念殷先王之旧德而不能忘。当是时，非大动以威，不能革也，故灭国至于五十之多。非诚服其心，不能久而安也，故破斧缺斨之后，衮衣绣裳，驻大师于徐、兖之间，俾东夏无摇心。然后徐察其乡顺者而教告之，取其不迪者而战要囚之，周防如兕虎，抚育如婴儿。至班师之日，东人以公归不复为悲，则奄虽屈强，无与同恶矣。故讨其君而罚不及民，分其族姓，以隶兄弟之邦。迁其尤桀骜者于新邑，而身拊循焉，所以久安而无后患也。

"匪特此也，形胜者守国之末务，而圣人亦不废。当武王克商之初，即定周居于洛邑。周、召卒营之以为搜狩会同之地，良以雍州虽固，而远于东夏，难以临制诸侯，故宅土中，陈、杞、许、蔡国其南，虞、虢、韩、魏、晋、燕国其北，齐、鲁国其东，宋、卫夹河而居，非王室之周亲，即三恪大岳之裔胄，开国之股肱。盖惩于鬼方之叛殷，莱夷之争齐，而早为盘石苞桑之固也。故周之衰，卒赖四方诸侯艰难守御，以延共主之虚名者垂六百年，盖时势不可以私智矫，形胜不必以武力争。惟圣人能以道揆，而不失其时义，以安宗社，以奠生民，则仍天理所运用也。"

古塘曰："旨哉！由前之说，则知圣人一循乎天理，而无不可处之事变；由后之说，则知圣人深察乎世变，而所以御之者，仍不越于道揆。前世之尚论者未尝及此，后之君子，宜有闻焉。"退而正于吾兄百川，亦曰然，乃叙而录之。

【注释】

①二公：指太公望、召公奭。《书》："周公乃告二公曰：'我之弗辟，我无以告先王。'"②九牧：指九州，当时天下分为九州。

【译文】

刘古塘问我道："周公不把东征的事情交给太公望、召公奭去办，而是亲自带兵征讨管叔，为什么呢？"我说："这正是周公之所以为周公的地方，周公明明清楚管叔应当诛杀，而假如要借二公之手，这就是伪饰于外而回避诛伐的名号。看看后世的乱臣贼子，肯定是假借别人之手，或是利用欺骗手段铲除异己，以塞他人之口，这样看来，周公纯粹依循天理行事显而易见。大概天理是不可以作假的，并且它还彰显万世的人伦纲纪，使人们知道大义灭亲，即使是弟弟也可以诛杀他的兄长；又让人明白，假如身在其位却不能讨伐乱贼，那么他就与乱贼同罪。孔子作《春秋》，对于鲁隐公的大夫而后做了桓公的臣子，桓公的大夫又死在了鲁庄公、鲁闵公时代的人都不说他们是"卒"，用来表明他们都有可以诛杀的罪过。但是看《鸱鸮》这首诗，早以叹息养育子女的辛苦到了这种地步，那么看看周公的一生，他心里一直隐隐作痛，想到文考文母养育儿女的恩情，时时忧虑而不能排解，大概讨伐叛贼的义举和哀悼兄长的仁慈之心原本两相并行而互不违逆的。

古塘又问道："凭周公的圣明，军队在外作战三年，但是却只是攻克了奄地，这是为什么呢？"我回答说："这是天时，是形势造成的。"周武王纠集天下各诸侯国国君，登上豳地的山远望商朝都邑，早已担心国运未定所以晚上睡不着觉。到三叔散布没有根据的流言时，武庚才继承商朝的余业，凡是行为不端的人都想乘机作乱。就是温善的人也思念追怀商朝先王的旧有遗德而不能忘怀。在这个时候，如不藉威力采取大的行动，就不能革除旧的势力，因此消灭了五十多个诸侯国。因此不使他们真正心悦诚服，国家就不能长久安定，假如在大乱之后，穿着华美的衣服，派驻大军在徐、兖等地之间，使东夏不会产生动摇之心。然后慢慢观察那些温顺的人给予训诲、教育，对于那些迟钝迂顽的人囚禁殴打他们，周密防范像对猛虎一样，哺育抚养像对婴儿一样。等到军队班师回朝的时候，东方百姓由于周公回都之后不再来而感到悲伤，奄人尽管直傲不屈也不再为非作恶了。因此讨伐他的君主惩罚却不涉及百姓，依照他们的宗族姓氏分别附属于自己同姓兄弟的封国，把那些特别桀骜不逊的人迁徙到新的城邑，并且亲自去抚恤安慰他们，所以天下一直太平没有后患。

"不只是这些，虽说地理位置优越不是守卫国家的根本大事，然而圣人也不废弃它。在武王攻克商朝的初年，就将周朝京城定在洛邑，周公、召公最终治理它以作为狩猎、会同的地方，其实是因为雍州尽管很坚固，但是距离中国东部遥远，难以控制诸侯王，因此定居疆土中心，让陈、杞、许、蔡在它的南面建立封国，虞、虢、韩、魏、晋、燕在它的北面建立封国，齐、鲁两国在它的东边建立封国，宋、卫两国在黄河两岸建立封国，这些诸侯王不是周王室的亲戚，就是前代三个王朝及神农的后代、开国功臣。大概是吸取了鬼方叛变殷朝、莱夷争夺齐地的教训，而提前为国家的安定打下牢固的基础。因此周朝衰落后，却最终能依靠四方的诸侯苦心经营、艰苦维持，使周天子作为天下之君主的这一虚名得以延续，将近六百年，因为天时形势不能用个人的智慧去改变，优越的地理条件不一定用武力去相争，只有圣人能依据义理法度，不错过这时机，不违逆道义，来安定宗庙社稷，抚恤黎民百姓，这是依据天理在运用啊！"

古塘说："妙啊，按前种说法，我们明白圣人一切按天理行事，没有不能正确处理的突发事件；按后种说法，我们明白圣人能洞察世事变化，而用来驾御的，依然不外乎义理法度。前代善发议论的人未曾涉及到这些，后来的君子，应该有所耳闻呀！"回到家中，我请教我的兄长百川，也说是这样，因此叙述记录下这些话。

原人上

孔子曰："天地之性，人为贵。"董子曰："人受命于天，固超然异于群生。"非于圣人贤人征之，于途之人征之也；非于途之人征之，于至愚极恶之人征之也。何以谓圣人贤人？为人子而能尽其道于亲也，为人臣而能尽其道于君也。而比俗之人，徇妻子则能竭其力，纵嗜欲则能致其身，此途之人能为尧舜之验也。

妇人之淫，男子之窃，非失其本心者莫肯为也，而有或讦之，则怍于色，怒于言。故禽兽之一其性，有人所不及者矣，而偏且塞者不移也；人之失其性，有禽兽之不若者矣，而正且通者具在也。宋元凶劭[①]之诛也，谓臧质[②]曰："覆载所不容，丈人何为见哭？"唐柳灿[③]临刑自詈曰："负国贼，死其宜矣！"由是观之，劭之为子，灿之为臣，未尝不明于父子君臣之道也。惟知之而动于恶，故人之罪，视禽兽为有加；惟动于恶而犹知之，故人之性，视禽兽为可反。孟子曰："人之所以异于禽兽者几希。"痛哉言乎！非明于天性，岂能自反于人道哉？

【注释】

①元凶劭：宋文帝太子，过失很多，文帝准备废除他，劭弑帝即位，历史上称其为元凶。②臧质：南朝宋人，字含文，很有气质，因抵御魏兵有功，封为雍州刺史。后讨擒元凶劭，被封始兴郡公，为江州刺史。③柳灿：唐人，字炤之，为人卑鄙野蛮。朱全忠图谋篡位弑君，柳灿与他紧密勾结。全忠后来怀疑柳灿有二心，杀掉了他。

【译文】

孔子说："天地之间的生命，人是最尊贵的。"董仲舒说："人从上天那里得到生命，本来就是超然不同于别的万物的。"这不用圣贤之人证明它，而是用一般道路之人证明它；不用一般道路上的人证明它，而是用最恶毒最愚钝的人来证明了它。依据什么来叫做圣人贤人呢？即做人的儿子就能对他的双亲竭尽做儿子的义务，做别人的臣子能对他的君主竭尽做臣子的义务，这样就可以称为圣人贤人了。而那些世俗之人，为自己的妻子儿女则能竭尽自己的全力，纵情于欲望、嗜好时就能献出自己的生命，这是道路上的人能够做尧舜的证明。

妇人淫贱，男子偷窃，假如不是丧失了他的本来性情的话没有人肯做，假如做了，有人揭发他这些隐私，那么就会在脸上现出羞愧，在话语上表现出怒意。因此禽兽的性情专一，有人所比不上的，并且在边远偏僻的地方也不改变；人失去了他的本性，有禽兽都比不上的地方，并且是在正面通达的地方也一样存在。南朝宋元凶劭将被杀，对臧质说："我是天地所不容的，您为什么还要哭？"唐代柳灿临刑时大骂自己说："背叛国家的奸贼，被杀死是你应有的下场！"以此看来，元凶劭作为儿子，柳灿作为臣子未尝不清楚父子君臣之间的道义，明白这些却做了恶事，因此人的罪行，同禽兽相比，是有增加的；做恶事却还是懂得道义，因此人的本性，同禽兽相比，它可以归返。孟子说："人同禽兽不同的地方太少了。"这句话多么悲痛呀！假如对人的自然本性不明白，怎么能自己归还于人类的道德规范呢？

原　过

君子之过，值人事之变，而无以自解免者十之七，观理而不审者十之三；众人之过，无心而蹈之者十之三，自知而不能胜其欲者十之七。故君子之过，诚所谓过也，盖仁义之过中者尔；众人之过，非所谓过也，其恶之小者尔。上乎君子而为圣人者，其得过也必以人事之变，观理而不审者则鲜矣；下乎众人而为小人者，皆不胜其欲而动于恶，其无心而蹈之者亦鲜矣。众人之于大恶，常畏而不敢为，而小者则不胜其欲，而姑自恕焉。圣贤视过之小，犹众人视恶之大也，故凛然①而不敢犯；小人视恶之大，犹众人视过之小也，故悍然②而不能顾。

服物之初御也，常恐其污且毁也；既污且毁，则不复惜之矣。苟以细过自恕而轻蹈之，则不至于大恶不止。故断一树③，杀一兽，不以其时，孔子以为非孝。微矣哉！亦危矣哉！

【注释】

①凛然：戒惧貌。②悍然：刚愎自用貌。③“断一树”三句：《礼记·祭义》：“夫子曰：‘断一树，杀一兽，不以其时，非孝也。’”

【译文】

君子的过错，因遇上人际事情的变化而无法使自己解脱避免的，占十分之七；因观察事理不明确而造成的，占十分之三。一般人的过错，不是有心犯的占十分之三，明明清楚不对而又不能控制自己的私欲而犯的占十分之七。因此君子所犯的过失，的确可以说是过失，大概是仁义超出了中庸的标准。一般人的过失，不能说是过失，而是小的恶行罢了。高出君子而为圣人的人，他犯过失，一定是由于人际事情的变化，因观察事理不明而造成的很少。连一般人都赶不上的小人，他们的过错都是因为不能抑制自己的私欲而出于坏的动机，他们无意而犯的过失也很少。一般人对于大的恶行，时常感到害怕而不敢去做；而小的坏事，则是不能克制自己的欲念而姑息宽恕自己造成的。圣贤对待小的过错，就像一般人对待大的恶行，因此感到很恐惧而不敢犯；小人对待大的恶行，就像一般人对待小的过错，因此就刚愎自用什么也不顾了。

衣服物品刚刚使用的时候，时常担心把它弄脏了，用坏了；等到已经脏了，坏了，就不再去爱惜它了。假如宽恕自己犯小的过失而轻易去犯，那么就会不到自己犯下大的恶行不会停止。因此砍伐下一棵树，杀死一头兽，假如不按时令，孔子就认为这是不合孝道。可见微小的过失，也是很危险的啊！

书泾阳王佥事家传后

国之将兴，其时非无奸俭阴贼之臣也，政教方明，而贤者持其枢柄，则务自矫革，以取所求，或伏抑而不敢逞。国之将亡，奸俭阴贼之臣，必巧遘机会以当主心，而贤人君子，少得事任，常有物焉以败之。若是者，岂人之所能为哉？

泾阳王佥事征，当明崇祯[①]朝，以边才由司理擢按察司佥事，监登莱[②]军。未阅月，军变落职，归田里。甲申三月，闻庄烈愍帝殉社稷，七日不食死。公少时，即慕诸葛武侯，演八阵图，仿木牛流马，制械器，皆可试用。其家居，见流贼猖獗，倡筑鲁桥城，以保泾原[③]，乡人赖之。曩令监军登莱，得期月之暇，抚循士大夫，则凶弁无从煽乱，而公之才实可显见矣。乃方起遽踣。持国论者不信罪之有无而轻弃之，此可为流涕者矣！

然公之功能，犹未著也。孙高阳久镇边关，功在社稷，而废弃八年，卒使城破巷战，阖门就死，其所遇乃忧勤恭俭之君，亲见其困于逆阉，又赖其力以收畿疆，纾国难，而终夺于奸憸，岂非天哉？少师为诸生时，即徒步历诸边，以天下为己任。盖其始也，不以事任之不属而弛其忧；其终也，不以事任之不属而让其死，是则诸君子所自为正而不听命于天者夫！

【注释】

①崇祯：庄烈帝年号。②登莱：即山东登莱半岛。③泾原：乡名，今属安徽泾县。

【译文】

国家将要兴盛之时并不是没有阴毒奸险的大臣，只由于这时的刑罚与教化正在施行，有贤能的人把持国家大权，那么这些奸臣务必矫正改变自己，以得到所祈盼的东西，或抑制自己，不敢大胆妄为。当国家将要灭亡时，阴毒奸险残忍的大臣，一定会巧妙地寻找机会来迎合主子的心理，而有贤能的人，修养很高的君子，稍微得到任用常常有那些坏人来败坏他们。如此这样，难道人们能够有所作为吗？

泾阳佥事王征，在明代崇祯时期，凭着治理边疆的才能由司理选拔为按察司的佥事，在登莱任监军。不到一个月，军队发生政变，王征失去了职务，回到故乡。甲申年三月，听说崇祯帝为江山社稷而死，他七天没有吃饭而死。王征年少的时候，就仰慕忠武侯诸葛亮，排演诸葛亮作的八阵图，模拟制造诸葛亮创制的木牛流马这样的运输工具，制造器械，都可以试用。他在家里闲居时，看见李自成的军队任意往来，倡议修筑鲁桥城，来保卫泾原，乡里人赖以生存。如果当他在登莱监督军队时，能得到一个月的空闲时间，安慰士大夫，那么那些凶恶的武职人员便无从煽起动乱，而公的才能实在可以表现出来呀。居然刚起用便忽然跌了下去，把持国政的人没有证实王君是否有罪便轻易抛弃了他，这件事足以使人为之痛哭流泪呀！

但是他的才能、功劳，还不算显著。孙高阳长久镇守边关，他的功劳在于保卫社稷，却被废弃八年，最后使得城被攻破开始巷战，全家就义，但是他所遇到的是为国而忧、十分严肃、勤奋不放纵的国君，亲眼看见他被弄权作奸的宦官迫害，并且又依靠他的力量，来收复边疆，解除国家的灾难，最终却被奸诈邪佞之人夺去性命，这难道不是天意吗？少师做诸生时，就徒步游历了各个边界，把保卫天下做为自己的职责。他开始时，不因为职务不属于他而放松他的忧患，他临终时，不因为职务不属于他而把死亡转让他人，这就是诸位君子自己坚持正义而不听命于天的具体表现啊！

书潘允慎家传后

辛未九月二十一日，日将暮，检架上散帙，见济宁诸生潘允慎家传，载其冲击流

寇，脱祖母死地，奋身蹈火，出兄于燔薪，匝屋长吁，夜参半不能寐。

盖惟明之亡，事与古异。君非有凉德也，朝非有暴政也，众非有离心也，无食无兵，池堙城圮，枭张之贼，势如猛虎，而守令学官，奋死守御，杀身残家而不悔者，无地无之，荐绅士民，庙哭巷战，户号人厉，并命于锋镝者，无地无之。其如允慎之保身与亲泰然而无患者，千百中无十一也。

盖至庄烈愍帝嗣位，而累世之忠良，已尽于逆阉①之斫丧矣。其未罹门户之祸，如孙高阳②、卢义兴③、孙雁门④诸公，复危死于奸悋之挤陷。故自周延儒、温体仁⑤得君以后、凡内服大僚，外秉节钺，久安而无患者，皆巧佞奸欺庸鄙忍心之人也。社稷之倾危，生民之祸乱，漠然不以关其虑，而朋谋私计，谄附权要，惟恐失意于几微。武夫则无小无大，皆痛心于文臣之节制，言路之纷纠，转以养贼胁上，为自安之计，是以人主孤立于上，烝黎糜沸于下，土崩鱼烂，一溃而不可收。岂非天命遐终，故多生亡国之材，使恣于民上？而刚正忧勤恭俭之君，亦阴夺其鉴，使嗜奸人之疾味，以至于败国殒身而不悟与？呜呼！此又自古亡国辙迹之一变也！

【注释】

①逆阉：魏忠贤，明朝宦官，原名进忠，肃宁（今属河北）人。熹宗时，与帝乳母客氏私通，独揽朝政，专横无忌，副都御史杨涟弹劾魏忠贤二十四大罪，反而被魏忠贤所杀。后来大肆屠杀东林党人，党羽满朝，为他建的祠堂各地都有。思宗即位后，魏忠贤被贬到凤阳，自缢而死。②孙高阳：即孙承宗，字稚绳，明高阳（今属河北）人，万历进士。沉毅有智略，官至兵部尚书。魏忠贤进其谗言，孙高阳请求辞官还乡。清兵攻陷高阳后，他上吊而死。③卢义兴：即卢象升，字建斗，明宜兴（今属江苏）人，天启进士。善长射箭，熟悉军事谋略，官至兵部尚书，被群小欺侮，强迫督兵与清军遭遇，力竭而死。宜兴，本古义兴郡。④孙雁门：即孙传庭，字伯雅，明振武卫（今属陕西）人，万历进士。后来做陕西巡抚时，屡建大功，曾经因为不顺从杨嗣昌下狱，不久，又以总督身份赴陕西剿贼，军队溃败后阵亡。振武卫，本古雁门郡地。⑤周延儒、温体仁：都是思宗时的当政权臣，庸劣卑鄙，都因恶事败坏而暴露。

【译文】

辛未年（公元1691年）九月二十一日，时间将近傍晚，翻检架上散开的线装书，看见济宁诸生潘允慎家传，上面记载他同流贼英勇作战，使祖母脱离危险，又奋不顾身，扑向火海，从柴薪的大火中救出哥哥的一些事。我绕着屋子长久地叹息，半夜不能入睡。

大约只有明朝的灭亡，事情与古代不同。做皇帝的并不是道德浅薄，朝廷没有残暴的统治，众人没有叛离的心意，而是缺少兵力缺少粮食，护城河被填没了，城墙被摧毁了，气势猖狂的贼军，势如猛虎，而保卫城池的守令学官，拚死防御保卫，就是家破人亡却一点也不后悔的人，无处没有。无论士大夫还是士民，都在庙中号啕，在巷中作战，家中哭号人人激励，在剑戟刀枪的锋光中一起丧命的，无处不有这种情况。其中像允慎这样保住自身性命和他亲属安然没有灾祸的，在千百人中不足十分之一。

大概到庄烈帝崇祯即位时，世代忠良之臣，已经被魏忠贤杀尽了。那些没有遭到门派之祸的人，如孙高阳、卢义兴、孙雁门各位先辈，又都在阴佞奸诈的奸臣的陷害排挤中几近于死。因此自从周延儒、温体仁得到皇帝的信任之后，但凡国内的大官，在外把持符节和斧钺大权长久安定并且没有灾祸的，都是那些奸佞诡诈、花言巧语，心肠狠毒、平庸鄙薄的人。这些人对社稷的倾覆危险、百姓的灾祸动乱，漠不关心，却结党营私谄媚依附有权有势之人，唯恐在细微之处失意。武臣无论大小，都对文臣的调度管束和向朝廷进言途径的杂乱而痛心疾首，转而豢养杀人犯威胁皇上，作为保护自己的对策。因此皇帝在上面孤立，百姓在下面动乱纷扰，如同鱼腐烂、土崩溃，一经溃败便不可收拾。难道不是天命将要终结，因此多多地出现这些使国家灭亡的人物，让他们在百姓头上胡作非为吗？而那刚正为国又十分恭俭、勤奋的国君，也被暗暗地夺了他引为借鉴的东西，让他爱好奸佞小人的邪恶行为，以至于国家败落自己死去却不省悟？唉，这又是从古以来亡国教训的一个变例呀。

书王氏三烈女传后

《三烈女传》，金坛王若霖志其世父之女二及族姊同时死土贼倪文炳事也。

明将亡，中原、楚、蜀，已尽毁于流寇，及愍皇帝殉社稷，东南盗贼蜂起，长老所传，女子自投于水火，及骂贼而毙于锋刃者，不可胜数。女教之盛，前古所未有也！盖自高皇帝定六宫[①]之礼，尽革前代昭仪、充华、美人诸号，而皆以德命，帝室之女，不得再适，著于令典。而愍皇帝之殉社稷也，后实先之，礼教之所渐摩，志气之所感动，盖有不知其然而然者矣。

窃尝叹自古乱亡之衅，不过数端，或以权奸，或以女宠，或以宦寺[②]。其造乱者不过数人，或竟得保其首领以殁，而使天下忠臣义士孝子悌弟贞妇烈女无罪而并命于水火盗贼之间，且身死而名传者，千百中无十一焉，岂非造物之不能无憾者哉？

虽然，人之生也，莫不有死，其能顺性命之理而死者，是得全其所受于天者也。若晋羊皇后之富贵康宁，虽愚夫竖子，皆知为不幸。则如三烈女者，虽谓之考终可也。用此言之，虽与三烈女之死同而泯灭无闻者，亦可以无恨。而有或知之，则不忍听其无传者，吾党之义也。

【注释】

①六宫：古代妇人的礼节，六宫，后五前一，《周礼》：“以阴礼教六宫。”②宦寺：宦官。《唐书》：“方是时，宦寺气盛凌朝廷。”

【译文】

《三烈女传》，是金坛王若霖记载他伯父的二个女儿以及同族的一个姐姐三人一起死于当地的强盗倪文炳的事。

明代将要灭亡时，中原、楚、蜀等地已经被流寇完全毁坏了。到庄烈帝崇祯以身殉国，东南的盗贼如蜂一般涌起时，据长辈所传，女子自投水火中自杀或痛骂贼寇而被刀枪杀死的人，不计其数。女教盛行，是从前所没有的。大概自从高皇帝确定六宫的礼仪，把前代如昭仪、充华、美人各个号全部革去，全依据品德命名，帝室的女子，不能够再嫁，这些都写在国家的宪章法令上，而愍皇帝殉身社稷，皇后比他先死，礼教所浸润，志气所感昭，这种情况大概不知不觉却已经形成了。

我私下曾感慨自古以来国家动乱灭亡之祸，不过几种原因，有的由于当权的奸臣，有的由

于被宠爱的女人，有的由于宦官把持朝政。那些制造祸乱的不过几人，有的人居然能够寿终正寝，却让天下那些有义之士、忠良之臣、友爱的兄弟、孝顺的子弟、火烈女子、贞节妇女没有罪却一同死于水火盗贼之中，并且性命丢了名字能传下来的，千百人中没有一两个，这难道不是造物之神不能没有遗憾之事吗？

虽是如此，人的一生没有人不死，那些能顺承生命的发展而死的人，是能保全他们从上天那里所禀受的东西。像晋羊皇后那样的健康富贵安宁，就是愚昧之人没有教化的青年，都明白不幸。那么这三烈女，假如说他们善终也可以。由此说来，尽管和三烈女之死相同却泯灭没有人知道的人，也可以没有什么遗憾了。而有人或许知道他们，就会不忍心听凭他们没有传留下来，这是我们的道义。

送冯文子序

往者长洲韩公为吏部，听事而归，喟然叹。余问曰："公何叹？"公曰："昔有医者与吾故且狎，吾叩焉，曰：'人皆谓子之医能杀人，何也？'曰：'非吾之医能杀人也，而吾不能不使之罢而死也。吾固知吾术之不足以已其疾也，而不能不利其酬，不获已。以物之泛而缓者试焉，其感之浅，而与吾方相中者，固尝有瘳矣。其浸寻反覆，久而不可振者，吾心恻焉，而无可如何。'今某地告饥，上命发粟以赈，而大农持之，下有司核所伤分数。夫民之饥，朝不及夕，而核奏议赈在三月之外，有不罢而死者乎？吾位在九卿，与其议而不能辨其惑，是吾负医者之责也。"

余曰："公所见，其显焉者耳。凡官失其职，而事堕于冥昧之中，皆足以使人罢而死，而特未见其形也。姑以所目击于州县者征之：水土之政不修，而民罢死于旱潦矣；两造[①]悬而不听，情伪失端，而民罢死于狱讼矣；弊政之不更，豪猾之不锄，而民罢死于奸蠹矣。岂独残民以逞者？有杀之形见哉！先己而后民，枉下以逢上，其始皆曰：'吾不获已。'其既皆曰：'吾心恻焉，而无可如何。'此民之疾所以沈痼而无告也。"

吾友冯君文子将令于礼县[②]，为诗四章，自道其心与俗吏异，因举昔之所闻于韩公及相语以告之。盖所望于良吏者，谓能已民之疾也，非徒不益之疾而已也。民之疾常伏于无形，而大吏之为民疾者，复多端而难御。令之职环上下而处其中，下以致民之情，而上为之蔽。虑于下者不详，则为民生疾而不自觉；持于上者不力，将坐视民之罢死而无如何，其术不可不素定也。君韩公之门人也，能因是而自审其所处，则韩公之言，庶几其不旷也夫！

【注释】

①两造：指双方涉及讼案的人。②礼县：今属甘肃。

【译文】

以前长洲的韩公做吏部的时候，处理政事后回到家中，叹息感慨。我问道："您感慨什么呢？"韩公说："以前有个医生和我是老朋友并且关系十分亲近，我向他询问，说：'人们都说你治病能杀人，这是什么原因？'他回答道：'这不是我行医能杀人呀，而是我不能不使他们疲极而死呀。我本来清楚我的医术不足以能够治好他的病，却又不能不贪图他的酬金，不得已。用那些广泛而又效用缓慢的东西试验，那些病轻的，又与我的药方相符合的人，当然曾经有病好了的。那些病情渐进又反复变化无常，时间很久却不可挽救的人，我心里边怜悯同情他们，却无可奈何。'现在某地报告饥荒，上边命令散发粟米来赈济，而粟米被大农把持，派下官吏考察所伤的人数。百姓饥荒，早晨挨不到晚上，可是考察、上报、商议赈济所需时间要超过三个月，难道有不疲极而死的人吗？我的位子在九卿之列，参与他们论议却不能为他辨别迷惑，这样说来我应负那个医生的责任呀。"

我说："您所见到的，不过是其中浅显的而已。大凡官吏丧失他的职责，而事情落入无人过问的昏暗状态之中，都足以让人疲倦而死去，只不过没有看见它的具体情形而已。我暂且用在州县中亲眼看见的事实来证明它：不修治农田水利，则百姓疲惫而死于旱涝之灾；打官司把诉讼两方悬起来不做判决，颠倒真假，使百姓在官司诉讼中疲惫而死；不更改有害的政事，豪强不守法度之人不被铲除，那么百姓会疲惫而死于那些不法行为。难道只用伤害百姓来感受快意吗？有杀人的迹象显现呀！以自己为先而后是百姓，冤屈下边的人来逢合上面的人，他们开始都说：'我不得已。'他们事后又说：'我在心里怜悯同情他们，却无可奈何。'这是百姓的患苦之所以积之难治而没有地方说的原因呀。"

我的朋友冯文子君就要到礼县去做县令，做了四首诗，说他自己的心与那些平庸无才的官吏不同，所以提出过去从韩公那里听到的话以及我告诉韩公的话来告诉他。大概对于一位好官的期望，是能使百姓的苦患停止，不只是不增加他们的患苦罢了。百姓的患苦常在无形中潜伏，而大官给百姓造成的苦患，又头绪繁多而难以治理。县令的官职围绕上下而处在当中，下级官吏把百姓的情况报上来，但是上级官吏又把它隐瞒起来。对下边的人考虑得不详尽，那么使百姓产生苦患却自己没有察觉；上面治事的人不得力，那么将要坐看着百姓疲惫而死却无可奈何，办法不可不提前确定呀。冯君是韩公的弟子，因此能自己审察自己的所作所为，那么韩公的话，差不多能不被废弃了吧！

高节妇传

节妇段氏，宛平[①]民高位妻也。京师俗早嫁娶，位之死，节妇年十七，有二子矣。高氏无宗亲，依兄以居。丧期毕，数喻以更嫁，节妇曰："吾不识兄意何居。吾非难死也，无如二子何？"其兄曰："我正无如二子何也。我力食，能长为妹赡二甥乎？"节妇曰："易耳。自今日即无累兄，但望毋羞我贫，暇则频过我，使人知我尚有兄足矣！"方是时，节妇嫁时物仅余一箱，值二千，取置门外，索半值，立售，即日移居小市板屋中。京师地贵，或作板屋于中衢，妇人贫无依者，多僦居，为市人缝纫。节妇以此为生几二十年。二子长，始能僦屋以居。

二子幼时，节妇艰衣食，不能使就学，长子市贩，中年殁，次子为小吏，以罪谪辽左[②]。节妇复抚诸孙。又十余年，孙裔发愤成进士，赎其父以归，而节妇年九十矣。

节妇性严毅，常早起，子妇虽老，终日侍立，不命不敢坐。裔之母谷氏，性笃孝，鸡初鸣，起洒扫，奉匜侍盥就灶下作羹食，亲上之，食毕然后退，率以为常。及贵盛，姻党皆曰："世有太夫人年七十而执仆婢之役者乎？将公为节妇言之。"谷氏曰："若毋

言。吾与姑故寒苦，姑习我，非我供事，姑终不适。吾皤然白发，身无疾，洒扫盥馈以事吾姑，此日可多得邪？”

节妇以康熙戊辰卒，年九十六，距位之死七十有九年。始节妇所僦板屋在珠市西，及孙贵卜居，正当其地。家僮数十，出入呼拥，节妇时指示子孙姻党，京师之人亦以为美谈云。

赞曰：吾里中某氏子，兄弟各佣身。兄老，弟请于主人求养之，节衣食以奉焉。而兄卞急，小失意即数骂，或奋挺以抶，终无恚色。余尝谓非独其弟贤也，而兄固无鄙心也。京师人多以谷氏之事为难，然以节妇之风义，则子妇之承而化也，曷足异乎？

【注释】

①宛平：县名，明清皆为顺天府治，民国移治芦沟桥。解放后撤销，并入北京市。②辽左：即辽东，今辽宁东南境。

【译文】

节妇段氏，是宛平县的百姓高位的妻子。京师有早婚的习俗，高位死后，节妇年仅十七岁，有两个儿子了。高氏没有同宗的亲属，节妇就依靠着兄长生活，守丧期满之后，兄长多次劝她再嫁人，节妇说：“我不明白兄长的想法如何，我不是怕死，只是两个孩子怎么办呢？”他的兄长说：“我也正不知道对这两个孩子怎么办？我努力劳作得以糊口，怎么能长时间地替妹妹养活两个外甥呢？”节妇说：“容易办到，从今天开始我就不再拖累兄长，只是不要由于我贫困而感到羞愧，有时间就常来看我，使人们知道我还有个兄长也就足够了！”正当这个时候，节妇出嫁时的物品仅剩一个箱子，值两千铜钱，拿来放在门外，索要一半的价钱，立即就出售了。当天节妇就和孩子搬到小市板屋中居住。京师地皮很贵，有的人就在中街做板屋，妇人贫困没有依靠，时常租住板屋，为市民做些缝纫的活计。节妇靠此为生将近二十年。两个儿子长大了，才能够租屋来住。

两个儿子年少的时候，节妇衣食艰难，不能使他们上学读书，长子在市场上做商贩，中年就死了，次子做了小官，由于过失而被贬职到了辽东。节妇又抚养众孙儿，这又过了十几年，孙子高裔发愤学习考中了进士，用钱把他父亲赎了回来，而节妇那时已九十岁了。

节妇性情刚毅严肃，每天早起，儿子的媳妇尽管很老了，整日侍立，婆母没有说话，媳妇就不敢坐下。高裔的母亲谷氏，性情孝顺笃厚，每天鸡头遍鸣叫，谷氏就起来洒水扫地，侍候婆母洗了手脸，便到灶下做饭，饭好后亲自端上，等节妇吃完后才退下来，这些都已习以为常。等到家庭显贵富足了，亲戚们都说：“世上有太夫人已经七十岁了还充任仆婢差使的吗？我们大伙要一起跟节妇讲明此事。”谷氏说：“你们不要说，我和婆母过去生活艰苦贫寒，婆母已经习惯我侍奉了，否则婆母终究不会适意。我已头发花白，身体没有什么疾病，洒水扫地，给婆母洗脸，送饭来侍奉婆母，这样的日子还很多吗？”

节妇在康熙戊辰年（公元 1688 年）去世，终年九十六岁，距离高位去世有七十九年。开始节妇租赁的板屋在珠市西面，等到孙子显贵以后，选择定居之地，正好在原来的地方。家丁僮仆有几十人，出出进进互相簇拥，节妇也时常把原来住的地方指给子孙亲戚们看。京师中的人也都以此为美谈。

赞曰：我们乡里的某氏子，兄长、弟弟二人都受雇为人劳动。兄长年老的时候，弟弟请求主人允许他养活兄长，弟弟节衣缩食。奉养兄长。但是兄长性情暴躁，稍不顺心就大骂弟弟，有时还挥臂鞭打，但弟弟始终没有怨恨的脸色。我曾认为这不仅仅是弟弟贤良，而兄长原本没有鄙陋的想法。京师的人们都认为谷氏做的事是很难办到的，但是凭着节妇的仁义风范，谷氏继承下来并受到感化，这又何足怪哉？

左忠毅公逸事

先君子尝言，乡先辈[①]左忠毅公视学京畿，一日风雪严寒，从数骑出，微行入古寺。庑下一生伏案卧，文方成草，公阅毕，即解貂覆生，为掩户。叩之寺僧，则史公可法[②]也。及试，吏呼名至史公，公瞿然注视，呈卷，即面署第一。召入使拜夫人曰："吾诸儿碌碌，他日继吾志事，惟此生耳。"

及左公下厂狱[③]，史朝夕狱门外。逆阉防伺甚严，虽家仆不得近。久之，闻左公被炮烙，旦夕且死，持五十金涕泣谋于禁卒，卒感焉。一日，使史更敝衣，草屦，背筐，手长镵，为除不洁者，引入。微指左公处，则席地倚墙而坐，面额焦烂不可辨，左胁以下筋骨尽脱矣。史前跪，抱公膝而呜咽。公辨其声，而目不可开，乃奋臂以指拨眥，目光如炬，怒曰："庸奴！此何地也，而汝来前！国家之事糜烂至此，老夫已矣，汝复轻身而昧大义，天下事谁可支拄者？不速去，无俟奸人构陷，吾今即扑杀汝！"因摸地上刑械作投击势。史噤不敢发声，趋而出，后常流涕述其事以语人，曰："吾师肺肝，皆铁石所铸造也。"

崇祯末，张献忠[④]出没蕲、黄、潜、桐间，史公以凤庐道奉檄守御。每有警，辄数月不就寝，使将士更休，而自坐幄幕外。择健卒十人，令二人蹲踞而背倚之，漏鼓移则番代。每寒夜起立，振衣裳，甲上冰霜迸落，铿然有声。或劝以少休，公曰："吾上恐负朝廷，下恐愧吾师也。"

史公治兵往来桐城，必躬造左公第，候太公、太母起居，拜夫人于堂上。

余宗老涂山，左公甥也，与先君子善，谓狱中语乃亲得之于史公云。

【注释】

①乡先辈：对同乡里辈份在前的人之称呼。②史可法：字宪之。明崇祯初进士，官至兵部尚书。李自成攻陷北京后，弘光帝在南京即位，史可法率兵江浒，和四镇联络，力图恢复失地。终因为权臣牵制，悍将骄横，兵马围困，粮饷断绝而死。③厂狱：东厂设立的监狱。④张献忠：明末人，与李自成齐名，占据成都，称大西国王，经过成都的人都被屠杀，后来张献忠被清肃王射杀。

【译文】

我父亲生前曾说：同乡前辈左忠毅公在京城一带视察学务，有一天刮风下雪，非常寒冷，左公带着几个随从骑马外出，微服私访，走进一座古寺，厢房小屋里有一个书生伏在桌上睡着了，文章刚打好草稿。左公看完那篇文章，便脱下裘皮大衣盖在那个书生身上，又为他关上房门。问寺里的和尚，原来这人就是史公可法。等到临场考试，小吏点名喊到史公，左公惊奇地盯着他；考卷交上来，就当面批上第一名。邀他到家里，让他拜见夫人，并对夫人说："我们

的孩子都碌碌无为，将来继承我的志向的，只有这个学生了。”

等到左公被关进东厂大牢，史公早晚都守候在监门外。罪恶的太监监视防范都异常严密，即使左家的仆人也不能接近左公。过了好久，听说左公遭受了炮烙酷刑，很快就要死去，史公拿了五十两银子，哭泣着向看守求情，看守被感动了。一天，看守让史可法穿上破烂衣服，换上草鞋，背上竹筐，拿把长铁锹，打扮成清扫垃圾的，领他走进牢房，偷偷地指点左公的地方。只见左公靠着墙坐在地上，额头面部都被烫焦，溃烂得认不出来了，左胁以下，筋骨全脱落了。史公走上前跪下来，抱住左公的膝盖伤心地哭起来。左公听出了他的声音，但是眼睛睁不开，便用力举起胳膊用指头拨开眼眶，目光亮得像火炬，愤怒地说：“不中用的奴才！这是什么地方？你还到这里来！国家大事败坏到了这种地步，我是已经不行了，可你也不爱惜自己的生命，不明大义，天下的大事将依靠谁来支撑？不赶紧离开这里，不用等奸党捏造罪名来陷害你，我马上就砸死你！”因此摸到地上的刑具，做出要投掷打击的样子。史公闭着嘴不敢出声，快步退了出去。后来时常流着泪讲起这件事，告诉人家说：“我老师的心肠，都是钢铁炼造出来的。”

崇祯末年，张献忠的部队在蕲春、黄冈、潜山、桐城一带活动，史公作为凤阳、庐州道的长官奉军令负责防守。每当有了紧急情况，总是几个月不能安稳地睡觉，分派将士们轮流休息，而自己坐在营帐外面，挑选十名精壮的士兵，每次叫二人蹲着，自己背靠他们休息，过一次更，就轮番替代。每到寒冷的夜晚，一站起来，抖动衣裳，铠甲上的冰霜碎块迸落下来，叮当直响。有人劝他稍稍休息一下，史公说：“我对上怕辜负朝廷，对下怕辜负我的老师。”

史公指挥军事，来往于桐城，一定要亲自到左公的府上，向太公、太母请安，到堂上拜见左夫人。

我同族中的长者方涂山，是左公的外甥，同我的父亲关系很好，他说左公在监狱中的那些事情是亲耳从史公那里听到的。

汤司空逸事

国朝语名臣，必首睢州汤公[①]。公自翰林出为监司，年四十，从孙征君[②]讲学夏峰，质行著河漳。其治绩，吴淞十郡儿童妇女，皆耳熟焉。立朝之节，同时士大夫多知之。惟受特知于圣主，而卒困于佥壬[③]，其致怨之由，相构之迹，虽门人子弟，或不能详也。

公巡抚江苏时，执政明珠有家隶，言事多效，公卿震慑，所至大府常郊迎。过苏，畏公威声，弗敢谒。自监司以下，朝夕候其门。公闻，使召之。将命者用故事，以客礼请。从骑数十至辕门，顾谓左右：“主人出迎何迟也？”久之，辟大门传呼，大惊窘迫，脱厮舆服被之，入至阶下，见公南面坐，乃跪而听命。公曰：“汝主与吾同朝，闻汝来，故以酒饮犒汝。”命门卒为主人。其人惭沮，即日去苏。归诉之，谋致难于公。而公声绩甚焯，上方乡公，念公在外无从得事端。会东宫出阁读书，乃为上言汤某以理学为时所崇，辅教太子，非某不称。上然之，遂以詹事征。

公之内召也，比郡士民争以农器什物塞水陆道，不可行。公示谕：“吾在外不能为父老德，往者屡请核减浮粮，并为廷议阻，今入见天子，且面陈之。”余相国国柱者，执政私人也，得此以告曰："曩议皆上所可也，善则归君，过则归己，而市于众，以为名便，上知此，立蹶矣。"比公至，语已上闻，而公未之知。进讲东宫，首《大学》"财聚民散"数则。毕讲，东宫入侍，上问所肄，具以闻。上曰："此列国分疆时语也。若海内一统，民散将安之？试询之。"公具陈秦隋土崩状，且言一统而民散，祸更烈于分国时。上闻，犹谅其忠。

会灵台郎董汉臣上书，指斥时事及执政大臣，下内阁九卿廷议。执政惶悚不知所为，议与同列囚服待罪。王相国熙继至，貌甚暇，徐曰："市儿妄语，立斩之，则事毕矣。"执政曰："上阅奏至再三，亲点次，类嘉与之，奈何君言若是？"王笑曰："第以吾言入，视何如。"时公为宗伯，最后至，余相国述两议以决于公，公曰："彼言虽妄，然无死法。大臣不言，故小臣言之。吾辈当自省。"国柱曰："此语可上闻乎？"公曰："上见问，固当以此对。"执政入奏，国柱尾其后而与之语。命下，董汉臣免议。自是上滋不悦公。

戊辰，余国柱宣言，上将籍公内府为旗人表率。时公以兴作度材于通州，某月某日，日下晡，忽返，招乡人某官与语。客退，独坐一室，向晦，语家人："吾腹不宁。"夜半遂殁。既殁逾月，上与诸大臣语曰："吾遇汤某特厚，而怨讪不休何也？"众曰："无之。"上曰："廷议董汉臣，彼昌言朝无善政，君多失德，大臣不言，故小臣言之，尚不为怨讪乎？"众乃知公为执政及国柱所倾也。非上宽仁，夙重公，含怒而不发，公以此无类矣。

公之以执政家隶生衅也，余闻之苏人蔡忠襄之子方炳及其族子又韶。其以董汉臣之议见诬，闻之相国桐城张公英、安溪李公光地。余国柱与执政比而倾公，闻之冢宰钱塘徐公潮。公之死，闻之孙征君之孙洤。公之孙之旭，余同年友也，叩公遗事，皆未之前闻。恐久而众说异端，故著其所闻于目击公事者。

【注释】

①睢州汤公：汤公名斌，字孔伯，号潜庵，清代睢州人。顺治进士，官至工部尚书，死后谥号文正。其学说渊源于孙奇逢，以刻励实行为主。有《汤子遗书》、《明史稿》。②孙征君：名奇逢，容城人。明万历举人，与左光斗、魏大中等在气节上互相推崇。晚年移居苏门的夏峰讲学，学者称夏峰先生。③佥壬：指邪僻小人。

【译文】

谈及当朝以贤能著称的名臣，一定首推睢州汤公。汤公离开翰林院之后担任监司的职务，四十岁的时候，他跟随孙征君在夏峰讲学，品德和操行著称于河漳一带。他为政的成绩，吴淞十郡的儿童和妇女都很了解，他执政期间的节义，那时很多的士大夫也都知道。尽管特别受到圣主的赏识，但是终究被奸佞小人置于窘困之地。他招致怨恨的原因，结下怨恨的经过，就是他的门人弟子，有的也未必都很清楚。

汤公做江苏巡抚时，当时的执政明珠有家卒，说话办事很有效验，朝中公卿都为这些家卒震动畏惧，明珠家卒所到之处，总督、巡抚时常出郊迎接。明珠家卒路过苏州时，由于敬畏汤公的威严和声望，不敢去拜见汤公。但是自监司以下的那些官吏都早晚守候在明珠家卒居住的

门口。汤公听到这件事，派人召见他，让使者依照一般惯例，以待客的礼节邀请他。明珠的家卒带领几十个骑马的人来到汤公的门外，环顾左右说："主人为什么这么晚还不出来迎接呢？"过了很久，大门打开之后，有人传呼，明珠的家卒异常窘迫震惊，脱下奴仆的服装穿在身上，进到门内来到台阶下面，看见汤公面朝南坐着，就双膝跪地，听候命令。汤公说："你的主人和我同在朝中供事，听说你来了，因此用酒宴来犒劳你。"命令自己的门卒做待客的主人，那人感到羞辱，当天便离开了苏州。回去后向明珠诉说这件事，谋划向汤公发难。但是汤公名声和政绩都很显赫，皇上正思慕汤公，考虑汤公在外地，无从找他的岔子。正逢太子要出阁读书，因此他对皇上说汤公凭借程朱理学而为世人推崇，辅佐教授太子，他是最适合的。皇上认为是这样，因此以詹事的官职诏征汤公。

汤公应诏入朝时，邻近各郡县的百姓争相用农器和日常用具阻塞水上陆路交通，使汤公不能离开。汤公向大家表示：我在京师外边不能给父老乡亲们带来什么恩德，以前我多次请求国家核查减免粮税，都在朝廷辩议中没被通过，现今我去拜见天子，我要当面向他陈述。"相国余国柱是执政的亲旧，他听到这话后告诉执政说："过去议定的事都是皇上批准的，假如这些决定好就应归功于君，假如这些决定有过失就应归咎于己，但是汤某却买好百姓，来博取声誉，皇上知道了这件事，汤某会立刻倒台。"等到汤公来到京师以后，这话已让皇上听到，但是汤公却不知此事。他到东宫教授太子，首先讲了《大学》中"财聚民散"等数则。讲解结束，太子来到内宫侍奉皇上，皇上问学习了什么。太子把所听到的都说给皇上听。皇上说："这是列国分地而治时期的话。假如海内统一，百姓离散又能到哪里去呢？你询问一下你的老师！"汤公详尽陈述了秦朝、隋朝土崩瓦解的情形，并且说，国家统一百姓离散，祸害比列国纷争时更为厉害。皇上听了之后，还是体谅了他的忠心。

恰好灵台郎董汉臣向皇帝上书，批评指责时事和执政大臣，皇上把此事下交内阁各级官员在朝廷上论辩，执政明珠惊恐不安，不知所措。内阁九卿议定明珠当与同僚囚服待罪。相国王熙继来了，面容非常悠闲，他缓缓地说："这是市井小人的胡言乱语，立刻把他们抓起来斩首，那么这种事也就不再发生了。"执政明珠说："皇上十分详细地批阅了这个奏折，亲自批复，好像对此颇为嘉许，怎么你这么说呢？"王相国说："只管听了我这话上朝，看看会怎么样？"当时汤公官为宗伯，最后来到，余相国述说两种意见，让汤公评判。汤公说："那些话尽管很狂妄，然而不至于处死。大臣不说出来，因此小吏才说了。我们这一辈人应当自我反省。"国柱说："此话可以让皇上听到吗？"汤公说："皇上询问时，本当用这话来应对。"执政明珠进去禀奏皇上，国柱跟随其后并和他谈话。皇上传命下来，对董汉臣的上书不再评议。从此，皇上对汤公更为不满了。

戊辰年（公元 1688 年），余国柱扬言说皇上将把汤公户籍编入内府做为旗人表率。当时汤公因兴建工程到通州选择木材。某月的某一天，下午五时三刻，汤公突然返回家中，招乡里某官和他谈话。客人走了之后，他独坐屋中，天快黑了，告诉家人说："我肚子不舒服。"半夜里就去世了。已经死了一个多月后，皇上和众大臣谈起汤公说："我对待汤某十分仁厚，可是他却一直不停地怨恨毁谤为什么呢？"大家说："汤公没有这样。"皇上说："在朝廷上辩论董汉臣的时候，他公然说朝中不行善政，君王无德，大臣不指出来，因此小吏才说了出来！这还不就是诽谤怨恨吗？"大家这才清楚汤公被执政和国柱所陷害。假如不是皇上宽厚仁爱、平时看重汤公、胸中有怒气却没有发作出来的话，汤公会因此事而遭满门抄斩。

汤公由于执政家卒的事和执政产生了怨嫌，这事我是从苏人蔡忠襄的儿子方炳和他的同族兄弟的儿子又韶那里听说的。汤公由于廷议董汉臣之事遭诬陷，这些我是从桐城的张英相国、安溪李光地那里听到的。余相国和执政一起倾害汤公，这件事我是从礼部尚书钱瑭的徐潮公那里听到的。汤公去世的情形我是从孙征君的孙子孙淦那里听到的。汤公的孙子汤之旭是和我同榜登科的朋友，询问汤公的旧事，他的回答都是从前没有听到的。恐怕时间长了众说纷纭，产生不确的说法，所以我把从目击汤公之事的人那里听到的话写了下来。

李刚主墓志铭

李塨字刚主，直隶蠡县人。其父孝悫先生，与博野颜习斋①为执友，刚主自束发即从之游。习斋之学，其本在忍嗜欲，苦筋力，以勤家而养亲，而以其余习六艺，讲世务，以备天下国家之用。以是为孔子之学而自别于程、朱②，其徒皆笃信之。余尝谓刚主："程、朱之学，未尝不有事于此，但凡此乃道之法迹耳，使不由敬静以探其根源，则于性命之理知之不真，而发于身心，施于天下国家者，不能曲得其次序。"刚主色变，而默然者久之。

吾友王源昆绳，恢奇人也，所慕惟汉诸葛武侯③、明王文成④，而目程、朱为迂阔。见刚主而大说，因与共师事习斋，时年将六十矣。余诘之，曰："众谓我目空并世人，非也。果有人，敢自侈大乎？"刚主尝为其友治剧邑，期年，政教大行，用此名动公卿间。诸王延经师主阃外者，争欲致之，坚不就。康熙庚午，尝举乙科，晚岁授通州学正，浃月，以母老告归，长官不能夺也。

昆绳慨不快意，既葬二亲，遂漫游，将求名山大壑而隐身焉，虽妻子不知其所之，余与刚主每蹙然长怀而无从迹之。数年，忽至余家，曰："余求天下士四十年，得子与刚主，而子笃信程、朱之学，恨终不能化子。为是以来。"留兼旬，尽发程、朱之所以失，习斋之所以得者。余未尝与之争。将行，怃然曰："子终守迷，吾从此逝矣。使百世以下聪明杰魁之士，沉溺于无用之学而不返，是即程、朱之罪也。"余作而言曰："子之言尽矣，吾可以言乎？子毋视程、朱为气息奄奄人，观朱子上孝宗书，虽晚明杨、左之直节，无以过也。其备荒浙东，安抚荆湖，西汉赵、张之吏治，无以过也。而世不以此称者，以道德崇闳，称此转渺乎其小耳。吾姑以浅事喻子：非其义也，虽三公之贵，避之若浼，子之所能信于程、朱也。今中朝如某某，子夙所贱恶，倘一旦扬子于朝，以学士或御史中丞征，子将亡命山海而义不反顾乎？抑犹踌躅不能自决也。吾愿子归视妻孥，流行坎止，归洁其身而已矣。"昆绳自是终其身口未尝非程、朱。

其后余出刑部狱，刚主来唁，以语昆绳者语之，刚主立起自责，取不满程、朱语载经说中已镌版者，削之过半。因举习斋《存治》、《存学》二编未惬余心者告之，随更定曰："吾师始教，即以改过为大。子之言然，吾敢留之为口实哉？"

习斋无子，刚主中岁迁博野，为葺祠堂，以收召学者，博野去京师三百里，刚主自来唁，后复三至余家：一问吾母之疾，再吊丧，终则自计衰疲，恐不能更出而就别余。驱柴车，长子习仁御，往返刍秣皆载车中，知余时窭且艰也。呜呼！即是而刚主之勤于身，式于家，施于人，而措注于事物者，俱可知矣。

刚主言语温然，终日危坐，肃敬而安和，近之者不觉自敛抑。以昆绳之气，既老而为刚主屈；以刚主之笃信师学，以余一言而翻然改，其志之不欺与勇于从善，皆可以为学者法，故备详之，而余行则不具焉。

刚主卒于雍正某年某月，年七十有五。父讳某君。母马氏。生母马氏，明锦衣卫指挥斌女，明亡家落，归孝悫，生刚主兄弟。妻某氏。子三人：长习仁，早夭；次习礼；次习中，皆邑庠生。以某年某月某日葬于某乡某原。铭曰：

习斋矢言，检身不力。口非程朱，难免鬼责。信斯言也，趋本无歧。各从所务，安用诋娸[5]？君承师学，固守樊垣。老而大觉，异流同源。不师成心，乃见大原。改过为大，前闻是尊。琢瑕葆瑜，有耀师门。九原相见，宜无间言。

【注释】

①颜习斋：名元，博野人。清初大儒，学说渊源于姚江学派，而坚定地发展，自成一家。李刚主能宣扬转授他的学说，故世称颜李。②程、朱：指程颐、朱熹，都是宋代理学大家。③诸葛武侯：即诸葛亮，三国时蜀国丞相，阳都人，字孔明。辅佐先主取荆州，定益州，遂与吴、魏成鼎足之势。④王文成：明余姚人，名守仁，字伯安，弘治进士，正德时巡抚南赣，镇压了大帽山农民起义，又平定宁王朱宸濠的叛乱。明代文臣用兵没有赶得上王守仁的。死后封新建侯，谥号文成。其学说，以良知良能为主，称姚江派。在阳明洞构筑房屋，世称阳明先生。⑤诋娸：诋毁，辱骂。《汉书》："故其赋有诋娸东方朔。"

【译文】

李塨字刚主，直隶蠡县人。他的父亲孝悫先生，与博野县颜习斋是志同道合的朋友，刚主自少年时就跟随颜习斋游学。习斋的学说，它的根本在于克制嗜好和欲念，劳苦筋骨气力，用来尽力帮助家庭、待奉父母，而用剩余的时间和精力学习六艺，钻研当代事务，用来准备在国家中得以施展运用。习斋认为这就是孔子的学说而又和程朱理学相区别，他的门人弟子也都深信这个学说。我曾对刚主说："程朱的学说，未尝不也从事这些，但是所有这些都不过是道之法规罢了，如果不凭借精心专一、身心恭敬的方法去探究道的根源，那么就对性命的理法了解得不全面。而从内心出发，运用到天下国家的所做所为，便不能全部做到次序适当。"刚主听完之后脸色大变，长时间默不作声。

我的朋友王源王昆绳，是一位特殊奇伟的人，他所景仰的只有后汉诸葛武侯诸葛亮、明朝王文成，而以为程朱的学说不切实情。王源见到刚主后十分高兴，于是和他一起以师礼事奉习斋，那时王源已经快六十岁了。我反问他，他说："大家都说我目空无人，其实不是这样，假如真有贤人，又哪敢自大放肆呢？"刚主曾帮助他的朋友治理繁杂难办的郡县，满一年以后，那里的社会刑赏和教化普遍推行，所以此事他的名声也震动了公卿大夫。那些延请经师主持阃外的藩王，争相邀请刚主到他们那里去，刚主坚决推辞不去就任。康熙庚午年，曾中乙科举人。晚年官授通州学正之职，满月后，刚主由于母亲年老而辞官回家，即使上级长官也不能改变他的主意。

昆绳心中感叹，很不得意，埋葬双亲以后，他就随意遨游，要寻找名山大川在那里隐姓埋名，即使是他的妻子儿女也不知道他到哪里去了。我和刚主每每想起来都蹙然常久思念而又无所追寻他的踪影。几年之后，昆绳忽然来到我家，对我说："我寻找天下贤士四十年，得到了你和刚主，而你笃信程、朱理学，我一直遗憾不能感化你。为此我到你这里来。"逗留了二十天，向我全面阐释程、朱理学的不足和刁斋学说的正确。我不曾和他争论。在他就要走的时候，他茫然自失地说："你始终执迷不悟，我从此就要离去了，让百代以后杰出聪明的魁伟贤士都沉溺在没有用处的学说之中而不知返悟，这就是程、朱的罪过。"我站起来对他说："你的话说完了，我可以说了吗？你不要以为程、朱是气息奄奄的人，读一读朱子的《上孝宗书》，就是晚明的杨、左的正直节操也没有超过他的。朱子在浙东备荒，安抚荆湖百姓，就是西汉的赵、张等人的治理功绩也超不过他。但是世人不因此称颂朱子，这是由于他道德伟大崇高，称颂这些反而会使他显得渺小。我姑且用浅显的事情向你说明：假如不合道义，即使是三公这样的高位，躲避它就如同躲避污秽，这是你对程、朱信得过的地方。现在朝中如某某人，你一向所憎恶的，倘若他一旦在朝中把你称颂，用学士或御史中丞的官职征召你入朝，你是亡命山川而毫不回头呢？还是踌躇犹豫不能决定呢？我期望你回去探望你的妻子儿女，顺流而行，遇坎则止，独善其身而已。"昆绳从此以后一直到他生命结束，嘴中不再非难程、朱了。

那之后我从刑部的狱中出来，刚主来慰问我，我把对昆绳说的话告诉给他，刚主马上站起来责备自己。他把已经刻版的著作中不满程、朱的话删去了大半。因此我又把刁斋《存治》、《存学》两编中我觉得不满意的地方告诉他，他随后更加坚定地说："我的老师最初教导我的就是以能勇于改正过错为治学最首要的。你说的话是正确的，我怎么能还敢留下那些给人以话柄的语言呢？"

刁斋没有儿子，刚主中年迁居博野，修葺了刁斋族氏的祠堂用来招收求学的人。博野距离京师有三百里，刚主自从来京师看望我，以后又三次到我的家里：一次是来看望我母亲的病情，第二次是来吊丧，最后一次是他想到自己已年老体衰，恐怕不能再出远门因此来和我告别。他们坐着简陋无饰的车子，长子刁仁驾车，牛马来回的草料都在车上载着，他知道我当时生活困窘而且艰苦呀，唉！由此刚主勤于修身，治家有方，施恩于人，并且关注于事物的种种品质德行，都可以了解了。

刚主言谈态度和蔼，他整日端坐，严肃恭谨而又安定平和，接近他的人都不觉受之感染也自我约束起来。凭着昆绳的才气，已经年老了，却为刚主的学识而折服；凭刚主深信老师学说的信念，为我的一席话而翻然悔悟，他们的不自欺欺人和勇于从善的品质都可以为学者效法，所以我详细叙述了这些，其他的品行就不详细说了。

刚主死于雍正某年某月，终年七十五岁。父亲某君。母亲马氏。生母马氏，是明朝锦衣卫指挥马斌的女儿，明朝灭亡之后家庭衰败，出嫁后恭谨孝顺，生了刚主兄弟。刚主的妻子某氏，生有儿子三人：长子刁仁，早年夭亡，次子刁礼，三子刁中，都是乡里的庠生。他某年某月某日埋葬在某乡某原。铭文如下：

刁斋言语坦率，约束自身还不尽力。反对程朱理学，难免受到鬼魂斥责。深信这些言论，趋向根本而无分歧。各自研读自己所从事的学问，又哪里用得上訾毁它呢？李君禀承老师的学说，顽固坚守自己的偏见。老来反倒大梦觉醒，不同的流派归于同一源头。不师承故有的偏见，因此就能看到大的原野。改正过错最为重要，前人的学说都应尊敬。去掉缺点保持美德，光耀老师之门。就是九泉相见，也应没有什么非议。

万季野墓表

季野姓万氏，讳斯同，浙江四明人也。其本师曰念台刘公。公既殁，有弟子曰黄

宗羲梨洲，浙人闻公之风而兴起者，多师事之，而季野与兄充宗最知名。

季野少异敏，自束发未尝为时文，故其学博通，而尤熟于有明一代之事。年近六十，诸公以修《明史》延致京师，士之游学京师者，争相从问古仪法。月再三会，录所闻共讲肄，惟余不与，而季野独降齿德而与余交。每曰："子于古文信有得矣，然愿子勿溺也。唐宋号为文家者八人，其于道粗有明者韩愈氏而止耳，其余则资学者以爱玩而已，于世非果有益也。"余辍古文之学而求经义自此始。

丙子秋，余将南归，要余信宿其寓斋，曰："吾老矣，子东西促促，吾身后之事，豫以属子，是吾之私也。抑犹有大者：史之难之久矣，非事信而言文，其传不显，李翱[①]、曾巩[②]所讥。魏、晋以后，贤奸事迹，并暗昧而不明，由无迁、固[③]之文是也。而在今则事之信尤难。盖俗之偷久矣，好恶因心而毁誉随之。一室之事，言者三人，而其传各异矣，况数百年之久乎？故言语可曲附而成，事迹可凿空而构，其传而播之者，未必皆直道之行也；其闻而书之者，未必有裁别之识也。非论其世，知其人，而具见其表里，则吾以为信，而人受其枉者多矣。吾少馆于某氏，其家有列朝实录，吾默识暗诵，未敢有一言一事之遗也。长游四方，就故家长老求遗书，考问往事，旁及郡志邑乘杂家志传之文，靡不网罗参伍，而要以实录为指归。盖实录者，直载其事与言，而无可增饰者也。因其世以考其事，核其言而平心以察之，则其人之本末，可八九得矣。然言之发或有所由，事之端或有所起，而其流或有所激，则非他书不能具也。凡实录之难详者，吾以他书证之，他书之诬且滥者，吾以所得于实录者裁之，虽不敢具谓可信，而是非之枉于人者盖鲜矣。昔人于《宋史》已病其繁芜，而吾所述将倍焉。非不知简之为贵也，吾恐后之人务博而不知所裁，故先为之极，使知吾所取者有可损，而所不取者，必非其事与言之真而不可益也。子诚欲以古文为事，则愿一意于斯，就吾所述，约以义法，而经纬其文，他日书成，记其后曰：此四明万氏所草创也。则吾死不恨矣！"因指四壁架上书曰："是吾四十年所收集也，逾岁吾书成，当并归于子矣。"

又曰："昔迁、固才既杰出，又承父学，故事信而言文。其后专家之书，才虽不逮，犹未至如官修者之杂乱也。譬如入人之室，始而周其堂寝匽福焉，继而知其蓄产礼俗焉，久之，其男女少长性质刚柔轻重贤愚无不习察，然后可制其家之事也。官修之史，仓卒而成于众人，不暇择其材之宜与事之习，是犹招市人而与谋室中之事耳。吾欲子之为此，非徒自惜其心力，吾恐众人分操割裂，使一代治乱贤奸之迹暗昧而不明。子若不能，则他日为吾更择能者而授之。"

季野自志学，即以《明史》自任。其至京师，盖以群书有不能自致者，必资有力者以成之，欲竟其事然后归。及余归逾年，而季野竟客死，无子弟在侧，其史稿及群书，遂不知所归。

余迍邅轗轲，于所属史事之大者，既未获从事，而传志之文亦久而未就。戊戌夏六月，卧疾塞上，追思前言，始表而志之，距其殁盖二十有一年矣。

季野行清而气和，与人交，久而益可爱敬。其殁也，家人未尝讣余，余每欲赴其家吊问而未得也，故于平生行迹，莫由叙列，而独著其所阐明于史法者。季野所撰本纪、列传，凡四百六十卷，惟诸志未就。其书具存，华亭王氏、淮阴刘永祯录之过半而未全，后有作者，可取正焉。

【注释】

①李翱：字习之。古文与韩愈齐名，有《李文公集》十八卷。②曾巩：宋南丰人。文章与欧阳修齐名，唐宋八大家之一，世称南丰先生。③迁、固：指司马迁、班固。

【译文】

季野姓万，名斯同，浙江四明人。他早年师从于念台刘公。刘公去世之后，他有个学生叫黄宗羲，号梨洲，浙江的人听说刘公的风范而奋发感动，大多像对待老师那样事奉他，而季野和他的哥哥充宗最有名。

季野少年时就聪慧奇特，自从束发长大以后，就不曾再做过参加科举考试的文章，因此他的学问通达广博，而尤其对明代的事实很熟悉。年纪近六十时，季野因为各位先生要编修《明史》而被邀请来到京城，那些在京城游学的读书人，争相跟从季野向他询问古代的礼仪制度。每月聚会两三次，把听到的记录下来一起讲习，只有我没有参加，但是季野又唯独不计较年龄而同我结交。每次都说："你对于古文的确有一定的见解，但是希望你不要沉溺其中。唐宋两代号称文学家的有八个人，他们中对古文的规律粗略明白的只有韩愈一人罢了，其余人的文章则只供学习的人欣赏而已，对于现实不是必定有好处。"我停止古文之学而去探求义理经书自此开始。

丙子年（公元 1696 年）秋天，我将要启程南归，季野邀请我随便到他的寓所住几天，说："我老了，你东南西北地四处匆忙奔走，我身后的事，预先嘱咐给你，这是我的偏私。但依然有大事：史事难写很久了，假如不是事实真实而语言华美，那么它流传就不广泛，这是李翱、曾巩所讥讽的。魏、晋以后，贤良之臣与奸佞小人的事情，一起处于昏暗状态中而不明白，这是由于没有司马迁、班固的文章呀。而在今天事实真实尤为困难。大概风俗习惯是得过且过已经很久了，厌恶喜爱，是根据自己的内心，而对人的毁誉随着对人的喜欢厌恶，全然不依据事实。一家族的事，有三个人说，那么他的传记各异呀，更何况于数百年之久呢？因此话语可以曲意附会而成，事情经过可以凭空虚构，那些传说并且散布的人，未必都是走正直之道的人；那些听到而又记录下来这些话的人，未必有裁判识别的见识。假如不是研究他所处的时代，知道了解这个人，而且全部看到他的外表和内心，那么我认为真实了，但是别人受他歪曲得太多了。我小时候住在某氏的客舍中，他的家中有各个朝代的实录，我默默地记住暗暗地习诵，不敢遗漏一言一事。长大之后，到四方游历，接近那些世家大族或年纪大的人找从前遗留下来的书籍，考核追察过去的事情，广泛涉猎郡志、县志、以及杂家的志传，没有东西不被网罗来错综比较，作为验证，而最为重要的是用实录作为意旨。实录，就是直接记载那些言论与事实，而没有增加掩饰。依据他所处的时代考核他的事迹，核实他的言论，除去成见，用心公平地考察它，那么这个人的始末就可以得到八九分了。但是说出这些话或许有一定原因，事情的开头或许有产生的原因，而且史事在流传过程中或许存在一些偏激，那么假如没有别的书便不能备具。大凡实录中难于详尽写出的，我用其他的书证明它，别的书假如是话语不真实而且无节制，我用从实录中得来的史料来裁剪它们，尽管不敢全部说可信，而人为地歪曲是非很少了。过去的人已经对《宋史》不满于它的过分繁杂，而我所叙述的将是宋史的两倍。并不是我不清

楚简洁的可贵，我是担心后人一味地追求广博却不知道剪裁，因此先为他们在广博方面达到极点，使他们明白我所选取的材料有可以减少的，而我所不取的材料，一定是由于它的言论与事实不真实所以才不可以增加。你果真想以古文为事，就希望你对这能一心一意，依据我所记述的这些，用义理法则来约束，又规划治理这些文章，日后书写成，在书后做记说："这是四明人万氏草创的。那么我死也没有遗憾了。"因此指着四壁架子上的书说："这是我四十年所收集的东西，等过年我的书写成，当一并归于你了。"

季野又说："过去司马迁、班固才气已经很杰出了，又继承父学，因此事实真实而语言华美。他们之后的专家的书，才气方面尽管赶不上司马迁、班固，还没有像官府修治的史书那样杂乱。比如进入别人的家，开始环绕他的正屋寝室沟渠浴室这些地方，之后进一步了解他们的积蓄家产礼仪习俗，很久以后，这家里男女老少性情是刚烈是柔顺是浅薄是深沉是贤良是愚钝没有不熟悉明察的，然后可以掌握这个家庭的事情了。官府修定的史书，时间仓促并且成于众多人之手，没有时间去选择那些合适的材料和熟悉的事实，这就好似是招一个街上的行人而和他计谋家里的事一样啊。我想让你做这件事，不只是自己爱惜自己精力，我是担心众人分着编纂会把整体分割开来，使一代是太平还是动乱、是贤德之人还是奸贼这些事迹处于昏暗状态而不能昭明天下。如果你不能做的话，以后为我再选择能够做的人交给他这些材料。"

季野自从确定了做学问的志向，就将编写《明史》作为自己的任务。他到京城，假如有些书不能自己亲自致力去研究，一定资助有力的人来完成它，想完成他的事然后回去。等到我回去了一年，而季野居然客死他乡，没有子弟在旁边，他的史稿和群书，也就不知到哪里了。

我处境困窘遭遇坎坷，对季野嘱咐我的史书上的大事，没有能够从事，而那些志传之文也很久没有完成。戊戌年夏六月，我在塞上因病卧床，追忆前边那些话，才写了一个表记录这些，离季野去世大概已经二十一年了。

季野品行高洁，而气度和蔼，和人交往，时间久了更加可敬可爱。他逝世后，他的家人没有讣告给我，我每次想到他家去吊唁一下都没有成行，因此对他的一生行迹，没有办法叙述陈列，而唯独写下他阐明的作史的法则，季野撰写的本纪、列传，共四百六十卷，只有各个《志》没有写完。他的书都保存着，华亭的王氏、淮阴的刘永祯抄录了一多半而没有抄全，后代有著书立说的人，可以将它作为典范。

鹿忠节公神堂记

定兴鹿忠节公①致命于城西北隅，邑人就其地为祠，曾孙某葺之，列树增舍，俾子孙暨乡人志公之学者，得就而讲习焉。

余尝谓自阳明氏②作，程、朱相传之统绪几为所夺，然窃怪亲及其门者，多猖狂无忌。而自明之季以至于今，燕南、河北、关西之学者，能自树立，而以志节事功振拔于一时，大抵闻阳明氏之风而兴起者也。昔孔子以学之不讲为忧，盖匪是则无以自治其身心，而迁夺于外物。阳明氏所自别于程、朱者，特从入之径途耳，至忠孝之大原，与自持其身心而不敢苟者，则岂有二哉？方其志节事功赫然震动乎宇宙，一时急名誉者，多依托焉以自炫，故末流之失，重累所师承。迨其身既殁，世既远，则依托以为名者，无所取之矣。凡读其书、慕其志节事功而兴起者，乃病俗学之陋，而诚以治其身心者也，故其所成就皆卓然不类于恒人。

吾闻忠节公之少也，即以圣贤为必可企，而所从入，则自阳明氏。观其佐孙高阳及急杨、左③诸公之难，其于阳明氏之志节事功，信可无愧矣。终则致命遂志，成孝与忠，虽程、朱处此，亦无以易公之义也。用此知学者果以学之讲，为自事其身心，即由阳明氏以入，不害为圣贤之徒。若夫用程、朱之绪言以取名致科，而行则背之，其大败程、朱之学，视相诋訾者而有甚也。

公之生平，耿著于天壤，盖无俟于余言，故独著其所以为学之指意，使学者所知事而用自循省焉，是则公之志也夫！

【注释】

①鹿忠节公：名善继，今河北定兴人，参加科举，万历年间中进士。光宗时，跟随大学士孙承宗检阅山海关，开拓土地恢复城堡，大多是鹿忠节公谋划。后清兵攻定兴。城池陷落，忠节公被杀，谥号忠节。②阳明氏：即王守仁，他的学说以良知良能为主，世称阳明先生。③杨、左：即杨涟、左光斗。

【译文】

定兴鹿忠节公是在城西北角献出生命的，乡里的人就在他殉国的地方建造了祠堂，他的曾孙某某对祠堂进行修缮，种植了树木，扩建了房舍，以便使有志于忠节公学说的忠节公的子孙和乡人来到这里能讲论研习。

我曾说过，自从阳明先生的学说兴起以来，程朱理学世代相传的系统几乎被它所取代，但是我暗自惊奇那些亲身前来跟王阳明学习的人，大多肆无忌惮，言行猖狂。自从明朝末年直到今天燕南、河北、关西等地的学者，能够自成一派，凭借他们的志向节操和事业功绩而兴盛于一时，大多是随着阳明的风行而兴起的。以前孔子很为不研究学问而担忧，大概是由于如果不这样就失去了自我修养的准则，而被外界事物扰乱了性情。阳明自己区别于程朱理学的地方，只是自我修养入门的方法不同而已。至于仁孝、忠诚的根本和自我恪守其身心而不敢放纵，两者难道有什么不同吗？正当他的志向功绩非常显赫、使整个天地震动的时候，一时急于追求声名的人，有许多便归附到他门下以自我炫耀，因此阳明学派后人的失误，重重地连累了他们的先师，等到他的生命已经结束，时间过去很久以后，那些依附他以博取虚名的人，从他那里便无所可取了。而凡是阅读他的著作、仰慕他的志向和功绩而从此兴起的人，都不满于世俗流行的学问的粗浅，而真正地坚持自我身心的操守，因此这些人成就的事业也就卓然特立，不同于一般的人。

我听说忠节公在年轻的时候就认为圣贤一定都是可以追赶得上的，而他所起步师承的就是阳明。看到他辅佐孙高阳和为杨涟、左光斗诸公遇难而着急不安，人们便会清楚他对于阳明的志向和事业的确可以无所惭愧了。最后忠节公献出了生命，实现了志愿，成就了孝和忠，就是程朱在世，也没有什么能够用来代替忠节公的节操大义的。由此可以看出假如学者凭借所遵循的学说，用来指导自我身心的修养，就是从阳明学说入门，也不妨害成为圣贤的门徒。至于凭着程朱的余言来考取功名，达到晋升，可是在行动上则与学说相违背，那么也玷污了程朱的学说，比起诋毁程朱学说的人来更为严重。

忠节公一生，正直耿介在天下闻名，这大概不再需要我说明，所以我单独阐明他所治学的意旨，让学者们从中了解应该从事什么并用它来自我反省，这就是忠节公的意愿吧！

再至浮山记

昔吾友未生、北固在京师，数言白云浮渡之胜，相期筑室课耕于此。康熙己丑，余至弗山[①]，二君子犹未归，独与宗六上人游。每天气澄清，步山下，岩影倒入方池。及月初出，坐华严寺门庑，望最高峰之出木末者，心融神释，莫可名状。将行，宗六谓余曰："兹山之胜，吾身所历，殆未有也。然有患焉，方春时士女杂至，吾常闭特室，外键以避之。"夫山而名，尚为游者所败坏若此！辛卯冬，《南山集》祸[②]作，余牵连被逮，窃自恨曰：是宗六所谓也。

又十有二年，雍正甲辰，始荷圣恩给假归葬。八月上旬，至枞阳[③]，卜日奉大父柩改葬江宁，因展先墓在桐者。时未生已死，其子移居东乡，将往哭，而取道白云，以返于枞。至浮山，计日已迫，乃为一昔之期，招未生子秀起会于宗六之居，而遂行。白云去浮山三十里，道曲艰，遇阴雨，辄不达，又无僧舍旅庐可托宿，故余再欲往观而未能。

既与宗六别，忽忆其前者之言，为不必然，盖路远处幽，而游者无所取资，则其迹其希，不系乎山之名不名也。既而思楚、蜀、百粤间，与永、柳之山比胜，而人莫知者众矣，惟子厚所经，则游者亦浮慕焉。今白云之游者，特不若浮渡之杂然耳，既为众所指目，徒以路远处幽，无所取资，而幸至者之希，则曷若一无闻焉者，为能常保其清淑之气，而无游者猝至之患哉？然则宗六之言，盖终无以易也。

余之再至浮山，非游也，无可记者，而斯言之义，则不可没，故总前后情事而并识之。

【注释】

①浮山：又名浮渡山，在安徽桐城县东。②《南山集》祸：指由戴名世的《南山集》引发的文字狱。③枞阳：县名，汉置，故城在今安徽桐城县东南。

【译文】

以前我的朋友左未生、刘北固在京师，屡次对我说起白云山、浮渡山的优美，相互约好今后到那里盖房子讲学耕种。康熙乙丑年（公元 1685 年）我到浮山，他们二位君子还没有辞官回家乡，我只好一个人和宗六和尚游玩。每当天气清澈晴朗，在山下漫步，山岩的影子倒映到一方池塘中。到月亮刚升起的时候，坐在华严寺门廊下，远望那些超出树梢的最高山峰，真叫人心情沉醉，精神舒展，不可用语言来形容。我准备走时，宗六对我说："这座山的优美，我亲身游历过的山大概没有超过它的。但是它也有一个祸患：正当春天时节，男女游客混杂在一起前来，我时常把自己关闭在单独的一间房子里，外面挂上锁以回避他们。"山有了名气，尚且让游客败坏得如此这般。辛卯年（公元 1711 年）冬天，《南山集》案发生，我受牵连被逮捕，暗地里怨恨自己说："这真是像宗六所说的那样啊！"

又过了十二年，雍正甲辰年（公元 1724 年），我才承蒙皇上恩赐，准假让我回家乡办理先人的坟墓迁葬事宜。八月上旬到枞阳，选择吉日护送祖父的灵柩改葬到江宁，顺便察看了在桐

城的先人的坟墓。这时左未生已经逝世，他的儿子已移居到了东乡。我打算前往吊唁，从而取道白云山返回枞阳。到浮渡山，预计日期太紧，便安排在此停留一夜时间，邀请未生的儿子秀起到宗六的居处见面，随后便起程。白云山离浮渡山三十里，道路曲折难行，遇到阴雨天就走不到，又没有寺庙旅店可以借宿，因此我再次想去游玩，但没能如愿。

与宗六分别后，突然想起他以前说的话，觉得不一定正确。大概路途遥远，地处幽静，而游玩的人又没有什么可借助的条件，那么游人的足迹自然就稀少了，并不在于山有名没名。之后又想，楚地、蜀地、百越一带和永州、柳州的山一样优美，却不被世人知道的山太多了，只因柳宗元游玩了，游客们也徒羡虚名去游玩。现在白云山的游客，只不过不如浮渡山那样混杂罢了。既然成为众人瞩目的地方，仅因路途遥远、地处幽静，没有方便游客的条件，而庆幸来游玩的人稀少，哪里比得上一点名气也没有的山可以时常保持它那清静优美的环境气氛，而没有游客突然到来的忧患呢？这样说来，大概宗六的话终究还是不可改变的。

我再一次到浮山，不是为了游玩，没什么可记述的，而宗六和尚一番话所包含的深刻哲理，却不可埋没，因此合并前后两次的事情一起记载下来。

阮以南哀辞

始余兄弟应童子试，既闻阮君以南名于闾巷间。及入庠序[①]，与君后先，时相见稠人中而未狎也。其后余游燕、齐[②]，倦而归，则先君子故交零落几尽，而新知中惟阮先生汝咸经过最密，叩之则君之父也。

君所居近市，曲巷小桥，透迤而入，四面环陂塘，老屋数间，蔽翳于丛篁高柳中，入其门如在山林之隩。方盛暑，风谡谡[③]穿户牖，坐有顷，必加衣。自仲夏入秋日，未旦，先君子即披衣就阮先生，夜定然后归，率以为常。君率妻子力作，杀鸡屠狗具肴蔬，未尝乏绝。阮先生既殁，君于门侧市药，而授生徒于堂上，先君子旬月犹三数过君，余兄弟随行。每至，君必散生徒，辍其所事，置酒酣嬉，终日而罢。由前之为，君以乐其亲也；由后之为，则以便余兄弟之情，而不肯逆也。呜呼，君可谓顺于亲而笃于友者矣！

君既免丧，时谓余子知交在四方，朋侪多资子以糊其口，而独遗余，何也？时余私计先君子栖迟寡欢，惟君居近而意惬，故独难之以滞君之行。及先君子殁，而余及于难，又逾年而君死。追念平生游好，倾心向余，而余无纤毫之报者莫如君，乃哭而为文以志余哀。

君讳梦鳌，江宁人，卒于康熙某年，年五十有一。余闻其丧，次年之某月日也。其辞曰：

忠养不匮，心之竞也。蹇以无年，亦其命也。重施而蔑以称，独余之病也。

【注释】

①庠序：古代学校的名称，明清时把府、县中生员入学叫入庠。②燕、齐：即今河北、山东。③谡谡：风声。《世说》："世目李元礼谡谡如劲松下风。"

【译文】

当初我们兄弟几个参加童子科考试时，就听说阮以南君在民间里巷中很有名。等到入了庠序，和阮君一先一后，在众人当中经常相见，关系还不十分亲密。那之后我游历了燕、齐等地，倦怠以后回到南方，这时先父的旧交老友多半已经逝世了，在新近结交的朋友中，只有和阮汝咸先生来往最为密切，询问后才清楚他就是阮君的父亲。

阮君的居所距离集市不太远，经过弯曲的里巷和小桥，曲曲折折地就来到了他的家门口。阮君的家四面池塘环绕，有几间旧屋，掩映在竹林高柳之中，走进他的家门，就像置身于山中丛林的深处。时值盛夏，天气炎热，风嗖嗖穿过门窗，进入屋中，人坐一会儿，就必须加上些衣服。自仲夏开始直到秋天，天还没亮，我的先父披上衣服便去阮先生家，直到晚上夜阑人静之后我父亲才回家。先父对此已养成了习惯。阮君和妻子一起动手劳作，杀鸡宰狗准备饭菜，从来也不间断。阮先生逝世之后，阮君在家门口卖药，在家中教授学生读书，我的先父一月当中还隔三差五地到阮君家坐坐，我们弟兄几个也一同前往。每次到了，阮君一定结束给学生们授课，停下手中的事情，准备酒宴，酣饮谈笑，天色很晚才散去。从以前阮君做的事情看，他是为了使自己的父亲高兴；从以后做的事情看，阮君是为了顺从兄弟友情而不肯违背。啊，阮君可称得上孝顺长亲而对朋友忠厚的人啦！

阮君父亲的丧期结束以后，他时常告诉我说他的好朋友在各地，朋友们时常资助他以养家糊口，而唯独我没有帮助阮君，为什么呢？当时我私下想先父平时寡欢少言，只有离阮君的家很近，先父很满意，因此想难为阮君以阻止他远行，等到先父逝世后，而我也遇到了生活困难，又过了一年，阮君逝世了。追怀思念生平的交游好友，阮君全心为我着想，但是我却没有像阮君对我一样丝毫地回报阮君，因此我哭泣着写下这篇文章，用来记录我的悲哀。

阮君名梦鳌，江宁人，卒于康熙某年，享年五十一岁。我听到他逝世的消息是在第二年某月某日。哀辞道：

忠养家人尽全力，具备争强好胜心。人生艰险寿不长，亦是天命早注定。优厚施予人而无所称扬，此为我生平最大之遗憾。

姚姬传惜抱轩集

李斯论

苏子瞻[①]谓李斯[②]以荀卿之学乱天下，是不然。秦之乱天下之法，无待于李斯，斯亦未尝以其学事秦。

当秦之中叶，孝公即位，得商鞅[③]任之，商鞅教孝公燔诗书，明法令，设告坐之过，而禁游宦之民。因秦国地形便利，用其法，富强数世，兼并诸侯，迄至始皇。始皇之时，一用商鞅成法而已。虽李斯助之，言其便利，益成秦乱，然使李斯不言其便，始皇固自为之而不厌。何也？秦之甘于刻薄而便于严法久矣，其后世所习以为善者也。斯逆探始皇、二世之心，非是不足以中侈君而张吾之宠，是以尽舍其师荀卿之学，而为商鞅之学，扫去三代先王仁政，而一切取自恣肆以为治，焚诗书，禁学士，灭三代法而尚督责。斯非行其学也，趋时而已。设所遭值非始皇、二世，斯之术将不出于此。非为仁也，亦以趋时而已。

君子之仕也，进不隐贤；小人之仕也，无论所学识非也，即有学识甚当，见其君国行事悖谬无义，疾首頞蹙于私家之居，而矜夸导誉于朝廷之上。知其不义而劝为之者，谓天下将谅我之无可奈何于吾君而不吾罪也；知其将丧国家而为之者，谓当吾身容可以免也。且夫小人虽明知世之将乱，而终不以易目前之富贵，而以富贵之谋贻天下之乱，固有终身安享荣乐，祸遗后人，而彼宴然无与者矣。嗟乎！秦未亡而斯先被五刑夷三族也！其天之诛恶人，亦有时而信也邪？《易》曰："眇能视，跛能履，履虎尾，咥人凶。"其能视且履者幸也，而卒于凶者，盖其自取邪？

且夫人有为善而受教于人者矣，未闻为恶而必受教于人者也。荀卿述先王而颂言儒效，虽间有得失，而大体得治世之要，而苏氏以李斯之害天下罪及于卿，不亦远乎？行其学而害秦者，商鞅也；舍其学而害秦者，李斯也。商君禁游宦，而李斯谏逐客，其始之不同术也，而卒出于同者，岂其本志哉？宋之世，王介甫[④]以平生所学，建熙宁新法，其后章惇、曾布[⑤]、张商英、蔡京[⑥]之伦，曷尝学介甫之学邪？而以介甫之政促亡宋，与李斯事颇相类。夫世言法术之学足亡人国，固也。吾谓人臣善探其君之隐，一以委曲变化从世好者，其为人尤可畏哉！尤可畏哉！

【注释】

①苏子瞻：即苏东坡，著有《荀卿论》一篇，见《东坡集》。②李斯：秦始皇时任丞相。楚上蔡人，师从荀卿，习帝王术，西仕于秦。始皇平定天下后，斯为丞相，定郡县制，下禁书令，作小篆。二世时，赵高诬蔑李斯的儿子李由与盗通，腰斩咸阳市。③商鞅：战国卫人，年轻时喜好刑名之学。后为秦孝公丞相，变法令，废井田，开阡陌，改赋税之法。封于商，号商君。孝公卒，被杀。④王介甫：名安石，号半山，宋临川人。神宗朝拜平章事，创青苗、保甲等，号称新法。封荆国公。⑤章惇、曾布：均为哲宗时奸相。⑥张商英、蔡京：均为徽宗时奸相。

【译文】

苏轼以为李斯用荀子的学说扰乱了天下，这并非如此。秦国使天下动劳的法度，无须等待李斯制定，李斯也不曾用他的学说为秦国办事。

当秦国中叶，孝公即位，得到了商鞅，任命他进行变法。商鞅教孝公焚毁《诗》、《书》等典籍，明确国家的法令，设立奸藏不告之罪和连坐之罪，而禁止游说谋官的人。利用秦国便利的地理环境，采用商鞅的变法，秦国强盛了好几代，吞并各诸侯国，直到秦始皇帝。秦始皇的时代，全部用的是商鞅现成的法律罢了。虽说李斯加以助长，说它方便有利，越发造成了秦国的暴乱。但就是李斯不说它便利，秦始皇本来也会自己采用而不厌弃的。为什么呢？因为秦国喜欢薄恩苛刻、适应严厉的法治已经很久了，后代的君主已经习惯这样，认为这是很好的。李斯窥探迎合始皇、二世的心事，觉得不这样不足以投合恣肆的君主从而扩张自己的宠幸，因此全部放弃他的老师荀卿的学说，而采用商鞅的学说，扫除三代先王的仁政，而全部采用无忌放纵来治理国家，焚毁《诗》、《书》，严惩犯禁的儒生，毁灭三代的成法而推崇责罚督察。李斯并不是推行他所学的，只是趋附时势而已。如果遇到的不是秦始皇、二世，李斯将不会采取法治的做法，但他依然不会推行仁政，不过是用来趋附时势罢了。

君子做官，进取时并不隐藏自己的贤能；小人做官，且不说他的学识是不对的，就是学识十分得当，但看到君主行事违背常理，不合道义，他在家里痛心疾首，皱眉叹息，而在朝廷上却自我夸耀，企求美誉。明白君主不合道义而还要鼓励君主去做，是认为天下人将会谅解我对自己的君主是无可奈何的，所以不会怪罪自己；明白君主将会使国家灭亡还要这样做，认为在自己一生中或许可以免于难。再说小人虽然明明知道天下将要发生变乱，但最终还是不会因此改变眼前的富贵，而用求取富贵的计谋，留下天下大乱，也真的有自己终身安逸享受荣华快乐，祸患留给后人，而自己却安然无事。唉！秦朝还没有灭亡，李斯就先遭腰斩之刑，灭绝三族。上天惩罚恶人，有时也是很灵验的啊！《易》说："眇能视，跛能履；履虎尾，咥人凶。"那些能视并且能走的眇跛小人，是侥幸，而最终得到凶险，大概是自取的吧！

再说有的人为善是从别人那里学来的，没有听说作恶一定是从别人那里学来的。荀子在祖述先王而且极力称颂儒家治世的功效，尽管间或有得有失，但大体得到了治世的要领。而苏轼因李斯祸害了天下便把罪过推到荀子身上，不是差得太远了吗？推行自己的学说而祸害秦朝的人是商鞅，抛弃自己的学说而祸害秦朝的是李斯。商鞅禁止游说求官，而李斯则劝阻秦王驱逐秦国的客卿，他们开始时采取不同的手段，而最终出于相同的策略，难道是他们原有的心意吗？宋代，王安石用他一生所学的东西，建立熙宁新法，以后章惇、曾布、张商英、蔡京之流，何曾学过王安石的学说？而用王安石的政策加速了宋的灭亡，这和李斯的事甚是相似。世人议论法术之学足以使国家灭亡，确实如此啊！我以为，臣僚善于探测君主的心事，一味采取委屈顺从变化的手段来求得世俗喜好的人，他们的为人尤为可怕啊！尤为可怕啊！

食旧堂集序

丹徒[①]王禹卿[②]先生，少则以诗称于丹徒，长入京师，则称于京师。负气好奇，欲尽取天下异境以成其文。乾隆二十一年，翰林侍读全魁[③]使琉球[④]，邀先生同渡海，即欣然往。故人相聚涕泣留先生，不听。入海覆其舟，幸得救不死，乃益自喜曰："此天所以成吾诗也！"为之益多且奇，今集中名《海天游草》者是也。

鼐故不善诗，尝漫咏之以自娱而已。遇先生于京师，顾称许以为可，后遂以交密，居间盖无日不相求也。一日值天寒晦，与先生及辽东朱子颖[⑤]登城西黑窑厂，据地饮

酒，相对悲歌至暮，见者皆怪之。其后先生自海外归，以第三人登第，进至侍读，出为云南临安府知府。赴任过扬州，时鼐在扬州，赋诗别去。鼐旋仕京师，而子颖亦入蜀，皆不得见。时有人自西南来者，传两人滇蜀间诗，雄杰瑰异，如不可测，盖称其山川云。先生在临安三年，以吏议降职，遂返丹徒，来往于吴越，多徜徉之辞。久之鼐被疾还江南，而子颖为两淮运使，兴建书院，邀余主之。于是与先生别十四年矣，而复于扬州相见，其聚散若此，岂非天邪？

先生好浮屠道，近所得日进。尝同宿使院，鼐又渡江宿其家食旧堂内，其语穷日夜，教以屏欲澄心，返求本性，其言绝善，鼐生平不常闻诸人也。然先生豪纵之气，亦渐衰减不如其少壮，然则昔者周历山水伟丽奇变之篇，先生自是将不复作乎？

鼐既尽读先生之诗，叹为古今所不易有，子颖乃俾人抄为几十卷，曰《食旧堂集》，将雕板传诸人，鼐因为之序。

【注释】

①丹徒：县名，今属江苏省。②王禹卿：名文治，清丹徒人，号梦楼，乾隆进士。擅长书法，秀逸天成，为文崇尚瑰丽，诗也能尽古今之变，自成一体。著有《梦楼诗集》。③全魁：清满洲人，乾隆进士，出使琉球国，回京后，进献所纂《琉球 国志略》，官至侍讲学士。④琉球：国名，在日本南，台湾东北。清光绪初，日本废琉球王，改其地为冲绳县，今属日本。⑤朱子颖：名孝纯，号海愚，乾隆进士，擅长书法，诗力雄放，著有《宝扇楼诗集》。

【译文】

丹徒的王禹卿先生，少年时代以诗著称于丹徒，成年之后到京城，著称于京城。他自负才气，喜爱新奇，想要尽取天下的奇异境界来写成他的文章。乾隆二十一年（公元1756年），翰林侍读全魁出使琉球，邀先生一道渡海，他便十分高兴地同意去了，老朋友们相聚到一起，流着眼泪想挽留先生，先生不答应。到海上翻了船，他幸而得救，没有死，因此越发高兴，说："这是上天要成就我的诗作。"作诗更加多并且更奇特，现在结集题名为《海天游草》的就是。

我一向不善于作诗，曾随便吟咏几句来自我消遣而已。在京师遇到了先生，他反倒称赞我的诗作认为写得还可以，之后，我于是与先生的交往密切起来，平时有空闲，大概没有一天不去求教的。一天，遇上天气寒冷而阴暗，和先生及辽东朱子颖登上城西黑窑厂，坐在地上一起饮酒，相对悲歌，直到天黑，见到我们的人都觉到很奇怪。后来先生从海外回来，以第三名的成绩考中进士，官职升迁到翰林院侍读，离开朝廷做云南临安府知府。赴任途中经过扬州，那时恰好我也在扬州，便赋诗离别而去。我随后到京师做官，而子颖也到了四川，都不能相见。那时有人从西南而来，传颂两人在云南、四川一带写的诗，瑰丽奇异，雄健杰出，好像不能推测想象，大约和那里的山川相称。

先生在临安当了三年知府，由于司法官吏的议论而降职。因此返回丹徒，来往于吴越一带，所作诗文多带徬徨、徘徊之意。过了好多日子，我因病回到江南，而子颖出任两淮盐运使，兴建书院，邀请我主持，到这时已与先生分别十四年了，却又在扬州相逢。人的相聚离散竟是如此，岂不是天意吗？

先生喜爱佛教，近来收获一天比一天大。先生和我曾在使院同宿，我又过江住到他家的食旧堂内，先生整日整夜地和我讨论佛教，又教我摒弃一切欲念，把心静下来，返求人的本性。

那些话极好，我平生很少从别人那里听到过。但是先生的不羁豪放的气概也逐渐地衰退，不如少壮时候了。那么从前遍游山水的奇特多变、宏伟壮丽的诗篇，从此先生将不会再写了吗？

先生的诗作我已全部读过，我赞叹这些是从古至今少见的作品。子颖便让人抄写为十几卷，取名《食旧堂集》，将要刻印传给世人，于是我写了这篇序言。

左仲郛浮渡诗序

江水既合彭蠡[①]，过九江[②]而下，折而少北，益漫衍浩汗。而其西自寿春、合肥[③]以傅[④]淮阴，地皆平原旷野，与江淮极望，无有瑰伟幽邃之奇观，独吾郡潜、霍、司空、龙眠、浮渡[⑤]，各以其胜名于三楚[⑥]。而浮渡濒江倚原，登陟者无险峻之阻，而幽深奥曲，览之不穷，是以四方来而往游者，视他山为尤众。常隐然与人之心相通，必有放志形骸之外，冥合于万物者，乃能得其意焉。今以浮渡之近人，而天下往游者之众，则未知旦暮而历者，凡皆能得其意而相遇于眉睫间耶？抑令其意抑遏幽隐榛莽土石之间，寂历空濛，更数千百年直寄焉以有待而后发耶？余尝疑焉。以质之仲郛，仲郛曰："吾固将往游焉，他日当与君俱。"余曰："诺。"

及今年春，仲郛为人所招邀而往，不及余。迨其归，出诗一编。余取观之，则凡山之奇势异态，水石摩荡，烟云林谷之相变灭，悉见于其诗，使余恍惚若有遇也，盖仲郛所云得山水之意者非耶？

昔余尝与仲郛以事同舟，中夜乘流出濡须[⑦]，下北江[⑧]，过鸠兹[⑨]，积虚浮素，云水郁蔼。中流，有微风击于波上，其声浪浪，矶碕薄涌，大鱼皆砉然而跃，诸客皆歌呼举酒更醉，余乃慨然曰："他日从容无事，当裹粮出游，北渡河，东上泰山，观乎沧海之外。循塞上而西，历恒山、太行、太岳、嵩、华[⑩]，而临终南[⑪]，以吊汉唐之故墟。然后登岷、峨[⑫]，揽西极。浮江而下，出三峡[⑬]，济乎洞庭[⑭]，窥乎庐、霍[⑮]，循东海而归，吾志毕矣。"客有戏余者曰："君居里中，一出户辄有难色，尚安尽天下之奇乎？"余笑而不应。今浮渡距余家不百里，而余未尝一往，诚有如客所讥者。嗟乎！设余一旦而获览宇宙之大，快平生之志，以闻执言者之口，舍仲郛吾谁共此哉？

【注释】

①彭蠡：即鄱阳湖，今江西省。②九江：属今江西，为濒江要地。③寿春、合肥：二邑名，今属安徽。④傅：连。⑤潜、霍、司空、龙眠、浮渡：均山名。浮渡山在桐城县东，上有三十六岩、七十二峰，大江环绕，望之若浮，故又名浮山。⑥三楚：东楚广陵，西楚南郡，南楚彭城。见《史记》。⑦濡须：水名，源出巢湖，流经无为县入江。⑧北江：江自裕溪口向东，折而向北，称北江。⑨鸠兹：古邑名，在今芜湖县东。⑩恒山、太行、太岳、嵩、华：俱北方名山。⑪终南：又名太乙，在陕西长安县南。⑫岷、峨：岷山、峨眉山，均在四川。⑬三峡：古以西陵、瞿塘、巫峡为三峡，在川、楚间，连山七百里，不到正午不见日月。⑭洞庭：在湖南巴陵、长沙、武陵三县之间。⑮庐、霍：庐即匡庐，霍即霍山。

【译文】

长江和鄱阳湖合流之后，经过九江奔向下游，拐弯后稍稍偏向北方，更为宽阔浩大。而它

的西边从寿春、合肥直至淮阴，地形都是平原旷野。极目远眺，长江淮河流域，没有瑰丽雄伟、幽静深远的奇特景致。唯独我们家乡的潜山、霍山、司空山、龙眠山、浮渡山，各以自己的优美风景闻名于三楚故地。而浮渡山面临长江，背靠平原，登上去没有险峻的阻碍，而深邃幽雅、曲折清静的美景却看也看不完。所以从四面八方来游览的人，比起到其他那些山去游览的人来更加多了。它的各种自然景观的变化往往暗暗地和人心相通，一定要有超然脱俗、放纵心志、和世间万物默契的人，才能够领会这种山水的情趣。现在浮渡山因为接近人间，而天下来游玩的人又多，那么不知道那些早晚来游历一下的人，是否都能体会到它的意趣，在眉睫之间发现它们？抑或是让它的意趣压制在隐蔽深幽的芜杂草木和土石之中，空虚迷蒙，寂静冷清，再经过数千百年，一直寄存着，以等待那真正能领悟的人，然后再显现出来呢？我曾对此有些疑惑，便去问仲郛。仲郛说："我本来就打算去游玩的，日后当和你一块去。"我说："好"。

到今年春天，别人邀请仲郛去，没有邀我。等到仲郛回来，拿出诗作一卷，我拿来观赏，所有浮渡山的奇伟的气势，怪异的形状，江水与山石撞击飞荡，深林幽谷中烟云变幻不定，全都在他的诗中见到了，使得我恍恍惚惚，好似遇到了什么，这大约就是仲郛所说的悟得了山水的意趣，不是吗？

以前我曾和仲郛因事同乘一条船，夜半顺流从濡须起航，到江北经过鸠兹，江面上薄雾萦绕像飘浮着白云，云水一色，浓郁飘渺，江中微风吹拂着波涛，发出响亮的声音。岸边的岩石伸入浪波之中，大鱼都哗哗地跳出水面，游客们都呼喊高歌，一次又一次地举酒醉饮。我便感叹地说："将来有一天闲暇无事，应该带上干粮出门游玩。北渡黄河，东上泰山，观赏沧海之外的远景，顺着长城向西北走，游历恒山、太行山、太岳、嵩山、华山，再登临终南山，凭吊游览汉代唐朝的古城；之后登上岷山、峨眉山，遍览西极，再顺江而下，经三峡，渡过洞庭湖，游览庐山、霍山，顺着东海回到家中，我的愿望就满足了。"旅客中有人嘲笑我说："你住在家里，一出门就面带难色，还怎能尽观天下的奇景？"我笑了笑没有回答。现在浮渡山离我家不到一百里路，可我还不曾去过，的确是像那个旅客所嘲讽我的那样。唉！如果我有一天能够遍观宇宙的宏大，一快我平生的心愿，堵住那些说我不行的人的嘴，而除了仲郛，我能和谁一起去游玩呢！

宋双忠祠堂碑文　并序

东海朱使君[①]受命领两淮盐运司之次年，谒于江都城北宋制置使李公、副都统姜公祠下，乃进士民告之曰："当宋之季，自荆、襄[②]而下，城隳师歼，降死相继。伯颜[③]之军南取临安[④]，阿术之军北围扬州，时维二公忠义坚固，竭力合众，以守兹城。临安既下，帝后皆入于元，孤城势不可终全，二公卒不肯降屈其志，再却谢后之书，斩元使，焚其诏，以绝他虑，明身必死国家之难。昔蜀汉霍弋、罗宪[⑤]据郡不降魏，及审知后主内附，然后释兵归命，世犹慼其所处，以为弋、宪欲守而无所向，异于君在怀有二心者也。若二公当国破主降之后，效节于空位，致命不迁，卒成其义概，可以壮烈士之志而激懦夫之衷者，以视弋、宪何如哉？今天子褒礼忠节，虽亲与圣朝为敌难而殒者，皆隆崇谥号，俾吏秩祀，矧宋二公立身甚伟，而旧祠陊坏，岁久不修，其于朝廷奖忠尊贤之典，守吏以道导民之谊，甚不足以称，吾将率先，饬而新之。"众皆曰："愿尽力。"乾隆四十二年六月，既竣工，桐城姚鼐为之铭，辞曰：

元雄北方，既脱金距[⑥]。瞰视江淮，婴儿稚女。谁固人心？奉彼弱主。力或不支，有气可鼓。二公堂堂，孤城在疆。国泯众迁，谊不辱身。死为社稷，生岂随君？既得死所，安于床茵。列士搏膺，市人流涕。同庙扬州，以享以祭。五百斯年，其报匪懈。新堂炯炯，有翼其外。神陟在天，明曜刚大。思蠲厥心，来庭来对。

【注释】

①东海朱使君：名孝纯，字子颖。②荆、襄：荆州、襄阳。③伯颜：《通鉴》作巴延，元丞相。④临安：地名，即今杭州。阿术以宋谢太后手诏谕李庭芝使降，庭芝登城谓使者曰："奉诏守城，未闻有诏谕降也。"及宋帝显次瓜州，谢太后复赐庭芝诏曰："比诏卿纳款，日久未报，岂未悉吾意，尚欲固圉耶？今吾与嗣君既已臣服，卿尚为谁守之？"庭之不答，命发弩射之，阿术乃遣兵守高邮、宝应，以绝其饷道，复遣使者持元世宗手诏招降，庭芝开壁门纳使者，斩之，焚其书于陴上，卒与姜才同死。⑤霍弋、罗宪：弋，字绍先，仕后主为建宁太守、安南将军，领南郡事；宪，字令则，仕蜀汉为太子舍人。⑥金距：《左传》："季氏介其鸡，郈氏为之金距。"此喻元为金属，今已灭金。

【译文】

东海朱使君，受朝廷之命掌管两淮盐运司的第二年，到江都城北的南宋制置使李庭芝、副都统姜才的祠庙里拜谒。便召集官吏、百姓，对他们说："宋朝末年，从荆州、襄阳沿江以下，城防毁坏，军队被歼，投降和死亡的连续不断。伯颜的军队向南攻打临安，阿术的军队向北围攻扬州。当时只有此二公坚守大节，忠贞不屈，全力组织群众坚守这个城池。临安被攻克后，恭帝和谢太后都投降元军，这样孤城扬州势必不能保全到底。然而二公始终不肯投降屈节，两次拒绝谢太后的诏书，杀死元的使者，烧毁他们的诏书，用来谢绝其他的想法，表明自己一定为国难而死。以前蜀汉的霍弋、罗宪据守自己管辖二地区不向魏国投降，等到的确知道后主已投降了魏国，这才解除军备，归顺王命，世人还很同情他们的处境，以为霍弋、罗宪本来想坚守却没有被拥护的人，这和那些君主还在就怀有二心的人不同。像李、姜二公，在国家灭亡、君主投降之后，效力臣节于无主的王位，捐躯献身而不动摇，最终成就了自己的气概大义，可以壮大烈士的志气，激励懦夫的信心，这和霍弋、罗宪相比，怎么样呢？现在天子褒扬礼遇忠臣节士，就是曾亲身和大清王朝为敌作难而丧身的，也都给予很高的谥号，使官吏按品级执礼祭祀。何况宋朝此二公卓然自立，为人异常伟大，而旧祠庙已毁坏破败，年久失修，这对于朝廷尊重贤良奖励忠贞的法典，官吏以道义引导百姓的道理，是很不相称的。我将率先整修而翻新这座祠庙。"大家都说："我们乐意尽力！"乾隆四十二年（公元 1777 年）六月，修整完毕，桐城姚鼐书写铭文。铭文如下：

元军称霸北方，已经摆脱了金人的统治，便对江淮一带虎视眈眈，欺辱幼君弱女。谁能稳固人心，去尊奉那幼弱的君主？可能力量支撑不住，但士气可以鼓舞。二公是堂堂的英雄，扬州孤城仍在宋朝封疆。国家败亡，百姓逃亡，大义不玷辱自己；为社稷而死，哪可跟随君主降敌求生。既已得到死的所在，比死在床褥上还安心。壮士为你们捶胸，市民为你们掉泪，同在扬州的祠庙，用来上享，用来祭祀。五百年过去，这样的报誉从未松懈。新修的祠堂光采奕奕，堂外有四檐如翼。灵魂飞升天空，光明正大。为了表达这样的心意，人们来到庭堂，前来报答。

萧孝子祠堂碑文　并序

萧孝子讳日曠，江都人，其母朱氏病且殆，孝子奔胁割肝，使妇虞氏和药进母，母愈而孝子死。

世之学者，言不敢以亲遗体行危殆为孝，是固然也。抑纣之时①，微子去之，比干死而箕子奴，而皆为仁。武王伐暴救民，伯夷耻食周粟，而皆为圣。君子行岂必同乎？今夫小人之为不善，非不闻有礼谊廉隅②之介也，出于情所不自胜，则溃藩篱荡防检而不顾。夫君子之为善，亦若小人之为不善也，发于至善而不可抑遏，岂寻常义理辞说之所能易哉？故曰："求仁而得仁，又何怨？"

孝子既丧，虞氏谓母初愈，不当使闻悲恸，乃匿语姑曰："日曠商出耳。"殡孝子他室，奠则麻衰绖而哭孝子，入则常服而奉进食药，孝养十余年。姑死，虞氏守节以终。虞氏诚贤妇，然亦孝子行足感动之以成其德。士患欲行道不能必于妻子者，观于虞氏，可自反矣。

孝子事在康熙时，墓在梅花岭③东，邑人祠之于墓侧。盐运使辽东朱使君至，修整祠宇，桐城姚鼐为铭之曰：

亲吟于席，子忧弗宁。亲偃然死，子欲无生。亲蹶然起，而坼子形。犹全九鼎，碎彼缶罂。何究何思，一决于诚！志存身灭，夫岂徇名？德衰恩薄，以忍为贞。千世万世，徕读此铭。

【注释】

①"纣之时"三句：微子，纣庶兄，见纣无道，抱祭器奔周，用来保存殷朝的祀器。箕子、比干，纣诸父，比干因为讽谏纣王被杀，箕子装疯为奴。孔子称曰"三仁"。②廉隅：节操坚确之谓。③梅花岭：位于江都县广储门外，明代史可法死国后衣冠葬处。

【译文】

萧孝子名日曠，江都人，他的母亲朱氏病危，孝子割下胁下的肉和肝脏，让他的妻子虞氏和着药让母亲吃下，母亲的病好了，但是孝子却死了。

世上的学者都说不敢用父母赐于自己的身体去做冒险的事就是孝，这固然是对的。商纣王统治的时候，微子见他无道离开了他，比干由于讽谏纣王被杀，箕子装疯为奴，孔子称这三人都是仁人，周武王征讨暴虐，拯救百姓；伯夷以食周粟为耻，他们都是圣人。君子的言行难道一定要相同吗？现在小人做坏事，并不是不知道有礼义廉耻的界限，而是出于不能战胜自己的欲望，就像藩篱毁灭、防检动摇一样而无所顾忌。而君子做善事也像小人不做善事一样，从最善出发而不能压抑遏止，难道是用一般道理学说就可改变的吗？因此说："追求仁义就会得到仁义，又埋怨什么呢？"

孝子已死了，虞氏心想婆母的病刚好，不应该让她知道此事而悲伤难过。因此向婆母谎称说："日曠出外经商了。"将孝子的灵柩停放在别的屋里。祭奠的时候，虞氏披麻带孝为死去的孝子痛哭，来到屋里穿着寻常衣服为她婆母进药端饭。侍奉了十多年。婆母死后，虞氏坚守节操直到去世，虞氏的确是个贤惠的妇人，但是也是孝子的行为感动了她，从而成就了她的美德。那些想自己按照道义行事却又不能保证于妻子儿女的人们，看到虞氏的所作所为，值得自我反思。

孝子的事发生在康熙年间，他的墓地在梅花岭东边，同乡的人在他的墓旁边修建了祠堂，辽东的盐运使朱使君来到这里，整治修葺了祠堂，桐城姚鼐为他做铭文说：

亲人在病榻上呻吟，儿子忧心如焚，久久不能安宁。假如亲人去世了，儿子痛不欲生。亲人如能从病榻上坐起，儿子割裂了自己的形体，像是保全了尊贵的九鼎，而打碎了平常的瓦盆。追求什么，考虑什么，完全决定于真实内心的活动，为了高远的志向生命都可以抛弃，这难道是为了好的名声吗？道德败坏人情冷漠，就会以冷酷为正直，世世代代的人们啊，请来读此铭文。

夏县知县新城鲁君墓志铭　并序

君讳九皋，字洁非，建昌府新城[①]鲁氏也。大父讳宁，康熙庚午科举人，为内阁中书。考讳淮，岁贡生，为庐陵县学训导。君为人敦行谊，谨于规矩而工为文。人观其言动恭饬有礼，而知其学之邃；读其文冲夷和易而有体，亦知其必为君子也。

尝逾岭至建宁，谒朱梅崖[②]，而受其为古文之法。于四方学者，苟有闻，君必虚心就而求益。虽以鼐之陋，君尝渡江至怀宁，见鼐而有问焉。君古文虽本梅崖，而自傅以己之所得，持论尤中正。里居授其学于子弟及乡之俊才，又授于其甥陈用光，且使用光见鼐。盖新城数年中，古文之学日盛矣，其源自君也。

其为科举之文，不徇俗好，自以古文法推而用之。或以为不利场屋[③]，君曰：“得失命也。”君竟以乾隆庚寅科得乡举，辛卯恩科成进士。归居十余年，奉养祖母及父，因益力为学，而因事设方以利其宗族闾里，虽贫而必致其财，虽劳而必致其力。

逮终养，乃出就官。是时鼐闻寓书谏君，谓今时县令难为，而君儒者，违其长而用之，殆不可。然君竟谒选得山西夏县。县当驿道，又时值后藏用兵，使驿往来日不绝。县旧分二十余里，里以次出钱供役，谓之里差，吏因为利，民致大困。君自持既廉，又减其役之得已者，而重禁侵蠹，民大便之而乐为役。君顾叹曰：“吾不能尽去里差，是吾恨也。”其见民煦煦然，告以义理所当从。及去，不作长官威厉之状，民亦欣然听其教。于是县号为治，上吏亦绝重君矣。鼐闻，乃自咎前者知君之浅，固不能尽君才也。

然君亦以积劳致疾，在县凡两期，以乾隆五十九年三月卒于官，年六十三，娶杨孺人，生四子：肇熊、肇光、嗣光、迪光。四女子。又庶出之子五，皆少。一女。肇光拔贡生，君以后母弟某；嗣光壬子科举人，君以后从父弟某。皆能嗣君古文学者，而肇光先殒。君文曰《山木集》，已刻者若干卷，未刊者若干卷。某年月日葬君某所，嗣光及君甥用光皆以书来乞鼐铭，铭曰：

孰谓儒者不可以理繁庶？孰谓学古不可为今世语？美哉鲁君！其行企矩，其文蹈雅，卒置德在厦。而士兴其廷宇，其生也有令誉，其亡也有传绪，其葬也于是野。

【注释】

①新城：县名，今属江西省。②朱梅崖：名仕琇，福建建宁人。乾隆十三年（一七四八年）进士，任福建府教授四十五年，著有《梅崖文集》三十八卷。③场屋：科举时考试的场所。

【译文】

君名九皋，字洁非，家住建昌府新城县，姓鲁。他的祖父名字，是康熙庚午科的举人，官至内阁中书。他的父亲名淮，是位贡生，官至庐陵县学训导。鲁君为人品行敦厚，遵循礼法而又善长为文。人们看到他举止言谈整饬谨慎，很有礼节，从而了解了他深邃的学问；诵读他的文章淡远平易、谦和而有章法，也明白了他必定是位君子。

他曾越过五岭来到建宁，拜谒朱梅崖先生，从他那儿学得了创作古文的方法。对于四方学者，一旦听到他一定虚心拜访求教。尽管我学识浅陋，但他也曾过江来到怀宁，拜访我向我求教。他的古文尽管师承梅崖先生，但他把自己的心得加进了里边，立论尤为合理中正。在家中他把自己的学问教授给后辈及乡里的好学之士，同时又教授他的外甥陈用光，并让用光拜访我。我想新城县数年中，古文之学一天天兴旺起来，这大概就是由于鲁君的缘故吧。

他为科举写的文章不屈从流俗的趣味，自己把做古文的方法，推广开来加以运用。有的人以为这种做法不利于科举，鲁君说："好坏在命运了。"鲁君居然在乾隆庚寅年（公元 1770 年）中乡举，辛卯年（公元 1771 年）又中恩科进士。他在家中居住了十多年，侍奉祖母和父亲，因此更加努力地学习，其间为了宗族乡里的利益而想方设法出谋划策，就是很贫困也一定要竭尽其财，即使很劳顿，也一定要竭尽其力。

直到祖母和父亲都尽其天年以后，他才出来做官。我知道后寄信劝说鲁君，说现在的县官很不好做，而你是一个儒者，避开自己的长处不用，这大概是不可以的。但是鲁君终于被选派为山西夏县县令。夏县境内有驿道通过，那时正值后藏用兵打仗，使者驿差来来往往天天都不断。夏县原来分成二十个里，每里依次出钱供给驿用，这叫作里差，官吏因此获了利，而百姓因此异常困苦。鲁君自己持守廉洁，又减免那些可以停下来的劳役，严厉禁止侵夺、损害他人利益，百姓以为这样很便利所以乐意服从他调遣了。鲁君反而感慨说："我不能完全去掉里差，这是我还感到遗憾的地方。"他看到百姓都十分高兴，就向他们说明应当服从的道理。等到鲁君离去的时候，他并没有表现出长官厉害威严的样子，百姓也都因此很高兴听从他的教导。从此夏县政治清明，社会安定，上级也非常器重鲁君了。我听到这些事后，便责怪自己以前对鲁君了解太肤浅，不能全部知道鲁君的才华。

但是鲁君也因为过度劳累得了病，在夏县任职两届，乾隆五十九年（公元 1794 年）三月在任上去世，终年六十三岁。他娶杨氏为妻，生有四个儿子，肇熊、肇光、嗣光、迪光，四个女儿。他的妾生有五个儿子，都还年少，一个女儿。其中肇光考中贡生，鲁君将他过继给了舅父；嗣光考中壬子举人，鲁君把他过继给了叔父。他们都能继承父亲的古文之学，但是肇光先去世。鲁君的文集名为《山木集》，已经刻印的有若干卷，没有刻印的有若干卷，某年月日把鲁君葬于某处，嗣光和鲁君的外甥用光都来信请我做铭文，铭文如下：

谁说儒者不能从事政治？谁说做古文的人不能说当代的话？美好啊，鲁君！你的行为企及正直，你的文章追求高雅，最终把恩德施于夏县。贤士在庭院中诞生，你在世时有美好的名声，你逝世后也有了继承的人，你就埋葬在这片土地！

奉政大夫江南候补府同知军功加二级仁和严君墓志铭 并序

君讳守田，字谷园，杭州仁和严氏。祖讳士奇，赠奉政大夫。考讳立功，为虞城主簿，封奉政大夫。

君少游济南。寄籍运学为诸生，遂中乾隆辛卯科山东乡试举人。乾隆四十六年，挑发广东知县。初任阳江县，未至境。有迎吏来，与君语少习，见君囊橐贫甚，诱君以利。君问何以取利，吏曰："邑有卖浆者，殴人死，而多引富室，系数十人矣。君至，威胁以罪，千金立致也。"君曰："诺。"至县日，即坐堂上，出所冤系囚，尽纵之去，独留一囚讯之，囚即服罪，卖浆者也。迎吏捧牍在侧，捽下痛杖，黜之。是时方倾市来观上新令，见君治此吏，欢呼动地，君名声一日大起。调仁化[①]，与巡抚孙公士毅[②]争狱，君辞厉，孙公变色，既而卒从君议。更以重君，遂调之番禺，凡狱事多委君。以母忧去官，服阕再赴广东，补顺德知县。治海盗有绩，屡辨难狱。又调南海。番禺、南海，皆大府治所，君两莅之，人见其意思如暇，然而政无不尽。

是时孙公擢为总督，率兵出关，讨安南之乱，公故奇君才，檄之从军。及市球江之捷，叙功入奏，赐孔雀翎五品顶带，君才盖见端绪矣。既而与孙公偕返，孙公内召，嘉勇公福康安代其任。福公亦重君才，君议论其前必尽，福公常听其说，于事多便，乃保题君引见，命记名知府，而发江南以同知用。在江南三年，屡委署，未及真授而遭父忧归。

其署淮安知府时，值旗丁以各县助之费少为词，数百人大噪淮上漕使之门。君往召众前，使诉其意。君徐曰："助费在州县，今为尔白漕使，饬下道，道下州县取费，至则汝候久矣，不亦病乎？"众曰："然。"君曰："是诚非吾职，然吾当为公济汝以私财，汝等张帆疾行可矣。"于是命之次第发，而稍资给之，竟无事，江淮人咸称颂君有定乱才。

君既归数年，竟不复仕，于嘉庆四年四月十日卒于里，年五十有二。

君文章无不能，而奏牍尤善。通晓兵事，便骑射。为举人时，偕人游塞上，与侍卫武人共宴饮角射，君最后发，三矢中的如一，武人大愕沮屈，君从容就坐，题诗便面而去。其在孙公军中，诚欲尽其谋，以共立功于域外，不幸值阮氏之变，军溃，功不就。而古人始败而卒建大功，如孟明[③]之类，史册多有，其后孙公犹被眷遇，卒收庸蜀桑榆之效，而君竟不复试于军旅矣；世孰由知其才之异也？

君在江南时，尝一来访余，与言，果明决异士。其后余至杭州，又遇君，而君无意用世，亦旋殁矣。娶庄宜人，君在江南时，宜人卒，生炳及两女；侧室范氏生焕，亦两女；胡氏生焘；吴氏生煦。某年月日葬君于杭州天马山祖茔之侧，庄宜人祔。铭曰：

即多文，又秉武。临溟海，江淮浒。锄黠猾，柔强御。意趣远，为国抚。万里驾，中乘阻。郁余能，纪可睹。勒坚石，慰终古。

【注释】

①仁化：县名，今属广东。②孙士毅：字智冶，号补山，清浙江仁和人。乾隆辛巳（一七六一年）进士，官至大学士。平缅甸，征伐湖南叛苗、湖北白莲教，皆身先士卒。卒于军中，谥文靖公。③孟明：春秋时人，名视。秦穆公命他派兵伐郑，晋人在崤函打败了他，第二年伐晋，又战败。第三年伐晋，过河后焚烧了战船，晋人逃走，孟明封郩尸而还，于是称霸西戎。

【译文】

君名守田，字谷园，杭州仁和严氏。祖父名士奇，死后追封奉政大夫。父亲名立功，官为虞城主簿，死后加封奉政大夫。

严君年轻时候游历到济南，离开原籍在运学为诸生，因此考中乾隆辛卯科山东乡试举人。乾隆四十六年（公元 1781 年），选拔做广东知县。开始出任阳江县县官，还没有到阳江县境，就有官吏来迎接，和严君谈话，稍有了解后，看到严君囊中羞涩，就以金钱诱惑严君。严君询问如何才能得到金钱，那官吏说："县城里有个卖酒的人，把人打死了，他攀供出许多有钱人，已经逮捕几十人，严君到任后，用罪名威胁他们，千两银子就到手了。"严君说："好的。"来到县城的当天，严君便坐大堂之上，把蒙冤拘禁的人全都带上来，把他们全部放了，只留下一个囚犯审讯，囚徒因此马上认罪伏法，他就是那个卖酒的人。迎吏手捧文牍站在一旁，严君命人把他揪下杖打一顿，罢免了他的官职。这时正赶上全城的人来看新上任的县令，看到严君惩治了这个官吏，都十分高兴，严君的名声一天之内大震。调往仁化后，严君和巡抚孙士毅公办理案件发生争执，严君语辞严厉，孙公变了脸色，而后最终听从了严君的意见。转而十分器重严君，就把他调到番禺县任职，凡是讼案多委派严君办理。他因为母丧去官回家。母亲丧期结束后，他又赴任广东，补为顺德知县。严君惩治海盗有功，多次办理了疑难案件。又调往南海。番禺、南海都为大府所在地，严君两次到此任职，人们看到他心神好似很悠闲，但是对于政事他却十分尽心。

当时孙公已被提拔为总督，正统率军队出关，讨伐安南的叛乱，孙公一向赏识严君的才华，因此征召严君从军。等到市球江大捷后，论功上奏朝廷，赐予孔雀翎五品顶带，严君的才华初露端倪。之后他同孙公一道返回京师，孙公被皇帝召见，嘉勇公福康安接任他的职务。福公也很看重严君的才华，严君在福公面前议论是非必定尽表心意，福公也时常听他的评论，遇事处理起来就方便得多，因此上奏题本使严君入见皇帝，命令记下功绩准备提升知府，而调发江南作为府同知。在江南三年时间，屡次被任命代理官职，还没到真正授予官职就因为父丧而归。

他代任淮安知府时，正赶上押船运粮的士兵以各县支付费用减少为借口，几百人在淮上漕使的门口大吵大闹。严君上去把众人叫到自己面前，让他们说出自己的想法。严君缓慢地说："赞助的费用在州县，现在为你们禀告漕使，漕使把命令下达各道，各道再把命令下达到各个州县收取费用，等到费用收上来，那你们等候的时间可就长了，这对你们不是很不利吗？"众人都说："是这样。"严君说："这个确实不是我的职责，但是我应当为国家用私人的钱财资助你们，你们只管挂帆起航就是了。"因此命令按顺序发放，稍稍资助他们，居然没有发生事情，江淮一带的人都称赞严君有平定祸乱的才能。

严君已经回到家乡好几年了，却不再出仕，嘉庆四年（公元 1799 年）四月十日死于乡里，终年五十二岁。

严君的文章没有哪种体裁不会写，而对奏牍文章尤其擅长。通晓军事作战的理论，熟稔骑马射箭。作举人的时候，同别人一道去塞上游玩，同侍卫武人一块宴饮，进行射击比赛，严君最后射箭，三发都像一发箭一样射中目标，武人异常惊愕，受挫后傲气顿敛，严君从容不迫回到座位，在扇子上挥笔题诗，随即离开。严君在孙公的军队里确实想把他的谋略全部献出来，以便在边塞之外共同建立功勋。不幸遇到阮氏叛变，军队溃败，没有取得战功。但是古人起初失败了而最终建立了巨大的功绩，像孟明这类人，史书上有很多记载，那之后孙公还是受到朝廷的器重，终于收到了庸蜀桑榆的功效，但是严君不再在军队里被任用，世人怎么知道他有奇特的才能呢？

严君在江南的时候，有一次拜访我，与严君谈话，他果然是位果断聪明奇异之士。自那以后我到杭州，又遇见严君，而严君没有心思为世所用，并且不久就逝世了。严君娶了庄宜人，严君在江南时，宜人逝世了，生下了严炳和两个女儿；妾范氏生了严焕，也有两个女儿；胡氏生了严焘；吴氏生了严煦。在某年月日把严君和庄宜人葬在杭州天马山祖坟的旁边。铭文说：

既通文理，又懂武事；到过溟海，游过江淮。铲除狡诈之徒，降服强暴之人。立志高远，保护国家安全。万里驰骋，中途受阻。蕴含的才华，文中可察。竖碑刻文，告慰死者。

记萧山汪氏两节妇事

萧山汪君辉祖[①]之母曰王孺人，其生母曰徐孺人。汪君者为淇县[②]尉，淇县君没，两孺人皆少，遗孤十一岁，而上有七十之姑，门无族戚之助。或谋杀其孤而夺其资，忌两孺人，日欺凌困辱，两孺人不为动。卒奉姑，保育孤子，教之成立，登第为闻人。是时，有司既疏两孺人之节而旌其门矣，汪君顾悲伤两母少所处危苦，遍走士大夫，求为文章，褒扬其行义，所致凡数百篇。又自越以书遗余，请记其事，汪君志亦勤矣。

夫两孺人之名著海内者，以其子之成立也。设幼孤不幸或殇，或长而不才，则两孺人泯无闻矣。方其穷厄困难，伏首相对闺闼之中，岂能知子之必才而待之？虽子成立不可必，而终不忍负吾志义者，此两孺人所以贤也。贤者固不求名而名至，然而竟无称者亦有之。且女子尚能坚其持操，卓然自立，而顾谓天下之士，无独立不惧守死服义其人者乎？其泯无闻焉则已矣，夫士貌荣名，卒何加于其身毫末哉？

【注释】

①汪辉祖：字焕曾，号龙庄，乾隆进士。任湖南宁县知县，以循良著称。②淇县：治所位于今河南淇县。

【译文】

萧山汪辉祖君的母亲是王孺人，他的亲生母亲是徐孺人。汪君的父亲为淇县县尉，他逝世之后，两个妇人都还年轻，留下的孤儿才十一岁，并且还有一位七十岁的婆母，家里没有族人亲戚的资助。有人想谋害他的遗孤，抢夺他留下的资产，只是忌惮两个妇人才没动手。一家人每天遭受凌辱欺压，两个妇人都不为所动。她们始终侍奉婆母，养育保护孤儿，教育他成长自立，直到应试考中成为名人。这时候，主管部门已经上书两位妇人的节义之事并旌表她们的门

庭。汪君反倒悲伤两位母亲年轻时所处的危险境地，他遍访士大夫，请求他们写文章，褒奖两位母亲的品行，现在已经收到数百篇文章。他又从越地写信给我，请我记述她们的事迹，汪君也真是用心良苦啊！

两位母亲在海内闻名，是因为她们的儿子成才自立的原因，假如幼小的孤儿遭遇不幸或者夭折，或者长成了人却没有什么才干，那么两个母亲也就泯灭无闻，没有什么人能知道她们的名字了。当她们艰难困乏，在家中低头相对无语的时候，又怎么能知道儿子一定成才而等待他呢？尽管儿子不一定能成才自立，但是她们终究没有违背自己的志向和情义，这就是两个妇人之所以称为德才兼备的贤人的原因。贤良的人本不追求名誉，而名誉却自然来到，但是世上没有得到名誉的贤才也是有的，何况在这种情况下女子尚能坚定地保持她的节操，超群特异，怎么能说天下之士，没有至死坚守大义独立不改的人呢？只不过他们泯没无闻罢了。而那些外表拥有美好名声的人，最终对他自身能增加一丝一毫什么呢？

快雨堂记

“心则通矣，入于手则窒；手则合矣，反于神则离。无所取于其前，无所识于其后。达之于不可迕，无度而有度。天机阖辟，而吾不知其故。”禹卿①之论书如是，吾闻而善之。禹卿之言又曰：“书之艺自东晋王羲之，至今且千余载，其中可数者，或数十年一人，或数百年一人。自明董尚书其昌②死，今无人焉。非无为书者也，勤于力者不能知，精于知者不能至也。”

禹卿作堂于所居之北，将为之名。一日，得尚书书“快雨堂”旧匾，喜甚，乃悬之堂内，而遗得丧，忘寒暑，穷昼夜，为书自娱于其间。或誉之，或笑之，禹卿不屑也。今夫鸟縠③而食，成翼而飞，无所于劝，其天与之耶？虽然，俟其时而后化。今禹卿之于尚书，其书殆已至乎？其尚有俟乎？吾不知也。为之记，以待世有识者论定焉。

【注释】

①禹卿：王梦楼字，名文治，清丹徒人。从年少时就以文章书法称天下，乾隆进士，出守临安府，其诗书尽古今之变，著有诗集。②董其昌：字元宰，号香光，明华亭人，善书画，“快雨堂”是他的旧匾。③縠：意指雏鸟靠母鸟哺养存活。

【译文】

“心领神会了，写于手下却显得滞塞；手下貌似相合了，却反倒和神分离了。在书写之前无所取法，在写后又无所标志。通达于不可乖迕，没有法度却又有法度。天机有开合，而我却不明白其中的原故。”禹卿论述书法如上，我听了认为他说得好。禹卿又说：“书法的艺术从东晋王羲之开始，到今天已经将近一千年了，其间可以称得上是书法家的，或者几十年出一位，或者几百年出一位。自从明朝董尚书董其昌死后，直至今天还没有书法家出现。不是没有搞书法的人，只是勤于练书法的人没有高的见识，而精于了悟的人在书法中又不能表现出来。”

禹卿在居所的北面建了一个堂屋，想要给它起个名字。有一天，他得到一块董尚书书写的

“快雨堂”的旧匾，十分高兴，因此把它悬挂在堂内，从而他不再理会得到什么失去什么，忘记了寒冷暑热，整日整夜书写，在堂中自得其乐。有的人称赞他，有的人讥笑他，禹卿都不屑一顾。雏鸟靠母鸟喂食而生，翅膀长成以后就可以自由飞翔了，没有什么努力的地方，难道是上天帮助了它吗？就是这样，也必须等待时机而后发生变化。现在禹卿和董尚书相比，禹卿的书法已达到尚书书法技艺的高度吗？还是尚需等一些时候呢？我不知道。写下这篇文章，等待后世有学问的人们评定吧！

登泰山记

泰山之阳，汶水[①]西流，其阴，济水[②]东流。阳谷皆入汶，阴谷皆入济，其当南北分者，古长城也。最高日观峰[③]，在长城南十五里。

余以乾隆三十九年十二月自京师乘风雪，历齐河、长清[④]，穿泰山西北谷，越长城之限，至于泰安。是月丁未，与知府朱孝纯子颖由南麓登。四十五里，道皆砌石为磴，其级七千有余。泰山正南面有三谷，中谷绕泰安城下，郦道元[⑤]所谓环水也。余始循以入，道少半，越中岭，复循西谷，遂至其巅。古时登山，循东谷入，道有天门。东谷者，古谓之天门溪水，余所不至也。今所经中岭及山巅，崖限当道者，世皆谓之天门云。道中迷雾冰滑，磴几不可登。及既上，苍山负雪，明烛天门，南望晚日照城郭、汶水、徂徕[⑥]如画，而半山居雾若带然。

戊申晦，五鼓，与子颖坐日观亭，待日出。大风扬积雪击面。亭东自足下皆云漫。稍见云中白若樗蒱数十立者，山也。极天云一线异色，须臾成五采，日上正赤如丹，下有红光动摇承之，或曰：“此东海也。”回视日观以西峰，或得日，或否，绛皓驳色，而皆若偻。

亭西有岱祠[⑦]，又有碧霞元君[⑧]祠。皇帝行宫[⑨]在碧霞元君祠东。是日，观道中石刻，自唐显庆以来，其远古刻尽漫失。僻不当道者，皆不及往。

山多石少土，石苍黑色，多平方，少圆。少杂树，多松，生石罅，皆平顶。冰雪无瀑水，无鸟兽音迹，至日观，数里内无树，而雪与人膝齐。桐城姚鼐记。

【注释】

①汶水：即大汶河，源出莱芜县东北原山。②济水：又称兕水，源出河南王屋山，东流至山东。③日观峰：泰山顶观日出处。④齐河、长清：皆县名，今属山东。⑤郦道元：字善长，北魏范阳人，著有《水经注》四十卷。⑥徂徕：山名，在今山东境内。⑦岱祠：泰山神祠。⑧碧霞元君：东岳大帝的女儿。祠建于宋真宗时，见《山东考古录》。⑨行宫：旧时天子出行时所居之处。

【译文】

泰山的南面，汶河向西流；它的北面，济水向东流。南面山谷的水都流进汶河，北面山谷的水都注入济水。正当泰山南北分界线上的，是古代的长城。最高的日观峰，在长城南面十五里。

我于乾隆三十九年（公元 1774 年）十二月，从京师冒着风雪，经过齐河县、长清县，穿

过泰山西北面的山谷，越过长城的界限，到达泰安。这个月的二十八日，我和泰安知府朱子颖由南面山脚上山。山路四十五里，都是石板砌成的台阶，共七千多级，泰山的正南面有三个山谷，中间的山谷环绕在泰安城下，就是郦道元《水经注》上所说的环水。我开始顺着这条山谷进发，走了一小半路程，越过中岭，又顺着西面的山谷上山，就到达它的山顶，古时候上山，沿着东面的山谷进去，路上有天门。东面的山谷，古时候叫它"天门溪水"，我没有到那里。现在经过中岭到达山顶，山岩就像门槛一样挡在山路上的，世人都称它"天门"。山路中雾气迷漫，冰雪很滑，石阶几乎不可登攀。等到上了山顶，青山上覆盖着积雪，明亮地照耀着南天门。往南眺望傍晚的落日照射着山下城郭，汶水、徂徕山好似图画一样，而半山腰停留的雾气好似一条长长的带子。

二十九日这天正是月底，五更天，我和子颖坐在日观亭上，等待着太阳出来。大风扬起积雪扑打着脸面，日观亭以东从脚下起都是浮云迷漫，慢慢看到云雾中露出白色像骰子一样的数十个小点摆在那里，那是山。在极远的天边，云层出现一道奇幻的色彩，一会儿变得五彩缤纷。太阳升起，赤红如同朱砂，下面有红光，摇摇晃晃地承载着它。有人说，这就是东海。回头看日观峰西面的山峰，有的得到太阳光的照射，有的则照不到。红色与白色互相错杂，而又都像曲背弯腰一样。

日观亭西面有岱祠，又有碧霞元君祠，皇帝的行宫在碧霞元君祠的东边，这一天，观看了路上的石刻，是唐高宗显庆以后的。那远古的石刻全都缺失磨灭了。偏僻不顺路的地方，都没有去。

山上泥土少，石头多，石头都是青黑色，多是平面方形的，很少圆形的。松树很多，杂树很少，生长在石缝中间，树顶都平平的，山上都是冰雪，没有瀑布，也不见鸟兽的足迹声音。日观峰数里以内的地方没有什么树木，而积雪与人的膝盖一般高。桐城姚鼐记。

游灵岩记

泰山北多巨岩，而灵岩最著。余以乾隆四十年正月四日自泰安来观之，其状如大礌石为城墉①，高千余雉②，周若环而缺其南面，南则重嶂蔽之，重溪络之。自岩至溪，地有尺寸平者皆种柏，翳高塞深。灵岩寺在柏中，积雪林下，初日澄彻，寒光动寺壁。寺后凿岩为龛，以居佛像，度其高当岩之十九。峭不可上，横出斜援乃登。登则周望万山，殊骛而诡趣，帷张而军行。岩尻③有泉，皇帝④来巡，名之曰"甘露之泉"，僧出器酌以饮。余回视寺左右立石，多宋以来人刻字，有墁入壁内者，又有取石为砌者，砌上有字曰"政和"⑤云。

余初与朱子颖约来灵岩，值子颖有公事，乃俾泰安人聂剑光偕余。聂君指岩之北谷，溯以东，越一岭，则入于琨瑞之山。盖灵岩谷水西流，合中川水入济；琨瑞山水西北流入济，皆泰山之北谷也。世言佛图澄⑥之弟子竺僧朗居于琨瑞山，而时为人说其法于灵岩，故琨瑞之谷曰朗公谷⑦，而灵岩有朗公石焉。当苻坚⑧之世，竺僧朗在琨瑞大起殿舍楼阁，甚壮，其后颓废至尽。而灵岩自宋以来，观宇益兴。

灵岩在长清县东七十里，西近大路，来游者日众。然至琨瑞山，其岩谷幽邃，乃益奇也。余不及往，书以告子颖，子颖他日之来也，循泰山西麓，观乎灵岩，北至历城，复溯朗公谷东南，以抵东长城岭下，缘泰山东麓以反乎泰安，则山之四面尽矣。张峡夜宿，姚鼐记。

【注释】

①墉：小城。②雉：长三丈、高一丈为雉。③尻：脊骨尽处。④皇帝：指乾隆帝。⑤政和：宋徽宗年号。⑥佛图澄：晋时天竺的僧人。少学道，妙通玄术，⑦朗公谷：旧名琨瑞溪，沙门竺僧朗隐居在此。⑧苻坚：晋时前秦主。

【译文】

泰山北边有许多巨大的山崖，其中灵岩最有名。我在乾隆四十年（公元1775年）正月初四从泰安来此游览。灵岩的形状像石头垒起来的城墙，高达一千多雉，周围形似环圈，但南边空缺。南面是重重山峦遮蔽着，条条溪流环绕着。从山崖到溪边，只要有尺把寸长的平地，都种着柏树，遮蔽了高处，堵塞住深处。灵岩寺就在柏树林中，林下是积雪，初升的太阳明亮鲜艳，寒冷的光辉在寺壁上闪动。寺的后面依着山崖凿为佛龛，以供奉佛像，估计它的高度，相当于山崖十分之九的高处，陡峭难以登攀，从旁边斜着登攀才能上去。登上去之后，便能遍览周围群山，山势像骏马奔腾，极富奇妙的情趣，又像帷幕张开，军队行进。山崖北部有泉水，乾隆皇帝出游到此，给它命名为："甘露之泉"。僧人拿出器皿，舀来泉水给我喝。回头看寺庙左右立着的石碑，大多是宋代以来的人镌刻的字，有的被镶嵌到墙壁内，有的被用来砌了台阶。台阶的砌石上有文字说是"政和"。

我开始和朱子颖相约同来灵岩，不巧子颖有公事，便派了一个泰安人叫聂剑光的陪同我。聂君指着山崖的北谷，逆山谷向东，越过一道山岭，便进了琨瑞山。大约灵岩山谷的水向西流，和中川的水汇合流入济水，琨瑞山谷的水向西北流入济水，都是泰山北面的山谷。世上传说佛门高僧澄的弟子叫朗的印度和尚，曾居住在琨瑞山上，他经常在灵岩给人讲佛法。因此琨瑞山谷叫朗公谷，而灵岩有朗公石。苻坚称帝的时候，印度和尚朗在琨瑞山大建殿宇房屋，楼阁都很壮观，后来都毁坏完了。而灵岩从宋代以来，寺庙建筑却更为兴旺。

灵岩在长清县东七十里，西边挨近大路，来游览的人一天比一天多。但是到琨瑞山去，山崖溪谷深邃幽静，更加有趣奇特。我没来得及去，写信告诉子颖，他以后来这里的时候，可顺着泰山西麓，游览灵岩；北经历城县境内，再逆着朗公谷向东南方向，抵达长城岭下，沿着泰山东麓，返回泰安，那么山的四面就都游到了。在峡谷中搭起帐逢过夜，姚鼐记。

方正学祠重修建记

天地无终穷也，人生其间，视之犹须臾耳。虽国家存亡终始数百年，其逾于须臾无几也。而道德仁义忠孝名节，凡人所以为人者，则贯天地而无终敝，故不得以彼之暂夺此之常。昔明惠宗①之为君，成祖②成臣，自下逆上，篡取其位，当时忠义之士，抗死不顾，而方正学先生之事尤烈，此贯天地不敝之道也。

天道是非之理，间不与祸福相附。楚商臣③、匈奴冒顿④皆身享大逆之所取，而传之子孙。当其造逆之日，亦安知无仗节死难之臣于其间？而古记或略而不传。要之忠

义之气自合乎天地，士固不必以名传也。而靖难之事[⑤]，于今为近，正学先生本儒者之统，成杀身之仁，虽其心不必后世之我知，而后人每读其传，尤为慷慨悲泣而不能自已。成祖天子之富贵，随乎飘风，正学一家之忠孝，光乎日月，此岂非人心之上通乎天地者哉？

明万历时，南京士大夫始建正学祠于其墓前，至国朝，数经修饬。今祠宇又以久敝矣，江宁巡道历城方公昂，其先金华人，正学之族子也，来谒祠下，因亟修治其漏坏。又增建前后之屋各四楹，旁屋三楹，以便守者之居，而壮祠之观。岁月久远，或更有视其敝，感正学之谊而来修者，公乃请余为记以待之。嘉庆二年秋七月，桐城姚鼐记。

【注释】

①惠宗：即建文帝。②成祖：即燕王朱棣。③楚商臣：春秋楚成王子，弑父自立，事见《春秋·文公元年》。④匈奴冒顿：冒顿，汉初匈奴主，曾射杀其父。⑤靖难之事：明惠宗采用齐秦、黄子澄的谋略，削诸藩，燕王内不自安，遂指责齐、黄为奸人，请人清君侧，名其兵曰靖难。屡次被铁铉、盛庸所败，帝下诏诸军：不要使朕担负杀害叔父的罪名。诸军因此不敢放箭，燕王遂攻陷京师，明惠宗逃亡在外。

【译文】

天地存在是没有穷尽的，一个人生存在其中，看起来仿佛须臾即逝，生命十分短暂。即使一个国家从建立到灭亡有几百年，它也长不到哪里去，超不过须臾多少。但是仁义道德忠孝名节，大凡这些人所具备的东西却都贯穿天地始终没有完结，因此人不能以短暂的生命而夺去这些恒常的东西。以前明惠宗做皇帝的时候，燕王棣为他的臣子但却以下犯上，篡夺了惠宗的皇位。当时忠诚义士以死抗争，不顾一切，其中方正学先生的事迹尤其壮烈。这正是贯穿天地始终永无尽期的法则。

天道曲直是非的法则，间或不和人世间荣辱祸福相一致，春秋楚成王的儿子楚商臣，汉初匈奴主冒顿都大逆不道弑父自立为王，并把王位传给他的子孙。在他们反叛作乱的时候，又怎么知道其间没有以死赴难、依仗气节的贤臣呢？只是古代的记载有的十分简略没有说明罢了。总之，忠诚正义的气概合乎天地之道，壮士本来也不一定要凭着声名来流传后世。靖难事件，距离今天的时间还不长，正学先生本是读书人，却为了正义而舍去了生命，就是他的心愿我们后世的人不一定都知道，然而后代的人每每读起他的传记，每个人都会格外情绪激越，悲伤哭泣，久久不能平静。天子明成祖的富贵荣华，像飘乎不定的风一样转瞬即逝，而正学先生一家的仁孝忠诚如光其四射，日月永照，这难道不是人心与天地之道相互贯通吗？

明朝万历年间，南京士大夫开始在正学先生的墓前建立祠堂，到了本朝初年，已多次整治修缮，现今祠堂又因年久失修日渐破败了，江宁府巡道官历城方昂公，他的先人是金华人，正学先生同族兄弟的儿子。他来到正学先生的祠下，谒拜先生之墓，因此多次对祠堂加以整治修补。同时在祠堂前后扩建了房屋四间，侧屋三间，这样便于守祠的人居住，又壮大了祠堂的景观。时间长了，或许还有人看到祠堂破败后，为正学先生的行为所感动，再来修复祠堂。为此，方昂公请我写了这篇文章，嘉庆二年（公元 1797 年）秋七月，桐城姚鼐记。

朱二亭诗集序

余之闻朱二亭①也，自朱子颖②。其后余至扬州，遂获与二亭时见，尽读其诗。间尝取二人之诗论之：子颖才雄气骏，多感激豪荡之音，其佳多在七言；二亭气清神逸，多沈淡空远之趣，其佳多在五言。皆数十年诗人之英，一亡而不可再遇者也。

夫诗之于道固末矣，然必由其人胸臆所蓄，履行所至，率然达之翰墨，扬其菁华，不可伪饰，故读其诗者，如见其人。二亭居扬州城北，陋巷狭室，而其胸次超然尘埃之外，其可追媲陶渊明、韦苏州者，非第诗也，而诗乃发之。

嗟呼！余年二十，始见子颖。子颖承先世用武之余烈，尝思舍章句之业，奋迹戎马，建立功名，使后世知其豪俊，而其诗亦时及此旨。及暮年乃仕为转运使，俯仰冠盖商贾之间，忽忽时有所不乐。而二亭以布衣放情山水，见俗人即避去，高吟自适以至老死。子颖虽富贵，而志终不伸；二亭虽贫贱，而可谓自行其志，卒无余恨者也。

往时子颖之子刻其诗集，余为论订，于七言十取七八，五言十取三四而已。若以订二亭集，则当反是。今二亭子以其家稿来，值余有脾胃之疾，不能细读精择之；又二亭诗余素见者尚多，今收之未备，故姑为序其首，俾其子更搜集至备，请他人取余意订之成集，兹可以传后世，而为一代布衣诗人之绝出矣。

【注释】

①朱二亭：名筼，清江都人，号市人，诸生，放情山水，以吟咏自得，著有《二亭诗钞》。②朱子颖：名孝纯，字海愚，乾隆进士，擅长书法，诗力雄放，著有《宝扇楼诗集》。

【译文】

我首次听到朱二亭的大名，是从朱子颖那里。那之后我到了扬州，才和二亭时常见面，拜读了他的全部诗作。近来曾就朱二亭和朱子颖他们二人的诗作过比较：子颖气势才华雄健俊美，多是抒发豪放激荡、奋发向上的情感，他的佳作大都是七言诗；二亭神情飘逸，气质清远，作品多是表现恬淡深沉、辽远空阔的情趣，他的佳作大多是五言诗。二人都是几十年来诗人当中的杰出代表，一旦失去将不会再遇到这样的英才了。

诗歌和高深的道相比，原本是末节的东西，但是诗歌也一定是根据一个人心中积蓄的感情，履行所达到的境界，通过文字自然地表达出来的，张扬其精华，不能雕饰、虚伪，因此诵读一个人的诗歌就好像看到他本人一样。二亭家住扬州城北边，街道僻陋，居室狭小，然而他的胸怀超越凡尘，脱离世俗，他那些可和陶渊明、韦苏州相媲美的不仅仅是诗，而通过诗歌表现出了他的美德。

唉！我二十岁时才见到子颖。子颖继承了他先辈用兵打仗的遗业，曾想放弃从事创作活动，而投身疆场，建立功名，让后代人了解他的俊美豪放，他的诗歌也时常谈到这个想法。到了老年，子颖却做了转运使，在官吏商贾间应付周旋，常常为些失意的事情郁闷不乐。二亭却以一个平民的身份纵情于山水之中，遇到庸俗的人就回避不见，放声高歌，自得其乐直到老死。虽然子颖享受荣华富贵，但是志趣一直没有得到实现；二亭虽然家庭贫贱，可他却称得上

随意顺心，始终没有什么值得遗憾的地方。

以前子颖的儿子刊印他父亲的诗集，我给加以评论编定，对他的七言诗每十篇中取七八篇。五言诗，每十篇中只收录三四篇。假如要编订二亭的诗集，那么就要与此相反。现在二亭的儿子带着他父亲的诗稿来到我这里，我正赶上脾胃有病，不能仔细阅览，精细地选择，另外二亭的诗我平时读的很多，现在收集得还不全面，因此暂时写篇序放在诗集前面，让他的儿子把诗作全面搜集后，请别人依照我的想法选订成集，由此可以留传后世，成为一部一代平民诗人出类拔萃的作品。

梅湖诗集序

汪梅湖先生，名之顺，字禹行。梅湖者，在怀宁西北乡，与桐城西南境相际，其水入桐城练潭以趋江，而汪先生居湖侧，故号梅湖焉。

先生明末诸生，入国朝，自匿以老死。为人多技能而尤长于诗，清韵悠邈，如轻霞薄云，俊空映日，不必广博而尘埃浊翳无纤毫可入也。当时吾郡名工诗者，钱田间[①]与先生并。二人之才，各有优绌，较之正相埒。然田间交游较广，为世盛称；而梅湖伏处草泽，仅南昌陈伯玑[②]知之，而复不尽，其后遂声华寂寞。凡诸家选明诗者，裒录遗老甚备，而梅湖之作，终不与焉。非徒生前身之显晦有数，即死后之名，亦若有厄之使不得扬者，而孰知其有不可没者存哉？

余始识梅湖族子锐斋钺，得梅湖诗，爱之，抄一册，置笥中，欲遗海内论诗者。匆匆十余年无与言，今夏锐斋自京师书来，言方刻《梅湖诗集》，将成矣。余大喜，乃书是寄之。意自是世将多有知梅湖者，则锐斋之事，诚善矣哉！嘉庆十三年六月七日，桐城姚鼐序。

【注释】

①钱田间：名澄之，清桐城人。生在明朝末年，曾以经世济民自负。国家变故后，闭门课耕，自号“田间老人”。精通《易》，诗得香山、剑南之神，有《藏山阁稿》、《田间集》。②陈伯玑：名允衡，江西南昌人，结屋南州之苏公亭畔，咏歌自得，有《琴怀阁》、《爱琴馆》诸集。

【译文】

汪梅湖先生，名之顺，字禹行。梅湖，在怀宁西北边，与桐城西南相连接。梅湖的水经过桐城的练潭流入长江。汪先生住在湖的旁边，因此号梅湖。

梅湖先生是明末的诸生，到了当代，归隐直到逝世。先生生前多才多艺，其中尤为擅长写诗，他的诗作韵味悠长高洁，就象淡薄的白云、轻盈的彩霞，光华映日，使天空显得更为俊美。他诗作的气势并不博大、宽广，但诗中没有丝毫的浊翳尘埃。那时我们郡著名的善长诗歌创作的人中，钱田间和先生齐名，二人的才华各有优劣，两人不相上下。但是田间先生结交朋友比较广泛，多为世人称赞；梅湖先生却归隐在乡间，只有南昌的陈伯玑知道他，并且对他还不是十分了解，他死后梅湖的声名便逐渐被淡忘了。凡是选编明朝诗歌的各家，编辑择录明朝作家作品非常全面详细，但是梅湖的作品，始终没有选录。不但生前或名声显赫或默默无闻有着定数，就是逝世以后名声也好像有人压制、使它不能发扬光大，谁又能知道他存在不可埋没的东西呢？

我初次结识梅湖同族兄弟的孩子锐斋钺，就从他那里得到梅湖的诗作，很是喜欢，因此抄了一册，放在书箱之中，想送给国内评论诗歌的人。时间匆匆，过了十几年我没有来得及替他写序，今年夏天，锐斋自京城写信来，说正在刊印《梅湖诗集》，快要完成了。我听了之后十分高兴，因此写了这篇序寄给他。我想自此以后世上将会有更多的人了解梅湖先生，那么锐斋做的这件事也的确是很好的！嘉庆十三年（公元1808年）六月七日，桐城姚鼐作序。

南园诗存序

昆明钱侍御澧①既丧，子幼，诗集散亡，长白法祭酒式善②、赵州师令君范为搜辑，仅得百余首，录之成二卷。侍御尝自号南园，故名之曰《南园诗存》。

当乾隆之末，和珅③秉政，自张威福，朝士有耻趋其门下以希进用者，已可贵矣；若夫立论侃然，能讼言其失于奏章者，钱侍御一人而已。今上既收政柄，除慝扫奸，屡进畴昔不为利诱之士，而侍御独不幸前丧，不与褒录，岂不哀哉？

君始以御史奏山东巡抚国泰秽乱，高宗命和珅偕君往治之。君在道，衣敝，和珅持衣请君易，君卒辞。和珅知不可私干，故治狱无敢倾陂，得伸国法。其后君擢至通政副使，督学湖南。时和珅已大贵，媒孽其短④不得，乃以湖北盐政有失镌君级。君旋遭艰归，服终，补部曹。高宗知君直，更擢为御史，使直军机处。君奏和珅及军机大臣常不在直之咎，有诏饬责，谓君言当。和珅益嫌君。而高宗知君贤，不可谮，则凡军机劳苦事，多以委君。君家贫，衣裘薄，尝夜入朝出，积劳成疾以殒。方天子仁明，纲纪犹在，大臣虽有所诇恶，不能逐去，第劳辱之而已，而君遭其困，顾不获迁延数寒暑，留其身以待公论大明之日，俾国得尽其才用，士得尽瞻君子之有为也，悲夫悲夫！

余于辛卯会试分校得君，四年而余归，遂不见君。余所论诗古文法，君闻之独喜。君诗尤苍郁劲厚，得古人意。士立身如君，诚不待善诗乃贵，然观其诗，亦足以信其人矣。余昔闻君丧，既作诗哭之，今得其集，乃复为序以发余痛云。

【注释】

①钱澧：字东注，号南园，云南昆明人，乾隆进士。官御史，不顺从和珅，有直名。②长白法祭酒式善：长白，山名，绵亘于吉林及朝鲜半岛间。法式善，号时帆，蒙古正黄旗人，乾隆进士，官至祭酒。③和珅：字致斋，清满洲人。官大学士，为高宗所宠任，玩弄权术，贪污纳贿，后来酿成川、楚教民起义。嘉庆四年，被王念孙纠参，夺职下狱，赐自尽，家产没收，全都充公。④媒孽其短：指想给他人编织罪行。语出《汉书》。

【译文】

昆明的侍御钱澧去逝以后，孩子还年幼，他的诗集都遗失散落了，长白祭酒法式善、赵州令君师范替他搜集编录，只得到一百多首，辑录成两卷。钱侍御曾自号南园，因此给诗集定名

为《南园诗存》。

乾隆末年，和珅当政，作威作福，假如有认为攀附和珅门下来求取进用是可耻的，在朝为官的人已是难能可贵了，至于持论刚正不阿，在自己奏章中公然斥责和珅过失的人，只有钱侍御一人而已。现今天子已收回政权，扫清奸佞，清除邪恶，多次褒奖晋升过去不被权利引诱的贤士，但是钱侍御却单单不幸在这之前去世了，没有能受到褒奖，这怎能不令人悲哀呢。

钱君曾以御史的身份上奏检举山东巡抚国泰淫乱，高宗命令和珅和钱君一道前往办理这件事。钱君在路上的时候，他穿的衣服破旧了，和珅就拿着新衣让他换上，钱君最终还是推谢了。和珅明白不可能私下里求情，因此在办案中不敢偏袒，得以伸张国法。后来钱君被选拔官至通政副使，任湖南督学。这时和珅已十分显贵，他想诬陷钱君有罪没能够办到。因此就以湖北的盐政工作有失误为名给钱君以降级处分。钱君不久又失去了父母，在为父母守丧期满之后，他又担任了部曹之职。高宗皇帝知道钱君十分耿直，又提拔他做了御史，使他当值军机处。钱君上奏朝廷说和珅以及军机大臣犯有时常不在其职的罪过，皇帝下诏书斥责他们，认为钱君所说都是恰当的。和珅由此对钱君更为怨恨。但是高宗皇帝知道钱君非常贤能，不可能进谗言，因此大凡军机处的劳累辛苦的事，都委托钱君办理。钱君家中贫困，衣裳服饰都很单薄粗糙，又由于因此常早出晚归办公，长期劳累过度而得了病，最后不幸逝世。他在世时，正当天子贤明仁爱，法度还在，大臣们就是对他有些仇恨、怨气，也不能把钱君从朝廷中逐出去，只是侮辱、劳苦他罢了。钱君遭遇困境，却没能延缓几年寿命，让自己活在世上以等公论大明的那一天，使国家充分发挥他的才能，让士人充分看到他大有作为。实在让人痛心、痛心呀！

我在辛卯会试分校和钱君结识，四年后我辞官回家，之后就没有再见过钱君。我所倡导的写作要遵循古文之法的主张，钱君听了十分喜好。钱君的诗作尤其劲厚苍郁，深得古人旨意。一个人像钱君一样安身立命，的确不需要以善长写诗来抬高自己，但是欣赏钱君的诗，也完全能够相信他的为人了。我以前听到钱君逝世的消息后，就曾做诗哭悼他，现在拿到了他的诗集，又写了序言以抒发我胸中的悲痛之情。

博山知县武君墓表

乾隆五十七年，当和珅[①]秉政兼步军统领，遣提督番役[②]至山东，有所调察，其役携徒众，持兵刃，于民间凌虐为暴，历数具莫敢何问，至青州[③]博山县，方饮博恣肆，知县武君闻即捕之。至庭不跪，以牌示知县曰："吾提督差也。"君诘曰："牌令汝合地方官捕盗，汝来三日，何不见吾？且牌止差二人，而率多徒何也?"即擒而杖之，民皆为快。而大吏大骇，即以杖提督差役参奏，副奏投和珅。而番役例不当出京城，和珅还其奏使易，于是以"妄杖平民"劾革武君职。博山民老弱谒大府留君者千数，卒不获，然和珅遂亦不使番役再出。当时苟无武君阻之，其役再历数府县，为害未知所极也。武君虽一令，而功固及天下矣。

君讳亿，字虚谷，偃师[④]人，乾隆四十五年进士。其任博山县及去官才七月，而多善政，民以其去流涕。君自是居贫，常于他县主书院。读经史，考证金石文，多精论明义，著书数百卷。今皇帝在藩邸[⑤]，闻君名，及亲政，召君将用之，而君先卒矣。君卒以嘉庆四年十月二十九日，年五十五。

余与君未及识，第闻其行事，读所著述。今遇君子穆淳于江宁，为文使归揭诸墓上。君行足称者犹多，而非关天下利害，兹不著。嘉庆十八年二月桐城姚鼐表。

【注释】

①和珅：注见前《南园诗存序》。②番役：即捕役。③青州：府名，属今山东，治所位于今山东益都县。④偃师：县名，今属河南。⑤藩邸：藩王的邸第。

【译文】

乾隆五十七年（公元1792年），和珅执掌政权兼任步军统领，他派遣提督缉捕罪犯的差役到山东去，有所侦察。捕役带领一班人，手拿兵械刀矛，在民间欺辱百姓，横行残暴，经过很多州县，没有人敢说什么，等到他们到了青州府博山县，正当放肆无忌、狂饮滥赌的时候，知县武君知道后立刻逮捕了他们。到了大堂之上他们依然不下跪，把牌符拿给知县说："我们是提督的差役。"武君反问说："牌符上写着命令你们配合地方官吏捕获盗贼，你们来到这里已经三天了，为什么不来见我？牌符上写着只派遣两人，而你们带领这么多人干什么？"随后擒拿捕获，杖责他们，百姓拍手称快。而一些大官却感到十分害怕，随后就以武君杖打提督差役的罪名参奏，副本奏折报给了和珅。但是因为捕役按照贯例不应当出京城，和珅就还回奏折让他们重新更换，于是就以"妄加杖打平民"为名，弹劾武君革去了职务。博山县的百姓闻讯后老弱数千人请求总督、巡抚挽留武君，但是没有被批准，但是从此和坤也不让捕役再出京城了。当时假如没有武君阻拦他们，那些捕役再经过其他府县，不知为害作恶要到什么程度呢？虽然武君只是一名小小的县令，可是功效却遍及天下。

武君名亿，字虚谷，偃师县人，乾隆四十五年（公元1780年）中进士。他从上任做博山县知县到他离职只有七个月时间，但是由于他在职期间多行善政，百姓都因为他的离任而痛哭流涕。武君从此家居贫寒，时常在别的县里主持书院事务。他诵读经史，考证金石文字，常有很多高明的论断，他的著作有几百卷。当今皇帝在藩王邸第时，便听到武君的大名，等到皇帝亲自处理政事的时候，给武君下诏准备任用他。但是武君却在此前逝世了。武君在嘉庆四年（公元1799年）十月二十九日去世，终年五十五岁。

我和武君没能来得及认识，只是听到他的一些事迹，读过他的一些著述，现在在江宁遇到他的儿子穆淳，我写了这篇墓表让他带回去刻在武君的墓上，武君一生值得称道的还很多，由于不都关系到天下的利害，这里就不再写了。嘉庆十八年（公元1813年）二月桐城姚鼐表。

中宪大夫云南临安府知府丹徒王君墓志铭　并序

君讳文治，字禹卿，丹徒人。自少以文章书法称于天下，中乾隆三十五年一甲三名进士，授编修，为壬午科顺天乡试同考官，癸未科会试同考官。其年御试①翰林第一，擢侍读，署日讲官。旋命为云南临安府知府，数年，以属吏事镌级②去任。其后当复职矣，而君厌吏事，遂不复就官。高宗南巡至钱塘僧寺，见君书碑，大赏爱之。内廷臣有告君招君出者，君亦不应。

君之归也，买僮教之度曲，行无远近，必以歌伶一部自随。其辩论音乐，穷极幽

渺。客至君家，张乐共听，穷朝暮不倦。海内求君书者，岁有馈遗，率费于声伎。人或谏之不听，其自喜顾弥甚也。然至客去乐散，默然禅定，夜坐胁[3]未尝至席，持佛戒，日食蔬果而已。如是数十年，其用意不易测如此。

君少尝渡海至琉球[4]，琉球人传宝其翰墨。为文尚瑰丽，至老归于平淡。其诗与书，尤能尽古今之变而自成体。君尝自言："吾诗、字皆禅理也。"

余与君相知既久，嘉庆三年秋，过丹徒访君。君邀之涉江，风雨中登焦山东升阁，临望沧海邈然，言蝉蜕[5]万物无生之理。自是不复见君。今君子来讣，以嘉庆七年四月二十六日趺坐室中逝矣。妻女子孙来诀，不为动容，问身后事不答。然则君殆庄生[6]所谓"游方之外，与造物为人者"耶？著作文艺虽工妙，特君寄迹而已，况其于伎乐游戏之事乎！

君年七十三，夫人黄氏，生子槐庆，女四，婿曰溧阳狄、丹徒陈、商丘陈杲、长洲宋懋祁，孙男六。将葬，鼐为之铭，以代送窆。鼐为《王氏秀山阡表》，具君世矣，故不复述。铭曰：

茫乎其来何从乎？芴乎其往何终乎？嗟吾禹卿乎，生而燕乐，与世同乎！名表于翰墨之丛乎，骨蜕于黄壤之宫乎！裈乎寥乎，凭日月之光而游天地之鸿蒙乎！

【注释】

①御试：即殿试。②镌级：官职降级。③胁：胸之两旁有胁骨处。④琉球：国名，清时受我册封，后属日本，光绪初，日本废琉球为冲绳县。⑤蝉蜕：蝉所脱解的皮，以喻解脱尘务之人。⑥庄生：名周，战国蒙人，著有《庄子》，与老子并称，为道家之祖。

【译文】

王君名文治，字禹卿，丹徒人。从年轻时就以书法文章闻名于天下。乾隆三十五年（公元1770年）中一甲三名进士。授官编修，做了壬午科顺天乡试同考官，癸未科会试同考官。那一年参加殿试获翰林第一，官职升至待读，代理日讲官的职务。不久又被任命为云南临安府知府，几年之后，因为下属官吏的事情而被降职离任。以后本当官复原职，可是王君对官场事务厌倦了，自此没有再去上任。高宗皇帝南巡到钱塘江寺院里，看到了王君书写的碑刻，十分欣赏和喜爱。宫廷内有臣僚告诉王君说皇帝要诏他出山为官，王君还是没有答应。

王君辞官归里后，招收了童仆教授他们唱歌作曲，不管走到哪里，都有一班歌舞艺人跟随。他鉴别谈论音乐，一定穷极其微妙精深。每每客人来到王君家中，他必定演奏乐曲让大家欣赏，昼夜都不感到疲倦。海内向王君求其书法的人每年都赠送钱物，王君都把它花费在歌伎声乐方面。就是有人劝告他也不听，反倒更加自我陶醉了。然而等到客人离去，乐曲结束之后，他就默然禅定，晚上打坐从不卧眠，严守佛法戒律，每天只吃一些水果蔬菜而已。如此坚持几十年，他的用意是如此地不容易推测。

王君年轻的时候曾到过琉球国，琉球人把王君的字看作传世之宝。王君写作文章推崇奇伟瑰丽，到了老年文笔趋于平淡。他的诗歌与书法尤其能穷尽古今的变化而又自成一体。王君曾说过："我的诗歌和书法作品都含有禅理。"

很早我就和王君互相了解了，嘉庆三年（公元1798年）的秋天，我路过丹徒拜访王君，王君邀请我渡江，在风雨中我们登上焦山的东升阁，远眺渺远的沧海，谈论万物如一、解脱尘务的道理。从此之后我再没有见到王君。现在王君的儿子前来报丧，说他在嘉庆七年（公元1802年）四月二十六日盘坐室中去世了。妻子儿子和孙子来和他告别，他面容没有什么变化，询问他去世后的遗事也不回答。既然这样，那么王君大概就是庄子所说的那种："游方之外，与造物为人者"吧？著书作文的技巧即使很精妙，也只不过是王君寄托踪迹而已，何况他对歌伎乐曲游乐嬉戏一类的事情呢？

王君一生活了七十三岁，他的夫人黄氏生有一个儿子名叫槐庆，女儿四个，女婿有溧阳狄某、丹徒陈某、商丘陈杲、长州宋懋袝，有六个孙子。就要埋葬王君的时候，我为他写了铭文，代为送葬，我写的《王氏秀山阡表》，详尽写了王君的家世，这里就不重复了。铭文说：

渺渺茫茫，你从何处而来？恍恍惚惚，你又到哪里去？唉！我的禹卿啊，活着的时候悠闲快活，和世俗同流，美名在翰墨丛中高扬；卒后葬于地下宫殿中，你的精神邈远而又寥廓，借助日月的光辉，游历在天地的混沌之中。

恽子居大云山房集

游庐山记

庐山[①]据浔阳[②]、彭蠡[③]之会，环三面皆水也。凡大山得水，能敌其大以荡潏之则灵，而江湖之水，吞吐夷旷，与海水异。故并海诸山多壮郁，而庐山有娱逸之观。

嘉庆十有八年，三月己卯，敬以事绝宫亭，泊左蠡。庚辰，杈星子，因往游焉。是日往白鹿洞[④]，望五老峰，过小三峡，驻独对亭，振钥顿文会堂。有桃一株，方花；有芭蕉一株，叶方茁。月出后，循贯道溪，历钓台石、眠鹿场，右转，达后山。松杉千万为一桁，横五老峰之麓焉。

辛巳，由三峡涧陟欢喜亭，亭废、道险甚。求李氏山房遗址，不可得。登含鄱岭，大风啸于岭背，由隧来风。上攀太乙峰，东南望南昌城，迤北望彭泽，皆隔湖，湖光湛湛然。顷之，地如卷席，渐隐；复顷之，至湖之中；复顷之，至湖堧，而山足皆隐矣，始知云之障自远至也，于是四山皆蓬蓬然。而大云千万成阵，起山后，相驰逐布空中，势且雨，遂不至五老峰而下。窥玉渊潭，憩栖贤寺。回望五老峰，乃夕日穿漏，势相倚负。返宿于文会堂。

壬午，道万杉寺，饮三分池。未抵秀峰寺里所，即见瀑布在天中。既及门，因西瞻青玉峡，详睇香炉峰，盥于龙井，求太白之读书堂，不可得，返宿秀峰寺。

癸未，往瞻云，迂道绕白鹤观，旋至寺观右军墨池。西行寻栗里卧醉石，石大于屋，当涧水。途中访简寂观，未往，返宿秀峰寺，遇一微头陀。

甲申，吴兰雪[⑤]携廖雪鹭、沙弥朗圆来，大笑，排闼入，遂同上黄岩。侧足逾文殊台，俯玩瀑布下注，尽其变，叩黄岩寺，跌乱石，寻瀑布源，溯汉阳峰，径绝而止，复返宿秀峰寺。兰雪往瞻云，一微头陀往九江。是夜大雨，在山中五日矣。

乙酉，晓望瀑布，倍未雨时，出山五里所，至神林浦，望瀑布益明，山沉沉，苍酽一色，岩谷如削平。顷之，香炉峰下白云一缕起，遂团团相衔出；复顷之，遍山皆团团然；复顷之，则相与为一，山之腰皆掩之，其上下仍苍酽一色，生平所未睹也。

夫云者水之征，山之灵所泄也。敬故于是游所历，皆类记之，而于云独记其诡变，足以娱性逸情如是，以诒后之好事者焉。

【注释】

①庐山：位于江西省北部，古名南障山，一名匡山，总名匡庐。山之最高处叫五老峰。②浔阳：江名，位于今江西九江县北部，即大江。③彭蠡：湖名，位于今江西鄱阳湖。④白鹿洞：在五老峰下，唐李渤与兄涉读书庐山，常畜一白鹿自随，因以名洞。⑤吴兰雪：名嵩梁，江西东乡人，诗才与黄景仁相当，所著《香苏山馆集》，朝鲜吏曹判书金鲁敬以梅花一龛供奉之，称为诗佛。

【译文】

庐山处在浔阳江和彭蠡湖的交汇处，环绕在庐山三面的都是水。但凡大山和水相遇，水能够和山的高大相称，并涌动荡涤大山，那么大山就有灵气，但是江湖的水，流入流出都是宽阔平坦的，与海水不同。所以沿海的众山大多高峻雄壮，但是庐山却有使人欢娱闲适的景观。

嘉庆十八年（公元1813年）三月己卯这一天，我由于有事渡过宫亭湖，停泊在左蠡山下。庚辰日，船在星子县靠了岸，因此去游庐山。这一天去了白鹿洞，观望五老峰，穿过小三峡，在独对亭停了下来，打开锁钥歇宿在文会堂。文会堂有一棵桃树，花开正盛；有一棵芭蕉，叶子正茁壮生长。月亮出来以后，我顺着贯道溪，经过钓台石、眠鹿场，往右转，到达后山。成千上万棵松树、杉树连成一座浮桥，横跨在五老峰脚下。

辛巳日，我从三峡涧登上欢喜亭，欢喜亭已经倒塌了，路十分难走。找寻李氏山房的遗址，没有找到。爬上含鄱岭，大风在岭的背面大声呼啸，从道路上刮来。往上攀登太乙峰，站在太乙峰上，往东南远眺南昌城，往北远眺彭泽城，两城都隔着彭蠡湖，湖光清清。不一会儿，地上云气如同卷动着的席子，大地渐渐隐没了；又过了一会儿，云气卷到湖中；又过了一会儿，云气卷到了湖边空地上，山脚都隐没了。我这才明白乌云的遮蔽是从远方到来的。这时四面山峰全都起了风，成千上万的大片云块布成阵势，出现在山后，相互追逐着布满天空，就要下雨了，因此没有到达五老峰便下了山。从山上走下来，下视玉渊潭，之后在栖贤寺稍微休息。回头望五老峰，傍晚的太阳穿过了云隙，山势互相依衬。最后我回到文会堂过夜。

壬午日，取道万杉寺，喝了三分池的水。还差一里左右没有到秀峰寺，便看到瀑布挂在天空。到达秀峰寺山门后，因此西望青玉峡，仔细地斜视香炉峰，到龙井洗了手，寻找李白的读书堂，没有找到，最后回到秀峰寺过夜。

癸未日，前去看云海。走远路绕过白鹤观，不久便到了寺观中的王右军洗墨池。往西行寻找栗里卧醉石，石比一间屋子还大，拦阻了山涧流水。在半路上寻访简寂观。没有前去，返回秀峰寺住了下来，遇到了一微和尚。

甲申日，吴兰雪带着廖雪鹭、小和尚朗圆来了。他们大笑着，撞开门走了进来。因此我和他们一起爬上黄岩，侧着脚走过文殊台，俯身欣赏瀑布往下流注，穷尽了它的变化。敲开黄岩寺的大门，游赏了它。然后踏着乱石，找寻瀑布的源头。追溯过汉阳峰，路断了才停下来。最后又回到秀峰寺住了下来。吴兰雪前去观云海，一微和尚前往九江。这天夜晚下了大雨。在山中已经五天了。

乙酉日，天亮后观赏瀑布，比没有下雨的时候大了一倍。从山中走出五里左右，抵达神林浦，再看瀑布就看得更清楚了。山色深沉，一派苍绿，岩谷就像刀削的那么平滑。不一会儿，香炉峰下一缕白云升起，因此一团接一团地出现；又过了一会儿，整座山都是团团白云，又过了一会儿，团团白云连接成一片，山的中部都被白云掩盖了起来，山上、山下依旧是一派苍绿。这是我一生之中不曾见过的景象。

云是水的征兆，是山的神灵排放出来的。所以，我对于这次游览的经历，全都是依据事类来记叙它们的，但是对于云，却独独描写出了它的奇异变化，足以用来使性情安闲、愉悦如此，目的是为了留给以后好事的人看。

游庐山后记

自白鹿洞西至栗里，皆在庐山之阳。闻其阴益旷奥，未至也。四月庚申，以事赴德化。壬戌侵晨，沿麓行，小食东林寺之三笑堂，循高贤堂，跨虎溪，却游西林寺，测香谷泉，出太平宫，漱宝石池。甲子，渡江，览湓口[①]形势。乙丑，返宿报国寺。大雨，溪谷皆溢焉。

丙寅，偕沙门无垢，篮舆曲折行涧中，即锦涧也。度石桥为锦绣谷，名殊不佳，得红兰数本，宜改为红兰谷。忽白云如野马傍腋驰去，视前后人在绡纨中，云过道旁，草木罗罗然，而涧声清越相和答。遂蹑半云亭，睨试心石，经庐山高石坊，石势秀伟不可状，其高峰皆浮天际，而云忽起足下，渐浮渐满，峰尽没。闻云中歌声，华婉动心，近在隔涧，不知为谁者。云散，则一石皆有一云缭之。忽峰顶有云飞下数百丈，如有人乘之，行散为千百，渐消至无一缕，盖须臾之间已如是。径天池口，至天池寺。寺有石池，水不竭。东出为聚仙亭、文殊岩，岩上俯视，石峰苍碧，自下矗立，云拥之。忽拥起至岩上，尽天地为绡纨色，五尺之外，无他物可见；已尽卷去，日融融然，乃复合而为绡纨色，不可辨矣。返天池口，东至佛手岩，行沉云中，大风自后推排，云气吹为雨，洒衣袂。蹊坐升仙台，拊御碑亭云盖，重至半云亭，日仍融融然耳。无垢辞去，遂独过铁塔寺而归。

天池之云，又含鄱岭、神林浦之所未见，他日当赢数月粮居之，观其春秋朝夕之异，至山中所未至，亦得次第观览，以言纪焉。或有发前人所未言者，未可知也。

【注释】

①湓口：湓水入江之口，位于今江西九江市西部。

【译文】

从白鹿洞往西直到栗里，都在庐山的南面。听说庐山的北面更为幽深空阔，只是还没有到过那里。四月庚申这一天，由于有事前往德化县。壬戌日拂晓，我沿着山脚往前走，在东林寺的三笑堂稍微吃了点东西。顺着高贤堂继续往前走。跨过虎溪，退回来游览西林寺，测量了香谷泉，走出太平宫，在宝石池漱了口。甲子日，渡过长江，观看湓口的地理形势。乙丑日，回到报国寺住了下来。天下起了大雨，山间小河沟的水都满了。

丙寅日，我带着无垢和尚，坐着竹轿曲曲折折地在山涧中行走，这个山涧就是锦涧。过了石桥是锦绣谷，名称很不好，我在这里看见了几棵红兰，应该把锦绣谷改为红兰谷。忽然白云像匹野马从身旁飞驰而过，看自己身前身后的人都像处在白纱之中。白云经过路旁，草木舒展来，山涧流水声激扬清澈，互相和答。因此我们登上半云亭，斜视试心石，经过庐山高石坊。山石势态秀丽雄伟，不可描述，那些高峰都穿过天际。云忽然从脚下升起，一边飘动着一边布满了天空，山峰全被白云淹没了。听到云中的歌声，歌声婉转华美，动人心弦。唱歌的人离我们很近，就在山涧的对面，不知他是谁。云散开了，因此每块石头便都有一缕白云缭绕着它。突然峰顶有云飞落几百丈，好似有人坐在它上面，不久便散为千百片，渐渐消失到不存一缕，转瞬之间便已经有了如此大的变化。经过天池口，来到天池寺。寺中有一座石池，池中的水永不干涸。从寺中出来往东是聚仙亭、文殊岩，从文殊岩上往下看，只见石峰苍碧，自下耸立，白云包围着它们。突然白云升起，一直到达岩上，天地都变成了白纱的颜色，五尺以外，没有别的东西能够看到；不久白云全都被风卷走了，太阳暖融融的。因此白云又会合到一起，天地又变成白纱的颜色，太阳便看不清了。返回天池口，往东走到佛手岩，行走在厚厚的云层之中。大风从后边推动着云层，云气被风一吹，变作了雨，洒落在衣袖上。登上升仙台，在那里坐了一会儿，抚摸过御碑亭云盖，重又回到半云亭，太阳依旧是暖融融的。无垢和尚告别而去，因此我独自经过铁塔寺然后返回来了。

天池的云，又是含鄱岭、神林浦所不曾见到的。以后应该带上几个月的干粮住在那里，观察云在春秋、朝夕的差别，至于庐山之中尚未到过的地方，也可依次观赏，然后用文字记载下来。或许会发现前人没有提到过的地方，这也尚未可知。

书获刘之协事

高宗纯皇帝乾隆五十九年，教匪大头目安徽太和刘之协[①]，以讼事赴质河南扶沟。十月十五日丁酉，闻陕西白河教匪事发，跨黄骠夜走，遂入郏县，聚徒众作贼，自称"天王刘之协"。于是陕西、河南、湖北、四川教匪皆起，官军协捕降斩以千万计，户部转输至万万。皇上嘉庆五年六月二十八日己卯，今分巡吉南赣宁道潾水廖公寅[②]莅叶县，擒之协，送京师，伏诛西市。教匪既失本帅，遂解窜，经略额勒登保[③]等以次讨灭，四省乃平。

先是廖公长公子以省觐至叶，叶居贼冲，列兵城门为守计，长公子杂候骑出五里所，于柳树下见一人貌怪伟，露膊坐，眉入于鬓，即贼党冀大荣也。疑之，返，以色目告城门兵朱中林。归署舍，脱靴袜，方濯足，而大荣已从之协至城门，与中林相识，踦梱语。中林给使入城，大荣指之协曰："张掌匮也。"强之入，参饮于市，而阴泄于中林。长公子闻报，徒跣赴肆中，手拉之协佩刀，断其裈系。之协俯护裈，遂扼项仆之。廖公率吏卒缚之协拥至县。盖之协败于邓州，去其众，思迂道入南阳再起，故过叶也。皇上以廖公功，赐花翎，简放镇江府知府，旋擢今职。河南迁官者数人，冀大荣亦赐把总衔，今益贵矣。

长公子者，名思芳，敬前在南昌，长公子不以介绍见，下马入门，爽拔之气照左右，曰："思芳行天下，多愿交思芳，思芳拒之。今闻兄高义，故至此。思芳不喜读书，毋混我，然忠孝大节，不敢辱知我也。"其自命如此。

恽子居曰：敬以属吏事廖公几七年，厚德退让君子也。及交长公子，始知公少时，常贮米竹簏，负走三十里，饷二亲，创背，阴雨常瘠瘠[④]然。又闻在河南，骄帅有索贿者，力拒之，拔刀砍馆垣，断其刃，帅气慑而去。盖仁者之勇，发不可遏，知长公子之风为有所自矣。

【注释】

①刘之协：白莲教首领。传教授徒，遍川、陕南北，嘉庆初，奉河南王氏子发生，诡称明裔，鼓动俗流，事觉逮捕，之协远逃。皇帝下令广为搜捕，株连者不可胜计，荆、宜之民于是造反，四川失业之民起来响应，分道扰陕西，有姚之富及齐林妻王氏等，皆狡悍善战。经七年，额勒登保、杨遇春、那彦成等才平定了白莲教。②廖寅：清潾水人，字亮工，号复堂，乾隆举人。知叶县，缉获刘之协，以功累官两淮盐运使，所至有善政。学以朱熹为宗，有诗文集。③额勒登保：满洲正黄旗人，姓瓜尔佳氏，字珠轩，乾隆间，征伐缅甸、金川、台湾、廓尔喀、苗疆诸部落有功。嘉庆间平三省白莲教，官至御前大臣、太子太保，封三等公，卒谥忠毅。④瘠瘠：小痛。

【译文】

高宗纯皇帝乾隆五十九年（公元1794年），白莲教大首领、安徽省太和县的刘之协，由于打官司的事到河南省扶沟县去对质。十月十五日丁酉，听说陕西省白河县白莲教谋造的事情发生了，他骑着黄骡子夜间逃走，于是进入郏县，聚集众人为非作歹，自称“天王刘之协”。这时陕西、河南、湖北、四川各省都出现了白莲教，官军协助各省招降、抓获、斩杀了成千上万的白莲教教徒，户部转运粮食多达亿万。皇上嘉庆五年（公元1800年）六月二十八日己卯，如今分道出巡吉南、赣宁道的潾水县廖寅大人来到叶县，擒获了刘之协，把他押送到京城，在西市处死了他。白莲教失去主帅后，因此解散逃窜。担任经略之职的额勒登保逐一将白莲教徒消灭，陕西、河南、湖北、四川于是平定了。

在此之前，廖大人的大公子由于省亲来到叶县。叶县位居贼寇冲要，出于防守的考虑，在城门处陈列了军队。廖大公子混在侦察巡逻的骑兵当中出城五里左右，在柳树下看到一个人相貌奇特不凡，袒露着两条胳膊坐着，眉毛长入鬓角，这个人便是和白莲教一伙的冀大荣。廖大公子对他产生了疑心，返回城中，把自己的家世身份告知城门卫兵朱中林。自己回到官舍，脱去鞋袜，正在洗脚，这时冀大荣已跟随刘之协来到城门。冀大荣和朱中林互相认识，俩人倚靠着门框交谈。朱中林假装让他进城，冀大荣指着刘之协说：“这是张掌柜”。硬迫着刘之协进了城。三人在市肆中喝起酒来，冀大荣暗地里把刘之协的真实身份泄露给了朱中林。廖大公子听到报告后，光着脚赶往市肆中，用手拽刘之协的佩刀，拽断了刘之协的裤腰带。刘之协低头护着裤子不让它从身上掉下去，因此廖大公子掐着他的脖子，将他摔倒在地。廖大人带领官兵绑上刘之协，簇拥着他来到县衙。大概是刘之协在邓州打了败仗，离开了他的人众，想绕道进入南阳，再次发动起义，所以经过叶县。皇上由于廖大人的功劳，赐给他孔雀花翎，特旨授予他镇江府知府之职，不久又升任现在这个官职。河南升官的有好几个人，冀大荣也被赐予把总的官衔，如今更加显贵了。

廖大公子，名思芳。我从前在南昌的时候，廖大公子不经别人引见，下了马便径直进了门，豪爽英拔的气概辉映左右。他说：“我行走天下，人们大都希望同我交朋友，我都拒绝了他们。如今听说您行为高尚合乎道义，因此我才来到这里。我不喜爱读书，您不要蒙混我。但是忠孝大节，是不敢麻烦您来教我的。”他自己认为自己是这样的人。

恽子居说：“我凭借自己是廖大人属下的官吏，侍奉廖大人将近七年。廖大人是一位品德高尚、谦退礼让的君子。等到结交了廖大公子，才知道廖大人年轻的时候，时常把米存放在竹箱中，自己背着竹箱走三十里的路，把米送给父母双亲。竹箱磨伤了他的背部，每当阴天下雨，都会感觉隐隐作痛。又听说廖大人在河南的时候，有一位骄纵的主帅向他勒索财物，廖大人奋力拒绝，拔出刀来猛砍寓所的墙壁，刀刃都砍断了，主帅气馁离去。君子仁人的勇武，发泄出来便不可遏制。所以知道廖大公子的作风是从廖大人那里承继下来的。

都昌元将军庙碑名

天下有形必有神，而有血气者最验；有血气之中，毛羽鳞介并在五虫，而人为最验；人之骨肉筋血毛发一体也，而心为最验。人心之神与毛羽鳞介之神，推之天地之神，昭明肸蚃[①]，微分巨合，充塞乎无间，是以日月之明，山岳之成，江湖之盈，其积形之神，与有血气者常往来。而人之所接，皆以人之事事神，为之像设，为之庙庭，为之牲牢酒醴，为之官爵名号，盖神之依于人道固如此。然而神依于人，以为祸为福，而所凭或假之毛羽鳞介者，何也？其物皆老，则血气聚，聚则变；其物若有知若无知，则血气专，专则通日月山岳江湖，即以其神之变与通者凭之，故圣人能知万物之情状，而后能知鬼神之情状。

都昌元将军，自明洪武中敕封，附祀于左蠡山之湖神庙。嘉庆十有四年，江西巡抚先福公立庙特祀，奏请加号，敕封显应元将军，公用古碑法勒部咨于石。敬与都昌知县陈君煦交，过左蠡，为碑文言其所以神，以发明朝廷进退百神之义，诒陈君，使立石于庙庭，铭曰：

万物之动，一道所蕃。沄沄浑浑，根支万千。其分如沙，其合如水。神哉神哉！何此何彼？惟元将军，黑帝[②]股肱，云旗千寻，指挥鲸鹏。左蠡之山，据湖三面。爰宅将军，为门为殿。天子之命，显应孔昭。万艘安行，五两[③]萧萧。水之为波，乃气之浡。以理平之，微于丝忽。上达九天，下通九渊。将军所届，其云沛然。吏走民奔，击鲜进旨。鼓钟谾谾[④]，将军歆此。天子甚圣，百神是怀。涤江障海，万福具来。

【注释】

①肸：分布，蚃同向。《左思赋》“景福肸蚃而兴作。”②黑帝：神名，五帝之一。北方黑帝，名叶光纪，精为玄武。③五两：即候风羽，楚人叫它五两。④谾谾：谷中大声。

【译文】

天下有形的物体必定有神，但有形的物体之中以有血气的动物为最灵验；有血气的动物之中，毛类、羽类、鳞类、甲类同属于五虫，而五虫之中以人类为最灵验。人的筋血骨肉毛发同在于一体，而一体之中，以心为最灵验。人心之神和毛类、羽类、鳞类、甲类动物的神，以及天地之神，明显分布，在小的方面有差别，在大的方面却相吻合，充满于任何细微的地方。所以，日月的光明、山岳的高大、江湖的充盈，它们通过聚积形体而形成的神，和有血气的动物时常互相往来。人们接遇众神，都是用侍奉人的方式来侍奉他们：为他们设置供像，为他们建造庙堂，为他们摆下牲畜美酒，为他们加封官爵名号，大都神依附于人，道理固然如此。神依附于人，用来降给人祸福，但是神依凭、假借毛类、羽类、鳞类、甲类动物的道理，又是什么呢？毛类、羽类、鳞类、甲类动物的精怪寿命都长，寿命长血气集聚得就多，血气集聚得多就可以变化；那些动物的精怪若有知若无知，若有知若无知，它们的血气就专一，血气专一就能和日月山岳江湖相通。因此就用那些既能变化，又能与日月、山岳、江湖相通的毛类、羽类、鳞类、甲类动物的神作为凭依。所以，圣人能够了解万物的情状，然后才能了解鬼神的情状。

都昌县的元将军，自从明朝洪武年间受到皇封之后，只是在左蠡山的湖神庙受到附带祭祀。直到嘉庆十四年（公元 1809 年），担任江西巡抚的先福公才为他建立了庙，单独祭祀，并奏请皇上追赠封号，皇上将他加封为显应元将军。先福公用古碑的法式把它刻在石上。我跟都昌县知县陈煦先生交往，经过左蠡，写了这篇碑文阐释元将军为神的道理，用来说明朝廷陟降众神的意义。将这篇碑文送给陈君，让他在元将军庙的庭院中立起石碑来。铭文如下：

万物能动者，皆为道繁衍。纷纷复纭纭，根枝万万千。分散如泥土，聚合似流水。神灵啊神灵，何分彼与此？此神元将军，黑帝之重臣。云旗高千丈，指挥鹏与鲲。左蠡这座山，处在

湖三面。将军居于此，修门修堂殿。天子有诏令，显应很昭显。万船平安行，五两随风转。水能起波涛，大气使之然。用理使之平，轻微一点点。上可通九天，下可至深渊。将军所到处，乌云滚滚然。官民如穿梭，献上肉与醴，鼓钟轰轰鸣，将军享用此。圣上极圣贤，百神他挂怀。清江又防海，万福全都来。

前四川提督董公神道碑铭

高宗纯皇帝乾隆四十一年，大小金川[①]平，头人七图葛拉尔思甲布传送行在。纯皇帝命军机大臣问为逆状，对甚悉。复言陷底木达时，四川提督董天弼将所部二百人抽短兵力战，不可败，夜半，领兵头人以鸟枪数百干环击杀之。先是在军诸大臣劾董公失守要隘，纯皇帝徙公之子联珏等伊犁，至是赦还，复联珏举人原资，赐内阁中书。联珏等乃招魂葬公于城南之兆。

公讳天弼，字霖苍，先世明永乐中自无为州迁大兴，遂世为大兴人。曾祖大才，祖承诏，父其伦，皆赠明威将军。母刘氏，赠淑人。公雍正十年武进士，授四川提标前营守备。从讨占对，升马边营都司，从讨大金川军功加三等，升峨边营游击。大金川旋请降罢师，升章腊营参将。调绥宁营，再调提标中营，率师讨巴唐，平之，升维州营副将。小金川与党霸争地，公单骑入其境，谕以祸福，两土司皆听命。郭罗克者，黑帐房部落也，掠卫藏入贡剌麻僧。公奉总督檄出黄胜关察之，郭罗克不承，公夜合杂谷兵逼贼巢，先发鸟枪惊其马，群马尽逸，贼不得遁，生擒其酋麻兹滚布，得所掠物。事定，升松潘营总兵。旋赐花翎，升四川提督。

乾隆三十六年，小金川酋僧格桑[②]复叛，围沃日土司于达围。公由卧龙关往剿，拔密耳。贼据斑森山死守。公仰攻八日，粮匮，士卒拔草茹之，不得已退兵至关。大学士温福[③]公自云南来，亦至关。公请统大军坚守，自将重庆兵一千循黄草坪救沃日。道甲金达山，较斑斓尤陡峻不可上，乃下令军中求间道，得近山得胜沟。沟在两崖间，崖壁高数仞，贼夹沟设守卡崖上。会大风雪，公将健卒夜伏马鞍行沟中，贼守者皆不觉，遂直抵达围，破贼，达围围始解。乘胜拔日隆关，迎大军会于关下。时大军久不得公军问，诸大臣已劾公逗挠，而公以用奇大胜，得免死为卒伍。将兵五百人守资利寨，参赞额驸王色与公论军事，大奇之，又请赐副将衔，拔曾头沟，升重庆营总兵。拔卓克采，复赐花翎。拔横梗山梁抵谷葛，复绕坎竹沟，间道进攻，烧大木城一，帝击碉寨数十，皆下。连拔没药山、大版昭，复迎大军会于布朗郭宗。时南路参赞阿桂[④]公亦拔美诺贼巢，僧格桑由底木达贼巢窜入大金川，大军拔底木达。是役也，公常为军锋，而得胜沟、坎竹沟之捷，冒死入险地，以迎大军，功为最。

三十八年，纯皇帝闻大金川酋索诺木尝助小金川，命温福公为定边将军讨之。擢公为四川提督，守党霸。将军奏底木达新定，乃贼巢，且诸军要隘，公宿将，宜镇之。与兵五百人守底木达。底木达当贼冲，势危甚，而将军复调兵三百赴大营，其后路接应兵一千二百亦撤之。当是时，将军自屯木果木，军屡胜之后，不以贼为意。七图葛拉尔思甲布等千余人乘军惰，因先后诡降，将军开军门纳之，使杂厮养，七图安堵尔等因得入大营，诱降人为内应，且探知底木达兵弱，无后援，遂定计先犯底木达，道通，即劫木果木大营。六月初一日，贼自山后拥众来犯，公遂遇害，年六十二。后九日，贼劫大营，将军亦死焉。

公貌瑰玮，美须髯，临阵常身先士卒，所向无前。有哈萨克二赤骠马，极雄健，将军常索之，公曰："天弼上阵，倚此二马，金川小丑，必荡平，俟手枭二逆，并二马上将军。"呜呼！孰知公之志以此竟不遂哉？后纯皇帝命阿桂公为定西将军，进战皆捷，僧格桑死，获其尸，攻克索诺木贼巢于葛拉依、俘送京师，设镇安营镇其地，如公所预策焉。

今皇上御极，录死事后，予公世袭恩骑尉，公配吴夫人，继田夫人。子六：长联珏，由中书为淮安府里河同知；次联理，与公同死事；次联玺，县学廪生；次联琛，联珩，早卒；次联琯，国子监生。女七，俱适名族。公殁三十八年，阳湖恽敬为文刻于公墓之左，铭曰：

天纵高宗，收诸逆夷，归四海家。将将臣臣，罪罪功功，栗不敢哗。公起远疏，志攫鲸鲵，掷之泥沙。将尊师微，为贼所窥，来蹈其暇。生诬几死，死诬不生，孰诧而嗟。高宗至明，死兴其孤，生高其牙。将士感衔，皇武所周，廓无垠涯。公神之行，沛然江流，势不可遮。二马尚从，历块蹴尘，上蹑蒸霞。刻石墓左，公顾颔之，我铭无夸。

【注释】

①金川：水名，位于今四川西北边境，即大渡河上游。又有小金川，源出懋功县西北，南流来会，其地为大、小金川土司地。②僧格桑：小金川泽旺子。乾隆时期，泽旺老病，僧格桑代主其地，与大金川索诺木订攻守同盟约，屡攻邻部，遂叛清。后为阿桂所败，获其尸。③温福：满洲镶红旗人，姓费莫氏，乾隆年间征伐金川，战功甚著，官至武英殿大学士，驻军木果木，为贼所劫，中枪阵亡。④阿桂：满洲正白旗人，姓章嘉氏，字广廷，号云崖，乾隆时补乡试，初以荫入官，旋补兵部主事，官至武英殿大学士，定伊犁，讨缅甸，平金川皆有功，封诚谋英勇公。卒赠太保，谥文成。

【译文】

高宗纯皇帝乾隆四十一年（公元1776年），平定了大小金川，头领七图葛拉尔思甲布被押送到乾隆皇帝的行宫，乾隆皇帝命令军机大臣审问他有关谋反的情况，他回答得很详尽。还提到他们攻陷底木达的时候，四川提督董天弼带领二百名部下拔出短兵器来奋勇迎战，不能打败董天弼。到了半夜，带兵的头领指挥手拿鸟枪的几百士兵在四周射击，这才杀死了董天弼。在这之前，军中大臣弹劾董大人失守要塞，乾隆皇帝将董大人的儿子联珏等人流放到伊犁，直到这时才赦免，召他们回来了。恢复了联珏举人的本来资历，授予他内阁中书之职。联珏等人因此召唤董大人的灵魂，把董大人埋在城南的坟地里。

大人名天弼，字霖苍。他的祖辈在明朝永乐年间从无为州迁移到大兴县，因此世代成了大兴人。曾祖父董大才，祖父董承诏，父亲董其伦，都被封赠为明威将军。母亲刘氏，被封为淑人。大人在雍正十年（公元1732年）中了武进士，被授予四川提标前营守备之职。随从主帅讨伐占对，升任马边营都司，随从主帅讨伐大金川，军功加三等，升任峨边营游击。大金川不

久请求投降罢兵，升任章腊营参将。后来调到绥宁营，再调到提标中营。统率部队征讨巴唐，平定了巴唐，升任维州营副将。小金川和党霸争夺土地，董大人一人一马进入他们的领地，晓以利害，两位土司都服从了命令。郭罗克，是黑帐房部落，掳掠了西藏入朝交纳贡品的喇嘛僧。大人接到总督的文书，从黄胜关出发去检察这件事，郭罗克不接受。大人在晚上汇合杂谷兵马逼近赋人巢穴，先放鸟枪惊吓贼人的马匹，群马都吓跑了，贼人不得逃遁。活捉了他们的头领麻兹滚布，找回了他们掳掠的贡品。这件事平定之后，大人升为松藩营总兵。不久皇上赐给他孔雀花翎，升任四川提督。

乾隆三十六年（公元 1771 年），小金川首领僧格桑又开始起来造反，在达围包围了沃日土司。董大人从卧龙关出兵前往剿灭，攻克了密耳。贼人占据斑斓山死守，大人往上攻了八天，粮食吃光了，士兵拔野草充饥。大人在不得已的情况下，将部队撤退到卧龙关。大学士温福公从云南来，也到了卧龙关。大人请求温福公统率大部队坚守卧龙关，自己率领一千名重庆兵顺着黄草坪前去援救沃日。经过甲金达山，这里比斑斓山更为陡峭，不可登攀。因此大人命令军中士兵寻找小路，找到了靠近甲金达山的得胜沟。得胜沟在两座山崖之间，崖壁高好几仞。贼人在得胜沟左右的山崖上设置了防守据点。恰好赶上下大雪、刮大风，大人率领健壮的士兵在夜晚趴在马鞍上行走在得胜沟中，防守的贼兵都没有发现，因此一直到达达围，打败了小金川的贼兵，达围这才解了围。大人乘胜攻克了日隆关，迎接大部队到日隆关下会师。当时大部队中很长时间听不到大人军中的消息，大臣们已经弹劾大人避敌观望，但是大人却运用奇谋获得大胜，这才得以免除死罪，降为士兵。大人带领五百士兵据守资利寨，参赞额驸王色和大人议论军事，非常欣赏他，又请求皇上赐予大人副将官衔。攻克了曾头沟后，提升为重庆营总兵。攻克卓克采后，皇上又赐给他孔雀花翎。攻克横梗山梁，抵达谷葛，再绕道坎竹沟，从小路进攻，烧掉一座大木城。从旁边攻打数十座碉寨，全都攻了下来。接连攻克了没药山和大版诏，又迎接大部队到布朗郭宗会师。当时南路军参赞阿桂大人也攻陷了美诺的贼窝，僧格桑从底木达贼窝逃到了大金川，大部队攻克了底木达。这场战斗，董大人时常担任军中前锋，而得胜沟、坎竹沟的胜利，以及大人冒着生命危险进入险地，来迎接大部队，功劳最大。

乾隆三十八年（公元 1773 年），乾隆皇帝听说大金川首领索木诺曾帮助小金川造反，因此命令温福公担任定边将军讨伐大金川。提升董大人担任四川提督，据守党霸。定边将军上奏朝廷，说底木达刚平定，那里是赋人巢穴，并且是诸军要塞，董大人是老将，应当让他去镇守，因此拨给董大人五百士兵镇守底木达。底木达位居贼兵冲要，形势十分危急，但是定边将军却又把这里的三百名士兵调赴大营，底木达后路一千二百名接应人马也撤掉了。正当这个时候，定边将军驻扎在木果木，军队接连获胜之后，将军没有把贼兵放在心里。七图葛拉尔思甲布等一千多人趁着军中放松了警惕，因此先后假装投降，将军打开军营大门接纳他们，让他们夹杂在干粗杂活的奴仆之中。七图安堵尔等人由此得以进入大营，教那些投降的人作内应，并且探听到底木达兵力微弱，没有后援，于是定下计谋：先攻打底木达，等道路打通之后，便夺取木果木的大营。六月初一这一天，贼兵头目从山后带着人众来侵犯，于是董大人遇害，享年六十二岁。董大人死后第九天，赋兵夺取了大营，定边将军温福也死了。

董大人相貌奇伟，长着一副漂亮的须髯。上阵打仗时常冲在士兵前面，跑到哪里都没有人能超过他。他有两匹哈萨克红骒马，极为雄壮。将军时常向他要这两匹马。董大人说："我上阵打仗，依靠这两匹马。金川贼人，必定会把他们扫荡平定。等到我亲手斩了这两个叛逆，再把他们的首级连同这两匹马一起献给将军。"唉！谁能料想到董大人的这种心愿竟然未能实现呢？后来乾隆皇帝命令阿桂大人担任定西将军，进攻贼兵都取得了胜利。僧格桑死了，获得了他的尸体；在葛拉依攻克了索诺木的贼窝，俘获了索诺木，将他押送到了京城，在那里设置了镇安营来镇守，结果和董大人的预先谋划完全一样。

当今皇帝即位以后，录用为国事牺牲的人的后代，赐予董大人家世代承袭骑尉之职。董大人正妻是吴夫人，继室是田夫人。有六个儿子：长子联珏，由内阁中书转任淮安府里河同知；次子联理，和董大人一起死于战事；三子联玺，是县学廪生；四子、五子联琛、联珩，早死；小儿子联瑄，是国子监生。有七个女儿，都已经嫁给了有名望的人家。董大人死后三十八年，阳湖人恽敬写了这篇碑文，刻在董大人坟墓的左侧。铭文如下：

上天赋予乾隆，收捕边境逆匪，四海归于一家。任命武将文臣，功过赏罚分明，畏惧不敢喧哗。大人起自疏远，立志捕捉恶徒，将之丢弃泥沙。将军骄兵力弱，贼兵窥知虚实，前来利用隙暇。生时被陷将死，死后被诬不生，谁曾感慨惊诧。乾隆极为英明，死者兴起遗孤，生者提高官衔。将士感恩戴德，皇武遍及之处，寥廓无边无涯。大人神灵出行，好似长江流水，其势不可挡他。两匹红马仍从，驰骋非常迅速，登上万里云霞。刻石坟墓左侧，大人点头称是，铭文没有浮夸。

舅氏清如先生墓志铭

先生讳环，字清如，一字梦旸，自号东里居士，而清如之字特著，士之能学者，皆称之曰清如先生。

先生少时喜兵家言，后出入于纵横家、法家，最喜道家雄雌白黑之说，推阴阳进退，人事盈歉，其绪余为步引、芝菌、神鬼、诞欺、怪迂之术，皆好之。为文章峭简精强，必己出。读书条解支擘，凿虚蹑空，旁抉曲导，必窥意理之所至。四十后为陆象山、王阳明二家之言，已又以为未尽，反之张子、邵子[①]之说，盖先生之学凡五变，而精力亦凋涸不足以赴所志矣。然好古求是，克治强勉，为之于天下不为之日，有笃老不变者。

先生教人，谆谆必数千言，反复之如刳心著地，示以必信，如旁翼后推，必引之康庄，坐之奥室，不计其人何如，亦时或不置一语，而意已可喻。先生接人，腐生、贾客、田翁，皆欲导之于善，而责贵人为甚。常言："为己一介不可苟，为天下计不可守苛节，无益于时。"时独身至海塘河工度地势，求圣祖、高宗之所讲明者，强聒之当事，一再见屏勿恤。湖北教匪初起，先生以为嘉勇贝子方以剿逆苗驻湖南，苗自守贼，不足虑，宜急撤兵至湖北，期一月扫除，勿使蔓溢。昏暮走大学士诚谋英勇文成公[②]及大学士忠襄伯之门，欲白事，门者拒之。最后至大学士诸城刘文清公[③]之门，得入，文清公谢不敏，遂怒而出。而城门已阖，不得已宿于护军校之逻舍，其拳拳于世如此。

年二十四补县学附生，二十七补廪膳生，五十一充岁贡生，五十七本省乡试中式，六十六大挑二等，留京师，恭与千叟宴。七十选甘泉县训导，嘉庆十一年十一月甲子卒于官，年七十七。

曾祖留耕府君讳垣，祖琢庵府君讳章，府学生，父宾石府君讳之罕，府学生，贻赠文林郎甘泉县训导。前母段孺人，母卜孺人，皆赠太孺人。配朱孺人。子二：长且

兴，顺天举人，以好奇远游，不知所往；次旦勋，国子监生。女一，适袁谷。孙良弼，国子监生，旦兴出。同产姊一，适卜师诚；妹一，敬母太孺人也。先生出荥阳郑氏，始迁祖光远，南唐保大中自歙来丞晋陵，遂世为武进人，南唐以前系绝无可考，其附会皆非也。铭曰：

南宋季叶，以儒居奇，贸公与卿。其下拥徒，钩带百千，或攘而争。有明变学，别推波流，背古式程。于于缝掖，为诡为迂，大道其盲。惟我圣清，束天下术，收之朝廷。士愿而循，应科历官，如水地行。先生大呼，排道学门，众睽且惊。如负千钧，夜登崇阿，枭④不得征。繄闻先子，先生之学，废人任己。任己之极，刻思而一，通天地始。废人之极，外无应者，卒隘于理。圣门狂狷，不逆所禀，行乃不违。呜呼先生，志勤言劳，知者其谁？

【注释】

①张子、邵子：即张载、邵雍。二人之学，以《易》为宗。②诚谋英勇文成公：即阿桂。③刘文清：即刘墉，字崇如，号石庵，善书多谋，名满天下，卒谥文清。④枭：柅，止车木。

【译文】

先生名环，表字清如，又字梦旸，自号东里居士。但是清如这个表字最为著名，擅长学习的读书人，都称他为清如先生。

先生年轻的时候喜爱兵家学说，后来广泛涉猎过纵横家、法家，最喜爱道家关于雄雌、白黑的学说，用这种学说推断阴阳进退、人事的兴旺与衰败，他的业余爱好是探讨关于步引、芝菌、神鬼、诞欺、怪迂的学问，对这些，先生都很喜爱。先生写文章精悍短小，一定要出于自己的才学。阅读书籍条分缕析，钻研书中的言外之意，从不同侧面挖掘，曲折周尽地引向深入，一定要探知文章义理所到之处。四十岁之后研究陆象山、王阳明二家的学说，不久又以为他们俩人的学说还不到家，回过头来研究张载、邵雍的学说。先生治学总共经过五次变化，精力枯竭，不足用来实现自己的志愿了。但是先生喜好古制，追求真理，勉励、约束自己，在天下人不做某事的时期他却去做，这些到他很老的时候都没有变。

先生训导别人，谆谆不倦，一定要说上好几千字的话，反复地说，就好似要把自己的心挖出来，表示自己是诚心的，好似从旁边保护，从后面推进，一定要把他们引向康庄大道，让他们坐在深深的内室，从不考虑那些人怎么样。有时不说一句话，但是意义却可以晓喻。先生待人接物，迂腐的儒生、做买卖的商人、种田的老头，都想把他们引导到好的方面上来，对显贵的人要求就更是严厉。先生时常说："为自己考虑是一丝一毫都不能马虎的；为天下考虑，却不可坚持苟且的节操，坚持苟且的节操，对于当时是没有好处的。"当时先生只身一人到了海塘治河工地视察地势，寻找康熙、乾隆已讲明的，对管事的人唠叨不休，不止一次地被管事的人斥退也不顾惜。湖北白莲教刚刚谋反的时候，先生以为嘉勇贝子正因围剿叛逆的苗人驻扎在湖南，苗人不过是据守的贼人，不值得忧虑，应该赶快把部队撤到湖北，务必在一个月内把白莲教徒消灭干净，不要让他们的势力得到蔓延。晚上先生跑到大学士、诚谋英勇文武公和大学士、忠襄伯的家门，想禀报事情，把门的人不让他进去。最后跑到大学士、诸城人刘文清大人的宅第，得以进入言事，刘文清大人借口自己没有能力而回绝了他的建议，因此先生愤怒地跑了出来。而这时城门已经关闭，没有办法，只好在护军校的巡逻哨所过了夜。先生对于社会是如此地忠心耿耿。

先生二十四岁补为县学的附学生员，二十七岁补为廪膳生员，五十一岁时补为岁贡生员，五十七岁时在本省乡试中考中举人，六十六岁时在每六年举行一次的"大挑"中被挑取列为二等，留在了京城，恭敬地参加了皇上举办的千叟宴，七十岁时选任甘泉县学训导，嘉庆十一年(公元1806年)十一月甲子日死在任所，终年七十七岁。

先生的曾祖父表字留耕，名垣；祖父表字琢庵，名章，是府学生员；父亲表字宾石，名之罘，也是府学生员，移赠文林郎甘泉县学训导。前母是段孺人，生母是卜孺人，都被追赠为太孺人。先生正妻是朱孺人。有两个儿子：长子名旦兴，是顺天府举人，由于他好奇远游，不清楚游到哪里去了；次子名旦勋，是国子监生员。有一个女儿，嫁给了袁谷。孙子名良弼，也是国子监生员，是旦兴的儿子。先生有一个同胞姐姐，嫁给了卜师诚；有一个妹妹，就是我的母亲太孺人。先生出自荥阳郑氏，最早迁家的祖先名光远，在南唐保大年间从歙县来任晋陵县丞，从此世代为武进人。南唐以前的家世绝对不可考证，那些穿凿附会的说法都不正确。铭文如下：

在那南宋末年，利用读书居奇，换来三公九卿。其下拥有门徒，钩带成百上千，时有排斥纷争。明朝改变学风，另外推波逐流，违逆古代法程。宽袖单衣儒生，追求怪诞迂腐，大路昏暗不明。到我大清盛世，总揽天下道术，将它收归朝廷。儒生淳朴守法，通过科举为官，如水地上运行。先生大声疾呼，排开道学之门，众人怒目而惊。如负千钧重担，夜间登攀高峰，受阻不得前行。先父告诉我说，先生学术主张，不用人而用己。用己达到极端，思虑深邃专一，达到天地初始。废人达到极端，外无应和之人，终当困窘于理。孔门激端之人，不违自身天赋，行为这才不悖。呜呼哀哉先生，心志话语勤劳，了解他的有谁？

龚定盦集

六经正名

龚自珍[①]曰：孔子之未生，天下有六经久矣。庄周《天运篇》曰："孔子曰：某以六经奸七十二君而不用。"《记》曰："孔子曰：入其国，其教可知也。"有《易》、《书》、《诗》、《礼》、《乐》、《春秋》之教。孔子所睹《易》、《书》、《诗》，后世知之矣；若夫孔子所见《礼》，即汉世出于淹中之五十六篇；孔子所谓《春秋》，周室所藏百二十国宝书是也，是故孔子曰："述而不作。"司马迁曰："天下言六艺[②]者，折衷于孔子。"六经六艺之名，由来久远，不可以臆增益。

善夫，汉刘歆之为《七略》[③]也！班固仍之，造《艺文志》，序六艺为九种，有经、有传、有记、有群书，传则附于经，记则附于经，群书颇关经则附于经。何谓传？《书》之有大小夏侯、欧阳传也；《诗》之有齐、鲁、韩、毛传也，《春秋》之有公羊、谷梁、左氏、邹、夹氏亦传也。何谓记？大小戴氏所录凡百三十有一篇是也。何谓群书？《易》之有《淮南·道训》、《古五子》十八篇，群书之关《易》者也；《书》之有《周书》七十一篇，群书之关《书》者也；《春秋》之有《楚汉春秋》、《太史公书》，群书之关《春秋》者也；然则《礼》之有《周官》、《司马法》，群书之颇关《礼经》者也。

汉二百祀，自六艺而传记，而群书，而诸子毕出，既大备，微夫刘子政[④]氏之目录，吾其如长夜乎！何居乎后世有"七经""九经""十经""十二经""十三经""十四经"之喋喋[⑤]也！或以传为经，《公羊》为一经，《谷梁》为一经，《左氏》为一经，审如是，则韩亦一经，齐亦一经，鲁亦一经，毛亦一经，可乎？欧阳一经，两夏侯各一经，可乎？《易》三家，《礼》分庆、戴，《春秋》又有邹、夹，汉世总古今文，为经当十有八，何止十三？如其可也，则后世名一家说经之言甚众，经当以百数。或以记为经，大小戴二记毕称经。夫大小戴二记，古时篇篇单行，然则《礼经》外，当有百三十一经。或以群书为经，《周官》晚出，刘歆[⑥]始立，刘向、班固灼知其出于晚周先秦之士之掇拾旧章所为，附之于《礼》，等之于《明堂》、《阴阳》而已，后世称为经，是为述刘歆，非述孔氏。善夫刘子政氏之序六艺为九种也。有苦心焉，斟酌曲尽善焉。

序六艺矣，七十子以来，尊《论语》而谭《孝经》，小学者，又经之户枢也。不敢以《论语》夷于记夷于群书也，不以《孝经》还之记还之群书也，又非传，于是以三种为经之贰。虽为经之贰，而仍不敢悍然加以经之名，向与固可谓博学明辨慎思之君子者哉！《诗》云："自古在昔，先民有作。"向与固岂非则古昔崇退让之君子哉！后世又以《论语》、《孝经》为经，假使《论语》、《孝经》可名经，则向早名之，且曰序八经，不曰序六艺矣。仲尼未生，先有六经，仲尼既生，自明不作，仲尼曷尝率弟子使笔其言以自制一经哉？乱圣人之例，淆圣人之名实，以为尊圣，怪哉！非所闻！非所闻！然且以为未快意，于是乎又以子为经。汉有传记博士，无诸子博士，且夫子也者，其术或醇或疵，其名反高于传记。传记也者，弟子传其师记其师之言也；诸子也者，一师之自言也。传记，犹天子畿内卿大夫也；诸子，犹公侯各君其国，各子其民，不专事天子者也。今出《孟子》于诸子，而夷之于二戴所记之间，名为尊之，反卑之矣。子舆氏之灵，其弗享是矣。

问：子政以《论语》、《孝经》为经之贰，《论语》、《孝经》则若是班乎？答：否，否！《孝经》者，曾子以后支流苗裔之书，平易泛滥，无大疵，无宏意眇指，如置之二戴所录中，与《坊记》、《缁衣》、《孔子闲居》、《曾子天圆》比，非《中庸》、《祭义》、《礼运》之伦也。本朝立博士，向与固因本朝所尊而尊之，非向、固尊之也。然则刘向、班固之序六艺为九种也，北斗可移，南山可隳，此弗可动矣。

后世以传为经，以记为经，以群书为经，以子为经，犹以为未快意，则以经之舆儓为经，《尔雅》是也。《尔雅》者，释《诗》、《书》之书，所释又《诗》、《书》之肤末，乃使之与《诗》、《书》抗，是尸祝舆儓之鬼，配食昊天上帝也！

【注释】

①龚自珍：清浙江仁和人，号定盦，道光进士，学问淹贯，才气惊人，其文沉博奥衍，自成一家。②六艺：六经又叫六艺。汉刘歆总群书而奏《七略》，有《六艺略》。③《七略》：一、《集略》，二、《六艺略》，三、《诸子略》，四、《诗赋略》，五、《兵书略》，六、《术数略》，七、《方技略》。④刘子政：字刘向。楚元王四世孙。能属文，精经术，著有《洪范五行传》、《列女传》、《新序》、《说苑》等。⑤喋喋：多言之状。⑥刘歆：汉宗室，字子骏，与父向同校秘书，集六艺群书，别为《七略》。经籍目录学自歆始。

【译文】

龚自珍认为：在孔子还没有出生的时候，天下早已有六经了，庄周《天运篇》说："孔子说：我用六经向七十二个国君游说，却没有人采纳。"《礼记》说："孔子说：进入他的国家，他实行的教育就可以知道了。"《礼记》引用孔子的话中提到的有关于《易》、《书》、《诗》、《礼》、《乐》、《春秋》的教育。孔子所见到的《易》、《书》、《诗》后世的人们知道它们了；至于孔子所见到的《礼》，就是汉代在淹中里发现的五十六篇；孔子所说的《春秋》，就是周王室所收藏的一百二十个国家的史书，所以孔子说："传述成说却不加创作。"司马迁说："天下谈论六艺的，取正于孔子。"六经、六艺的名称，由来已久，不能凭着主观臆测来增加。

汉代刘歆写《七略》，真是太妙了啊！班固因袭《七略》体例，作了《艺文志》，把六艺编次为九种，有经、有传、有记、有群书，传附在经后，记也附于经后，群书略与经有关的还是附在经后。什么是传？《书》有大小夏侯、欧阳传，《诗》有齐、鲁、韩、毛传；《春秋》有公羊、谷梁、左氏以及邹氏、夹氏传，这些都是传。什么是记？大、小戴氏所辑录的一共一百三十一篇就是记。什么是群书？《易》有《淮南·道训》、《古五子》十八篇，这是群书和《易》有关的；《书》有《周书》七十一篇，这是群书和《书》有关的；《春秋》有《楚汉春秋》、《太史公书》，这是群书和《春秋》有关的，既然这样，那么《礼》有《周官》、《司马法》，这便是群书略与《礼经》有关的。

在西汉二百年的时间里，从六艺到传记，到群书，到诸子的全部出现，各种书籍已非常完备，假如没有刘子政的目录，那么我就好像在茫茫黑夜中行走，摸不清方向！为什么后代存在"七经"、"九经"、"十经"、"十二经"、"十三经"、"十四经"这些喋喋不休的说法呢？有的人把传当作经书。《公羊》作为一种经书，《谷梁》作为一种经书，《左氏》又作为一种经书。果真这样，那么《诗经》的韩传也是一种经书，齐传也是一种经书，鲁传也是一种经书，毛传也

是一种经书，行吗？《尚书》的欧阳传是一种经书，大、小夏侯的传也各是一种经书，行吗？《易经》分为三家，《礼经》分为庆、戴两家，《春秋经》又有邹氏、夹氏之分，汉代将古文、今文合在一起，称为经书的应当有十八种，何止十三种？假如可以把传称作经书，那么后代称得上一家解说经书的著述有很多，经书当成百成百地计算。有的把记当作经书，大戴礼记、小戴礼记都称作经书。大戴礼记、小戴礼记，古代是一篇一篇的单独流行，假如这样，那么《礼记》之外，应当还有一百三十一种经书。有的将群书当作经书，《周官》很晚出现，刘歆才开始把它列为经书，刘向、班固明知它出自晚周、先秦的儒士之手，是他们拾取旧文而写成的，只是把它附在《礼记》之后，跟《明堂》、《阴阳》等同视之罢了。后人把它称为经书，这是祖述刘歆，不是祖述孔子。刘子政把六艺编次为九种真是太好了啊！在这其中有他一番苦心，编次没有什么不妥之处。

刘子政编次好六艺了，自孔门七十弟子以后，推崇《论语》而谈及《孝经》，文字训诂之学，又是经书的门户。不敢把《论语》跟记平列，与群书平列，不把《孝经》归到记、归到群书当中去，《论语》、《孝经》和文字训诂之学又不是传，因此把这三种作为经书的附贰。尽管把它们视为经书的附贰，但是依然不敢贸然把经书的名称加到它们头上，刘向和班固可以称得上是学识广博、分辨明察、思考谨慎的君子啊！《诗经》说："在古代在先前，古代的贤者都有所作为。"刘向和班固难道不是效法古人崇尚谦虚的君子吗？后代的人又把《论语》、《孝经》看作经书，如果《论语》、《孝经》可以称作经书，那么刘向早就把它们称为经书了，就要说编次八经，而不说编次六经了。仲尼还没有出生，已先有了六经；仲尼出生之后，自己明说不作，仲尼何曾率领着弟子们让他们把自己的言行记录下来而自成一种经书呢？乱了圣人的体例，混了圣人的名实，以为这是尊重圣人，真是奇怪啊！不是我所听说的！不是我所听说的！但是这些人认为还不痛快，于是又把诸子当作经书。汉代有传记博士，没有诸子博士。再说那些称作子书的，它们的学术有的精纯不杂，有的充满瑕疵，它们的声名反倒超过了传记。传记，是弟子传述他们老师的言论、记载他们老师的言论的；而诸子，只是一位老师自己的言论。传记，就像是天子所辖范围内的卿大夫；诸子，就像诸侯各自作各国的国君，各自统治各国的百姓，不是专心侍奉天子的。现在把《孟子》从诸子当中拿出，却把它平列在大戴、小戴所写的礼记中间，名义上是尊重它，反而是使它卑贱了，孟轲的神灵，恐怕是不享用这种名号的。

问道：刘子政把《论语》、《孝经》视为经书的附贰，《论语》、《孝经》就像这样齐等吗？答道：不是，不是！《孝经》是曾子以后的支派后代写的书。这本书广大平易，没有大毛病，也没有宏伟的意理、精妙的意趣，假如把它放在大戴、小戴的礼记之中，和《坊记》、《缁衣》、《孔子闲居》、《曾子天圆》相类似，不是《中庸》、《祭义》、《礼运》一类的。汉朝设置《孝经》博士，刘向和班固由于本朝尊重它而尊重它，不是刘向、班固尊重它。假如是这样，那么刘向、班固编次六艺为九种，北斗可以移动，南山可以毁坏，这种编次却是不能改动的。

后代将传当作经，把记当作经，把群书当作经，把诸子当作经，还认为不痛快，因此就把经书的臣仆当作经，《尔雅》就属于这一类情况。《尔雅》是解释《诗经》、《尚书》的书，解释的又是《诗经》、《尚书》的表层末节，却让它与《诗经》、《尚书》抗衡，这种做法无异于崇敬臣仆一类的鬼，让他们配享皇天玉帝！

葛伯仇饷解

问曰：《逸书》曰："葛伯仇饷。"孟子说之曰："汤居亳，与葛为邻，葛伯放而不

祀，汤使人问之，曰：'无以供粢盛也。'汤使亳众往，为之耕，老弱馈食。葛伯率其民，要其有酒食黍稻者夺之，不授者杀之。有童子饷，杀而夺之。"葛虽贫，葛伯一国之君，安得有杀人夺酒肉事？

答曰：王者取天下，虽曰无与之，人归之，要必有阴谋焉。汤居亳，与葛为邻，葛伯不祀，汤教之祀，遗以粢盛可矣。乃使亳众往，为之耕。春耕，夏耘，秋收，乃圯乃米而藏之廪，而后可以祀。其于来岁之祀则豫矣，其于岁事则已缓。亳众者何？窥国者也，策为内应者也。老弱馈者何？往来为间谍①者也。葛虽贫，土可兼，葛伯放而柔，强邻圣敌，旦夕虎视②，发众千百入其境，屯于其野，能无惧乎？惧而未肯以葛降，率其民而御之，又不足以御，乃姑杀其间谍者。夫黍稻之箪橐，往来两境，阴谋之所橐也，其民乃发而献之伯。仇者何？众词，大之之词；杀者何？专词。杀一人不得言仇，仇不得言杀。史臣曰："葛伯仇饷。"得事实矣。又曰："汤一征，自葛载。"夫葛何罪？罪在近。后世之阴谋，有远交而近攻者，亦祖汤而已矣。

【注释】

①间谍：伺敌间隙以反报其主曰间谍。②虎视：《易》："虎视眈眈，其欲逐逐。"意指如虎之雄视，有贪残之意。

【译文】

问道：《逸书》说："葛伯仇饷。"孟子解释这句话说："汤居住在亳地，与葛国是邻国，葛国的国君很是放肆，不祭祀鬼神，汤派人去责备他，他说：'我没有黍稷作祭品。'汤让亳地的百姓前去葛国，替他们种田，让年老体衰的人前去给种田的人送饭。葛伯率领着他的百姓，拦截住那些带着酒饭、带着黍稻的人，夺取那些人所带的东西，不肯交出来的便杀掉。有一个小孩去送饭，葛伯杀了这个小孩，抢走了他带的酒食。"葛国尽管贫穷，葛伯作为一国之君，怎么会有杀人夺酒肉这样的事？

答道：帝王获得天下，尽管说是上天给予他，人民归依他，但总而言之其中必定有秘密的计谋。汤居住在亳地，与葛国为邻居，葛伯不祭祀鬼神，汤教他祭祀，送给他黍稷等祭品就行了。汤却派亳地的百姓前往葛国，为他们种田。春天耕种，夏天耘锄，秋天收获，将庄稼收拢起来，把它们打成米然后把米储藏到粮仓，然后才能用它们去祭祀。这对于明年的祭祀是提前做好了准备，但对于今年的祭祀却已是太迟了。亳地去葛国的百姓是什么人？是窥探葛国的人，是准备做内应的人。去葛国的年老体衰的人是什么人？是来往于葛国、亳地之间的间谍。葛国尽管贫穷，土地却可以兼并。葛伯放肆但很柔弱，圣明的敌人、强大的邻居，早晚虎视眈眈，派遣成千数百的百姓进入他的国境，驻扎在他的田野，葛伯能不害怕吗？尽管害怕，却不肯率领葛国向汤投降，因此率领他的百姓来抵抗汤派到葛国的人，自己的百姓又不够用来抵抗敌人，因此姑且杀掉了那些汤派到葛国的间谍。那些盛黍子、稻子的竹笼、口袋，来往于两国边境，里边装的是秘密的计谋，葛国的百姓发现后把它们献给了葛伯。仇是什么意思？它是表示人多的词，是把这件事看得重大的词；杀是什么意思？它是表示专一的词。杀死一个人不能用仇字，仇不能用杀字。写史的人说："葛伯仇饷。"掌握事情的真实情况了。《逸书》又说："汤一征，自葛载。"葛国有什么罪过？它的罪过在于距离亳地近。后世秘密谋划当中，有"远

交近攻”这一计谋，这只不过是仿效汤而已。

论 私

朝大夫有受朋友之请谒，翌晨讦其友于朝获直声者，矜其同官曰：“某可谓大公无私也已。”龚子闻之，退而与龚子之徒纵论私义，问曰：“敢问私者何所始也？”告之曰：“天有闰月，以处赢缩之度，气盈朔虚，夏有凉风，冬有燠日，天有私也；地有畸零华离，为附庸闲田，地有私也；日月不照人床闼之内，日月有私也。圣帝哲后，明诏大号，劬劳于在原，咨嗟于在庙，史臣书之，究其所为之实，亦不过曰庇我子孙，保我国家而已。何以不爱他人之国家而爱其国家？何以不庇他人之子孙而庇其子孙？且夫忠臣忧悲，孝子涕泪，寡妻守雌，捍门户，保家世，圣哲之所哀，古今之所懿，史册之所纪，诗歌之所作。忠臣何以不忠他人之君而忠其君？孝子何以不孝他人之亲而孝其亲？寡妻贞妇何以不公此身于都市，乃私自贞私自葆也？

“且夫子哙[①]，天下之至公也，以八百年之燕欲予子之；汉哀帝[②]，天下之至公也，高皇帝之艰难，二百祀之增功累胙，帝不爱之，欲以予董贤。由斯以谭，此二主者，其视文、武、成、康、周公，岂不圣哉？由是以谭，孟子车氏，其言天下之私言也，乃曰人人亲其亲，长其长，而天下平。

“且夫墨翟[③]，天下之至公无私也，兼爱无差等，孟子以为无父。杨朱[④]，天下之至公无私也，拔一毛利天下不为，岂复有干以私者？岂复舍我而徇人之谒者？孟子以为无君。且今之大公无私者，有杨、墨之贤耶？杨不为墨，墨不为杨，乃今以墨之理，济杨之行，乃宗子哙，肖汉哀，乃议武王、周公，斥孟轲，乃别辟一天地日月以自处。

“且夫狸交禽媾，不避人于白昼，无私也；若人则必有闺闼之蔽，房帷之设，枕席之匿，赪頩之拒矣。禽之相交，径直何私？孰疏孰亲，一视无差。尚不知父子，何有朋友？若人则必有孰薄孰厚之气谊，因有过从宴游、相援相引、款曲燕私之事矣。今曰大公无私，则人耶？则禽耶？

“《七月》之诗人曰：‘言私其豵，献豜于公。’先私而后公也。《大田》之诗人曰：‘雨我公田，遂及我私。’《楚茨》之诗人曰：‘备言燕私。’先公而后私也。《采蘩》之诗人曰：‘被之僮僮，夙夜在公；被之祁祁，薄言还归。’公私并举之也。《羔羊》之诗人曰：‘羔羊之皮，素丝五纶；退食自公，委蛇委蛇。’公私互举之也。《论语》记孔子之私觌，乃如吾大夫言，则鲁论以私觌诬孔氏；乃如吾大夫言，《羔羊》之大夫可以诛，《采蘩》之夫人可以废，《大田》、《楚茨》之诗人可以流，《七月》之诗人可以服上刑。”

【注释】

①子哙：燕王名，让国于其相子之，国内大乱，将军市被与太子平谋攻子之，齐宣王使人诱之，杀王哙，几乎攻下了整个燕国。②汉哀帝：成帝之子，名欣，在位六七年，以董贤为大司马卫将军。③墨翟：即墨子，战国时人。《孟子》：“墨子兼爱。”④杨朱：战国时人。《孟子》：“杨子取为我，拔一毛而利天下，

不为也。”

【译文】

朝中一位大夫接受了朋友走后门的要求，第二天早晨便向朝廷揭发了他这个朋友，所以获得了正直的名声，因此向他的同僚夸耀说：“我可以称得上大公无私了。”龚自珍听到这件事，回到家中同自己的弟子广泛地讨论私的含义。弟子问道：“请问私是从哪里开始有的？”龚自珍告诉他们说：“天存在闰月，用来处理有余和不足之度，空气充盈北方却空虚，夏季有凉风，冬季有暖日，天有私；地存在多余的边角，也有犬牙交错的边界，这是附属于整片规则土地的闲田，地有私；太阳和月亮不照射人的寝室之内，太阳和月亮也有私。圣贤的帝王、明哲的君主，明确命令，大力倡导，在原野辛劳，在庙堂感叹，史官把这些记载下来，探究他们这样做的目的，也不过说庇护我的子孙，保卫我的国家而已。为什么不爱别人的国家却爱自己的国家？为什么不荫庇别人的子孙却荫庇自己的子孙？再说忠臣悲伤忧愁，孝子流泪痛哭，寡妇守节不嫁，捍卫门户，保持家世清白。这些人是圣哲哀悼的，古今称美的，史书记载的，诗歌写作的。忠臣为什么不忠于别人的国君却忠于自己的国君？孝子为什么不孝敬别人的父母却孝敬自己的父母？守寡的妻子、贞节的妇女，为什么不在都市让人们共同占有她们的身体，却私自坚守节操，私自保全名声呢？

“再说那子哙，是天下最公的人，将八百年的燕国想送给子之；汉哀帝，也是天下最公的人，高皇帝创业的困苦艰辛，二百年的功业积累，哀帝不爱惜它，想把它送给董贤。以此而言，这两个国君，比起周文王、周武王、周成王、周康王和周公来，难道不是更贤明吗？以此而言，孟子他谈到天下之私的言论，却说每个人都孝顺自己的父母，尊敬自己的官长，然后天下太平。

“再说那墨翟，是天下至公无私的人，主张不分等级地爱所有的人，孟子却认为他眼里没有父亲。杨朱，也是天下至公无私的人，主张拔出一根毫毛有利于天下却不作，果真这样，难道会再有为了个人的利益去向他请求的吗？难道会再有牺牲自己来献身于别人的请求的吗？孟子却以为他眼中无君。何况现在的大公无私的人，有杨朱、墨翟那样的贤明吗？杨朱不为墨翟，墨翟不为杨朱。现今却用墨翟的道理，成全杨朱的行为；却宗法子哙，仿效汉哀帝；却非议周武王、周公，诋毁孟轲，却另想开辟一个天地日月来使自己居于其中。

“再说禽兽交配，在白天不躲避人，这是无私；至于人的性交，却一定要有寝室的遮掩，帐幕的设置，枕席的藏匿，害羞的抗拒了。禽兽交配，直截了当，有什么私？哪一个疏远，哪一个亲近，同等看待没有区别。连父子也不知道，哪里会有朋友？至于人却一定有哪一个交情薄，哪一个交情厚的义气，因此出现了相互往来，交游宴饮，互相提拔，互相推举，殷勤应酬，宴请同姓一类的事情。现在他说自己大公无私，那他是人呢？还是禽兽呢？

“《七月》这首诗的作者说：‘我私自占有小兽，将大兽献给公家。’这是先私而后公。《大田》这首诗的作者说：‘雨水降落到我们的公田，因此也降落到我的私田。’《楚茨》这首诗的作者说‘祭祀完毕同姓的人都留下，跟他们宴饮来尽亲亲之私谊。’这是先公而后私。《采蘩》这首诗的作者说：‘头上的装饰高高耸立，从早到晚做公事；头上的装饰缓缓摇动，我回到我的家中。’这是公私并举。《羔羊》这首诗的作者说：‘羔羊的皮，用五纶素丝来缝制；从公家回来吃饭，心中悠然自得。’这是公私互举。《论语》记载孔子以私人身份见国君，假如依朝中大夫所言，那么就是鲁论用私觌来诬蔑孔子；假如依朝中大夫所言，那么《羔羊》中的那个大

夫可以杀掉，《采蘩》中的那个夫人可以废黜，《大田》、《楚茨》的作者可以放逐，《七月》的作者可以用重刑。”

阐告子

龚氏之言性也，则宗无善无不善而已矣。善恶皆后起者。夫无善也，则可为桀矣；无不善也，则可以为尧矣。知尧之本不异桀，郇卿[①]氏之言起矣；知桀之本不异尧，孟氏之辩兴矣。为尧矣性不加菀，为桀矣性不加枯；为尧矣性之桀不亡走，为桀矣性之尧不亡走；不加菀不加枯，亦不亡以走。是故尧与桀互为主客，互相伏也，而莫相偏绝。

古圣帝明王，立五礼[②]，制五刑[③]，敝敝然欲民之背不善而向善。攻劘彼为不善者耳，曾不能攻劘性；崇为善者耳，曾不能崇性；治人耳，曾不治人之性；有功于教耳，无功于性；进退卑亢百家万邦之丑美，曾不能进退卑亢性。

告子曰：“性无善无不善也。”又曰：“性，杞柳也；仁义，杯棬[④]也。以性为仁义，以杞柳为杯棬。”阐之曰：浸假而以杞柳为门户藩梅[⑤]，浸假而以杞柳为桎拲梏[⑥]，浸假而以杞柳为虎子[⑦]威俞，杞柳何知焉？又阐之曰：以杞柳为杯棬，无救于其虎子威俞，以杞柳为威俞，无伤乎其为杯棬，杞柳又何知焉？是故性不可以名，可以勉强名；不可似，可以形容似也。扬雄不能引而伸之，乃勉强名之曰“善恶混”。雄也窃言，未湮其原；盗言者雄，未离其宗；告子知性，发端未竟。

【注释】

①郇卿：即荀子，名况，春秋大儒，他的学说以孔子为标准，但以为人心皆恶，不以礼义正之，则不能为善，与孟子颇异。②五礼：谓吉礼、嘉礼、宾礼、军礼、凶礼。③五刑：一曰野刑，二曰军刑，三曰乡刑，四曰官刑，五曰国刑。语出《周礼》。④杯棬：木制饮器。⑤藩：藩篱。⑥桎拲梏：刑具。⑦虎子：溲溺之器。《西京杂记》：“汉朝以玉为虎子，以为便器，使侍中执之，行幸以从之。”

【译文】

龚自珍谈起人的本性，就是宗主没有善也没有不善罢了。善和恶都是后来产生的。正由于人的本性没有善，因此每个人都可以成为夏桀；没有不善，所以每个人都有可以成为帝尧。懂得帝尧的本性本来和夏桀没有什么不同，荀卿的观点产生了；知道夏桀的本性本来和帝尧没有什么两样，孟子的辩论兴盛了。每个人都成为帝尧，本性不更加荣耀；每个人都成为夏桀，本性不更加羞耻；成为帝尧了，把桀的本性加给他们，他们不回避；成为夏桀了，把帝尧的本性加给他们，他们也不回避；不更加荣耀，不更加耻辱，又不回避，因此帝尧和夏桀相互为主客，相互降服，但不能相互偏废。

古代贤明的帝王，设置五礼，制定五刑，忙忙碌碌地想让百姓放弃不善而趋于善。这只能抨击那些为不善的人，却不能抨击人的本性；只能推崇为善的人，却不能推崇人的本性；只能治人，却不能治人的本性；只对教化有功，对于人的本性却没有功；只能使万国百家的丑美高低进退，却不能让人的本性高低进退。

告子说："人的本性没有善没有不善。"又说："人的本性好似杞柳树，仁义好比是杯盘。把人的本性看作是仁义，就好比把杞柳树看作是杯盘。"我阐述告子的话说：如果把杞柳作成门户篱笆，把杞柳作成刑具，如果把杞柳作成杯盘，杞柳又怎么知道？又阐述告子的话说：把杞柳作成便器，对于它作为便器也没有补救；把杞柳作成便器，对于它作为杯盘也没有危害，杞柳又怎么明白？因此性不能够称说，可以勉强称说；不可以比拟，能够用形容来比拟。扬雄不能申述它，因此勉强把它称作"善恶混"。扬雄盗取言，尚未塞性源；盗言是扬雄，尚未离性宗；告子知人性，创始尚未终。

说居庸关

居庸关[①]者，古之谭守者之言也。龚子曰：疑若可守然。何以疑若可守然？曰：出昌平州，山东西远相望，俄然而相辏相赴，以至相蹙，居庸置其间，如因两山以为之门，故曰疑若可守然。

关凡四重，南口者，下关也，为之城，城南门至北门一里；出北门十五里，曰中关，又为之城，城南门至北门一里；出北门又十五里，曰上关，又为之城，城南门至北门一里；出北门又十五里，曰八达岭，又为之城，城南门至北门一里。盖自南口之南门，至于八达岭之北门，凡四十八里。关之首尾具制如是，故曰疑若可守然。下关最下，中关高倍之。八达岭之俯南口也，如窥井形然，故曰疑若可守然。

自入南口，城濆有天竺字、蒙古字。上关之北门，大书曰："居庸关，景泰[②]二年修。"八达岭之北门，大书曰："北门锁钥，景泰三年建。"

自入南口，流水啮吾马蹄，涉之玽然鸣，弄之则忽涌忽涨而尽态，迹之则至乎八达岭而穷。八达岭者，古隰余水之源也。自入南口，木多文杏、苹婆、棠梨，皆怒华。

自入南口，或容十骑，或容两骑，或容一骑。蒙古自北来，鞭橐驼，与余摩背行，时时橐驼冲余骑颠，余亦挝蒙古帽，堕于橐驼前，蒙古大笑。余乃私叹曰：若蒙古，古者建置居庸关之所以然，非以若耶？余江左士也，使余生赵宋世，目尚不得睹燕赵，安得与反毳者[③]挝相戏乎万山间？生我圣清中外一家之世，岂不傲古人哉！蒙古来者，是岁克西克腾、苏尼特，皆入京诣理藩院交马云。

自入南口，多雾，若小雨。过中关，见税亭焉。问其吏曰："今法网宽大，税有漏乎？"曰："大筐小筐，大偷橐驼小偷羊。"余叹曰：信若是，是有间道矣。自入南口，四山之陂陀之隙，有护边墙数十处，问之民，皆言是明时修。微税吏言，吾固知有间道，出没于此护边墙之间。承平之世，漏税而已，设生昔之世，与凡守关以为险之世，而不大骇北兵自天而降者哉！

降自八达岭，地遂平，又五里，曰岔道。

【注释】

①居庸关：位于今北京昌平县西北部。②景泰：明代宗年号。③反毳者：穿反毛皮衣的人，此指蒙古人。

【译文】

居庸关，是古代谈论守备的人所说的。龚自珍说：我推测它好像是可以据守的。根据什么推测它好像是可以据守的呢？回答说：走出昌平州，东山和西山远远相望，忽然两山互相凑集，相互趋往，以至相互迫近，居庸关处在两山之间，就像凭借着两山来为居庸关建造关门，因此我说推测它像是可以据守的。

居庸关一共有四层。南口，是下关，为它修筑了城墙，城墙的南门到北门相距一里；走出北门十五里，是中关，又为它修筑了城墙，城墙的南门到北门相距一里；从北门出发又行十五里，是上关，又为它修筑了城墙，城墙的南门到北门相距一里；从北门出发再走十五里，是八达岭，又为它修筑了城墙，城墙的南门到北门相距也是一里。大约从南口关的南门到八达岭的北门，总共有四十八里。居庸关的首尾形制如上，因此我说猜测它像是可以据守的。下关地势最低，中关的高度超过了它一倍。从八达岭俯视南口，就好似窥视井的形状的样子，所以我猜测它像是可以据守的。

自南口进入居庸关，城墙上有天竺字，蒙古字。上关的北门上，大字写着“居庸关，景泰二年修。”八达岭的北门，大字写着：“北门锁钥，景泰三年建。”

从南口进入居庸关，流水吞噬着我乘坐的马的蹄子，淌着流水，它发出玉石撞击的声音，玩弄流水，那么它就一会儿涌上来一会又沉下去，充分展现出各种情态，沿着流水行走，到达八达岭，流水便到了头。八达岭，是古代隰余河的发源地。从南口进入居庸关，关内的树大都是文杏、苹婆、常梨，各种树都盛开花朵。

从南口进入居庸关，有的路容得下十匹并排的坐骑，有的路容得下两匹并排的坐骑，有的路仅仅容得下一匹坐骑。蒙古人从北边走来，鞭打着骆驼，和我擦着背行走，骆驼时时冲撞我的坐骑，我也敲打蒙古人的帽子，把它打落在骆驼面前，蒙古人大笑。于是我暗中感叹道：“你这个蒙古人，古代建造、设置居庸关的原因，不就是由于你们蒙古人吗？我是江东地区的人士，如果我出生在宋代，眼睛尚且不能看到燕赵，怎么能跟穿着翻毛皮衣的蒙古人在群山之中互相打闹呢？生在大清中外一家的时代，怎么能不笑傲古人呢！从蒙古来的人，这一年是叫克西克腾、苏尼特的两个人，他俩都是进入京城到理藩院送交马匹的。

从南口进入居庸关，雾很浓，像下小雨。经过中关，在那里看到一座税务亭子。我问税务亭的官吏说：“现在法网宽大，税有漏过的吗？”那个官吏回答说：“大筐小筐，大偷骆驼小偷羊。”我感慨道：假如真像这个人所说，那么这里会有小路了。从南口进入居庸关，四面山峰倾斜的空隙处，建有几十处护边墙，向百姓打听这些护边墙，他们都说这是明朝时候修建的。就是没有听到那个税务官的话，我本来也清楚有小路出没在这些护边墙中间。太平盛世，只是漏税而已，如果生在古代，以及凡是凭着据守关口来作为要塞的时代，能不大惊北面的敌军从天而降吗？

从八达岭下来，地便平坦了，再走五里，就是岔道。

皇朝硕辅颂二十一首序

我朝龙飞东海，霆耆中夏，庙谟睿武，先后继承。自尼堪外兰[①]始征以还，萨浒[②]、松山[③]凡数大战，未及百年，传檄区宇。定鼎以后，又百七十年，祖恢九有之勋，宗纪十全之绩，声灵则雷厉风飞，景运则天翊神赞。其中荡定三藩，亲征漠北，冉駹睢盱之国，台湾浩汗之乡，西戎二万里，部落数百支，乃洪荒所未通，洎累朝而大定。自帝鸿御火灾、共工定水害以来，武功之盛，未有少及本朝者也。

自古平地成天之主，必有文经武纬之臣，指顾中外，驱画山河，捧日月之光华，策风云而后先。天祐圣清，笃生硕辅④，朝夕降乎崧岳，日月下其列星；佐命定中原，建策扬大伐；倚剑昆仑之山，饮马星宿之海。八地九天之奇兵，秘乎豹略；五行十守之正道，挞此龙庭。亦有保奭扬末命，公高亮四世，无开疆之绩，有论道之忠。凡若此者，岂仅营平、龙额，增彻侯之户；横海、楼船，建将军之号；兰台濡笔，颂封阗颜之山；博士矢歌，美平淮西之绩而已矣？实乃考于诗书，无此伟者；读其姓氏，恍若神人。

惧山泽之癯，有不尽知，用敢仰衷国史，作赞二十有一。若夫璇牒亲藩，瑶图上爵，同姓大功，逾朱虚、东牟之至亲；文子武弟，有周公、康叔之明德，此其地位尊崇，祀典不名，国史乃敢敬书，下士不容僭颂也。又有亡殷事周，相韩归汉；虽亦从旗鼓，著勋勣，恭禀特笔，列于贰臣，兹亦不及之云尔。

【注释】

①尼堪外兰：满洲小国名，为清太祖所灭。②萨浒：满洲地名，明万历时，辽东经略杨镐以二十余万众分四路攻清兵，大败，这次战役称作萨浒之役。清自此以后有轻明之心。③松山：地名，位于今辽宁锦州南部。明末洪承畴守此，为清兵所围，城破被擒。④硕辅：贤良之辅弼。韩愈诗："天锡黄帝，厖臣硕辅。"

【译文】

我们大清王朝的皇帝兴起于东海，惊惧震动了整个华夏。朝廷对国事的谋略威武英明，前后继承。自从开始征讨尼堪外兰以来，经历了萨浒、松山等好多次大的战役，不到一百年的时间，四方疆域传檄而定。大清王朝建立以后，又经过了一百七十年的时间，太祖有扩大九州的功勋，太宗有治理尽美尽善的功绩。声势威灵，如同狂风那样迅速、惊雷那样威严；国运亨通，如同苍天辅佐、神灵赞助。在这一百七十年间，平定了三边，皇帝御驾亲征沙漠以北地区，像冉駹这样狂妄的国家，台湾那样辽远的地区，西部少数民族纵横两万里，部落有数百支，乃至自古以来人迹罕至的地区，经过历朝之后平定。自从帝鸿抵御火灾，共工平定水害以来，武功的盛大，没有稍微能比得上本朝的。

自古以来平定疆土成就天意的君主，必定会有文治和武功的大臣，指挥中外，策划山河，拥戴日月的光辉，驾御风云，追随君主前后。皇天保祐大清，得天独厚的贤良辅佐之臣，时时从崧岳降生，日月把它的众星派下了人间；这些大臣辅佐君主平定中原，献策出谋掀起大规模的征伐；抽剑昆仑山，饮马星宿海。指挥四面八方的奇兵，比豹略兵术更奇妙；遵守五种行为十大要求的确当准则，鞭挞龙城。也有保奭弘扬帝王的遗命，公高亮四世，尽管没有开拓封疆的业绩，但是却有议论道术的忠心。所有像上面所说的贤臣，岂止是用营平、龙额增加列侯的封邑；用横海、楼船设置将军的称号；兰台令史班固用笔蘸墨，称颂封阗颜山之功；博士进献诗歌，赞美平定淮西的业绩而已？考察古书，确实是没有他们这样伟大的，读到他们的姓名，好似看到了神人。

我担心山野小民，有人不完全领会他们，所以敢于仰衷国史，作了二十一篇赞文。至于那些帝王族谱上的亲王藩王，具有上等爵位的人，王室建有大功的人，超过了朱虚侯、东牟侯那样的至亲关系；他们像文王的儿子武王的弟弟，具有周公、康叔那样的美德，这些人他们的地位崇高，在举行祭奠的仪礼上是不允许直接称他们的姓名的，在国史当中才敢恭敬地书写，是不允许下人僭越称颂他们的。又有灭亡殷商而后事奉周朝，辅佐韩国而后归依汉朝那样的人，尽管他们也听从指挥，建立了显著的功绩，敬奉独特的笔法，将他们列入贰臣之中，这里也不涉及他们。

金孺人画山水叙

尝以后世一切之言，皆出于经，独至穷山川之幽灵，嗟叹草木之华实，文人思女，或名其家，或以寄其不齐乎凡民之心，至一往而不可止，是不知其所出。尝以叩吾客，客曰："是出于老庄①耳。老庄以逍遥虚无为宗，以养神气为用，故一变而为山水草木家言。昔者刘勰②论魏、晋、宋三朝之文，亦几几见及，是或者神理然耶？"

吾友王昙③仲瞿，有妇曰金，字曰五云，能属文，又能为画。其文皆言好山水也，其所画有曰《山居图》，极命物态。仲瞿实未甘即隐逸，以从鱼鸟之游，五云飨笔研而祝之曰："必得山水如斯画之美而偕隐焉。"昙曰："诺。"

吁！曩者同时之士，固尝拟仲瞿似晋宋间民，不闻其有奇妇。余窥其能事与其用心，虽未知所慕学何等，要真不类乎凡之民矣。抑又闻老庄之言，或歧而为神仙，或歧而为此类，将毋此类之能事与其用心，其亦去去有仙者思欤？大夫学宗，尚其思之；庶嫔百媛，尚其慕之；叹息不足，从而缘之辞。

【注释】

①老庄：即老子、庄子，皆为道家之祖。②刘勰：梁莒人，字彦和，少孤好学，后与慧贞撰经于定林寺。昭明太子好文学，深爱接之。著有文集及《文心雕龙》。③王昙：清秀水人，乾隆举人。工画，好游侠，诗文奇肆，有《烟霞万古楼集》。

【译文】

我曾经以为后世所有的语言，都出自经书，只是遇到那种穷尽山河的幽深灵秀，感叹草木的春华秋实，文人才女，有的以此成为名家，有的以此寄托他那与众不同的心情，甚至有的一经进入这个领域便不能停下来，这种情形，我不知它出自何处。我曾就此事请教过我的客人，客人说："这只是出自老、庄而已。老庄学派将虚无逍遥作为宗旨，把修养气质精神作为用途，所以老、庄的学说一经变化便成为山水草木之家的言论。以前刘勰评论魏、晋、南朝宋三代的文章，也几乎提及，这大概是精神理致的作用才使得山水草木家之言出现吧！"

我的朋友王昙，字仲瞿，有位妻子姓金，字五云，能写文章，又能作画。她的文章写的全都是美丽的山水，她作的画中有一幅题名《山居图》，穷尽了命物的形态，仲瞿实际上并不甘心即刻隐迹山林，去跟鱼鸟交游。五云飨笔砚祝福他说："一定要找到就像这幅画这样美丽的山水，我和你一起去那里归隐。"王昙说："好吧。"

吁！先前同时的人士本来曾揣测度王昙像晋宋之间的百姓，但没有听说过他有与众不同的妻子。我观看她的擅长和她的用心，尽管不知她仰慕学习的是什么人，但总而言之她的确和普通百姓不同。但是又听到老庄之言，有的分化为神仙，有的分化为这一类，如果没有这一类的擅长和用心，那么她也会有成仙而去的想法吧？大夫宗师，期望他们能想起她；广大的妇女，期望她们仰慕她；只是感叹还不满足，接着便写了这篇文辞。

送吴君序

十八九读古书，执笔道天下事，有执予裾而讯者曰："世固无人，慎勿为若言。"则怒喙之曰："否！奈何无人？"入世五六年，窥当路议论颜色，车敝敝[①]周乎国门，又有执予裾而讯者曰："世尚有人，安用若？"则又怒而喙之曰："否！奈何有人？"始之否也，不知其无也；继之否也，不信其有也。

东西南北以为客，游海，然而心茫洋，目迷澌，乘孤舟洄乎大漩之中，飓浪讧作，魂魄皆涣散，怪鸟悲鸣，日暮冥冥，求所谓奇虬、巨鲸、大珠、空青[②]，卒无有。已矣，退而归于垤，心已定矣，睫已合矣，槁乎其如息，傫乎其不任负载。然而有敂吾门，贡吾以奇虬、巨鲸、大珠、空青之异者，疑什而信一。疑什而信一，则是志已忘也。志忘则欲其惊也难。且劝复往，则必色色恐矣。求凉而饮冰，求热而炽炭，求绝交而寂寞，求得朋而奋起，不亦顺乎？何居，吴子之以炭投我于冰之辰也！意者造物使余不平，凡所求焉，无一而使之平。始之否也，则缪矣；继之否也，又缪矣。吴子来，是造物者杂以冰炭投于余之心也。吴子请行，其复之于海乎？倘见有少年孤舟独行者，邮以视予，予请复往。

【注释】

①敝敝：车声。②空青：指铜青石，产于铜矿中，大块空中有水者良，极为珍贵。

【译文】

我十八九岁的时候读古书，握笔谈论天下之事，有一个人拽着我的衣袖劝告我说："世上本来没有人，千万不要说这样的话！"我立即愤怒地驳斥他说："你说的不对！怎么没有人？"进入社会做了五六年官，窥视掌握政权的人议论时的脸色，车子辘辘响着环绕国门，又有一个拽着我的衣袖劝告我的人说："世上还有人，哪里用得着你？"我立即又愤怒地驳斥他说："你说得不对！怎么有人？"当初我的否定，是由于我不知道世上没有人；接着否定，是收于我不相信世上有人。

我在四面八方作客，浮游海上，但是心情浩渺，眼睛模糊，乘坐孤舟在大漩涡中盘旋，飓风海浪争相发作，魂魄全都吓得飘散。奇怪的鸟悲哀地鸣叫，太阳落山了天空一片昏暗，找寻人们所谓的怪龙、巨鲸、大珠、空青，始终没有发现。算了吧，我退回到小山上，心情已安定了下来，双眼已经合上了，形体枯槁，自己好似消失了，头颅下垂自己如同承受不住它的负担。但是有人叩打我的门，将怪龙、巨鲸、大珠、空青献给我，我怀疑的成分占十份，而相信的成分仅占一份。怀疑的成分占十份，相信的成分占一份，那么这是自己原来的志向已遗忘

了，原来的志向遗忘了，那么想让自己惊异就不容易做得到了，并且如果劝我再到海上去，那么我肯定会吓得瑟瑟发抖。追求凉爽因此饮用冰块，追求温暖于是燃烧炭火，追求断绝交往于是寂寞，追求得到朋友于是奋起，这不是顺理成章的吗？在我需要冰块的时候，吴先生将炭火投给我，这是为什么！大概是造物者让我心里不能得到平衡，但凡我所追求的，没有一件能使我心里得到平衡。起初我的否认，是错了；接着前一次否认的否认，又错了。吴先生的到来，是造物者将冰块、炭火搀杂在一起投进我的心中。吴先生要求出发，他还到海上去吗？假如在海上看到有乘坐孤舟独自航行的少年，送封信给我看，我要再一次回到海上去。

送夏进士序

乾隆中，大吏有不悦其属员者，上询之，以书生对。上曰："是胡害？朕亦一书生也。"大吏悚服。呜呼，大哉斯言！是其炳六籍①，训万祀矣！

嘉庆二十二年春，吾杭夏进士之京师，将诠县令，纡道别余海上。相与语，益进，谡然愉，谡然清，论三千年史事，意见或合或否，辄怡然以欢。予曰："是书生，非俗吏也。"海上之人以及乡之人皆曰非俗吏。之京师，京师贵人长者识予者，皆识进士，亦必曰非俗吏也。虽然，固微窥君，君若惧人之訾其为书生者，又若有所讳夫书生者，暴于声音笑貌焉。天下事舍书生无可属，真书生又寡，有一于是，而惧人之訾已而讳之耶？且如君者，虽百人訾之，万人訾之，啮指而自誓不为书生，以喙自卫，哓哓然力辩其非书生，其终能肖俗吏之所为也哉？为之而不肖，愈见其拙。回护其拙，势必书生与俗吏两无所据而后已。噫！以书生之声音笑貌，加之以拙，济之以回护，终之以失所据，果尔，则进士之为政也病矣！

新妇三日，知其所自育；新官三日，知其所与。予识进士十年，既庆其禄之及于吾里有光，而又恐其信道之不笃，行且一前而一却也。于其行，恭述圣训，以附古者朋友赠行之义。

【注释】

①六籍：即六经，《诗》、《书》、《礼》、《易》、《乐》、《春秋》。

【译文】

乾隆年间，有一位不喜爱自己手下官吏的大官，皇上向这位大官询问他手下的官吏，这个大官用自己的手下官吏是书生来回答皇上。皇上说："是书生又有何妨？我也是一个书生。"大官顺从悚惧。啊！这话太伟大了！这话将要使六经增添光彩，将会垂训万年了！

嘉庆二十二年（公元 1817 年）的春天，我们杭州的夏进士到京城去，就要被任用为县令，绕道到海上来向我告别。我们在一起谈话，越来越深入，谈得很清高，很愉悦，议论三千年历史上的往事，两人的意见有的相吻合，有的不吻合，总是十分欢乐。我说："他是书生，不属于平庸的官吏。"海上的人们以及乡里的人们也都说他不属于平庸的官吏。到了京城，京城知道我的贵人和长者，也都知道夏进士，他们也一定会说夏进士不是平庸的官吏。尽管如此，但是我早就在暗中窥视了夏先生，先生好像害怕别人诋毁他是一个书生，又好似对书生这个词有所避讳，他在笑貌声音当中流露出了这个意思。天下的事情舍弃书生便没有能够交付去做的人，真正的书生又少，这里有一位，却害怕别人诋毁自己而避讳吗？再说像先生这样的人，就是一百个人诋毁他，一万个人诋毁他，咬着手指自己发誓说不是书生，用自己的口来保卫自己，喋喋不休地奋力争辩自己不是书生，先生的做法最终能像平庸官吏的所作所为吗？效法他们的所作所为却不像，更表现出自己的拙笨。袒护委曲自己的拙笨，势必书生和俗吏两方面都失去依据然后才作罢。唉，凭借书生的音容笑貌，再加上自己的拙笨，加上袒护委曲，最终失去依据，真是这样的话，那么夏进士从事政事就困窘了！

做了三天新媳妇，就会明白自己从哪里生孩子；做了三天新官，就会知道自己该亲附谁。我认识夏进士已有十年，既庆幸他的荣禄使我的乡里增添了光彩，同时又担心他信守道义不坚定，做起事来会一会儿前进一会儿后退。在他出发的时候，我恭敬地转述了乾隆皇帝的教导，用它来附和古时候朋友送别之义。

与人笺一

客言足下始工于文词[①]，近习考订[②]，仆岂愿通人受此名哉？又云足下既习考订，亦兼文词，又岂愿通人受此名哉？足下示吾近作，勇去口吻之冶俊，为汪洋郁栗冲夷，是文章之祥也，而颇喜杂陈枚举夫一二琐故，以新名其家，则累矣累矣。古人文学，同驱并进，于一物一名之中，能言其大本大原，而究其所终极。综百氏之所谭，而知其义例，遍入其门径，我从而管钥之，百物为我隶用。苟树一义，挑浑浑圜矣，则文儒之总也。

【注释】

①文词：指词章。②考订：即考据，清乾、嘉以后，学者趋于考据一途，别立帜志，称作汉学，至道、咸间，此风犹盛。

【译文】

客人说先生最初擅长词章，最近熟习考据，我哪里期望学识广博的人蒙受这种名声呢？又说到先生熟习考据后，同时还擅长词章，这又哪里是我期望学识广博的人蒙受这种名声的呢？先生把近来作品拿给我看，作品勇于放弃嘴边上的艳丽词语，表现出繁茂缜密、气势磅礴、冲和平易，这是写文章方面好的先兆，但是作品比较喜欢搀杂、列举一两件琐细的典故，凭着新颖来使自己成为名家，这就累赘了，累赘了。古人的文章和学问，是并驾齐驱的，在一件事物一种名称之中，能够说明它的主要根源，而且能深究到底。综合百家所谈的，搞清它们的主旨和体例，普遍地进入学习它们的途径，然后由我掌握它们，各种事物都为我役使。假如建树一义像混圆没有破绽了，那便是文儒的统帅了。

与人笺二

少习名家[①]言亦有用。居亭主犷犷嗜利，论事则好为狠刻以取胜，中实无主。野

火之发，无司燧者，百里易灭也。某公端端，醉后见疏狂，殆真狂者。某君借疏狂以行其世故，某君效为呆稚以行其老诈，某一席之议前后不相属，能剿说而无线索贯之，虑不寿。朝士方贵，亦作牢骚言，政是酬应我曹耳。善忌人者术最多，品最杂，最工者乃借风劝忠厚，以济锄而行伐，使受者伤心，而外不得直。骛名之士如某君，孤进宜悯谅也。某童子妍黠万状，志卖长者，奸而不雄，死而谥愍悼者哉！

【注释】

①名家：古时诸子百家学派之一，以辩论名实为主题，主要代表人物有惠施、公孙龙。

【译文】

稍微学点名家的言论也有用处。旅店老板贪图财物粗暴无情，议论事情却喜欢说一些刻薄狠毒的话来取胜，心里边实质上是没有主见。原野中的大火燃烧起来了，假如没有管火的官吏，火势就是蔓延百里也容易扑灭。某位大人方正端庄，喝醉酒后才显露出狂放不羁，这个人大概是真正狂放的。某位先生借着狂放不羁来实行他的世故圆滑，某位先生效法幼稚痴呆来实行他的奸诈老练。某位一席话前后不连贯，能够剿袭旧说却没有条理贯穿它，我担心他不会长久。朝中人士刚刚显贵，也说一些牢骚话，这只不过是应付我们这一般人罢了。善于嫉妒别人的人办法最多，人品最杂；其中最擅长嫉妒别人的人，却凭着讽劝忠厚，来实现铲除和攻伐自己所嫉妒的人的目的，让那些蒙受陷害的人心里受到伤害，而在外却得不到平反。追求虚名的人士例如某位先生，特别追求上进，应该谅解怜悯他。某个孩子十分狡猾聪明，立志出卖年长的父兄，尽管邪恶却不能称雄，死了以后可以给他加上愍悼之类的谥号。

王仲瞿墓表铭

乾隆末，左都御史某公与大学士和珅①有连，然非暗于机者，窥和珅且败，不能决然舍去，不得已乃托于呆慎。川、楚匪起，疏军事，则荐其门生王昙②能作掌中雷，落万夫胆。自珅之诛也，新政肃然，比珅者皆诏狱缘坐。某公既先以言事呆避官，保躬林泉，而王君从此不齿于士列。

掌中雷者，神宝君说洞神下乘法，所谓役令之事，即以道家书论，亦其支流之不足诘者。王君少从大剌麻章佳胡图克图者游，习其游戏法，时时演之，不意卒以此败。君既以此获不白名，中朝士大夫颇致毒君。礼部试，同考官揣某卷似浙王某，必不荐；考官揣某卷似浙王某，必不中式。大挑虽二等，不获上。君亦自问已矣，乃益放纵。每会谈，大声叫呼，如百千鬼神奇禽怪兽挟风雨水火雷电而下上，座客逡巡引去，其一二留者伪隐几，君犹手足舞不止。以故大江之南，大河之北，南至闽、粤，北至山海关、热河，贩夫驺卒，皆知王举人。言王举人，或齿相击，如谈龙蛇说虎豹。

矮道人者，居京师之李铁拐斜街，或曰年三百有余岁矣，色如孩，臂能掉千钧。王君走访之，道人无言，君不敢坐。跽良久，再请，道人乃言曰："京师有奇士，非汝所谓奇也。夜有光如六等星，青霞绕之，青霞之下，当为奇士庐，盍求之?"王君知非真，笑曰："如师言哉！"己巳春，见龚自珍于门楼胡同西首寓斋。是日也，大风漠漠，多尘沙。时自珍年十有八矣，君忽叹息起，自语曰："师乎，师乎！殆以我托若人乎？"遂与自珍订忘年交。

初，君以稚年往来诸老辈间，狂名犹未起，老辈皆礼之。至是老者尽死，同列者尽绝，君无聊甚，故频频与少年往来，微道人亦得君也。越八年，走访龚自珍东海上，留海上一月。明年遂死，则为丁丑岁。自珍于是助其葬，又为之掇其大要而志其墓曰：

君姓王氏，名昙，又名良士，字仲瞿，浙之秀水人，乾隆五十九年举人也。其为人也，中身，沈沈芳逸，怀思悱恻；其为文也，一往三复，情繁而声长；其为学也，溺于史，人所不经意，累累心口间。其为文也，喜胪史；其为人也，幽如闭如，寒夜屏人语，絮絮如老妪，匪但平易近人而已。其一切奇怪不可迩之状，皆贫病怨恨不得已诈而遁焉者也。卒年五十有八，有集若干卷。祖某，父某。妻金，能画与诗，先卒。子一，善才。墓在苏州虎丘山南。铭曰：

生昙者天也，宥昙者帝也，仇昙者海内士，识昙者四百岁之道人，十八龄之童子。昙来！昙来！魂芳魄香，思幽名长，山青而土黄，瘗汝于是。噫！

【注释】

①和珅：字致斋，清满洲人。官大学士，为高宗所宠任，弄权黩货，吏治大坏，酿成川楚一带白莲教造反。嘉庆四年，为王念孙纠参，夺职下狱，赐自尽。②王昙：详见《金孺人画山水序》。

【译文】

乾隆末年，左都御史某位大人和大学士和珅有牵连，但是这位大人并不是熟于机变的人，暗中看到和珅将要坏事，却不能毅然抛弃他而离去，在没有办法的情况下才假托疯癫痴呆。川楚一带教民起义，这位大人上书向皇上陈述关于军事方面的意见，因此便推荐他的门生王昙，说他能在手掌中发雷，让万人丧胆。自从和珅被杀之后，新的政令很严厉，但凡亲近和珅的人都被关进了牢狱，因与和珅有牵连而被定了罪。这位大人既已事先假装痴呆辞去官职，在山林泉水之间保全自身，而王昙从此不为士人所齿。

掌中雷，是神宝君讲说洞神下乘法，所说的驱使一类的事，即便是依据道家的书籍而论，这也是其中的不值一驳的支流末节。王先生年轻时跟大喇嘛章佳胡图克图这个人交游，学习他的魔术，并且时常演练这种魔术，没想到王先生居然因为这件事弄得身败名裂。王先生因为这件事蒙受不清白的坏名声后，朝中的士大夫对王先生多表示厌恶，礼部科举考试，副主考官揣度某人的试卷像是浙江王昙的，肯定不会推举这个人；主考官猜测某人的试卷像是浙江王昙的，肯定不会录用这个人。在参加会试三次以上不中的举人中进行挑选时，就是排在二等，也得不到上报。王先生自己也想算了吧，因此更加放纵。每当跟人们在一起谈论的时候，总是大声喊叫，声音就好似成百上千的鬼神、怪兽奇禽挟持着风雨、水火、雷电而上下翻滚，座中客人不一会儿便退去了，其中有一两个留下来的，装作依着几案，先生还是不停地手舞足蹈。所以长江以南，黄河以北，南到闽、粤，北到山海关、热河，就连出售货物的小商人、掌管车马的奴仆，也都知道举人王昙。谈论到举人王昙，有的人吓得牙齿打战，就好像谈论的是龙蛇虎豹。

矮道人这个人，居住在京城的李铁拐斜街。有人说他活了三百多岁了，脸色好似孩童那样

年轻，手臂能举起千钧重物。王先生前去拜访他，道人不说话，先生不敢坐。直着身子跪了很长时间，再一次请问，道人才说道："京城有奇异的人士，不是你所说的奇异。到了晚上出现像六等星那样的光彩，青色的云霞环绕在他的周围，在青色云霞的下面，应该是那个奇异之人的房屋，你为什么不去寻访他?"王先生知道这不是真的，笑着说："我就照您说的去做!"己巳年（公元1809年）春天，在门楼胡同西头的寓所见到龚自珍，这一天，刮着大风，天空尘土飞扬。当时龚自珍十八岁了，先生忽然随叹，站起身来，自言自语地说："这个人是我的老师吧！这个人是我的老师吧！矮道人大概是把我托付给这个人吧?"因此便跟龚自珍结下了忘年之交。

起初，王先生以晚辈的身份来往于那些老一辈的人中，狂妄的名声还没有出现，老一辈的人都对他以礼相待。到现在老一辈的人都死了，同事的人又都断绝了来往，先生很是无聊，因此经常跟少年来往，就是没有矮道人，我也会见到先生。到第一次见面后的八年头上，先生到东海之上走访龚自珍，在海上逗留了一个月，第二年便死了，这一年是丁丑年（公元1817年）。龚自珍于是帮助安葬了他，又为他选取了他的主要生平事迹记在他的墓碑上：

先生姓王，名昙，又名良士，字仲瞿，浙江秀水人，乾隆五十九年举人。他这个人，中等身材，深沉高雅，抑郁忧思；他写的文章，一往三复，感情丰富并且韵味深长；他做学问，陶醉于史籍，人们不留意的地方，都堆积在他的胸中；他写文章，喜欢陈述历史；他的为人内向沉静，在寒冷的夜晚避开他人与我交谈，絮絮叨叨就像一位老太婆，不仅是平易近人而已。他那所有奇怪不可靠近的样子，都是由于怨恨贫病，不得已才装出来，以逃避困境的。先生死的时候五十八岁，有集子若干卷。祖父叫某某，父亲叫某某，妻子姓金，能作画写诗，在先生之前去世。有一个儿子，叫善才。先生的坟墓在苏州虎丘山之南，铭文如下：

生育王昙的是上天，庇佑王昙的是上帝，仇恨王昙的是海内人士，了解王昙的是四百岁的矮道人，还有十八岁的小孩子。王昙归来！王昙归来！你的魂灵芳香，你的情思幽深，你的声誉永长，山青青，土黄黄，埋你于此。噫!

武显将军福建海坛镇总兵官丁公神道碑铭

乾隆中，国家修大刑于闽岛之外，福康安公、海兰察公先后成大功以去，光于祀典。凡百戎臣，或有赏及后裔，名附史官之牒。其有官不过隅镇，名不挂勋籍，身历百战于狂涛巨鲸间，几为忌者挤致之以无名之死，而能以功名终，则有通州丁公。

按状：丁氏出自齐太公之孙丁公，世霸营丘[①]，末胄播迁，入本朝，家于江南之通州。曾祖某；祖应举，江南狼山营守备；父国升，苏松镇游击。皆封如公官。妣张，生妣陈，皆封夫人。公父官松江，遂家焉。公讳朝雄，字伯宜，以松籍起家，由右科历数官，屡迁至福建副将。四十八年，岛贼黄在庄叛，公佐黄仕简讨平之，列军功一等。

闽事之荄也，公诇知林爽文[②]有谋，必屯兵东港，以与凤山为犄角势。及凤山警，公方赴引见北上，半途驰还，白总督常青："贼不足虑，请假某兵剿东港，且断其粮道，则凤山溃矣。"因进指画缓急状。常青不听，惟专意凤山，檄公偕总兵印得方[③]趋鹿子港，擒贼目杨朝派，克凤山。非公意也，人以为公功。贼果大炽，益蔓延。檄公守鲲身，又檄公守郡城。公于鲲身则招土番千人，敌贼万众，矢石俱尽，而贼目潘猛执乌龙旗不下。公命守备丘莹拔之，猛走，鲲身平。公于郡城则战少守多，未至，先破贼中途，路始通，遂遍阅城楼、屯栅、池隍，不治者整之。时总兵柴大纪守诸罗，公守郡城，三阅月，皆食豆饼，发触冠数寸，贼不得逞，诸将恃以成战功于外。之数者，亦非公意也，人又以为公功。

至是而讨东港之命下矣，常青非公无可使，而以八百人与公。请益，则曰："战不利，则守舟中，舟不可守，退而益兵。"公曰："为国死，命也。大人即不发一兵，某亦往。"拂衣上马行。至东港，贼众且数万。先时海中有淤浅，虽潮至，舟不通，贼以是不设备。伪军师吴豹、伪将军洪贺纵饮酒。天大雷雨，水暴涨丈许，公坐艅艎，指挥缚群酋，遂登其炮台。贼大惊，急近战，公曰："我幸据炮台，天也。"遂发大炮，诸火器继之，光尘蔽天，贼尸抛满崖滋，获伪将军李老合，逐北三十余里，乃倚山为营。夜半，忽有数百人大噪过溪，公戒众勿出。少选，又有数百人直扑大营，公益不动。天明尽掩之，军中不知其谁何，迹其尸，皆赤发而裸，盖番人乘间为声援者。公踞地势，故无恐。林爽文遣其党来援，公筑垒围之。贼溃围出，公料其必奔茄藤，先令守备郑其仁以步卒三百伏于路，而亲自中道追之。贼遇伏卒败，余贼遁，将渡溪，公挤而溺之，遂获豹、贺，东港平。时乾隆五十一年某月也。计大小七十三战，八百人扶伤痍以完，智勇无出公右。而常青蔽不以上闻，第令公摄海坛镇总兵官。福康安公至，始奏即真。公仍留台湾防御，比林爽文就擒，始莅任。

海坛固雄镇，环海，大盗时出，侦伺斥候稍疏，即大为民害。公督率舟师为游兵，迎捕盗。林鬆舵、林明灼者，海之酋魁也，公得鬆舵于浙江洋，而明灼适以戕参将张殿魁。事闻，高宗纯皇帝震怒，严责总督伍拉纳。伍惧，以责公，公请身任。一日晨出，飓雾四塞，公喜谓诸将曰："今日得报张公矣！"遂令众船齐进，果遇明灼于大麦洋。俟其近，力踞上游，纵大炮连毙贼头目。明灼知不免，跃入海，叶把总钩得之。功状始上闻，有旨召见，未行而总督又调公台湾镇总兵官。

渡台后，复还公于海坛，摄水师提督。五十八年，以捕会匪功，奉旨加四级。五十九年，循例入觐。途次病甚，乞两江总督苏灵阿代奏乞骸骨。上方向用公，特旨令回籍调理，俟病痊即行奏请陛见。冬十有二月某日，甫入上海县境，卒于舟中，年六十有七。

公轻财爱士，官闽时，有广东举人曾中立欠谷数百石，有司以军需不给，将置之法，公奇其才，代偿之。后曾为义民长，以战功赏巴图鲁，仕至理番同知。

公配陈，封夫人，后公卒。公有丈夫子二人：廷珊，国学生；攀龙，武生，苏松镇左营守备。孙四：钟杰，武生，浙江千总：钟琪，国学生。以嘉庆二十一年十月初二日，奉公暨陈太夫人合葬于松江细林山祖茔之侧。越九年，神道之文未具，钟杰等以公捍大患而世莫闻，愿文章之士发其光，则与载于官书者异日出入必互见，故来乞书于碑。铭曰：

告下车者曰：是百战百胜者丁将军之墓。再告下车者曰：是百战百克而无炳炳于时者。三告下车者曰：是将军之孙钟杰、钟琪泣述功烈，有盡于其心，是为史之别子

龚氏之言，用卒告阐烈之君子，今年实道光五年。

【注释】

①营丘：位于今山东临淄县。②林爽文：福建海寇。③印得方：盐城人，勇武有谋略，剿平海贼蔡牵及福建林爽文等有功，封武功将军。

【译文】

乾隆年间，国家讨伐台湾，福康安大人、海兰察大人先后成就大功而离开了人间，荣耀于祭祀大典。所有武将，有的赏赐到子孙后代，姓名附在史官的典籍。其中有的官职不过是海边小镇上的总兵官，姓名没有记在功劳簿上，在狂涛巨鲸这样的险恶环境之中身经百战，差点被妒嫉自己的人陷害，使他没有声名地死去，但是最后却以战功名誉善终，这样的人有通州的丁大人。

考察丁大人的行状：丁氏出自齐太公的孙子丁公，祖祖辈辈称霸营丘，后裔迁徙流离，进入清朝，在江南的通州安了家。曾祖父叫丁某某，祖父叫丁应举，担任过江南狼山营守备；父亲叫丁国升，担任过苏松镇游击。后来都得到追封，所封官职跟丁大人的官职相同。先母姓张，生身先母姓陈，都被封为夫人。丁大人的父亲在松江作过官，因此在松江安了家。丁大人名朝雄，字伯宜，以松江户籍出家做官，从武举历任几种官职，屡经升迁做到福建副将。乾隆四十八年（公元1783年），海寇黄在庄发动叛乱，丁大人辅佐黄仕简讨伐，平定了这次叛乱，名列第一等军功。

台湾叛乱开始的时候，丁大人探知林爽文有谋略，他必定会在东港驻扎下兵力，来和凤山的赋寇构成犄角之势。等到凤山告急的时候，丁大人正在应兵部引见往北行进，半路飞奔而回，向总督常青报告说："黄山的贼寇不值得忧虑，请借给我兵马去剿灭东港的贼寇，而且断绝他们的粮道，那么凤山的贼寇就失败了。"因此上前指点规划缓急情况。常青不听，只是专心对付凤山的贼寇，晓喻丁大人偕同总兵印得方奔赴鹿子港，结果擒获了贼寇头目杨朝派，攻克了凤山。这本来不是丁大人的本意，然而人们把这次胜利看作是丁大人的功劳。贼寇势力果真十分旺盛，更加蔓延开来。常青晓喻丁大人据守鲲身，又晓喻丁大人据守都城。丁大人在鲲身召集了一千名土著人，抵抗上万的贼寇，箭石全都用光了，但是贼寇头目潘猛仍然挥舞乌龙旗，不能攻下来。丁大人命令守备丘茔的兵攻克了鲲身，潘猛逃跑了，鲲身得以平安。丁大人在郡城，作战少，防备多，还没到郡城，先在半路上击败了贼寇，通往郡城的道路才畅通无阻，因此普遍地检查了城楼、屯栅和池隍，没有修治的整修了它们。当时总兵柴大纪据守诸罗，丁大人据守郡城，过了三个月，都吃豆饼，头发把帽子顶高了数寸，贼寇不能得逞，众将依靠他在外成就了战功，这几件事，也不是丁大人的本意，人们又将这些看成是丁大人的功劳。

到现在讨伐东港的命令下达了，常青除了丁大人无人可用，因此把八百人马交给丁大人。丁大人请求增加兵力，常青便说："如果战斗不利，你便在船中防守；如果船中不能防守，退回来再给你增加兵力。"丁大人说："为国家战死，这是天命。大人您就是不发一兵，我也会前往。"抖了抖衣服，跨上战马出发了。抵达东港，贼寇的兵马将近数万。先前海中有淤积的浅滩，就是潮水到来，船也不能通航，贼寇因此没有防备。贼寇的军师吴豹、将军洪贺放纵喝酒。天下起大雷雨，海水骤然涨起一丈左右，丁大人坐上大船，指挥手下捆绑了贼寇的许多头目，因此登上贼寇的炮台。贼寇大惊，急忙近战，丁大人说："我幸亏占据了炮台，这是天意。"因此发射大炮，各种火器也接着发射出去，火光和尘土遮蔽了天空，贼寇的尸体抛满崖岸。擒获了贼寇的将军李老合，追赶贵逃的贼兵一直追了三十多里，才依靠着山建起了军营。半夜，突然有几百人大声叫嚷过河，丁大人命令大伙不要出去。不一会儿，又有几百人直接扑向大营，丁大人更是坚守不出。天亮后全部袭取了他们，军中不清楚他们是什么人，考察他们的尸体，都是红头发，并且光着身子，大概是土人钻空子来声援贼寇的。丁大人占据了有利地势，所以并不担心。林爽文派他的同伙来支援郡城的贼寇，丁大人筑起围墙包围了他们。贼寇突围而出，丁大人预计他们肯定会奔向茄藤，事先让守备郑其仁率领三百名步兵埋伏在路旁，并且亲自在半路追杀他们。贼寇遭遇埋伏最终失败，剩余的贼兵遁逃，将渡过溪流，丁大人把他们赶落水中淹死了他们，因此活捉了吴豹、洪贺，东港平定了。当时是乾隆五十一年（公元1786年）某月。总计经历了大小七十三次战斗，丁大人所率领的八百人马支持着受伤的身体，完好无缺，才智勇武没有超过丁大人的。但是常青却隐瞒不把丁大人的战绩上报，只是让丁大人代理海坛镇总兵官。福康安大人到后，才奏请皇上得到正式任命。丁大人依然留在台湾防御，等到林爽文被捉，才到了任所。

海坛你本是个雄镇，四面环海，大盗时常出没，侦察放哨等防范稍有疏忽，他们便大肆危害百姓。丁大人统帅水师做为游击部队，迎面捕捉海盗。林鬅舵和林明灼，是海盗的头领，丁大人在浙江洋面上抓住了林鬅舵，而这时林明灼刚好残杀了参将张殿魁。张殿魁一事上报朝廷后，高宗纯皇帝大怒，严厉斥责总督伍拉纳讨伐林明灼。伍拉纳恐惧，用这一任务责求丁大人，丁大人请求亲自承担。一天早晨出发，大雾封住了四面，丁大人高兴地对众将说："今天可以给张大人报仇了！"所以命令所有船只一齐出发，果然在大麦洋遇上林明灼。等到林明灼来到近前，丁大人奋力占据了上游，放射大炮接连击毙了贼兵头目。林明灼清楚不能幸免，跳入大海，叶把总把他钩了上来，活捉了他。丁大人立功的情状才上报给皇上，皇上有旨召见，还没有出发，总督又调丁大人担任台湾镇总兵官。

丁大人渡海到台湾镇后，总督又把丁大人召回到海坛，让他代理水军提督。乾隆五十八年(公元1793年)，因捕捉教匪的战功，奉圣旨加升四级。乾隆五十九年（公元1794年），遵照惯例进朝拜见皇上。在途中住所病得十分严重，请求两江总督苏灵阿代替自己奏请皇上恩准自己退职。皇上正要重用丁大人，特下圣旨让他回家调治，等病好之后立即奏请谒见皇上。乾隆五十九年冬季十二月某日，刚刚进入上海县境内，便死在了船中，享年六十七岁。

丁大人轻财好施，爱护士卒，在福建作官时，有一位叫曾中立的广东举人欠公家几百石粮谷，主管官吏以不供给军需的罪名，要将他绳之以法，丁大人看重他的才华，替他还了所欠的粮谷。后来曾中立担任义民长，凭借战功封为巴图鲁，官做到理番同知。

丁大人妻子姓陈，被朝廷封为夫人，比丁大人死得晚。丁大人有两个儿子：一个叫丁廷珊，是国学生；另一个叫丁攀龙，是武生，担任苏州镇左营守备。四个孙子：其中丁钟杰是武生，任浙江千总；丁钟琪是国学生。在嘉庆二十一年（公元1816年）十月初二，护送丁大人和陈太夫人灵柩合葬在松江细林山祖坟之旁。过了九年，神道碑碑文尚未具备，钟杰等人由于丁大人抵御大患但世人不知晓，希望文人发挥他的荣耀，跟官书中的记载假如他日有出入的话必定相互参见，因此来向我乞求碑文。铭文如下：

告诉从车上下来来到墓前的人说：这是百战百胜的丁将军之墓。再告诉从车上下来来到墓前的人说：这个人是百战百胜却在当时没有显赫声名的人。第三次告诉从车上下来来到墓前的人说：这是丁将军的孙子钟杰、钟琪哭泣着讲述将军的功业，他们心中充满了痛苦悲伤，这是史官之外的人龚自珍的话，用来终告发扬功烈的君子。今年是道光五年（公元 1825 年）。

书叶机

鄞[①]人叶机者，可谓异材者也。嘉庆六年，举行辛酉科乡试，机以廪贡生治试具，凡竹篮、泥炉、油纸之属悉备，忽得巡抚檄曰："贡生某毋与试！"机大诧。初，蔡牵、朱濆[②]两盗为海巨痈，所至劫掠户口以百数，岁必再三至。海滨诸将怵息，俟其去，或扬帆施枪炮空中送之，寇反追衄，不以闻，故为患且十年。巡抚者，仪征阮公也，素闻机名，知沿海人信官不如信机，又知海寇畏乡勇胜畏官兵，又知乡勇非机不能将。八月寇定海，将犯鄞，机得檄，号于众曰："我铱贫贡生，吮墨执三寸管，将试于有司，售则试京师，不售归耳。今中丞过听，檄我将乡里与海寇战，毋乃哈乎！虽然，不可已，愿诸君助我。"众曰："盍请银于文官？"不可。"盍假炮于武官？"不可。"事亟矣，何以助子也！"飞书摹健足至行省，假所知豪士万金，假县中豪士万金，遂浓墨署一纸曰："少季失乡曲欢致冻饿者，有拳力绝人者，渔于海者，父子兄弟有曾戕于寇者，与无此数端而愿从我者，皆画诺。"夜半，赍纸者反，城中村中画诺者几三千人。天明，簿旗帜若干、火器若干、粮若干。机曰："乌用众？"以九舟出，余听命。是日也，潮大至，神风发于海上，一枪之发抵巨炮，一橹之势抵艅艎，杀贼四百余人。九月，又败之于岸。十月，又逐之于海中。明年正月，又逐之于岛。浙半壁平。出军时，樯中有红心蓝边旗，机之旗也，自署曰"代山"，其村名也。朱濆舰中或争轧诅神，必曰："遇代山旗！"阮公闻于朝，奉旨以知县用。今为江南知县，为龚自珍道其事。

【注释】

①鄞：县名，位于浙江境内。②蔡牵、朱濆：均为海寇，劫扰江浙间，气势甚盛，后为盐城武功将军印得方所平定。

【译文】

鄞县的叶机，可以算得上是有突出才能的人。嘉庆六年（公元 1801 年），举行辛酉科乡试，叶机凭借廪贡生的资历打算参加考试的用具，大凡竹篮、泥炉、油纸之类都准备齐全了，突然接到巡抚的文书，文书上说："贡生叶机不要参加考试！"叶机十分惊异。当初，蔡牵、朱濆两个海盗是海上的大祸害，所到之处掳掠人口数以百计，一年之中必定到来两三次，海边驻守的众将都畏惧他们，等到他们离开，有的将领扬起船帆在空中鸣放枪炮送他们，海盗反身追杀，自己受到损伤也不上报，所以海盗危害将近十年之久。巡抚这个人，是仪征县的阮元阮大人，平常听说过叶机的名声，了解沿海的百姓信任官府不如信任叶机，又知道海盗畏惧乡里勇士胜过畏惧官府的军队，又清楚乡里勇士除了叶机没有谁能够统帅他们。嘉庆六年八月海盗侵犯定海县，将要侵犯鄞县，叶机接到文书，向大伙号令说："我只是一个贫穷的贡生，吮吸墨汁，握着三寸长的笔管，就要去主管部门参加考试，考中了就去京师参加会考，考不中便回来罢了。现今巡抚听错了话，用文书召我率领乡里勇士跟海盗作战，该不会是嘲笑我吧！虽然如此，但不能不去，希望诸位帮助我。”大伙说：“为什么不向文官要一些银两？”叶机不准许。“为什么不向武官借大炮？”叶机又不准许。“事情紧急了，用什么来帮助您？”于是叶先生挽起袖子露出臂膀大声呼喊，并发誓说：“用官方银库中一枚铜钱，借官方军营中一秤火药而成功的，不是男子汉！”写了快信，招募腿快的人送到省城，向自己所认识的富豪借一万两银子，向县中的富豪借一万两银子。因此用浓墨在一张纸上写道：“从小不受乡里人喜欢以至挨饿受冻的人，有臂力过人的人，在海上打鱼的人，父子兄弟有曾被海盗残害的人，还有那些没有这几种情况但乐意跟随我的人，都在这张纸上签字。”到了半夜，拿着这张纸的人回来了，城中、村中签字的将近三千人。天亮后，簿册上登记了旗帜若干，火器若干，粮食若干。叶机说：“哪里用得着这么多？”自己只带领九条船出发，剩余的人随他们便。这一天，潮水声势浩大地到来，神风从海上刮起，一杆枪投出去抵得上大炮，一只船桨的威力抵得上大船，杀死海盗四百多人。这年九月，又在海边击败了海盗。十月，又将海盗赶到海中。第二年正月，又将海盗赶到海岛上。浙江半边平定了。出兵时，桅杆上挂着红心蓝边旗，这是叶机的战旗。叶机自己在旗上题写了“代山”两个字，代山是他的村名。朱渍战船中有时争斗倾轧，请求神灵加给对方祸殃时，必定会说：“让他遇上代山旗！”阮大人将叶机的事迹报告给朝廷，奉旨按知县任用叶机。现今叶机担任江南高邮知县，向我谈了他的事迹。

记王隐君

于外王父段先生废簏中见一诗，不能忘。于西湖僧经箱中见书《心经》，蠹且半，如遇簏中诗也，益不能忘。

春日出螺师门，与轿夫戚猫语，猫指荒冢外曰：“此中尚有人家。段翁来杭州，必出城访其处，归不向人言。段不能步，我舁往，独我与吴轿夫知之。”循冢得木桥，遇九十许人，短褐曝日中。问路焉，告聋。余心动，揖而徐言：“先生真隐者。”答曰：“我无印章。”盖隐者与印章声相近。日晡矣，猫促之，怅然归。

明年冬，何布衣来，谈古刻，言：“吾有宋拓李斯琅琊石。吾得心疾，医不救。城外一翁至，言能活之，两剂而愈。曰：‘为此拓本来也。’入室径携去。”他日见马太常，述布衣言，太常俯而思，仰面掀髯曰：“是矣！是矣！吾甥锁成，尝失步入一人家，从灶后湫户出，忽有院宇，满地皆松化石。循读书声速入室，四壁古锦囊，囊中贮金石文字。案有《谢朓集》，借之不可，曰：‘写一本赠汝。’越月往视，其书类虞世南[①]。曰：‘蓄书生乎？’曰：‘无之。’指墙下锄地者：‘是为我书。’出门，遇梅一株，方作华。窃负松化石一块归。若两人所遇，其皆是与？”

予不识锁君，太常、布衣皆不言其姓，吴轿夫言仿佛姓王也。西湖僧之徒取《心经》来，言是王老者写，参互求之，姓王何疑焉！惜不得锄地能书者姓。

桥外大小两树依倚立，一杏，一乌桕。

【注释】

①虞世南：唐代著名书法家，今属浙江余姚人，字伯施。太宗时为宏文馆学士。

【译文】

我在我的外祖父段先生废弃的竹箱当中发现了一首诗，不能忘记。在西湖僧存放佛经的竹箱中，发现一本手抄的《心经》，被虫子咬了将近一半，就像遇到竹箱中的那首诗一样，更加不能忘怀。

春天我从螺师门出城，同抬轿子的戚猫交谈，戚猫指着荒坟外说："这当中还有人家。段老先生来到杭州，肯定会出城走访那个地方，回来后不跟别人谈说。段老先生不能走路，我抬着他前往，只有我和姓吴的轿夫清楚这件事。"循着荒坟往前走，见到一座木桥，遇上了一个九十来岁的人，穿着粗布衣服晒太阳，我向他打听道路，他回答说自己耳聋。我动了心，作揖慢慢地说："先生您果真是个隐者。"他回答说："我没有印章。""隐者"和"印章"语音相近。天色已晚，戚猫催我，我怅然若失地回家了。

第二年冬，平民何某来到我家，谈起古代石刻，何某说："我有宋人拓下来的李斯琅琊刻石。我患了心脏病，医生不能救治，城外来了一个老头，说能治活我，吃了两剂药便好了。那个老头说：'我是为了这张琊琊石刻的拓本才来的'，进入内室径直将拓本拿走了。"另一天，我见到太常马某，向他述说了平民何某的话，太常低下头思考，抬起头来笑着说："是这个人了！是这个人了！我的外甥锁成，曾误入一户人家，从炉灶后面的矮门走出来，突然有一座院落，满地都是松化石。循着读书的声音迅疾走进屋子里，看到四面墙壁上都是古时候的锦袋，袋子中贮存着铜器铭文和石刻文字的拓本。书案上放着《谢眺集》，向主人借阅，他不答应，说道：'抄一本送给你。'过了一个月锁成前去看视，抄写《谢眺集》的字体与虞世南的字很相似。锁成问道：'您养着抄书的人吗？'主人答道：'没有。'指着墙下锄地的人说：'这个人替我抄写。'锁成走出门来，遇到一棵梅树，正在开花。私下背了一块松化石回到家中。像锁成和何某两人所见到的，大约都是这个人吧！"

我不认识锁君，太常马某、平民何某都没有提到他的姓，姓吴的轿夫说好像姓王。西湖僧的徒弟拿《心经》来到我家，说《心经》是王老者抄写的，错综探究起来，姓王又有什么值得怀疑呢！可惜打听不到那个锄地能写字的人姓什么。

木桥之外有大小两棵树相依而立，一棵是杏树，另外一棵是乌桕。

书金伶

金伶德辉，以字行，逸其名矣，吴人。乾隆中，吴中叶先生以善为声老海内，海内多新声。叶刌而律之[①]，纳于吭。大凡江左歌者有二：一曰清曲，一曰剧曲。清曲为雅宴，剧为狎游，至严不相犯。叶之艺，能知雅乐俗乐之关键，分别铢忽而通于本，自称宋后一人而已。叶之死，吾友洞庭钮非石[②]传其秘，为第一弟子。德辉故剧弟子也，隶某部，部最无名，顾解书，以书质钮而不以歌。一夕歌，钮刌而律之，纳于吭，则大不服。钮曰："毋曰吾不知剧，若吾所知，殆非汝所知也。即欲论剧，则歌某声，当中腰肢某尺寸，手容当中某寸，足容当中某步。"金始骇，就求其术。钮曰："若不为剧，寒饿必我从，三年艺成矣。"曰："诺。"江左言歌，自叶先生之死，必曰钮生，而德辉以伶工厕其间，奋志孤进，不三年，名几与钮亢。

乾隆甲辰，上六旬，江南尚衣、鹾使[③]争聘名班。班之某色人艺绝矣，而某色人颇绌；或某某色皆艺矣，而笛师、鼓员、琵琶员不具；或皆具而有声无容，不合。驾且至，颇窘。客荐金德辉，德辉上策曰："小人请以重金，号召各部，而总进退其所短长，合苏、杭、扬三郡数百部，必得一部矣。"鹾使喜，以属金。金部署定其目，录琵琶员曰苏州某，笛师曰昆山某，鼓员曰江都某，各色曰杭州某，曰江都某，而德辉自署则曰正旦色吴县某。队既成，比乐作，天颜大喜。内府传温旨，灯火中下珍馐醖、玉器、宫囊不绝。又有旨询班名，鹾使奏江南本无此班，此集腋成裘也。驾既行，部不复析，而宠其名曰："集成班"，后更曰："集秀班"。

德辉既以称旨重江左，遂傲睨不业，钮生屏人戒之曰："汝名成矣，艺未也，当授汝哀秘之声。"明日来，授以某曲，每度一字，德辉以为神。曲终，满座烛尽灭，德辉窃谱其声而不能肖。其年秋，大商延客，召集秀。乾隆时，贵僚贤公子喜结欢名布衣，当佳晨冶夕，笙箫四座，被服靓耀，姚冶跌逖，时则必有一人，敝衣冠，面目不可喜而清丑入图画者，视之如古铜古玉，娑娑然权奇杂厕于其间以为常。其人未必天下奇士也，要之能上识贵人、长者、大官走声誉，下能觅名僧、羽士、名倡、怪优、剑侠、奇巧善工之伦，以故非非石不能致德辉。而德辉试技之日，主人以德辉所自荐也，非石为上座。既就夕，主客哗，惟恐金之不先奏声。既引吭，则触感其往夕所得于钮者，试之忽肖，脱吭而哀，座客茫然不省。始犹俗者省，雅者喜，稍稍引去。俄而德辉如醉、如寝、如倦、如倚、如眩瞀，声细而谲，如天空之晴丝，缠绵惨暗，一字作数十折，愈孤引不自已，忽放吭作云际老鹳叫声，曲遂破，而座客散已尽矣。明日，钮视之而病，钮悔曰："技之上者，不可习也。吾误子，子幸韬之而习其中。"德辉亦悔，徐扶起，烧其谱，故其谱竟不传。而德辉获以富且美誉终。

德辉卒时年约八十余，无子。有弟子曰双鸾，非高弟也，能约略传其声，贫甚，走南东，至托予。嘉庆己卯冬，非石在予座上，予谓之曰："双鸾早出世十年，走公卿矣。"

龚自珍曰："非石今傫然在酒间，为予道苏扬此类事甚夥。金德辉事自甲辰起，大约迄癸丑、甲寅间。噫！江东才墨之薮，楼池船楫之观，灯酒之娱，春晨秋夕之游，美人公子，怜才好色，姚冶跌逖之乐，当我生之初，颇有存焉者矣。

【注释】

①刌而律之：刌，切断。谓截取各声而归于律。②钮非石：吴人，声技名冠海内。③鹾使：即盐运使。

【译文】

艺人金德辉，世人习惯于称他的字，失去他的名了，他是吴县人。乾隆年间，吴县的叶先生由于精通声乐而在天下执业久、历事多。天下有许多新曲，叶先生调整音节归于声律，之后自己将它唱出来。大凡江东唱的曲子有两类：一类是清曲，一类是剧曲。清曲用于高雅宴会，剧曲用于狎邪嬉游，十分严格不相侵犯。叶先生的技艺，能够知晓雅乐和俗乐的关键，两者区别细微，但叶先生却通晓它们的本质，自称自宋代以后精通声乐的仅他一人而已。叶先生死后，我的朋友洞庭人钮非石承袭了他的秘不外传的技艺，成为叶先生的第一弟子。金德辉原先

是戏剧弟子，属于某个戏班子，而这个戏班子最不出名。不过金德辉能理解乐谱，拿乐谱来请钮非石评定，却不用歌。一天晚上唱起歌来，钮非石调整音节归于声律，自己演唱出来，金德辉却很不服气。钮非石说："你不要说我不懂戏，至于我懂的那些，恐怕不是你所懂的。假如你想讨论戏剧，那么唱某音，应当应在腰肢的某尺寸，手应当应在某寸，脚应当应在某步。"金德辉这时才大惊，立即向他讨求技术。钮非石说："你不演戏，就是受冻挨饿也一定要跟随我，三年之后技艺便学成了。"金德辉说："好吧！"江东提到唱歌，自从叶先生死后，必定会提起钮非石，而金德辉以艺人身份搀杂在中间，十分追求上进，不到三年，名声几乎和钮非石抗衡。

乾隆甲辰年（公元 1784 年），皇上六十大寿，江南的织造官和盐运使争相聘请有名的戏班。戏班某一角色演技绝了，但是另一角色的演技却很是不足；有的戏班这两种角色演技都很好，但是笛师、鼓员、琵琶员却不完备；有的戏班角色和乐师都齐全了，但是却是有好听的声腔，没有好看的长相，这些都不合要求。皇上快要到了，织造官和盐运使很窘迫。宾客推荐了金德辉，德辉献策说："请允许我用高薪召集各个戏班，然后集合在一起进行挑选，进用各个戏班的长处，摒除各个戏班的短处，苏州、杭州、扬州三郡合起来有几百个戏班，一定能从这些戏班中挑选凑成一个理想的戏班。"盐运使很高兴，把这事委托给金德辉。金德辉安排确定了剧目，录用了苏州某某任琵琶员，昆山某某任笛师，江都某某任鼓员，杭州的某某、江都的某某任不同的角色，德辉自己把自己写在录用名单中，题名为正旦角色吴县某某。戏班组成后，等到音乐声响起，戏演出来，龙颜大悦。内府传下来温和的圣旨，灯火中赏赐美酒佳肴，宫囊、玉器连连不断。又有圣旨询问戏班的名称，盐运使向皇上报告江南本来没有这个戏班，这个戏班是从众多戏班中进行挑选而凑集起来的。皇上走后，这个戏班没有再分开，并给它取了一个荣宠的名称叫"集成班"，以后改名为"集秀班。"

金德辉凭借符合皇帝旨意而名重江东后，因此目空一切，不务本业，钮非石避开别人劝他说："你名声成就了，但技艺还没成就，我应该传授给你悲切的声乐。"第二天金德辉来到钮非石家，钮非石传授给他某支曲子，每当按照曲谱唱出一个字，德辉都认为很奇妙。曲子唱完，座上的所有蜡烛都灭了，德辉暗中把他的歌声谱写下来自己唱，却不能像钮非石唱得那样动听。那年秋天，大商人请客，邀请了集秀班。乾隆年间，显贵官僚的公子喜爱结交有名望的平民，每当美夕良辰，笙箫满座，贤公子穿的服装夺目华美，艳丽而放佚不羁，这时肯定会有一个穿着破衣服，戴着破帽子，模样不招人喜欢、奇丑可绘入图画、看上去像古铜古玉的人，衣服飘动着非常奇异地混杂在贤公子之间，这是常事。这个贤公子不一定是天下奇人，但总而言之他在上面能结识权贵、长者、大官来传播声誉，在下面能寻觅有名的僧人、脱俗的道士、出名的乐人、奇异的伎人、精于剑术的侠士以及心灵手巧的工匠之辈，所以除了钮非石没有人能请到金德辉；而德辉出场表演的日子，主人由于钮非石是推荐金德辉的人，因此把钮非石安排在上座。到了晚上后，主人和客人便大声喧哗，只担心金德辉不先出场演唱；金德辉放声歌唱后，联想起以前向钮非石所学的声技，试唱起来突然很像钮非石的演唱，脱口唱出哀曲，坐中客人都茫茫然不明白。开始的时候，还是俗人听得清楚，雅士听得高兴，这时却渐渐退去了。不一会儿，德辉就像喝醉了酒，就像是睡觉，就像是很疲倦，就像是身子要靠在什么东西上，就像是眼睛昏花、看不清东西，歌声纤细而诡异，好似天空之中的游丝，缠绵凄惨，唱一个字要打几十个弯，歌声越唱越高不能自已，突然放开喉咙唱出云端高飞的老渍的叫声，曲子于是破裂，座中客人已经全都走完了。第二天，钮非石去看望他，他病了。钮非石懊悔道："最上乘的技艺，是不能学的。我误了你，希望你将上乘的技艺藏起来，学习那中等的技艺。”金德辉也感到悔恨，慢慢地扶床起身，烧掉了那些曲谱，所以那些曲谱竟然没有流传下来。金德辉得以富有，而且保持着美好声名死去。

金德辉死的时候八十多岁，没有孩子。有一个徒弟叫双鸾，不是高徒，只能大体上继承他的演唱技艺。双鸾十分贫穷，奔走东方南方，甚至依托我生活。嘉庆己卯年（公元 1819 年）冬，钮非石来我家作客，坐在我的座上，我告诉他说：“如果双鸾早出世十年，现在会奔走于达官贵人之间了。”

龚自珍说：“钮非石如今颓丧地生活在酒中，为我谈论扬州苏州的这类事很多。金德辉的事迹，从甲辰年（公元 1784 年）起，大约到癸丑、甲寅年（公元 1793～公元 1794 年）间止。唉！江东是文人才子汇聚的地方，楼池船楫的景观，灯火美酒的娱乐，春晨秋夕的游赏，美人爱才打扮艳丽、公子好色放荡不羁的玩乐，在我刚出生的时候，这些大多都存在了。

己亥六月重过扬州记

居礼曹，客有过者曰：“卿知今日之扬州乎？读鲍照《芜城赋》，则遇之矣。”余悲其言。明年，乞假南游，抵扬州，属有告籴谋，舍舟而馆。

既宿，循馆之东墙步游，得小桥，俯溪，溪声讙。过桥，遇女墙啮可登者，登之，扬州三十里，首尾曲折高下见。晓雨沐屋，瓦鳞鳞然，无零渍①断甓，心已疑礼曹过客言不实矣。

入市求熟肉，市声讙。得肉，馆人以酒一瓶、虾一筐馈。醉而歌，歌宋、元长短言乐府，俯窗呜呜，惊对岸女夜起，乃止。

客有请吊蜀冈②者，舟甚捷，帘幕皆文绣，疑舟窗蠡縠也，审视，玻璃五色具。舟人时时指两岸曰：某园故址也，某家酒肆故址也，约八九处。其实独倚虹园圮无存。曩所信宿之西园，门在，题榜在，尚可识，其可登临者尚八九处。阜有桂，水有芙渠、菱芡，是居扬州城外西北隅最高秀。南览江，北览淮，江淮数十州县治，无如此治华也。忆京师言，知有极不然者。

归馆，郡之士皆知余至，则大讙，有以经义请质难者，有发史事见问者，有就询京师近事者，有呈所业若文、若诗、若笔、若长短言、若杂著、若丛书乞为序为题辞者，有状其先世事行乞为铭者，有求书册子、书扇者，填委塞户牖，居然嘉庆中故态。谁得曰今非承平时耶？惟窗外船过，夜无琵琶声，即有之，声不能彻旦。然而女子有以栀③子华发为贽求书者，爰以书画环瑱互通问，凡三人，凄馨哀艳之气，缭绕于桥亭舰舫间，虽淡定，是夕魂摇摇不自持。余既信信，铖流风，捕余韵，乌睹所谓风嗥雨啸、鼯狖悲、鬼神泣者？

嘉庆末，尝于此和友人宋翔凤侧艳诗，闻宋君病，存亡弗可知，又问其所为赋诗者不可见，引为恨。卧而思之，余齿垂五十矣，今昔之慨，自然之运，古之美人名士富贵寿考者几人哉？此岂关扬州之盛衰，而独置感慨于江介也哉？抑予赋侧艳则老矣，甄综人物，搜辑文献，仍以自任，固未老也。

天地有四时，莫病于酷暑，而莫善于初秋。澄汰其繁缛淫蒸，而与之为萧疏淡荡，

泠然瑟然，而不遽使人有苍莽寥泬之悲者，初秋也。今扬州，其初秋也欤？予之身世虽乞籴，自信不遽死，其尚犹丁初秋也欤？作《己亥六月重过扬州记》。

【注释】

①渍：井壁。②蜀冈：山名，位于今江苏江都县北四里，唐杨行密自庐州援广陵军于扬子，并西山以逼广陵，即蜀冈。③栀：树名，果实为栀子，渍水可以染黄色。

【译文】

我在礼部做官时，有一位来访的客人说："您了解今天的扬州吗？读了鲍照写的《芜城赋》，就看到了今天的扬州。"听了他的话，我感到十分悲伤。第二年，我请假到南方出游，抵达扬州，正好有买粮食的计划，因此舍弃了船，在旅馆住了下来。

在旅馆住下来之后，我顺着旅馆的东墙徒步漫游。遇到一座小桥，俯视桥下小溪，小溪流水潺潺。过了桥，见到城上女墙有可供攀登的缺口，我便登上了女墙，方圆三十里的扬州城，从头到尾弯弯曲曲、高高低低的景象都出现在眼前。清晨的雨水洗沐着屋顶，屋瓦像鱼鳞般排列着，看不到颓垣断砖，心中对于在礼部听到的来访客人的话已经怀疑它不真实了。

走进集市去买熟肉，集市上的声音喧哗。买到肉后，旅馆主人将一瓶酒、一筐虾送给我，我喝醉后，唱了起来，唱的是宋代、元代的词曲，俯首窗外，大声高呼，直到把对岸女子惊吓得半夜起床，才止住了。

宾客中有要求去凭吊蜀冈的人，我们坐上船出发了，船划得十分快，船帘和船帷都是绣有彩色花纹的丝织品，我疑心船窗是用螺壳做成的，仔细观察，原来是五色备具的玻璃。划船的人不断用手指点着两岸说："这是某某园林的故址，那是某某酒馆的故址。"大约指点了八九处。实质上只是依虹园毁坏不在了。以前我在里边住了两夜的西园，园门还在，题匾还在，还可以认得，其中值得游览的景观还有八九处。土山上长着桂树，水中有荷花、菱芡，它在扬州城外西北角，最高也最美。往南观览长江，往北观览淮河，江淮之间有几十座州城、县城，没有比得上扬州城繁华的。回想起在京城听到的言论，清楚那种言论有很不对的地方。

回到旅馆，扬州府的人士都明白我来到扬州，因此十分喧哗，有拿经书义理来向我质询的，有提出历史事件来向我提问的，有到我这里来询问京城近况的，有呈上自己所作的或文、或诗、或书法、或词曲、或杂著、或丛书来让我写序、写题辞的，有陈述自己祖先的平生事迹来请我写墓志铭的，有求我在册子上、在扇面上写字的。人物汇集，堵住了门窗，竟然还是嘉庆年间我来扬州见到的那种热闹场面。谁能说现在不是太平时期呢？只是窗外游船划过，晚上没有了琵琶声，就是有，琵琶声也不能通宵达旦。但是女子中有用栀子华发做为见面礼来向我求字的，因此我用书画首饰来跟她们互致问候。一共有三个人，哀艳凄香的气氛，缭绕在桥亭船舫之间，虽然我恬静寡欲，这天晚上也意念动荡不能把握住自己。我心情安定下来后，捕捉着空中飘荡的余音，哪里看得到《芜城赋》中所描写的那种鼯狖悲鸣、风雨狖叫、鬼哭神泣的悲凄景象呢？

嘉庆末年，我曾在此地应和朋友宋翔凤写的艳诗，听说宋翔凤病了，是活着还是死了不能知晓，又打听宋翔凤为她写艳诗的那个女子，不能见到，我对此事深表遗憾。躺下来思考这件事，我的年龄将近五十了，对现在和过去变化的感叹，不过是自然运动的必然结果，古代的美人名士富贵长寿的能有几人呢？这哪里关系到扬州的兴盛和衰落，而独独把感叹发泄在江岸

呢？我再写艳诗年龄是老了，然而鉴别品评人物，搜辑文献，仍然把这些做为己任，实在是还不算老。

天地有四季，四季之中没有比酷暑更糟的，没有比初秋更好的。淘汰、澄清那过分的潮湿和闷热，代之以和舒稀散，空气又清凉又明洁，却不会突然使人产生萧条空旷的悲叹，这样的季节是初秋。现在的扬州，大约就是初秋吧？我的遭遇尽管是靠买粮度日，但自信不会突然死去，大概还会逢遇初秋吧？所以写了这篇《己亥六月重过扬州记》。

病梅馆记

江宁之龙蟠[①]，苏州之邓尉[②]，杭州之西溪[③]，皆产梅。或曰："梅以曲为美，直则无姿；以欹为美，正则无景；以疏为美，密则无态。"固也。此文人画士心知其意，未可明诏大号以绳天下之梅也；又不可以使天下之民，斫直、删密、锄正，以夭梅、病梅为业以求钱也。梅之欹、之疏、之曲，又非蠢蠢求钱之民能以其智力为也。有以文人画士孤癖之隐明告鬻梅者，斫其正，养其旁条，删其密，夭其稚枝，锄其直，遏其生气，以求重价，而江浙之梅皆病。文人画士之祸之烈至此哉！

予购三百盆，皆病者，无一完者，既泣之三日，乃誓疗之：纵之、顺之、毁其盆，悉埋于地，解其棕缚，以五年为期，必复之全之。予本非文人画士，甘受诟厉，辟病梅之馆以贮之。呜呼！安得使予多暇日，又多闲田，以广贮江宁、杭州、苏州之病梅，穷予生之光阴以疗梅也哉？

【注释】

①龙蟠：山名，位于今江苏江宁。②邓尉：山名，位于今江苏吴县。③西溪：位于今杭州。

【译文】

江宁府的龙蟠山，苏州府的邓尉山，杭州府的西溪，都盛产梅树。有人说："梅树凭借枝干弯曲而好看，长直了就没有姿色；凭借倾斜而好看，长正了就没有景致；凭借枝叶稀疏而好看，长密了就没有神态。"确实如此。这是文人画师心中懂得这层意思，但不能公开要求大声号令以此来矫正天下的梅树；又不能让天下的百姓砍削长得直的，删剪长得密的，铲除长得正的，把让梅树受到摧残、充满病态作为自己的职业来赚钱。梅树的倾斜、稀疏、弯曲，又不是那些众多赚钱的百姓能用他们的力量、才智办得到的。有人将文人画师独特嗜好的隐情明白地告诉卖梅树的人，卖梅树的人便把长得正的梅树砍伐掉，培养它的旁枝；把长得密的删剪掉，摧残它的嫩枝，铲除它的直枝，阻止它的生机，以此来求卖得高价，所以江浙的梅树都充满了病态。文人画师之祸居然严重到这种地步！

我买了三百盆梅树，都是充满病态的，没有一棵是完整的，已经对着它们哭了三天，便发誓为它们疗治：放开它们，理顺它们，毁坏了树盆，将它们全部埋在地上，解开它们枝干上缚的棕绳，用五年的时间作为期限，一定要恢复它们成全它们。我原本不是文人画师，甘愿忍受斥责，开辟了病梅馆来贮存它们。唉！怎么能让我有许多闲功夫，又有许多闲土地，来将江宁、杭州、苏州的病梅全部贮放起来，用尽我一生的时间去医治它们呢？

写神思铭

夫心灵之香，较温于兰蕙；神明之媚，绝嫮乎裙裾。殊呻窈吟，魂舒魄惨，殆有离故实、绝言语者焉。鄙人禀赋实冲，孕愁无竭，投闲簉[①]乏，沈沈不乐。抽毫而吟，莫宣其绪；欹枕而听，莫讼其情。谓怀古也，曾不联乎诗书；谓感物也，岂能役乎鞶帨[②]。将谓乐也，胡迭至而不和；将谓哀也，抑娄袭而无疢。徒乃漫漫漠漠，幽幽奇奇，览镜忽唏，颜色变矣。是知仁义坐忘，远惭渊子[③]之圣；美意延年，近谢郇生[④]之哲。不可告也，矧可疗也？为铭以写之。铭曰：

熨而不舍，袭予其凉。咽而复存，媚予其长。戒神毋梦，神乃自动。黯黯长空，楼疏万重。楼中有镫，有人亭亭。未通一言，化为春星。其境不测，其神习焉。峨峨云王，清清水仙。我铭代弦，希声不传，千春万年。

【注释】

①簉：杂厕。②鞶帨：谓带与巾。语出《法言》一书。③渊子：即颜回，春秋时鲁人，孔子弟子，少孔子卅岁，天资聪敏，闻一知十，不迁怒，不二过，箪食瓢饮，不改其乐。后世尊为复圣。④郇生：即荀卿，战国时赵人，著有《荀子》，其学以孔子为标准，倡性恶之说，其旨与孟子相异。

【译文】

心灵的芳香，比兰蕙更为柔和；精神的妩媚，比裙裾绝对美丽。大声地长长叹息，精魂舒展形魄凄惨，在这之中大概有脱离往事、隔断语言的东西。本人天赋实在冲虚，含愁不断，置身闲散之间，杂厕顿乏之际，闷闷不乐，提取笔来吟咏，不能表达自己的心情；斜靠枕上倾听，不能明白自己的心情。说是思念古人吧，居然在诗书之中没有流露出迹象；说是感化事物吧，又怎能被鞶帨所奴役。要说是快乐吧，为什么快乐轮番到来却不和；要说是悲伤吧，可是悲伤多次袭击却不病。只是茫茫渺渺，奇异幽深，观看镜子忽然哀叹，颜色改变了，所以知道仁义坐忘，远羞颜回的圣贤；美意长寿，近谢荀子的明哲，不能告人，又怎么能疗治？写篇铭文来描绘它，铭文是：

熨烫不停止，触我很清爽。吞咽仍存在，巴结我而长。劝神别作梦，神思自运动。长空黑黯黯，楼阁千万重。楼中有明灯，有人立亭亭。未通一句话，化作春天星。梦境不可知，神思却熟悉，高高云中王，清清水中仙。铭文代管弦，稀声不流传，精神传万年。

别辛丈人文

新安[①]郡斋古桂，唐时植也，尊之曰辛丈人。相依者四年，兹将别去，为文使听之。其词曰：

我来新安，神思窈冥。昼夕何见？丈人青青。我歌其文，丈人常听。我思孔烦，言为心声。伤时感事，怀都恋京。歌不可止，舞亦不停。别有妙词，一家不名。云烟消眇，金玉珑玲。文奇华古，文逸华馨。文幽华邃，文怨华零。有鸾来窥，翔颠自鸣。

匪其和予，丈人之灵。山雨春沸，城云暮扃。简而不僵，丈人之形。辛而不煎，丈人之情。逝今去兹，何年再经？华开月满，照吾留铭。

【注释】

①新安：县名，位于今河南境内。

【译文】

新安郡守府第中的古桂树，是唐代种植的，我把它尊称为“辛丈人”。和它在一起生活了四年，这时就要离它而去，写篇文章给它听。文辞如下：

我来到新安县，思虑深远。早晚见到的是什么，是青青的辛丈人。我吟诵自己的文章，辛丈人时常倾听。我思绪很烦的时候，言语表达我的心声。我感怀、忧思时事，怀恋京城。歌声不能终止，舞蹈也不能停歇。另外还有美妙的文词，都称不上一家一派。云烟消散后，桂花像金玉一般玲珑剔透。我的文辞奇异，桂花便古朴；文辞俊逸，桂花便芳香；文辞低沉，桂花便深邃；文辞哀婉，桂花便凋零。有只凤鸟飞来窥视我，飞翔在树颠自己鸣叫着。并不是凤鸟应和我，应和我的是辛丈人的精灵。山间春雨哗哗地下，城头暮云遮蔽了天。质朴但不僵硬，这是辛丈人的形体；辛辣但不可煎熬，这是辛丈人的性情。今天我就要离开这里了，哪一年才能再经过这里？桂花开放月亮正圆，月光照着我写下了这篇铭文。